PNR(Puritans and Reformed Publishing Company)
개혁주의신학사는 청도교 신학과 개혁 신학에 관한 기독교 서적을 출판하는 출판사이며, 자유주의 신학과 다원주의 신학을 배척하며 순수한 기독교 신앙을 보수하기 위하여 설립된 문서선교 기관이다. PNR KOREA(개혁주의신학사)는 CLC가 공동으로 운영하는 출판사이다.

추천사 1

김 재 성 박사
국제신학대학원대학교 조직신학 명예교수

　신학의 최고이자 근본진리는 삼위일체론이다. 하나님의 존재론적 신비를 다루는 삼위일체론은 성경의 핵심적 개념이지만, 그것을 이해하도록 설명하기는 매우 어렵다.
　이제 우리 한국의 신학도들이 난해한 신학적 용어들과 깊이 있는 해석들을 접하게 되었음을 참으로 다행스럽게 생각한다. 부디 이 책을 통해 우리 한국의 목회자와 성도들이 하나님에 대한 바른 지식을 터득하고, 삼위일체를 다루는 기본적 왜곡들에 대해서도 분별하는 안목을 갖추게 되기를 소망한다.
　필자는 신론을 강의할 때마다 적어도 삼위일체론의 양대 이단적 학설들, 양태론과 종속설이 어째서 잘못된 것인가를 파악해야만 한다는 것을 강조하는데, 이 책에서 충분하게 다루고 있다.
　성경이 증거하는 하나님을 아는 지식을 갖게 되면, 아버지 하나님의 사랑과 예수 그리스도를 통해 성취하신 새 언약과 성령의 적용 사역에 감격하게 된다. 이 책에는 현대 신학자들의 왜곡된 주장들까지 종합적으로 제시하고 있어 개혁주의 정통 신학의 기본 구조가 무엇인지 파악할 수 있다.

추천사 2

이 경 직 박사
백석대학교 기획부총장 · 조직신학 교수

로버트 레담은 삼위일체 교리를 모든 신자가 이해할 수 있는 수준에서 다루고자 했다. 신자라면 삼위일체 교리를 정확히 이해해서 잘못된 이단적 생각에 빠지지 않아야 하기 때문이다.

제1부는 삼위일체 교리의 성경적 기초를 다룬다. 레담에 따르면 구약은 삼위일체 교리를 함축적으로 담고 있으며, 신론이 온전해지기 위해 필요한 기초를 제공한다. 신약은 하나님의 아들이신 예수께서 성부와 친밀하고 유일무이한 인격적 관계를 성부와 지니고 계심을 드러낸다.

제2부는 삼위일체 교리가 교부 시대부터 존 칼빈에 이르기까지 어떻게 발전해 왔는지를 추적한다. 동서방의 필리오케 논쟁을 살피며 이 논쟁에서 양편이 사용한 다양한 논증을 검토하는데 우리에게도 도움이 된다. 중세 서방과 동방의 신학자들이 삼위일체 교리 발전에 기여한 바를 다루며 각 신학자의 입장을 비판적으로 다룬다. 특히, 존 칼빈의 삼위일체론을 다루면서 그를 매우 보수적인 삼위일체론자로 소개한다.

제3부는 칼 바르트에서 토랜스에 이르기까지 현대 신학자들의 삼위일체론을 깊이 소개한다. 레담에 따르면 바르트는 삼위일체 교리에 대한 관심을 되살린 신학자이며, 일부 비판과는 달리 양태론자가 아니다. 개신교인들에게도 영향을 준 로마 가톨릭 신학자 라너는 삼위일체론 발전에 기

여한 점도 있지만 문제점도 있다고 본다.

레담에 따르면 몰트만은 범재신론자이며, 그의 삼위일체론은 거의 삼신론에 가까워진다. 판넨베르크도 몰트만과 유사하다. 동방신학자 세 명도 다루는데, 불가코프의 삼위일체론은 여러 측면에서 훌륭하지만 범재신론적 경향을 지니고, 로스키는 신비주의 신학을 형성하며 결국 불가지론에 이르고, 슈타닐로애는 로스키보다는 온건하다고 평가한다. 그리고 토랜스의 삼위일체론이 최근에 나온 삼위일체론 가운데 최고라고 평가한다.

제4부는 삼위일체 교리와 관련되는 주제들, 즉 성육신과 예배, 기도, 선교, 그리스도와의 연합을 다룬다.

레담에 따르면 성경에 충실한 정통적 삼위일체 교리는 한 본질과 세 위격을 동시에 보존해야 한다. 정통적 삼위일체론에 따르면 하나님의 존재뿐 아니라 세 위격도 인정되어야 하며, 세 위격이 동일본질이시며, 세 위격이 서로 구별되지만 역동적으로 서로 내주한다. 세 위격 사이에는 지위의 차이나 위계질서는 없다.

레담은 삼위일체와 성육신과 관련된 문제들, 즉 영원한 출생, 그리스도의 순종, 종속설, 그리스도의 사역과 관련된 문제들도 다룬다. 그는 특히 삼위일체 교리가 동방교회에서 기도와 예배에 큰 영향을 주었으며 서방교회도 그러해야 한다고 주장한다. 그에 따르면 삼위일체 교리는 창조와 선교에 대한 우리의 이해도 넓혀 주어 이슬람과 포스트모더니즘이라는 도전에 잘 대처할 수 있게 해 준다.

아무리 배워도 잘 이해되지 않는 삼위일체 교리를 깊이 있게 다루면서도 성경적으로, 역사적으로, 조직신학적으로 잘 정리해 보여 준다는 점에서 이 책은 신학자뿐 아니라 모든 성도가 일독할 필요가 있다. 특히, 삼위일체 교리가 우리 그리스도인의 신앙생활에 큰 영향을 주는 실천적 교리이기 때문이다. 이 책은 신학이 사변에 빠지지 않고 신자의 영적 삶에 기여하는 모범적 사례 가운데 하나를 보여 준다.

추천사 3

조엘 R. 비키
Puritan Reformed Theological Seminary 학장

삼위일체 교리는 성경석의, 역사신학, 기독교의 정통과 이단, 교파 간의 차이점과 논의들, 조직신학, 실제적 함의들에 대해 사려 깊은 연구를 필요로 한다. 로버트 레담의 훌륭한 이 책(실질적으로 이 개정판이 제1판보다 훨씬 더 좋다)은 모든 기초들을 잘 다루고 있음에도 우리로 하여금 삼위일체 하나님의 이해불가한 신비를 경외하게 만든다.

제럴드 브레이
Samford University의 비손신학부 연구교수

삼위일체 교리는 기독교 신학을 변별해 주는 초석으로 이에 대한 관심이 계속 고조되고 있는 상황이다. 이 개정판에서 로버트 레담은 우리에게 삼위일체를 둘러싸고 일어났던 다양한 논쟁들을 비롯해 이 교리가 지닌 다양한 측면들을 보여 줌으로써, 성경에 근거를 두고, 정통 교리의 전통에 충실하며, 오늘날의 요구에 맞게 이해하도록 도움을 준다. 우리 모두 꼭 읽어야 할 책이다.

조지 헌싱어
Princeton Theological Seminary의 헤이즐 톰슨 맥코드 조직신학 교수

이 책은 삼위일체 교리에 대해 매우 훌륭하며 조리 있게 연구가 잘 된 책이다. 레담은 역사신학의 거장이다. 그는 자신의 엄청난 학식을 활용해 통찰력 있고 설득력 있게 현대의 다양한 삼위일체 쟁점들에 영향력을 행사한다.

폴 헬름
King's College London의 종교역사와 종교철학 석좌교수

이미 호평을 받았던 『개혁주의 삼위일체론』 제1판이 출간되고 나서 이 고대의 교리가 새로운 논의를 촉발시켰지만, 저자는 현재 일어나고 있는 일에 유행을 맞추고 있었다.

그래서 추가된 본문에 이 근본적인 기독교 신비에 대한 저자의 최종 주장을 담고 있지 않지만, 그는 자기 독자들에게 근래의 주장을 전했다고 표현하는 것이 공정하다고 나는 생각한다. 여기서 레담은 근래의 삼위일체에 관한 신조어들 및 유비들과 마주할 때 그의 학식과 그 특유의 경계심을 계속해서 더 많이 드러낸다.

데릭 W. H. 토머스
Reformed Theological Seminary 학장

이 책은 우리가 초대 교회에서 일어난 삼위일체에 대한 해박한 논의들을 얼마나 많이 빠뜨리고 있는지 그리고 우리가 오늘날 이 교리를 변호할 때 얼마나 심각할 정도로 '또 다른 종교'에 가까워지는지를 보여 주는 증거다.

더글러스 켈리
Reformed Theological Seminary 석좌교수

레담이 동서방 기독교 교회의 위대한 신학적 전통과 교류한 것은 공정성과 명료함을 지닌 역사신학의 최고 원형이 되며, 아마도 교육 기관과 사역하는 목회자들에게 훌륭한 자료가 될 것이다. 특히, 그가 다룬 제2부 제7과 8장의 '동방교회와 서방교회', 제9장의 '존 칼빈' 그리고 제3부 제3장의 '동방으로의 회귀', 제4장의 '토머스 T. 토랜스' 등이 등장하는 부분을 매우 고맙게 생각한다. 이 책은 모든 면에서 추천할 부분이 아주 많다.

도널드 맥클레오드
University of Edinburgh 신학 교수

이미 표준서가 되어 버린 책의 최신판은 실제로 보너스와 같다. 그것은 또한 틀림없이 매우 빠듯했을 제1판을 마치고도 그 주제를 방치하지 않은 레담 박사의 열정에 대한 찬사이기도 하다. 변함 없이 세심한 성경석의와 역사적으로 엄밀한 학문성, 그리고 보편 정신과 일관된 존중 등의 특징을 보여 주는 이 새로운 책은 삼위일체 교리를 진지하게 배우려는 모든 사람에게 페이지가 접힌 모서리들까지도 가장 좋은 벗으로 남게 될 것이다.

번 포이트레스
Westminster Theological Seminary 신약학·성경해석학 교수

로버트 레담의 개정판은 삼위일체 교리의 성경적이고 역사적이고 신학적인 측면들을 보여 주는 견실한 안내서요, 삼위일체의 현대적 논의들 속에 드러난 공헌 부분들, 위험 요소들, 그리고 파생된 문제점들을 보여 주는 안내서로 환영받아 마땅하다

라이언 M. 맥그로우
Greenville Presbyterian Theological Seminary 모턴 스미스 조직신학 교수

이 책은 복잡하면서도 단순하고 깊이가 있으면서도 이해하기 쉽다. 제1판이 많은 호평을 받은 이유가 있다. 지난 10여 년 동안, 이 책은 내가 이따금씩 깨달은 것보다 삼위일체에 대해 더 많은 사고를 형성하게 해 주었다. 동방의 사상 대 서방의 사상과 관련된 미묘한 주장들에 반응할 때조차 이따금씩 나의 반응이 이 책으로 돌아가는 모습을 보고 놀란 적이 있다.

채드 반 딕스후른
Westminster Theological Seminary 교회사 교수

독자들에게 널리 사랑받았던 책을 새롭게 잘 다듬은 이 책에서, 로버트 레담은 삼위일체를 다룬 성경의 내용을 더욱 풍성하게 하고, 역사적 인물들을 다루는 내용을 확장시키며, 자신의 논의의 범위를 확대하여 최근의 논쟁을 포함시킨다. 『개혁주의 삼위일체론』은 교회의 신론을 변호하고 심화시킨다. 이 책을 읽으라. 그러면 여러분은 사고하고 기도하게 될 것이다.

프레드 샌더스
Biola University 토레이명예연구소 신학 교수

좀 더 성경 해석의 깊이와 더 폭넓은 역사적 범위를 지니고 있으며, 삼위일체 교리의 다양한 견해들을 공정하게 다루는 부피가 더 큰 책을 소화할 수 있다고 판단될 때, 나는 언제나 레담의 『개혁주의 삼위일체론』을 소개하곤 한다. 이 책은 삼위일체 교리의 유익한 안내서요 확실한 가르침이라고 생각하기 때문에 학생들을 레담에게 계속 보낼 것이라 확신한다.

폴 몰나
뉴욕 St. John's University 신학·종교학·조직신학 교수

학생들과 학자들 모두에게 특히 흥미롭고 유익한 점은 내재적 삼위일체를 경륜적 삼위일체로 붕괴시키는 만유재신론의 입장들과 하나님과 우리를 분리시키는 이원론적 견해들에 대한 날카로운 반박들과 함께, 서방교회 소속(바르트, 라너, 몰트만, 판넨베르크, 토랜스)과 동방교회 소속(불가코프, 로스키, 슈타닐로애)의 뛰어난 현대 신학자들에 대한 그의 분석과 비판이다.

코넬리스 베네마
Mid-America Reformed Seminary 학장·교리 연구교수

삼위일체 논쟁들의 여러 복잡성을 고려하면서, 레담은 놀라운 명쾌함과 통찰력으로 이 주제를 다루어 나간다. 비록 논쟁적 주제를 다룬 많은 동시대의 글들이 가끔은 확신의 지나침이나 부족함의 특징을 보여 줄지라도, 레담 만큼은 균형을 잘 유지한다. 레담은 좋은 균형을 유지한다. 그는 교회 안에서 분명히 그리고 확고하게 더욱 강력하고 일관된 삼위일체 교리와 실제를 주장한다.

이때 그는 다른 견해를 갖고 있는 사람들을 결코 희화화하지 않으면서, 자신이 포용하는 입장에 대해서는 단호하게 옹호한다. 레담의 연구가 아마도 틀림없이 오늘날 이용할 수 있는 가장 훌륭한 삼위일체 교리 입문서들 가운데 속할 것이기 때문에, 개정된 형태로 재발행된 것은 매우 환영해야 할 발전이다.

개혁주의 삼위일체론

The Holy Trinity: In Scripture, History, Theology, and Worship
Written by Robert Letham
Translated by NamKook Kim

Copyright © by Robert Letham
First Edition 2004
Revised and Expanded Edition 2019
Originally published in English under the title
The Holy Trinity: In Scripture, History, Theology, and Worship, Revised and Expanded edition
First Published in the United States
By Presbyterian and Reformed Publishing Co., Phillipsburg, New jersey,
1102 Marble Hill Road, P.O. Box 817, Phillipsburg, Nj 08865, USA.
All rights reserved.
Website www.prpbooks.com.

Translated and printed by permission of P&R Publishing.
Korean Edition Copyright © 2022 by Presbyterian and Reformed Publishing, Seoul, Korea.

개혁주의 삼위일체론

2022년 1월 30일 초판 발행

지은이	|	로버트 레담
옮긴이	|	김남국
편 집	|	전희정
디자인	|	서민정
펴낸곳	|	개혁주의신학사
등 록	|	제21-173호(1990. 7. 2.)
주 소	|	서울특별시 서초구 방배로 68
전 화	|	02-586-8761~33(본사) 031-942-8761(영업부)
팩 스	|	02-523-0131(본사) 031-942-8763(영업부)
이메일	|	clckor@gmail.com
홈페이지	|	www.clcbook.com
송금계좌	|	기업은행 073-085852-01-016 예금주: 개혁주의신학사
일련번호	|	2022-5

ISBN 978-89-7138-080-2 (93230)

이 한국어판 저작권은 P&R Publishing과 독점 계약한 (사)개혁주의신학사가 소유합니다.
신저작권법에 의하여 한국 내에서 보호를 받는 저작물이므로 무단 전재와 무단 복제를 금합니다.

로버트 레담 지음
김 남 국 옮김

개혁주의 삼위일체론

The Holy Trinity
In Scripture, History, Theology, and Worship
Revised and Expanded Edition

개혁주의신학사

목차

추천사 1 **김재성 박사** 국제신학대학원대학교 조직신학 명예교수	1
추천사 2 **이경직 박사** 백석대학교 기획부총장 · 조직신학 교수	2
추천사 3 **조엘 R. 비키** 외 12인	4
머리말	14
개정판 서문	20
저자 서문	24
역자 서문	29
약어표	32
서론	35

제1부 성경적 기초   53

제1장 구약성경의 배경	55
제2장 예수와 아버지	81
제3장 성령과 삼각 구조	108
보충설명 1 에베소서의 삼각 구조	136

제2부 역사적 발전   155

제1장 초기의 삼위일체론	157
제2장 아리우스 논쟁	185
제3장 아타나시우스	213
제4장 카파도키아 교부들	242
제5장 콘스탄티노플 공의회	275
제6장 아우구스티누스	301
제7장 동방교회와 서방교회: 필리오케 논쟁	328
제8장 동방과 서방: 갈라선 두 길	358
제9장 존 칼빈	405
보충설명 2 종교개혁 이후의 발전	430

The Holy
Trinity

제3부 현대의 논의	446

제1장 칼 바르트	448
제2장 라너와 몰트만 그리고 판넨베르크	479
제3장 동방으로의 회귀: 불가코프, 로스키, 슈타닐로애	524
제4장 토마스 F. 토랜스	575

제4부 중요한 이슈들	602

제1장 삼위일체와 성육신	604
제2장 삼위일체와 예배, 그리고 기도	649
제3장 삼위일체와 창조, 그리고 선교	679
제4장 삼위일체와 위격들	728

부록 1 길버트 벨키지언과 번지 점프	761
부록 2 케빈 가일스의 종속론	775
용어 해설	786
참고 문헌	798

머리말

싱클레어 퍼거슨
Reformed Theological Seminary 조직신학 교수

한 번은 빅토리아 여왕과 앨버트 공작이 성대한 만찬에 참석한 적이 있었다고 한다. 수프가 돌고 있을 때 빅토리아가 남편을 돌아보며 말했다.
"여보, 이 수프는 우리 입맛이 아닌 것 같아요."
앨버트가 자상하게 답했다.
"여보, 나는 당신의 용기를 존중하오!"
약 15년 전에 내가 처음 로버트 레담 교수의 『개혁주의 삼위일체론』을 처음 읽었을 때 느꼈던 감정이 이랬다. 그가 삼위일체를 다년간 연구하고 성찰한 것을 확신하고 출판하는 데는 분명 용기가 필요했을 것이다. 이는 "인류에 대한 적절한 연구는 인간이다"라는 알렉산더 포프(Alexander Pope)의 싯구로 구체화된 계몽주의와 근대의 전제(assumption)를 해체시킬 뿐 아니라, 사실상 인간의 탐구와 모험에 관한 가장 위대한 주제가 삼위일체 하나님을 아는 지식이라는 것을 인정함을 의미했다.

제1판이 출판되고 나서, 『개혁주의 삼위일체론』은 지금껏 주변에서 널리 읽혀지고 인정을 받아 왔다. 이번에 새로 개정된 책에 나 자신이나 다른 어떤 사람이 추천할 서언이 전혀 필요하지 않다. 바울의 표현을 빌리자면, 이 책에 대한 칭찬은 이미 많은 교회 안에 존재한다. 그러나 비록 두 번째 판의 등장이 서언을 필요로 하지 않을지라도, 새로운 독자층에게 이

책의 탄생을 알리는 선전의 가치가 있다.

이 책이 처음 세상에 등장한 2004년은 누군가 복음주의의 왕이 아무 옷도 걸치지 않았다고 크게 외칠 때였다. 우리는 성령이 더 이상 "잊혀진 삼위일체의 위격"이 아니라는 말을 수십년 동안 들어 왔었다. 이제 우리는 '교회 하기'(doing church)[1]의 올바른 방법이나, 기독교의 성공을 이끄는 다른 어떤 신기한 열쇠 안에서 가르침을 받고 있었다. 하지만 다음의 질문이 오래동안 가물거렸다.

새로운 찬양들과 다른 많은 것의 쇄도에 더해, 복음주의 설교와 문헌이 대체로 삼위일체 하나님에 대해 거의 말하지 않거나 아예 언급하지 않는 것처럼 보였을 때 교회가 실제로 생각했던 것만큼 힘이 있었는가?

'교회 도로'(church street)에 대한 정보는 삼위일체가 교리들 가운데 가장 사변적 교리라서 그리스도인에게 가장 실용적이지 않다는 점이었다. 그것은 공격받으면 변호되어야 할 교리라는 점을 제외하곤 실제로 중요하지 않다.

『개혁주의 삼위일체론』을 들고 로버트 레담의 학생이 되어 보라. 이 책의 출간은 상당히 중대한 사건이었다. 이 책의 초판이 (칼 바르트의 유명한 『로마서 강해』와 같이) 복음주의의 놀이터에 폭탄이 떨어졌다고 말하는 것은 과장된 표현이 될 수 있겠지만, 복음주의기독교출판협회(Evangelical Christian Publishers Association)는 이 책에 골드메달리언상을 수여했다.

그리고 많은 독자가 분명 이 책의 등장이 사람의 손 만한 크기의 구름 같아서, 삼위일체에 대한 가르침의 기근이 곧 끝날 것이라는 엘리야 같은 확신을 줄 것이라고 기대했을 것이다.

감사하게도 그 사이에 새로운 세대의 복음주의 저자들에 의해 삼위일체에 대한 관심이 새로워지고 그에 대한 작품이 나오게 되었다. 비록 이것이

---

1 '교회 하기'(doing church)는 '교회 됨'(being church)과 대비되는 용어. 전자는 성도들이 주일을 위한 교회가 아니라 일주일 동안 교회로서 살아가야 함을 역설한다(역주).

때로 항상 부요한 자들에게 예민한 것은 아닌 논쟁이나 신학 전통의 차별의 맥락에서 발생했을지라도, 우리는 바울 식의 표현대로 잠잠하든지 풍랑이 일든지 삼위일체 교리가 주목받았다는 점을 기뻐할 수 있다.

그래서『개혁주의 삼위일체론』은 2004년에 기념비적 작품이요, 수년간의 연구와 성찰과 토론과 글쓰기의 열매다.

그때 살아 있던 사람 중에 복음주의 저자나 개혁파 저자가 언제 마지막으로 기독교 신앙의 가장 심오하면서도 근본적인 항목을 다룬 이런 전공 서적을 시도했었는지 누가 기억할 수 있었겠는가?

돌이켜보면,『개혁주의 삼위일체론』의 출간이 몇 가지 측면에서 예언적 행위였다고 볼 수도 있을 같다. 한 가지 예로, 바로 이 책의 출현은 일종의 왜곡된 사고에 대한 저항이었다. 새로운 형태의 일원론(monism), 아니 어쩌면 양태론까지도 많은 교회에 널리 퍼져 있었다. 그것은 세 단계로 등장했었다. 성령, 다음은 아버지, 그 다음은 육화한 아들이 다양한 종파의 복음주의 안에 있는 한계를 메우는 것처럼 보였다.

그것은 출간 중인 책들 안에, 그리고 설교와 가르침, 세미나들과 수련회들을 지배한 주제들 안에 명백히 드러났다. 여기에 자주 등장한 메시지는 "우리는 성령이 필요합니다", "우리는 양자 됨을 발견했습니다", 또는 우리는 그리스도를 설교해야만 합니다"였다. 다른 모든 것과 같이 따로따로 보면 모두가 사실이지만, 각각은 비진리가 아닐지라도 불균형을 초래한다.

당시 작사되고 있던 새로운 노래들(어떤 노래들은 나-중심에 가까웠고, 다른 노래들은 삼위일체적이지 않고 예수님 중심에 가까웠다)로부터 새로운 형태의 '예배로의 부르심'("우리는 예수님을 경배하고, 예수님을 노래하고, 예수님께 기도드리려고 여기에 있습니다")에 이르기까지, 삼위일체의 도식, 선포, 경배, 구성이 전혀 없었다. 나는 이 악단이 나는 물론 다른 모든 이에게 낯설 것 같은 노래로 우리를 인도할 때 학생 수련회의 주최자에게 몸을 구부려서 귓속말을 건넸던 기억이 생생하다.

"이것이 당신에게는 가르치는 시간처럼 보입니다. 당신의 악단이 방금 우리를 보고 삼위일체를 부인하라고 권했네요!"

그것은 고의가 아니었다. 그러나 그것은 시대의 징조가 아니었다. 자기가 과거에 사랑했던 소녀에 대한 묘사를 틀림없이 시샘하리라는 것은 당연하다고 여겨졌다. 유감스럽게도, 여러분이 하나님에 대해 똑같은 감정을 갖지 않으리라는 것 역시 당연하다고 여겨졌다.

나는 『개혁주의 삼위일체론』을 읽은 많은 독자가 신학적으로 안도의 한숨을 쉬며 그 등장을 반겼을 것이라고 생각한다. 성경에 근거한 본질적 내용이 먼저 나왔다(그리고 개정판에도 여전히 존재한다). 이 책은 이어서 오래된 샘물(150쪽을 할애해 종교개혁을 통한 교리의 발전을 다룸)을 계속 팠고 100쪽을 이 교리에 대한 현대적 논의들에 할애했다.

그런 의미에서 이 책은 왜곡에 맞서는 저항뿐 아니라 역사적 기독교 신학의 진리에 대한 '성령의 감동으로 말하기'(forth-telling)[2]라는 점에서 예언적이었다. 이 책은 모든 것 가운데 인간의 마음에 가장 위대한 신비에 해당하는 것을 과거 신학자들이 몰입해 사고한 것을 인내심 있게 철저히 탐구했다. 이 책은 삼위일체가 존재하는 모든 것의 토대이며, 따라서 다른 신비한 모든 현상을 이해하는 계기가 되게 해 주는 실재임에 틀림없다는 확신 속에서 그렇게 했다. 아우구스티누스는 다음과 같이 진실하고 재치 있게 표현했다.

> 다른 어떤 주제에도 이보다 더 위험한 오류가 없고, 더 힘이 드는 연구가 없으며, 더 유익이 되는 진리의 발견도 없다.

---

[2] '성령의 감동으로 말하기'(forthtelling)는 '미래에 대해 말하기'(foretelling)와 함께 성령의 은사와 사역과 관계된 용어들이다. '미래에 대해 말하기'는 지혜의 말씀이라는 성령의 은사를 가리키는 용어로, 선지자가 미래의 사건에 대해 미리 예측하는 것을 말한다. 반면, '성령의 감동으로 말하기'는 미래에 대한 예언보다는 성령의 감동으로 주어진 말로 설교하거나 말씀을 가르치는 것을 가리킨다(역주).

그래서 『개혁주의 삼위일체론』은 두 번째 판을 내놓을 가치가 있다. 나이가 더 많은 형제들처럼 만일 우리가 지적 차원에서 인내라는 성령의 열매를 훈련한다면, 그것은 마음을 긴장시키는 위대한 신학자들의 논의들을 보게 할 것이다. 그렇다. 그것들은 어렵다. 그리고 그 지적 회개 곧 마음의 겸손이라는 메타노이아는 적절하다. 우리가 여기서 하나님에 대해 생각하며 말하려 노력하고 있기 때문이다. 그런데 그것은 보상받게 될 것이다.

하지만 레담 박사가 우리에게 이런 성경적이고 신학적이고 역사적인 부분들을 보여 줄 때조차, 그는 자기 월계관에 만족하지 않는다. 그는 현명하고 유용하게도 신학적으로 요약한 부분에 해당되는 것을 우리에게 제공하는데, 거기서 그는 우리가 질문하고 각각에 인내심 있게 답변할 필요가 있는 질문들을 제시한다.

그런 다음 더욱이 삼위일체 교리가 이미 사망한 신학자들의 글들이 아니라 살아 계신 하나님에 대한 것이기 때문에, 그는 그것이 오늘날 우리에게 가르칠 수 있는 것임을 역설한다. 특히, 삼위일체로서 하나님의 존재가 우리의 모든 경이로움의 원천이기 때문에 레담 박사는 그것이 또한 그에 대한 우리의 모든 경배의 기본 계획이어야 한다고 강조한 부분은 분명 옳다. 여기서 존 던(John Donne)의 아름다운 〈홀리 소네트〉(Holy Sonnet) 14번을 되풀이하는 것이 좋을 것이다.

> 삼위이신 하나님!
> 내 마음이 당신을 향하도록 세게 때려 주소서.
> 지금까지 두드리고 숨 가쁘게 하고 빛을 비추고 고치려 하신 대로
> 제가 일어설 수 있게 하소서.
> 당신의 온 힘을 기울여 깨뜨리고 때리고 태우시어
> 나를 굴복시키시고 새롭게 하소서.

『개혁주의 삼위일체론』은 또한 이 교리가 한편으론 이슬람, 다른 한편으론 포스트모더니즘과 그 결과물 같은 다양한 운동에 대한 기독교적 대응의 근본 원리라는 점을 입증한다. 그리고 그것은 특히 마지막 장에서 위격들이라는 주제를 다루는 지금의 분위기에 잘 어울린다.

하나님이 인격적이실 경우에만 우리가 인격적일 수 있고, 아우구스티누스와 칼빈이 강조한 바와 같이 우리가 그분을 알게 될 때에야만 우리는 자신에 대한 참된 지식에 이를 수 있는 것이다. 점점 명확해지는 대로, 삼위일체 하나님을 소멸시켜 보라, 그러면 우리는 결국 그분의 형상대로 남자와 여자로 만들어진 인간을 잃어버리게 될 것이다.

그러나 나는 『개혁주의 삼위일체론』의 장점들을 충분히 숙고해 왔다. 나는 더 이상 새로운 독자들을 붙잡아 두어서는 안 된다. 차라리 여러분이 레담 교수를 안내자로 모시고 막 출발하려 하는 웅장한 신학 여정에서 안전하고 보람찬 여행이 되기를 소망한다.

때로는 여러분이 가파른 오르막길을 마주하게 되며, 그 길은 경험 많은 여행자에게도 길고 힘들게 보일 수 있다. 하지만 여러분은 이 와중에 멋진 경치를 발견하게 될 것이다. 따라서 내가 해 주고 싶은 최고의 조언은 여러분이 그대의 안내자에게 끝까지 붙어 있으라는 것이다. 여러분이 그곳에 도달할 때 더 올라야 할 더 높은 정상(그런데 그것은 전체적으로 하나님을 아는 지식에 이르는 또 다른 단계이다)이 있다는 사실을 깨닫게 될 것이다.

여러분이 앞으로 이 여정에서 발견하게 될 내용은 『개혁주의 삼위일체론』을 읽고 깊이 생각하는 것이 여러분의 사고를 구체적으로 만들어 주고 신앙을 강화시켜 주며, 여러분으로 하여금 성령에 의해 아들로 말미암은 아버지를 아는 것이 영생이라는 것을 알도록 도와준다는 사실이다. 그것은 여러분으로 하여금 이 여정이 노력할 만한 가치가 충분히 있다는 점을 느끼게 만들어 줄 것이다.

개정판 서문

로버트 레담
Union School of Theology 조직신학·역사신학 교수

    1960년대와 70년대 대영제국의 수상이었던 해롤드 윌슨(Harold Wilson)은 일주일이란 시간이 정치판에서 긴 시간이었다는 유명한 말을 남겼다. 이와 마찬가지로, 15년이란 기간은 신학적 논의에 있어 긴 시간일 수 있다. 나는 2003년도 6월에 이 책의 제1판을 마쳤다. 그때 이후로 삼위일체를 다룬 엄청난 양의 추가 작업이 이루어져 왔다. 이 개정판은 그동안 제기되었던 몇몇 의문들을 취급한다.
    많은 책이 예전의 모습 그대로 남아 있다. 그 시기 성경의 가르침은 변한 적도 없고 역사적 논의의 기본 윤곽들도 없다. 오히려 우리 시대의 여러 사상과 다양한 제안 및 해석은 이에 상응해 새로운 것들을 말해야 할 필요성과 함께 새로운 이슈(때론 겉만 새로워진 옛 것들)를 쏟아 냈다. 더욱이 우리 모두는 나이가 들어가면서 자신의 입장이 더욱 성장하고 원숙해진다. 우리가 한때 안정되고 고정됐다고 생각했던 것 위에 새로운 빛이 비춰진다.
    이 개정판에서 바뀐 것들은 다음과 같이 요약할 수 있다.
    나는 2003년 이후로 삼위일체 분야에 나타난 의미 있는 발전들을 주목하려고 노력했다. 4~5세기 삼위일체론을 다룬 루이스 아이레스(Lewis Ayres)의 작품은 중요하다. 나는 여러 면에서 예전의 설명을 크게 고칠 필

요가 없다는 점이 기쁘다. 내가 동방교회와 서방교회를 날카롭게 구별(지금까지 이어져 온 진부한 구별)한 것은 계속해서 질문을 낳고 있다. 나는 다른 곳에서 이에 대해 쓴 적이 있다. 콘스탄티노플 1세가 체결한 삼위일체 합의가 교회 전체로부터 인정받는다(구분되는 것보다 공통된 것이 훨씬 더 많다)는 사실을 상기하는 것은 올바르고 유익한 일이다.

나는 그 구분이 과도할 수 있다는 점을 인정한다. 하지만 쉽게 해결될 수 없는 중대한 차이점들은 수세기에 걸쳐 이루어진 것이다. 이 개정판에서 나는 찬성은 물론 차이점을 허용하는 관점들에 대해 기술하기를 더 좋아한다.

나는 구속 언약(pactum salutis)처럼 종교개혁 이후에 발달한 것들을, 내가 비판적이라고 알려졌던 것들 중 일부 도식들을 다룬 부록으로 추가했다. 이 책의 초판을 쓰고 있을 때 리처드 멀러(Richard Muller)가 종교개혁 후 삼위일체론에 대해 집필하고 있었다는 것을 나는 알고 있었다. 그래서 내가 기여한 부분이 보완되기 쉬울 것이라고 생각했다. 더 지엽적인 이 문제는 매우 흥미로운 것이며, 착수할 필요가 있고 조금은 다루어지고 있는 몇 가지 문제들을 제기한다.

나는 2003년 이후 개혁주의 삼위일체론에 대해 활발한 논의가 있어 왔다는 사실을 잘 알고 있다. 하지만 그 문제를 효과적으로 다룬다는 것은 또 한 권의 책을 필요로 할 텐데, 그렇게 할 수 있더라도 이 책과 일치하지 않을 것이다.

2003년 이후로, 바르트의 선택 교리와 삼위일체 교리와의 관계에 대한 논쟁이 열기를 더해 매우 격렬해졌다.

선택과 삼위일체 중에 어떤 것이 우선권을 갖는가?

이것이 바르트 학계에서 논의되는 쟁점이지만, 아울러 삼위일체신학을 위한 더 큰 주제이기도 하다. 하나님이 삼위일체이기를 선택하셨다는 브루스 맥코맥(Bruce McCormack)의 제안들은 폴 몰나(Paul Molnar)와 조지 헌싱어(George Hunsinger)가 잘 표현한 것처럼 굉장한 문제를 제기하고 엄청난 문제를 일으킨다.

  2016년에 보수적 복음주의자들 사이에서 더 지엽적이면서도 원대한 문제인데, 육화한 그리스도의 인간적 순종이 내재적 삼위일체 내의 선재하는 영원한 실재들을 얼마나 반영하고 있는지를 묻는 다른 논쟁이 터져나왔다. 나는 이 문제에 대해 바르트를 해석하는 글에서 표현한 바 있다.

  그러나 격렬한 논쟁 가운데 있는 등장 인물(dramatis personae)은 더 근본주의적 소식통으로부터 나왔다. 나는 바르트가 그 문제를 다룬 내용이 매우 의심스럽다는 데 동의한다. 그럼에도 그것은 다른 많은 주장보다 더 조심스럽고 엄청나게 더 세련되었다.

  이것은 상당히 어려운 영역인데, 우리는 여기서 조심스럽게 고전적 고백 신조들의 안내를 받는다. 나는 제4부 제1장에서 확대된 새로운 논의를 진행하는데, 거기서 여러 관련 요소를 뭉치게 하려고 노력한다. 문제의 일부는 수년에 걸쳐 일어났던 삼위일체와 기독론의 분리다.

  이 모든 일 속에서 우리는 불가분의 연합 속에 있는, 평화를 조성하는 자요 조화를 사랑하는 자이신 영원한 하나님, 아버지, 아들 그리고 성령을 영원한 생명이신 분을 아는 지식 안에서 다루고 있기 때문에, 우리가 하나님과의 연합과 하나님의 교회 안에서의 연합을 장려하려고 하는 것은 좋은 일이다.

  논쟁이 불가피한 점이 있다. 하지만 이것은 분명 주요 목표에 수반되는 것인데, 그것은 우리와 전 우주를 창조하셨고 지탱하시며, 인생의 행로에서 우리를 그리스도 안으로 인도하시는 분에 대한 지식을 계속 추구하게 한다.

  나는 이 개정판을 출간할 수 있도록 허락한 P&R 출판사의 존 휴즈(John Hughes)에게 감사드린다. 그는 나에게 이 책을 만들 수 있도록 격려해 주었고, 그 과정 내내 유익한 제안들을 해 주었다.

  또한, 카렌 매그너슨(Karen Magnerson)에게도 감사드린다. 그는 송고 교정을 해 이 책이 훌륭한 수준에 이르게 했다. 케이스 매티슨(Keith Mathison)

과 이안 해밀턴(Ian Hamilton)은 라이언 맥그로우(Ryan McGraw)가 그랬던 것처럼 개정된 부분들을 읽고 건설적 비평을 해 주었다.

  관례적이긴 하지만 결코 빼놓을 수 없는 부분으로, 부족한 점이 있다면 전적으로 나의 책임이라는 것을 인정한다. 비할 데 없는 주제를 다룰 경우에, 우리는 단지 두려움과 큰 기쁨으로 말을 더듬을 수밖에 없기 때문이다.

브린티리온(Bryntirion)에서
삼위일체주일 후 넷째 주일에
2018년 6월

저자 서문

로버트 레담

Union Theological Seminary 조직신학·역사신학 교수

P&R 출판사로부터 『개혁주의 삼위일체론』을 집필해 달라는 부탁을 받았을 때 기쁜 마음과 두려운 마음이 교차했다.

기뻤던 이유는 내가 한동안 이런 작품을 계획해 왔기 때문이고, 여러 면에서 두려웠던 이유는 철저히 초월해 계시고 헤아릴 수 없는 분에 대해 글을 쓴다는 것이 매우 엄청난 도전이었기 때문이다.

지금은 잘 알려진 괴팅겐 강좌를 준비하며 연구실에 앉아 있을 때, 칼 바르트가 했던 생각이 내 마음에도 교차했다.

'내가 과연 이것을 해 낼 수 있을까?'

그럼에도 바실 대제(Basil the Great)가 자기 친구 나지안주스의 그레고리우스(Gregory of Nazianzen)에게 보낸 편지에 나오는 슬기로운 조언이 항상 격려가 된다. 바실은 신학 용어가 우리의 사상을 전달하는 데 적절하지 않다는 점, 역으로 우리의 사상이 실재 앞에서 미약해진다는 점을 인정했다. 하지만 우리는 주님을 사랑하는 자들에게 하나님에 대해 대답해 줄 수밖에 없다. 따라서 바실은 자기 친구에게 진리를 옹호하는 데 전념하라고 촉구했다.[1]

---

1 Basil of Caesarea, *Letters* 7 (PG 32:244-45).

이 책은 현저하게 다른 배경, 즉 동방교회와 서방교회, 로마가톨릭교는 물론 개신교 출신의 신학자들과도 교류한다. 하지만 개혁주의 관점에서 기술되었다. 벤자민 워필드(B. B. Warfield)가 주장했듯이, 개혁주의 신학은 "기독교의 진수" 또는 "그 진가가 발휘된 기독교"(Christianity come into its own)이다. 그것은 각별히 '기독교적' 신학이다. 그 계보는 교부들에게로 거슬러 올라간다.

이것은 다른 누구보다도 칼빈, 부처, 츠빙글리의 믿음이었다. 개혁되는 것은 진실로 보편적(catholic)이고 성경적이고 복음주의적이고 정통적이 되는 것이다. 우리의 최고 권위가 성경이라는 점에서, 우리는 칼빈이 했던 대로 교부들과 종교개혁자들 그리고 존 오웬의 말을 진지하고 사려 깊게 경청해야만 한다. 냉혹한 개인주의가 번창하는 문화 속에서 우리 모두 실수하기 쉽다는 점을 인정하면서, "그리스도를 경외함으로 피차 경외"(엡 5:21)할 필요가 있는 것이다.

슬프게도 칼빈의 시대 이래로 보수적 개혁주의 신학자들이 삼위일체 교리의 발전에 크게 기여하지 못했다. 존 오웬과 조나단 에드워즈는 모두 삼위일체에 대해 글을 썼고 오웬의 서적 『아버지 하나님과 아들과 성령의 교통에 대하여』(Of Communion with God the Father, Son, and Holy Ghost)는 세 위격의 교통을 다루는 데 가히 필적할 만한 작품이 없을 정도이지만, 그것들은 이 교리의 진보에 무게를 더하지 못했다.

이런 결함은 이 책에 인용된 자료들의 부족함에서 여실히 드러나고, 이는 최근까지 전체 서방교회의 삼위일체에 대한 무관심과 맥락을 같이 한다. 실제로, 칼빈과 오웬은 신적 본질보다 삼위일체의 위격들에 초점을 맞춘 것으로 잘 알려져 있는데, 서방교회보다는 동방교회에 더 초점이 맞춰져 있다. 보수적 기독교의 입장에서 이러한 공백은 비극에 가깝다. 우리의 최고 목적이 "하나님을 영원히 즐거워하는 것"이라고 선포하는 신학은 친히 이를 행하고 있다는 것을 입증할 필요가 있다.

지난 30년 어간에, 진실로 삼위일체에 관한 수많은 작품이 등장했다. 불행하게도 어떤 책에서는 단지 그 문헌의 짧은 발췌 부분만 고찰할 수 있었다. 한편, 내 생각에 내가 선택한 신학자들은 매우 중요한 신학자들이다. 최근에 벌어진 이런 돌발 사태의 많은 부분은 하나님 자신보다 인간의 경험에서 시작하는 범신론적 또는 범재신론적 성격을 갖고 있었다.

내가 제3부 제2장에서 라너와 몰트만과 판넨베르크에 대해 비판한 내용들 가운데 많은 부분이 위와 같은 성향으로 더 나아가는 캐서린 라쿠냐(Catherine Mowry Lacugna), 엘리자벳 존슨(Elisabeth Johnson), 로버트 젠슨(Robert Jenson)과 같은 학자들에게 적용될 수도 있다.

나는 많은 분의 도움에 흔쾌히 감사를 드린다. 이들 중 어느 누구도 이어지는 내용의 결함들에 대해 비난받아서는 안 된다. 나는 존 선뎃 씨와 코네티컷개혁주의신학 계곡수련회가 1997년 3월 삼위일체에 대한 강의에 초청해 준 것에 대해, 중미개혁주의신학교(Mid-America Reformed Seminary)의 교수진이 1999년 연례 초청 강의들(이 책의 두 장과 보충 설명에 활용)에 초청해 준 것에 대해 그리고 칼 트루먼이 삼위일체에 관한 논문(서론을 구성하는 내용)을 「테메리오스」(Themelios)에 기고해 달라고 부탁한 것에 대해 감사의 말을 전한다.

나는 또한 내가 모르는 누군가에게 감사 인사를 전한다. 그는 로버트 레이몬드의 『최신 조직신학』(New Systematic Theology of the Christian Faith, CLC 刊) 제1판에 대한 나의 서평을 읽자마자 출판사를 권해 내게 이 책을 저술하도록 했다.

나는 P&R 출판사의 앨런 피셔 씨와 교정자 짐 스콧뿐만 아니라 바바라 러크, 톰 노타로 그리고 다른 직원들의 충분한 지원에 감사를 드린다. 「중미신학저널」(Mid-America Journal of Theology)이 다음 세 편의 논문에서 자료를 사용할 수 있도록 허락해 줘서 감사하다.

(1) "Ternary Patterns in Paul's Letter to the Ephesians," *MJT* 13 (2002): 57-69. 이 논문은 제1부 제3장 다음에 오는 보충 설명이다.

(2) "East Is East and West Is West: Another Look at the Filioque," *MJT* 13 (2002): 71-86. 이 논문은 제2부 제7장의 등뼈를 형성한다.

"The Holy Trinity and Christian Worship," MJT 13 (2002): 87-100. 이 논문의 많은 부분이 제4부 제2장에 수록되었다.

(3) 「웨스트민스터신학저널」(*Westminster Theological Journal*)의 편집자들이 부록 1에 나오는 케빈 가일스 책에 대한 나의 서평에서 자료를 사용하도록 허락해 준 데 대해 감사를 드린다.

나는 다음의 사람들과 나눈 유익한 교류에 대해 감사를 드린다. 싱클레어 퍼거슨, 돈 갈링턴, 폴 헬름, 토니 레인, 그리고 존 반 다이크는 친절하게도 초고를 읽어 주었고 매우 유익한 논평을 해 주었다. 존 디쉬먼과 존 반 다이크는 물리학과 화학 각각에 대해 중요한 기여를 했다. 조지 크리스천 목사는 삼위일체에 대한 사고에 끊임없는 자극을 주었다.

나의 동료인 에드 캐씨 목사는 많은 장을 가독성 있게 검토해 주었다. 더그 라티머는 시리아 안디옥의 동방정교회 기도서에 나의 관심을 끌게 만들었는데, 그 책은 매 장 끝에 삼위일체 모음집을 많이 제공한다. 그리고 웨스트민스터신학교에서 고대와 현대의 삼위일체신학에 대해 공부하는 박사 과정생들이 논쟁에 기여한 것들을 격려해 줘서 고마움을 전한다.

나는 얻기 어려운 자료의 위치를 찾아 주고 제공해 준 일과, 내가 책상자들을 옮길 때 직원들이 보여 준 관대함으로 인해 필라델피아에 있는 웨스트민스터신학교 몽고메리도서관의 그레이스 멀렌에게 불가피하게 빚을 졌는데(누가 아니겠는가?), 나는 또한 델라웨어주 윌밍턴에 있는 임마누엘 정통장로교회의 회중들이 보여 준, 이 책의 발전에 대한 관심과 나 자신과 복음 사역을 위해 베풀어 준 놀라운 지원에 감사드린다.

마지막으로 말하지만 결코 무시할 수 없는 사람들은 나의 자녀들인 엘리자벳, 캐롤린, 아담이며, 이 책을 헌정받을 내 아내 조안이다. 그녀는 나에게 끊임없는 사랑과 격려의 원천이다.

달 아래에 있는 영역을 뛰어넘어 나는 성부, 성자, 성령, 항상 하나이신 하나님께 말로 할 수 없는 감사와 함께, 아우구스티누스가 『삼위일체론』을 끝맺는 그의 기도와 함께 이 책을 헌정하고자 한다.

오! 주님!
하나이신 하나님, 삼위일체 하나님!
하나님에게서 나온 이 책에서 제가 말한 것은 무엇이든지 하나님의 백성이 인정하기를 원하나이다.
제 자신의 것을 말한 것이라면 하나님과 하나님의 백성들에게 용서를 구하나이다.[2]

---

2 Augustine, *On the Trinity* 15.28.51.

역자 서문

김 남 국 박사
백석대학교 외래 교수

　로버트 레담(Robert Letham)은 현재 영미권에서 신학 강의와 저술 활동을 왕성하게 하고 있는 개혁주의 신학자입니다. 그는 한국에도 수차례 방문해 여러 교회와 신학교에서 강연하기도 했습니다.

　그동안 출간된 여러 저서들을 통해 나타난 레담의 학문적 특징은 조직신학과 역사신학을 전공한 학자답게 교리의 성경적 배경과 역사적 발전 과정을 꼼꼼히 살펴보면서 개혁주의 교리를 풍성하게 파악하려 한다는 점일 것입니다. 어떤 면에서는 보수 신학의 배타성이나 편협함을 극복하고 온전한 진리를 추구하려 한다는 점에서 통전적(holistic) 신학을 추구하고 있다고 감히 표현하고 싶습니다. 특히, 그가 여러 저작에서 평소 개혁주의 진영에서는 별다른 관심을 보이지 않는 동방교회의 입장을 주목하는 것이 인상적입니다[1].

　이 책에서도 그는 헬라 교부들에서 시작해 카파도키아 교부들, 중세의 다마스쿠스의 요한네스와 그레고리우스 팔라마스 그리고 현대의 주요 동방신학자들까지의 입장을 두루 소개하면서 동방교회의 삼위일체론을 세

1　Robert Letham, *Through Western Eyes: Eastern Orthodoxy: A Reformed Perspective* (Fearn, Scotland: Mentor, 2007.

심하게 분석하고 있습니다. 근래에 현대 신학자들이 삼위일체론을 전개할 때마다 동방교회의 입장을 더 선호하는 추세를 감안한다면 레담의 접근 방식은 동방교회의 입장을 개괄적으로 파악하기 원하는 분들을 위해서라도 아주 시의적절한 연구와 대응이라는 생각이 듭니다.

이 책이 갖고 있는 매력 중에 빼놓을 수 없는 부분은 삼위일체 교리를 성경적, 역사적으로 살피는 데 그치지 않고 이 교리를 교회의 예배, 선교, 기도 등에 적용시키고 있다는 점일 것입니다. 이는 이 책이 단순히 학문적으로만 연구된 것이 아니라 지역 교회의 실천적 사역을 위한 고민과 연구가 병행된 것임을 보여 준다고 하겠습니다.

삼위일체론에 있어 서방교회와 동방교회의 가장 큰 특징이자 차이점은 연구의 출발점과 방향에 있다고들 합니다. 서방교회가 "한 하나님이 어떻게 세 위격이 될 수 있는가"에서 시작했다면, 동방교회는 "세 위격이 어떻게 한 하나님이 될 수 있는가"에서 시작했던 것입니다. 두 질문은 삼위일체 교리를 이해하고자 했던 사람들의 고민과 논쟁과 투쟁을 암시해 줍니다.

실제로 기독교 초기 역사에서 지금까지 한 하나님에 치우치다가 종속론과 양태론에 빠진 이단들과 세 위격에 치우치다가 삼신론에 빠진 이단들이 존재합니다. 그만큼 삼위일체 교리는 너무 난해해 인간의 이성으로 이해하고 설명한다는 것이 불가능하다고 볼 수 있습니다. 그럼에도, 우리가 삼위일체 하나님을 믿음으로 고백하고 가르쳐야 하는 이유는 이 책에서 찾아 볼 수 있는 것처럼 바로 성경이 삼위일체 하나님을 계시하고 있기 때문입니다.

그동안 삼위일체 교리에 대해 막연하게 이해했거나 관심이 없으셨을지라도, 이 책을 통해 삼위일체 교리의 성경적 배경과 역사적 발전 과정, 그리고 중요한 이슈들까지 폭넓게 다루면서 조목조목 설명해 주는 로버트 레담의 안내를 받으신다면 삼위일체에 대한 온전한 이해와 풍성한 깨달음을 얻으실 수 있을 것입니다.

삼위일체는 기독교 교리들 가운데 가장 어려운 교리로 손꼽힙니다. 그래서 조직신학을 전공한 학자들 사이에서도 기독론, 구원론과 같은 각론을 먼저 연구하고 나서 삼위일체론을 맨 나중에 다루곤 합니다. 그런데 무슨 배짱과 용기로 이 책을 번역하겠다고 했는지, 지금 생각하면 너무 건방지고 위험천만한 일을 한 게 아니었나 싶습니다.

번역 원고를 탈고하면서 "번역은 반역이다"란 말을 다시 되새기게 됩니다. 번역을 마칠 때쯤이면 항상 좀 더 꼼꼼하게 잘 했어야 하는데 하는 진한 아쉬움이 남곤 합니다. 오역한 부분이나 매끄럽지 못한 부분을 발견하신다면 모두 저의 부족함과 실력 없음에서 비롯된 것이오니 널리 양해해 주시고 언제든지 연락주시면 감사하겠습니다. 추후에 더 꼼꼼하고 매끄러운 역서로 만들 때 반영해 이 책의 위상과 삼위일체 하나님의 영광이 가려지지 않도록 최선을 다하겠습니다.

로버트 레담은 이 책의 개정판에서 매 장 끝에 '주요 용어'와 '깊이 생각할 문제' 그리고 '더 읽으면 좋은 책'을 따로 정리해 놓았습니다. 여기에 실린 '주요 용어'들에 대한 자세한 해설은 이 책의 끝부분에 실린 "용어 해설"을 참고하시면 됩니다.

이 책의 번역을 마치면서 감사의 인사를 드리고 싶은 분들이 있습니다. 무엇보다도 이 책의 번역을 맡겨 주시고 번역이 완성되기까지 오래 참아 주신 CLC 대표 박영호 목사님과 직원분들에게 깊은 사과와 함께 감사의 말씀을 드리고 싶습니다. 그리고 늘 분주하다는 평계로 자기 본분을 망각하며 살아가는 것 같은 역자를 위해 항상 기도로 품어 주고 내조와 외조를 하는 아내와 세 아들, 그리고 한샘교회 식구들에게 진심어린 감사의 말씀을 드립니다. 마지막으로, 항상 불효 자식을 위해 물심양면으로 헌신하시고 기도해 주시는 김형기, 이홍기 명예 권사님께 사랑과 공경의 마음을 담아 이 책으로 하늘 같은 은혜에 조금이나마 보답드리고 싶습니다.

약어표

ANF	*The Ante-Nicene Fathers*, ed. A. Roberts and J. Donaldson, rev. A. C. Coxe (reprint, Grand Rapids: Eerdmans, 1969–73)
AugStud	*Augustinian Studies*
C	The creed of Constantinople (called the Nicene Creed or the Niceno-Constantinopolitan Creed) (cf. "N" below)
CCSL	Corpus Christianorum: Series latina (Turnhout: Brepols, 1953–)
CD	Karl Barth, *Church Dogmatics*, ed. G. W. Bromiley and T. F. Torrance (Edinburgh: T & T Clark, 1956–77)
CO	John Calvin, *Opera quae supersunt omnia*, ed. Guilielmus Baum, Eduardus Cunitz, and Eduardus Reiss, 59 vols. Corpus Reformatorum, vols. 29–87 (Brunswick, 1863–1900)
CO^2	*Ioannis Calvini opera omnia* (Geneva: Librairie Droz, 1992–)
CTJ	*Calvin Theological Journal*
DRev	*Downside Review*
ECR	*Eastern Churches Review*
EECh	*Encyclopedia of the Early Church*, ed. Angelo di Berardino, trans. A. Walford (New York: Oxford University Press, 1992)
EvQ	*Evangelical Quarterly*
GCS	Die griechische christliche Schriftsteller der ersten drei Jahrhunderte (Berlin, 1897–)

Greg	*Gregorianum*
HTR	*Harvard Theological Review*
JETS	*Journal of the Evangelical Theological Society*
JBL	*Journal of Biblical Literature*
JTS	*Journal of Theological Studies*
LSJ	Henry George Liddell and Robert Scott, *A Greek-English Lexicon*, rev. Henry Stuart Jones, 9th edition (Oxford: Clarendon Press, 1940)
LN	Johannes P. Louw and Eugene A. Nida, eds., *Greek-English Lexicon of the New Testament Based on Semantic Domains* (New York: United Bible Societies, 1988)
MJT	Mid-America *Journal of Theology*
N	The creed of Nicaea (cf. "C" above)
NPNF[1]	*A Select Library of the Nicene and Post-Nicene Fathers of the Christian Church*, [first series,] ed. P. Schaff (reprint, Grand Rapids: Eerdmans, 1978-79)
NPNF[2]	*A Select Library of the Nicene and Post-Nicene Fathers of the Christian Church*, second series, ed. P. Schaff and H. Wace (reprint, Grand Rapids: Eerdmans, 1979)
NT	New Testament
NTS	*New Testament Studies*
OCP	*Orientalia christiana periodica*
OS	*Joannis Calvini opera selecta*, ed. P. Barth and W. Niesel, 5 vols. (Munich: Chr. Kaiser, 1926-52)
OT	Old Testament
PG	Patrologia graeca, ed. J.-P. Migne et. al. (Paris, 1857-86)
PL	Patrologia latina, ed. J.-P. Migne et. al. (Paris, 1878-90)

RevScRel	*Revue des sciences religieuses*
SBET	*Scottish Bulletin of Evangelical Theology*
SCJ	*Sixteenth Century Journal*
Service Book	*Service Book of the Holy Orthodox-Catholic Apostolic Church*, comp. and trans. Isabel Florence Hapgood, 3rd ed. (Brooklyn, N.Y.: Syrian Antiochene Orthodox Archdiocese of New York and All North America, 1956)
SJT	*Scottish Journal of Theology*
ST	Thomas Aquinas, *Summa theologica*
StPatr	*Studia patristica*
StVladThQ	*St Vladimir's Theological Quarterly*
SwJT	*Southwestern Journal of Theology*
TDNT	*Theological Dictionary of the New Testament*, ed. Gerhard Kittel and Gerhard Friedrich, trans. and ed. Geoffrey W. Bromiley (Grand Rapids: Eerdmans, 1964–76)
Them	*Themelios*
TynBul	*Tyndale Bulletin*
WCF	Westminster Confession of Faith
WLC	Westminster Larger Catechism
WSC	Westminster Shorter Catechism
WTJ	*Westminster Theological Journal*

The Holy Bible: English Standard Version (Wheaton, Ill.: Crossway Bibles, 2001).

Qur'an   *The Meaning of the Holy Qur'an*, ed. 'Abdullah Yusuf 'Ali, 9th ed. (Beltsville, Md.: Amana Publications, 1997).

서론

삼위일체는 다섯 개(five)의 관념들이나 특성들, 네 개(four)의 관계들, 세 개(three)의 위격들, 두 개(two)의 발현들, 한 개(one)의 실체나 본성, 그리고 몰이해(no understanding)에 관한 문제다.[1]

이렇게 말한 사람은 버나드 로너건(Bernard Lonergan)이었다고 생각한다. 훌륭하게도 칼 라너(Karl Rahner)는 1967년 당시에 만연해 있던 삼위일체에 대한 무관심을 주목하게 만들었다.

만일 삼위일체의 교리가 잘못된 것으로 그 가치가 격하된다면 대부분의 종교 문헌 역시 실제로 아무것도 변하지 않은 상태로 남게 될 것이다.[2]

그때 이후로 수많은 책들이 등장했지만, 내가 아는 한 이런 움직임의 여파가 아직도 강단이나 회중석까지 스며들지는 않았다.

그것은 주로 신학 논문에만 국한되고 종종 다른 문제들—초교파적인 문제들, 생태학적인 문제들, 평등주의적 문제들—을 지지하는 데만 사용되고 있다. 삼위일체 교리는 대부분의 목회자들과 신학생들을 포함한 다수의

---

1   이 서론은 필자의 논문을 약간 수정한 것이다. "The Trinity-Yesterday, Today and the Future," *Them* 28/1 (autumn 2002): 26-36.
2   Karl Rahner, *The Trinity*, trans. Joseph Donceel (New York: Crossroad, 1997), 10-11.

그리스도인에게 여전히 철학적 전문 용어로 가득하고 눈에 띠지 않는 골방에 숨겨졌으며, 일상 생활과 동떨어진 먼 수학적 수수께끼와 같다.

나는 뜻밖에도 여러 해에 걸쳐 대부분의 교계 안에 퍼져 있는 혼란스러움을 보고 깜짝 놀랐다. 하지만 최근에 싱클레어 퍼거슨이 다음과 같이 말해 주었다.

> 나는 다소 명확한 사고에 관해 자주 성찰해 왔는데, 그것은 그의 제자들이 그들 위에 임한 세상의 붕괴가 임박했을 때, 우리 주님이 다락방에서 아주 많은 시간을 들여 그들에게 삼위일체의 신비에 관해 말씀하셨다는 것이다. 만일 어떤 것이 실제적 기독교를 위해 삼위일체론의 필요성을 강조할 수만 있다면, 그것은 확실히 그렇게 되어야 한다![3]

1. 삼위일체론이 지닌 잠재적 문제점

통상적으로 기독교에 일부 문제가 되는 것은 토론과 논쟁을 하면서 고대 교회가 성경적 개념들을 옹호하기 위해 어쩔 수 없이 성경 밖의 용어들을 사용했다는 점일 것이다. 이런 작업이 필요한 것은 이단들이 자신들의 잘못된 사상을 지지하기 위해 성경을 남용했기 때문이다.

아타나시우스(Athanasius)는 니케아 공의회(Nicea Council, 주후 325)에서 발생한 사건을 엿보게 해 주는데, 그때 모인 주교들이 아들(the Son)은 영원하지 않으며, 하나님에 의해 창조되었으므로 하나님이 아버지가 되었다는 아리우스(Arius)의 주장을 거부했다.

원래는 아들이 "하나님에게서"(from God) 나왔다는 진술이 공의회에서 발의되었다. 이것이 의미했던 바는 아들이 다른 어떤 근원에서 나오지 않

---

3   E-mail 메시지를 허락하여 게재함(4 April 2003).

고 피조물도 아니라는 점이었다. 그러나 아리우스를 동정했던 사람들이 그 구절에 동의하였는데, 이는 그들이 보기에 모든 피조물이 하나님에게서 나왔기 때문이었다. 결과적으로, 공의회는 아리우스 해석의 모든 가능성을 배제시킬 한 단어를 찾을 수밖에 없었다.[4]

성경의 용어로는 이 문제를 해결할 수 없었다. 왜냐하면, 그 충돌이 우선적으로 성경 용어의 의미에 관한 것이었기 때문이다. 이 사건이 우리에게 상기시켜 주는 바는 우리가 어떤 표현을 이해하기 위해 특정 맥락 안에서 그것을 생각해야 한다는 것이다. 의미는 그 표현 자체만을 반복하는 데서 나오지 않기 때문이다. 사전이 이것을 명확하게 보여 주는 실례이다. 사전은 다른 여러 단어와 구로 바꾸어 단어들의 의미를 설명하기 때문이다. 우리는 삼위일체를 명확하게 사고하기 위해서 교회의 토론 역사를 마주할 필요가 있다.

아우구스티누스는 『삼위일체론』(De Trinitate)이라는 책에서 이렇게 썼다.

> 다른 어떤 주제 안에 이보다 더 위험한 오류나, 더 힘든 연구나, 더 유익한 진리의 발견은 없다.[5]

영국의 호수공원지역(Lake District)에 있는 헬벨린(Helvellyn) 산에는 스트라이딩 엣지(Striding Edge)로 알려진 유명한 구역이 포함되어 있다. 그 지점에서 정상으로 가는 길은 좁은 산마루, 즉 양쪽 측면에 수직으로 경사진 지면을 따라 이어진다. 양쪽 경사지 위에서 구역질날 정도의 고도감과 신성한 공기를 경험할 수 있지만, 좋은 날씨에는 쉽게 통과할 수 있다.

그러나 "그 길을 따라 서있는 기념비들이 증언해 주는 것처럼 조심성 있는 많은 보행자들이 재난을 당했다."[6] 그곳은 "고소공포증이 있는 사람

4　Athanasius, On the Decrees of the Synod of Nicaea 19-21 (PG 25: 447-54).
5　Augustine, De Trinitate 1.3.5 (PL 42:820-22).
6　www.antonytowers.btinternet.co.uk/001/indexalt.html.

에게 추천할 수 없다."⁷ 삼위일체에 대한 탐구가 이와 유사한 느낌을 갖게 한다. 왜냐하면, 우리는 항상 양쪽 경사지 위에 불쑥 드러나는 위험과 함께 좁은 길에서 조심스럽게 균형을 잡고 있기 때문이다. 그런데 많은 이들은 이 균형을 유지할 수 없는 사람들이다.

동방교회와 서방교회는 한 쪽이나 다른 쪽에 대해 불균형에 빠지는 서로 다른 성향에 직면해 왔다. 동방교회는 일찍부터 엄밀하게 명확하지 않은 아들과 성령의 신적 위치와 더불어 그들이 파생되었다고 보는 종속론(subordinationism)과 조우했었다.

이런 입장은 4세기 논쟁 때까지 일반적 흐름이었다. 하나님이 한 분되심을 손상시키지 않으면서 세 분이라고 하는 것에 대한 전문용어는 아직 생겨나지 않았다. 그 후에 동방교회는 세 위격에 초점을 맞추기 시작하면서 때로 아버지를 아들과 성령의 위격적 실재(personal subsistence)뿐 아니라 그 신성의 원천으로 보는 경향이 있었다.

이런 식으로 아들이 어떻게 아버지보다 조금 덜 신적인 분으로 보일 수 있는지를 파악하기는 쉽다. 아들은 하나님 자체 보다는 파생에 의해 하나님의 신성을 소유한 것이다. 동방신학의 가장 큰 장점은 이런 위험을 피한 것이었다. 그러나 최근에 서방교회에서 동방교회의 중요성을 다시 깨달으면서 사회적 모델의 삼위일체론이 서방교회에 등장했는데, 이것은 세 위격의 구별성에 초점을 맞춰 종종 '느슨해진 삼신론'(loose tritheism)으로 기울어지기도 한다.⁸

서방교회는 그것에 관하여 양태론(modalism)쪽으로 더 기울어졌다. 이는 영원한 위격 간의 구별이 사라지는 것을 의미했다. 이것은 다음 두 방식

---

7 www.onedayhikes.com/Hikes.asp?HikesID=4.
8 몰트만(Jurgen Moltmann, *The Trinity and the Kingdom: The Doctrine of God* [London: SCM, 1991])은 이런 주장을 어쩌면 예증하는 것으로 인용돼 왔지만, 판넨베르크(Wolfhart Pannenberg, *Systematic Theology*, trans. Geoffrey W. Bromiley [Grand Rapids; Eerdmans, 1991], 1: 309-12])는 이것을 거부한다.

에 의해 발생하는데, 아버지, 아들, 성령으로서의 하나님의 자기계시를 단일한 위격을 지닌 하나님이 스스로를 계시하신 (사벨리우스가 3세기에 주창한 바와 같이) 연계적인 방식으로 취급하든지, 아니면 그 대신에 인간의 역사에서 하나님의 계시는 그분이 영원히 존재하시는 분이라는 것을 우리에게 말해 준다는 것을 마지못해 인정하든지 하는 방식이다.

어느 방식이든, 우리는 하나님에 관한 참된 지식이 전혀 없는 상태가 되어 버렸다. 왜냐하면, 하나님이 당신 자신에 대해 성경에서 말씀하신 바가 그분이 실제로 어떤 분이신지를 반영하지 않을 수 있기 때문이다. 이러한 극단적 이단들과는 달리, 일반적으로 서방교회의 삼위일체론은 하나의 신적 본질의 우선성에 기초해 왔고 삼위의 구별을 올바르게 평가하는 데 약간의 어려움을 겪어왔다.

이 책을 읽는 대부분의 독자들이 서방교회 소속이기 때문에 이런 양태론적 성향이 가장 직접적인 위협이 된다. 아우구스티누스의 지배적인 영향력이 엄습한다. 아우구스티누스는 『삼위일체론』 후반부에서 그 한계를 충분히 인지하면서도[9] 삼위일체에 대한 유비를 망설임 없이 소개한다.

그러나 이 유비들은 여러 해에 걸쳐 큰 영향을 미쳤다. 하나님의 일체성(unity)이 아우구스티누스의 출발점이기 때문에 그 유비들은 하나님의 본질이 삼위보다 우위에 있음을 기초로 한다. 그는 인간의 마음속에서 삼위일체를 반영할 만한 것들을 찾는다. 이 때문에 아우구스티누스는 삼위의 위격적 구별을 온전히 다루기가 어렵다는 것을 알았다. 예를 들어, 그는 사랑하는 자(아버지), 사랑받는 자(아들), 그리고 둘 사이에 존재하는 사랑(성령)의 관점에서 삼위일체를 기술한다.

아우구스티누스는 여기서 성령을 비인격화하는가?

결과적으로, 사랑은 특성이지 위격이 아니다.

이후에 아퀴나스는 '한 분 하나님에 관하여'(*de Deo uno*)를 '삼위일체 하

---

[9] Augustine, De Trinitate 8-15.

나님에 관하여'(*de Deo trino*)와 별개로 언급한다. 아퀴나스는 『이방인대전』 (*Summa contra Gentiles*) 제1권에서 신론을 자세히 고찰한 후에 제4권까지 삼위일체에 대한 토론을 이어 간다. 『신학대전』 제1부의 1-25문에서는 신의 존재와 속성에 대해 토론하고, 27-43문에서만 삼위일체를 다룬다. 이러한 구조가 서방교회에서 신학 교과서의 표준이 되어 버렸다.

개신교 진영의 찰스 하지(Charles Hodge)는 하나님이 삼위일체라는 사실을 다루기 전까지 하나님의 존재와 속성을 언급하는 데 거의 250페이지를 할애한다.

루이스 뻘콥(Louis Berkhof)도 똑같은 절차를 따른다.[10] 이런 경향은 계몽주의의 압력으로 격화되었다. 계시에 대한 전반적인 생각이 칸트의 구조 (Kantian framework)에서 문제가 되었다.

침체의 징후로 슐라이어마허(Friedrich Schleiermacher)는 『기독교 신앙』(*The Christian Faith*)의 부록에서 삼위일체를 제한적으로만 다루었다.

워필드(Benjamin B. Warfield)조차 양태론적 입장을 갖고 놀이를 하는데, 이때 그는 인간의 역사 속에서 아버지와 아들 관계의 어떤 측면들이 삼위일체의 위격 간의 언약의 결과였을 가능성과 하나님 안에 있는 영원한 실재를 나타내지 않을 수도 있었을 가능성을 제안한 다음에 완강히 거부한다.[11]

패커(James I. Packer)는 『하나님을 아는 지식』(*Knowing God*)에서 한 장을 삼위일체에 대해 다룬다. 그것은 그가 그 책을 진행해 나가는 방식이지만,

---

10 하지는 하나님의 존재와 속성에 관하여 그의 책(Charles Hodge, *Systematic Theology* [Grand Rapids: Eerdmans, 1977]) 1권 191-441쪽에서, 삼위일체에 관하여는 1권 442-82쪽에서 다룬다. 뻘콥은 하나님의 존재와 속성에 관하여 그의 책(Louis Berkof, *Systematic Theology* [London: Banner of Truth, 1958], 19-81) 19-81쪽에서, 삼위일체에 관해서는 82-99쪽에서 다룬다.

11 B. B. Warfield, "The Biblical Doctrine of the Trinity," in *Biblical and Theological Studies*, ed. Samuel G. Craig (Philadelphia: Presbyterian and Reformed, 1952), 22-59, 특히, 54-55.

그때 그는 아무 일도 없는 것처럼 진행해 간다.[12]

계몽주의적 세계관을 따라, 18세기부터 관심의 초점은 하나님에 대한 관심에서 이 세상으로 옮겨졌다. 알렉산더 포프의 유명한 시는 다음과 같이 요약된다.

> 네 자신을 알라, 하나님이 눈여겨본다고 생각하지 말라. 인류에 대한 적절한 연구는 바로 인간이다.[13]

인간에 대한 연구—심리학, 사회학, 그리고 인류학이 가장 두드러졌다—에 전념하는 새로운 학문 분야들이 19세기에 등장한다. 이어서 역사의식(historical consciousness)에 대한 놀랄 만한 발전이 있었다. 성경학자들은 역사적 예수에 대해 탐구한다. 영원성과 존재론에서 분리된 칸트의 세계로부터 압력을 받은 성경신학은 아버지와 아들에 관한 성경의 진술들을 역사적 차원에서만 언급하는 것으로 제한하려 한다.

고전적인 예가 오스카 쿨만(Oscar Cullmann)의 주장인데, 그것은 신약성경의 기독론이 순전히 기능론적이라는 주장이다.[14] 이러한 사고 유형이 갖고 있는 문제는 만일 성경 진술에 관한 언급이 오직 이 세상에 관한 것이라면 하나님은 굳이 당신이 영원히 존재한다고 자신을 계시할 필요가 없었다는 점이다.

복음주의자들은 그들의 특수한 문제점들을 갖고 있다. 성경주의(biblicism)는 강한 특징이 있었다. 종교개혁 후에 교회와 세상을 무시하는 사적화된(privatized) 개인주의적 종교로의 내리막 현상은 많은 사람들로 하여금

---

12 J. I. Packer, *Knowing God* (London: Hodder and Stoughton, 1973), 67-75 (314쪽 가운데). 『하나님을 아는 지식』(CLC 刊).
13 Alexander Pope, *An Essay on Man*, 2:1.
14 Oscar Cullmann, *The Christology of the New Testament* (London: SCM, 1959), 326-27; cf. [Cullmann,] "The Reply of Professor Cullmann to Roman Catholic Critics," trans. Robert P. Meye, *SJT* 15 (1962): 36-43, 거기서 그는 자신의 초기 주장을 수정한다.

성경연구에서 얻은 최근의 통찰력을 지지하는 에큐메니컬 신조들-그 배후의 동기가 무엇일지라도[15]-을 경시하게 만들었다. 교회의 삼위일체 교리 가운데 도드라진 면들은 비성경적이라고 자주 조롱받고 무시당해 왔다.[16] 정통 교리에 대한 반대는 종종 교회의 가르침을 희생하고 성경을 강조하는 사람들에게서 나오는 경향이 있었다.[17]

이 사람들은 성경의 언어 자체가 다양한 해석들-어떤 것들은 충실하지만 다른 것들은 그렇지 않다-에 열려 있기 때문에 성경 밖의 용어를 사용할 수밖에 없었다는 것을 잊어버렸다. 우리는 앞에서 니케아 공의회에서 '실체'(ousia)와 '동일본질'(homoousios)이라는 단어들의 도입에 대한 아타나시우스의 견해를 언급했다.

오늘날 서방 그리스도인들은 대부분 실제적 양태론자들(practical modalists)이다. 일상적으로 하나님을 언급하는 방식은 "하나님"(God)이거나 특히 대중적 차원의 "주님"(the Lord)이다.

우리는 이것을 4세기의 위대한 카파도키아 교부였던 나지안주스의 그레고리우스(Gregory Nazianzen)의 발언과 대비해 볼 만하다. 그는 "나는 하나님을 말할 때 아버지와 아들 그리고 성령을 의미한다"라고 하면서 "나의 삼위일체"를 언급했다.[18] 실제적 양태론은 삼위일체의 역사적 교리에 대한 일반적인 이해의 결핍과 함께한다.

1992년 6월 런던판 타임지의 편집자에게 보내는 글에서, 잘 알려진 앵글리칸 복음주의자 데이비드 프라이어(David Prior)는 그가 어떻게 삼위일체 주일에 삼위일체에 관한 설교에 적절한 예화를 찾았었는지를 언급했

---

15   Robert Letham, "Is Evangelicalism Christian?" *EvQ* 67/1 (1995): 3-33.
16   Robert L. Reymond, *A New Systematic Theology of the Christian Faith* (New York: Nelson, 1998). 이 책의 2판에서 레이몬드는 기꺼이 이런 성향을 교정한다.
17   Gregory Nazianzen, Orations 28; 31.3 (PG 36:29-72, 136-37); John Calvin, *Institutes of the Christian Religion*, trans. Ford Lewis Battles, ed. John T. McNeill (Philadelphia: Westminster Press, 1960), 1.13.2-5.
18   Gregory Nazianzen, Orations 28; 38.8 (PG 36:29-72, 320).

다. 그는 TV에서 영국과 파키스탄 간의 두 번째 크리켓 우승 결정전 경기를 시청하면서 그것을 발견했다.

영국의 레그 스피너(leg spinner)인 이안 샐리스베리(Ian Salisbury)는 빠른 연속동작으로 레그볼(leg break), 곡구(曲球, googly), 톱스핀(top spinner)을 던졌다.[19] 세 가지 다른 방식으로 자신을 표현하고 있는 한 사람, 바로 그가 필요로 했던 예화가 거기에 있었다고 그는 외쳤다. 우리는 프라이어가 크리켓의 중요성-신학에 대한 연민-을 밝혀준 데에 대해 만점을 준다. 통찰력이 있는 한 수신자는 그 편지가 '널리'(wide) 알려져야 한다고 답신했다.

삼위일체를 설명하기 위해 사용되었던 다음의 공통 유비들을 생각하라. 공통의 인성(humanity)을 공유하고 있는 세 사람에 대한 속성의 유비(the generic analogy)는 닛사의 그레고리우스(Gregory of Nyssa)와 다른 사람들이 고찰하고 거부했던 것인데, 최근에 로버트 레이몬드(Robert Reymond)가-그가 비록 개정판에서는 단념했지만-『최신 조직신학』(*A New Systematic Theology*)이라는 책(제1판)에서 채택했었다.

먼저 인성은 세 사람에게 제한되지 않기 때문에 이 비유는 틀렸다. 한 사람이나 5조(兆) 명의 사람에 대해 상상할 수 있다. 삼위일체는 더도 아니고 덜도 아니고 삼위로만 구성된다. 게다가 세 사람은 개별적인 인격적 실체인데 반해, 삼위일체의 삼위는 동일한 신적 영역을 차지하면서, 서로 내주하는 동등한 신적 실체를 공유한다. 속성의 유비는 삼위일체가 아닌 삼신론이나 하나의 만신전(pantheon)을 낳고 만다.

삼위일체에 대한 다른 유비들, 가령 한 가지에 세 잎이 있는 클로버 잎사귀의 유비는 복음주의자들이 자주 사용한다. 그러나 각 잎사귀는 단지 전체의 3분의 1뿐인 반면, 삼위일체의 세 위격은 함께하는 동시에 개별적으로 온전한 하나님(the whole God)이시다. 이 유비는 삼위의 신성을 파괴시키고, 다시 한번 양태론으로 환원된다. 나지안주스의 그레고리우스가 5

---

19 이것은 이런 유형의 투수가 타자에게 볼을 던질 수 있는 세 가지 다른 방식을 가리킨다.

번째 신학 연설의 끝부분에서 강조한 것처럼, 우리 주변 세계에는 기독교 삼위일체 교리를 알맞게 전해 줄 만한 유비가 전혀 없다.

콜린 건턴(Colin Gunton)은 아우구스티누스에게서 물려받은 양태론적 성향이 동방교회와는 달리 서방교회와 대항한 무신론과 불가지론의 근저에 있다고 주장했다. 그의 주장이 얼마나 타당하든지 간에 서방의 삼위일체론은 아우구스티누스가 씌운 족쇄를 풀기 어렵다는 것을 발견했다.

두 가지 예만 인용한다면, 바르트와 라너 모두 그 방향에 있어 강한 편견을 갖고 있다. 특히, "하나님이 자신을 주님으로 계시하신다"라는 삼위일체에 관한 바르트의 진술과, 계시자/계시/계시수납(revealedness)이라는 바르트의 삼원 체제는 단일 위격성(unipersonality)의 뉘앙스를 풍긴다. 공정하게 말해서 바르트 역시 라너처럼 양태론을 멀리 하고 있다는 점을 우리가 알아야 하겠지만 말이다.[20]

동방교회는 그 부분에 대해 서방교회의 양태론적 경향을 명확하게 발견했다. 필리오케 구절[21]이 가장 중요한 하나의 실례인데, 그들이 보기에 그 구절 자체가 성령을 발현시키는 데 있어 아버지와 아들이 똑같이 참여한다고 간주함으로써 양자 간의 구별을 흐려놓았다.[22]

동방교회에 따르면, 아버지는 아들이 아니고 아들도 아버지가 아닌데, 어떻게 성령이 구별이나 조건 없이 양자에게서 발현한다고 말할 수 있는가?

동방에서 보기에 이러한 구별이 없음은 서방의 전체 삼위일체 교리에 어두운 그림자를 드리운다.

서방교회는 반대로 그것이 종속론과 동방교회에 있는 삼신론의 위험으로 간주하는 것을 성급하게 지적해 왔다. 제한적이지만 내 자신의 경험으

---

20 Karl Barth, *CD*, I/1: 295ff.
21 이것은 니케아-콘스탄티노플 신조에서 서방교회가 첨가한 구절이다(*filioque*는 "그리고 아들로부터"를 의미한다).
22 따라서 아우구스티누스는 "단일한 원천이신" 양자로부터 발현하는 성령에 대해 썼다. *De Trinitate* 15.17.27; 26.47 (PL 42:1079-80, 1092-96).

로 볼 때, 서방의 많은 사람들은 위격간의 관계에 대해 말하기를 망설이는데, 이것이 삼위의 평등성이나 심지어 일체성에 도전한다고 여기는 것으로 보인다. 이것은 부분적으로 보수적 개신교 안에서 그 문제에 기울이는 주의가 부족하기 때문일 것이다.

2. 삼위일체론의 회복에 따르는 잠재적 유익들

밑바닥 즉 일반 목사와 평신도의 수준에서 삼위일체를 회복시키는 것은 교회의 생명과 세상에서의 교회의 증거에 활력을 불어넣는 데 기여하리라는 것이 필자의 신념이다.

1) 예배 안에서 그 가능성을 살펴보자

바울에 따르면, 그리스도인의 경험은 철저히 '삼위일체적'(Trinitarian) 경험이다. 그 경험은 세 위격이 우리의 구원을 계획하고 보증하는 일에 관여하심에서 비롯되기 때문이다. 그리스도에 의해 성취된 화해 덕택에 교회 안에 있는 모든 이들이 성령과 교제하게 되었다. 유대인이든 이방인이든 우리는 성령 안에서, 혹은 성령에 의해서 그리스도를 통해 아버지에게 나아간다(엡 2:18). 기도와 예배 그리고 하나님과의 교제는 당연히 '삼위일체적'(Trinitarian)이다.

아버지께서 성령 안에서 혹은 성령에 의해서 "우리와 우리의 구원을 위해" 아들을 통해 자신을 알리신 것 같이, 우리 모두는 이 정반대의 움직임에 휘말려 들었다. 우리는 '삼위일체적'으로 충만한 환경에서 살고 움직이고 존재한다.

우리는 예수님께서 "참된 예배자는 이제부터 성령과 진리 안에서 예배할 것"(요 4:21-24)이라고 사마리아 여인에게 하신 말씀들을 또한 상기한다.

우리는 얼마나 자주 이것이 외적인 것과 대조되는 내면에 관해, 유형의 예배보다 영성에 관해, 형식주의에 반대되는 진심(sincerity)에 관해 언급된 것이라고 들어왔는가?

그 대신에 바실 대제와 알렉산드리아의 시릴과 같은 많은 헬라 교부들과 함께 더 직접적이고 타당한 진술은 성령(요한복음에서 성령[pneuma]에 관한 다른 모든 언급들은 아마 두 절[11:33; 13:21]만 제외하고 삼위일체의 제3위에 관한 것이다)과 진리의 살아 있는 구현이신 예수 그리스도(길과 진리와 생명, 14:6, 17; 1:15, 17; 8:32 이하; 16:12-15)에 대한 것이다.

이는 전체적으로 하나님에 대한 그리스도인의 경험이 예배나 기도나 그 외의 것을 포함하여 '삼위일체적'(Trinitarian)이라는 것이다.

여러분은 얼마나 자주 그것을 가르치거나 설교하거나 강조하는 것을 들어본 적이 있는가?

중요한 점은 그리스도인의 경험의 가장 근본적인 차원에서 폴라니(Michael Polani)가 과학적 지식의 "암묵적 차원"(tacit dimension)이라고 불렀던[23] 것에 해당하는 이것이 모든 기독교 신자에게 공통적이라는 사실이다. 필요한 것은 미리 표명된 이런 차원의 경험과 개선된 신학적 이해 사이의 간격을 메우는 일이다. 그 결과 이것이 명시적으로, 입증할 수 있을 정도로, 그리고 전략적으로 교회와 그 구성원들에 대한 이해 속에서 실현된다.

내가 이미 언급했던 질병에 필요한 교정은 바로 여기서 시작되어야 한다. 만일 그것이 여기서 시작된다면 아래의 많은 문제들이 엄청나게 계몽될 것이다. 우리의 신학이 근거를 두어야 할 곳은 예배이기 때문이다.

---

23   Michael Polani, *The Tacit Dimension* (Chicago: University of Chicago Press, 1958).

2) 우리는 삼위일체적 창조관을 되찾고 개선할 필요가 있다

콜린 건턴은 이 분야에서 몇몇 탁월한 작품을 만들어 냈다.

우리 주변 세계와 위로 하늘에 모든 곳에 명명백백한 다양성 안에서의 일치와 일치 안에서의 다양성이 삼위일체의 창작에 호소하지 않고 어떻게 설명될 수 있는가?

다원주의에 대항해 싸우는 데 에너지를 소비하는 대신 그리스도인들이 우주의 질서와 일관성 그리고 그 부분의 차별성을 모두 분명하게, 명시적으로 설명하는 창조에 대한—이어서 환경에 대해—적극적인 신학적 접근을 고안할 필요가 있다. 엄밀히 우주가 창조주, 삼위 하나님의 영광을 선포하기 때문에 우리는 세상을 운명의 장난이나 우연의 사건으로 이용하는 것이 아니라 감사드리는 청지기 마음으로 보존하고 개발해야 한다.

3) 정말로 매우 기본적인 차원에서 삼위일체에 대한 명백한 태도는 우리가 사람들에 대하는 방법에 깊은 영향을 미쳐야 한다

아버지는 당신의 아들을 통해 왕국을 확장시키고 아들은 아버지를 영화롭게 하며, 성령은 자신이 아닌 아들에 대해 말하고 아버지는 아들을 영화롭게 하신다.[24] 모든 사람이 아버지의 영광으로 성령에 의해 예수를 "주"라 부를 것이다. 세 위격은 각각 나머지 다른 위격들의 선을 기뻐하신다.

빌립보서 2:5-11에서 바울은 수신자들에게 성육신하신 그리스도를 따르라고 설득한다. 그리스도는 자신의 이익을 위해 하나님과의 동등함을 이용하지 않으셨다. 그 대신에 그분은 인성을 취하시고 "종의 형상"을 덧입음으로써 자신을 비우셨다. 그분은 우리의 구원을 이루시기 위해 십자가 위에서 죽는 순간까지 복종하셨다. 그래서 그 제자들은 그분을 따르는—꼭 움켜쥐

---

24 Pannenberg, *Systematic Theology*, 1:308-27.

고 이기심 많은 첫 아담과 반대로 신실하고 순종적이며 이타적인 둘째 아담의 삶과 같은-삶을 형성해야 한다.

그러나 바울의 설명은 그리스도께서 성육신하기 이전의 상태로 기억을 거슬러 올라간다. 지상사역에서 그분의 활동은 이전의 성품과 조화를 이뤘다. 하나님의 형상을 지닌 예수님은 항상 그런 식으로 행동하셨기 때문에 그렇게 행동하셨다. 사실 삼위일체의 삼위 모두는 항상 그와 같이 행동하셨다. 우리도 그렇게-타인들의 관심사를 돌아보면서-살아야 한다.

그것이 예수님이 행하셨던 방식이고 또 하나님다운 모습이기 때문이다. 그 정반대는 삭막하다. 타락한 인간의 행로는 온통 이기심을 추구하지만 하나님은 적극적으로 다른 사람들의 이익을 추구하신다.

4) 완전히 자기 의식적이고 발전된 삼위일체신학은 장래의 전도와 선교의 진보에 반드시 필요하다

우리는 호전적인 모습으로 되살아난 이슬람과 정면으로 맞서고 있다.

나는 이슬람 또는 이 문제에 대해 단일한 신에 대한 믿음에 기초한 어떤 종교가 도무지 어떻게 인간의 인격성을 설명하거나 이 세상의 통일성 안에 있는 다양성을 설명할 수 있는가?

이슬람 국가들이 획일적이고 독재적인 정치 체제들과 결부되어 있다는 것은 놀라운 일인가?[25]

만일 기독교 신앙이 이 모든 세기들 이후에도 전진할 수 있으려면, 그것은 다른 것들 가운데에서도 기독교의 삼위일체에 대한 가르침 때문에 기독교가 이성에 반한다는 코란의 퇴짜 놓기와 함께 이슬람의 근저에서부터 시작해야 한다.[26] 역사적 이유들 때문에 동방에 있는 교회는 이슬람의 주

---

25   한 가지 주목할 만한 예외가 터키인데, 이 나라는 무스타파 케멀(Mustafa kemal)이 1923년에 국가를 세속화했기 때문에 민주적이다.
26   Qu'ran 4:171; 5:73.

도권에 맞서 방어적이었다. 이제와 미래를 위해 우리는 용기를 회복해야 한다. 이것이 이슬람교의 불신의 근간이며 가장 취약한 지점이기 때문이다. 정치적으로 올바른 다원주의자들은 우리를 막기 위해서 그들이 할 수 있는 모든 것을 할 것이다.

약간 다른 면에서 포스트모더니즘은 다양성 안에 있는 통일성을 설명할 수 없다. 이슬람은 호전적이면서 획일적으로 통합하는, 다양성을 위한 조항이 전혀 없는 원리이지만, 포스트모더니즘은 호전적으로 다양화하는, 통일성을 위한 기초도 전혀 없는 원리이다. 객관적 지식과 절대 진리에 대한 포스트모더니즘의 거부는 이 세상에서 질서에 대해 설명할 방법을 전혀 남겨놓지 않는다.

계몽주의적 합리주의가 사람이 만들어놓은 통일성을 부과했던 반면에, 후기 계몽주의 세계는 통일성이 없이 분열 번식하는 다양성을 낳았다. 객관적 지식에 대한 거부로 인해, 그것은 과학을 일관되게 지지할 수 없고, 그 결과 미생물과의 싸움을 지탱할 수 없다(어느 누가 단순히 언어 게임이나 권력을 위해 조작하는 운동에 몰두한다고 약을 저항하는 박테리아와 바이러스에게 말한 적이 있는가?). 또한, 결국에는 우리 사회가 이 사회를 전복시키고 싶어 하는 공격자들에 맞서 스스로 방어하는 데 필요할 무기 개발을 지속할 수 없을 것이다.

정치학에서 나는 이미 일원론적 신관과 획일적인 독재정치 사이의 관계를 제안했던 적이 있다. 이것은 전혀 새로운 주장이 아니다. 몰트만과 같은 사람들이 훌륭하게 공표했기 때문이다. 삼위일체 하나님에 대한 적절한 이해는 분명 그분의 계시와 우리의 수용 능력의 범위 내에서 전혀 다른 결과를 가져올 수 있다.

하나님은 타자의 이익과 복지를 추구하는 반면, 죄 가운데 빠진 우리는 먼저 우리 자신의 이익을 찾기 때문에 삼위일체에 기초한 사회만이 권리와 책임, 자유와 질서, 평화와 정의 사이에 알맞은 균형을 가장 근접하게 이룰 수 있을 것이다.

하나님의 삼위일체성을 통합적이고 생생한 기독교의 경험과 증언과 선교를 개간하는 길은 어떤가?

우리는 한편으로 종속론의 위험과 다른 한편으론 양태론의 위험을 벗어나 어떻게 동방교회와 서방교회의 접근법의 함정을 피해야 하는가?

우리는 어떻게 가능성 있는 이 결과물들을 더 상세히 설명할 수 있는가?

이어지는 내용들에서 나는 이러한 의문들에 접근하는 몇가지 방식을 제안하고 싶다. 이것은 교회 안에서 벌어진 논쟁의 역사에 대한 폭넓은 논의를 포함할 것이다. 이것은 두 가지 이유로 꼭 필요하다.

첫째, 오늘날 삼위일체를 다룬 많은 작품은 특수한-범교회적, 생태학적, 평등주의 페미니스트의-의제들을 모색한다. 이런 작가들은 종종 과거의 논의에 대한 해석에 근거하여 주장을 한다. 하지만 이것은 종종 제한된 자료들을 매우 선택적이고 명확한 목적을 지닌 해석에 의해 발췌된다. 폭넓고 철저한 역사적 근거가 없으면, 대부분의 독자는 그런 선택에 속수무책이다. 이때 페미니스트의 경우는 이 중요한 지점에서 부전승을 거둔다.

둘째, 우리가 배워야만 하는 내용의 가장 큰 몫은 다른 사람들의 과거와 현재의 목소리를 경청하는 것으로부터 나온다. 인생에서 우리의 최고 목적이 "하나님을 영화롭게 하고 그를 즐거워하는 것"이기 때문에, 만일 우리가 주의 깊고 인내심 있게 교회의 하나님 이해의 발전을 따른다면, 그것은 우리가 이미 설명한 대로 틀림없이 큰 배당금을 가져올 것이다.

나는 현대 기독교가 하나님의 삼위일체성(triunity)에 대해 깨달은 것 안에 나타난 심각한 결함(*lacunae*)을 여러분에게 충분히 경고했다고 생각한다. 동시에 그 보상은 아주 크다. 아우구스티누스의 견해로 마무리하도록 하자. 그는 말하기를 이것은 대단히 위험한 영역의 사고와 신념이라고 했다. 이단사설이 위험천만하게도 양 옆에 근접해 있기 때문이다. 나쁜 신관은 우리의 예배와 사역, 교회의 생명과 증언, 그리고 궁극적으로는 우리 주변 세계의 평화와 조화 그리고 복지를 왜곡시키고 부패시킬 수 있다.

  삼위일체에 대한 주도면밀한 연구도 위험하긴 마찬가지다. 그것이 필히 우리를 더 친밀하고도 충만한 경외심과 예배의식으로 인도하기 때문이다. 그것은 우리에게 경건한 삶을 살아가야 할 엄청난 책임감과 특권을 부여한다.

  칼빈이 말한 바와 같이 삼위일체는 탐구보다는 오히려 경배해야 할 신비이다. 그것을 연구하는 것은 상당히 어렵다. 우리는 우리에게 너무나 장대한 나머지 그 앞에 우리 자신의 부족함을 인정하고, 머리 숙여 경배해야 하는 문제들을 다루고 있기 때문이다. 바르트의 말이 적절한 예다.

> 교정은 전적으로 우리가 생각하고 말해 온 것이 아니라, 우리가 그에 대해 생각하고 말해 온 것과 연관된다.

  로너간의 "몰이해"(no understanding)라는 말에 많은 진실이 담겨 있다. 이것들은 우리의 수용 능력을 뛰어넘는 문제이기 때문이다. 그러나 삼위일체에 대한 묵상은—아우구스티누스가 첨언한 바와 같이—최고의 보상을 해 주는데, 바로 이분이 자신을 우리에게 주셨으며, 그 분리되지 않은 존재의 일체성 안에서 아들로 말미암아 성령에 의해 아버지께로 나아오게 하신 우리의 하나님이 되시기 때문이다.

  그분은 진실로 당신 자신을—우리가 이해할 수 있는 수준으로—우리에게 계시하셨다. 그것은 영원한 삶이다. 그래서 우리는 성령의 능력과 은혜 안에서 아버지와 그가 보내신 그의 아들 예수 그리스도를 알게 되었다. 그분의 임재 안에 우리들뿐만 아니라 저 세상 사람들과 여전히 믿어야 할 사람들과 아직 태어나지 않은 사람들, 그리고 다가올 세대들과 그것을 초월한 영원한 세대들을 위한 생명과 기쁨이 영원토록 존재한다. 그러면 여러 위험 요소가 상존하는 가운데서도 삼위일체 하나님을 더 잘 알게 되는 크고 놀라운 상급을 위해 우리 함께 인내하며 이 책 전체를 끝까지 읽도록 하자.

오! 하나님!
우리가 당신께 찬양 드리며, 당신을 주님으로 인정합니다.
온 지구가 영원하신 아버지!
당신께 경배 드립니다.
당신께 모든 천사들과 하늘과 하늘에 있는 모든 권세들이 크게 외칩니다.
당신께 케루빔과 세라핌이 계속해서 외칩니다.
"거룩, 거룩, 거룩, 만군의 주 하나님이시여!
하늘과 땅이 당신의 영광의 위엄으로 가득하나이다."
사도들의 영광스러운 무리가 당신을 찬양합니다.
선지자들의 경건한 교제가 당신을 찬양합니다.
순교자들의 숭고한 군대가 당신을 찬양합니다.
온 세상 전역의 거룩한 교회가 당신을 인정합니다.
"무한한 위엄의 아버지!
당신의 영예롭고 진실하고 유일하신 아들!
그리고 위로자이신 성령님!"

오! 그리스도시여!
당신은 영광의 왕이십니다.
당신은 아버지의 영원한 아들이십니다.
당신이 인간을 구원하기 위해 책임을 지셨을 때,
당신은 동정녀의 태를 혐오하지 않으셨습니다.
당신이 죽음의 쓰라림을 이겨 내셨을 때,
당신은 모든 신자들에게 하늘의 왕국을 열어 놓으셨습니다.
당신은 아버지의 영광 안에서 하나님의 우편에 앉아 계십니다.
우리는 당신이 우리의 심판자로 오실 것을 믿습니다.

제1부

성경적 기초

제1장 구약성경의 배경

제2장 예수와 아버지

제3장 성령과 삼각 구조

보충설명 1 에베소서의 삼각 구조

예수께서 세례를 받으시고 곧 물에서 올라오실새 하늘이 열리고 하나님의 성령이 비둘기 같이 내려 자기 위에 임하심을 보시더니 하늘로부터 소리가 있어 말씀하시되 이는 내 사랑하는 아들이요 내 기뻐하는 자라 하시니라(마 3:16-17).

하물며 영원하신 성령으로 말미암아 흠 없는 자기를 하나님께 드린 그리스도의 피가 어찌 너희 양심을 죽은 행실에서 깨끗하게 하고 살아 계신 하나님을 섬기게 하지 못하겠느냐(히 9:14).

예수를 죽은 자 가운데서 살리신 이의 영이 너희 안에 거하시면 그리스도 예수를 죽은 자 가운데서 살리신 이가 너희 안에 거하시는 그의 영으로 말미암아 너희 죽을 몸도 살리시리라(롬 8:11).

예수께서 나아와 말씀하여 이르시되 하늘과 땅의 모든 권세를 내게 주셨으니 그러므로 너희는 가서 모든 민족을 제자로 삼아 아버지와 아들과 성령의 이름으로 세례를 베풀고(마 28:18-19).

주 예수 그리스도의 은혜와 하나님의 사랑과 성령의 교통하심이 너희 무리와 함께 있을지어다(고후 13:13).

제1장

구약성경의 배경

1. 창세기 1장의 하나님

태초에 하나님이 천지를 창조하시니라(창 1:1).

이 비밀스런 문장 안에 감춰진 의미를 밝히는 데 나머지 성경이 사용된다. 그럼에도 불구하고, 창세기의 첫 장은 많은 것을 드러낸다. 그것은 세계의 창조와 형성 그리고 인류가 살 수 있도록 정돈된 공간의 조성을 묘사한다. 그것은 사람을 그의 창조주 하나님과 교제하는 창조의 머리로 소개한다.

창조 행위 그 자체는 직접적이고 즉각적이며(1-2절), 이어지는 형성의 작업과 구별된다.[1] 그 결과물은 형태가 없고, 텅 비었고, 어둡고 축축한—인간이 살기에 적합하지 않은—우주이다. 창세기 1장의 나머지 부분은 세계의 형성(또는 구별)과 장식에 대해 묘사이다. 하나님은 세계가 생명이 번성하기에 적합하도록 질서, 빛 그리고 건조함을 도입하신다.

---

[1] Herman Bavinck, *In the Beginning: Foundations of Creation Theology*, ed. John Vriend and John Bolt (Grand Rapids: Baker, 1999), 100ff. 또한 Thomas Aquinas, *ST*, Pt. 1a, Q. 66, art. 1-4와 QQ. 66-74 전체를 보라.

첫째, 하나님은 빛을 창조하시고 어둠에 대한 경계를 두신다(2-5절).

둘째, 그분은 땅을 빚으시어 모양을 갖추게 하심으로, 땅은 더 이상 형태가 없지 않게 된다(6-8, 9-10절).

셋째, 하나님은 물들을 나누고 마른 땅을 만들어서, 더 이상 땅 전체가 젖어 있지 않게 된다(9-10절).

이후에 그분은 땅에 첫째로 물고기와 새, 그 다음에 육상 동물, 마지막으로 모든 것의 정점으로서 그분의 형상대로 만들어진 인류를 살게 하심으로 그 텅 빔을 끝내신다(20-30). 이 하나님은 전능하실 뿐만 아니라 또한 숙련된 계획자요 예술가요 최고의 건축가이시다.

이 순서는 날들의 두 그룹 즉 첫 번째 세 날과 두 번째 세 날 사이의 평행관계를 볼 때 명확해진다.[2] 첫째 날에 하나님은 빛을 창조하시는데, 넷째 날에는 달과 별들을 만드신다. 둘째 날에 그분은 물들을 나누어 구름과 바다를 만드시고 하늘을 만드시는데, 다섯째 날에 그분은 그곳에 살도록 새와 물고기를 창조하신다.

셋째 날에 그분은 건조한 땅을 만드시고, 여섯째 날에는 동물들과 인간을 창조하시는데, 그들의 원소가 바로 마른 땅이다. 그분은 당신의 창조물을 이름 짓고 축복하는 데서 그분의 주권적 자유를 보이시고, 그것이 완전히 선하다고 보신다. 그 모든 것의 끝에 끝나지 않은 일곱째 날이 오는데, 이때 하나님은 친히 당신 자신의 형상으로 창조하신, 자기 파트너인 사람과 함께 하려고 만든 안식에 들어가신다. 여기에는 그분을 따르라는 암시적인 초대가 있다.[3]

---

2 이 패턴은 적어도 13세기 정도로 오래전에 파악되었다. Robert Grosseteste, *On the Six Days of Creation: A Translation of the Hexaëmeron*, trans. C. F. J. Martin (Oxford: Oxford University Press for the British Academy, 1996), 160-61(5.1.3-2.1); Aquinas, *ST*, Pt. 1a, Q 74, art. 1. 내가 쓴 논문인 "In the Space of Six days': The Days of Creation from Origen to the Westminster Assembly," *WTJ* 61 (1999): 149-74를 보라.

3 히브리서 3:7-4:11과 비교해 보라.

그것은 매우 널리 인정되고 있기 때문에, 이에 대해 자세히 설명할 필요는 없다. 특별히 하나님의 주권과 그 피조물의 다양한 배치가 눈에 띈다. 특히, 그분은 삼중적인 방식으로(in a threefold manner) 땅을 만드신다.

첫째, 그분은 직접 명령하신다.
그분이 "빛이 있으라"고 말씀하시니, 빛이 존재한다(3절).
힘들어 보이지 않는 명령으로 그분은 공간을 만드시고(6절),
마른 땅(9절)과 별들(14-15절),
그리고 새와 물고기(20-21절)를 존재하게 하신다.
그분에게는 말하는 것 만으로 충분하다.
그분의 지시는 즉시로 성취된다.

둘째, 그분은 일하신다.
그분은 어둠으로부터 빛을 나누신다(4절).
그분은 공간을 만드시고, 물들을 나누신다(7절).
그분은 두 큰 빛 곧 해와 달을 만드시고, 땅에 비추도록 그것들을 우주에 두신다(17절).
그분은 바다의 큰 피조물과 다양한 종류의 새들을 창조하신다(21절).
그분은 땅의 짐승들과 파충류를 만드신다(25절).
마침내 그분은 사람 곧 남자와 여자를 당신 자신의 형상으로 창조하신다(26-27절).
생각은 하나님에 의한 목적 있는 행위, 그분의 목적을 성취하는 신적인 노동에 집중되어 있다.

셋째, 피조물 자체의 활동을 사용하신다.
하나님은 땅에 명령하여 채소와 풀들 그리고 나무들을 생산하도록 하신다(11-12절).
그분은 빛들로 낮과 밤을 다스리도록 요구하신다(14-16절).
그분은 땅에 명령하여 육지 동물들을 내도록 하신다(24절).

여기서 피조물들은 하나님의 명령을 따르고, 그 최종 결과에 기여한다. 우주를 창조하신 이 하나님은 획일적인 방법으로 일하지 않으신다. 그분의 절차는 다양하여 삼중적이지만 하나이기도 하다. 그분의 일하심은 통일성 가운데 다양성을, 다양성 가운데 통일성을 보여 준다. 이 하나님은 절차와 다양성을 모두 사랑하신다.

이것은 하나님 자신에 대한 그 장의 기록을 나타낸다. 땅의 형성에 대한 삼중적 방법은 창조주의 본성을 반영한다. 그분은 관계적인 존재이시다. 이것은 맨 처음부터 함축적이다. 하늘과 땅을 창조하시는 하나님(1절)과 수면 위에 운행하시는 성령, 그리고 "빛이 있으라" 명령하시는 하나님의 발언 또는 말씀(3절) 사이의 구별을 주목해 보라.

물론 저자와 원 독자는 하나이신 하나님의 독특성에 대한 구약성경의 엄숙한 강조 때문에 하나님의 성령을 인격화된 방식으로 이해했던 것 같지는 않다. 히브리 단어 루아흐(*ruach*)는 영, 바람 또는 숨을 의미할 수 있다. 많은 주석가들은 그것을 하나님의 에너지–창조하시고 생명을 유지시키는 신적인 힘, 능력(Driver), 엄청난 바람(Speiser), 강풍(Westermann), 하나님의 방출 에너지(Kidner), 또는 하나님의 바람(Wenham)–를 가리키는 것으로 이해한다.

웬함이 이것을 하나님의 성령에 대한 생생한 이미지로 제안하는 것은 건전하다.[4] 드라이버는 이 구절이 요한복음에서 "말씀"이라는 용어의 개인적 사용을 예비한다고 인식한다. 같은 이유로 후에 신약에서 하나님의 성령을 인격화하는 것은 이 선언의 적절한 발전이다.

---

4   S. R. Drive, *The Book of Genesis* (London: Methuen, 1926), 4; E. A. Speiser, *Genesis*, Anchor Bible (New York: Doubleday, 1981), 5; Derek Kidner, *Genesis: An Introduction and Commentary* (London: Tyndale Press, 1967), 45; Gordon J. Wenham, *Genesis 1-15*, Word Biblical Commentary (Waco, Tex.: Word, 1987), 15-17; Gerhard Von Rad, *Genesis: A Commentary*, rev. ed. (Philadelphia: Westminster Press, 1961).

사람의 창조와 관련하여 "우리의 형상을 따라 우리의 모양대로 우리가 사람을 만들자"는 특별한 의논(unique deliberation)이 있는데, 이것은 하나님 안에 있는 복수성을 표현하고 있다(26-27절).

폰 라드는 이것이 하나님의 모든 창조적 활동이 향하고 있는 최고점과 목표를 의미한다고 설명한다.

그러나 그것은 무엇을 의미하는가?

이것을 설명하기 위해 다양한 해석들이 발전되어 왔다.

첫째, 어떤 이는 하나님이 천사를 부르시고 그분 자신을 하늘의 법정에 두시어 사람이 천사처럼 만들어지도록 하셨다고 제안한다.[5] 그러나 소환된 대리인은 사람의 창조를 공유하도록 초청되는데, 성경의 다른 곳에서는 결코 천사에게 돌려지지 않는다.

둘째, 드라이버는 하나님의 존엄과 위대함을 강조하는 비유적 표현인 위엄의 복수(a plural of majesty)를 제안하는 자들 가운데 한 사람이다.[6] 하지만 이 해석은 더 이상 한 때 그랬던 것만큼 선호되지 않는다. 다른 이유들 중에서 위엄의 복수는 동사와 함께 사용되는 경우가 드물기 때문이다.

셋째, 베스터만과 많은 최근의 해석자들은 의사표현적(self-deliberation) 복수 또는 자기격려(self-encouragement)의 복수를 더 좋아한다.

그러나 이 견해를 지지하는 병행구도 적다. 웬함은 하늘 법정의 주제에 대하여 대안을 제시한다. 그러나 그는 하나님이 천사를 초청하여 인간 창조에 참여하게 하기보다는, 그것을 증언하게 하신다고 주장한다. 그는 '창조 때에 그때에 새벽 별들이 기뻐 노래하며 하나님의 아들들(천사들?)이 다 기뻐 소리를 질렀다'고 말하는 욥기 38장 4-7절을 지적한다.[7]

---

5 Von Rad, *Genesis*, 57-59.
6 Driver, *Genesis*, 14.
7 Wenham, *Gensis 1-15*, 28.

하지만, 성경은 원래 저자의 지평을 넘어서는 충만함을 가지고 있다. 많은 교부들이 창세기 1장 26절에서 삼위일체에 대한 암시를 발견했다. 이것이 원 독자와 구약성경 성도들에게서는 전체로서 숨겨졌지만, 교부들이 그 본문의 궤적과 상충하는 것은 아니다. 랍비 주석가들은 종종 이 구절과 하나님 안에 있는 복수성을 제시하고 있는 비슷한 구절들(창 3:22; 11:7; 사 6:8)로 인해 곤혹스러웠다.

필로는 그것이 사람의 창조에서 하나님을 돕는 종속적 힘을 언급한 것이고 생각했다. 이 구절들로 인해 곤혹스러운 유대인 해석자들은 그것을 하나님의 통일성을 표현하는 것으로 보고자 했다.[8] 신약은 하나님의 본성과 관련하여 결코 창세기 1장 26절을 언급하지 않지만, 그렇다고 해서 이것이 이 구절을 삼위일체에 대해 예기하는 언급으로 보는 것을 부적절하다고 하지는 못한다. 신약은 모든 것을 언급하지 않지만, 신약에서 보다 완전하게 알려진 것을 구약성경이 씨앗의 형태로 담고 있는 원리를 우리에게 제공하고 있다.

우리는 이에 근거해 구약성경을 다시 읽을 수 있다. 마치 나중에 등장한 것 때문에 그에 대한 지식이 더욱 분명해져서, 처음에 우리가 놓쳤던 단서를 찾아 추리 소설의 앞 장을 다시 읽을 수도 있는 것처럼 말이다. 다시 말해 성경의 더 충만한 의미(*sensus plenior*)로 볼 때, 여기서 하나님의 말씀은 하나님 안의 복수성, 즉 나중에 삼위일체 교리에서 표현된 복수성을 입증한다. 원래의 독자들은 이것을 파악하지 못했겠지만, 우리는 밝혀진 줄거리를 따라 그 구절을 다시 들여다 보며 거기서 단서를 찾을 수 있다.

나는 다른 곳에서 창세기 1장 26-27절을 다음과 같이 설명했다.

> 사람은 타인과 관련된 한 사람인 이중성으로서 존재한다. … 하나님 자신처럼 … 문맥은 그 자신의 본질적인 관계성을 가리킨다. 26절에서 복수형

---

8 Arthur Wainwright, *The Trinity in the New Testament* (London: SPCK, 1963), 23-26.

은 세 경우에 나타난다. 하지만 27절에서 하나님은 또한 단수형이다. 하나님은 그분의 형상을 따라 남자와 여자로 만들어진, 단수형과 복수형 모두로 묘사되어 있는 사람과 병행하여 알려지신다. 그 모든 것 배후에 1-3절에 있는 하나님/하나님의 성령/하나님의 말씀의 구별이 있다. … 성경 계시의 발전에 있는 이(그분의) 관계성은 결국 삼위일체의 형식을 취하는 것으로 드러나게 될 것이다.[9]

나는 거기서 칼 바르트와 비슷한 언급을 한다.[10]

간단히 말해, 우주를 만드신 이 하나님-광대한 범위의 다양성으로 또 그 형상의 담지자로서 그분을 대표하는 창조의 면류관으로서의 인간으로 질서 지우시는-은 관계적이시다. 교제와 소통은 그분의 존재 자체 안에 내재한다. 세상을 창조하시면서 자기를 위해 기가 막히게 아름답고 질서 있게 다양한 우주에서 그분과의 교제에 참여하도록 우리를 만드셨다.

일곱째 날의 창조로서 그분은 그것들의 질서 있는 아름다움과 선하심을 바라보며 그분의 일을 멈추셨고, 우리를 그분께 동참하도록 초대하신다. 창세기의 첫 장은 그것을 읽는 모두에게 이스라엘의 하나님, 아브라함과 이삭 그리고 야곱의 하나님, 모세의 하나님 여호와께서 또한 모든 것들의 창조주이심을 말하고 있다. 자기 백성 이스라엘과 언약을 맺으신 그분은 단지 특정 지역의 신이 아니라, 모든 나라에게 그 행위에 대해 책임을 묻는 분이시다. 왜냐하면, 그는 그들의 조성자이기 때문이다.

창조와 구속 사이에는 분명한 통일성이 있다. 26-29절에서 번성하고 땅을 정복하라는 명령은 전 창조를 아우른다. 그리고 이것은 또한 타락 후에 구원의 전개 구조를 보여 주는 기본 요소이다. 창세기 1장의 이 함축적인 삼위일체적인 구조에 대해 숙고하며, 아타나시우스는 그리스도 안에 있는

---

9   Robert Letham, "The Man-Woman Debate: Theological Comments," *WTJ* 52 (1990): 71.
10 Karl Barth, *CD*, III/1:196.

창조에 대해 쓰고 있다.[11] (성경의 다른 어떤 부분과 마찬가지로) 창세기는 전 성경의 문맥에서 읽혀져야 하기 때문에, 우리는 이 해석을 보강하는 것으로 창조 때 그리스도와 성령의 역할에 대한 언급들을 신약에서 볼 수 있다 (골 1:15-20; 히 1:3; 11:3; 요 1:1 이하).

이 중요한 요소가 구약성경의 다른 창조 기사—틀림없이 시적인—에 의해 강조된다. 시편 33편 6절에서 창조는 "여호와의 말씀으로 … 그의 입 기운으로" 이루어졌다고 말한다. 초대 교회 논쟁에서 많이 사용되고 오용된 구절인 잠언 8장 22절 이하에서 지혜는 여호와와 천지창조를 함께하는 분으로 의인화되고 칭송된다.

욥은 하나님의 영이 그를 만들었다고 인정한다(욥 33:4; 26:13과 비교해 보라). 그리고 시편 기자 또한 하나님의 영을 창조주로 말한다(시 104:30). 관계적 존재로서 만든 이와 동떨어져 존재하게 되는 창조(이 창조, 이 다면적이고 일관성 있는 창조, 우리가 알고 있는 유일한 그리고 존재하는 유일한 것으로서[12])에 대해 생각하는 것은 불가능하다. 그리고 바빙크가 매우 설득력 있게 주장하는 것처럼 삼위일체로서 그분의 완전한 계시에 따라서도 그러하다.[13] 바빙크는 한층 더 나아가서 다음과 같이 주장한다.

> 출생[아버지의 의한 아들의 출생] 없이 창조는 불가능할 것이다. 만일 절대적 의미에서 아버지 하나님이 아들과 교통할 수 없다면, 어찌 그분이 상대적인 의미에서 그분의 피조물과 교통할 수 있겠는가. 만일 하나님이 삼위일체가 아니라면, 창조는 불가능할 것이다.[14]

이것은 구약성경에서 하나이신 하나님의 통일성 안에 있는 구별을 암시

---

11   Athanasius, *On the Incarnation* 1, 3, 12, 14 (PG 25: 97-102, 115-12).
12   증거가 없는 평행우주이론에 대비함.
13   Bavinck, *In the Beginning*, 39-45.
14   Ibid., 39.

하는 힌트들에 의해 입증된다.

2. 주의 천사

모세오경에는 주의 천사가 나타나서 하나님 자신과 동일시되는 구절들이 많다. 그 구절들은 하나님의 복수성에 대한 암시를 담고 있다. 창세기 16장 7-13절에서 천사는 하나님으로서 하갈에게 "내가 반드시 네 자손을 번성케 할 것이다"라고 말하고, 그녀에게 이스마엘의 임박한 출생과 그가 갖게 될 이름을 알려 준다.

하갈은 그녀에게 말씀하신 여호와를 "나를 살피시는 하나님"이라고 부르며 그 천사에게 대답한다. 그리고 창세기 21장 17-18절에서 천사는 하갈에게 재차 하나님의 음성으로 사용하면서 다시 그녀의 아들에 대해 말한다.

> 나는 그를 큰 나라로 만들 것이다(창 21:17).

창세기 22장 11-18절에서 아브라함이 이삭을 제단에 바치려 할 때, 주의 천사가 하늘에서부터 그를 불러 하나님께서 이미 세우신 언약에 따른 약속을 하신다. 여기서 천사의 말은 12장 1-3절, "내가 반드시 너를 복주며, 내가 반드시 네 후손을 번성케 하리라"는 여호와의 말씀과 동일하다.

다시 창세기 31장 10-13절에서 야곱에게 말하며, 주의 천사는 자신을 벧엘의 하나님과 동일시한다.

출애굽기 3장 2-6절에서 주의 천사가 나무 불꽃 속에서 모세에게 나타나는데, 그 나무를 통해 주님이 말씀하시며 자신을 하나님과 동일시한다.

가나안 정복 후에, 사사기 2장 1-5절에서 주의 천사는 여호와의 이름으로 말한다.

내가 너희를 애굽에서 올라오게 하여 … 또 내가 이르기를 내가 너희와 함께 한 언약을 영원히 어기지 아니하리니 … (그러나) 너희가 내 목소리를 듣지 아니하였으니(삿 2:1-5).

기드온에게 나타난 여호와의 천사(삿 6:12, 20, 21, 22)는 여호와시다(14이하, 23-24). 그리고 사사기 13장 3-23절에서 삼손의 부모, 마노아와 그의 아내에게 나타났을 때, 여호와의 천사는 처음 나타날 때 마노아의 아내에게 하나님의 사람으로 동일시되지만, 두 번째는 여호와 하나님의 천사요 사람이기도 하다(9-20).

이 후에 두려움에 사로잡힌 부부는 주의 천사를 보면서 그들이 사실은 하나님을 보았다고 인정한다. 각 경우에 천사는 사람으로 나타나지만, 동시에 하나님과 동일시된다. 아우구스티누스는 이 문제를 그의 위대한 저작『삼위일체론』(De Trinitate)에서 길게 논의한다. 여기에 하나님과 동일시되지만 그와 구별되는 한 분이 계시다. 아직 성경에서 이것이 어떻게 가능한지에 대한 설명이 없기 때문에 그 모든 일련의 사건들은 오직 한 하나님이 계시다는 점에 비추어 파악된다.[15]

3. 신현의 현상들

하나님이 육체의 형태(신현)로 나타나시는 몇몇 경우들은 주의 천사의 출현과 긴밀히 연관된다. 가장 주목할 만한 내용은 창세기 18장과 19장에 기록된 세 사람 혹은 천사들이 아브라함을 방문한 사건이다.

15　스가랴 3:1-10도 보라. 여호와의 천사가 야훼와 명백히 동일시되는 것은 아니지만, 여호와의 말을 한다.

여호와가 아브라함에게 나타나시지만(18:1), 아브라함 앞에는 세 사람이 서 있다(2절). 그는 그들에게 식사를 포함한 셈족 식(Semitic)의 일상적인 환대를 한다(3-8절). 그런 후에 "여호와께서" 오직 하나님만이 하실 수 있는 단어들로 말씀하신다.

> 내년 이맘때 내가 반드시 네게로 돌아오리니 네 아내 사라에게 아들이 있으리라 (창 18:10).

또 다시 기사는 "여호와께서" 아브라함에게 말씀하신다고 기록하고 있다(13절). 이 후에 그 사람들은 떠나지만, 여호와는 말씀하신다(16-21절). 그 사람들은 돌아서서 소돔으로 떠나지만, 여호와께서는 아브라함에게 말씀하신다(22절 이하). 그런 후에 여호와가 떠나시고 아브라함은 집으로 돌아온다(33절). 그런데 그 두 천사(더 이상 셋이 아니다)는 소돔에 도착한다(19:1). 이 두 천사는 롯에게 여호와께서 그곳을 파괴하려고 자기들을 보내셨다고 알린다(19:13).

롯의 위태로운 탈출 후에 그것을 파괴하시는 분은 바로 여호와시다(19:24-25). 여기에 당황스럽게 계속되는 사람과 천사 여호와의 병렬 배치가 있다. 그것은 마치 경계가 사라져버린 것 같다. 이 구절은 아우구스티누스를 어리둥절하게 만들었고, 그는 이것이 성육신 이전의 그리스도와 삼위일체의 세 위격 모두를 묘사하고 있는가 혹은 천사들을 묘사하고 있는가를 궁금해했다.

핵심은 한 하나님이 질문을 던지는 방식으로 자신을 제시하고 있다는 것이다. 웨인라이트가 설명하는 대로, 이 "신비로운 변동"(mysterious oscillation)은 랍비들 사이에 상당한 논란을 일으켰다. 비록 그리스도인들이 그 사건의 함축적 의미를 고려하기 시작한 것이 2세기 순교자 유스티아누스 이후지만 말이다.[16] 하지만 그때까지 삼위일체에 대한 문제는 출현하지 않았다. 그리고 왜 그 문제를 보다 일찍 다룰 수 없었는지에 대한 중요한 이유들-엄격한 유대 단일신론과 광범위한 이교적 다신론-이 있었다.

여호수아 5장 13-15절에서 여호수아가 여호와의 군대장관과 만난 것은 종종 그랬던 것보다 더 많은 관심을 받을 가치가 있다. 이 신비스러운 인물은 사람으로 등장하지만 천사로 추정된다. 그러나 여호수아는 그를 경배하고 이것 때문에 책망 받지 않는다. 이것은 사도 요한이 천사를 경배했을 때 경험했던 것(계 19:10; 22:8-9)과 현저히 다르다.

왜냐하면, 그때 그는 두 번 모두 심하게 책망 받았기 때문이다. 더욱이 여호와의 군대 장관은-그리고 여호수아 자신이 정확히 그것임을 기억하라-그에게 여호와께서 불타는 나무에서 모세에게 말씀하시면서 사용하셨던 것과 동일한 언어로 말씀하신다. 이곳과 창세기에서 하나님은 하나님처럼 말하는 개별 행위자인 사람으로 등장하지만 그와는 구별되신다.

4. 이스라엘의 엄격한 단일신론

이 모든 에피소드들 배후에는 지배적인 단일신론이 있다. 이스라엘은 오직 하나이신 하나님, 그분의 백성을 그분과의 언약관계로 이끄신 여호와만이 존재하심을 되풀이하여 배웠다. 신명기 6장 4-5절은 이스라엘 신앙의 중심적이었다.

> 이스라엘아 들으라 우리 하나님 여호와는 오직 유일한 여호와이시니 너는 마음을 다하고 뜻을 다하고 힘을 다하여 네 하나님 여호와를 사랑하라 (신 6:4-5).

---

16 Wainwright, *Trinity*, 26-29.

이 말씀과 이를 표현하는 율법 전체는 이교 세계의 다신론을 철저히 거부한다. 직접적인 관계에서 가나안의 종교는 이스라엘에게 도전이었다. 그러나 이 인상적인 선언은 그 범위에서 역사적이고 선지자적인 문헌에 언급된 모든 이교적인 숭배의 대상들을 포함한다.

바벨론 포로기의 서곡이 되는 이스라엘의 역사는 여러 방면에서 우상들과 충돌한다. 이 교훈이 거듭거듭 반복해서 강조되었지만, 마침내 먼 나라에 추방되는 고통스러운 비극을 통해서만 학습된다.[17] 이사야는 여호와의 유일성과 유일한 신성에 대해 많은 언급을 했다.

> 이스라엘의 왕인 여호와, 이스라엘의 구원자인 만군의 여호와가 이같이 말하노라 나는 처음이요 나는 마지막이라 나 외에 다른 신이 없느니라 내가 영원한 백성을 세운 이후로 나처럼 외치며 알리며 나에게 설명할 자가 누구냐 있거든 될 일과 장차 올 일을 그들에게 알릴지어다 너희는 두려워하지 말며 겁내지 말라 내가 예로부터 너희에게 듣게 하지 아니하였느냐 알리지 아니하였느냐 너희는 나의 증인이라 나 외에 신이 있겠느냐 과연 반석은 없나니 다른 신이 있음을 내가 알지 못하노라 (사 44:6-8).

이사야 40장 9-31절과 42장 8절 그리고 스가랴 14장 9절도 보라. 창세기의 창조 기사는 그 자체로 나라들의 신들이 그들의 숭배자들이 살았던 지역을 주재하나 그 경계들 너머에서는 관할권이 없는 지역 신들에 불과했다는 고대 근동의 가정에 대한 강력한 응수이다.

이에 비추어 볼 때, 앗수르인 산헤립 대왕과 이사야 선지자 사이에 있었던 충돌은 결정적이다. 구약성경에서 세 차례 기록된 그 사건은 분명히 여호와의 우주적 통치에 대한 중요한 예로 여겨진다.

---

17 "그 무렵에 모든 우상 숭배는 철폐되었다." Jules Lebreton, *History of the Dogma of the Trinity: From Its Origins to the Council of Nicaea*, 8th ed., trans. Algar Thorold (London: Burns, Oates and Washbourne, 1939), 74.

열왕기하 18-19장에 앗수르와 유다 사이의 충돌을 기록한 생생한 기사에서 요점은 지상에서 가장 큰 권세의 모든 정치적 경제적 힘과 모든 군사적 힘으로 환원되는 대왕의 말과 그분의 인간 대리인은 전적으로 무력하고 완전히 대왕의 마음에 좌우되는 여호와의 말씀 사이의 결투이다. 결코 상대가 되지 못한다. 여호와의 말씀이 쉽게 승리한다!

우리가 여호와의 천사와 관련된 구절들과 구약성경에서 이따금 알려지는 하나님의 존재 안에 있는 구별에 대한 다양한 암시들을 볼 때, 그것은 재삼재사 되풀이되어 강조된 단일신론적 신앙의 빛 아래에서 보아야 한다. 이런 예들은 신들의 복수성에 대한 이교적인 가정을 수용하기 위해 의도된 것이 결코 아니다. 오히려 그것들은 단일신론적 체계와 부합한다.

5. 하나님 안에 있는 구별

수많은 구절에서 여호와는 자기 의사표현이 아니라 분명히 구별된 행위자로서 여호와에게 말씀하신다.

> 여호와께서 내 주에게 말씀하시기를 내가 네 원수들로 네 발판이 되게 하기까지 너는 내 오른쪽에 앉아 있으라 하셨도다(시 110: 1)

여기에서 여호와는 다윗이 그의 "여호와"(*Adonay*)라고 부르는 분에게 말씀하신다. 이 제왕시에서 다윗 왕은 "왕 이상"으로 등장하시는 분에게 경의를 표한다.[18] 이 여호와는 멜기세덱의 반차를 따르는 영원하신 제사장이셔야 한다. 이 멜기세덱은 창세기 14장에서 그의 조상, 출생, 죽음—이

---

18 Derek Kidner, *Psalms 73-150: A Commentary on Books III-V of the Psalms* (London: Inter-Varsity Press, 1975), 392.

스라엘에서 제사장의 필수적이고 없어서는 안 될 모든 특징들-에 대한 아무런 언급 없이 등장한다. 멜기세덱은 영원하신 제사장으로서 멜기세덱은 영원한 구원을 중재한다.

이 시편은 그리스도의 위격과 능력을 앞서 가리키며 신약에서 예수님 자신은 물론(막 12:36 및 병행구) 베드로에 의해서도(행 2:33-35) 자주 인용된다. 시편은 다윗의 주님을 여호와와 명백히 동일시하지는 않지만 그 관계는 더할 나위 없이 가깝다.

그리고 시편 45편 6-7절이 있다.

> 하나님이여 주의 보좌는 영원하며 주의 나라의 규는 공평한 규이니이다 왕은 정의를 사랑하고 악을 미워하시니 그러므로 하나님 곧 왕의 하나님이 즐거움의 기름을 왕에게 부어 왕의 동료보다 뛰어나게 하셨나이다
> (시 45:6-7).

여기서 왕의 결혼식을 언급하며 "왕의 찬사가 갑자기 신적인 영예가 된다." 그리고 일부학자들이 6절에 하나님으로 표현된 왕과 같은 인물이 7절에서 하나님에게 기름부음 받는다는 명백한 주장을 회피하려고 애쓰지만, 이 "이 히브리 사람은 여기서 어떤 완화도 거부한다."[19] 그러한 표현은 오롯이 하나님의 아들의 성육신에 비추어서만 이해된다. 하지만 시편이 기록되던 당시에 이것은 불가사의였다.

그런가하면 이사야 63장 8-14절에는 이스라엘의 변화무쌍한 과거를 보여 주는 이해하기 어려운 일련의 송영이 있다.

여호와는 그들의 구원자가 되셨고(8절),
그분의 임재의 천사가 그들을 건졌고(9절),

---

19 Derek Kidner, *Psalms 1-72: A Commentary on Books I-II of the Psalms* (London: InterVarsity Press, 1973), 170-71.

그분은 그들을 사랑하고, 불쌍히 여기고, 동행하셨다(9절).

그러나 그들이 그분의 성령을 슬프게 했고, 그 결과 그분은 그들과 다투셨다(10절).

그리고 나서 그분은 그들 가운데 그분의 성령을 두셨음을 기억하셨고, 여호와의 영이 그들에게 안식을 주셨다(14절). 이 일련의 움직임은 하나님의 성령을 보다 분명히 두드러지게 한다. 그래서 R. N. 와이브레이는 주석한다.

> 하나님의 성령은 … 여기에서 구약성경의 다른 곳들보다 더욱 분명히 인격화되고, 후기 유대교와 기독교 사상에서 후에 구별된 위격으로서의 완전한 발전되는 과정에 있다.[20]

우리는 또한 이사야 6장 3절도 주목하는데, 거기에서 선지자는 높아지신 여호와의 환상가운데, 스랍들의 입에서 "거룩하다, 거룩하다, 거룩하다"하는 삼성송(三聖頌)을 듣는다. 표면적으로 보면 이것은 하나님께 대한 세번의 송영이다. 그러나 보다 충만한 신약의 계시를 고려하여 더 생각해 보면, 그것은 삼위 하나님에 대한 인상을 준다.

6. 아버지 하나님

하나님의 독특한 언약 칭호인 여호와(YHWH)가 구약성경에서 7,000번 가까이 등장하지만, 하나님이 자신을 "아버지"라고 부르는 것은 단지 20여 회뿐이다. 유일신론과 예배를 위한 우상 금지명령에 대한 강조는 모든 피조 비교대상 위에 있는 하나님의 초월성을 분명히 보여 준다. 이것은 그

20　R. N. Whybray, *Isaiah 40-66*, New Century Bible Commentary (Grand Rapids: Eerdmans, 1975), 258.

이름이 그렇게 드물게 사용되는 이유와 하나님에 대한 여성 형상과 비유가 없는 이유를 설명하는 데 도움이 된다.[21]

참으로 아버지라는 칭호는 보통 여호와의 이스라엘에 대한 언약적 관계를 나타내며(출 4:22-23; 호 11:1), 성행위와 육체의 출생이 아니라 하나님의 자유로운 선택을 가리킨다.[22]

고대 세계의 다양한 남신들과 여신들은 보통 출산과 연관되어 있다. 이로써 이스라엘은 하나님을 물리적 용어, 특별히 인간의 재생산에서 가져온 어떤 용어들로 하나님을 생각하는 것을 피하도록 교육을 받았다.

대신에 아버지로서 여호와는 구원 역사에서 그들을 자유롭게 선택하셨다. 그분의 무조건적인 약속은 그분을 완전히 다른 관계[23] 곧 사랑하는 아버지의 관계를 갖게 함으로써, 우리는 이를테면 호세아 11장 3-4절에서 표현된 "사적인 친밀함"을 발견한다.[24]

> 그러나 내가 에브라임에게 걸음을 가르치고 내 팔로 안았음에도 내가 그들을 고치는 줄을 그들은 알지 못하였도다 내가 사람의 줄 곧 사랑의 줄로 그들을 이끌었고 그들에게 대하여 그 목에서 멍에를 벗기는 자 같이 되었으며 그들 앞에 먹을 것을 두었노라(호 11:3-4).

---

21 Gerald O'Collins, *The Tripersonal God: Understanding and Interpreting the Trinity* (London: Geoffrey Chapman, 1999), 12.
22 Ibid., 14, 23; Wainwright, *Trinity*, 43.
23 O'Collins, *Tripersonal God*, 15-18.
24 Ibid., 17, 22.

7. 하나님의 영

구약성경에서 하나님의 영은 400 회 가까이 언급된다. 보통 성령은 역사하시는 하나님의 능력으로, 가끔은 하나님의 인격성의 확대로 나타나지만, 대부분 하나님의 속성과 비슷하게 등장한다. 때때로 히브리 시의 평행법은 하나님의 성령이 여호와와 동일함을 함축하고 있지만(시 139:7), 이것은 단순한 가정이다. 왜냐하면, 여기에서도 성령이 구별된 인격으로서 이해되어야 하는 작은 암시조차 없기 때문이다. 오히려 그것은 하나님의 신적인 능력 또는 숨[25] 곧 "세상에서의 하나님의 현현과 능력 있는 활동"[26]을 가리킨다.

신인동형론적(anthropomorphic) 표현이 자주 사용된다. 성령은 인도하고, 교훈하며 슬퍼하는 인격적인 특성들을 지닌다.

(1) 생명을 주는 하나님의 성령 또는 숨결(창 1:2; 시 33:9; 104:29-30)
(2) 에스겔의 환상 중에 있는 무기력한 뼈들에게 임하여 그들을 다시 살리심(겔 37:8-10).
(3) 하나님의 성령은 사람들에게 하나님 나라의 다양한 봉사를 위한 능력(민 27:18; 삿 3:10; 삼상 16:13; 출 31:3; 35:31-34).
(4) 하나님 백성의 보호자(사 63:11-12; 학개 2:5; 삼상 19:20, 23),
(5) 그들 가운데 거하심(민 27:18; 신 34:7; 겔 2:2; 3:24; 단 4:8-9, 18; 5:11; 미 3:8)
(6) 메시아 위에 머무시고 능력을 주심(사 11:2-3; 42:1; 61:1).

---

25 Wainwright, *Trinity*, 30.
26 O'Collins, *Tripersonal God*, 32.

족장들과 선지자들의 가장 놀랄 만한 행동들은 그것이 기드온, 삼손, 사울의 것이든지 또는 하나님의 성령 충만함으로 인해 꿈을 해석할 수 있는 요셉 것이든지(창 41:38) 하나님의 성령으로 말미암은 것이다. 하지만 성령이 구별된 인격으로 나타난 증거는 없다. 사실 모든 것은 반대쪽을 가리킨다. 보이는 것은 성령의 본성이 아니라, 성령의 활동이다.[27]

웨인라이트가 설명하는 것처럼 여호와는 성령을 통해 행하신다.[28] 반대로 제시된 것은 오직 한 하나님만 계시다는 신명기의 주장에 도전하는 것일 수 있다. 왜냐하면, 그 당시에는 이스라엘이 거부해야 하는 이교도의 다신론으로부터 그런 추정을 구별해 줄 수단이 존재하지 않았기 때문이다. 성령은 일하시는 하나님의 능력으로 단지 구별되는 속성일 뿐이다.

그러나 구약성경의 흐름에 있어 어떤 발전은 기독교적 가르침을 용이하게 해 준다. 일반적으로 성령은 간헐적으로 선지자들이나 삼손과 사울 같은 선별된 사람들 위에 임하신다. 그리고 그분의 백성과 함께하심 또한 간헐적이다(시 51:11).

그러나 후에 성령은 의와 공의에 측면에서 그분의 도덕적 효과에 대한 증대된 관심과 함께 영구적인 소유로서 나타난다(사 11:2; 슥 12:10).[29] 또한 성령은 세 구절에서 메시아와 연결되어 있으며(사 11:1-2; 42:1; 61:1), 모든 하나님의 백성들에게 미래의 선물로 임할 것으로 기대된다(욜 2:28 이하; 겔 11:19; 36:26; 37:12; 슥 12:10). 그러므로 "성령에 대한 발전적 개념은 하나님 안에 있는 복수성을 고려할 수도 있다는 분위기를 제공했다."[30]

이 점에서 워필드의 권위 있는 논문, "구약성경에 나타난 하나님의 영"이 중요하다.[31] 그는 성령의 사역을 우주, 하나님 나라, 그리고 개인과 연

---

27 Lebreton, *Trinity*, 88.
28 Wainwright, *Trinity*, 31.
29 Ibid., 32.
30 Ibid., 32-33.
31 Benjamin Breckinridge Warfield, "The Spirit of God in the Old Testament," in *Biblical and Theological Studies*, ed. Samuel G. Craig (Philadelphia: Presbyterian and Reformed,

관 지어 고려한 후, 성령은 그분이 신약에서 일하시는 모든 방식으로 구약성경에서도 일하신다고 결론 내린다. 그러나 차이점이 있다. 신약에서 새로운 것은 사도들의 놀라운 은사들과 구약성경에서 약속되었지만 실현되지 않았던 성령의 전 세계적 선교(worldwide mission)이다.

덧붙여 말하자면 대개, 구약성경은 신약을 예비하는 것이었기 때문에, 성령은 구약성경에서 하나님의 백성을 단순히 보존하는 반면에 신약에서는 "추수의 열매를 맺고 모으신다."[32] 그럼에도, 워필드는 성령이 구약성경 시대에 구별된 인격으로 간주되는 증거가 없다는 데 동의한다.

8. 하나님의 말씀과 지혜

바벨론 포로기 후에, 하나님은 신적 속성과 능력을 가진 다양한 천상의 존재들 – 지혜와 말씀, 높아진 족장들 또는 미가엘과 같은 주요한 천사들을 통해 일하시는 것으로 나타난다(단 10:1-12:13). 특히, 지혜와 말씀은 삼위일체신학이 궁극적으로 등장하는 데 있어 가장 근접한 배경을 제공한다.

지혜는 욥기 15:7-8 그리고 28:12에서 선재(先在)를 암시하며 언급된다. 그러나 어떤 인격적인 구별에 대한 암시는 거의 없다. 잠언 8:1 이하에서 지혜는 하나님이 주시는 것과 동일한 것들을 약속하면서 인간에게 말씀한다.[33] 9장에서 지혜는 자신을 인격으로서, 보다 정확히는 어리석음과 정반대 편에 있는 "인격화된 관념"으로 분명히 제시한다(13절 이하). 어리석음이 단순히 인격화되었기 때문에 지혜에도 동일하게 적용될 수 있다.

하지만 8:22에서 시작하는 그 유명한 단락에는 비유 이상의 것이 존재한다. 왜냐하면, 지혜가 소리를 치며, 미워하고 사랑하며, 하나님의 숙련공,

---

1952), 127-56.
32 Ibid., 155-56.
33 Lebreton, *Trinity*, 91-92; O'Collins, *Tripersonal God*, 24.

"하나님의 영광의 발산"으로 그려지기 때문이다(웨인라이트). 또한, 지혜는 충고하고, 교훈하며 심지어 하나님과 동일시되나 또한 그분과 구별된다.[34]

이 주제는 중간기 문헌에서 반복된다. 지혜는 창조에서 중요한 역할을 하며 율법과 자주 동일시되고, 또한 하나님과는 분명히 구별된다.[35] 직접적으로 메시아와 연결되어 있지는 않지만, 지혜의 개념은 바울과 초기 그리스도인들에 의해 그리스도가 누구신지를 설명하기 위해 사용되었다.[36]

시편 기자는 하나님의 성령과 하나님의 말씀을 창조에 개입하신 분으로 나란히 제시한다(시 33:6-9). 하나님이 사람과 의사소통하실 때, 그분은 말씀하신다(출 3:44 이하; 시 33:6-9과 비교해 보라).

그러나 이 말씀은 지혜가 그렇게 방식으로 구약성경에서 결코 인격화되지 않는다. 로고스(Logos)를 개인화된 방식으로 생각했던 사람은 헬라적 영향 아래 있던 알렉산드리아의 필로였다.[37]

리브레턴은 다음과 같이 제안한다.

> 만일 이러한 다양하고 모호한 그리고 기초적인 개념들이 스스로 삼위일체 교리를 구성하는데 충분하지 않다면, 그것들은 적어도 그리스도의 계시를 위한 전형(soul)을 준비한다.[38]

---

34 Lebreton, *Trinity*, 92-94; Wainwright, *Trinity*, 33-34.
35 Lebreton, *Trinity*, 94-98.
36 또 James D. G. Dunn, *Christology in the Making: A New Testament Inquiry into the Origins of the Doctrine of the Incarnation*(Philadelpia: Westminster Press, 1980), 163-212를 보라.
37 Wainwright, *Trinity*, 35-36; Lebreton, *Trinity*, 99-100.
38 Lebreton, *Trinity*, 81.

9. 메시아 오심에 대한 기대

선지자들은 때때로 미래의 구원자에 대한 전망을 제공했다. 사실 여호와 자신이 오셔서 그분의 백성을 구하시고 그들을 평화와 번영의 시대로 인도하실 터였다. 이사야가 아하스 왕에게 준 징조는 임마누엘(하나님이 우리와 함께 계시다)이라 불리게 될 아들의 출생이었다(사 7:14).

유다의 원근 역사에서 이 영예에 버금갈만한 분명한 경쟁자는 없다. 그리고 히브리 아이들은 일반적으로 여호와의 성품이나 활동의 어떤 측면을 의미하는 이름을 부여받기 때문에, 그 당시에 이 신탁에 부가될 만한 예외적 의미도 없다. 하지만 이사야는 또한 한 아이 곧 통치할 한 아들에 대해 말했는데, 그의 통치는 영원한 평화, 안정, 공의의 통치였다. 이 아들은 명백히 전조적이다.

그는 다윗의 보좌에 앉을 것이며, 많은 이름들 중에 "전능하신 하나님"으로 불릴 예정이었다(사 9:6). 또한 미가는 "그의 근본은 상고에, 영원에 있는"(미 5:2-5 상반절) 초인적 기원을 가지고 베들레헴에서 태어날 유다의 통치자를 예언한다. 이 통치자는 하나님과 연관이 있지만, 그분과 동일하지는 않는다. 다니엘서에서 위엄 있는 존재인 인자(단 7:14)에게 우주적이고 영원하며 흔들리지 않는 통치가 주어진다. 예수는 그분의 가장 일상적인 자기묘사로서 자신을 인자라고 부를 것이다.

그러나 다른 어떤 자료의 도움이 없이는 다니엘서에 제시된 이 존재의 정확한 정체가 불명확하다. 선지자의 당대나 후기 세대들 또한 이 신탁의 완전한 의미를 파악하지 못했다. 그것은 오직 예수의 오심에 의해서만 나타날 것이었다. 그때서야 신약의 저자들은 여호와를 언급하는 선지자적 언급들을 그에게 적용할 수가 있었다.[39]

---

39 Ibid., 101.

10. 요약

구약성경이 그리스도의 오심과 신약의 기록에 의해 계시된 것을 명백히 드러나지는 않지만, 그것 없이는 완전한 기독교 신론이 존재할 수 없었던 필수적인 기초를 제공한다.

오콜린스가 "구약성경은 삼위일체를 표현하고 정교하게 다듬기 위해 위사용된 범주들을 미리 포함하고 있다. 부정적으로 말하자면, 구약성경을 무시하고 폄하하는 삼위일체신학은 근본적으로 불완전할 수밖에 없고,"[40], 긍정적인 면에서는 "삼위 하나님을 위한 신약과 신약후기 기독교 언어는 유대문헌으로부터 흘러나왔다"라고 기록하고 있는 것처럼, 비록 예수의 삶과 죽음과 부활에 비추어 깊이 수정되었음에도 불구하고, 하나님을 아버지와 아들과 성령으로 명명하는 것은 "구약성경에서 그 뿌리를 찾을 수 있다."[41]

이것은 1세기 경 이스라엘에 하나님의 한 존재 안에 분명하고 일관성 있는 복수성의 대한 묘사가 등장했던 것을 말하는 것이 아니다. 이것은 명백히 다른 상황이다.

구약성경에서 이런 개념들은 분산되어 있고 일관된 묘사 같은 어떤 것으로 이루어지지 않았다.[42] 그럼에도 구약성경은 아들/지혜/말씀과 성령을 구별하고 연결시키는 수단들을 제공했는데, 왜냐하면, 이것들은 관념적인 원리들이 아니라, 선명하게 인격화 된 것들이었기 때문이다. 삼위일체 하나님에 대한 교회의 최종적인 승인은 이러한 전조들에 의해 "섭리적으로 마련되었다."[43]

---

40 O'Collins, *Tripersonal God*, 11.
41 Ibid., 32.
42 Lebreton, *Trinity*, 102-3.
43 O'Collins, *Tripersonal God*, 33-34.

구약성경의 인격화는 위격으로의 궁극적인 도약을 위한 기틀을 마련하는 것을 도왔다. 왜냐하면, "포로기 후기 유대인들은 신성 안에 복수성의 개념을 가지고 있었기" 때문이다. 그래서 "단일성 안에 있는 복수성의 개념은 유대 신학에서 이미 함축되어 있었다."[44]

다른 한편, 구약성경에는 교회가 답해야 했던 문제들이 제기되었다는 증거가 없다. 문제는 그리스도가 하나님으로부터 나온 단순한 유출이 아니었고 인격화된 개념 이상의 분이셨다는 점이다. 그분은 사도들과 이야기하시고, 그들과 함께 일했던 사람이었다. 그분은 하나님과 실제적인 즉 그들이 가진 것보다 더욱 실제적인 교통을 나누셨다. 참으로, 그들은 구약성경에 그 흔적이 있다면 아주 적은 "신성한 인격 안에 있는 교제", "신성 안에 있는 대화"를 엿들었을 뿐이다.

웨인라이트가 계속하여 말하는 것처럼, "신성한 인격의 확대에 관한 개념은 히브리적이다. 확대된 인격 안에 있는 교통의 개념은 히브리적이지도 헬라적이지도 않고, 기독교적이다."[45] 이것은 신약이 담고 있고 교회가 발전시키게 될 것을 향한 큰 도약이다.

종종 그러한 것처럼 나지안주스의 그레고리우스는 우리에게 하나님이 누구신지에 대해 조심스럽고 점진적이며 그리고 진보적인 계시를 설명하기 위해 재치 있게 계시의 역사적 작업을 가리키면서 최상의 적절한 요약을 제공한다.

> 구약성경은 아버지를 공개적으로, 아들은 보다 모호하게 선언했다. 신약은 아들을 나타내었고, 성령의 신성을 제안했다. 이제 성령은 친히 우리 가운데 거하시며, 자신에 대한 보다 분명한 증거를 주신다. 아버지의 신성이 아직 인정되지 않았을 때 아들을 숨김없이 선언하는 것은 안전하지 못

---

44 Wainwright, *Trinity*, 37.
45 Ibid., 38-40.

했기 때문이었고; 아들의 신성이 아직 … 성령과 함께 우리에게 더 큰 부담을 주는 것으로 받아들여지지 않았을 때 … 다윗이 말하고 있는 것처럼 영광에서 영광으로의 상승과 삼위일체의 충만한 영광은 점진적으로 빛을 발할 필요가 있었다.[46]

우리는 스랍들과 함께 주 여호와여, 당신은 거룩, 거룩, 거룩하나이다라고 외치며, 아버지, 아들, 성령, 한 본질이신 성삼위일체를 경배합니다. 지금과 영원히 세세토록. 아멘.[47]

---

46 Gregory Nazianzen, *Orations* 31.26 (PG 36:161).
47 Matins, *Service Book*, 29.

✦ 주요 용어들

신인동형의(anthropomorphic)
단일신론(monotheism)
유형론(typology)

✦ 깊이 생각할 문제

구약에 나오는 삼위일체에 대한 계시를 말하는 것은 어느 정도 적절한가?

✦ 더 읽으면 좋은 책

Matthew Bates, *The Birth of the Trinity: Jesus, God, and Spirit in New Testament and Early Christian Interpretations of the Old Testament* (Oxford: Oxford University Press, 2016).

제2장

예수와 아버지

1. 실현된 구약성경의 기대

하나님은 타락 후에 즉시 뱀을 저주하셨다.

> 내가 너로 여자와 원수가 되게 하고 네 후손도 여자의 후손과 원수가 되게 하리니 여자의 후손은 네 머리를 상하게 할 것이요 너는 그의 발꿈치를 상하게 할 것이니라(창 3:15).

이것은 뱀에 의해 입혀진 상처가 언젠가 회복될 것이라고 여인의 후손에게 약속한 내용이다. 그것은 결국 여인에게서 나시고 마귀에게 치명타를 가하신 예수 그리스도에 의해 성취되었다. 이 복음을 예시하는 이 최초의 전조는 정복의 언어로 기록되어있다. 승리는 사람(여인의 씨) 곧 그리스도에 의해, 그분의 충성되고 공의로운 인성 안에서 이뤄질 것이었다.[1]

---

[1] Derek Kidner는 골로새서 2장 15절; 로마서 16장 20절; 갈라디아서 3장 16절; 4장 4절; 요한계시록 12장 9절; 20장 2절을 언급하면서 여기에 원복음(*protevangelium*), "복음의 첫 번째 섬광"을 볼 수 있는 좋은 신약의 근거가 있음을 지적한다. Derek Kidner, *Genesis: An Introduction and Commentary*(London: Tyndale Press, 1967), 70-71을 보라. Gordon Wenham은 이것이 저자 자신의 이해였다고 제안하는 것은 틀렸다 하더라도, 일찍이 유스티누스와 이레나이우스에게 인식되었던 것처럼, 충만한 의미(*sensus*

다른 한편, 선지서에는 여호와 자신이 직접 자기 백성을 구하기 위하여 오실 것이라고 점점 크게 강조하고 있다. 이것은 여호와 홀로 구원하실 수 있고 구원을 위해 사람을 의지하는 것은 헛되다는 시편의 두드러진 주제와 일맥상통한다(예, 시 146:1-2).

신구약 성경의 교훈은 이것이 우리의 인성 안에 사시고 행하시는 하나님 자신에 의해 이루어질 수 있다는 점이다. 사람은 그것을 이룰 수 없다. 왜냐하면, 그것은 사람이 발휘할 수 있는 것보다 훨씬 큰 힘을 요구하기 때문이다. 그러나 또한 하나님 홀로 그것을 이룰 수도 없다. 하이델베르크 요리문답(1563)에서 말하는 대로, 사람이 죄를 지었기 때문에 사람이 죄를 속해야만 한다.

천사는 요셉에게 그 아이를 "구주"를 뜻하는 예수라고 부를 것을 말하면서, 예수님의 임박한 탄생을 정확히 이런 의미로 전했다. 하나님은 인간 아이를 통해서 구원을 가져올 것이었다. 하지만 구약성경에서 구원은 일관되게 하나님의 사역이기 때문에, 이것은 임마누엘 또는 "우리와 함께하시는 하나님"은, 이사야에 의해 예언된 아들과 관련하여 강화된다 (마 1:21-23).

신약에서 모든 것 위에 높이 솟아 있는 것은 예수의 부활이다. 부활은 예수가 여호와라는 것을 보여 주고, 거기서 그리스도의 신성은 "복음의 최고 진리 … 십자가에 이르게 되는 또 십자가를 넘어서는 일련의 모든 사건들과 일관된 중심 준거점"이 된다.[2] 신약 메시지의 중심에 아들과 아버지의 깨어지지 않은 관계가 있다.[3] 그것은 여호와의 목적을 수행하는 천사

---

plenior)에서는 그것이 허용됨에 동의한다. Gornon J. Wenham, *Genesis 1-15*, World Biblical commentary (Waco, Tex." Word, 1987), 79-81. S. R. Driver도 동의한다. S. R. Driver, *The Book of Genesis* (London: Methuen 1926), 48을 보라.

2 Thomas F. Torrance, *The Christian Doctrine of God: One Being, Three Persons* (Edinburgh: T & T Clark, 1996), 46; 52쪽과 Peter Toon, *Our Triune God: A Biblical Portrayal of the Trinity* (Wheaton, Ill.: BridgePoint, 1996), 159도 보라.

3 Torrance, *Christian Doctrine of God*, 49.

장 미가엘[4]을 비롯하여 다양한 천상의 존재들에 대한 중간기적 언급들과 신약의 증언을 구별한다.

2. 예수와 아버지

아버지는 구약성경에서 가끔씩 하나님의 칭호이던 것이, 신약에서는 그분의 아들 예수 그리스도와 관련하여 그의 이름이 된다.[5] 보브린스코이는 "복음서들을 관통하여 어떤 상호 관계가 있는 아버지와 아들의 이 상호적인 계시를 강조하는 것이 중요하다"고 정확히 말한다.[6]

아들 예수와 아버지 하나님과의 관계는 독특하다. 그것을 인간 아버지 됨의 방식으로 이해되어서는 안 된다. 신구약성경에서 하나님은 성(sex)이 있는 분도 아니시고, 많은 이방 신들처럼 아내나 정부도 두지도 않으신다. 인간 아버지 됨은 아버지 하나님으로부터 이끌어낸 것이고, 그분에 의해 평가되어야지 반대는 불가하다(엡 3:15).

아버지는 하나님의 존재 안에서 성육하신 아들과 독특한 관계를 가지신다. 하나님의 아버지로서 계시는 모든 피조물에 대하여 그분의 일반적 아버지 됨을 가리키는 것이 아니다. 더욱이 피터 툰이 설명하는 것처럼, 아버지의 이름은 단지 직유나(마치 하나님이 단순히 아버지 같은 것처럼) 비유(놀랄 만한 용어로 하나님의 본성의 측면들에 관심을 기울이게 하는 특이한 언어 사용)

---

[4] Toon, *Our Triune God*, 114-15. 저자가 그리스도께서 모든 인간, 초인 그리고 천사들보다 뛰어나심을 증명하는 히브리서도 보라.
[5] Arthur Wainwright, *The Trinity in the New Testament* (London: SPCK, 1963), 171-95. 바울은 하나님을 칭하기 위해 아버지란 단어를 40회 사용한다. 요한은 테오스(*theos*, 하나님) 대신에 아버지를 122회 사용한다.
[6] Boris Bobrinskoy, *The Mystery of the Trinity: Trinitarian Experience and Vision in the Biblical and Patristic Tradition*, Trans. Anthony P. Gythiel (Crestwood, N.Y.: St. Vladimir's Seminary Press, 1999), 64.

도 아니라 오히려 한정적인 개인 칭호이다.

반대로 어머니란 용어가 구약성경에서 하나님과 관련되어 사용될 때 그것은 직유지, 비유가 아니며[7], 신약에서는 전혀 존재하지 않는다. 아버지는 하나님을 위한 적절한 이름인데, 이것이 단지 그분이 어떠하심을 묘사하는 것만은 아니다.

예수는 요한복음을 통하여 또한, 공관복음에서도 아버지와의 관계를 언급한다. 어린 나이에 예수는 여호와께서 그분의 백성을 만나셨던 성전에 대하여 "내 아버지의 집"으로 말한다(눅 2:49). 다음으로, 예수의 세례 시에 아버지는 그를 그분의 아들이라고 선언하신다. 하늘에서 소리가 있어, "이는 내 사랑하는 아들이요 내 기뻐하는 자라"(마 3:17)고 말씀하는데, 이것은 시편 2편 7절과 이사야 42편 1절을 합친 것이다. 거기서 아버지 하나님은 그에게 인을 치신다(요 6:7).

예수께서 성전으로부터 상인들을 내쫓으실 때, 그는 다시 그것을 "내 아버지의 집"이라고 부르신다(요 2:16). 하나님에 대한 경배는 아버지의 대한 경배라고 예수는 사마리아 여인에게 말씀하신다(요 4:21-24).

예수는 반복적으로 그분이 아버지에 의해 세상에 보내심을 받았으며, 생명을 주고, 죽은 자를 일으키며, 세상을 심판하는 것을 아버지와 함께하신다고 주장하신다. 아버지는 아들에게 이러한 것들을 주셨으며, 결과적으로 아들은 그것들을 자신 안에 소유하신다. 그는 아버지를 직접 가리키는 자로서 그가 무엇을 하러 왔는지를 이해하신다. 마치 모든 사람이 아버지를 공경할 것처럼, 모든 이가 그를 공경할 것이다(요 5:23).

그는 그를 보내신 아버지의 뜻을 행하고, 그분의 일을 하고(요 5:30, 36; 6:38-40; 8:16-18, 26, 49), 그분의 말씀을 듣고, 들은 것을 그의 제자들에게 전해 주는 것(요 15:15) 외에 아무것도 구하지 않을 것이다. 아버지는 그에게 그의 제자들을 허락하시고, 그들을 그에게로 이끄신다(요 6:37-65). 아

---

7   Toon, *Our Triune God*, 145-48.

버지는 그를 아시고 그를 사랑하시며, 그는 아버지의 명령을 성취하신다(요 10:15-18).

다음으로, 예수는 아버지께 기도한다(마 6:9; 요 17). "압바"(*Abba*)는 그가 하나님을 부르는 일반적 방식이다(마 16:17; 막 13:32와 병행구; 눅 22:29-30). 이것은 친숙한 호칭 형태이지만, 일반적인 생각처럼 "아빠"(daddy)를 의미하지는 않는다.[8] "압바"는 초기 기독교인들이 기도할 때 사용했다. 바울은 그 관행을 언급하며(롬 8:15; 갈 4:6), 그것을 신자 안에 내주하시는 성령으로부터 흘러나오는 것으로 본다.

이 관습은 하나님을 부르는 예수의 일반적인 방식에 기인하는 것이다. 그분의 제자들은 자기들이 아버지와 예수 자신의 타고난 관계를 공유한다고 믿었기 때문에 그것을 채택한다.

겟세마네 동산에서 그리고 십자가 위에서 예수는 아버지에게 호소한다. 두 경우 모두 중대한 위기의 순간이다. 그는 동산에서 그분의 뜻에 복종하면서 그가 마시려는 잔을 지나가게 해 달라고 아버지께 구한다. 십자가 위, 그의 고통의 정점에서 그는 자기 영혼을 아버지의 손에 의탁한다. 여기 동일한 시간과 동일한 장소에서 아들과 아버지 사이에 명백한 구별이 있으며, 그것은 여호와 하나님으로서 아들에 대한 우리의 경배를 이끌어낸다(마 26:39-42와 병행구; 눅 23:34).[9]

요한복음 17장의 위대한 기도문에서 예수님은 창세 전에 그분께서 자기와 함께 나누셨던 영광에 대해 말하고, 그 동일한 영광의 회복을 기대하면서 아버지께 기도한다(요 17:5, 22-24). 그는 아버지께서 자기에게 행하라고 주신 일을 이루었다고 말씀하신다(4절). 그는 자신이 아버지와 함께 가졌던 연합과 하나님과 상호 내주를 회상하며, 그의 제자들이 그 연합을 세상에서 가시적으로 나눌 수 있도록 기도하신다(20절 이하).

---

8   James Barr, "'Abbā Isn't 'Daddy,'" *JTS* 39(1988): 28-47.
9   Torrance, *Christian Doctrine of God*, 54.

이에 앞서 그는 아버지와의 동등성과 하나됨을 변호하였는데(요 10:30; 14:6-11, 20), 나눌 수 없는 연합으로 말미암아 그 자신의 말은 아버지께서 심판 날에 사용하시는 기준이 될 것이다(요 5:22-24; 12:44-50). 그분은 부활 이후에 막달라 마리아에게 자기 아버지께로 올라갈 것이라고 말하는데, 이제야 그는 자기 하나님과 아버지가 또한, 그의 모든 제자들의 하나님과 아버지이심을 말할 수 있다(요 20:17; 참조. 16:10, 17, 28; 14:1-3).

요한 자신이 말하길, 아버지가 아들을 사랑하시어 모든 것을 그분의 손에 맡기셨다고 한다(요 3:35; 참조. 16:15). 여기에서 그는 단순히 예수님 자신의 가르침을 반복하고 있다(요 5:20; 15:9).

다른 한편, 예수는 또한 그분이 아버지보다 작다고 말한다(요 14:28). 이것은 분명히 그의 성육신에 대한 언급이다. 그는 육신이 되어서 자신을 인간의 한계들로 제한하셨다. 그는 자명하게 사람이었다. 나중에(제4부 제1장에서) 우리는 이것이 아버지와의 영원한 관계들-복음서 본문의 범위를 넘어서는 것-을 얼마나 멀리까지 반영하는지를 고찰할 것이다. 복음서들이 말하는 것은 아들 예수는 아버지가 하는 것을 보지 않고는 아무 것도 하지 않는다(요 5:19)는 사실이다.

아버지께서 죽은 자들을 일으키므로, 아들도 그분이 원하는 자들에게 생명을 준다(요 5:21). 아버지께서 그분 안에 생명을 가지고 계시기 때문에, 그분은 아들에게 생명을 주어 그 자신 안에 생명을 가지고 또 심판을 행하도록 하셨다(요 5:26-29). 아들은 아버지로부터 무엇인가를 얻을 수 있는 지각이 있다. 하지만 동시에 예수는 이것을 그들의 나눌 수 없는 하나 됨의 정황 속에 두신다.

그러므로 예수는 도마에게 대답하며 자기를 아는 것은 곧 아버지를 아는 것이라고 지적하신다. 그리고 빌립에게 말씀하시길, "나를 본 자는 아버지를 보았다"고 하신다(요 14:-9). 이 배후에는 그와 아버지가 하나이고(요 10:30), 그는 아버지와 함께 제자들의 믿음의 대상(요 14:1)이라는 그의 주장이 있다. 예수를 통하지 않고서는 아무도 아버지께 갈 수 없다. 예수를 본 자는 누구든지 아버지를 본 것이다(요 14:6-9, 23-24; 15:23-24).

요한복음 14-16장을 통하여, 예수는 자신을 아버지와 성령과 관련하여 말씀하신다. 특히, 그분은 삼위의 상호 내주에 대하 언급하신다(참조. 14:20, "그날에는 내가 내 아버지 안에 있는 것을 너희가 알게 될 것이다"). 그리스도의 신성에 대한 질문은 삼위일체에 대한 질문들과 얽혀있다. 아버지는 예수 자신의 요청에 응답하여 오순절에 성령을 보내실 것이다(요 14:16절 이하, 26절; 15:26). 따라서 아버지를 향한 제자들의 기도는 예수의 이름으로 해야 한다(요 15:16).

마태복음 11장 25-27절에서 예수는 아버지와 함께 하는 공동의 지식과 주권을 주장하신다. H. R. 매킨토시는 이 구절을 "신약 기독론을 위해 가장 중요한" 것으로 말하는데, 그 이유는 이 구절이 "아버지와 아들의 무조건적인 상호관계"에 대해 말하고 있기 때문이다.[10]

> 그 때에 예수께서 대답하여 이르시되 천지의 주재이신 아버지여 이것을 지혜롭고 슬기 있는 자들에게는 숨기시고 어린 아이들에게는 나타내심을 감사하나이다 옳소이다 이렇게 된 것이 아버지의 뜻이니이다 내 아버지께서 모든 것을 내게 주셨으니 아버지 외에는 아들을 아는 자가 없고 아들과 또 아들의 소원대로 계시를 받는 자 외에는 아버지를 아는 자가 없느니라(마 11:25-27).

예수는 자신을 "아들"로 묘사하신다. 그는 아버지와 함께 지식과 주권을 공유하신다. 그는 "이것들"(예수께서 행하시고 가르치신 것들)을 지혜로운 자들에게는 감추시고, 대신에 젖먹이들에게 나타내심을 인하여 아버지께 감사한다.

---

10 H. R. Mackintosh, *The Doctrine of the Person of Jesus Christ* (Edinburgh: T & T Clark, 1912), 27.

그의 말에 따르면, 아버지는 자신을 나타내시는데 주권적이시다. 그러나 예수는 곧바로 아들도 이 권세를 가지고 있다고 주장하신다.

아버지를 아는 것은 아들이 택하시는 자들에게 아들에 의해 주어지는 선물이다. 아버지는 아들과 관련된 "이것들"을 아들이 기뻐하는 자들에게 나타내신다. 그래서 아들은 그가 기뻐하는 자들에게 아버지 그리고 아버지가 그에게 맡기신 "모든 것"을 나타낸다. 게다가, 예수는 아버지의 포괄적 지식을 완전히 공유하신다. 아버지만이 아들을 아시며, 아들만이 아버지를 아신다.

예수는 아버지의 주권을 완전히 공유하시고, 그분의 지식은 아버지의 것과 같이 또한 포괄적이고 상호적이다. 다른 한편, 마태복음 24장 36절 같은 구절에서 ― 파루시아(Parousia, 그리스도의 재림)의 시기와 관련된 구절에서 예수는 아버지 홀로 아시는 것을 아들은 모르신다고 말씀하시며 ― 그의 성육신의 상태에서 받으신 자발적 제한에 대해 말씀하신다.

요컨대, 아들로서 예수는 아버지와의 예외적이고 독특한, 아버지께 대한 완전하고 자발적인 순종으로 표시되는 매우 개인적인 친밀함의 관계를 주장하신다.[11] 그는 아버지와 구별되지만, 또한 그분과 하나이시다. 친밀함은 "흔치 않는 익숙함"에 대한 것이고, 그의 제자들을 향한 강렬한 관심과 연관성에 관한 것이다.

그것이 그를 선지자들과 구별하고 하나님의 속성에 참여하여 그분의 영광을 나누게 한다고 바울은 쓰고 있다. 그러므로 예수는 "기독교 집회에서 하나님과 함께 공적인 경배를 받기에 합당"하시다.[12]

11　D. R. Bauer, "Son of God," *in Dictionary of Jesus and the Gospels*, ed. Joel B. Green (Downers Grove, Ill.: InterVarsity Press, 1992), 769-75.

12　L. W. Hurtado, "Son of God," *in Dictionary of Paul and His Letters*, ed. Gerald F. Hawthornen (Downers Grove, Ill.: InterVarsity Press, 1993), 900-906.

바울은 로마서 1장 3-4절에 있는 아들[13]에 대한 중요한 선언에서 "육체를 따라 다윗의 씨"에서 난 하나님의 아들과 "죽은 자들 가운데 부활 이후에 성령에 의해 능력으로 선포된 하나님의 아들"[14]을 구별한다. 표면적으로 인간 예수가 그분의 무흠한 삶의 결과로서 아들의 신분으로 고양되었다고 생각하는 초기 교회의 양자론자들이 주장했던 것처럼, 예수께서 부활 시에 하나님의 아들이 되기 시작했다고 보일 수 있다.

그러나 두 절 모두 하나님의 아들로서 예수 그리스도를 언급한다(3절). 한편으로, 하나님의 아들은 그분의 성육신 때문에 다윗의 자손이 된다. 다른 한편으로, 그분은 성령으로 말미암아 새롭고, 변모된 상태-능력 안에서 또는 능력으로 하나님의 아들-로서 죽은 자들 가운데서 일으키심을 받았다. 십자가 이전에 그는 하나님의 아들로서 "종의 모양을 취하신"(빌 2:7, 저자의 사역) 약함의 조건 안에 존재하셨다.

그러나 그가 죽은 자들 가운데서 일어났을 때, 그는 하나님 아버지의 우편으로 높아지셨다(행 2:33-36; 빌 2:9-11; 엡 1:19-23; 골 1:18; 히 1:3-4). 이제 그는 자기의 모든 원수들이 굴복할 때까지 만유를 주관하시며(고전 15:24-26), 온 우주를 통치하신다(마 28:18). 모든 원수들이 굴복할 그때 마침내 죽음이 소멸될 것이고, 그는 그 나라를 아버지께 돌려드릴 것이다(고전 15:24-28). 그러므로 예수께서 언제나 아들이셨음에도, 부활은 여전히 독특하고 순간적인 사건이었다.

예수의 아들 됨에 대한 이러한 집중은 하나님의 존재-구별과 하나 됨 모두 안에 있는 아버지와 아들 사이의 생명과 사랑의 교제를 드러낸다.

툰의 말에 따르면 다음과 같다.

---

13 하나님의 아들로서 예수에 대해 Donald Guthrie, *New Testament Theology* (Leicester: Inter-Varsity Press, 1981), 303-21; Richard Bauckham, "The Sonship of the Historical Jesus in Christology," *SJT* 31(1987): 245-60을 보라.
14 사역(私譯).

예수의 참된 정체성이 알려지고, 구원이 가능한 것은 '아버지와 아들' 그리고 '아들과 아버지'의 관계 안에서다. 그 단어들을 제거하는 것은 또한 그 실제를 제거하는 것이다.[15]

이 성경의 집중은 중요한 함의를 가진다.

3. 예수와 하나님의 동등성과 일치

웨인라이트는 그 증거가 "신약 시대 기독교 예배에서 예수 그리스도를 하나님으로 불렀다는 견해를 지지한다"고 결론짓는다. 사도들이 직면한 문제는 이것을 유대 유일신론의 문맥에서 설명하는 것이었다. 그는 그 이유를 다음과 같이 말한다.

그들의 신앙은 그들의 이성을 능가하였지만, 그들은 그들이 설명하기 불가능하다고 느낀 믿음을 기쁨의 탄성으로 말할 수 있었기 때문이다.[16]

유아기 교회의 경험은 예수의 부활에서 압도적으로 증명된 하나님으로부터 오는 구원의 사역이었다는 웨인라이트의 주장은 옳다. 그것은 예배에서 표현되었다. 이 위대한 실제에 대한 설명은 도전적이고 벅찬 것이 될 것이라는 그의 평가는 건전하다.

---

15 Toon, *Our Triune God*, 171. 이것은 페미니스트 신학자들이 창조자(*creator*), 구속자(*redeemer*), 거룩하게 하는 자(*sanctifier*) 또는 부모(*parent*), 아이(*child*), 영(*spirit*) 또는 그런 인간 구성과 같은 비인격적인 별칭을 선호하는 성경으로부터 취해진, 기독교 삼위일체론의 어휘를 버리는 가운데 행해졌다.
16 Wainwright, Trinity, 68-69; 또한 54-72를 보라.

첫째, 예수는 유대인 지도자들의 반대에 직면하여 자기 정체성을 주장하신다.

요한복음 5장 16-47절에서 그들은 예수께서 안식일을 어기고 하나님을 그의 아버지라고 부름으로써 자신을 하나님과 동등하게 여긴다고 그를 죽이려 한다. 예수는 자기를 지지하는, 유대 율법에 의해 요구된 증인의 복수성을 인용하면서 신성모독의 책임을 부인하는데, 세례 요한, 아버지께서 예수에게 주신 일, 아버지 자신, 그리고 모든 성경이 그의 증언의 진실성을 증명한다.

하나님과 동등하다는 그의 주장은 사실이요 거짓이 아니다. 그리고 그에 관한 모세의 증언을 믿는데 실패한 그들을 기소하며 그를 고발하는 자들에게 응수하신다(45-47절).

요한복음 8장 58절에서 예수는 고발자들에게 "아브라함이 나기 전부터 내가 있느니라"고 말씀하신다. 자신의 청중에게 아브라함보다 앞서 살았다는 그의 주장은 소름끼치는 것이다.

후에 그들은 그와 아버지가 하나이기 때문에 그와 아버지 둘 다 영원한 생명을 주고 그의 제자들을 멸망에서 지켜 주신다고 말할 때, 자신을 하나님과 동일시한다며 신성모독으로 그를 고소한다(요 10:25-39). 그의 대적들은 신성모독에 대한 처벌로 투석 형을 요구하며 위협한다. 그러나 예수는 자신의 주장을 거짓으로 철회함으로써가 아니라, 그 주장이 사실임을 강화함으로써 자신이 신성을 모독하고 있음을 부인하신다(34-39절).

둘째, 이와 함께, 요한복음 14장 1절 "하나님을 믿으니 또한 나를 믿으라"에서 예수는 신앙의 대상으로서 하나님과 자신을 동격으로 삼으신다.

헬라어 원어에서 예수께서 명령형을 사용하는지 또는 서술형을 사용하는지 확실하지 않다. 왜냐하면, 피스튜에테(pisteuete)는 어느 쪽이든 될 수 있기 때문이다.

그러나 이것이 의미에 영향을 주지는 않는다. 문맥은 두 명령형을 지지하지만, 어느 쪽이든 예수는 자기 제자들의 신앙의 합당한 대상으로서 자신을 하나님과 동등하게 여기신다. 마찬가지로 요한은 복음서의 시작 부분인 요한복음 1장 18절에서 예수를 "하나님"으로 언급하고, 도마는 마지막인 요한복음 20장 28절에서 예수를 "나의 주 나의 하나님"으로 고백하는데, 이것은 마치 그림을 에워싸는 틀과 같다.

로마서 9장 5절에서, 비록 헬라어 본문의 구두점이 많은 논의를 일으켰음에도 불구하고, 예수 그리스도를 "하나님"으로 분명히 명시함에 있어서 바울은 아마도 요한을 따르는 것 같다. 압도적인 증거의 조화는 이 구절에 하나님을 향한 독립적인 송영("하나님은 영원히 찬송을 받으시리로다")이 아니라, 그리스도에게 찬양과 신성을 돌리는 것("그는 세세에 찬양을 받으실 하나님이시니라")이 있다고 말한다.[17]

빌립보서 2장 5절 이하에서 바울은 그가 자기 자신의 이익을 위해 이용될 수 있는 구실로 그의 신분을 "하나님의 본체 됨"으로 여기지 않으시고, 대신에 "자신을 낮추셨다[또는 비우셨다]"고 말하며 그리스도의 성육신 이전 상태를 언급한다.[18] 현재분사 "됨"(being, *hyparchōn*)은 계속을 의미

---

[17] C. E. B. Cranfield, *A Critical and Exegetical Commentary on the Epistle to the Romans*, International Critical Commentary (Edinburgh: T & T Clark, 1979), 464-70; William Sanday, *A Critical and Exegetical Commentary on the Epistle to the Romans*, International Critical Commentary(Edinburgh: T & T Clark, 1905), 233-38; B. M. Metzger, "The Punctuation of Rom. 9:5," in *Christ and Spirit in the New Testament: Studies in Honour of C. F. D. Moule*, ed. B. Lindars (Cambridge: Cambridge University Press, 1973), 95-112를 보라.

[18] 우리는 이번 장의 뒷부분에서 제임스 던이 논박한 위격의 선재를 바울이 염두에 두고 있었는지를 고찰할 것이다. 한편 여기에서 Lightfoot의 오래되었지만, 현명한 말을 회상해볼 가치가 있다. "모르페(μορφή)가 후시스(φύσις)나 우시아(οὐσία)와 똑 같지는 않지만, 모르페에 대한 소유는 또한 우시아에의 참여를 포함한다. 왜냐하면, 모르페는 외부적인 사건이 아니라, 본질적인 속성을 시사 하기 때문이다." J. B. Lightfoot, *Saint Paul's Epistle to the Philippians: A Revised Text with Introduction, Notes, and Dissertations* (London: Macmillan, 1881), 170을 보라. Bobrinskoy는 모르페(μορφή)가 바울에게서는 오직 여기서만 나타나며, "하나님께 속한 존재의 방식을 시사하고 하나님의 바로 그 존재에 대한 외적인 형태로 제한될 수 없다"고 주석한다. Bobrinskoy, *Mystery*, 122.

하기 때문에, 그리스도께서 하나님의 본체 됨은 끝도 없고 그의 성육신에 의해 축소되지도 않으며, 오히려 지속된다.

그건 그렇고, 우리가 책 후반부에서 보겠지만, 애정 어린 자기비하의 태도는 하나님의 인격을 반영한다. 게다가 이러한 태도는 계속되는데, 그리스도는 자신의 성육신으로 종의 형체(인성)를 더하시고 죽음 그 자체, 곧 십자가의 죽음에 이르기까지 순종하게 된다. 그러므로 그는 빼기가 아니라 더하기로써 자신을 비우시는데, 그의 신성을 버리심으로써가 아니라, 그의 인간 본성과 이에 수반되는 모든 것을 더하심으로써 그리하신다. 다음에 부활 시 성육신하신 그리스도는 아버지에 의해 아버지 우편에까지 높아지시고 모든 이름 위에 있는 이름, 여호와에 해당하는 헬라어 주님(Lord, Κύριος)이라는 칭호를 얻으신다.[19]

히브리서 기자 또한 그리스도의 탁월성을 주장하면서 성육신하신 아들이 신적인 신분을 소유하고 있음을 입증하기 위해 시편 45편을 인용한다(히 1:8-9). 우리가 제1부 제1장에서 보았듯이 이 시편은 하나님과 하나님을 구별하고 있다. 보좌를 차지하고 있는 하나님은 하나님께 기름부음을 받은 분이시다. 그러므로 히브리서는 아들을 기름부음 받은 자요 또한, 하나님으로 좌정하신 왕으로 여기고 있다. 이것은 그 장의 나머지 부분에서 강조된다. 아들은 아버지의 영광의 광채시고, 그의 존재의 형상이시다. 모든 천사는 그분을 경배할 것이다.

우주의 창조주를 언급하고 있는 시편 102편은 곧 바로 그리스도에게 적용된다.[20] T. F. 토랜스가 말하는 것처럼, 그리스도는 "일종의 임시 대리인(*locum tenens*) 또는 부재하는 하나님을 대신하는 일종의 '대역'(double)이 아니라, 여호와의 성육신한 실재이시다."[21]

---

19 바울은 골 1장 15절에서 "보이지 않는 하나님의 형상"으로서 그리스도를 언급한다.
20 P. E. Hughes, "The Christology of Hebrews," *SwJT* 28 (1985): 19-27을 보라.
21 Torrance, *Christian Doctrine of God*, 51.

예수 그리스도를 향한 바울의 특색이 있는 호칭은 "주"(*Kyrios*, 퀴리오스)이다.[22] 이것은 구약성경에서 테트라그라마톤(tetragrammaton, 히브리어에서 하나님의 이름을 나타내는 네 글자, 역주), 즉 하나님의 언약 칭호인 여호와(YHWH)를 옮기기 위해 사용된 헬라어 단어이다. 그것을 예수그리스도에게 이따금씩 또는 우연히가 아니라, 폭 넓게 적용할 때 바울은 예수를 하나님의 신분을 가진 분으로서, 충만하시고 조금의 축소도 없으신 분으로 여기고 있음을 보여 준다.

이것은 특히 빌립보서 2:9-11에서 명백히 드러나는데, 그 이름이 그의 편지에 아주 골고루 퍼져 있어 유일하게 가능한 결론은 그가 이것을 당연시 한다는 것이다. 그 이름은 초대 교회 교인들 사이에서 정기적이고, 일상적으로 사용되었음에 틀림이 없었다고 허타도(Hurtado)가 설명하는 것처럼, 바울은 그 이름을 무의식적으로 사용한다.

바울의 편지들은 신약의 가장 이른 문서들이다. 그래서 이 제목은 기독교회가 맨 처음부터 논쟁점으로서가 아니라, 교회의 기본 공리로서 예수 그리스도의 완전한 신성에 대한 신앙을 가지고 있었음을 증명한다. 그것은 팔레스타인 기독교에서 획득된 것으로 추정된다. 허타도는 이것이 고린도전서 16장 22절에서 바울이 인용하고 있는 아람어 답창가—마라나타(*marana'tha*), "우리 주여! 오소서"에 의해 입증된다고 지적한다. 그는 이 표현을 어떤 설명이나 번역 없이 이방인의 맥락에서 사용한다.

예수 그리스도는 여기에서 오직 하나님께만 드려지는 경외심과 함께 집단적이고 제의적인 기도의 형식으로 불린다. 더욱이 이 기도의 뿌리는 명백히 팔레스타인적인데, 그 원래의 근원을 넘어 널리 친숙하며 십중팔구

---

22 Guthrie, *New Testament Theology*, 291-301; Wainwright, *Trinity*, 757-92; Gerald O'Collins, *The Tripersonal God: Understanding and Interpreting the Trinity* (London: Geoffrey Chapman, 1999), 54-59; Jules Lebreton, *History of the Dogma of the Trinity: From Its Origins to the Council of Nicaea*, 8th ed., trans. Algar Thorold (London: Burns, Oates and Washbourne, 1939), 267-80, 303-6를 보라; 그리고 동방교회의 관점, Bobrinskoy, *Mystery*, 114 이하를 보라.

바울이전의 것이라.²³ 이것은 바울 복음의 기원이 기독교의 초기로 거슬러 올라간다는 김세윤의 논지와도 잘 부합한다.

이 논지는 최근에 그가 자기 비판자들, 특히 던에 맞서 강하게 변호되었던 것이다.²⁴ 허타도는 바울이 "자기 독자들이 이미 그 용어와 의미에 익숙하다는 가정 하에 설명이나 변명 없이" 퀴리오스라는 칭호를 통해 그 테트라그라마톤(여호와)을 그리스도께 적용하고 있는 많은 인용문으로 제시한다.²⁵ 위더링턴(Witherington)은 "요한이 여호와 하나님에 대해 진술하는 대로 예수께 대해 진술하려는데, 그 이유는 그가 그분들을 동일한 수준에서 보기 때문이다"²⁶라고 말한다.

4. 창조주와 심판주로서 예수의 사역

요한복음의 서언(요 1:1-18)에서 요한은 예수 그리스도가 만유를 만드시고, 하나님과 함께 계시며, 하나님이신 영원한 말씀과 동일하다고 선언한다. 예수는 육체가 된 말씀이시다. 그 말씀을 떠나서는 아무것도 존재할 수 없었다. "태초에"(창세기 1장 1절의 유비에 유의하라) 있었던 그 말씀은

---

23   I. W. Hurtado, "Lord," in *Dictionary of Paul and His Letters*, ed. Gerald F. Hawthorne (Downers Grove, Ill.: InterVarsity Press, 1993), 560-69.
24   Seyoon Kim, *The Origin of Paul's Gospel* (Grand Rapids: Eerdmans, 1982); Seyoon Kim, *Paul and the New Perspective: Second Thoughts on the Origin of Paul's Gospel* (Grand Rapids: Eerdmans, 2002).
25   이 구절들이 분명하다. 롬 4:8(시 32:1-2); 9:28-29(사 28:22; 1:9); 10:16(사 53:1); 11:34(사 40:13); 15:11(시 117:1); 고전 3:20(시 94:11); 고후 6:17-18(사 52:11; 삼하 7:14); 아마도 다음 구절들 안에 있을 것이다. 롬 10:13(욜 2:32); 고전 1:31(렘 9:23-24); 10:26(시 24:1); 고후 10:17(렘 9:23-24); 그리고 다른 여러 구절들도 있을 수 있다. Hurtado, "Lord," 563을 보라.
26   B. Witherington III, "Lord," *in Dictionary of the Later New Testament and Its Developments*, ed. Ralph P. Martin and Peter H. Davids (Downers Grove, Ill.: InterVarsity Press, 1997), 672.

"하나님과 함께"(하나님을 향하여) 있었고, 정말로 "하나님이셨다." 여호와의 증인들(Jehovah's Witnesses)은 "하나님" 앞에 정관사가 없다고 지적하며, 요한은 그 말씀을 "한 신"(a god)으로 의도한다고 주장한다.

그러나 이 문장의 경우처럼 주격 서술명사가 동사 앞에 있을 때, 주로 정관사를 생략한다. 그 문제는 헬라어 구문론 중에 하나다. 요한은 말씀(logos)과 하나님(theos)의 단일성과 동등성과 구별성을 지적한다. 그리고 그는 그 말씀이 만유의 창조주이시고 육체가 되었음(14절)을 강조한다(3-4절). 그 결과 그는 독생하신 하나님이시다(18절).[27]

창조주로서 그리스도에 대한 요한의 묘사는 골로새서 1장 15-20절에서 바울에 의해 되풀이 되는데, 거기에서 그는 그리스도께서 만유를 지으시고 그의 피조물을 존재하도록 보존하신다고 말한다.

히브리서 저자는 히브리서 1장 1-4절에서 똑같은 것을 말하는데 그는 거기서 아들이 세상을 만들고 의도한 목적대로 세상을 인도하는 분이라고 말한다.

고린도전서 8장 6절에서 바울은 그들 각자의 창조 사역을 분명하게 언급하며 "모든 것이 그분으로 말미암은" 하나님 아버지와 "모든 것이 그를 통해 있는" 주 예수 그리스도를 연결시킨다. 우리는 복음서의 많은 사건들을 이러한 관점에서 확인할 수 있다.

마태복음 14장 22-36절에서 예수께서 물 위로 걸으신 것은 구약성경에서 그 길이 둘로 통하는 분으로 묘사된(시 77:19; 욥 9:8) 이스라엘의 하나님 여호와의 행동이다. 더욱이 여호와는 광풍을 잠잠케 하는 능력을 가지고 계시다(욥 26:11-14; 시 89:9; 107:23-30).

따라서 예수는 그 요소들에 대해 주권적인 책임을 지시고 신성의 직무들을 펼쳐 보이신다. 결과적으로 제자들 안에 일어난 변화를 주목해 보라.

---

27 사본 전통은 요한복음 1장 18절에서 나누어짐에도 불구하고; 신약에서 창조주로서의 그리스도에 대해서는 Wainwright, *Trinity*, 130-54를 보라.

처음에 호수를 가로지르시는 예수를 보았을 때, 그들은 두려움과 공포로 가득 찼다(마 14:26).

그분이 누구인지를 깨닫게 되면서, 그리고 자연에 대한 그의 명령의 효과들을 보면서 그들은 "당신은 하나님의 아들입니다"(33절)라고 선언한다. 예수께서 그들에게 신성에 대한 선언으로서 "나는 -이다"(*egō eimi*)라는 문장으로 인사하는 것(27절)을 주목할 가치가 있다(NIV와 ESV는 이것을 "그것은 나다[It is I]로 느슨하게 풀어쓰고 있다").

게다가 병과 질환을 다스리는 예수의 기적적인 능력, 한 자리에서 수천 명을 먹일 수 있는 음식을 만드시는 것, 그리고 그와 같은 것들에 대한 다수의 기록들이 있다. 공관복음서가 세상에 대한 그리스도의 주 되심을 가리키며 이것들을 하나님 나라의 오심에 대한 증거로 제시함에도 불구하고, 그것들은 또한 여기 우리의 일반적인 주장을 지지해 주기도 한다.

요한복음 5장 22절-30절에서 예수는 자신을 마지막 심판 시의 재판주로 묘사한다. 온 세상의 심판주는 오직 하나님이 가능하다. 그러므로 예수는 하나님과 등등하시고 하나이심을 주장하신다. 마태복음 25장 31-46절에서 그분은 다른 형태로 이 주장을 하는데, 거기서 예수는 인자로서 특색이 있는 자기 묘사를 하신다.

다니엘 7장 14절의 인자가 최후 심판과 연결되어 있기 때문에, 인자로서 예수는 양과 염소를 나누시고, 공의로-메시아의 직무-열방들을 심판하시어 그들의 최종적이고 변개치 못할 운명을 결정하실 것이다. 또한 마가복음 8장 38절에서 그분은 자신을 심판주로서 말씀하신다.

바울은 데살로니가전서 3장 13절과 5장 23절에서, 특히 데살로니가후서 1장 7-10절에서 그리스도의 재림을 최후 심판과 연결시키면서 이것을 강조한다. 우리는 모두 틀림없이 그리스도의 심판대 앞에 나타날 것이다(고후 5:10).

5. 구원자 예수

우리가 보았듯이, 구약성경은 하나님의 백성을 향한 구원은 사람으로부터가 아니라 오직 여호와로부터 올 수 있음을 강조한다.[28] 시편 146편 3, 5-6절에서 이스라엘은 다음과 같이 권면을 받는다.

> 귀인들을 의지하지 말며 도울 힘이 없는 인생도 의지하지 말지니 … 야곱의 하나님을 자기의 도움으로 삼으며 여호와 자기 하나님에게 자기의 소망을 두는 자는 복이 있도다 여호와는 천지와 바다와 그 중의 만물을 지으시며 영원히 진실함을 지키시며 … (시 146:3-6).

천사가 요셉에게 마리아의 아들을 부르게 했던 예수라는 이름은 "구원자"를 의미한다. 그는 자기 백성을 그들의 죄에서 구원하실 것이었다(마 1:21). 예수의 치유와 부활은 그가 생명의 주님이심을 증명한다. 왜냐하면, 그는 생명 그 자체이시기 때문이다. 그의 창조하시고 치유하시는 기적들의 누적된 영향은 노예로 만드는 모든 것으로부터의 해방을 가리킨다.

T. F. 토랜스는 예수의 모든 사역을 부활을 기대하고 요구하는 것으로서 정확하고 힘차게 묘사한다. 그 외에 그의 사역은 특별히 죄와 사망으로부터 해방시킨다.[29] 구원은 하나님 자신의 사역이기 때문에, 구원주로서 예수에 대한 사도 바울의 일관된 묘사는 암묵적으로 그에게 신성을 귀속시키는 것이다(딛 2:11-13; 참조. 딛 1:4; 3:6; 빌 3:20; 딤후 1:10; 베드로에 대해서는 벧후 1:11을 보라).

게다가 디도서 2장 11-13절에서 바울은 예수 그리스도를 "우리의 크신 하나님과 구원자"라고 분명하게 부른다. 베드로 또한 베드로후서 1장 1

---

28 구원주로서 그리스도에 대해 같은 책, 155-70을 보라.
29 Robert Letham, *The Work of Christ* (Leicester: InterVarsity Press, 1993), 특히, 7, 10, 11장을 보라.

절에서 그를 "하나님"과 "구원자"로 부른다.

6. 예수에 대한 예배

이 모든 것을 따라서 신약성경의 많은 구절들은 예수 그리스도께 대한 찬양을 표현하고 있다. 그것들은 공통적으로 강한 찬송가 운율을 가지고 있다. 저자에 의해 만들어졌든지 혹은 이미 교회에서 사용하던 것으로부터 빌려왔든지 간에 그것들은 그리스도께서 초대 교회에서 예배의 대상이심을 가리킨다.

이스라엘에게 새겨진 한 엄격한 단일신론의 관점에서 이것은 예수 그리스도께서 하나님과 하나이심을 인정하는 것이다. 이 모든 구절들은 예수의 중대성과 그분의 구원 사역에 초점을 맞추고 있다. 이런 범주에는 이를테면, 요한복음 1장 1-18절, 히브리서 1장 3-4절, 골로새서 1장 15-20절, 빌립보서 2장 5-11절 그리고 디모데후서 2장 11-13절 등이 들어간다.

그러나 제임스 던은 이런 구절들이 예수를 향한 것이라기보다는 예수에 대한 구절이며 오직 요한계시록에서만(예를 들어, 계 5:8-10) 명백하게 그를 향한 찬송을 발견한다고 주장한다.[30] 그럴 수도 있지만, 던이 예시하고 있는 그 구절들에서 예수께서 묘사되는 방식은 찬송이 그분께 향하도록 요구되고 있다.

게다가 그것들은 교회에서 보편적이지 않다면 광범위한 동의를 가정하고 있기 때문에, 그것은 요한계시록의 찬송이 이미 존재하고 있던 관행에 기초하고 있었음을 믿을 타당한 이유가 된다. 더욱이 요한계시록에서 소아시아에서 전투하는 교회들과 하나님의 보좌를 두른 승리하는 교회 사이

---

30 James D. G. Dunn, *The Partings of the Ways: Between Christianity and Judaism and Their Significance for the Character of Christianity* (Philadelphia: Trinity Press International, 1991).

에 있는 밀접한 관계는 천상 예배와 지상 예배 사이의 상관관계를 가정한다. 웨인라이트는 그리스도를 향한 다수의 신약 찬송시 목록을 만들었는데, 그는 그 중에 두 개를 "명백한 예"(벧후 3:18; 계 1:5b-6)로, 두 개는 매우 가능성 있는 실례(롬 9:5; 딤후 4:18)로 여긴다.[31]

기도 또한 그리스도께 드려진다. 스데반은 돌아 맞아 죽을 때, 주 예수를 불렀다(행 7:59-60). "주 예수여, 내 영혼을 받으소서"라는 그의 외침은 누가복음 23장 46절에서 누가가 기록한 예수님 자신의 말씀 "아버지 내 영혼을 아버지 손에 부탁하나이다"와 평행을 이룬다.

주 예수는 아버지와 한 치도 틀림없이, 죽음의 순간에 기도로 부를 수 있는 분이다. 바울 또한 그의 육체의 가시를 제거해 달라고 주께(우리가 보았듯이 부활하신 그리스도께 대한 그의 일반적 칭호이다) 기도한다(고후 12:8-9). 그는 공동 기도, "우리 주여! 오소서"를 언급한다(고전 16:22; 계 22:20과 비교해 보라).

고린도에서는 헬라어를 말하기 때문에, 이것이 팔레스타인에서 기원한 아람어 어구(marana'tha)인 것이 놀랍다. 바울은 그 말을 모두에게 알려진 번역이나 설명할 필요가 없는 흔한 신조어로 가정하고, 해설도 없이 그것을 인용한다. 이것은 그 어구가 부활 후 아주 초기에 만들어졌음을 보여 준다.

예수는 처음부터 여호와와 동일한 신분의 주님으로 인식되셨다. 게다가 또한 바울은 그의 길을 지시하여 자신이 데살로니가로 돌아갈 수 있도록 "우리 하나님 아버지"와 "우리 주 예수"께 호소한다(살전 3:11-12). 그의 회심 때, 그는 구약성경 성경의 어구, "여호와의 이름을 불러"를 따라 주 예수의 이름을 불렀는데(행 9:14, 21; 22:16), 이것은 예수께서 하나님과 동일한 신분임을 함축한다.

---

31 Wainwright, *Trinity*, 93-97.

또한, 그는 로마서 10장 9-13절, 고린도전서 12장 1-3절에서 아마도 공적인 기독교 예배의 상황에서 예수 그리스도를 퀴리오스(*kyrios*, 주님 또는 여호와)로 고백하는 것이 구원을 이루는 것임을 선언한다. 1세기 유대교에서 중보자로서의 천사들에게 기도가 드려졌던 증거가 있음에도 불구하고, 이런 기도들은 모두 당당히 그리스도께로 향하고 있고, 그를 아버지와 같은 수준에 자리매김 함으로써 중간적 존재인 천사들과 구별시킨다.[32] 또한 높아지신 그리스도께로부터 소아시아의 교회들과 관련된 예언을 받는다(계 1:17-3:22).

7. 예수의 선재(先在)

지금까지의 논의에 기초해서 우리는 최근까지 주장되었던 바 그리스도의 위격적 선재에 대한 믿음이 점진적으로 발전되었고, 신약성경 저작에 있어의 비교적 후기에서야 구체화되었다는 의견의 일치를 수정해야 한다. 분명히 후기 신약성경은 이 점과 관련하여 많은 자료를 포함하고 있다.

히브리서 1장 3-4절에서 아들은 "하나님의 영광의 광채"로 언급된다. 같은 장에서 저자는 그의 아들을 하나님으로 부르는 시편 45편 6-7절을 인용하며, 그것을 아들인 그리스도께 적용한다. 베드로는 그리스도께서 창세 전에 단지 하나님의 마음속이 아니라, 하나님과 함께 존재했다고 말한다(벧전 1:20).

요한일서 1장 1-4절은 모호함이 없는 구절인데, 끝에서 예수 그리스도를 명백히 언급한다. 요한계시록 1장 17절에서 높아지신 그리스도는 시간 이전의 존재를 함축하고 있는 처음과 나중으로 묘사된다. 또한 22장 13절에 있는 비슷한 문장은 기원론과 종말론을 연결한다. 요한계시록 3장 14

---

32   Ibid., 100-101을 보라.

절은 창조의 기원과 원인으로서 그리스도를 가리킨다.[33]

이에 동조하는 대표적인 사람이 제임스 던(James D. G. Dunn)이다. 던은 자신이 상당히 후기의 문서라고 간주하는 히브리서와 요한문서 외에 그리스도의 위격적 선재에 대한 완전한 전망이 바울에게서 발견되지 않는다고 주장한다. 특히, 그는 빌립보서 2장 5절 이하의 유명한 구절(*locus classicus*)이 주장되는 바 그리스도의 시간 이전의 존재를 전혀 가리키지 않는다고 주장한다. 여기서 바울은 그리스도와 아담을 대조하고 있다. 아담은 하나님과 같아지고 싶었고, 주제넘게도 금지된 과일의 상급을 움켜잡았다. 완전히 다르게, 그리스도는 이같이 행동하기를 거절하셨다.

던은 바울이 그리스도를 시간의 제약을 받는 아담과 비교하기 때문에, 이 구절에서 어떤 시간 이전의 기준을 찾을 필요가 없다고 결론 내린다.[34] 김세윤은 던에 반대하여 바울이 선재를 가르치는 저자라고 생각한다.[35] 마틴 또한 바울이 여기에서 선재를 가르치고 있다는 주장을 선호한다.[36] 허타도는 던이 다소 도발적인 주장을 하고 있지만, 바울이 아담을 언급하고 있기 때문에 선재가 제외된다고 가정하는 것은 논리적 오류라고 지적한다. 게다가 그는 아담의 언급이 명백하지 않음을 주장하며, 다수의 주석가들이 선재를 고려하는 입장이라고 지적한다.[37]

허타도는 던이 언어의 힘을 정당하게 평가하는데 실패하고 있다고 언급한다. 허타도의 평가를 따르고 있는 주목할 만한 결론은, 만일 이 구절이 초기 기독교 찬송이라고 한다면 일반적으로 추정되고 있는 것처럼 그 제

---

33 D. B. Capes, "Pre-Existence," in *Dictionary of the Later New Testament and Its Developments*, ed. Martin and Davids, 955-61.
34 James D. G. Dunn, *Christology in the Making: A New Testament Inquiry into the Origins of the Doctrine of the Incarnation*(Philadelphia: Westminster Press, 1980), 117 이하.
35 Kim, *Origin*.
36 Ralph Martin, *Philippians*, New Century Bible(Grand Rapids: Eerdmans, 1980), 94-96.
37 L. W. Hurtado, "Pre-Existence," in *Dictionary of Paul and His Letters*, ed. Hawthorne, 743-46.

의적 사용이 광범위하게 퍼졌음은 거의 확실하다. 결과적으로 그 가르침은 바울이 빌립보서를 기록하기 훨씬 이전에 널리 수용되었던 것이다. 그러므로 허타도는 그리스도의 선재에 대한 신앙이 "아주 초기에" 기원했고, "바울의 교회에서 논란의 여지가 없이 친숙한 그리스도에 대한 관점"이었다고 결론 내린다.[38]

이것은 다른 바울서신의 구절들을 다른 시각에서 보게 한다. 던의 주장이 소멸됨으로써 바울서신의 로마서 8장 3절과 갈라디아서 4장 4절과 같은 주장들은 선재하는 그리스도께서 우리 구원을 위해 오시는 것으로 새롭게 볼 수 있다.

요한복음의 대 서언 그리고 히브리서의 고양된 도입과 함께 그 구절들은 베들레헴에서 예수의 나심은 아들 하나님이 사람으로 세상에 오심이었다는, 아주 초기부터 교회에 있었던 신앙을 반영한다.

바울은 교회에 대한 새로운 내용을 슬그머니 써놓고 있는 것이 아니라, 이미 믿고 있던 것을 표명하고 명료하게 하고 발전시키고 있었다.

8. 결론

이러한 발전들은 기독교 신론을 위해 매우 중요하다. 리브레턴은 다음과 같이 말한다.

> 그것들은 우리에게 다음 사항을 매우 분명하게 보여 준다. 아주 초기부터 기독교 신앙에 의해 제시된 이 모든 구절들 안에는 새로운 무언가와 전통적인 무언가가 있었다. 그리스도에 대한 믿음, 그리스도에 대한 예배가 전면에 나타나지만, 여호와에 대한 오랜 믿음이 이 새로운 믿음에 의해 대체

---

[38] Ibid., 746.

되거나, 그것으로 변형되거나, 그것과 함께 나란히 놓이거나 하지 않는다. 기독교 예배는 두 하나님께나 두 주님께로 향하지 않고, 동일한 확신과 동일한 사랑으로 예수와 그의 아버지께 드려진다.[39]

그는 다시 아래와 같이 기록한다.

> 테오스(θεός)와 퀴리오스(κύριος) 두 용어는 그[바울]에게 동등하게 신성한 칭호들이다. … 더욱이 그 칭호들은 각기 아버지와 아들을 가리키는 위격적 칭호가 되었다. … .이 확정적 귀속은 단 하루의 일이나 단 한 사람의 일이 아니다. … 오히려 이 사용은 결코 배타적이지 않아서 주의 이름이 때로 아버지께 돌려지지 않거나, 하나님의 이름이 아들에게 돌려지지 않은 때는 없다.[40]

허타도는 그리스도를 예배의 대상으로 대하는 것은 기독교 운동, "처음 몇 년에 거의 폭발적으로 급속한" 발전의 가장 초기에 유대인 기독교 집단에서 시작되었다고 주장한다. 결국, "그리스도께 부여된 신적 지위로 이어지는, 인식가능한 기독론의 발전 단계들을 정교하게 만든 이론들은 이 증거에 의해 논박된다."[41]

T. F. 토랜스가 말하는 것처럼, 우리는 그리스도의 신성에 대한 우리의 믿음을 위해 복음서에 기록된 다양한 사건들이나 성경의 특정 본문을 의지하지 않고,

> 신약성경에서 주어진 역사적 신적 계시의 모든 일관된 복음적 구조에 의

---

39 Lebreton, *Trinity*, 277.
40 Ibid., 278.
41 I. W. Hurtado, "Christology," in *Dictionary of the Later New Testament and Its Developments*, ed. Martin and Davids, 178-79.

지한다. 우리가 그를 주와 하나님으로 믿게 되는 것은 우리가 그 안에 살고, 그것에 대해 묵상하며, 그것에 맞추고, 그 속에 스며들며, 그것을 우리 안에 흡수하고, 우리의 삶과 생각의 근원이 그리스도의 창조적이고 구원하는 영향력 아래서 변화되는 것을 발견하고, 그리스도에 의해 구원을 받으며, 그리스도 안에서 인격적으로 하나님과 화목할 때이다.[42]

토랜스는 계속해서, 결과적으로 우리는 주님으로서 예수께 기도하고, 그를 경배하며, 하나님으로서 그를 찬송한다고 말한다.

증거는 압도적이다. 우리는 계속할 수 있다. 예수의 부활에 대한 물리적 증거에 직면했던 도마가 "나의 주시오, 나의 하나님이시니이다"(요 20:28)라고 대답할 수밖에 없었던 것은 놀라운 일이 아니다.

요시아 콘더(Josiah Conder)는 다음과 같이 기록했다.

> 당신은 영원하신 말씀이시오, 아버지의 유일하신 아들이십니다.
> 분명히 보이고 분명히 들리는 하나님이시며, 하늘의 사랑받는 자이십니다.
> 오! 하나님의 어린양이시여!
> 당신은 모든 무릎이 당신께 꿇기에 합당하십니다.
> 완전한 신성을 소유하시며, 영원히 거룩하신 당신에게서 아버지의 빛나는 영광이 가장 완전히 나타났나이다.
> 오! 하나님의 어린양이시여!
> 당신은 모든 무릎이 당신께 꿇기에 합당하신 분이십니다.

다음은 시리아 안디옥 정교회의 신현을 위한 예문 교창 3, 전음 1에 있는 기도문이다.

---

[42] Torrance, *Christian Doctrine of God*, 53.

요단에서 당신이 세례를 받으실 때,
오! 주님이시여!
삼위일체의 예배가 나타났습니다.
아버지의 목소리는 당신을 그분의 사랑받는 아들로 부르심으로 당신을 증거하였고, 성령은 비둘기의 모습으로 그 말씀의 진실성을 확증하였습니다.
오! 그리스도 우리 하나님이시여!
스스로를 나타내시고 세상을 밝히신 당신께 영광을 돌립니다.[43]

---

[43] *Service Book*, 188.

◆ 주요 용어

단일신론(monotheism)

◆ 깊이 생각할 문제

신약 기자들이 예수가 하나님이라고 솔직하게 말하는 것을 어떤 요소들이 설명해 주는가?

◆ 더 읽으면 좋은 책

1. Richard Bauckham, *Jesus and the God of Israel: God Crucified and Other Studies on the New Testament's Christology of Divine Identity* (Milton Keynes, UK: Paternoster, 2008).
2. Thomas F. Torrance, *Incarnation: The Person and Life of Christ* (Milton Keynes, UK: Paternoster, 2008).

제3장

성령과 삼각 구조

1. 외연적 이위일체와 내포적 삼위일체

초기 교회는 예수 그리스도를 생각하는 방식이 독특하다. 신약성경을 보면, 구약에서 여호와에게만 해당되는 예배의 태도가 예수에게도 돌려진다. 그럼에도 교회는 결코 이것을 구약의 예배와 상충되는 것으로 보지 않았다. 그뿐만 아니라 결코 다신론적이라고 생각하지도 않았다.

교회는 예수께 대한 예배를 구약성경의 단일신론의 경계 내에서 이해했다. 이 예배는 교회의 아주 초기 단계에서 시작되었다. 허타도는 그것을 구약성경의 단일신론으로부터의 발전이라기보다는 예수의 삶과 사역, 그의 부활과 그에 대한 교회의 독특한 신앙을 분명하게 하도록 이끈 유대교의 반대로부터 나온 변이로 간주한다.[1]

예배의 분명한 초점이 이위일체였다는 것은 의심하기 어렵다. 예수 그리스도에 대한 압도적인 중요성과 그의 부활의 충격은 하나님 아버지와 주 예수 그리스도에 대한 통일된 예배의 집중화에 초점을 맞추게 했다. 이것은 신약에서 분명한 증거를 가진다.

---

[1] Larry W. Hurtado, *One God, One Lord: Early Christian Devotion and Ancient Jewish Monotheism* (Philadelphia: Fortress, 1988).

바울의 관습적 인사는 다음의 형태를 따른다.

> 하나님 아버지와 우리 주 예수 그리스도의 이름으로(롬 1:1, 7; 고전 1:1-3; 고후 1:1-2; 갈 1:1-5; 엡 1:1-2; 빌 1:1-2; 골 1:1-2; 살전 1:1; 살후 1:1-2; 딤전 1:1-2; 딤후 1:1-2; 딛 1:4; 몬 1:3).

그는 예수 그리스도로 말미암아(롬 1:8) 또는 주 예수 그리스도로 말미암아(롬 7:25; 16:27) 하나님께 감사한다. 조금 다른 각도에서 그는 의의 열매는 예수 그리스도로 말미암아 하나님께로 이른다고 말한다(빌 1:11).

여기에서 그리스도는 그리스도인과 아버지 사이의 중보자이시다. 바울이 이 구절에서 그리스도를, 디모데전서 2장 5절에서 하나님과 사람 사이의 유일한 중보자로서 사람이신 그리스도 예수를 언급하고 있는 것과 같이 단순히 사람으로 여기고 있는지 그렇지 않은지는 확실하지 않다.

바울이 예수 그리스도의 신실함으로 말미암아 우리에게 주어진 하나님의 의에 대해 기록하는 것(롬 3:21-22)은 이것을 고려한 것인데, 이 구절에서는 우리를 대신하여 사람으로서 하나님의 율법에 굴복하신 그리스도의 순종이 우리 구원의 근거가 된다고 말씀하시는 것이다. 이로부터 우리는 예수 그리스도 안에 있는 구속을 믿음으로 말미암아 하나님의 은혜로 의롭게 된다(롬 3:23-24).

그리스도의 신적인 신분에 대한 보다 분명한 암시는 하나님이 우리를 그리스도로 말미암아 혹은 그리스도 안에서 그분께로 화해시키셨다는 바울의 언급인데(고후 5:16-21), 그로 말미암아 하나님의 은혜가 예수 그리스도 안에서 우리에게 주어졌고(고전 1:4), 하나님의 영광이 그리스도 안에서 우리에게 비쳤다(고후 4:6, 이 서신의 구절은 창조 시 곧 "빛이 있으라"고 말할 때의 하나님의 사역을 자의식적으로 반추하고 있다).

우리의 칭의는 우리 주 예수를 죽은 자 가운데서 일으키신 하나님께 기초하고 있다(롬 4:24-25; 6:4; 10:9). 그리하여 우리는 우리 주 예수 그리스도로 말미암아 하나님과 화목하며(롬 5:1), 이제는 예수 그리스도 안에서 하나님께 대하여 살아 있다(롬 6:11, 23). 하나님은 그리스도 안에서 사도들을 승리로 인도하신다(고후 2:14-17).

하나님은 그분의 아들 우리 주 예수 그리스도와 교제하도록 우리를 부르셨다(고전 1:9). 주 예수로 말미암아 우리가 은혜를 받는 것(고전 16:22-24)은 그리스도께서 우리 가운데 거하시기 때문이다(골 1:27).

그리스도는 하나님이시다(롬 9:5). 예수는 주님이시다(롬 10:9, 12-13; 14:5-9; 고후 4:5; 12:8-10; 빌 2:9-11[특히, 부활 후에]; 골 2:6; 딤전 6:3; 딛 2:13[여기서 그는 하나님과 구주로 일컬어진다]; 히 1:3-14). 그리스도는 하나님의 형상이시며(고후 4:4; 골 1:15), 하나님의 본체시다(빌 2:6). 하나님의 충만이 그 안에 거한다(골 1:19; 2:9). 그는 하나님 안에 계시다(골 3:3). 하나님과 그리스도는 종종 함께 연결되신다(고후 10:4-6; 골 2:2; 딤전 5:21; 딤후 4:1; 히 13:20), 주 예수 그리스도가 우리 하나님과 아버지께 연결되어 있는 것처럼 말이다(롬 15:5-7, 8; 고전 8:6;[2] 고후 1:3; 11:31; 엡 1:3; 골 1:3; 살전 3:11, 13; 5:23; 살후 1:5-10; 2:16; 3:5).

다른 맥락에서 하나님은 그리스도의 머리이신데(고전 11:3), 여기에서 아마도 바울은 지상 사역 동안의 성육신하신 그리스도를 언급하고 있는 것 같다. 그의 중보적 왕국의 절정에서 그리스도 주님은 그 나라를 하나님 아버지께 드릴 것이다(고전 15:24-28). 동시에 예수 그리스도에 대한 우리의 고백은 하나님 아버지의 영광이 될 것이다(빌 2:11).

바울서신 밖에서는 비슷한 패턴이 다른 뉘앙스를 지닌다는 것이 명백하다. 야고보는 그의 인사에서 하나님과 주 예수 그리스도를 같이 사용한다(약 1:1). 베드로는 아버지, 그리스도와 하나님을(벧전 1:17-21), 하나님과 그리스도를(벧전 5:10), 하나님과 구주를(벧후 1:1), 그리고 하나님과 예수 우

---

[2] 이 구절에 대하여는 Paul A. Rainbow, "Monotheism and Christology in 1 Corinthians 8:4-6" (D. Phil. thesis, University of Oxford, 1987)을 보라.

리 주(벧후 1:2)를 연결시킨다. 이 모든 것들과 바울서신의 구절들에서 하나님에 대한 언급은 아버지께 한정적으로 돌려지고, "주"라는 호칭은 그리스도 아들을 위해 사용된다. 다른 한편, 요한은 그의 서신에서 예수께서 사용하셨던 용어에 집착한다. 그는 아버지/하나님과 아들/예수 그리스도를(요일 1:1-2:1), 아버지와 아들을(요일 2:22-24), 하나님과 그의 아들을(요일 5:20) 구별한다(요 1:1-2:1).

요한이서에서 그는 하나님 아버지와 예수 그리스도에 대해(요이 1:3), 또는 아버지와 아들에 대해(요이 1:9) 말한다. 유다는 하나님 아버지와 예수 그리스도(유 1:1) 또는 하나님과 주 예수 그리스도(유 1:4)를 선호한다. 그럼에도 불구하고 그는 그의 찬송을 예수 그리스도 우리 주로 말미암아 하나님 우리 구주께 돌린다(유 1:24-25).

이 모든 형식은 이위일체의 준거틀을 예시한다. 그 구절들 어디에도 성령에 대한 언급은 없다. 표면상 교회가 이위일체로 강하게 편향되어 있는 것처럼 보인다. 그러나 이 형식은 구약성경에 있는 하나님에 대한 점진적으로 발전하는 계시로부터 나오는 것이고, 예수 그리스도 안에 있는 성육신의 계시에서 그 절정에 이른다. 하나님이 사람으로, 인류가 이해할 수 있는 모양과 방식으로 나타나셨다. 부활하신 그리스도의 지위는 명백히 교회적 관심의 중심에 있다.

곧 바로 우리는 이것이 자신이 아니라 그리스도께 관심을 끄는 성령의 활동과 완전히 일치함을 알 것이다. 이 점에서 우리는 마이클 폴라니의 인식론에서 도움을 얻을 수 있다. 폴라니는 인간의 지식이 다른 단계들에서 작동한다고 지적한다. 가장 기초적인 단계에서 우리는 우리가 아직 말로 표현 수 없는 것들을 안다. 이것을 그는 암묵적 지식(tacit knowledge)이라고 부른다.[3]

---

3   Michael Polanyi, *The Tacit Dimension* (Chicago University of Chicago Press, 1958).

만일 지식이 설명될 수 있을 정도로 좁혀지면, 새로운 지식을 탐색하는 것은 불가능하다. 우리는 어떤 문제를 알고 설명할 수 있고 그것을 탐색할 필요가 없든지, 혹은 어떤 것을 설명할 수 없고 그래서 그것을 알 수 없고 그것을 어떻게 찾으러 가야 할지 알 수도 없다.

지금 우리의 경우 폴라니의 중요한 통찰을 따른다면, 우리가 하나님에 대한 교회의 새로운 이해를 고려할 때 눈에 보이는 것 이상이 있을 것이다. 이것은 우리가 성령의 사역에 대한 초점뿐만 아니라, 우리의 물질성에 대해서는 외부적인 영역에 속하는 그분의 보이지 않는 속성을 생각할 때 더 많은 지지를 얻을 수 있다. 게다가 성령은 성육신하지 않았고, 그의 사역은 기본적으로 후방에 있다. 예수는 인간으로 사도들과 함께 있었지만, 성령은 인간으로 함께 있지 않았다.

툰은 초기 기독교의 신앙고백이 이위일체적일 수 있다는데 허타도와 뜻을 같이 한다. 그러나 툰은 또한 그것을 강조하는 것이 기본적인 삼위일체적인 인식이었음을 주장하는데, 허타도의 논문이 이것을 배제하고 있는 것은 아니다.[4] 제1부 제2장에서 우리는 그리스도의 신성이 신약에서 매우 중요함을 보았다. 하지만, 성령의 신분과 역할에 대한 분명한 인식은 표면적으로 같은 정도는 아니다. 왜냐하면, 성령은 "보이지 않으시고 이름이 없으시기" 때문이다.[5] 그럼에도 이러한 인식은 여전히 존재한다.

툰은 놀랄 만한 통계를 인용하는데, 구약성경 전체에서 히브리어 루아흐(ruach)가 하나님의 성령의 의미로 대략 90회 정도 사용되는 한편, 바울 혼자서 성령에 해당하는 프뉴마(pneuma)를 서신서에서 115회 사용한다. 그 서신들은 구약성경 성경이 차지하는 공간의 아주 작은 분량일 뿐이다. 성령은 바울과 초기 기독교인들의 삶에서 실제적이고 현존하는 실재였다

---

4 Peter Toon, *Our Triune God: A Biblical Portrayal of the Trinity* (Wheaton, Ill.: Bridge-Print, 1996), 117 이하.
5 Ibid., 122.

고 툰은 옳은 결론을 내린다.[6] 오순절이 교회를 위한 중대한 사건이었음은 자명하다. 성령의 임재는 사도행전에서 압도적으로 분명하다.

교회는 현대적 의미에서 아직 발전된 기관이 아니었다. 교회의 능력은 인간적인 방향이거나 (만일 그러한 것이 있다면) 관료주의적 효율성이 아니었고, 성령의 압도적인 능력이었다. "그러므로 명백한 이위일체와 암시적인 삼위일체는 동일한 신앙에 속하는 것으로 여겨질 수 있다. 왜냐하면, 오직 교조주의적 이위일체설만이 삼위일체적 인식과 암시적 삼위일체론을 부인하기 때문이다"라고 툰은 결론을 내린다.[7]

2. 성령

성령의 불가시성과 익명성 때문에 그가 임재하고 있음이 알려질 수 있음에도 불구하고 그의 임재는 일반적으로 주목되지 않는다. 그의 임재는 그가 하는 것으로 알려진다. 그럼에도 불구하고 구약성경과 비교해서 신약에는 성령에 대한 언급에서 엄청난 증가가 있다.

성령은 구약성경 전체에서보다 바울에 의해 보다 여러 번 언급된다. 신약은 결코 성령을 명백하게 "하나님"으로 부르고 있지 않지만, 그에게 신적인 특징들을 돌리고 있다. 다른 것들 중에서 서로 간에 그리고 아버지와 아들과의 교제는 성령에 의한 것이다. 성령은 거룩하게 하고, 환난 중에 기쁨을 주며, 사람들의 마음을 열어서 믿게 하고, 우리로 예배할 수 있도록 하며, 그리스도와의 연합을 가져온다.

---

6 Ibid., 123.
7 Ibid., 125, 툰이 신약에 대해 언급하고 있고 스스로 암시적인 삼위일체론만을 변호하고 있지 않음에 주의하라.

신약은 성령을 구속의 모든 단계에서, 특별히 예수 그리스도의 생애와 사역에서, 잉태부터 승천까지 활동하시는 분으로 묘사한다.[8] 예수는 성령으로 잉태되신다. 주의 천사가 요셉에게 마리아의 충격적인 임신은 성령의 사역의 결과라고 말한다(마 1:20). 더욱 발전적으로, 가브리엘은 마리아에게 전하길 "성령이 내게 임하시고 지극히 높으신 이의 능력이 너를 덮으시리니 이러므로 나실 바 거룩한 이는 하나님의 아들이라 일컬어지리라"(눅 1:35) 하신다.

천사는 예수의 잉태에서 차지하는 성령의 역할을 그의 창조 사역과 비교하는데, 거기서 그는 태고에 물 위로 운행했다(창 1:2). 예수는 처음에 하나님의 성령이 그림자를 드리우는 활동을 통해 시작된 새 창조의 창시자이셔야 했다. 그 아이의 거룩함 역시 그가 성령으로 잉태된 결과이다.

누가의 기록에서 성령은 성탄 시에 그 사건들을 두른다. 보브린스코이는 "성령 부으심과 그리스도의 탄생 사이에 있는 예외적 수렴"에 대해 쓰고 있다. 참으로 성령은 "성육신의 영이시며, 하나님의 말씀이 그 안에서 그리고 그를 통하여 역사에 침투하는 분이시다"[9]

마리아가 그녀의 사촌 엘리사벳을 찾아갔을 때 그녀는 성령으로 충만하였고 그녀의 아기는 그 태중에서 기뻐 뛰었다(눅 1:41-44). 엘리사벳의 남편 사가랴 또한 성령으로 충만하여 그의 아들 세례 요한에 대해 예언한다(눅 1:67 이하).

---

8 신약의 성령에 대하여 Donald Guthrie, *New Testament Theology*(Leicester: InterVarsity Press, 1981), 510-72; Jules Lebreton, *History of the Dogma of the Trinity: From Its Origins to the Council of Nicaea*, 8th ed., trans. Algar Thorold (London: Burns, Oates and Washbourne, 1939), 252-58, 280-84, 314-31, 352-54, 398-407; Arthur Wainwright, *The Trinity in the New Testament*(London: SPCK, 1963), 199-234; Toon, *Our Triune God*, 175-94; Boris Bobrinskoy, *The Mystery of the Trinity: Trinitarian Experience and Vision in the Biblical and Patristic Tradition*, trans. Anthony P. Gythiel (Crestwood, N. Y.: St. Vladimir's Seminary Press, 1999), 95-136을 보라.

9 Bobrinskoy, *Mystery*, 87.

예수의 탄생 이후 그의 부모가 정결 예식을 위하여 그를 성전으로 데리고 갈 때, 성령이 그들을 맞이하는 시므온 위에 임한다. 시므온은 그가 직접 그리스도를 볼 것이라고 미리 성령의 앞서 지시하심을 받았고, 그 날에 그는 "성령의 감동으로" 성전에 들어갔다(눅 2:25-28).

후에 예수의 공생애가 시작될 때, 성령은 일어나는 모든 일에 충만히 역사한다. 세례 요한은 오실 자가 "성령과 불로" 세례를 줄 것이라고 알린다(눅 3:16). 예수의 세례 시에 성령은 그에게 비둘기의 모양으로 내려온다(눅 3:22 그리고 특히, 요 1:32-33). 보브린스코이는 이것을 "영원부터 아들 안에 머무시는 아버지의 성령의 영원한 움직임에 대한 계시"라고 부른다.

구주의 전 존재는 "성령 안에 있는 아버지와의 지속적이고, 실존적인 관계 안에서" 정의된다.[10] 비둘기의 강림은 성령이 아들 위에 영원히 머무심을 나타낸다.[11] 예수는 "성령으로 충만하여" 요단에서 돌아오시며, 마귀에게 시험을 받으시기 위해 성령에 의해 광야로 인도된다(눅 4:1).

명백히 하나님의 성령의 인도하심 아래에 있는 이 혹독한 시련 후에 예수는 "성령의 능력으로" 갈릴리에 돌아가신다(눅 4:14). 거기 나사렛 회당에서 그는 그의 사역을 위해 메시아 위에 머무시는 주의 성령에 대해 언급하는 이사야서의 구절을 읽으시고(눅 4:16-19), 이것이 지금 그에게서 이루어졌다고 선포하신다(21절).

누가는 그의 독자들에게 예수 자신이 그가 하시는 모든 일에 성령으로 지배되고 인도됨을 말하고 있다. 그리스도 곧 기름부음을 받은 자로서의 그의 사역은 성령의 능력으로 행한 것이었다. 그 뒤에 예수는 그의 어린 시절부터 모든 인간적인 발달 과정에서도 성령의 직접적인 인도하심 아래에 있었다(참조. 눅 2:40-52).

---

10   Ibid., 88, 91.
11   Ibid., 94, 99.

이 모든 것이 그 자체로는 성령이 아버지와 아들에 더해진 삼위라는 것을 입증하지는 않는다. 그 방향으로 우리를 인도하는 분명한 상황적인 요인들이 있다. 그러나 그것들은 이 점에서 직접적인 증거로는 부족하다.

그의 신적인 신분은 우리가 요한복음 14-16장에 있는 오순절 성령 강림에 관한 예수의 가르침을 살펴볼 때 보다 명백해질 것이다. 거기서 예수는 성령을 분명하게 아버지와 아들과 함께 연결시키는데, 이것은 신분의 동일성을 수반하고, 결과적으로 존재의 동일성을 수반한다.

여기에서 그는 성령을 "또 다른 파라클레토스"(*paraclētos*, 보혜사, 요 14:6) -자기와 비슷한 또 다른 파라클레토스-로 부른다. 파라클레토스라는 단어는 여기서 종종 "위로자" 혹은 "상담자"(ESV는 "돕는 자"(Helper)를 선호한다)로 번역되어 왔다. 그러나 영어에서 그 의미를 담고 있는 단어는 전혀 없다. 그 단어는 디아볼로스(diabolos, 마귀)로 대표되는 기소자에 맞서 우리를 대신하여 말씀하는 분으로서 변호사와 같은 분이다.[12]

여기서 예수의 언급은 성령을 아버지와 아들과 가능한 가장 가까운 연합으로 이끈다. 아버지는 아들의 요청에 따라 성령을 보내실 것이다(요 14:16, 26). 예수는 성령의 오심을 그의 오심과 동일시한다. 왜냐하면, 그것은 마치 예수 자신이 직접 오는 것과 같기 때문이다(요 14:18). 이것은 우리에게 예수께서 영광을 받을 때에만 성령이 오실 수 있다는 요한의 앞선 언급(요 7:37-39; 16:7)을 상기시킨다.

성령이 오시면, 그는 제자들에게 아버지와 아들의 상호 내주를 깨닫고 인식할 수 있게 해 줄 것이다(요 14:20). 예수를 사랑하는 자들에게 성령이 오심은 아버지와 아들이 오시는 것과 같다(요 14:21, 23). 성령은 예수께서 그들에게 말씀하신 모든 것을 제자들의 마음에 생각나게 할 것이다(요 14:26). 여기서 그 연합은 매우 가까워서 예수는 성령의 임재가 아버지와

12　Bertrand de Margerie, *The Christian Trinity in History*, ed. Edmund J. Fortman (Petersham, Mass.: St. Bede's Publications, 1982), 32-34.

아들의 임재와 대체할 수 있다고 말할 수 있을 정도다.

이런 대체가능성은 그의 요청에 따라 아버지가 성령을 보내시기보다 아버지로부터 성령을 보내는 분은 바로 자신이라고 말할 때도 분명히 드러난다(요 15:26; 16:7과 비교하라). 후에 예수는 아버지께서 그를 세상에 보내신 것과 같이 제자들을 세상으로 나가라고 명령하시며 그들에게 성령을 불어넣으실 것이다(요 20:21-23). 앞선 언급에서도 예수는 아버지로부터 나오시는 성령에 대해 언급한다. 이것은 오순절에 있을 그의 임박한 강림과 구별되는데, 그것은 계속적인 나오심(현재 시제)이기 때문이다.

이 친밀한-나눌 수 없는-연합 사역을 고려해 볼 때, 오순절 후에 성령이 행할 일 중에 하나는 세상으로 하여금 죄와 의와 심판을 확신시키는 것이다(요 16:8-11). 이 각각의 결과들은 아버지와 아들과 관련하여 이해된다. 성령은 세상이 아들을 믿지 않기 때문에 세상을 정죄한다. 그의 사역은 아들에 대하여 말하는 것이고 그렇게 하는 가운데 발생하는 저항과 반대를 드러내어 하나님의 아들에 대한 불신앙으로서의 죄의 본성을 나타내는 것이다.

그는 또한 세상 아버지께로 가는 아들 안에 나타난 의를 깨닫게 한다. 이것은 아들 예수 그리스도의 부활, 승천과 영화를 가리키고 아버지가 그에게 허락하던 상호 승인과 입증을 말한다. 그 신분이 아버지와 아들의 신분과 동일한 자만이 그것을 행할 수 있을 것이다. 마지막으로, 세상 통치자의 심판에 잇따르는, 세상이 직면한 심판은 아버지 또는 아들에게서 분리될 수 없을 것이다.

요한은 이미 예수의 십자가와 관련하여 이 세상의 임금이 쫓겨났다고 말했다(요 12:31-32). 하나님께 대적하는 세상, 육신이 된 말씀 영접하기를 거절하는 세상(요 1:9-14), 아버지께서 위하여 그의 독생자를 주신 세상(요 3:16), 이 세상의 통치자는 폐위되었다.

아들 예수가 그의 십자가로 그것을 이루었다. 아버지 하나님은 그의 아들을 주심으로 이 악한 세상을 향한 그의 무한한 사랑을 보여 주셨다. 하지만 만일 계속해서 회개하지 않으면 세상은 심판에 직면한다. 그리고 이에 대해서 성령이 정죄한다.

그러므로 그는 "진리의 성령"(요 16:12-15)이다. 그는 제자들을 모든 진리 가운데로 인도할 것이다. 그는 예수께서 그들에게 가르칠 법한 것을 가르칠 것이다. 왜냐하면, 그들은 아직 이해할 수 없었기 때문이다. 그는 자기 자신의 것을 가르치지 않고, 오직 아들에 관하여 아버지에게서 들은 것들을 가르칠 예정이었다.

> 그가 내 영광을 나타내리니 내 것을 가지고 너희에게 알리시겠음이라 무릇 아버지께 있는 것은 다 내 것이라 그러므로 내가 말하기를 그가 내 것을 가지고 너희에게 알리시리라 하였노라(요 16:14-15).

예수는 그 승천 이전에 제자들에게 주신 마지막 가르침에서 이 동일성을 명백히 보여 준다(마 28:18-20). 대위임령은 세례에 관한 그의 가르침을 포함하고 있다. 개별적인 세례와 일반적인 교회의 사역은 다가올 시대에 하나님 나라의 확장에서 중심이 될 것이다.

그러므로 교회는 세례로 시작하여 모든 나라들에서 제자를 만들어야 한다. 이 세례는 "아버지와 아들과 성령의 이름 안에" 있는 것이다(저자 사역). 이 문장 뒤에는 하나님의 언약을 성취하는 모든 단계들에서 하나님은 스스로를 이름 짓고 있다는 사실이 놓여 있다. 아브라함 언약에서 하나님은 자신을 엘 샤다이(El Shaddai) 곧 "전능하신 하나님"으로 명명하신다(창 17:1).

모세 언약에서 그분은 자기 이름을 이흐예, 곧 "나는 스스로 있는 자니라"(I Will Be Who I Will Be, 출 3:14; 6:3과 비교해 보라)로 나타내신다. 마태는 어떻게 예수께서 하나님이 맺으신 일련의 언약들을 성취하셨는지를 보여 준다. 그는 선지자들을 통하여 약속하신 새 언약을 시행했다(마 26:27-29). 이스라엘뿐만 아니라 모든 나라들이 믿음으로 이 언약에 참여할 것이다(마

8:11-12과 비교해 보라).

그러므로 그리스도 안에 있는 새 언약의 이 궁극적이고 정점에 있는 계시 가운데, 하나님은 그분의 언약 칭호를 아버지와 아들과 성령의 한 이름으로 완전히 계시하신다. 성령은 아버지와 아들과 동등한 위치에 있다. 게다가 성령은 하나님의 한 존재를 공유하신다. 그러므로 성령은 아버지와 아들과 동등할 뿐 아니라 동일하다.

바울도 성령을 아버지와 아들과 같은 수준으로, 따라서 하나님으로 언급한다. 성령의 은사에 대해 기록할 때, 그는 "같은 성령", "같은 주님", 그리고 "같은 하나님"을 언급한다(고전 12:4-6). 여기에서 성령은 하나님(아버지)뿐만 아니라 주님(아들)과도 동등하다. 비슷한 양식이 에베소서 4장 4-6절에 나온다(뒤에 나오는 보충 설명을 보라).

모든 바울서신 가운데 가장 눈에 띄는 것은 고린도후서 13장 14절(헬라어 성경으로는 13절)에 있는 그의 사도적 축복인데, 거기서 그는 "성령의 교제"를 "주 예수 그리스도의 은혜" 및 "하나님[아버지]의 사랑"과 연결시킨다. 우리가 바울서신에 대해 생각하는 가운데, 예수의 부활과 마지막 날 우리의 부활을 연결시키고 있는 로마서 8장 9-11절을 언급할 만한 가치가 있다.

두 가지 모두 성령으로 성취되는 아버지의 사역이다. 미래 우리의 부활에 대한 확신을 주는 것은 예수 그리스도께서 죽은 자 가운데서 이미 일으키심을 받았다는 것뿐만 아니라, 그를 일으키고 또한 미래에 우리를 부활시킬 성령이 실제로 우리 안에 살고 계시다는 사실이다. 오순절에 교회에 주어진 성령은 하나님의 백성 중에 거한다.

그러므로 우리는 이미 부활의 중개인이신 분과 친밀한 연합 가운데 있다. 우리는 지금 여기에서 부활 생명의 영역을 사는 동시에 죄의 영향을 받고 심판 아래 있는 세상에서 매일의 업무를 감당하고 있다. 성령의 이러한 활동은 어떤 천사의 중보보다 무한히 위대하다. 그것은 다름 아닌 하나님의 사역이다.

이러한 결론들은 신약성경 전반에 걸쳐 성령에게 돌려진 인격적 특성들에 의해 강화된다.

> 그는 사람의 죄로 인해 슬퍼하고(엡 4:30),
> 설득하며 정죄하고(요 14-16장),
> 말할 수 없는 탄식으로 중보하며(롬 8:26-27),
> 증언하고(요 16:12-15),
> 부르짖으며(갈 4:6),
> 말하고(막 13:11과 병행구),
> 창조하고(창 1:2; 눅 1:35),
> 심판하고 예수의 생애와 사역을 인도하며(눅 1:35-4:22),
> 빌립과 같은 전도자들 및 바울과 같은 사도들에게 무엇을 행할지 이야기한다(행 8:29, 39; 16:6-10).
> 그는 생각을 가지고 있어서(롬 8:27)
> 우리의 지적인 능력을 왜곡시키는 방식으로 우리를 인도하지는 않는다(고전 12:1-3).
> 그는 신성모독을 당할 수 있는데(막 3:28-29; 12:32와 병행구),
> 이는 하나님과 그의 동일성을 필요로 한다.
> 베드로가 아나니아에 맞설 때 그는 성령을 하나님과 동등하게 놓는다. 성령을 속이는 것은 하나님을 속이는 것이다(행 5:3-4).
> 그는 자신이 아니라 아들 그리스도에게 관심을 이끌기 때문에 자신을 숨긴다(요 16:14-15; 13:31-32; 17:1 이하와 비교해 보라).
> 그는 예수가 주님이라는 고백을 창조한다(고전 12:3).
> 그는 예수와는 다르게 보이지 않는데, 왜냐하면, 그는 아들과 다르게 우리의 본성을 공유하지 않기 때문이다. 게다가 성령은 그를 아버지 아들과 연결시키는 삼중 선언으로 언급된다(롬 15:30; 고전 12:4-6; 고후 13:14; 갈 4:4-6; 엡 2:18; 골 1:3-8; 살후 2:13-14; 딛 3:4-7).

그는 "그리스도의 성령"(롬 8:9; 벧전 1:11)과 "[하나님의] 아들의 영" (갈 4:6)으로 일컬어진다. 그는 아버지 아들을 계시하시며 오직 하나님만이 하나님을 계시하기 때문에, 스스로 신적인 신분을 갖고 있지만 그들과 인격적으로 구별된다.

구원 역사에서 아들과 동일하게 행동하기 때문에, 한 경우에(고후 3:17) 그가 퀴리오스(kyrios, 주님)로 불리는 것은 있음직하지 않고 정말 가능하다.[13]

13　Richard B. Gaffin Jr., *The Centrality of the Resurrction: A Study in Paul's Soteriology* (Grand Rapids: Baker, 1978), 92-97은 바울이 존재론적으로가 아니라, "그들의 구속 활동의 관점에서" 그리스도와 성령을 동일시한다고 논증한다. 그는 그 구절에 있는 앞선 다섯 번의 퀴리오스(kyrios, 주님)에 대한 언급이 모두 그리스도를 가리킨다고 주장한다. 대조적으로 P. E. Hughes는 성령이 바울의 주장에 내포되어 있기는 하지만, 성령에 대한 직접적 언급이 있음은 부인한다. Hughes는 이것이 미세한 차이이고 해결될 것 같지 않음을 인정함에도 불구하고, 바울이 죽이는 문자와 대조하여 성령의 역동적 자유에 대해 언급하고 있다고 생각한다. Philip Edgcumbe Hughes, *Paul's Second Epistle to the Corinthians*, New International Commentary on the New Testament (London: Marshall, Morgan & Scott, 1961), 116-17을 보라. 툰은 어느 쪽 편을 들지도 않고 두 가지 대안을 제시한다. 첫째로 그리스도의 영적인 활동에 결론적인 초점을 맞추는, 주 예수는 "영"이라는 개념이다. 여기에는 (Hughes의 입장과 같이) 어떤 식으로든지 성령에 대한 언급도 두 분의 동일시에 대한 언급도 없다. 둘째로 그는 "주님"(여호와)이 성령과 동일시된다는 가능성을 제시하는데, 말하자면 성령은 그의 사역에서 그리스도께 너무 가까워서 우리에게 그들이 하나이고 같은 분으로 보인다고 말한다. Toon, *Our Triune God*, 189-90을 보라. J. D. G. Dunn은 여호와와 성령이 동일하다고 보고 있는데, 곧 주님 = 성령 = 주의 영이다. 예수는 그의 부활의 결과로 성령과 동일시 된다. 비록 높아지신 그리스도, 하나님 그리고 성령이 본래는 동등하지는 않지만, 이러한 동일시는 신자들의 관점에서 분명하다. James D. G. Dunn, *Christology in the Making: A New Testament Inquiry into the Origins of the Doctrine of the Incarnation* (Philadelphia: Westminster Press, 1980), 143-6을 보라. Dunn은 Gaffin과 가깝다. 다른 각도에서 Furnish는 불가지론적 입장을 취한다. 여기에는 그리스도와 성령의 관계에 대해 아무 것도 정확한 것이 없다. 문맥상 주님은 하나님, 예수 그리스도의 하나님이다. 주님은 문자가 아니라 성령으로 일하시는 새 언약의 하나님이다. 그 구절은 "성령에 대한 바울의 시각에 매우 적은 빛을 비춘다. 확실히 그의 기독론에는 어떤 빛도 비추지 않는다." Victor Paul Furnish, *II Corinthians*, Anchor Bible (New York: Doubleday, 1984), 235-36을 보라. 나는 "주님"이 앞서 여호와를 염두에 둔 구약성경 인용을 언급하고 있다고 제안하고 싶다. 그 경우 바울은 우리 얼굴의 수건을 거두어 그리스도의 영광을 인식하게 하는 성령이 여호와임을 말하고 있다(4:4-6과 비교). Donald Guthrie(*New Testament Theology*, 570-71)는 앞선 구절에 있는 "주님"의 관점에서 17절에 있는 "주님"을 해석하는 것을

T. F. 토랜스는 고린도전서 2장에서 바울이 성령을 "하나님의 존재의 깊은 곳에 거하시는 분"으로 본다.[14]

그 무엇보다 위에서 주목했던 마태복음 28장 19절의 세례 공식이 틀림없이 전체 교회에 지속적이고 강력한 영향을 주었을 것이다. 자주, 그리고 계속적으로 세례가 베풀어질 때마다 온 교회 특히 세례를 받는 자들은 그들이 경배하고 섬기는 분이 아버지와 아들과 성령인 것을 상기(想起)했다. 이것은 아버지 하나님, 아들 하나님 그리고 성령 하나님은 "하나님이 자신 안에 있는 인격적 존재의 초월적 교통"이라는 실재를 가리키는 포인터 상수(常數)였다.[15]

성령의 신적 신분에 대한 인식은 본질적으로 그리스도인의 경험으로부터 비롯되었다. 믿음의 은사 가운데 나타난 하나님의 능력, 날마다 주시는 하나님의 은혜, 반대와 고통 앞에서의 도움, 하나님과의 깊은 교감과 부활하신 그리스도께서 하나님의 존재로 나누어 주신 지식은 모두 초기 교회 그리스도인의 경험 가운데 압도적이고 피할 수 없는 실재였다.

다른 한편, 네 가지 요인은 주의를 촉구하는 영향을 미쳤고 성령의 신성에 대한 즉각적이고, 노골적이며 대담한 선언을 제안했다.

첫째, 구약성경의 배경과 과거 이스라엘로부터 배운 엄한 교훈들로부터, 하나님의 단일성에 부가된 압도적 중요성이 있었다.

둘째, 이방 세계에 존재하는 오해의 위험성은 매우 실제적이었다. 이 교사상은 그리스-로마 문명에서 내놓은 다양한 신들과 함께 다신론에 관계했다.

"건전한 주해"라고 여기면서 동의한다. 또한 그는 바울이 같은 문맥에 있는 "주의 영"이라는 어구를 사용하는 것은 "그가 성령과 주님 사이의 구별을 유지하고 있다는 증거"라고 지적한다.
14   Thomas F. Torrance, *The Christian Doctrine of God: One Being, Three Persons* (Edinburgh: T&T Clark, 1996), 61-62.
15   Ibid., 62.

셋째, "성령의 투명하고 나서지 않는 본성 … 밝히는 투명성 … 우리는 그 자신의 개인적 실제나 영광 안에서 직접적으로 성령을 알 수 없다. 하나님의 자기계시가 그리스도 안에서 우리에게 뚜렷이 보여 주는 것 때문에, 우리는 성령의 독특한 영적 행동 양식과 투명한 임재 안에서만 성령을 알고 성령을 통해 아들 안에 계신 아버지를, 아버지 안에 있는 아들을 알게 되었다."[16]

요점은 오직 아들만이 성육신하셨고 우리의 본성을 공유하신다. 성령은 육신이 되지 않았다. 위격들 사이에는 바꿀 수 없는 특성들이 있다. 그러므로 그의 위격적 동일성에 있어서 성령은 우리가 사는 영역과는 완전히 다르다.

넷째, 신약의 저자들이 성령께 위격성을 돌리는 것을 경계했다고 가정하면, 우리가 알고 있는 위격성은 이해할 수 없는 것이라고 말해야만 한다 (그리고 우리는 정말 그것을 이해하는가?). 실제로 위격의 개념은 삼위일체 교리 이후에 발전했다. 그 개념은 삼위일체 교리보다 앞서지 않았다.

그러나 워필드가 삼위일체 교리는 신약성경에 "이미 고안되었다"[17]라고 말하면서 그 경우를 과장하고 있지만, 그럼에도 신약이 "그 신학적 내용 위에 내포적인 개념의 형태로 각인된 하나님의 삼위일체적 자기계시에 대한 일관된 증언을 나타내고 있다"[18]는 것도 사실이다. 기독교 예배의 명시적인 양식이 처음에는 이위일체적이었지만, 그 배후에 암묵적인 삼위일체론이 놓여 있었다.

---

16 Ibid., 66.
17 B. B. Warfield, "The Biblical Doctrine of the Trinity," in *Biblical and Theological Studies*, ed. Samuel G. Craig (Philadelphia: Presbyterian and Reformed, 1952), 30.
18 Torrance, *Christian Doctrine of God*, 49.

3. 삼각 구조(Triadic Patterns)

신약의 구절들에서 하나님이 삼중적으로 우리를 대하시는 것은 매우 명백하다.[19] 삼중 양식은 모든 이를 기독교회로 인도하는 입문 세례식에 명백히 드러난다. 그러나 웨인라이트가 주장하는 바와 같이 신약성경 내에는 삼위일체적 양식에서 그가 삼위일체적 문제라고 부르는 것에 대한 인식으로의 추가적인 발전이 있다. 우리가 잠시 후에 이 주제를 다루기 전에 지금은 삼중 양식의 이러한 특징에 대해 초점을 맞추도록 하자.

웨인라이트가 의미하는 "삼위일체적 양식"은 "신약성경의 저자들이 '아버지와 아들과 성령'의 삼인중에 의해 사상과 표현의 영향 받았음을 보여주는 강력한 증거"다.

그러나 이 구절들에는 삼위의 관계들이나 이것이 어떻게 수용된 단일신론의 가르침에 부합하는지에 대한 교리적 언급이 없다. 각각 경우에 저자는 독자들이, 어떤 설명도 없이 그가 무엇을 의미하는지를 알 것이라고 가정한다. 웨인라이트는 다른 많은 구절 가운데 세례 공식(baptismal formula)을 그런 범주에 집어 넣는다.[20]

그런 다른 구절들 중에는 고린도전서 12:4-6에 있는 바울의 설명이 있다.

> 은사는 여러 가지나 성령은 같고 직분은 여러 가지나 주는 같으며 또 사역은 여러 가지나 모든 것을 모든 사람 가운데서 이루시는 하나님은 같으니(고전 12:4-6).

그는 에베소서 4장 4-6절에서도 비슷한 형식의 단어들을 사용한다(이 장 뒤에 나오는 보충설명을 보라).

---

19 Wainwright, *Trinity*, 237-47.
20 Ibid., 245-46.

갈라디아서 4장 4-6절에는 더욱 두드러진 예가 있다.

> 때가 차매 하나님이 그 아들을 보내사 여자에게서 나게 하시고 율법 아래에 나게 하신 것은 율법 아래에 있는 자들을 속량하시고 우리로 아들의 명분을 얻게 하려 하심이라 너희가 아들이므로 하나님이 그 아들의 영을 우리 마음 가운데 보내사 아빠 아버지라 부르게 하셨느니라(갈 4:4-6).

이 삼각 구조는 바울서신에 골고루 퍼져 있다.[21] 로마서 서문에서 바울은 이렇게 설명한다.

> 그의 아들에 관하여 말하면 … 성결의 영으로는 죽은 자들 가운데서 부활하사 능력으로 하나님의 아들로 선포되셨으니(롬 1:3-4).

하나님의 은혜로 말미암은 구원의 결과들을 묘사하면서, 바울은 "우리는 우리 주 예수 그리스도로 말미암아 하나님과 화평하다", "성령으로 말미암아 하나님의 사랑이 우리 마음에 부은 바 되었다"(롬 5:1,5)라고 말한다. 여기에는 우리가 "성령의 새 생명으로 [섬기는 가운데] 우리가 하나님을 위하여 열매를 맺게 하려 … 그리스도의 몸으로 말미암아 율법에 대하여 죽임을 당하였으니"(롬 7:4-6)라는 사실이 수반된다. 로마서 8장은 그러한 언급으로 가득하다.

> 그러므로 이제 그리스도 예수 안에 있는 자에게는 결코 정죄함이 없나니 이는 그리스도 예수 안에 있는 생명의 성령의 법이 죄와 사망의 법에서 너를 해방하였음이라 율법이 … 할 수 없는 그것을 하나님은 하시나니(롬 8:1-3 상반절).

---

21 이 장 마지막에 있는 "Ternary Patterns in Paul's Letter to the Ephesians" 제목으로 된 보충 설명을 보라.

하나님은 자기 아들을 보내사 죄를 정하시고, 우리가 성령을 따라 행할 때 우리로 하여금 율법의 요구를 이루도록 하셨다(롬 8:3 하반절-4). 결과적으로, "그들의 마음을 성령의 일에 고정하고" "성령을 따라 살고" 그리스도인 신자들은 "성령 안에" 있다. 왜냐하면, "하나님의 성령이 [그들] 안에 거하시기 때문이다." 성령은 "그리스도의 성령"이므로 그리스도도 그들 안에 거하신다.

또 성령은 "예수를 죽은 자 가운데서 일으키신 분의 성령"으로 불리는데, "너희 가운데 거하시는 성령으로 말미암아" 또한 우리를 죽은 자 가운데서 일으키실 아버지에 대한 명백한 언급이다(롬 8:5-11). 그 장의 나머지 부분은 30절에 이르기까지 비슷한 스타일로 지속된다. 이스라엘의 특권에 대한 다음 장 역시 하나님이신 그리스도와 성령을 언급한다. 후에 바울은 "그러므로 누구든지 그리스도를 섬기는 자는 하나님을 기쁘시게 하기 때문에" 하나님의 나라를 "성령 안에서 의와 평강과 기쁨"으로 묘사한다(롬 14:17-18).

그는 자신을 예수 그리스도의 사역자로 묘사하면서 "이방인을 위하여 그리스도 예수의 일꾼이 되어 하나님의 복음의 제사장 직분을 하게 하사 이방인을 제물로 드리는 것이 성령 안에서 거룩하게 되어 받으실 만하게 하려 하심이라"고 한다(롬 15:16). 그리고 그는 독자들에게 "우리 주 예수 그리스도와 성령의 사랑으로 말미암아 너희를 권하노니 너희 기도에 나와 힘을 같이하여 나를 위하여 하나님께 빌어"달라고 호소한다.

고린도인들에게 바울은 그의 사역을 "성령의 나타남과 … 하나님의 능력 안에서 예수 그리스도와 그의 못 박히심"에 맞춰져 있다고 여긴다(고전 2:1-5). 하나님은 성령으로 말미암아 우리에게 그리스도의 마음을 주심으로 그의 숨겨진 지혜를 계시하셨다(고전 2:9-16). 그는 교회의 유일한 기초이신 예수 그리스도에 대해, 교회 안에 살아 계신 하나님의 영과 함께 하나님의 성전인 교회 자체에 대해 쓰고 있다(고전 3:11-17). 하나님 나라는 "주 예수 그리스도의 이름으로 또 우리 하나님의 성령에 의해 의롭게 된"

자들로 구성되어 있다(고전 6:11). 그러므로 우리의 몸은 그리스도의 지체들이요, 우리가 하나님께로부터 받은바 성령의 전이다(고전 6:12-20).

광야에서 이스라엘은 성령으로부터 말미암은 그리고 바울이 그리스도로 묘사하는 신령한 음식과 음료를 마셨다는 사실에도 불구하고, 하나님은 이스라엘을 기뻐하지 않으셨다(고전 10:1-5). 하나님의 성령은 사람들로 하여금 예수를 주로 고백하게 이끌고(고전 12:13), 세례로 우리를 그리스도의 몸이 되게 하고, 우리에게 마시도록 주어진다(고전 12:13).[22]

하나님은 우리를 그리스도 안에서 세우셨고, 성령으로 우리에게 기름 부으시고 인치셨다(고후 1:21-22). 새 언약에서 그리스도의 사역자들은 성령의 직무를 가진다(고후 3:4-18). 성령은 우리 안에서 부활에 대한 열망과 함께 우리의 완전한 구속과 온전한 주님의 임재를 만들어 낸다(고후 5:1-10).

다른 곳에서 바울은 성령의 일과 그리스도와의 연합을 하나님의 약속의 성취로 묶는다(갈 3:1-4:6). 성령의 열매와 성령으로 사는 것은 곧 그리스도께 속한 것이고 그리스도로 옷 입는 것이며 하나님의 나라를 유업으로 받는 것과 같다(갈 5:16-26; 롬 13:9 이하와 비교하라). 그리스도의 법을 성취하는 것은 또한 성령을 위하여 심는 것이다(갈 6:2, 7-9). 하나님의 성령으로 예배하는 것은 그리스도 예수로 자랑하는 것과 같다(빌 3:3). 골로새서에서 바울은 그의 독자들에게 "그리스도의 말씀이 너희 안에 풍성히 거하게 하라"고 교훈한다(골 3:16).

그런데 그는 에베소서의 병행구절에서 이것을 우리 주 예수 그리스도의 이름으로 하나님 아버지께 감사하며 성령으로 충만한 것이라고 부른다(엡 5:18-20). 그는 데살로니가에 "능력과 성령으로" 이른 복음에 대해 말하면서, 스스로 "우리 하나님과 아버지 앞에서" 그들을 기억하며 "우리 주 예수 그리스도 안에 있는 교회의 견고한 소망"에 대해 말한다(살전 1:3-5).

---

22 이것은 아마도 세례와 성찬을 언급하는 내용일 것이다.

후에 바울은 그들을 "하나님이 너희를 택하사 성령의 거룩하게 하심…으로 구원을 받게 하신, 주님께 사랑받는 형제들"로 부르면서 그들로 말미암아 하나님께 감사한다(살후 2:13). 찬송일 가능성이 있는 구절에서 그는 하나님의 교회와 그중심이 그리스도에 대한 고백이라고 말하는데 그리스도는 "영으로 의롭다 함을 받으신"분이었다(딤전 3:15-16).

하나님 우리 구주는 다른 것들 중에서 "예수 그리스도로 말미암아 우리에게 풍성히 부어주신 성령의 새롭게 함으로" 우리를 구원하셨다(딛 3:4-6). 티슬턴은 "초기의 순진한 교리에 대한 과민반응이 우리로 하여금 우리가 그리스도와 성령 그리고 하나님 각각에 대한 바울의 이해를 요청하는 데 있어 지나치게 소심하게 만들었다"고 적절하게 언급한다.[23]

히브리서 저자는 십자가를 삼중적인 문맥에서 생각한다.

> 하물며 영원하신 성령으로 말미암아 흠 없는 자기를 하나님께 드린 그리스도의 피가 어찌 너희 양심을 죽은 행실에서 깨끗하게 하고 살아 계신 하나님을 섬기게 하지 못하겠느냐(히 9:14).

"영원한 영"(eternal spirit)은 인간의 영을 의미하는가, 아니면 성령을 의미하는가?

그리스도와 하나님 명백히 아버지에 대한 언급은 성령에 대한 언급을 지지한다. 인간의 영은 영원하다고 불리기 어렵다. 3장 7절의 공식으로 성경 특히 시편 95편에서 말씀하시는 성령을 언급하고 있음에도 불구하고, 히브리서에는 성령에 대한 언급이 거의 없다. 9장 14절의 배경에는 상상컨대 어려서부터 줄곧 그리스도의 인성을 돕는 성령에 대한 복음서의 강조가 있을 것이다.

---

23 Anthony C. Thiselton, *The First Epistle to the Corinthians: A Commentary on the Greek Text*, New International Greek Testament Commentary (Grand Rapids: Eerdmans, 2000), 123?.

베드로전서의 서문도 삼중적이다. 그는 그 편지의 수신자들을 "흩어진 나그네 … 하나님 아버지의 미리 아심을 따라 성령이 거룩하게 하심으로, 예수 그리스도께 순종함을 위하여 택하심을 받은 자들"(벧전 1:1-2, 사역) 로 부른다. 그의 첫 번째 주요 문단은 하나님과 우리 주 예수의 아버지(3절), 예수 그리스도(3절 이하), 그리고 그리스도의 영과 성령(11-12절)을 언급하는 삼중 구조를 가지고 있다. 교회는 "신령한 집" 곧 영적인 특징을 가진 집이 아니라 오히려 성령에 의해 세워지고 성령이 거주하는 집으로서 예수 그리스도로 말미암아 하나님이 기쁘게 받으실 만한 신령한 제사를 드리는 집이다(벧전 2:4-5).

베드로후서에서 그리스도에 대한 입증은 "성령의 감동하심을 받은 사람들이 하나님께 받아 말한"(벧후 1:16-21) 것으로 온다. 요한은 아버지께서 우리가 그분의 아들의 이름을 믿으라고 명령하시며, 성령을 우리에게 주셨다고 쓰고 있다(요일 3:21-24). 성령은 우리가 참과 거짓을 구별할 수 있는 능력을 주신다. 왜냐하면, 그는 우리가 예수 그리스도가 하나님께로부터 왔다는 것을 믿도록 하기 때문이다(요일 4:1-6).

아버지께서 그분의 아들을 구원자로 보내셨다. 그리고 성령에 의해 우리가 그에게 속했음을 안다(요일 4:13-15). 예수 그리스도는 물(세례)과 피(십자가)로 오셨다. 성령은 이에 대해 증언하기를, 하나님께서 그의 아들에 대해 증언하셨다고 한다(요일 5:6-12). 유다는 그의 독자들에게 "성령으로 기도하며, 하나님의 사랑 안에서 자신을 지키며, 우리 주 예수의 긍휼을 기다리라"(유 1:20-21)고 권한다.

최종적으로 요한계시록 1:4-5에 분명하고 완전히 삼중적 인사가 있다.

> 요한은 아시아에 있는 일곱 교회에 편지하노니 이제도 계시고 전에도 계셨고 장차 오실 이와 그의 보좌 앞에 있는 일곱 영과 또 충성된 증인으로 죽은 자들 가운데에서 먼저 나시고 땅의 임금들의 머리가 되신 예수 그리스도로 말미암아 은혜와 평강이 너희에게 있기를 원하노라 우리를 사랑하사 그의 피로 우리 죄에서 우리를

해방하시고(계 1:4-5).

"이제도 계시고 전에도 계셨고 장차 오실 이"는 아마도 아버지를 가리킬 것이다. 그리고 요한계시록에서는 수비학(numerlogy)이 중요하기 때문에 일곱이라는 숫자는 완전함을 가리키며, "그의 보좌 앞에 일곱 영"이라는 어구는 틀림없이 성령을 의미한다. 이 주제는 제1부 제2장과 제3장에서 계속되는데, 거기에서 높아지신 그리스도로부터 일곱 교회들에 온 각 편지들은 "귀있는 자는 성령이 교회들에게 하시는 말씀을 들을지어다"라는 후렴구로 끝난다. 이 책 뒷부분에 그리스도와 성령이 또한 매우 밀접하게 여겨지는 곳들이 있다(계 14:12-13; 22:17).

이러한 양식들은 다양하다. 가장 두드러진 양식은 교부들에 의해 가장 발전된 것인데 아버지로부터 아들을 통하여 성령 안에서(또는 성령에 의하여)라는 구조다. 이것은 구원의 사역과 세례 공식에 명백히 드러난다. 우리 편에서는 하나님에 의해 구원받은 것에 화답하여 기도와 예배와 그리스도인의 전 삶에서 성령에 의해 아버지를 통해 아버지에게 향하는 반대 구조가 있다(엡 2:18).

그러나 이러한 것들이 그런 삼중적 방식의 유일한 예는 아니다. 바울의 사도적 축복은 아들-아버지-성령 순으로 진행된다(고후 13:14). 이것은 아버지를 나타내시고 뒤따라올 성령의 은사를 약속하시는 요한문헌의(Johannine) 아들 모델을 제시한다.

고린도전서 12장 4-6절과 에베소서 4장 4-6절에서 바울은 성령-아들-아버지에 대해 쓴다. 요한은 요한계시록 1장 4-5절에서 아버지-성령-아들을 언급한다. 이 양식은 성령이 아버지로부터 나와 아들 위에 머물게 되는 요단강에서의 계시를 따른다. 그것은 또한 그 시간에 아버지에 의해 인용된 메시아 예언 구절과 예수의 잉태 시의 양식을 반영한다(사 42:1). 그

것은 시리아 전통에 의해 계승되었다.[24]

간단히 말해서, 신약에는 정해진 양식이 없다. 구원에 대한 그리스도인의 경험으로부터 이해가 열리고, 개념화는 뒤에 따라온다. 삼위일체에 대한 표현은 인격적인 구원과 그리스도인의 경험에 기초하고 있지 추상적인 사색에 기초한 것이 아니다.

보브린스코이는 가장 일반적인 형식인 아버지-아들-성령은 아들이 성령이 머무는 자일 뿐만 아니라, 또한 성령을 주는 분이라는 사실을 반영하기 위한 정교회의 필요를 가리키고 있다고 제안한다. 다른 한편, 그는 이 공식이 요단에서 오신 자 곧 "그 위에 성령이 머무는 분, 성령께 순종하는 분, 성령에 의해 보내심을 받고 성령으로 말하고 행동하는 분이신 그리스도의 모습으로" 균형이 맞춰져야 한다고 주장한다.[25] 토랜스의 말에 따르면, 정해진 양식이 하나도 없다는 것은 "세 분의 신적 위격들의 동등성에 대한 암묵적 신앙"이 있다는 점을 보여 준다

토랜스는 그것이 "아들에 대한 아버지의 되돌릴 수 없는 관계"에 따라 교회의 선언, 예배와 전통에서 정기적으로 사용되었던 삼위일체적 순서를 확립한 세례의 공식이었으며, 이 삼각 구조가 우리에게 삼위일체에 대한 명백한 교리를 제공하지는 않지만 "그것들이 개진하는 것 이상이 되는것은 그것들이 자기로 말미암은 하나님의 놀라운 자기 계시의 삼중 구조를 표명하기 때문"이라고 생각한다.[26]

그러므로 십자가와 부활 그리고 오순절에 성령 보내심을 고려할 때, 우리는 하나님이 본질적으로 삼위일체적이라는 것을 알 수 있다.[27]

---

24 Bobrinskoy, *Mystery*, 67에서 인용된 Emmamuel Pataq Siman, *L'expérience de l'Esprit par l'église d'aprè la tradition syrienne d Antioche* (Paris: Beauchesne, 1971)를 보라.
25 Bobrinskoy, *Mystery*, 70. 65-72쪽 전체가 특히 흥미롭다. 보브린스코이는 자신이 필리오퀴즘(*filioquism*, 또한 아들로부터)과 스피리투케(*Spirituque*, 또한 성령으로부터)라고 부르는 것 사이의 균형 곧 아버지와 아들 안에서 성령의 참여와 임재를 요구한다.
26 Torrance, *Christian Doctrine of God*, 71-72.
27 Ibid, 54.

4. 삼위일체에 대한 질문들

웨인라이트는 삼위일체적 문제에 대한 깨달음이 뒤에 오는 것으로 본다. 히브리서의 저자 바울과 특히 요한은 그에 대해 알고 있었다.[28] 그것은 세 분의 관계성에 대한 문제와 단일신론적 구도에서 그들을 위치시키는 데 대한 어려움을 수반했다.

아들과 성령을 완전하신 하나님으로 여길진대, 그들은 어떻게 아버지와 함께 한 하나님일 수 있는가?

게다가 어떻게 한 분이 나머지 다른 분과 관계를 맺는가?

문제는 아버지와 아들의 관계에 맞춰졌고, 수세기 동안 그렇게 되었을 것이다. 성령은 그런 어려움들을 제기하지 않았다. 그들이 성령을 하나님으로 부르지는 않았지만, 신약의 저자들은 그를 구별된 위격으로 보았고, 아들과 아버지와의 관계는 그들에게 있어서 눈에 띄는 문제가 아니었다. 그리고 만일 제2위가 신성을 공유한다면, 또한 제3위에서 그렇게 하는데 극복할 수 없는 어려움이 전혀 없을 것이라는 점은 분명한 것 같다.

바울이 그 문제를 알고 있다는 사실은 고린도전서 8장 5-6절에서 나타난다. 그러나 신약 가운데 요한복음이 삼중 문제가 명확하게 이해되고 설명이 시도된 유일한 곳이다.[29] 공관복음은 그로부터 발생하는 어떤 문제들을 해결하려는 시도 없이 삼위를 강조한다. 마태는 명백한 예수의 세례(아버지의 음성, 아들에게 내리시는 성령)와 세례 공식(하나인 언약적 이름인 아버지, 아들, 성령의 이름으로)에서 삼중적 문장들로 복음서를 구성한다.

누가도 마찬가지인데, 1장 35절에서 성령으로 잉태된 하나님 아들의 수태고지로부터 24장 49절에 아버지의 약속이신 성령에 이르기까지 그렇다. 사도행전은 그 공식을 사용하고 있으며 삼위의 활동을 묘사하기 위해 의

---

28 Wainwright, *Trinity*, 248ff.
29 Ibid, 250.

도적인 시도를 한다. 예를 들어, 2장 33-39절을 보라. 히브리서는 예수를 하나님과 주, 창조주와 예배의 대상으로 부르지만, 성령에 대한 문제를 다루지는 않는다. 히브리서는 삼중의 문제를 인식하지 않는다. 바울은 계속적으로 삼중 양식을 제시하지만, 삼위의 문제를 추적하지는 않는다. 이 문제를 상술하는 사람은 요한뿐이다.

웨인라이트는 그것이 요한복음서의 중요 주제 가운데 하나로 여겨졌기 때문에 삼위의 관계성에 대한 요한의 기사에 충분한 연결성이 있다고 제시한다.[30] 요한이 예수를 하나님과 동일시 함으로써 복음서를 시작하고 마친다는 것(1:1-18; 20:31)은 우연적이거나 사전에 계획되지 않은 것은 없다는 것을 보여 준다.

"태초에"(창 1:1에 대한 유비를 주목하라) 계신 말씀은 "하나님과 함께"(또는 "하나님을 향하여") 계시고, 또한 하나님과 동등하다. 요한은 단일성, 동등성 그리고 말씀(logos)과 하나님(theos)의 구별성을 언급하고 있다. 그런 다음, 그는 그 말씀이 만물의 창조주이시고(3-4절) 그가 육신이 되었음(14절)을 강조한다. 결과적으로, 그는 독생하신 하나님이다(18절).

"나는~이다" 발언과 아버지와 아들과의 관계성에 대한 계속적인 강조가 이를 지지한다. 성령은 요한복음에서 눈에 띄고, 아버지와 아들과는 명백히 구별되는데, 특별히 14-16장의 보혜사 말씀에서 그렇다. 참된 예배는 진리이신 예수 안에서, 성령으로 말미암아(요 4:21-24) 아버지께로 향해야 한다(1:17, 14:6 비교).

요약하면, 아버지는 아들을 사랑하고, 아들을 보내시며, 아들을 영화롭게 하신다. 그분은 또한 예수의 이름으로 그의 요청에 따라 성령을 보내시고, 아들과 성령 안에서 예배를 받으신다. 아버지와 아들은 내주 하신다. 그분은 자신 안에 생명을 가지시고, 아들에게 자신 안에 있는 생명을 갖도록 하셨다. 그분은 심판주이시며 그의 아들에게 심판을 맡기셨다.

---

30   Ibid., 264-65.

아들은 태초에 하나님과 함께, 아버지의 품속에 계셨고, 하나님이었으며, 하나님이시다. 그는 아버지로부터 보내심을 받고, 육신이 되었으며, 사람들 가운데 거했다. 그는 아버지께 순종하고 아버지께 기도하며, 그의 부활 후에 아버지께로 올라간다. 그는 성령을 보내시도록 아버지께 구하며, 자신이 성령을 보내고, 그의 제자들에게 성령을 내쉰다. 그와 아버지는 서로 안에 내주한다. 그는 아버지로부터 자신 안에 있는 생명과 심판할 권리를 부여 받는다.

성령은 아버지로부터 나오며, 아들의 요청에 따라 오순절 날 아버지에 의해 보내심을 받으며 또한 그때 아들에 의해 보내심을 받는다. 그는 아들에 의해 내쉬어진다. 그는 아들을 증거하며, 그에게 영광을 돌린다.

삼위는 함께 조화롭게 일하신다. 성령을 통하여 그들은 제자들에게 함께 오시고, 그 결과 그들은 아버지와 아들 안에서 산다.

C. K. 바렛은 "다른 저자들보다 그(요한)는 동등하신 삼위의 교리를 위한 기초를 놓는다"라고 쓴다. 웨인라이트는 요한이 그 문제를 단지 알 뿐만 아니라, 그에 대한 대답을 제공한다고 결론 내린다. 우리가 후기 교회 회의들에서 발견하는 것과 같이 성경에는 삼위일체 교리에 대한 어떤 공식적인 선언이 없다. 하지만 그 문제에 대한 대답은 있다.

> 삼위일체에 대한 문제는 신약에서 제기되고 있었고, 대답되었다.[31]

그것은 그리스도인의 경험, 예배 그리고 생각 때문에 발생했다. 그것은 예수의 생애와 사역, 성령에 대한 그의 이해, 그의 부활과 이어지는 그의 교회에 성령을 주심에 기초하고 있었다.[32]

---

31 Ibid., 266.
32 Toon, *Our Triune God*, 197-246; Lebreton, *Trinity*, 408-14; de Margerie, *Christian Trinity*, 8-56을 보라.

아버지, 아들, 성령께 영광!
성령으로 말미암아 모든 사람에게 존귀와 선한 의지, 지혜, 평화와 축복입니다. 왜냐하면, 아버지와 아들과 동등하게 그분은 효력 있는 능력을 가지고 계시기 때문입니다. 지금과 영원히 모든 세대에. 아멘.[33]
오! 백성들이여!
와서 함께 삼위 하나님 곧 성령과 함께 아버지 안에 계신 아들을 경배하자. 아버지는 시간 이전에 아들을 낳으셨고, 아들은 동등하게 보좌에 앉으셨으며, 아버지 안에 있던 성령은 아들과 함께 영광을 받으셨도다.
하나의 능력, 하나의 본질, 하나의 신성. 동일하신 분을 경배하며 우리 모두 외치세,
오! 거룩하신 하나님!
아들에 의해 성령과 합력하여 만물을 지으셨고,
오! 거룩하신 능력자, 그로 말미암아 우리가 아버지를 알게 되었고,
그로 말미암아 성령이 세상에 왔나이다.
오! 거룩하시며 불멸하시는 분, 위로의 성령이여!
아버지로부터 나오시며, 아들 안에 거하시나이다.
오! 거룩하신 삼위일체 당신께 영광을.
아버지, 아들과 성령께 지금과 영원히 세세토록 영광.
오! 하늘의 왕, 위로자, 진리의 성령이시여!
만유 안에 계시며, 만유를 충만케 하시나이다.
선한 것들의 보고요 생명의 수여자시여! 오소서!
우리 안에 당신의 거처를 만드시고, 모든 더러움에서 우리를 깨끗케 하시며, 우리 영혼을 구원하소서.
오! 선하신 분이시여![34]

---

33 The Order for the Burial of the Dead(Priests), *Service Book*, 398.
34 Pentecost, At the all-night vigil, *Service Book*, 245, 249.

보충설명 1

에베소서의 삼각 구조

1. 에베소인들을 향한 서신?

잘 알려졌듯이 에베소서 1장 1절에 있는 "에베소에 있는"이라는 말은 초기 사본들(ℵ, B, p46)이나 2세기 교부들의 편지와 관련해서도 발견되지 않는다.[35] (에베소서의) 저자는 독자들과 친숙한 것 같지 않은 반면에, 바울은 에베소 교회를 개척했고 잘 알고 있었다. 따라서 이것이 왼쪽 빈칸에 목적지를 기록하는 빈칸이 있고, 전달자가 그것을 전달했을 때, 각 교회를 위해 적절하게 채워질 회람서신이었다는 견해가 지지를 얻게 되었다.

그러나 전체적으로 대다수 교부들은 그 편지가 에베소에 보내진 것이라고 여긴다. 예를 들어, 크리소스토무스의 에베소서 설교(Homilies of Ephesians)는 그 문제를 논의조차 하지 않는다.

게다가 토이스 우신(*tois ousin*, "-에 있는 누구에게") 어구는, 만일 빈칸이 따라 나온다면 어색하게 홀로 있어야 한다. C. E. 아놀드는 만일 우리가 여기에서 ℵ, B, p46 사본의 신뢰성을 생각한다면, 원문의 상태에 대해 만족스런 설명은 주어질 수 없다고 주장한다.[36] 그러므로 이것이 회람서신이

---

[35] 이 여록은 원래 1999년 11월 8일 중앙아메리카 개혁교회 세미나에서 전달된 강의였다. 그 후에 *MJT* 13(2002): 57-69에서 출간되었다가 허용을 받아 재판되었다.

[36] C. E. Arnold, "Ephesians," in Dictionary of Paul and His Letters, ed. Gerald F. Haw-

었음에도 왜 그것이 에베소가 주요 목적지로서 계획되지 않을 수도 있다는데 대한 타당한 이유는 보이지 않는다.

2. 바울이 기록했다?

19세기까지는 바울이 에베소서를 기록했다는 데 모두가 동의했다. 오늘날 대부분의 비평 학자들은 에베소서를 알려져 있지 않은 수신자들에게 발송된 무명의 저자에 의해 기록된 위경(pseudopigraphic)으로 간주한다. 그 언어가 바울서신으로 의견이 일치된 것과 다르다고 주장된다. 하지만 위경은 초기 기독교 사회에서 아주 드물고, 모든 교부들 또한 바울이 그 저자라고 가정한다.

게다가 만일 바울이 아니라면, 그것을 기록한 무명의 천재는 누구였을까?
그리고 우리는 왜 그의 창조적 예술성의 또 다른 예시들을 가지고 있지 않은가?
용어에 대해 말하자면, 바울이 에베소서에서 보이는 방식으로 기록할 수 없었다고 확정적으로 말할 수 있는, 바울의 기록에 대한 충분한 예들을 우리가 가지고 있는가?

그 이론은 사람이 펜을 드는 각각의 그리고 모든 경우에 제한된 방식으로만 기록해야 한다는 기본적 오류에 근거하고 있는 것 같다. 우리는 바울이 가끔씩 대필자를 썼고, 그가 이 편지 또는 그의 다른 글들을 사상이나 세부 사항이 바울의 뜻과 일치하는 한에서 그런 사람에게 맡겼을 수 있는

---

thorne (Downers Grove, Ill.: InterVarsity Press, 1993), 238-49.

사실을 잊지 말아야 한다.[37]

3. 에베소서의 삼위일체?

삼위일체의 교리는 니케아 공의회(325)와 콘스탄티노플 공의회(381) 때까지 확립되지 않았다. 이것은 신약성경에서 발전된 것이었다. 아더 웨인라이트가 생각하기에, 신약에는 그가 하나님과 관련하여 "삼중적인 양식"(threefold pattern)으로 부르는 분명한 무엇인가가 바울서신에 있다고 여긴다.

신약의 후기 저작들에서는, 만일 그리스도와 성령이 하나님이라면 유대 단일신론이 어떻게 보존되었는가에 대한 "삼중적인 문제"의 인식이 발전하지만 말이다. 그는 이 후기 요소가 요한문헌에 존재하는 것으로 보지만, 바울서신에는 아직 존재하지 않는 것으로 본다.[38]

다른 한편, 화란의 개혁주의 신약학자 헤르만 리델보스는 그의 바울신학 개론의 주요 주제 색인에서 "하나님" 또는 "아버지"에 대한 단 하나의 참고목록도 가지고 있지 않다. 뿐만 아니라, 그는 그의 550쪽 분량의 책에서 우리가 인용할 어떤 본문도 언급하지 않고 있다![39]

후기 삼위일체 교리의 발전을 위한 성경적 기초를 강조하는 대부분의 논의들은 단지 단발적인 본문들(예를 들면, 마 28:19)을 고려하거나, 신약성경 전반에 걸쳐 있는, 이를테면 하나님의 아들로서 그리스도와 같은 특정한 주제들을 따른다. 특정한 책의 내용에 집중하는 논의를 찾는 것은 아주 드물다. 이것은 바울이 그것을 기록하지 않았다는 비판적인 주장 때문에 에베소서의 경우에는 더욱 악화된다.

---

37 보다 완전한 논의를 위해서, 바울의 저작권을 변호하는 Arnold, "Ephesians"를 보라.
38 Arthur Wainwright, *The Trinity in the New Testament* (London: SPCK, 1963).
39 Herman Ridderbos, *Paul: An Outline of His Theology* (Grand Rapids: Eerdmans, 1975).

이 보충 설명의 맥락에서 나는 "삼위일체" 용어를 교회가 그것을 밝힌 후기의 발전된 교리의 관점이 아니라, 웨인라이트가 묘사하는 바와 같이 삼각 구조와 관련하여 사용할 것이다. 나는 에베소서에서 바울이 광범위하게 하나님에 대해 삼중적인 형태로—그것이 아주 무의식적이고 꾸밈이 없기에 더욱 중요한—생각하고 있음을 논증할 것이다.

그는 삼위 사이의 관계들에 대한 고려나 하나님에 대한 그런 관점으로부터 발생할 수 있는 문제들에 대한 어떤 고려도 하지 않는다. 그 자체로 이것은 에베소서가 요한복음이 그런 질문들을 소개하기 이전 일찍이 기록되었음을 지지하고, 그 결과 그것은 바울 저작권을 더욱 지지해 준다.

그러나 나는 바울이 그것을 자기가 기록하는 모든 것과 연결시키려 하고, 그래서 그것이 그의 기독교 신앙의 모든 관점에 대한 근본적 기초임을 확증하려고 할 것이다.

이 논증은 에베소서에 대한 최근의 많은 주석에 역행하는 것이다. 링컨은 저자의 하나님 이해 안에 있는 삼각 구조에 약간의 주의를 기울이지만[40]—그는 저자가 바울보다 훨씬 후기에 살았다고 여긴다—대부분의 사람들은 그 점을 무시한다.

슈나켄버그는 저자가 기본적으로 단일신론적 신관을 가지고 있다고 생각하면서, 2장 18절과 같은 구절들은 어떤 의미 있는 주석도 하지 않고 지나가버린다. 성령은 단순히 "그리스도로부터 오는 능력"[41]이다. 랄프 마틴은 저자가 "기초적인 삼위일체 신앙"을 가지고 있고, 삼중적 양시을 "함축성 있는" 것으로 보고 있다고 인정하지만, 더 상세히 말하지는 않는다.[42]

---

40 Andrew T. Lincoln, *Ephesians*(Dallas: Word, 1990).
41 Rudolf Schnackenburg, *Ephesians: A Commentary* (Edinburgh: T&T Clark, 1991), on 2:18 and 3:17.
42 Ralph P. Martin, *Ephesians, Colossians, and Philemon* (Atlanta: John Knox Press, 1992), on 1:13-14 and 4:1-6.

1) 삼위일체와 구원의 계획

여기에서 우리는 바울이 교회의 구원을 위한 하나님의 목적을 밝히는 두 주요 본문에 집중할 것이다.

(1) 에베소서 1장 3-14절

물론 이것은 하나의 긴 문장 – 20세기 독일 학자 E. 노르덴(Norden)의 말로 표현하자면 "내가 헬라어로 마주친 가장 괴상한 문장 복합체"이다. 여기에는 실재가 형성되고 언어의 경계를 무너뜨리는 명백한 실례가 있다. 생각의 흐름은 시간이전으로부터 역사적 과거로(3, 7절), 과거에서의 적용으로(13-14절), 현재와(7절), 미래까지(14절) 이른다.

또한, 현재와 미래가 겹치기도 한다(10, 14절). 간단히 말해, 그 문장은 하나님의 영원한 목적으로부터 전 인류 역사를 훑어 그 최종적 성취에 이르기까지의 모든 것을 아우른다.

여기에 묘사된 하나님의 모든 복의 기저에는 삼위일체의 활동이 있다. 아버지는 우리가 그리스도 안에서 받는 모든 복의 근원이시니(3절), 그 중에 첫 번째는 선택(4절)과 예정이다(5절). 아들은 우리가 그 안에서 구속을 받는 분이시며(7절), 만물의 머리가 되실 분이다(10절). 참으로 하나님의 모든 복은 처음부터 끝까지 아들 그리스도 안에서 주어진다.

전체 문장의 각 요소는 "그리스도 안에서" 또는 "그 안에서" 주어진다. 성령은 우리가 믿을 때(13절) 우리에게 인치시고, 우리 기업의 보증이 되시는 분이시다(14절). 그러므로 전체 파노라마는 우리를 향한 하나님의 은혜의 압도적인 움직임이다. 곧 아버지로부터, 아들 안에서 혹은 아들을 통하여, 성령에 의하여.

① 바울은 아버지를 하나님의 모든 은혜의 원천으로 제시한다

그분은 "우리 주 예수 그리스도의 아버지"시다(3절). 아들에 관하여 그분은 아버지시다. 이것은 명백히 하나님 안에 있는 관계들이기 때문에, 그 관계들이 영원하다고 결론짓는 것은 합리적인 추론이다. 이것은 4절에서 "창세 전"의 선택에 대한 언급으로 강화된다. 아버지는 아브라함과의 언약을 실현하셨다.

창세기로 돌아가서 하나님은 아브라함과 그의 씨 – 땅과 그의 자손에 대하여, 또한 모든 것을 축복하실 것을 약속하셨다. 이제 "모든 영적인 복"은 그 오랜 약속의 성취로 주어진 것이다.

이 복은 성령으로 말미암아 주어졌는데, 그것들은 "영적인" 복들이기 때문이다. 단수형 "복"은 모든 것의 하나 됨을 의미한다. 이것들은 매우 많은 이질적이고 분리된 복들이 아니라, 아브라함에게서 시작되었고, 이제 "그리스도 안에서" 성취된 하나님의 은혜의 한 행위의 부분이다. 이 어구(*en Christō*, 그리스도 안에서)는 아버지의 축복이 성령으로 말미암아 아들 안에서 주어짐을 가리킨다. 우리는 이 주제가 전 문장의 가장 중심에 있음을 위에서 암시했다.

② 영원한 선택은 구별되어야 하는 아버지의 첫 번째 사역이다

아버지는 그 원천이고 기원이시다. 우리를 선택하는 그분의 행동은 창조 이전에 있었다. 그렇게 그것은 시간을 초월한다. 그것은 우리가 무엇이든지 추가할 것이 없는 아버지의 결정이었다. 앞선 언급에 맞추어 그것은 그리스도 안에서(*en Christō*) 이루어진 결정 – 세계 역사의 어떤 미래 시점이나 특정한 사람들의 인생 경험에서는 존재하지 않는, 그러나 선택 그 자체의 순간에 존재하는 실제이었다.

신약성경의 다른 곳에서 아들은 우리를 선택하는 권세를 주장하신다(요 15:16). 그래서 성령도 사도행전에 묘사된 선교 사역을 위해 사울과 바나바를 따로 택하신다(행 13:1 이하). 그러나 바울은, 그 안에서 우리를 선택하

셨던 아들이나 축복을 전달하는 성령과 동떨어져 있지는 않음에도 불구하고, 선택은 비할 데 없이 아버지의 일이라고 여긴다(3절과 비교).

참으로, 이것은 무엇보다 우선이기 때문에 성령 에 의한 나머지 축복이 여기에서 흘러나온다. 선택의 목적이 우리가 그분(아버지) 앞에 거룩하고 흠이 없이 되는 것이라는 사실로 인해 이것은 더욱 명백해진다.

③ **자녀들로서 입양의 예정도 아버지의 사역이다.**

아들을 통해 우리를 자기 소유로 예정하신 분은 아버지이시다. 이것은 아들을 통한(*dia Iēsou Chrisou*) 것임은 우리가 친아들과 연합 안에서만 입양될 수 있기 때문이다. 그리스도는 아들이시고 우리는 입양으로 말미암아 자녀들로서 그 안에서 선택되었다. 그러므로 선택, 예정 그리고 입양은 모두 영원하신 아버지와 아들 사이의 관계, 곧 이런 실재들을 일으키시는 성령을 전적으로 고려하는 관계에 기초하고 있다.

④ **아들 그리스도 안에서 우리는 그의 보혈로 구속을 받는다**

우리는 값을 지불하고 하나님의 능력에 의해 노예 상태에서 구원을 받는다(7절). 이 구속은 십자가에서 일어났다. 그리스도의 죽음이 우리의 해방을 확고히 했다. 지불에 대해서는 오직 아버지에게만 드려질 수 있으니, 마귀는 인류에 대한 아무런 권리나 권세도 가지고 있지 않기 때문이다.

다시금 아버지와 아들의 관계가 배후에 있는데, 이것은 로마서 8장 32절에서 그의 아들을 아끼지 않으시고 우리 모든 사람을 위해 내주신 아버지에 대해 언급하는 바울의 설명과 로마서 4장 25절에서 예수가 우리의 범죄한 것 때문에 십자가에 "내어줌"이 되었다고 하는 바울의 설명을 되풀이 한다.

⑤ **아들 안에서 아버지의 우주적인 목적은 실현될 것이고, 그는 만유의 머리가 될 것이다(10절)**

타 판타(*ta panta*, 만유) 어구는 오직 전 우주를 나타낼 뿐이다. 바울은 그 말을 "하늘과 땅에 있는 모든 것"으로까지 정의하기에 이른다. 아버지의 의지는 아들 그리스도 안에서 실현되어 피조물이 함께 하나가 되고 그의 지도 아래 조화를 회복한다. 그러므로 아버지는 그리스도를 교회(뒤에 나옴)와 우주 모두의 머리로 삼으신다.

⑥ **성령이 우리를 인치신다(13절)**

우리가 보았던 바 성령은 아브라함에게 약속하신 축복을 효력 있게 하시고, 우리가 이미 고찰하였던 아버지의 계획에 대한 모든 요소들 안에서 역동적으로 활동한다. 그러나 그가 더욱 두드러지게 나타나는 곳은 여기 13-14절에 있는 양상들에서 특히 그렇다. 동사 스프라기제인(*sphragizein*)은 안전이나 소유권을 표시하기 위해서 또는 다시금 진실성을 보증하기 위해서 무언가에 인장을 찍는 것을 의미한다.

이런 개념들은 모두 긴밀히 연관되어 있고, 여기서 어느 것이 더 바람직한 지에 대해 독선적이 되는 것은 어렵다. 확실히 안전의 개념은 배후에 있고 그러한 까닭에 저자의 의도에 가까울 수 있다. 성령의 이러한 활동은 믿음과 동시에 일어난다(부정과거 분사는 대부분 부대상황에 대한 분사이다). 만일 그렇다면, 바울이 염두에 두고 있는 것은 성령의 특별한 활동이라기보다는 신자를 인치시는 성령 자신의 인격이다.

⑦ **성령은 우리 미래의 기업에 대한 보증이시다(14절)**

단어 아라본(*arrabōn*)은 거래를 확정하고 그것을 법적으로 묶어 마음을 바꿀 여지를 남겨 두지 않게 하는 "계약금"을 의미했다. 반대로 그것은 잔금이 지불될 때 오게 될 보다 큰 전체의 부분이었다. 그것은 당연히 나머지와 같은 종류의 것이었다. 그것은 나머지가 따라올 것이라는 것을 보증했다. 여기에서 미래의 기업이 보인다.

모든 신자들을 인치시는 성령은 아버지께서 그들에게 당신의 아들 그리스도 안에 있는 그들의 영원한 기업을 완전히 소유하게 하는 것을 확증한다.

이 괴상한 복합 문장에 따르면, 아브라함에게 약속되고 그리스도에 의해 성취된 구원의 계획은 아버지와 아들과 성령이 함께 참여한 것이고, 그것으로 그들은 깨질 수 없는 통일성 가운데 창세전부터 인류 역사의 전 파노라마를 거쳐 그리스도 안에 있는 우리의 영원한 기업을 보호하신다. 이 양식은 바울이 죄로부터의 해방에 더 엄밀하게 초점을 맞추고 있는 두번째 단락에 남아 있다.

(2) 에베소서 2장 4-10절

그 배경에는 인류가 죄의 결과로 처하게 된 소망 없고 전적으로 무력한 상태가 있다. 바울은 이것을 우리가 스스로를 구할 수 없는 "죽음"의 상황이라고 묘사한다. 오직 외부로부터의 도움, 오직 하나님 자신의 도움만이 유용할 것이다. 자비롭게도 그분은 능력과 은혜로 행하셨다.

① 아버지 하나님은 아들 그리스도와 함께 우리를 일으키셨다(2:5b-6a)

판넨베르크가 지적하듯이, 신약에서 테오스(*theos*)는 언제나 아버지를 가리킨다.[43] 이전에 "죄 가운데 죽었던" 바로 그 자리에서 아버지는 우리를 살리셨다(1절). 결국 그분은 우리를 그리스도와 함께 일으키셨다. 이것은 아버지에 의한 주권적인 행동이다. 게다가, 우리는 홀로 일으킴을 받은 것이 아니다. 5절과 6절의 동사들은 일관되게 ("함께"를 의미하는) 접두사 *syn*을 갖고 있다.

---

43 Wolfhart Pannenberg, *Systematic Theology*, trans. Geoffrey W. Bromiley (Grand Rapids: Eerdmans, 1991), 1:326.

우리는 결합체의 부분으로서 다른 이들과 연결되어 생명을 얻는다. 더욱이 우리는 아버지께서 죽은 자 가운데서 일으키신 그리스도와 함께 연결되고 연합하여 생명을 얻는다. 그래서 우리도 역시 그의 부활을 공유한다. 만일 우리가 로마서 8장에 나온 바울의 언급을 염두에 둔다면, 성령도 적극적으로 그리스도의 부활에 참여하여 우리가 그 부활에 참여하게 하신다(아버지께서 성령으로 그것을 효력 있게 하신다).

② **아버지 하나님은 아들 그리스도와 함께 우리를 하늘에 앉히셨다 (6절 하반절)**

여기에는 우리가 막 생각했던 것의 연속과 결과가 있다. 그리스도는 하늘에 오르셨고 지금은 하나님 우편에 앉아계시다. 그와 연합되어 우리는 그와 함께(그 안에서) 하늘에 앉아 있다. 다시금 핵심은 아버지께서 이 절의 주어가 되신다는 것이다.

지금까지의 내용을 요약하면, 구원의 계획은 전체적으로 물론 세부적으로 아브라함과 맺으신 하나님의 언약의 성취이며, 창세 전에 예비되었고, 그리스도에게 단결하여 집중된, 무엇보다 한 목적과 한 의지와 한 효력을 가지신 아버지와 아들과 성령의 약속이다.

2) 삼위일체와 하나님에 대한 우리의 지식

에베소서에서 바울에 따르면, 하나님에 대한 우리의 지식은 어떤 형태를 취하는가?

우리가 인식해 온 삼중의 양식으로 분명히 보여지는 하나님의 은혜의 활동에 대해 우리 편에서의 성찰이 있는가?

서신의 많은 부분들이 여기에 관련이 있다.

(1) 에베소서 1장 17절

하나님에 대한 지식은 아버지 하나님의 선물이다. 바울은 아버지께서 독자들에게 그분을 아는 지식을 주시기를 기도한다. 그는 이 선물이 일평생 계속된다고 생각한다.

토마스 굳윈의 묘사에 따르면, 그것은 "장성한 그리스도인들을 위한 기도"이다. 이 지식의 원천은 아버지 곧 "우리 주 예수 그리스도의 하나님, 영광의 아버지"이시다. 여기서 명사 독세스(*doxēs*, 영광)의 소유격 "영광의"는 형용사로 사용된다. 그래서 영광은 아버지의 존재 양식이 된다. 아버지는 아들이신 우리 주 예수 그리스도와 관련하여 아버지시다. 아버지는 아들 안에서 자신을 계시하신다.

명사 프뉴마(*pneuma*)는 관사와 함께 또는 관사 없이 시종일관 성령을 가리키는 말로 바울에 의해 사용된다(엡 3:5; 골 1:9; 고전 2:6-16를 보라). 본문의 강조점은 믿음과 계시와 지혜를 주시는 성령의 창조적 기능에 있다. 그러므로 아들 그리스도의 아버지는 성령의 효력에 의해 자신에 대한 지식을 주시는 것이다.

아버지께서 주시는 지식은 어떤 피상적이고 사변적인 지식이 아니다. 바울은 피상적인 지식과 대조하여 실제적이고 깊이 있으며 인격적인 지식을 나타내기 위해서 에피그노시스(*epignōsis*)를 사용한다. 하나님과의 개인적인 교통이 명백하게 보인다. 하나님에 대한 이런 지식은 아버지로부터, 아들을 통하여, 성령에 의해 오며, 지속적이고 진보적이다. 게다가 그것은 교회를 위한 바울의 의무 중에서 제일 중요한 것이다. 그것은 그의 기도 목록에서 첫 번째 범주로, 그가 언급하는 가장 중요한 것이다.

(2) 에베소서 2장 18절

바울은 그리스도가 십자가로 하나님께 나아감을 얻었다고 강조한다. 구약성경에서는 하나님과 백성 사이에 거리가 있었다. 제사장제도와 제사제도가 하나님과 백성들 사이에 세워졌다. 지극히 거룩한 분께 일상적인 나아감이 없었다. 더욱이 이방인들은 사실상 죽음의 형벌로 성전으로부터 제외되었다. 그러나 이제 그리스도께서 오심으로 우리는 하나님께 자유롭게 나아감을 얻었다. 우리는 십자가를 통하여 화해되었다. 이 화해는 또한 유대인과 이방인 사이에도 영향을 준다.

마틴은 즉각적으로 명백한 참고 사항-성전구역으로부터 이방인들을 가로막고 있는 성전 난간-을 지적한다. 이것은 이제 성전 의식을 더 이상 쓸모가 없게 만드는 그리스도의 유일하고 완전한 희생에 의해 파기되었다. 그러나 그는 저자의 핵심이 모세의 율법과 그 율법 해석에 있다고 생각한다. 어찌 되었든지, 그리스도는 율법을 파기하여, 이스라엘을 구별하고 유대인과 이방인을 분리했던 것을 무너뜨리셨다.

이것이 18절의 주요 진술을 위한 배경이다. 이제 유대인과 이방인 모두 아버지께 나아간다. 아버지의 풍성한 자비가 우리를 죄에서 건지셨고 우리를 그리스도와 함께 일으키셨으며, 그리스도의 죽음으로 우리를 화해시키셨다. 그러므로 구원은 아버지께 나아감으로, 결과적으로 아버지와의 교제로 이해될 수 있다. 이 나아감은 디 아우투(*di' autou*) 곧 그리스도를 통한 것이다. 그는 평화를 만드시고, 우리의 평화이신 분이시다(14절). 그 나아감은 성령을 가리키는 한 영 안에서(*en heni pneumati*) 달성된다.

결과적으로, 구원의 계획은 아버지로부터 아들을 통하여 성령에 의해 이루어졌지만, 우리 편에서 우리는 성령에 의해 아들을 통하여 아버지께 향하는 역행을 경험한다. 성령은 믿음을 주시고(2:8-9와 비교), 우리가 하나님의 은혜에 응답하는 모든 길의 근원이시다. 그는 우리가 그리스도를 의지하게 하고, 그리스도와 그리스도의 중보를 통하여 우리는 아버지와 교제한다. 그러므로 그리스도인의 경험은 시종일관 삼위일체적이다.

링컨은 추정상의 저자에 대해 "얼마나 자연스럽게 그의 생각이 '그리스도를 통하여, 성령 안에서, 아버지께' 하는 삼위일체적인 유형으로 표현되

고 있는가"를 언급하면서 이것을 인정한다.[44]

참으로 그것을 바울 사상의 필수불가결한 요소로 강조하는 것은 바로 이 진술의 자기를 의식하지 않는 성격이다. 불행하게도, 리델보스는 그의 책 어디에서도 이 진술에 대해 언급하지 않는다.

(3) 에베소서 3장 14-17절 상반절

리델보스에게도 역시 이 구절에 대한 언급이 전혀 없다. 이것은 앞으로 나올 내용에 기초한, 독자를 위한 또 다른 기도이다(*toutou charin*이 구체적인 지시가 모호함에도 불구하고). 그는 아버지께 그의 성령을 통하여 독자들을 강하게 해 달라고 구한다(15-16절). 그리고 나서 그는 이것을 믿음으로 말미암아 너희 마음에 계시는 그리스도로 묘사한다(17절).

아버지는 "영광에 풍성하신" 분이라고 그는 말한다. 이 강조는 축복의 구원이신 아버지의 위대하심에 대한 것이다. 이 족속들은 그로부터(*ex hou*) 명명된다. 고대 세계에서 이름을 짓는 것은 주권을 의미했으므로, 여기에는 모든 민족들에 대한 아버지의 주권적 권세가 보인다.

성령은 이미 우리 구원의 보증으로 묘사되었고(1:13), 교회에 거하시는 분이다(2:22). 여기서 성령의 강하게 하는 능력은 그리스도께서 신자들의 마음에 내주하시는 것과 일치한다. 그 결과, 그들은 더 나아가 바울이 다음 구절들에서 상술하는 결과들과 함께 사랑 가운데 뿌리가 박히고 터가 굳어 진다. 믿음과 강하게 됨과 사랑—모두가 그리스도인 신자들의 삶의 특징들—은 바울에게 삼위의 일치된 약속의 열매로 간주된다.

(4) 에베소서 5장 18-20절

우리는 교회에게 성령으로 충만할 것에 대한 바울의 요청(18절)이 주(*kyrios*, 부활 후 그리스도께 대한 일관된 용어)께 시로 노래하는 것(19절)을 불가

---

44 Lincoln, Ephesians, 2:18 부분.

분의 귀결로 기대하고 있음에 유의할 뿐이다. 그 결과 그들은 범사에 "우리 주 예수 그리스도의 이름으로 아버지 하나님께" 감사할 것이다(20절). 다시 한번 바울은 그리스도인의 경험을 전적으로 삼위일체적이라고 본다. 그의 공식은 매끈하지 않지만, 이런 특징은 그가 실재를 인식하는 자연스런 방식을 입증하며 또한, 교회의 발전 초기에 그가 저술한 것임을 가리킨다.

(5) 에베소서 6장 10-11절

이 유명한 부분에 들어있는 삼중적인 양식을 주목하라. 주 안에서 강하라고 바울은 권면한다(10절). 이를 위해, 독자들은 하나님의 전신갑주를 입어야 한다(11절). 유일한 공격용 무기는 "성령의 검 곧 하나님의 말씀"이다(17절).

여기서 우리가 발견한 것들을 요약해 보자. 우리가 앞서 기술한 삼중적인 유형으로 계획되고 효력 있게 된 하나님의 은혜에 반응하여, 그리스도인 신자들은 상응하는 삼중적 유형으로, 이번에는 성령에 의해, 아들을 통해, 아버지께로 받아들여지고, 감싸지고, 능력을 받는다. 말하자면, 그들이 숨 쉬는 공기가 삼위일체적이다.

3) 삼위일체와 교회

마침내, 우리는 바울이 교회를 약간 자세히 고찰하는 에베소서의 두 부분을 살펴 볼 것이다.

(1) 에베소서 2장 20-22절

여기서 바울은 교회를 그리스도께서 모퉁이돌이 되시고, 사도들과 선지자들의 터 위에 세워진 성전으로 묘사한다. 바울이 그리스도를 나머지 구조물 이전에 세워진 모퉁이 돌(coner stone)로 생각하는지, 아니면 머릿돌

(capstone)로 보고 있는지에 대한 약간의 논쟁이 있지만, 어떤 경우든지 그리스도는 건물을 시공하고 완성하는 마지막 부분이 될 것이다.

이미지로는 전자가 선호되는 것 같다. 왜냐하면, 건물은 사도적 기초가 놓이고, 그리스도께서 그것을 세우신 후에 위로 세워지기 때문이다. 만일 그가 마지막 머릿돌이라면, 세워지는 건물은 그 건축이 완성될 때까지 그리스도가 없게 될 것인데, 이것은 명백한 모순이다.

묘사는 조화로운 성장과 발전에 대한 것이다. 건물은 돌이 아니라 사람들로 구성된 살아 있는 것이다. 그것은 유기적으로 성장한다. 예루살렘에 존재하는 성전과 같이-또는 첨언하건대 많은 고대 성당의 건축과 같이-그 발전은 오랜 과정임을 암시하고 있다. 그것은 거룩함에 있어서의 성장이며,-그 목적은 거룩한 성전이 되는 것이요(*auxei eis naon hagion*), 하나님의 한 소유가 되는 것이다. 더욱이 이 거룩한 성전은 "주 안에서"(*en kyriō*) 그러하다. 교회의 정체성은 그리스도 안에 있지, 전혀 다른 것에 있지 않다. 이 성전은 성령에 의해 아버지께서 거하시는 곳(*eis katoikētērion tou theou en pneumati*)이다. 그러므로 바울은 삼위를 모두 교회와 직접적으로 연결시킨다. 교회는 그 자체로 삼위일체를 나타내는데, 그 이유는 교회가 그리스도 안에서 존재하고, 아버지께서 성령에 의해 거하시기 때문이다.

(2) 에베소서 4장 4-6절

이 지점에서 바울의 관심은 성령이 거하시는, 성장하는 성전으로서의 교회에서 교회의 하나 됨으로 옮겨 간다. 그가 교정하려고 하는 불일치의 이면에는 암시들이 있다(4:1-3).

우리 앞에 있는 구절은 강력한 찬송 내지는 교리적인 느낌이 있다. 링컨이 기록하고 있는 것처럼, 그 자체로 삼중 양식으로 배열된 하나의 결론적인 진술과 함께, 각각 세 개로 구성된 두 그룹으로 나눠지는 "일곱 개의 하나 됨에 대한 찬가"가 있다.[45] 이 인용(만일 인용이라면)의 주안점은 에베소에서 일치를 유지하기 위한 필요이다. 이것은 근본적인 일치들 곧 교회의 일치, 그리스도인 신앙의 일치, 하나님 자신의 일치와 일관된 유일한 길이다. 그것을 좀 더 자세하게 살펴보자.

① 4절

"한 몸"은 아마도 그리스도의 몸인 교회를 가리키는 말일 것이다. 이것은 다음 단락의 중심 주제가 될 것인데 당연히 고린도전서에서 바울이 상세히 서술한 사항이다. "한 영"은 분명 성령을 의미한다.

"너희의 부르심에 속한 한 소망"은 바울이 에베소 교인들이 그들의 부르심의 소망이 무엇인지를 알기를 기도하며, 하나님의 구원 계획의 최종적이고 종말론적인 성취 곧 그리스도 안에서 이루어질 우주적 통일을 가리키는 곳인 1장 18절을 뒤돌아본다. 2장에서 가리키는 것과 같이, 만일 교회 안에 유대인 신자들과 이방인 신자들이 섞여 있다면, 왜냐하면, 인종적 차이가 무엇이든지 그리스도께서 이 교회 안에 세운 통일성이 그들을 능가함을 강조하는 것이기 때문에, 이는 의미를 더해 왔다.

② 5절

"한 주"는 교회의 모퉁이 돌이신 아들 예수 그리스도를 의미한다(2:20). 그리고 "한 믿음"은 그리스도의 복음의 내용의 일치, 아마도 몇몇 사람이 논증했던 것처럼, 그들이 이교로부터 회심할 때 세례 지원자들에 의해 고백된 믿음을 가리킨다. "한 세례"는 오직 하나인데, 세례 시에 우리는 그의 죽음과 부활 안에서 그리스도와 연합되고, 오직 한 분 그리스도가 계시고, 오직 하나의 십자가와 부활이 있기 때문에, 세례는 오직 한 번만 받을 수 있다.

---

45 Ibid., 4:4-6 부분.

③ 6절

"한 하나님과 만유의 아버지." 아버지 하나님이 고려되는데, 그분은 "만유 위에" 계시며, 그분의 모든 피조물들 위에 "만유를 통하여"(개역개정: 만유를 통일하시고, 역주) 또 "만유 안에-두 어구 모두 그분의 완전한 임재를 가리킨다-초월하여 계신다. 만유와 관련된 아버지의 이런 삼중적인 묘사는 그 삼중적 측면이 삼중적 용어로 된 바울의 일관된 하나님 이해를 반영할 수도 있겠지만, 삼위일체 자체를 가리키는 것으로 간주될 수 없다.

여기 이 구절에서, 바울은 하나님의 통일성이 삼중적 형태를 취한다고 강조한다. 그보다 더하여, 주님과 성령이 아버지와 하나님의 속성들을 공유하기 때문에, 그들은 동등하게 인격적이시다. 바울의 삼중적 형태는 그가 비록 그 용어들을 사용하고 있지 않음에도 불구하고 완전히 인격적인 것인데, 이것은 나중에 시간의 경과에 따라 나타날 것이었다.

4절에서는 성령이, 5절에서는 아들가, 6절에서는 아버지가 고려된다. 이로부터 믿음의 하나 됨과 교회의 하나 됨이 흘러나온다. 우리는 이것이 다양성 가운데 하나 됨이라는 것에 유의해야 한다. 아마도 복수성(plurality)이 더 좋은 단어일 수 있다. 바울은 그것을 설명해 가면서 은사의 다양성을 가진 개인들의 다양성으로 구성된 교회의 하나 됨을 이해한다(7-16절). 이것은 혼자뿐인 단자(a solitary monad)가 아니라, 그 통일성이 삼각 구조의 위격적 활동을 명시하는 바울의 신관과 일치한다. 리델보스에게는 이 구절에 대한 언급이 전혀 없다.

4. 결론

바울은 일관되게 하나님을 한 분으로 보며, 그분의 통일성이 위격적 활동의 삼각 구조를 증언하는 것으로 본다. 도날드 거스리가 죽기 얼마 전에 쓴 내용이다.

바울은 자연스럽게 하나님의 본질에 대한 숙고로 인도되는 개념적 틀을 가지고 일하지 않는다고 말할 수 있다. … 하지만, 증언이 후에 발전된 교리를 위한 기초를 놓는다. 후기의 교리가 해결한 문제는 그 뿌리를 신약성경 자체에 두고 있다.[46]

그러나 그는 요한이 도달한 단계 곧 아버지와 아들과 성령의 관계와 이 것이 어떻게 엄격한 구약성경의 단일신론과 양립할 수 있는지를 고찰하는 단계에까지는 이르지 않았다. 이것은 에베소서의 바울 저작권을 지지하는 또 다른 논증이 될 수 있다. 왜냐하면, 그것은 그 편지의 이른 저작 시기를 강력히 논증하고 있기 때문이다.

바울이 그 문제를 다루고 있는 방식은 교훈적인데, 4장 4-6절의 찬송 내지 교리 구절은 별개로 하고 그는 삼중 양식을 자연스럽고 비강제적이며, 무의식적으로 언급한다. 이것은 그것이 추가적인 설명이 필요하다고 믿지 않은, 깊숙이 자리한 확신임을 가리킨다. 왜냐하면, 그것이 그의 독자층 가운데 보편적이진 않더라도 널리 인정된 것이었기 때문이다.

이 삼각 구조는 명확할 뿐 아니라 서신의 핵심 부분에서 모두 표현되고 있다. 그것은 골고루 퍼져 있다. 그것이 구원의 계획과 그 완성에 대한 것이든지, 혹은 하나님에 대한 우리 자신의 지식 또는 교회에 대한 것이든지 간에, 그것은 바울이 말하는 모든 것의 기초를 이룰 만큼 편만하다. 그것은 또한 교회의 통일성과 그리스도인 신자들이 서로 간에 어떻게 행동해야 하는 지로 표현된 그리스도인의 믿음의 실천적 결과들에 영향을 준다. 따라서 우리는 그것이 에베소서에서 바울 신학의 가장 핵심적인 부분이라고 말할 수 있다.

---

46 Donald Guthrie and Ralph P. Martin, "God," in *Dictionary of Paul and His Letters*, ed. Hawthorne, 367.

◆ 주요 용어

단일신론적인(monotheistic)

◆ 깊이 생각할 문제

성경에서 아버지와 아들과 비교하여 상대적으로 성령에 대한 언급이 별로 없는지 생각해 보라.

제2부

역사적 발전

제1장 초기의 삼위일체론

제2장 아리우스 논쟁

제3장 아타나시우스

제4장 카파도키아 교부들

제5장 콘스탄티노플 공의회

제6장 아우구스티누스

제7장 동방교회와 서방교회: 필리오케 논쟁

제8장 동방과 서방: 갈라선 두 길

제9장 존 칼빈

보충설명 2 종교개혁 이후의 발전

전능하신 하나님 아버지시며 천지와 가시적이며 불가시적인 만물을 만드신 창조주이신 한 하나님을 우리가 믿사오며, 만세 전에 아버지에게서 나신 하나님의 아들, 이는 빛에서 나오신 빛이시오, 참하나님에게서 나오신 참하나님이시오, 나셨으며, 창조되지 않으셨고 만물을 있게 하신 아버지와 동일본질이심을 믿습니다.

그는 우리 인간을 위하여, 그리고 우리의 구원을 위하여 하늘로 부터 내려오셔서 성령으로 동정녀 마리아에게서 육신이 되고 인간이 되셔서 우리를 위하여 본디오 빌라도 아래서 십자가에 못 박히시고 고난을 받으셨으며, 장사지낸 바 되셨다가 성경에 기록된 대로 사흘 만에 다시 살아나셔서 하늘에 오르사 아버지의 우편에 앉아 계시다가, 영광 중에 산 자와 죽은 자를 심판하러 다시 오실 것이며, 그의 나라는 영원할 것을 믿습니다.

주님이시오 생명을 주시는 성령을 믿사오니 성령께서는 아버지에게서 나오셨으니 아버지와 아들과 더불어 예배와 찬송을 받으시며 선지자들을 통하여 말씀하신 분이십니다.

하나의 거룩하고 보편적이며 사도적인 교회를 믿습니다. 우리는 죄 사함을 위한 세례를 고백하며, 죽은 자의 부활과 내세의 생명을 믿습니다.

- 니케아·콘스탄티노플 신조, AD 381년 -

제1장

초기의 삼위일체론

신약의 완성 후에 기독교 작가들은 어떻게 예수께서 하나님과 하나이신가를 변호하고 설명하는 것을 그들의 과업으로 보았다. 신약의 삼위일체적 표현(triads)는 스스로 교회의 생각에 인상을 남겼고, 특별히 마태복음 28장 19절의 세례 공식이 그랬다.[1]

하지만, 속사도 시대에는 그 함의가 거의 주목되지 않았다. 일반적으로 삼위일체는 단순하게 주장되었다. 가장 생생한 예는 그리스도의 십자가를 크레인으로 삼고 성령을 밧줄로 삼아 하나님의 성소에까지 높아진 돌들처럼 충성된 자에 대한 이그나티우스의 비유이다.[2]

이그나티우스는 또한 아들이 시간 이전부터 아버지와 함께 존재해 왔다는 것을 가르쳤다.[3]

1　Justin, *Apology* 1.61,65 (PG 6:419-22, 427-28). *Didache* 7.1-3를 보라.
2　Ignatius, *To the Ephesians* 9; Ignatius, *To the Magnesians* 13 (PG 5:739-42, 671-74).
3　Ignatius, *To the Magnesians* 6.1;7.2.

1. 로고스 기독론

2세기에 변증가들(유스티누스, 타티아누스, 아테나고라스, 안디옥의 데오빌로)은 선재하는 그리스도와 아버지의 관계를 탐구하기 시작했다. 그들은 거룩한 말씀 혹은 유대인 철학자 필로로부터 온 로고스라는 개념을 사용했다. 이것으로 그들은 그리스도를 창조와 계시로 표현된 아버지의 생각으로 보았다.

두 가지-하나님 안에 내재하는 말씀으로서 아버지와 함께하는 그리스도의 영원한 하나 됨, 그리고 또한 발산된 혹은 표현된 말씀으로서 그리스도께서 인류 역사에 나타나심-가 강조되었지만[4], 구별된 인격적 정체성에 대한 언급은 없었다.

그러나 우리가 오직 후 시대에 발전된 지식의 관점, 그것에 대해 저자가 알지도 못했던 관점으로 그를 읽는 시대착오적 판단을 피해야 할 필요가 있다. J. N. D. 켈리는 보다 세련되고 발전된 후기의 삼위일체론의 관점에서 변증가들을 판단하는 것은 시대착오적인 것이라고 경고한다.[5]

그들에게는 차후의 논쟁에서 형성된 개념적 도구들이 부족했고, 후기 이단들에 의해 제기된 질문들을 직면하지도 않았다. 그들은 그들이 접근할 수 있는 견해에 따라 생각했다. 우리는 그들을 그들 시대의 관점으로 평가해야 한다. 그들에게 있어서 주된 이슈는 하나님의 하나 됨(unity)이었다. 그 견해에 따라 안디옥의 데오빌로는 "그분 자신의 내부에 그 자신의 말씀을 가지시고, 모든 것 이전에 그분 자신의 지혜로 그를 발산하심으로 그를 낳으신"[6]

하나님에 대해서 쓰는 가운데 중요한 기여를 했다. 그 말씀은 창조 시에 돕는 자였고, 통치의 원리이자 만들어진 만물의 척도였다.

---

4 J. N. D. Kelly, *Early Christian Doctrines* (London: Adam&Charles Black, 1968), 95-101.
5 Ibid., 100-101.
6 Theophilus of Antioch, *To Autolycus* 2.10 (PG 6:1064).

구약성경의 신현들은 말씀의 나타나심이었다. 데오빌로는 말씀과 그가 "하나님의 성령"으로 부르는 것을 융합시키는 것 같다. 데오빌로는 하나님을 위해 트리아스(*trias*, 삼위)라는 용어를 처음 사용한 사람이었다. 그는 말하길, 창세기 1장에서 창조의 첫 삼일은 "삼위일체(삼위), 곧 하나님과 그분의 말씀, 그리고 그분의 지혜에 대한 유형들"[7]이다. 하지만, 우리가 2세기의 가장 중요한 사상을 발견하는 사람은 이레나이우스다.

2. 이레나이우스(Irenaeus)

원래 아시아 출신인 이레나이우스(130-200)는 이민으로 인해 대부분의 교회가 그리스식이었던 프랑스 리옹의 주교가 되었다. 그는 『이단 논박』(*Against Heresies*)[8]이라는 작품으로 가장 유명하다. 서방교회는 특별한 영감 내지 지식(그노시스)을 주장하는 전체적으로 종교적이고, 철학적인 종류의 비정형적 운동인 영지주의의 한 형태에 의해 위협을 받았다. 컴퓨터 바이러스와 같이 영지주의는 여러 가지 종교적 신앙에 달라붙어 그것들을 부패하게 할 수 있었다.

이레나이우스가 반대한 영지주의적 영성의 종류는 로마의 오랜 거주자 발렌티누스와 관련되어 있었다. 영지주의의 주요한 공격 중에 하나는 대단히 앉은 절대적 존재(the supreme being)는 물질적 세상으로부터 철저히 분리되어 있어야 한다는 생각이었다. 이 절대적 존재와 물질 사이에는 각기 다른 존재들을 발출하는 일련의 열등한 복합적 존재들이 끼여 있었다.

---

7   Ibid., 2.15 (PG 6:1071).
8   Robert M. Grant, *Irenaeus of Lyons* (London: Routledge, 1997); A. Benoit, *Saint Irénée: Introduction à l'étude de son théologie* (Paris: Presses Universitaires, 1960); J. Fantino, *La théologie d'Irénée. Lecture des Écritures en réponse à l'exégèse gnostique: Une approche trinitaire* (Paris: Cerf, 1994); J. Lawson, *The Biblical Theology of St. Irenaeus* (London: Epworth, 1948).

발렌티누스의 영지주의의 경우에 대해서 이레나이우스가 어떻게 묘사하는지 들어보자.

> 그는 표현불가(Inexpressible)와 침묵(Silence)을 구성하는 형언할 수 없는 이중성(Duality)이 있다고 말했다. 후에 이 이중성은 두 번째 이중성 곧 아버지(Father)와 진리(Truth)를 발출한다. 이 4인조(Tetrad)는 로고스(Logos)와 생명(Life), 사람(Man)과 교회(Church)를 열매 맺음으로 첫 8인조(Ogdoad)를 이룬다.
>
> 우리가 말했던 바, 로고스의 생명으로부터 10개 권세들이 발출되었고; 사람과 교회로부터 12개가 발출되었는데, 그 중에 하나가 충만(the Pleroma)을 떠나 고통에 빠져 나머지 피조물을 만들었다. 그는 두 가지 한계(Limit)를 갖고 있는데, 심연(the Abyss)과 충만 사이에 있는 하나는 피조되지 않은 아버지로부터 발생한 아이온들(Aeons)을 분리하고, 다른 하나는 그들의 어머니(Mother)를 충만으로부터 분리한다.
>
> 그리스도는 충만의 아이온들에 의해 발출되지 않았지만, 어머니에게서, 그녀가 그 외부에 있을 때 희미했지만, 위에서 가졌던 권세에 대한 기억에 따라 출생되었다. 이 그리스도는 남성이었기 때문에 그는 자신으로부터 그림자를 잘라냈고, 충만으로 돌아갔다.
>
> 그리고 그림자와 함께 버려지고 영적 본질이 비워진 어머니는 다른 아들(Son)을 발출했으니 이것이 그 밑에 있는 자들의 전능한 장인 데미우르고스이다. 그와 함께 왼쪽의 아르콘(Archon)이 발출되었으니, 이것이 영지주의라고 거짓으로 불리는 체계이다.
>
> 예수는 때때로 그들의 어머니로부터 분리된 아이온이자 다른 것들과 연합된 텔레토스에 의해, 때로는 다시 충만으로 올라간 그리스도에 의해, 때로는 사람과 교회에 의해 발출되었다고 말해진다. 그리고 성령은 아이온들을 시험하고 열매 맺도록 하는 진리에 의해 발출되었는데, 성령은 보이지 않게 그들에게 들어가고, 그것에 의해 아이언들은 진리의 식물들을 열매

맺는다. 발렌티누스의 교리는 그러하다.⁹

우리는 이레나이우스와 함께 "우우- 푸-"(*Iou iou! Pheu pheu!*; 헬라식 야유-옮긴이)라고 말할지도 모른다.¹⁰

또 다른 위협은 마르시온이었는데, 그는 그가 바울서신에서 찾은 율법-복음 이원론으로부터 시작하여, 두 신 곧 정의로 특징되는 창조주와 사랑으로 특징되는 다른 신을 주장했다. 이렇게 함으로써 그는 구약성경과 신약을 철저하게 나누었다. 구약성경은 율법과 정의로 가득하기 때문에, 그리스도인을 위한 여지가 없다. 신약의 더 큰 부분은 좀 더 낫다.

누가복음 그리고 사도행전(바울의 동료 누가에 의해 기록된)과 함께, 오직 바울의 서신들만 소용이 있는데, 왜냐하면, 그는 자신을 유대교 미신들과의 인연을 끊었기 때문이다.¹¹ 마르시온과 영지주의자들 모두 다른 방식으로 절대적인 존재를 물질적인 세상과의 접촉으로부터 차단했다. 둘 다 예수 그리스도를 창조주 그리고 또한 최고의 신으로부터 예리하게 구별했다. 그들이 그리스도의 복음에 가한 위협은 틀림이 없다.

이레나이우스는 그들과 싸우면서 한 분이신 참하나님을 세상의 창조주, 구약성경의 하나님, 로고스의 아버지와 동일시한다. 그는 인류 역사의 사건들로부터 아버지, 아들, 성령의 존재를 증명한다. 그러나 그는 삼위의 관계들에 대해서는 더 자세한 논의를 하지 않으며, 데오빌로의 용어 트리아스(*trias*)도 사용하지 않는다.

---

9   Irenaeus, *Against Heresies* 1.11.1 (PG 7:565-66), Grant역본, *Irenaeus of Lyons*, 72-73.
10 Irenaeus, *Heresies* 1.11.4 (PG 7:565-66).
11 Adolf von Harnack, *Marcion: The Gospel of the Alien God*, trans. John E. Steely (Durham, N.C.: Labyrinth Press, 1990).

1) 이레나이우스의 주요 논점들

이레나이우스에 따르면, 그분의 말씀-이미 말했지만 이 문맥에서 재강조할 필요가 있는 표준으로 무로부터(*ex nihilo*) 창조하신 한분 하나님 아버지가 계시다.[12]

한 분 주님 예수 그리스도가 계시다. 영지주의자들은 인간의 삶을 살고 고난당한 예수가 그에게 강림하고 그리고 그를 떠나서 승천한 그리스도와는 다르다고 주장했다. 대조적으로 이레나이우스는 예수를 그리스도 그리고 하나님의 아들과 동일시한다. 하나님의 아들은 동정녀에게서 나시고 구세주 그리스도와 동일한 그 분 자신이었다.[13]

(마르시온에게 받아들여진) 바울은 나시고, 고통당하시고, 묻히시고, 부활하시고, 그를 사람으로 말하는 그리스도 외에는 다른 분을 알지 못했다.[14]

이레나이우스는 아들과 아버지의 관계는 형언할 수 없는 것이라고 말한다. 후기 교부들이 선호하던 본문, 이사야 53장 8절 "누가 그의 기원을 선포하랴"(Who shall declare his generation?-KJV)는 우리에게 특별한 지식에 대한 영지주의적 주장과는 달리 아버지의 아들 발생을 이해함이 불가능함을 강조한다. 이것은 "말할 수 없는 하나님의 신비"이기 때문에, 어떤 인간적인 유비도 불가능하다.

언어가 실제를 압축하지 못하고, 하나의 비유로는 충분하지 않기 때문에, 이레나이우스는 아들의 발생을 위한 다양한 용어들(생산, 발생, 부르심, 나타남)을 사용한다. 영지주의자들은 그의 발생을 "그분의 출생 시에 마치 그들 스스로가 도와서, 그를 발출에 의해 형성된 인간의 말과 동화시킨 것처럼" 묘사한다.[15]

---

12 Irenaeus, *Heresies* 2.2.4; 3.16.6; 4.20.2 (PG 7:714-15, 925-26, 1032-33).
13 Ibid., 3.16.2 (PG 7:921-22).
14 Ibid., 3.18.3; 또한 3.16.6-8 (PG 7:933-34, 925-27)을 보라.
15 Ibid., 2.28.5-6 (PG 7:808-9); Irenaeus, *The Demonstration of the Apostolic Preaching* 47.

사실 나신 바 된 아들을 낳으신 아버지만이 이것이 의미하는 바를 아신다. 우리가 알 수 있고 아는 것은 하나님이 아들을 통하여 나타나신 것과 아들은 아버지 안에 있고, 아버지는 그 안에 계시다는 것이다.[16]

이레나이우스는 요한의 언어를 회상하며 삼위의 상호 내주에 대한 후기 교리를 더듬어 찾는다. 요약하면, 아들은 처음부터 아버지와 함께 계셨고, 인류 역사 가운데 구원의 "경륜" 가운데 아버지의 은혜를 나누어 주신다.[17]

이 문맥에서 아주 중요한 창조의 주제로 돌아와서, 이레나이우스는 창조에 대한 삼위일체적 견해를 시사하는 두드러진 이미지를 사용한다. 그는 그분의 "두 손으로" 창조하신 아버지에 대해 반복적으로 쓰고 있다. 창세기 1장 26절을 암시하며, 무로부터(ex nihilo)의 창조를 단언하는 가운데, 이레나이우스는 "마치 하나님이 그분 자신의 손을 가지고 있지 않은 것처럼" 하나님은 그를 도울 천사의 도움이 필요 없었다고 말한다.

왜냐하면, "그에게는 말씀과 지혜, 아버지와 성령이 항상 함께 있어서, 그로 말미암아 그리고 그 안에서 자유롭게 그리고 자발적으로 그분은 모든 것을 만드셨고, 그분이 그에게 또한 '우리가 우리의 모양과 형상을 따라 사람을 만들자'라고 말씀하시기 때문이다."[18]

아들과 성령은 모두 아버지와 함께 영원하시고, 그분과 함께 하나이시다. 왜냐하면, 그분들은 배타적으로 하나님의 사역인 것을 공유하기 때문이다. 그래서 "아버지는 계획하고 명령하시며, 아들은 행하시고 창조하며, 성령은 키우고 증가시킨다."[19]

이레나이우스는 이 비유를 특히 아담의 창조와 또한 두 번째 아담의 성육신에까지 확장시킨다.

---

16   Irenaeus, *Heresies* 3.6.2 (PG 7:861).
17   Ibid., 4.20.7 (PG 7:1037).
18   Ibid., 4.20.1 (PG 7:1032).
19   Ibid., 4.38.3 (PG 7:1107-8).

> 언제라도 결코 아담은 하나님의 손들을 피하지 않았고, 아버지는 그에게 '우리가 우리의 모양과 형상을 따라 사람을 만들자'고 말씀하셨다. 그리고 이런 이유로 마지막 때에 … 그의 손들은 아담이 하나님의 모양과 형상을 따라 [다시] 창조될 수 있도록 산 사람을 만들었다.[20]

에녹과 엘리야의 옮겨짐도 비슷한 유형을 따랐다.

> 왜냐하면, 그 손들을 통하여 처음에 그들이 조성된, 바로 그 동일한 손들로 말미암아, 그들은 이 옮겨짐과 승천을 받았기 때문이다. 또한 아담 안에서 하나님의 손들은 순서를 정하고, 다스리며, 그분 자신의 작품을 유지하고, 그것을 일으키며, 그들이 기뻐하시는 곳에 그것을 두는 데 익숙해졌기 때문이다.[21]

그래서 이레나이우스에게 있어서 하나님의 창조, 섭리 그리고 은혜의 전 사역은 그 자신의 손들, 곧 아들과 성령에 의해 수행된다. 언뜻 보기에 이것은 아들과 성령을 단순히 하나님의 대리인으로 종속시키는 것처럼 보인다. 참으로 니케아 공의회(325) 이전에 어떤 형태의 종속이 유행했다.

그러나 대부분의 경우 그 종속은 분명히 하나님의 존재 안에 있었다. 그래서 이레나이우스에게 그 두 손은 하나님에 대해 외부적이지 않다. 그들은 틀림없이 신적이며, 항상 아버지와 함께 계신다. 오직 하나의 하나님이 계시며, 아들은 "항상 아버지와 함께 계셨고; 성령은 모든 창조에 앞서 그와 함께 계셨다."[22] 그러나 아버지가 첫 번째이시고, 구원은 그분과의 연합에 초점이 맞춰져 있다.[23]

---

20   Ibid., 5.1.3 (PG 7:1123).
21   Ibid., 5.5.1 (PG 7:1134-35).
22   Ibid., 4.20.2-4 (PG 7:1032-34); Irenaeus, *Demonstration* 5.
23   Basil Studer, *Trinity and Incarnation: The Faith of the Early Church*, trans. Matthias

이레나이우스는 아들과 성령과 아버지의 관계나 그들의 선재에 대해 길게 생각하지 않는다.²⁴ 하지만, 그는 종종 시작하기에 최적의 장소로 생각되던 요단강에서-예수의 세례와 함께 시작을 한다. 거기에서 성령은 비둘기 같이 예수께로 내려왔다. 그리고 아버지로부터 성령을 선물로 받은 예수는 그를 그의 제자들에게 나눠주고, 성령을 온 땅에 보내신다.²⁵

필리오케(filioque) 논쟁이 일어나기 수세기 전에 이레나이우스는 조야하게 아버지께서 성령을 아들에게 주시고, 그리고 아들은 그를 그의 백성들에게 은사로 쏟아주신다고 말한다. 우리 편에서 우리는 성령으로 아버지와 아들의 형상을 받는다. 요단강에서 예수의 기름부음 받으심은 삼위일체를 계시해 준다. 왜냐하면, 우리는 기름부으시는 분(아버지)과 성령으로 기름부으심을 받는 아들과 기름부으심이신 성령을 보기 때문이다.²⁶

이레나이우스는 그의 삼위일체적 신론을 영지주의자들의 괴상한 추론과 대비하여 성경과 구속사에 뿌리를 두고 있다.

참으로 이레나이우스는 하나님의 세상 다루심 전반에 대한 철저한 삼위일체적 접근을 위한 길을 준비한다. "아버지는 피조물과 그분 자신의 말씀을 동시에 낳으시고, 아버지에 의해 출생한 말씀은 아버지께서 원하시는 데로 모든 자에게 성령을 베푸신다."

아버지는 만유위에 계시며 그리스도의 머리이시고, 말씀은 만유를 통하여 계시고, 주께서 그를 바르게 믿고 그를 사랑하는 모든 자에게 베푸는 생수이시다. 세상의 창조주는 하나님의 말씀, 곧 "마지막 때에 사람이 되시고, 이 세상에 존재하시며, 하나님의 말씀은 만유를 다스리시고 조정하시므로, 보이지 않는 방식으로 창조된 모든 것을 담으시고, 전 피조물에

Westerhoff, ed. Andrew Louth (Collegeville, Minn.: Liturgical Press, 1993), 64.
24   Boris Bobrinskoy, *The Mystery of the Trinity: Trinitarian Experience and Vision in the Biblical and Patristic Tradition*, trans. Anthony P. Gythiel (Crestwood, N.Y.: St. Vladimir's Seminary Press, 1999), 204; Studer, *Trinity and Incarnation*, 62.
25   Irenaeus, *Heresies* 3.17.1-3 (PG 7:929-31).
26   Ibid., 3.18.2-3 (PG 7:932-34).

내재하시는" 우리 주님이시다.[27]

우리의 구원에도 삼중적 형태가 있다. 왜냐하면, 우리가 천국에서 하나님을 "아버지로서" 볼 것이고, "성령은 참으로 하나님의 아들 안에 있는 사람을 준비하시고, 아들은 그를 아버지께로 인도하실 뿐만 아니라 아버지 또한 [그에게] 영생에 합당한 썩지 않음을 베풀어주실 것이기 때문이다."[28]

구원은 생명이고, 이 생명은 "하나님과의 교제 안에서" 발견되는데, "하나님과의 교제는 하나님을 아는 것이고, 그분의 선하심을 즐거워하는 것이다." 우리 안에 그분의 성령을 보내주심으로 우리가 하나님을 볼 수 있다. 왜냐하면, 거룩함은 성령의 일하심의 중심이기 때문이다.[29]

이런 식으로 하나님은 자신을 우리에게 나타내신다. "왜냐하면, 아버지께서 승인하시고 사람의 구원이 수행되는 중에, 아버지 하나님은 나타나 보이시고 … 성령은 참으로 일하시며, 아들은 보살피시기 때문이다."[30]

아버지로부터 아들을 통하여 성령으로 은혜의 하강이 있고, 우리 안에서는 성령으로부터 아들을 통하여 아버지께 향하는 반대의 움직임이 있다.[31] 보브린스코이는 구원에 대한 이레나이우스의 접근에 만연한 삼위일체주의를 바르게 지적한다.[32]

구원에서 이러한 삼위일체적 유형은 인류 역사에 완전히 묶여져 있는데, 왜냐하면, 성육하신 아들이신 예수께서 아담의 역사를 재현하시고 수정하시어 십자가로 인도하시기 때문이다. 이 유명한 반복설(recapitulation theory)은 항상 이레나이우스와 연관된다. 하나님의 말씀이 사람이 되었고,

---

27 Ibid., 5.18.1-3 (PG 7:1172-75).
28 Ibid., 4.20.5 (PG 7:1034-36).
29 Ibid., 5.18.2 (PG 7:1173-74).
30 Ibid., 4.20.5-6 (PG 7:1034-37); Irenaeus, *Demonstration* 6.
31 Irenaeus, *Heresies* 3.17.1-2; 4.20.5, 33.7; 5.18.2, 36.2 (PG 7:929-30, 1034-36, 1076-77, 1173-74, 1223-24); Irenaeus, *Demonstration* 5ff.
32 Bobrinskoy, *Mystery*, 204.

하나님의 아들은 인자가 되었다.

"그래서 위가 아담 안에서 잃어버린 것을 예수 그리스도 안에서 되찾을 수 있고",[33] "말씀으로 취해지고 입양된 사람은 하나님의 아들이 될 수 있다."

우리가 불멸과 썩지 않음을 얻게 되는 것은 썩지 않고 불멸하시는 분과의 연합에 의해서이다.[34] 하나님의 아들, 곧 우리 주님이시요, 아버지의 말씀이시며 인자이신 분이 나무를 통한 아담의 불순종을 나무 위에서 그 자신의 순종으로 회복시키셨고, 위 높은 곳에 오르시어, "찾으신 그 인성을 그분의 아버지께 드리시고 위탁하시어, 직접 인간 부활의 첫 열매가 되셨으니, 죽은 자들로부터 머리가 일어나신 것처럼, 몸의 나머지 지체들도 또한 그리할 것이다."[35]

성육신은 구원에 필수적이다.[36] 왜냐하면, 이것은 영지주의자들과 대조적으로, 예수께서 십자가에서 참되게 고난당하셨기 때문이다.[37]

2) 이레나이우스의 공헌

이레나이우스는 그의 반대자들의 주요 핵심 사안들에 대해 대답한다. 그는 하나님의 유일성을 강조한다. 말씀과 지혜, 아들과 성령은 온전히 하나님이시나, 결코 신적인 하나 됨을 손상시키지는 않는다. 그분들은 창조, 섭리 그리고 구원에서 연합과 조화 가운데 일하신다. 왜냐하면, 그분들은 서로들 가운데서 창조보다 앞서 계시기 때문이다.

하나님은 모든 피조물과 직접 접촉하신다. 그분은 어떤 다양한 중재자

33　Irenaeus, *Heresies* 3.18.1 (PG 7:932).
34　Ibid., 3.19.1; 또한 3.18.7 (PG 7:937-40)을 보라.
35　Ibid., 3.19.3; 또한 5.14.2, 21.1-2 (PG 7:941, 1161-62, 1177-78)을 보라.
36　Ibid., 3.19.1-3 (PG 7:938-41).
37　Ibid., 3.18.4-5 (PG 7:934-36).

들을 통해서가 아니라 자신이 직접적으로 존재케 하셨다. 하나님은 그의 피조물과 구별되시나, 그것으로부터 따로 계시지는 않는다. 이레나이우스는 존재론적 이원론을 단호히 반대한다.

그는 그의 대적자들의 철학적 사유와 대조하여 하나님에 대한 이러한 삼위일체적인 관점을 성경과 구속사에 확고히 뿌리내리고 있다. 이러한 문제들은 직접적으로 우리의 구원에 영향을 준다고 이레나이우스는 말한다. 하나님 자신의 사역에 긴밀히 연결된 하나님, 하나님의 영원성 그리고 인류 역사에 대한 이러한 삼위일체적인 관점은 분명하고 지속적인 신학적 공헌이다.

더욱이, 이레나이우스는 아버지, 아들 그리고 성령의 관계를 고려하는 몇 가지 시험적인 시도를 한다. 그리고 그는 이것을 예수의 세례에 대해 묵상하는 가운데, 성경적 관점으로부터 취한다. 아버지는 상자에게 자신을 그의 백성에게 주시는 성령을 선물하신다.

3. 테르툴리아누스

한 하나님에 대한 이러한 강조는 세 가지 방향 중에 하나로 이어질 수 있었다. 그것은 삼위일체 교리로 이어질 수 있었다. 그렇게 되지 않는다면, 그리스도와 성령은 보다 낮은 신분, 곧 하나님께 종속되고, 모종의 중간적 존재들로 주장될 수 있었다(종속주의). 그러나 만일 그리스도께서 하나님보다 못하신 분이라면, 그분은 우리를 구원할 수 없었고, 아버지와 하나라는 그의 주장은 거짓이 될 것이었다.

세 번째는 만일 아들과 성령이 신적인 신분으로 여겨진다면, 그분들은 하나의 신적인 존재 안에 있는 영원한 위격적 구별이 아니라, 단지 한 하나님의 일시적인 현현이 될 수 있었다(양태론). 그 경우 인류역사에 아버지, 아들, 성령으로서의 하나님의 계시는 하나님이 본질적으로 누구신지를 정확하게 반영하지 못했을 것이다.

한때, 법률가와 몬타누스주의 이단 개종자로 생각되었던 평신도 테르툴리아누스(대략 160-220)는 그의 단편 『프락세아스 논박』(*Against Praxeas*)에서 후자의 오류에 반대한다.[38] 우리는 다른 곳에서는 프락세아스에 대해 알지 못한다. 우리는 그가 하나님이 한 분이신 아버지, 아들, 성령은 동일하고, 영원히 구별되지 않는다, 이심을 강조했다고 이해할 뿐이다. 이것은 확실한 양태론이었다. 테르툴리아누스는 아버지, 아들, 성령의 구별을 주장하는데 그의 힘을 쏟는다.

1) 테르툴리아누스의 논증

테르툴리아누스는 대략 210-215년 사이에 삼위일체에 대한 공교회적 교리를 요약한다. 오직 한 분 하나님만이 존재한다. 이 사실에는 교회도 프락세아스에게 동의한다. 그러나 이 한 분 하나님은 아들을 가지신다. "그 자신으로부터 나온(*qui ex ipso processerit*) 그의 말씀으로부터 만물이 만들어졌다."

그분은 아버지에 의해 동정녀에게 보냄 받았으며, 그녀에게서 나셨으므로 사람이자 하나님이시다. 테르툴리아누스는 "아버지, 아들 성령을 믿는 자들의 신앙을 거룩하게 하는 보혜사"에 대한 신앙을 포함한, 사도신경과 비슷한 신앙 선언문을 제시한다. 이 신앙의 척도는 "복음의 시작으로부터" 내려왔다. 프락세아스 이단은 아버지, 아들, 성령이 동일하다고 입장에서만 한 하나님을 믿을 수 있다고 가정한다. 반면, 공교회적 신앙은 하나님의 하나 됨이 삼위일체라고 주장한다(테르툴리아누스는 처음으로 삼위일

---

38 Tertullian, *On Modesty* 21에도 삼위일체에 대한 간략한 요약이 있다. 또한 B. B. Warfield, "Tertullian and the Beginnings of the Doctrine of the Trinity", *Studies in Tertullian and Augustine* (New York: Oxford, 1930), 1-109를 보라; Kelly, *Doctrines*, 110-15; J. Moingt, *Théologie trinitaire de Tertullian* (Paris: Aubier, 1966).

체[*trinitas*]라는 말을 사용했다). 세분은 "상태가 아니라 정도에서; 본질이 아니라 방식에서; 힘이 아니라 측면에서" 세분이시다. 그러나 하나의 본질(*unius autem substantiae*), 하나의 상태, 그리고 하나의 능력에 대해서는 한 하나님이시다.[39] 이것은 많은 측면에서 가지는 큰 관심에 대한 것이다. 그것은 초기 3 세기에 믿었던 바를 보여 준다. 게다가 테르툴리아누스는 서방교회에 지속적인 유산인 새로운 어휘를 만든다. 삼위일체(Trinity), 위격(person)과 본질(substance)과 같은 용어들은 영속적으로 논의의 방향을 지도할 것이다.

테르툴리아누스는 즉시로 그의 논증을 시작한다. 한 하나님이 세 구별된 위격 안에 존재하신다. 아버지, 아들, 성령의 이름은 다른 겉모습을 한 한 하나님을 가리키는 암호가 아니라, 실제적이고 영원한 구별을 나타낸다. 이 삼위일체는 유일통치(monarchy; 단독 통치, 군주제, 역주)를 전복시키지 않는다. "삼위일체의 수적 순서와 배치를 그들[그의 대적자들]은 하나 됨의 분리라고 가정하지만, 삼위일체 그 자체로부터 나오는 하나 됨은 결코 파괴되지 않고, 오히려 그것에 의해 지지된다."

유일통치라는 용어조차도 통치자가 아들을 가지거나 그가 택하는 대리인으로 통치하는 것을 배제하지는 않는다. 군주가 아들을 가지고 있고, 그 통치를 공유하고 있어도, 그것은 여전히 군주제이다. 왜냐하면, 그 둘을 나눌 수 없기 때문이다. 하나님의 경우 아들과 성령은 아버지와 본질적으로 매우 가깝게 연합되어 있어서(*tam consortibus substantiae Patris*), 그의 유일통치는 폐기될 수 없다.[40]

---

[39] Tertullian, *Against Praxeas* 2 (PL 2:180). Christopher Stead, *Divine Substance* (Oxford: Clarendon, 1977), 203은 이 작품에서 테르툴리아누스가 성령으로 구성된 신적인 것을 위해 물질(*substantia*)을 성령(*spiritus*)과 연결시킨다고 주장한다.

[40] Tertullian, *Praxeas* 3 (PL 2:181). Warfield는 *Tertullian and Augustine*, 77-79에서 테르툴리아누스가 위격적 구별이 신성 그 자체로 침투한다는 것, "이 나타난 삼위일체를 위한 … .존재론적 기초의 인식"을 말하기 위해 이 유명한 유비를 사용하고 있다고 주장한다.

유일통치는 아들 안에서 보존된다. 왜냐하면, 그것은 아버지에 의해 그에게 위임되었기 때문이다. 이것은 신성의 세 번째 위에게도 똑 같이 적용된다. 왜냐하면, 성령은 아버지로부터 아들을 통하여 나오기 때문이다.[41]

테르툴리아누스는 여기에서 첫째, 둘째 그리고 셋째의 위격적 배치를 본다(그는 앞선 세속적 사용에서처럼[42], 배우의 가면이 아니라, 구체적 개인을 의미하는 말로써의 위격[persona]이라는 용어를 처음 사용한 사람이다). 아들은 아버지에 대하여 두 번째이고, 성령은 아버지와 아들에 이어 세 번째이다.[43]

이것은 테르툴리아누스가 양태론과 싸우면서 어디까지 아들과 성령을 아버지보다 작다고 주장하는 종속주의로 회귀하고 있는지에 대해 우리를 의아하게 만든다. 그는 만유가 만들어지기 전, 하나님이 혼자였으나-그의 안에 소유했던 그 자신의 생각, 헬라인들이 로고스(*logos*)라 부르는 그 자신의 이성(*ratio*)을 가지고 있었기 때문에 어떻게 혼자가 아니었는지 생각하면서 이것을 제시한다.

테르툴리아누스는 주장하기를 기술적으로 하나님은 이때에 그의 말씀(*sermo*)이 아니라, 이성만 가지고 있었다. 하나님은 창조 시에 그의 말씀을 보냈다. 이것은 말씀이 창조 시에만 존재하게 되었고 그래서 선재하지 않았던 것처럼 미심쩍게 보인다.

게다가 이성은 구별된 존재론적 실재였던가?

그것은 인격이었던가 아니면 단지 속성이었던가?

대답은 변증학자들이 내재적인 말씀과 발산된 말씀 사이를 구별하는 것을 테르툴리아누스가 수용하고 있다는 것에 있는 것 같다. 말씀은 항상 이성 안에 내재했고, 이성은 하나님 안에 있었으나 창조 후에만 분명하게 인

---

41   Tertullian, *Praxeas* 4 (PL 2:182-83).
42   G. L. Prestige, *Fathers and Heretics* (London: SPCK 1940), 84; Roy Kearsley, *Tertullian's Theology of Divine Power* (Carlisle, U.K.: Paternoster, 1998), 135-38.
43   Tertullian, *Praxeas* 7-8 (PL 2:184-87).

격이시다.⁴⁴ 이것은 아마도 종속주의자처럼 들린다.

그 저작의 나머지 부분에서 그는 삼위의 참 인격적 구별에 대해 그분들은 모두 하나님의 한 존재를 완전히 공유하신다고 주장한다. 하지만, 그분들이 나눠질 수 없고 분리될 수 없음에도 불구하고, 그분들은 또한 첫째, 둘째, 그리고 셋째이신데, 그것은 삼위일체가 "아버지로부터 흘러나오기" 때문이다.⁴⁵

테르툴리아누스는 그들의 다른 이름들⁴⁶, 위격의 복수성이 있는 본질 구약성경의 많은 구절들(시편, 이사야 그리고 창 1:26)로부터 아버지와 아들의 구별됨과 한 본질이심을 증명한다.⁴⁷ 그에게 있어 열쇠는 "본질이 아니라 인격의 기초에서 … .다른-분리의 방식이 아니라, 구별의 방식에"⁴⁸ 있다. 아버지는 볼 수 없으나, 아들은 볼 수 있었다-그의 성육신하신 삶에서뿐만 아니라, 구약성경에서도 역시 말이다.⁴⁹

하지만 이 명확한 아버지-아들의 구별됨은 분리될 수 없고 나눌 수 없는 연합이다. 왜냐하면, 아들은 구체적으로 언급되지 않을 때조차도 아버지 안에 있는 존재로 여겨지기 때문이다.⁵⁰ 아버지와 아들이 구별되나 동등하고 연합되어 있는 신약에서 이 결합은 아들의 강력한 사역에서 아버지가 보이게 되는 것에서 분명하다.⁵¹ 비슷하게 성령은 위격적 존재의 관점에서 아버지 아들과 구별되나 신적인 존재에서 나눌 수 없다.⁵²

---

44 Ibid., 5; Kelly, Doctrines, 112-15.
45 Tertullian, *Praxeas* 8: "Ita trinitas per consertos et connexos gradus a Patre decurrens" (PL 2:187).
46 Ibid., 10 (PL 2:188-89).
47 Ibid., 12-13 (PL 2:191-94).
48 Ibid., 12 (PL 2:191-94).
49 Ibid., 16 (PL 2:198-99).
50 Ibid., 18 (PL 2:200-201).
51 Ibid., 21-25 (PL 2:203-12).
52 Ibid., 25 (PL 2:221-12).

테르툴리아누스의 결론은 요한복음 10장 30절에서 "나와 내 아버지는 하나이니라" 하신 예수님의 말씀을 주석할 때 했던 그 자신의 말로 가장 잘 요약될 수 있다.

> 여기서 그들은 너무 심취하여, 아니 너무 눈이 멀어서 우선적으로 이 구절에서 두 존재, 나와 내 아버지에 대한 시사가 있고; 한 인격에만 적용할 수 없는 복수 서술어(are)가 있으며; 마지막으로 우리는 한 사람(unus, one person)이 아니라, 하나(unum, one thing)(서술어가 인칭 명사가 아니라, 추상 명사로 끝난다)라고 보는 입장을 취한다. 왜냐하면, 만일 그가 한 사람이라고 말했다면, 그는 그들의 의견에 대한 어떤 지지를 보내줄 것 같이 말했기 때문이다.
> 의심할 것 없이 한 사람(Unus)은 단수를 가리키지만, 둘이 남성에서는 여전히 주어(가 되는 예를 여기에서 가지고 있다)이다. 따라서 그는 단수를 의미하고 있지 않지만, 아들을 사랑하시는 아버지의 입장에서 본질, 형상, 결합, 애정과 아버지의 의지에 순종하는, 아들의 입장에서는 복종의 하나 됨을 나타내는 중성 용어인 하나(unum)를 말하고 있다. 그가 나와 내 아버지는 하나이니라, 곧 본질에서 하나(in essence-unum)라고 말할 때, 그는 그가 동등성을 가지고, 하나로 연합되는 둘이 있음을 보여 주고 있다.[53]

테르툴리아누스의 기여는 분명하고 중요하다. 삼위일체(Trinitas)와 위격(persona)을 처음 사용하는 그는 서방교회를 위해 아우구스티누스까지 대체되지 않을 현안을 제시했다. 그는 그의 시대를 앞서 간 것이 분명하다. 아버지의 본질로부터(de substantia Patris) 나오신 아들에 대해, 그리고 아버지로부터 아들을 통하여(a Patre per Filium) 나오신 성령에 대해 쓰면서, 후에 삼

---

53 Ibid., 22 (PL 2:207).

위 사이의 관계를 고려하기 위해 개발된 어법을 만들고 있다.[54] 특히, 삼위일체 안에서 참 위격적 구별을 증명하면서 그는 양태론에 대해서는 벽을 쌓고 있다.

그러나 테르툴리아누스는 심각한 약점도 가지고 있다. 우리가 주목했던 종속주의자적인 긴장이 있다.

말씀은 창조 시에 존재하게 되었는가?

말씀은 인격적으로 아버지와 공존했는가?

이것은 열린 질문이다. 그가 비록 아버지의 본체가 나눌 수 없는 것이기에 분리됨을 의미하고 있지 않음에도 불구하고, 그는 아들이 아버지의 본체의 발출 혹은 부분이고, 아버지는 전부라고 주장하는 것처럼 보인다.[55]

이런 경향은 삼위일체 내부의 관계에 대한 비유에 의해 더 심해진다. 아들은 태양으로부터 나오는 광선처럼 아버지로부터 나오고, 성령은 그 광선의 정점이다. 세 분은 뿌리, 싹, 그 열매 혹은 봄, 강, 관개수로에 비유될 수 있다. 각 경우에 있어서 나오는 것은 그것이 나오는 출처에 대해 이차적이면서, 불가분리하게 연합되어 있다.[56]

하지만 종속주의의 어떤 형태는 니케아 공의회가 1세기가 남았는데도 표준이다. 테르툴리아누스에게 있어서 이런 관계들은 신분의 열등함에 대한 함축이 아니라, 신성 안에 있는 문제들을 가리킨다. 기원을 가리키지 어떤 존재의 불평등을 가리키지 않는다. 아직 이 문제를 해결할 수 있는 개념이 제시되지 않았다. 그러나 로고스 사변과 유일통치 주제의 실패는

54　Ibid., 4 (PL 2:182-83).

55　Ibid., 9: "Pater enim tota substantia est: (b) Filius vero derivatio totius et portio"(PL 2:187). Kelly, *Doctrines*, 14; Johannes Quasten, *Patrology*, vol. 2, *The Ante-Nicene Literature After Irenaeus* (Westminster, Md.: Christian Classics, 1992), 326; J. Moingt, "Le problème de Dieu unique chez Tertullian," *RevScRel* 44 (1970): 337-62; Bertrand de Margerie, *The Christian Trinity in History*, trans. Edmund J. Forman (Petersham, Mass.: St. Bede's Publications, 1982), 82-83.

56　Tertullian, *Praxeas* 8 (PL 2:186-87)

분명한데, 왜냐하면, 그것들은 각각 종속주의와 양태론으로 편향되어 있기 때문이다.[57]

4. 오리게네스

테르툴리아누스와 대조적으로, 오리게네스(Origen, 185-254)는 동방 신학자이다. 그는 라틴어가 아니라, 헬라어로 쓴다. 불행하게도 그의 저작들 대다수가 파괴되어, 우리는 그의 제자 루피누스(Rufinus)에 의한 다소 의심스러운 번역본들에 크게 의존할 수밖에 없다. 그 또한 오랫동안 이단에 근접한 상당히 논쟁적인 인물인데, 최근에 상당한 사후갱생을 즐기고 있다.[58]

그는 그의 주요한 체계적 저작인, 『제1원리에 대하여』(*On First Principles*)에서 삼위일체에 대해 길게 쓰고 있는데, 그 책은 양태론, 수양설 그리고 영지주의적 가현설에 반대하고 있다.[59]

특히, 구약성경과 신약의 오랜 마르시온주의적 이원론이 여전히 있어, 구약성경의 정의로운 창조주와 예수 그리스도의 선하신 아버지를 구별하고 있다. 오리게네스는 무에서 만유를 창조하시고, 구약성경의 성도들에게 나타나시고, 선지자들을 통하여 그분의 아들을 보내기로 약속하시고, 때가 되매 그를 보내신 오직 한 분 하나님이 계시다고 단언함으로써 대꾸한다. 서론에서 그는 사도적 가르침을 요약한다.[60]

---

57 Warfield, *Tertullian and Augustine*, 88-109; Kearsley, *Tertullian*, 132-35.
58 만일 그러한 것이 즐겨질 수 있다면!
59 Charles Kannengiesser는 *Origen of Alexandia: His World and His Legacy*, ed. Charles Kannengiesser (Notre Dame: University of Notre Dame Press, 1988), 231-49에 있는 "*Divine Trinity and the Structure of Peri Archon*,"에서 그것을 "신학자로서 오리게네스의 가장 위대한 성취"이자, "오리게네스의 비전 가운데 지배적인 영역"이라고 묘사한다. 반대로 Studer (*Trinity*, 79)는 이것이 루피누스에 의해 만들어진 라틴어 번역본에만 부분적으로 보존되어 있는 초기 저작이라고 주의를 준다.
60 Origen, *On First Principles* pref. (PG 11:1115-21).

가장 주목할 만한-그리고 논쟁적인-오리게네스의 삼위일체론의 요소는 아버지에 의한 아들의 영원한 발생에 대한 교리이다. 우리는 이레나이우스 또한 그것을 가르치는 것을 보았으므로, 이것이 완전히 새로운 것은 아니다. 그러나 아버지와 아들 사이의 관계에 대한 오리게네스의 이해에서 그것은 중심적이다.[61]

그는 아들을 "지혜"라고 부른다. 이것으로 그분이 비인격적이라는 것을 의미하지는 않는다. 오히려 그는 아버지 하나님이 특별한 위격 또는 본질(substance)이기도 한 그분의 지혜 없이는 결코 존재한 적이 없다고 주장한다.

> 그런 이유로 우리는 항상 하나님이 참으로 자신으로부터 나시고, 그분 자신으로부터 연유하시나 어떤 시작도 없는, 어떠한 시간의 구분으로 측량될 수 없을뿐더러 생각으로만 묵상할 수 있는 … 그분의 독생하신 아들의 아버지이시라고 주장해 왔다. 그러므로 우리는 지혜가 이해되거나 표현될 수 있는 어떤 시작 이전에 발생되었다고 믿어야 한다.[62]

이 발생은 인간의 발생과 전혀 다르기 때문에 비할 데가 없다. 그것은 어떤 외적인 행동으로 발생하지 않고, 하나님 자신의 본성에 따라,[63] 영원히(시간 속에서가 아니라) 일어나며, 하나님 안에서 외에는 다른 시작을 갖지 않는다. 아들이 존재하지 않았거나 아버지가 아들 없이 있었던 순간은 없다.[64] 이것은 아들을 아버지의 의지의 행동의 결과로서 시작을 갖고 있는 모든 피조물들과 구별시킨다. 결과적으로 아들의 발생은 계속적이고, 아

---

61 Peter Widdicombe, *The Faterhood of God from Origen to Athanasius* (Oxford: Clarendon, 1994), 90-92.
62 Origen, *On First Principles* 1.2.2 (PG 11:131).
63 Ibid., 1.2.4 (PG 11:132-33).
64 Ibid., 1.2.9, 2.11 (PG 137-38, 142-43). Widdicombe, *Fatherhood*, 69-70은 아들의 발생이 하나님의 아버지 됨(fatherhood)과 관련이 있고 따라서 영원하다고 지적하다.

버지는 그분의 신성을 아들에게 모든 순간에 전달하신다.[65]

여기에서 오리게네스는 난제를 만나고 피한다. 그는 이것이 아버지의 의지에 의해 일어난다고 주장한다.[66] 여기서 그는 신성이 일련의 발산에 의해 부분들로 나눠진다는 영지주의적 사변뿐만 아니라, 아들의 나심이 자연적으로 발생하므로 하나님을 억제시키는 어떤 필요성로부터도 거리를 둔다. 만일 그것이 그랬다면, 그는 하나님보다 못하며, 그가 통제할 수 없는 더 높은 힘의 영향을 받게 될 것이다.

그러므로, 오리게네스는 아들의 발생이 아버지의 의지의 자유로운 활동이라고 제안하는 것처럼 보인다. 그러나 만일 그 발생이 전적으로 자유롭다면, 아들은 그렇게 되지 않겠지만, 피조물과 동일한 영역에 있게 될 것이다. 오리게네스는 이 극단들, 곧 의지와 자연의 균형을 맞추어야 한다. 왜냐하면, 어느 것이라도 그의 중심적인 의도를 뒤엎을 것이기 때문이다.

그는 어떻게 이 딜레마를 피하는가?

여기가 바로 발생의 영원한 성격이 그렇게 필요한 자리이다. 그것은 아버지와 아들 사이의 관계를 전적으로 피조물의 현상들의 영역 밖에, 비교나 유비 너머에 위치시켜서, 그렇지 않으면 전체 논증에 종지부를 찍게 될 논리적 문제를 제거한다. 그래서 그는 아버지의 의지에 대한 균형추로서 아들이 아버지의 선하심으로부터 발생된다고 말할 수 있다. 그것은 신적인 자유의 활동이나 결코 실패할 수 없는 것이다.

왜냐하면, 그것은 어떤 우유적인(accidental) 선함(없을 수도 있는 파생된 선함)이 아니라, 아버지의 본질적인(essential) 선하심(아버지의 존재적인 선하심)으로부터 나오기 때문이다.[67]

뒤이어서, 아들은 아버지의 형상이시다. 오리게네스에게 있어서 이것은 아버지와 아들이 본성적인(그분들이 어떠함) 그리고 본질적인(그분들이 참

---

65 Origen, *Homilies on Jeremiah* 9.4 (PG 13:356-57).
66 Origen, *On First Principle* 1.2.6 (PG 11:134-35).
67 Ibid., 1.2.13 (PG 11:143-45).

으로 어떠함) 하나 됨을 가진다는 것을 의미한다. (하나님으로서) 아들은 보이지 않는 아버지의 보이는 형상이시며, 온 피조물을 비추는 그분의 빛의 영광이시다. 보이는 것은 몸의 속성이고, 알아야 하는 것은 지적인 속성들이다. 그러므로 아버지와 아들은 물질적이지 않으므로 볼 수 없고, 서로를 보지 않지만, 서로를 아신다.

그러나 우리는 성육신 하신 아들 안에서 아버지의 신적인 빛을 본다. 왜냐하면, 그는 우리 수준에서 신성의 위대함의 완전한 형상이기 때문이다.[68] 그러므로 오리게네스의 신론 전체는 영원한 아버지-아들의 관계에 집중한다.[69]

아버지와 아들은 본성과 본질에 있어 하나이시며,[70] 하나의 동일한 전지하심을 공유하신다.[71] 왜냐하면, 그들 사이에는 다름이 없기 때문이다.[72] 더욱이 아들은 아버지 안에 있고, 아버지는 아들 안에 있다. 이것은 후기에 하나의 신적인 존재 안에 있는 삼위의 상호 내주에 대한 교리의 발전을 암시한다.[73]

오리게네스가 아들에 대해 말한 것은 성령에게도 준용(準用, *mutatis mutandis*, 이 라틴어 법률 용어로 필요한 경우 그 한도 내에서 변경을 가하여 적용한다는 것을 의미한다, 역주)된다. 필요한 수정만 가하면, 성령께 또한 적용된다. 그는 성령이 창조되었다는 어떤 성경의 증거도 찾지 못한다.[74] 하나님에 대한 우리의 지식에는 특징적인 순서가 있다. 왜냐하면, 그것은 성령으로 말미암은 아들의 계시이기 때문이다. "홀로 아버지를 아시고, 원하는 자에게 그분을 계시하시는" 아들과 같이, "홀로 하나님의 깊은 것까지 통달하

68　Ibid., 1.2.6-8; 1.1.8 (PG 11:134-37, 128-29)를 보라.
69　Widdicombe, Fatherhood, 63-92, 특히, 78.
70　Origen, *On First Principles* 1.2.6 (PG 11:134-35); Kannengiesser, "Structure," 242.
71　Origen, *On First Principles* 1.2.10 (PG 11:138-42).
72　Ibid., 1.2.12 (PG 11:134-35).
73　Origen, *Commentary on the Gospel of John* 22.18 (PG 14:817-21).
74　Origen, *On First Principles* 1.3.3 (PG 11:147-48).

시는 성령 또한 원하는 자에게 하나님을 계시하신다."

그러나 성령은 아들로부터의 계시에 의해 알지 않는다. 왜냐하면, 그렇게 되면 성령이 무지의 상태로부터 지식의 상태로 옮겨지는 것이기 때문이다. 대신에 그분은 삼위일체 중의 하나이시다.[75] 이것이 우리가 삼위일체 모두의 협력으로만 구원을 얻는 이유이고, 성령을 떠나서 아버지나 아들께 참여하는 자가 될 수 없는 이유이다.

아버지와 아들은 생물과 무생물 안에서 그리고 성도와 죄인들 안에서 일하시지만, 성령은 "더 나은 삶으로 돌이키는" 사람들 안에서만 일하신다.[76] 그래서 성령은 영원히 삼위일체로 계시고, 삼위일체 안에는 보다 위대하거나 보다 열등하다고 불릴 수 있는 어떤 것도 없다.

이것은 중요한 점인데, 왜냐하면, 그것은 오리게네스에게 있어서 아들의 영원한 출생과 또한 성령의 입지가 삼위일체 안에서 어느 한 분의 위치에 영향을 주거나 그분들의 신분을 낮추지 않는다는 것을 보여 주기 때문이다. 그분들의 사역에 있는 이러한 차이들-후에 전유(appropriation)로 불리게 될-이 그분들의 신분에 차이를 만들지는 않는다. 삼위일체 안에는 어떤 차이가 없고, "다만 성령의 은사로 불리는 것은 아들을 통하여 알려지고, 아버지 하나님에 의해 실행된다."[77]

간단히 말해서, 아버지는 만유에 존재를 주시고, 아들은 그의 피조물들에게 이성을 주시며, 우리는 성령에 참여함으로 오염과 무지로부터 거룩해지고 정결해진다. 창조, 섭리, 구원은 모두 전 삼위일체의 사역이다. "그러면 이런 방식으로, 우리 안에서, 그 진보의 다양한 단계들에서, 아버지, 아들, 성령의 끊임없는 일하시는 새로움으로, 우리는 아마도 어려움에도 불구하고, 미래의 어느 때에 거룩하고 복된 생명을 보게 될 것이다."[78]

---

75 Ibid., 1.3.4 (PG 11:148-50).
76 Ibid., 3.1.5 (PG 11:253-56).
77 Ibid., 3.1.7 (PG 11:259-60).
78 Ibid., 3.1.8; 또한 1.6.4; 2.2.2 (PG 11:261-62, 169-70, 187)를 보라.

1) 주요 문제들

오리게네스에게는 자주 종속주의자라는 꼬리표가 붙었다.[79] 영원한 발생에 대한 그의 교리는 그 소위 사색적인 성질과 별개로 아들을 아버지에 대한 이차적인 존재로 만든다. 게다가 그는 또한 그를 상대적으로 낮은 신분으로 암시하면서 성령에 대해 상세히 밝히지 않는다.

제1원인에 대하여의 서론 부분은 그 책임에 대한 신빙성을 더해 준다. 공교회적 가르침을 시연하면서, 그는 성령이 "출생하는지 그렇지 않은지"(natus an innatus) 분명하지가 않다고 말한다. 그러나 이 서론에서 그는 또한 성령이 아버지, 아들과 동일한 명예와 위엄으로 예우 받고 있다고 말한다.

우리는 삼위일체 안에는 더 크고, 더 작은 분이 없고, 성령이 창조되었다는 어떤 성경적 증거도 없다는 그의 주장에 주목한다. 이것은 아버지가 아들과 성령의 아버지이기 때문에 영광의 종속이다.

그가 요한복음 1장 3절을 주석하면서, 동사 "창조된" 또는 "만들어진"이라는 뜻을 가진 동사 에게네토(egeneto)를 사용하고 있지만, 이것이 그가 성령을 피조물로 여기고 있었다는 증거로서 사용될 수는 없다. 왜냐하면, 325년 니케아공의회 때까지 동사 기노마이(ginomai, 만들다)와 겐나오(gennaō, 낳다)는 한 개 또는 두 개의 n을 가진 파생어들과 함께 교호적으로 사용되었기 때문이다.

크루젤(Crouzel)은 오리게네스가 성령을 위해 서브시스텐시아(Subsistentia, 개별 존재)를 사용하는데, 이것은 그 당시 다른 용어들을 사용할 수 없었기

---

[79] Kelly는 *Doctrines*, 131에서 "오리게네스의 삼위일체 구상에서 중심적인 것은 철저한 종속주의"라고 쓴다. J. Nigel Rowe는 *Origens' Doctrine of Subordination: A Study in Origen's Christology* (Berne: Peter Lang, 1987)에서 같은 입장을 취한다. 그러나 저자는 기초적인 기독교 교리를 분명하게 이해하지 못한다.

때문에 분명히 인격으로서의 그의 신분을 가리킨다.[80]

오리게네스는 3세기 초에 살았기 때문에 성령에 대해 상대적으로 적게 썼다. 360년이 되어서야 성령의 자리와 사역을 설명하고 변호하라고 요구하는 교회가 있었다. 그리고 우리는 아타나시우스, 바실, 그리고 다른 이들이 어떻게 그 임무를 완수 할 수 있었는지 보게 될 것이다.

그러나 그때까지는 제3위에 대해 상세히 숙고할 필요가 없었다. 교리는 발전하고, 우리는 역사의 산물이다. 이 경우에 있어서 발전은 여전히 진행 중이다. 그렇기는 하지만, 오리게네스의 기본적인 정통성을 보는 데는 충분하다.[81]

하지만, 오리게네스는 공적인 가르침뿐만 아니라 숙고와 논의를 위한 개념을 개진시키는, 연구하는 신학자이다. 그는 아들이 아버지로부터 그의 신성을 얻는다는 분명한 사상의 흐름을 가지고 있다. 이것은 삼위일체 안에 있는 위계순서에서 연유하는데, 그 순서에 따르면 아버지는 전 피조물 안에서 역사하시고, 아들은 이성적 피조물 사이에서 일하시며, 성령은 아들들 가운데서 역사하신다.

아들도 성령도 오토테오스(autotheos, 하나님 자신)는 아니다. 왜냐하면, 그들은 파생에 의해 아버지의 신성을 나누기 때문이다.[82] 참으로 한 유명한 구절에서 오리게네스는 아들과 성령이 피조물들보다는 훨씬 위대하지만, 아버지는 보다 위대할 정도로 그들을 능가한다고 말한다. 그러나 그는 아버지와 동일한 영광을 가진 아들과 성령에 대해 언급한다.[83]

80　Henri Crouzel, *Origen*, trans. A. S. Worrall (Edinburgh: T & T Clark, 1989), 200.
81　Kannengisser는 "Structure," 246-47에서 "신적인 삼위일체에 대한 본질적인 교리적 선언으로 구성된" 후기의 저작에서 그의 상세한 논의를 갖기 원하면서 "그 자체로 또한 구원…. 의 관점에서 … 한 신성 안에 있는 세 가지 기본 원칙들"을 지적한다. 그 저작은 사실상 "a theological synthesis Peri Triados."였다. John Behr, *The Way to Nicaea* (Crestwood, N. Y.: St. Vladimir's Seminary Press, 2001), 185; Studer, *Trinity*, 84-85를 보라.
82　Origen, *On First Principles* 1.2.13 (PG 11:143-45); Origen, *Against Celsus* 5.39 (PG 11:1243-44); Bobrinskoy, *Mystery*, 192-93; Behr, *Way*, 188.
83　Origen, *John* 13.25 (PG 14:411-14).

다시금 그가 피조된 분으로서 아들에 대해 말하고 있지만(그의 대적자들에 의해 신중하게 보존된 파편에서!), 연이어서 그는 그가 존재하지 않았던 적이 결코 없었다고 단언한다.[84]

J. 레베카 라이먼은 "아버지, 아들, 성령의 관계에 대한 독특함과 영원성에 대한 그의 주장은 때때로 그에게 돌려진 극단적 종속주의를 제외시키지만, 그들의 하나 됨의 핵심은 존재의 근원이신 아버지에 대한 관계에 달려있다"[85]고 결론짓는다.

즉각적으로 판단하는 그의 성향으로 인해 발생되는 오리게네스의 모호함이 다음 세기에 동방교회에 문제를 안겨주었을 것이다. 아들과 성령의 종속에 대한 강조는 (아리우스주의자들과 성령피조론자들에 의해) 그들의 신성을 부인하는 쪽으로 이끌게 될 것이다. 하지만, 그 상황에서 그들의 신성에 대한 단언은 삼신론의 혐의를 양산하게 될 것이다(이것은 닛사의 그레고리우스가 논박하게 될 것이다).

오리게네스를 변호하자면, 그는 물질의 기원을 열등함과 동일시하지는 않았다. 그것은 후기의 문제이다. 그의 시대에는 기원과 창조 사이의 분명한 구별이 없었다. 피조된(*genetos*)과 피조되지 않은(*agenetos*) 그리고 출생된(*gennetos*)과 출생되지 않은(*agennetos*)의 의미들과 관련한 혼동이 지배적이었다.

이러한 언어적이고 개념적인 진창에서, 오리게네스는 삼위 모두에게 적용할 수 있는 피조되지 않은(*agenetos*) 하나님과 아버지에 관해서만 말해질

---

[84] G. L. Prestige, *God in Patristic Thought*(London: SPCK, 1952), 133. 오리게네스에 대한 프레스티지의 논의는 미묘한 차이를 잘 지적했다. Kelly, *Doctrines*, 128-36는 보다 거칠고, 그가 인용하는 단락의 문맥에 충분한 주의를 기울이지 않고 있다. Crouzel, *Origen*, 203-4는 "사실상 그 시대의 전 교부들이 종속주의로 정죄될 수 있기 때문에, 순교자들의 온 교회를" 이단으로 던져 넣는 것을 경고하며 오리게네스의 본질적인 정통성을 변호한다. Henri Crouzel, "Les personnes de la Triniti sont-elles de puissance inégale selon Origène *Peri Archon* I, 3, 5-8?" *Greg* 57 (1976): 109-25를 보라.

[85] J. Rebecca Lyman, *Christology and Cosmology: Models of Divine Activity in Origen, Eusebius, and Athanasius* (Oxford: Clarendon, 1993), 51. Bobrinskoy, *Mystery*, 212-13은 오리게네스가 아버지로부터 아들을 통하여 성령에 의한 움직임과 기도에서는 반대로 성령에 의해 아들을 통해 아버지께로의 움직임을 따르고 있음을 인정한다.

수 있는 출생되지 않은(*agennetos*) 하나님 사이에 결정적 구별을 하고 있다.

이 언어적 유사성에 더하여, 한 걸음 더 나아간 문제는 영지주의와 상당한 헬라 사상이 창조와 기원을 동일시하고 있다 – 발렌티누스의 유출 이론도 그러하다는 것이다. 반면 오리게네스는 그것들을 구별하여 아들의 출생이 신성의 영역에서 이해될 수 있도록 함으로, 다음 세기에 아타나시우스를 통한 보다 큰 명확함을 위한 길을 놓고 있다.

위디콤(Widdicombe)은 오리게네스의 목표는 아들의 실제적인 개별적 존재됨과 그가 아버지의 신성을 공유하는 것을 모두 강조하는 것이다. 그는 이 두 가지 근본적인 개념들 사이의 균형을 잡는 것을 목표로 한다.[86]

오리게네스는 아리우스의 선구자인가?

이 전조적인 인물은 다음 장에서 다시 등장하게 될 것이다. 그래서 최상의 대답은 그때까지 유예될 것이다. 하지만, 오리게네스는 아리우스와 그의 친구들이 공공연히 부정하고, 정통이 강하게 주장하는 바를 수차례 언급한다. "그가 없었던 적이 없었다"는 언급은 아들이 어느 시점에 존재하게 된 것이 아니라는 것을 주장한다.

왜냐하면, 그는 항상 계셨고, 또한 항상 계실 것이기 때문이다. 아버지에 대한 아들의 관계는 영원히 분리되지 않는 삼위일체의 문맥 가운데 있을 것이다. 그것은 아리우스가 부인하게 될 중요한 점이다.[87]

---

86   Widdicombe, *Fatherhood*, 85-86.
87   Origen, *On First Principles* 1.2.9: "never at any time non-existent" (PG 11:138). Origen, *Commentary on the Epistle to the Romans* 1.5 (PG 14:848-51); Caroline P. Hammond Bammel, *Der Römerbriefkommentar des Origenes: Kritische Ausgabe der Übersetzung Rufins: Buch 1-3* (Freiburg: Verlag Herder, 1990), 53을 보라; W. Marcus, *Der Subordinationismus als historiologisches Phänomen* (Munich: M. Hueber, 1963)는 니케아 이전 종속론을 탐구하고, 아리우스주의자들의 그것과 구별한다.

◆ 주요 용어들

양자론(adoptionism)
(아버지에게서) 낳아진/낳아지지 않은(begotten/unbegotten)
가현설(Docetism)
이원론(dualism)
유출들(emanations)
필리오케(filioque): 아들로부터
발생(generation)
영지주의(gnosticism)
양태론(modalism)
관계들(relations)
종속론(subordinationism)

◆ 깊이 생각할 문제들

1. 양태론과 종속론의 많이 닮은 두 문제는 어느 정도 지속되고 있는 사실인가?
2. 우리는 왜 3세기 저자들의 신학을 고려할 때 그들이 처했던 역사적 정황을 참고해야 하는가?

◆ 더 읽으면 좋은 책

John Behr, *The Way to Nicaea* (Crestwood, NY: St. Vladimir's Seminary Press, 2001).

제2장

아리우스 논쟁

3세기 논쟁의 이면에는 시한폭탄처럼 째깍거리는, 금방이라도 폭발할 운명의 문제들이 있었다. 이 문제들 중에서 최대의 관심사는 단일신론적인 패러다임 또는 로고스 기독론의 틀 안에서 어떻게 하나님의 단일성과 예수 그리스도의 신분을 조화시킬 것인가 하는 문제였다.

하나님의 단일성을 유지하고 이신론이나 삼신론의 냄새가 나는 어떤 것이라도 거절하려고 결심한 자들-단일신론주의자들-로서는 아들과 성령을 아버지와 동일시하여, 한 하나님이 각기 다른 시대에 각기 다른 모양으로 생각하려는 위험이 있었다.

이것은 삼위 사이의 어떤 구별도 흐리게 만들었는데, 그분들은 본질적으로 삼위가 아니라, 일위였기 때문이었다. 이것은 양태론이었다. 우리는 이것을 테르툴리아누스가 반대했던 프락세아스에게서 보았다. 양태론은 테르툴리아누스 이후에도 268년 안디옥 회의에서 정죄당한 사모사타의 바울에게서 계속되었다. 보다 초기에 사벨리우스는 구약성경에서는 아버지이신 유일하신 하나님이 신약에서는 아들이 되었고, 오순절 이후에는 성령으로 교회를 거룩하게 했다고 주장했다.

삼위는 단지 단일위격이신 하나님의 연속적인 양태들에 지나지 않았다. 양태론은 종종 사벨리우스주의(Sabellianism)으로 불렸는데, 어떤 사람들은 사벨리우스가 프락세아스일지 모른다고 생각한다.[1] 양태론에 있어 인간 역사에서 아버지, 아들, 성령으로의 하나님의 계시는 영원하신 분으로 나타내지 않기 때문에, 우리는 하나님에 대한 참된 지식을 가질 수 없게 된다. 더욱이 그 결과 하나님의 신실하심이 훼손된다. 왜냐하면, 만일 예수 그리스도 안에서 자신을 밝히시는 것이 참으로 그가 영원하신 분이라는 것을 반영하지 않는다면, 우리는 그를 신뢰할 수 없기 때문이다.

스펙트럼의 반대편에는 로고스 사변(思辨)의 영향을 받은 자들이 있었다. 그들은 삼위의 구별을 인지했지만, 아들과 성령에게 보다 낮은 신분을 부여하여, 아버지가 아들과 성령에게 신성을 나눠주는 것으로 하나님의 단일성을 유지하면서 이것을 이해했다. 이것은 종속론이었다. 오리게네스가 이 견해를 예시하는 것으로 많은 사람들이 생각해 왔지만, 이 견해는 그 당시에 만연했던 것이다. 왜냐하면, 하나님이 하나이신 방식과 하나님이 세분이신 방식을 구별할 수 있는 개념적이고 언어적인 자료가 존재하지 않기 때문이다. 현재로서는 이런 경향이 일반적으로 삼위의 관계를 신성 안에 확고히 두는 범위 내에서 이해된다.

하지만 이것은 불안정하고 폭발하기 쉬운 상황이었다. 공개적인 갈등으로 분출되는 데에는 한 쪽이나 다른 쪽에서 조금 만 더 압력을 가하기만 하면 될 일이었다. 양태론은 268년 안디옥에서 금지되었지만, 종속주의 문제는 여전히 해결되지 않았다. 급작스럽게 아리우스라 불리는 알렉산드리아인 성직자에게서 그 문제가 터졌다. 318년 경 그는 그의 주교, 알렉산더의 신학에 대한 비평을 개진했다. 이 비평을 조사하면서 알렉산더는 아리우스의 입장이 이단적이라고 결론 내렸다. 요지는 아들이 아버지와 함께 영원히 공존하지 않았고, 무로부터 존재하게 되었으며, 사실은 피조물

---

1 Bertrand de Margerie, *The Christian Trinity in History*, trans. Edmund J. Forman (Petersham, Mass.: St. Beke's Publications, 1982), 85-87; Boris Bobrinskoy, *The Mystery of the Trinity: Trinitarian Experience and Vision in the Biblical and Patristic Tradition*, trans. Anthony P. Gythiel (Crestwood, N.Y.: St. Vladimir's Seminary Press, 1999), 217-20.

이었다는 그의 믿음이었다. 그러한 가르침은 그리스도인의 믿음을 약화시킬 것이었다. 그렇다면, 예수 그리스도는 하나이신 참된 하나님의 계시가 될 수 없었다. 게다가 아리우스는 영향력 있는 선동가였다. 그는 그가 구성한 다양한 유명 합창단에 의해 인도되는 큰 추종자들을 끌어 모았다. 교회를 향한 커다란 위험이었다.

1. 아리우스

아리우스는 256년 경 리비아에서 태어났다. 우리는 그의 손으로 기록한 것을 아주 적게 가지고 있는데, 세 통의 편지, 네 번째 편지의 일부분, 그리고 노래 탈리아(Thalia) 발췌문 정도이다. 다른 관점에서 보자면, 그가 가르쳤다고 주장되는 보고서들이 있는데, 그 중에 많은 것들이 그에 대항해서 선입관을 가진 것일 수 있다. 아이러니컬하게도, 이어지는 60년의 위기가 그의 이름과 영원히 연관되어 있음에도 불구하고, 그는 거기에서 현저하게 두드러지지 않는다. M. R. 반스와 D. H. 윌리엄스는 그 상황을 아래와 같이 잘 요약하고 있다.

> 아마도 최근 15년간의 새로운 연구에서 가장 중심적인 발견은 … 아리우스라는 주변적인 사람이 대부분의 세기 동안 교회를 점령하였던 실제적인 논쟁이 되었는가를 보여 주는 것이었다. … 아리우스의 이름은 1 세대 아리우스주의자들의 문헌에 거의 등장하지 않는다. 아리우스 자신의 글 중에 소량만이 그의 소위 중요한 것에 대한 논증처럼 보인다. 나중에 아리우스의 추종자들로 정죄된 자들도 그들이 아리우스주의자들임을 부인했고, 아리우스와의 어떤 형식적인 연관성을 부정했다. 그러므로 아리우스 자신은 그의 견해를 둘러싼 갈등으로 알려지고 결국 그의 이름으로 불리게 된 신학적인 논쟁에서 아주 작은 역할을 했을 뿐이다.

사실 "몇 안 되는 헬라 논객들이 명백히 니케아 이전임에도 아리우스를 논박하기를 귀찮아한다."[2]

341년 안디옥회의의 첫 번째 신조의 편찬자들은 "우리는 아리우스의 추종자들이 아니다(어떻게 우리 주교들이 장로를 따를 수 있는가?)"라고 말하면서 시작했다. 모리스 와일즈(Maurice Wiles)는 아타나시우스가 아리우스를 군사적으로 공격했음에도 불구하고, 그는 직접적으로 그와 부딪히지 않았던 이유는 "아타나시우스가 아리우스가 일으킨 이슈에 대한 어떤 큰 규모의 신학적 논쟁에 착수하기 전에 아리우스가 죽었기 때문이. 그리고 나서 그의 실제적인 싸움의 대상은 살아 있는 자들이었다. 죽은 아리우스는 동네북도 아니었고, 오히려 북채였다"라고 강조한다.[3]

아리우스는 과거에, 곧 3세기의 세계와 그 문제들에 속했고, 아타나시우스는 4세기와 새로운 사고의 방식에 속했다.[4] 그는 중요한 작가도 아니었고, 그 시대 사람들에게 그렇게 여겨지지도 않았다. 그는 친구나 적들에게도 거의 인용되지 않았다.[5] 그는 결코 운동의 창립자로 보이지 않았다. 그 뒤 4세기에 일어난 논쟁들은 그보다 다른 사람들을 향했다. 그의 이름은 단순히 신학적 오용에 대한 용어이다. 그의 견해를 둘러싼 논쟁은 니케아 후에 진정되었다. 357년까지 분명하게 표현된 형태로 위기가 일어나지 않았다. 핸슨의 말대로, 그는 "폭발을 일으킨 불꽃이었지, 실제적으로 대단한 중요성을 가지고 있지는 않았다."[6]

---

2   M. R. Barnes, introduction to *Arianism After Arius: Essays of the Development of the Fouth Century Trinitarian Conflicts*, ed. M. R. Barnes(Edinburgh: T & T Clark, 1993), xvii.
3   Maurice Wiles, "Attitudes to Arius in the Arian Controversy," in *Arianism After Arius*, ed. Barnes, 43.
4   C. Kannengiesser, *Arius and Athanasius: Two Alexandrian Theologians*(Aldershot, U. K.: Variorum, 1991), 4:392.
5   R. P. C. Hanson, *The Search for the Christian Doctrine of God: The Arian Controversy 318-381*(Edinburgh: T & T Clark, 1988), 123.
6   Ibid., xvii.

아타나시우스를 신앙의 유일한 방어자로 남겨둔 채(*Athanasius contra mundum*, 일반적 의견에 반대하는 아타나시우스), 아리우스가 정통 교리에 도전했다는 것은 일반적인 신화다. 특정한 시대에 대한 그와 같은 수많은 이상화된 묘사와 같이, 이것은 진실과 거리가 멀다.

첫째, "아직 어떤 정통 교리가 없었다. 만일 그것이 있었다면, 그 논쟁이 해결되기까지 60년이나 걸리기는 어려웠을 것이다."[7] 신학자들은 더듬어 나아가고 있었고, 차이와 긴장이 존재했으며, 어떤 결정적인 선언이 아직 만들어지지 않았다. 니케아 이후에 상황은 그 차이들-신학적, 정치적, 개인적, 교회적-에 대한 세부적인 숙고가 사람들을 어리둥절하게 하기에 충분할 정도로 복잡해졌다.

둘째, 헬라적 개념들이 사용되기는 했지만, 성경적 신앙의 영역에 헬라적 사고의 가정적 침입으로 발생한 논쟁도 없었다. 그것은 기독교 복음 - 예수 그리스도가 신적이라는 인지와 함께, 유일하신 하나님에 대한 믿음, 에 대한 기본적인 문제들로부터 발생했다.

> 기독교회의 신학자들은 기독교가 직면하고 있는 가장 깊은 문제들이 성경 언어 자체의 의미에 대한 것이었기 때문에, 그 문제들이 순수하게 성경적인 언어로 대답될 수 없다는 것을 서서히 깨닫기 시작했다.[8]

---

7 Ibid., xviii-xix.
8 Ibid., xxi. 갈등에 대해서는 또한 De Margerie, *Christian Trinity*, 87-91; J. N. D. Kelly, *Early Christian Doctrines* (London: Adam & Charles Black, 1968), 226-31; Bobrinskoy, *Mystery*, 220-21; Basil Studer, *Trinity and Incarnation: The Faith of the Early Church*, trans. Matthias Westerhoff, ed. Andrew Louth (Collegeville, Minn.: Liturgical Press, 1993), 103-5; Robert C. Gregg, *Early Arianism-a Way of Salvation* (Philadelphia: Fortress Press, 1981), 1-129; Kannengiesser, *Arius*; Rowan Williams, Arius; *Heresy and Tradition*, 2nd ed. (Grand Rapids: Eermans, 2001)를 보라.

1) 아리우스의 주장 요약

아리우스의 견해는 다음과 같이 요약될 수 있다.

첫째, 하나님은 홀로 한 분이시니, 유일하신 아버지이시다(이것은 한 분이신 하나님의 단일성을 유지하려는 아리우스의 관심을 보여 준다).

둘째, 아들은 무로부터(*ex nihilo*) 기원했다. 그가 존재하지 않았던 때가 있었다. 그는 창조되었고, 하나님의 뜻으로 존재하게 되었다. 창조되기 전에 그는 존재하지 않았다. (여기에서 논리는, 모든 피조물이 무로부터 존재하게 되었고, 하나님의 말씀은 피조물이기 때문에, 하나님의 말씀 또한 무로부터 존재하게 되었다는 것이다. 그러므로 하나님은 항상 아버지가 아니셨으니, 왜냐하면, 그분이 아들을 창조하기 전에는 홀로 계셨기 때문이다.)

셋째, 하나님은 창조하기 원하셨을 때 위격(말씀, 성령, 아들)을 만드셨다. 간단히 말해서, 그분은 매개자에 의해 창조하셨다.

넷째, 말씀은 가변성을 가지고 있고, 그는 그가 선택하는 한에서만 그의 자유의지를 행함으로 선함을 유지한다.

다섯째, 아버지, 아들, 성령의 우시아이(*ousiai*, 본질 또는 존재)는 나눠지고, 서로 다르다. 아버지는 아들의 기원이시고, 아들의 하나님이시다. 두 지혜가 있는데, 하나는 영원히 하나님과 함께 있고, 다른 하나는 이 지혜로 존재하게 된 아들이다. 그러므로 아버지 이외에 또 다른 하나님의 말씀이 있고, 아들은 이것을 공유하기 때문에, 은혜로 말씀과 아들로 불린다.[9]

그렉(Gregg)과 그로(Groh)는 아리우스가 기본적으로 하나님의 본성이나 우주론이 아니라 구원론에 대해 관심이 있었다고 주장했다. 핸슨(Hanson)

9　Arius의 신앙 고백에 대해서는 Athanasius, *Of Synods* 16을 보라.

과 코퍼섹(Kopecek)이 동의하듯이 이것은 일리가 있는 견해이다.[10]

이 논증에 따르면, 선재하는 그리스도는 구원받을 동료 피조물들과의 가능한 가장 가까운 연결을 확보하기 위해 피조물이어야 할 필요가 있었다. 그러므로 그는 미덕과 순종에서 앞선, 자유로운 도덕적 선택권을 가진 완전한 피조물이 되었고, 항상 하나님께 대한 종속적인 의존 가운데 있었다.

예수께서 "나와 아버지는 하나이니라"고 말씀하시는 요한복음 10장 30절의 본문은 본질에 대한 일치가 아니라, 뜻에 대한 조화로운 동의에서 하나 됨을 의미하기 위하여 취해졌다. 그러므로 아리우스에게는 본질보다는 의지가 일차적인 것이다. 아들은 명령을 받고 움직이는 아버지의 조력자였다. 그렇게 아들은 참된 하나님이 아니었고, 또 아니기 때문에 군주 하나님의 군주제(monarchy)는 유지되었다.[11]

그의 반대자의 관점에서 보면, 주요 문제는 아들을 인류와 동일시하려는 아리우스의 시도가 하나님과 아들의 연결을 끊어놓았다는 것이다. 특히, 그들은 아들이 무로부터 존재하게 되었다는 그의 생각에 관심이 있었다. 이것은 명백히 아들이 피조물이었다는 것을 가르친다. 교회적인 움직임 후에 아리우스의 견해는 325년 니케아회의에 의해 불법화되었다. 그 신조는 간략히 다음과 같다.

2) 초기 아리우스주의

아리우스를 따랐던 자들은(우리가 그들을 아리우스의 추종자들이라고 부르기는 어렵다) 다음과 같은 교리를 가졌다.

10　Thomas A. Kopecek, *A History of Neo-Arianism* (Cambridge, Mass.: Philadelphia Patristic Foundation, 1979), 1:21.
11　Gregg, *Early Arianism*, 1-129.

첫째, 하나님은 항상 아버지가 아니었다. 왜냐하면, 항상 아들이 있었던 것은 아니기 때문이다. 아들에 앞서, 하나님은 그냥 하나님이었다.

(아타나시우스는 초기에 아리우스가 길에서 사람을 만나서, 하나님도 항상 아버지가 아니었다는 결정적인 핵심을 따라, 그에게 그의 아들이 태어나기 전에 그가 아버지였는지를 묻는 습관에 대해서 언급한다. 여기서 우리는 인간의 부성[父性]과 출생의 유비에 따라 신적 본질과 발생이 물질적인 의미로 이해되어야 한다는 그들의 가정을 보게 된다.)

둘째, 아들 또는 로고스는 무로부터 만들어진 피조물이다(이것은 첫 번째 핵심과 그 기저를 이루는 가정으로부터 따라 나오는 것이다).

셋째, 아들은 본성적으로 가변적이고, 하나님의 은사로 안정적이다.

넷째, 하나님과 그 자신에 대한 아들의 지식은 불완전하다.

다섯째, 아들은 아버지에 의해 그로 말미암아 세상을 창조한 도구로서 창조되었다.

여섯째, 삼위일체는 대단한 것은 못되지만 다른 위격들(*hypostases*)에 대한 것이다. 어떤 단일성도 순전히 도덕적이거나 존재론적이지 않거나 의지에 종속되거나 본질이 아니다.

"아리우스주의자들"(더 나은 단어가 없기 때문에)은 하나님을 피조물에 대한 개입 곧 인간 경험과 고통으로부터 지키기 원했다. 예수의 인간적 한계들은 그가 하나님보다 열등하였음을 보여 주었다. 그러므로 그는 경배되어서는 안 된다. 성육신에서 아들은 인간의 영혼이나 마음이 아니라, 인간의 육체를 취했다(이것은 그때까지 고려할 문제가 아니었고, 후 세기에 아폴리나리우스가 그것을 주요 주제로 제시하고 381년 콘스탄티노플 회의에서 이단으로 정죄 받을 때까지 반대를 불러일으키지 않았다). 아리우스주의자들은 고통당할 수 있는 하나님이 필요했지만, 동시에 한 분이신 아버지 하나님이 스스로 고통당할 수 있다는 것은 그들로서는 상상할 수 없었다. 계시와 구속은 (그래서 고통이 따르는) 완전하게 신적인 것보다 덜한 존재에 의해 이루어져야 했다.

왜냐하면, 하나님은 그것을 신격화하거나 혹은 그것을 파괴하지 않고서는 피조물과 접촉할 수 없었기 때문이다. 그들은 영지주의와 같이 하나님을 물질적 피조물과의 어떤 접촉으로부터 거리를 두는 자연-은혜 이원론을 주장했다. 그래서 그들은 아버지보다 더 낮은 신분의 신, 완전히 신적인 분보다 덜한 분이 필요했다.[12]

만일 이 위기가 헬라적 이원론을 포함하고 있었다면, 그것이 출현한 것은 물질적인 것과 영적인 것을 이렇게 날카롭게 나누기를 고집한 아리우스와 그의 계승자들을 통한 것이었다. 핸슨은 그렉과 그로에 의해 개진된 논증을 대략적으로 수용하면서 이렇게 말했다.

> [아리우스주의자들이] 그의 구속적 행위에 대한 그들의 확신 때문에 그리스도에 관한 그들의 우주론적 개념을 주장하였고, 그들이 그들의 견해를 하나님에 대한 전체적인 개념에 만족스럽게 연결시킬 수 있을 것이라고 생각했기 때문에 확신을 가지고 그리스도의 구속적 행위에 대한 그들의 견해를 옹호할 수 있었다. 다시 말해서 그들의 견해는 삼위일체의 내적 관계에 대한 이론만큼이나 구원에 대한 신학이다.[13]

3) 오리게네스와 아리우스

아리우스와 오리게네스 사이에 광범위한 차이들이 명백히 보인다.

12　Hanson, *Search*, 100-101.
13　Ibid., 26. Kannegiesser, *Arius*, 2:470는 Gregg-Groh의 논문에 있는 방법론적, 해석학적 결함을 지적한다. 또한 R. Williams, "The Logic of Arianism," *JTS* 34 (1983); 56-81를 보라.

첫째, 오리게네스는 아들을 피조물로 부른다—그러나 아들의 영원하심과 아버지와 하나임에 대한 강조로 보다 균형이 잡혀 있다. 아리우스에게 아들은 무로부터 창조된 분으로, 시간 이전이라고 하더라도 피조물의 일부이다.

둘째, 오리게네스로서는 신성 내에서 종속이 존재한다. 그러한 종속은 니케아 이전에는 꼭 필요했다. 아리우스에게 아들은 아버지 곧 아버지의 의지에 의해 창조되었고, 아버지의 밖에 있다.

셋째, 오리게네스는 신적 본질 안에서 아버지에 대한 아들의 관계를 본다. 반면에 아리우스는 아들을 하나님의 의지의 결과물로 생각한다.

넷째, 오리게네스에게 있어서, 성육신한 그리스도의 인간 영혼은 매우 중요하다. 아리우스에게 있어서, 성육신한 그리스도는 인간 영혼을 가지고 있지 않다.

다섯째, 영원한 발생에 대한 오리게네스의 교리는 아들이 아버지에 의해 창조되었다는 아리우스의 주장과 완전히 대조된다. 오리게네스에게 있어서, "아들은 존재하지 않았던 적이 결코 없다." 그러나 아리우스에게는 "그가 없었던 때가 있었다."

그러므로 몇몇 사소한 유사성을 제외하면, 아리우스가 오리게네스의 노선을 따른다거나 그의 신학을 전수하는 것으로 보는 것은 실수이다.[14] 윌리엄스는 "아리우스가 '오리게네스주의' 신학파 안에 있는 발전을 보여준다는 고금의 확신 있는 판단이 어떤 극단적으로 한정된 의미에서도 지지될 수 없다"고 동의한다.[15] 사실 어떤 아리우스의 선구자를 찾기는 어렵다. 그는 사벨리우스주의의 어떤 암시도 강하게 반대했고, 이것이 그를 극단적인 종속주의자의 입장으로 밀어 넣었다.

14　Hanson, *Search*, 70; Gregg, *Early Arianism*, 110-11; Kannengiesser, *Arius*, 2:472.
15　Williams, *Arius*, 148.

카넨기서(Kannengiesser)는 아리우스가 기본적으로 철학자였기 때문에 그는 플로티누스의 기독교적 적응자(adapter)였다고 제안하다.[16] 둘 다 성경으로부터 그들의 신학을 얻기를 원했다.[17] 카파도키아 교부들의 반대자들은 후세기에 동일하게 외칠 것이었다.

2. 니케아 신경

아리우스가 정죄되고 추방되었던 니케아 공의회의 의사록에서 배울 것은 거의 없다. 우리가 분명하고 확실한 증거를 가지고 있는 몇 개의 항목 가운데 하나는 그 결과물로 나온 신조이다.[18] 이것은 오늘날 니케아 신경(C)로 알려진 것은 아니다. 그것은 비록 니케아 신경(N)에 명백히 근거하고 있음에도 불구하고, 콘스탄티노플 공의회의 산물이다. 이 초기 신조는 다음과 같다.

> 우리는 보이는 그리고 보이지 않는 만물의 창조주 전능하신 아버지 한 분 하나님을 믿습니다.
> 그리고 우리는 하나님의 아들 한 주님 예수 그리스도를 믿사오니, 그는 아버지의 독생하신 분으로 나셨고, 아버지의 본질적이시며, 하나님의 하나님이요, 빛의 빛이시며, 참하나님의 참하나님이십니다. 그를 통하여 만물 곧 하늘에 있는 것들과 땅에 있는 것들이 존재하게 되었습니다. 그분은 우리 사람들을 위하여 그리고 우리의 구원을 위하여 내려오셨으며, 성육신

16　Kannengiesser, *Arius*, 1:38-39.
17　Hanson, *Search*, 126-28.
18　R. E. Person, *The Mode of Theological Decision Making at the Early Ecumenical Councils: An Inquiry into the Function of Scripture and Tradition at the Councils of Nicaea and Ephesus* (Basel: Friedrich Reinhardt Kommissionsverlag, 1978), 116n1은 공의회에서 논의하는 광범위한 작업을 열거한다.

하셨고, 사람이 되셨으며, 고난당하시고 제 삼일에 다시 일어나셨으며, 하늘에 오르셨고, 산자와 죽은 자를 심판하러 오실 것입니다.
그리고 우리는 성령을 믿습니다.
그러나 그가 존재하지 않았던 때가 있었고 나시기 전에 그는 존재하지 않았습니다 그리고 그는 비존재로부터 존재하게 되었다고 말하는 자들 또는 하나님의 아들이 다른 실체 또는 본질이라거나 그가 가변적이라고 주장하는 자들, 이런 자들은 공적이고 사도적인 교회가 정죄합니다.[19]

아들이 "아버지의 '본질적인'(of substance)" 존재라는 언급은 획기적이다. 아타나시우스는 우리에게 어떻게 그 말이 삽입되었는지 말해 준다. 아들이 "하나님으로부터" 계셨다고 제안되었을 때, 아리우스주의자들은 만물이 하나님께로부터 나왔다는 것을 수용했기 때문에 이에 동의했다.

그러므로 아들이 아버지의 본질로부터 나눠질 수 없고, 항상 아버지 안에 (그리고 아버지도 항상 아들 안에) 있다고 말하기 위해서, 성경의 언어만으로는 그들이 싸우고 있는 거짓 가르침과 그것을 구별할 수 없다는 것을 깨달은 주교들은 "성경의 의미"를 전달하기 위해서 성경 외적 용어들을 사용하지 않을 수 없었다.[20]

곁붙은 표현인 "아버지와 '동일본질'(*homoousios*)"과 함께, 이 구절은 산더미 같은 모호함을 양산하게 될 것이고, 다음 십 수 년 동안에 논쟁의 주요한 골자로 판명될 것이다. 문제는 그 당시에 본질(*ousia*)이 가졌던 의미들의 범위였다. 그것은 아들이 아버지와 동일한 본성이라고 단언하는 포괄적 본질로 이해될 수 있었다. 다른 한 편, 그것은 아들이 아버지와 같은 (와 동일한) 위격(*hypostasis*)을 의미하는 특정한 개별적 본질을 가리킬 수도 있었다.

---

19 G. L. Dosetti에 의해 출판되고, *Search*, 163에서 인용된 헬라어 본문 *Il simbolo di Nicaeae di Constantinopoli*, 1967, 226f.을 Hanson이 번역.
20 Athanasius, *On the Decrees of the Synod of Nicaea* 19-21 (PG 25: 447-54).

이것은 사벨리우스주의적으로 그들 사이의 어떤 구별을 지우는 것이다. 최종적 파문은 이 후자의 가능성을 강화시키는 것 같다. 왜냐하면, 그것은 아들이 아버지의 그것과는 다른 위격 혹은 본질이라는 주장을 부인하기 때문이다. 여기에서 본질과 위격이라는 용어들은, 그 당시에 일반적이었고 그랬고, 그 후 수십 년 동안 그럴 것처럼 명백하게 동의어이다.

콘스탄티노플 공의회(381)는 세 분을 위해서 위격(*hypostasis*)을 사용할 것이고, 그래서 아들이 아버지와 동일한 위격이라는 니케아공의회의 주장은 그 당시에 거절되었다. 중심적이나 덜 논쟁적인 점에서, "나신, 그러나 피조되지 않은"이라는 어구는 아리우스주의자들과 대조적으로 발생을 창조와 구별함으로써 아들이 피조물이었다는 아리우스의 주장에 반대했다. 동일본질(*homoousios*)이라는 말은 아리우스주의자들이 그것을 아버지에 대한 피조물의 관계에 적용할 수 없었기 때문에 사용되었으나, 이 말은 다가올 얼마간의 시간 동안 여전히 문제가 될 것이었다.[21]

앙키라의 마르셀루스가 주도한 단일신론주의자들이 니케아 신경(N)을 가장 선호했다는 것은 놀라운 일이 아니다. 그 신경은 이후에 광범위하게 정죄될 것이었다. 마르셀루스와 그의 지지자들은 하나님 안에 한 위격(*hypostasis*)이 있다고 주장했는데, 이 주장은 그 당시 극단적 사벨우스주의자와 양태론자 같은 많은 사람들에게 영향을 주었다. 후 세기에 삼위를 위해 위격이 마련되고, 존재 또는 본질(*ousia*)과 구별되어, 그러한 주장은 정죄될 것이었지만, 그런 시대는 아직 오지 않았다.

물론 마르셀루스는 그 용어들을 동의어로 취급하면서, 아버지와 아들이 동일 본질(*ousia*) 또는 위격(*hypostasis*)임을 확증하는 것 같은 신경에 만족해했다!

그러나 이것은 핸슨이 관찰한 바 "고대인들은 현대 학자들이 보여 주고 있는, 엄밀한 정확성으로 인한 고통으로 고통 받지는 않았다"는 것을 보

---

21 Person, *Decision Making*, 92-94.

여 주는 경우로 보인다.²² 더욱이 니케아의 주요 성과는 아들의 존재가 아버지의 존재와 동일하다는 것을 단번에 기록함으로 아들 종속론에 치명타를 가하는 것이었다.

하지만 아리우스를 지지했던 가이사랴의 유세비우스가 그 문서에 서명했다!

그와 다른 사람들에게 있어서 "만들어지지 않고 출생하신"(begotten not made)이라는 어구는 아들을 그로 말미암아 만들어진 다른 피조물들과 구별하는 것이었다. 그에게 있어서 아들은 아마도 피조물임에도 불구하고, 만들어진 어떤 것으로 불릴 수는 없는 분이었다. 파문은 결국 오직 비성경적 용어들을 정죄할 뿐이고, 유세비우스는 성경주의자였다. 그는 아들이 성육신 이전에 존재했다고 모두가 수용하는 곳에서 "아들이 나시기 전에는 그가 존재하지 않았다"는 정죄를 변호했다(그것은 그가 아들을 나신 분으로 생각할 때였다).²³

파문은 아버지보다는 아들이 "또 다른 위격 또는 본질이다"는 견해를 정죄했다. 이것은 모호하고 혼란스럽다. 그것은 콘스탄티노플 공의회(381)의 용어사용에서는 이단적일 것이다. 왜냐하면, 그 무렵에는 아들이 아버지와 다른 위격을 가져야만 했던 것으로 인식되었기 때문이다. 이 니케아 파문은 아버지와 아들 사이의 구별을 제거하는 사벨리우스주의의 소리를 낸다.

하지만 그것이 정말로 사벨리우스주의인가?

이것이 그럴 것 같지 않은 한 가지 이유는 그 공의회의 많은 참가자들이 사벨리우스주의를 맹렬히 반대했다는 것이다. 어쩌면 아들은 아버지의 위격으로부터 왔다고 말할 수 있을 것인데, 그 이유는 아버지가 아들을 낳았고, 두 분은 같은 본질이기 때문이다.

---

22 Hanson, *Search*, 164.
23 Ibid., 165-66.

그러나 그것은 혼동의 주요한 원인이 될 것이다. 니케아 신경은 아리우스의 위기를 끝내지 않았으며, 오히려 그 존재를 확인했다. 그 입장에서 누군가 제안했듯이, 호모우시오스(*homoousios*, 동일본질)라는 단어는 테르툴리아누스의 "하나의 본질"의 헬라어 번역일 것이다. 비록 니케아신경을 포함하고 있는 라틴 문서는 그것을 이런 식으로 번역하지 않고, 니케아에 참석했던 서방 주교들은 몇 안 되었지만 말이다. 사실 호모우시오스는 그 당시에 아주 다양한 해석이 가능했다.

그래서 그 말을 사용함으로 공의회는 사실상의 사벨리우스의주의자인 앙키라의 마르셀루스부터 아리우스의 지지자인 가이사랴의 유세비우스까지 다양한 사람들이 니케아 신경을 수용하도록 해 주었다. 그 뒤에는 제국의 통일을 위해 가능한 광범위한 동의를 얻고자 결심했던 콘스탄틴 황제라는 강력한 존재가 도사리고 있었다.

거의 20년 동안 호모우시오스에 대한 어떤 질문도 제기되지 않을 것이었는데, 그리하여 그것은 그 후에 있게 될 것과 같은 니케아에서의 논쟁의 문제가 될 수 없었다.[24]

그것은 신성의 하나 됨이나 아들의 동등한 신성을 단언하는 것으로 읽혀질 수 있고, 그 모호함은 우연적인 것이 아니었으리라.[25] 하지만, 우리는 니케아에서의 상세한 논의와 막후의 정치철학에 대한 지식이 부족하여, 아주 분명한 결론을 내릴 수는 없다.

---

24 Ibid., 169-70.
25 Person, *Decision Making*, 94-105; De Margerie, *Christian Trinity*, 90-100; Studer, *Trinity*, 101-14.

3. 용어의 부정확함

니케아 신경은 향후 수십 년간 많은 피해자를 낳을 수 있는 어휘적인 지뢰밭을 교회에 남겨놓았다. 핸슨은 "다른 시각을 가지고 있는 사람들이, 그들의 반대자들에 의해 적용되는 것과 다른 의미를 준다는 것을 알지 못한 채, 그들을 반대하는 자들과 동일한 단어들을 사용하고 있었다"라고 지적한다.[26] 모든 면에서 속임수가 섞인 교회적, 정치적 그리고 신학적 사건들이 발생하는 당혹스러운 속도를 더한다면, 그 진창을 깨끗이 치우는 데 그렇게 오랜 시간이 걸릴 것이라는 사실은 놀라운 일이 아니다.

이런 이유로 인해, 뒤따라오는 것은 혼란스럽고 어려울 것으로 드러날 것이다. 그러나 당혹스러운 용어의 문제들이나 쟁변의 다양성을 단순화하려는 어떤 시도라도 4세기의 환경에 진실하지는 못할 것이다. 그때는 뒤죽박죽인 시대였다. 다음 세기들에 뒤따를 것에 대해서는 물론, 아타나시우스와 카파도키아 교부들의 작업을 치하하기 위해, 그것들을 진정시키는 데 도움을 준 교리의 역류가 어떤 것인지를 먼저 알아야 할 필요가 있다.

1) 실체/본질

실체와 본질이라는 용어는 헬라어와 헬라 교부들에 의해 교호적으로 사용되었다. 많은 사람들에게 있어서 그것들은 동의어였다. 결과적으로 발전된 기술적, 신학적 의미들(각각 "위격"[person]과 본질[또는 "존재"⟨being⟩])은 4세기의 사람들 중 어떤 사람이라도 이해하는 것은 아니었고, 이 의미들을 그들이 단순히 적용하지 않았던 시대로 거슬러 투영하는 것도 시대착오적이다. 그 시기에는 보편적이지는 않지만 광범위한 동의를 명할 수 있는 삼위로서의 하나님에 대한 어떤 단어도 없었다.

---

[26] Hanson, *Search*, 181.

휘포스타시스(*hypostasis*)라는 단어는 일반적으로 그것이 "드러나게 되는 실재"(realization turning into appearance)를 의미했음에도 불구하고, 헬라 철학에서 BC 50년 이후 스토아학파 사람들에게 있어서 신플라톤주의자들이 생각했던 것과는 다른 의미를 지녔다.[27] 신약에서 그 단어는, 아들을 하나님의 "본체의 형상"이라고 언급하는 한 경우(히 1:3)를 제외하고, "확신"을 의미한다. 프레스티지에 따르면, 그것은 "지지해 주는 것" 그러므로 개별적 실체를 가리킨다.

이런 이유로 그것은 개별성에 대한 언급이고, 반면에 우시아(*ousia*)는 내부분석의 도움으로 열린 개별성인 단일객체를 의미한다.[28] 하지만 그는 최종적으로 동의된 의미에 집중하고, 그 시대 대부분의 사람들이 그 두 단어를 교호적으로 사용했다는 점을 놓치고 있다.[29]

스테드는 우시아가 이 당시에 존재, 범주, 신분, 본질, 물건 또는 물질, 형태, 정의 그리고 진리 등의 다양한 의미를 가졌다고 주장한다.[30]

테르툴리아누스의 수브스탄시아(*substantia*, 본질) 사용은 물질적인 것-스토아학파의 영향-이었고, 그러한 개념이 뒤섞인 이 논쟁에 동방교부들이 개입했다. 핸슨의 간결한 언급이 핵심을 찌른다. "테르툴리아누스가 서방교회에 삼위일체적인 어휘를 제공한 것은 아마도 잘 된 일이다. 그는 확실히 동방교회에 삼위일체신학을 제공하지는 않았다."[31]

그러므로 니케아 공의회 시기에 이렇게 할 수 있었다.

(1) 휘포스타시스와 우시아는 동의어일 수 있었고, 삼위로서의 하나님 내지 하나이신 하나님, 어느 쪽이든 묘사할 수 있었다.

27　Ibid., 182.
28　G. L. Prestige, *God in Patristic Thought* (London: SPCK, 1952), 162-76.
29　Christopher Stead, *Divine Substance* (Oxford: Clarendon, 1977), 160-61.
30　Ibid., 133-56.
31　Hanson, *Search*, 184.

(2) 휘포스타시스가 삼위를 언급할 수 있었고, 우시아는 무시되거나 거절될 수 있었다.
(3) 휘포스타시스는 "구별된 존재"로, 우시아는 "본성"으로 사용될 수 있었다.
(4) 불확실성이 난무할 수 있었다. 때때로 동일한 저자가 하나에서 다른 의미로 옮겨갔다.

몇몇 사람들(핸슨은 아리우스와 아스테리우스를 인용한다)[32]이 그것들을 분명히 구별하고 있다.

니케아 신경에 따르면, 아들은 아버지의 본질(*ousia*)로부터 왔고, 아버지와 동일본질(*homoousia*)이다. 신경은 아들이 아버지와 다른 본질(*ousia*)이라고 말하는 자들을 정죄한다.

스테드는 이것이 아들이 어떤 외부적인 근원으로부터가 아니라 아버지로부터 왔다는 것을 의미하고, 반드시 동등한 신분을 의미하는 것은 아니라고 생각한다. 동일한 것이 파문에 해당된다. 그는 그들이 아들의 세 가지 가능한 기원—비존재(nonexistence)로부터, 외부적 근원으로부터, 아버지로부터—을 인식하고 있다는 것을 보여 주기 위해 다양한 자료들을 인용한다.[33] 이것은 그 단어들이 동의어적으로 사용되고 있다고 가정한다.[34]

핸슨은 그 용어들을 구별하는 자들에게도 "그의 존재 안에서 그리고 다른 이들과 구별되는 적당한 형태로 존재하는 삼위일체의 각 위에 대한 개념은 그들 전부가 완전하고 동등한(또는 부분적이고 동등하지 않은 것으로도) 신성의 지체들이었다는 개념과 아직 구별되지 않았다"고 결론 내린다.[35] 삼위에 대해 공통적으로 합의된 용어가 없었을 뿐만 아니라, 그 개념 자체

---

32   Ibid., 187.
33   Stead, *Divine Substance*, 233-42.
34   Prestige, *God*, 177.
35   Hanson, *Search*, 190.

가 신학적 레이더에 거의 나타나지 않았다.

2) 호모우시오스

3세기에 호모우시오스(*homoousios*) 매우 적당한 이유에서 영지주의적으로 들렸다. 영지주의자들이 그 용어를 사용하였고, 그것은 동등성이나 동일성을 나타내지도 않았다.[36] 설상가상으로 그 말은 사모사타의 바울과 연관되어있어 268년 안디옥 공의회가 그를 정죄할 때 인용되었다. 후에 그 용어를 옹호한 아타나시우스는 이 불쾌한 사실을 인정할 수밖에 없었고 사모사타의 바울이 니케아 신경와는 다른 의미로 그 단어를 사용했다고 말함으로써 자신을 구출하려고 해야만 했다. 우리에게 있어서 문제는 바울이 어떻게 그 단어를 사용했는지를 아는 것이 불가능하다는 것이다![37]

어떤 경우이든지, 니케아 이전에 그것은 행복한 이력을 가지지 않았다. 더욱이 그 단어는 안정적이고 알려진 의미를 얻지는 못한 것 같다. 그것은 "존재의 동일성"은커녕, "공유된 존재"[38]를 거의 의미하지 않았다. 핸슨은 아리우스가 그 말을 싫어했고 가이사랴의 유세비우스 같은 사람들이 니케아 신경에 서명했기 때문에 그 말이 니케아 신경에서 사용된 것이라고 제안한다.

따라서 우리는 그것이 아버지와 아들의 숫자적인 동일성을 가르치기 위해 의도된 것은 아니었다고 합리적으로 확신할 수 있다.[39] 사실 그것은 단지, 아들이 하나님과 다른 근원으로부터 왔다는 것을 부인함으로 아리우스를 반대하는 모든 자들을 연합하기 위해 사용되었을지도 모른다.[40]

---

36 Ibid., 190-91.
37 Ibid., 195; Stead, *Divine Substance*, 216-17.
38 Prestige, *God*, 209-11.
39 Hanson, *Search*, 202.
40 Stead, *Divine Substance*, 233-42; Person, *Decision Making*, 92-105.

3) 게네토스/겐네토스, 네토스/아겐네토스

게네토스(*Genetos*; 존재하게 된, 그러므로 피조된)와 아게네토스(*Agenetos*, 영원히 존재해 왔기 때문에 존재하지 않았던 적이 없는, 시작이 없는)는 거의 일치하는 겐네토스(*Gennetos*; 발생한, 낳아진)와 아겐네토스(*Agennetos*; 비발생의, 낳아지지 않은)와 같이 한 짝으로 된 반의어이다. 철자와 의미의 비슷한 유사성은 혼동과 논쟁의 또 다른 근원이다. 우리는 3세기에 오리게네스가 이 구별의 작업을 시작했음에도 불구하고, 피조된 어떤 것과 발생된 어떤 것 사이에 분명한 구별이 결코 없었다는 것을 보았다.[41]

아리우스와 아리우스주의자들은 그리스도를 피조물로 보았기 때문에, 그리스도를 위해 그 두 짝의 단어들을 교호적으로 사용했다. 초기 저작에서 아타나시우스 또한 혼동되었다.[42] 아리우스 반대자들은 아들이 영원하고(*agenetos*) 낳아진(*gennetos*, 아버지로부터 출생한)-낳아졌지만 발생하지는 않은(*gennetos non genetos*) 것으로 말해야만 했다. 위격을 가리키게 된 프로소폰(*prosōpon*, 헬라어)과 페르소나(*persona*, 라틴어)라는 용어들은 논쟁에서 특징적이지 않다.

4. 니케아 이후 수십 년간 논쟁 상대들

니케아 공의회를 뒤이어 오는 시기의 역사적 신학적 세부사항들은 당혹스러울 정도이다. 우리는 이 시기 미로와 같은 복잡성으로 들어갈 만한 공간도 의향도 가지고 있지 않다.

---

41 Kopecek, *Neo-Arianism*, 1:242-66; Prestige, *God*, 37-52.
42 Athanasius, *Orations Against the Arians* 1.30-31 (PG 26:73-78).

핸슨의 저작은 이러한 모략들을, 가끔은 추악한 내용들까지 묘사한다. 우리는 단지 우리의 편의를 위해 상대를 정할 것이다. 실제로 상황은 유동적이고, 다양한 상대들이 우리의 분류가 함의하는 것과 같이 거의 분명하지는 않았다.

1) 앙키라의 마르셀루스와 단일위격적 신학자들

앙키라의 마르셀루스와 단일위격적 신학자들의 최고 핵심된 신념은 하나님이 하나의 본질(*ousia*) 안에 있는 한 위격(*hypostasis*)이라는 것이다. 아들은 단순히 말씀(로고스)이다. 로고스는 영원하신 하나님께 연합되어 "발생하고"(그러나 출생하는 것은 아니다—출생한다는 것은 너무 신인동형론적 표현이다), 하나님으로서 하나이고 동일하신 분이시며, 아버지 안에서 침묵하신다.

로고스는 단지 성육신 이후에 아들로 불렸다. 하나님이 그 이름들, 곧 아버지와 아들로 불리지만, 오직 하나의 위격과 오직 하나의 본질이 있을 뿐이다. 동일본질(*homoousios*)은 그에게 있어서 "동일한 존재에 대한" 것을 의미한다.

그는 니케아의 파문을 문자적으로 해석한다. 그러므로 성령은 독립된 위격이 아니다. 세 분은 단지 이름들이다. 그리스도의 육체는 로고스와 영원히 연결되어 있을 수 없다. 그래서 그리스도의 통치의 끝, 곧 마르셀루스가 고린도전서 15장 28절을 해석하듯이, 로고스가 아버지께로 되돌아올 때 그것은 제거될 것이다.

이것은 실제적으로 사벨리우스주의로 들린다. 그는 가이사랴의 유세비우스에 의해 사벨리우스주의자로 여겨졌다. 그는 그 본질과 위격의 명백한 동등시 때문에, 니케아 신경을 (만족스럽게) 사벨리우스주의적으로 생각했다. 간단히 말해, 신성 안에는 오직 하나의 위격만이 있고, 그 안에는 명

백하게 어떤 구별도 없다.⁴³

이 학파의 의도는 아버지에 대한 아들의 어떤 종속에 대한 개념을 피하려는 것이었다. 일반적으로 선재하는 아들을 지시하는, 곧 아버지의 신분보다 낮은 신분을 의미하는 것으로 이해되는 모든 성경 본문들을 마르셀루스는 성육신한 로고스에 적용한다. 결과적으로 마르셀루스와 그와 같이 생각하는 자들은 아버지와 아들 사이를 구별하는데 실패한다.

프레스티지는 마르셀루스의 입장이 많은 다른 신념들로 하여금 아리우스주의의 노선을 따라 니케아 신경를 향한 적대적 입장을 수용하도록 북돋았다고 제안한다.⁴⁴ 나중에 그가 어떤 수정을 가했는지 간에 그리고 이 수정들은 증거가 불충분하기 때문에 의심스럽다.⁴⁵ 그는 하나님 안에서 구별을 보는 것을 단호하게 거절한다. 여기에서 그는 그와 그의 추종자들이 니케아 신경와 일치한다고 주장할 수 있었다. 우리가 말한 것과 같이 이 입장은 양태론과 구별하기 어렵다.

2) 아노모이안파 또는 에우노미안파

마르셀루스로부터 시작되는 스펙트럼의 반대편 종속주의 끝에는 355년 이후에 두드러진 아노모이안파 또는 에우노미안파가 있다. 그들의 주요 대변인들은 아에티우스와 그 후에는 에우노미우스(카파도키아 교부들이 그에 대항해서 썼다)이다. 그들은 대체적으로 아리우스의 길을 따랐다.⁴⁶

그들이 실제로 그렇게 말했는지 증거가 없음에도 불구하고, 그들에게 있어서 사실상 아들은 아버지와 같지 않았다. 아버지는 절대적으로 초월

---

43   Eusebius of Caesarea, *Agaist Marcellus* 1.1.4-5;2.2.39-41(GCS 14:4, 42-43); Marcellus, "Die Fragmente Marcells" (GCS 14:183-215); Marcellus of Ancyra(?), *Expositio Fidei* (PG 25:199-208).
44   Prestige, *God*, 222.
45   Hanson, *Search*, 231.
46   Kopecek, *Neo-Arianism*, esp. 133-61, 402-53.

적이고, 유일하게 비발생적인(출생하지 않은) 분이시다. 발생하신 아들은 위격과 본질 모두에서 아버지와 다르다. 그는 열등하고, 영원으로부터 계시지 않는다.

이 사람들은 출생하신 아들라고 부르기를 꺼려한다. 아들은 세상의 창조시에 아버지의 사역자가 되도록 아버지의 의지에 의해 창조된 유일한 분이다. 그는 보다 낮은 수준에서 아버지의 완전성에 참여한다. 그는 사역에서 아버지와 같지만, 본질에서는 그렇지 않다. 그들은 후기 플라톤 철학과 아리스토텔레스 논리학에 중요한 입지를 제공한다. 그들은 하나님에 대한 지식이 모두에게 열려 있으며, 그것이 쉽게 그리고 포괄적으로 가능하다고 생각한다. 그리고 에우노미우스는 아들에 의해 창조된 피조물에 가장 탁월한, 성령에 대한 질문을 제기한다.

에우노미우스의 글에는 삼위일체에 대한 어떤 언급도 없다. 우리는 제2부 제4장에서 더 구체적으로 에우노미우스와 만나게 될 것이다.

3) 동일본질주의자들

동일본질(*homoousios*)이라는 용어는 원래 마르셀루스의 지지자들에 의해 사용되었다. 니케아 후에 그것은, 우리가 주목했던 바, 우시아의 모호성으로 인해 인기를 잃었다. 게다가 그 말은 아버지와 아들 사이의 구별을 모호하게 하는 것으로 보이기 때문에, 사벨리우스 양태론의 강한 향을 풍긴다. 동일본질주의자들은 아들이 아버지와 같은(동일한) 존재라고 주장한다.

아타나시우스는 세기 중엽, 대 바실이 유일한 본질 또는 삼위에 공통된 신성으로서 우시아의 새로운 정의를 내렸을 때에야, 그 용어를 다시 살렸다. 그 무렵, 바실은 하나이고 셋인 것을 설명하기 위해 새로운 어휘를 만들었다. 이 새로운 도구들을 사용함으로써 동일본질주의자들은 외형으로나 실제로나 그분들 사이의 구별을 제거하는 부담에 빠질 위험이 없이 아버지와 아들의 본질의 하나 됨을 지켰다.

4) 유사본질주의자들

350년 후반 유사론자 아리우스파(아래를 보라)의 우세에 대한 반작용이 일어났다. 처음에는 앙키라의 바실에 의해 주도되고, 추방된 마르셀루스에 의해 계승된 유사론자들은 때때로 부당하게 반-아리우스주의자들(semi-Arians)로 불렸다.

그들은 결코 유사본질(*homoiousios*)-모든 야단이 헬라어 철자 하나로 인한 것이었다는 깁븐의 이론은 차치하고, 이란 단어를 사용하지 않았다!

그들은 아들이 아버지와 유사하거나 혹은 비슷한 본질(*homoiousios*)이라고 주장했다. 그들은 아리우스 반대자들이었지만, 그들이 니케아신경의 동일본질(*homoousios*)에 내재한다고 보았던 사벨리우스주의를 피하고 싶었다. 이 그룹은 355년 이후 두 그룹에서 사벨리우스주의와 아리우스주의의 경향이 보다 분명해졌을 때, 단일신론주의(앙키라의 마르셀루스)와 유사론 아리우스주의주의자들에 반대하여 세력을 얻었다.

유사론자들에 따르면, 아들은 완전한 신성과 위격적 구별을 가지고서 아버지와 비슷하다(like). 우시아의 유사함은 한편으로는 아들을 피조물로 보고, 다른 한편으로는 아들을 아버지와 혼동하는 두 가지 위험으로부터 보호한다고 생각되었다. 구별은 곧 아버지는 발생시키시고, 아들은 발생된다는 것이다. 아버지와 아들은 실제적인 의미에서 아버지와 아들이고, 아들은 아버지와 함께 영원하다.

앙키라의 바실은 아버지와 아들의 본질을 동일시한다(사벨리우스적 의미로 이해했다)고 니케아신경을 공격했고, 그래서 그 또한 그들의 본질이 유사하지 않다고 말하는 자들을 반대했다. 그는 삼(위) 하나님과 구별되는 하나(의 본질)이신 하나님을 위한 용어들을 만들기 시작했다.[47]

---

47   Epiphanius, *Panarion* 73.10.1-11.10(GCS 37:280-84); Hanson, *Search*, 355.

그는 동일본질(*homoousios*)이 아버지와 아들을 동일시함으로 그분들의 구별을 흐리게 한다고 생각했다. 라오디게아 그레고리우스의 편지(아마도 앙키라의 바실과 함께 기록한)는 삼위의 구별되는 존재를 언급하고, 각각을 위한 위격(*hypostasis*)을 사용한다. 하나의 궁극적인 원리(아르케)가 있지만, 세 위격(프로소폰)이 있다. 그는 관계들과 공유적인 본성을 포함하는 성경의 아버지/아들의 구별 대신에, 비발생/발생의 구별에 집중하는 신-아리우스주의를 공격한다.[48]

삼위일체 문제의 해결을 위한 주요 힘으로 부상한 것은 유사론자 계층들인 바실 대제와 다른 카파도키아 교부들이었다. 앙키라의 바실과 라오디게아의 그레고리우스는 비록 아버지에 대한 아들의 종속성을 강조했음에도 불구하고, 기초를 놓았다. 이것은 위기가 해결되기 전에 근절되어야만 했다. 아타나시우스는 그가 『안디옥파에 보내는 편지』(*Tomus ad Antiochenos*)에서 가장 중요한 것은 단어의 정확한 형태가 아니라, 그 단어들 배후에 있는 의미와 의도라는 것을 인정했다. 그러므로 동일본질주의자들과 유사론자들 사이의 화해는 가능한 것이었다.

5) 유사 아리우스파(Homoian Arians)

유사 아리우스파는 유사론자들과 에우노미안파의 중간노선이었다. 가이사랴의 아카시우스와 아레두사의 마가에 의해 주도된 그들은 그리스도가 단순히 아버지와 "유사할 뿐"이라고 가르쳤다. 그들은 아버지와 아들 사이의 관계 때문에 우시아라는 용어를 피했다.

그들의 계획은 성경의 용어들을 고집하는 것이었다. 호모우시오스든지 우시아든지 성경에 등장하지 않는다. 한 저자는 성경이 그렇게 하지 않기 때문에, 그들은 성령을 "하나님"으로 부르지 않았다고 말했다. 진리는 성

---

48 Epiphanius, *Panarion* 73.16.1-4(GCS 37:288-89); Hanson, *Search*, 368-70.

경으로부터 온 신뢰할 만한 증거본문에서 발견되어야 한다.[49] 그러한 해석학을 고집하면서 그들은 그들만이 옳다는 교조주의적 신념을 가지고 있었다.

유사 아리우스파에 따르면, 예수의 연약함, 무지, 선하심에 대한 부인은 아들의 피조물 됨을 지시하는 것이다. 아버지께 대한 아들의 종속은 고린도전서 15장 28절로부터 명백하다. 이 모든 것은 아버지의 유일하심에 대한 문맥 안에 있다.

또한, 성령은 아들이 아버지께 그러한 것처럼, 아들께 종속되어 있다. 아버지는 비교할 수 없고 지존하시다. 그들은 어떤 "유사함"보다는 세 분의 차이점을 강조했다. 분명한 존재의 특징들이 있다. 반면에 아들은 무로부터(ex nihilo)가 아니라, 아버지의 의지로부터 창조되었지만 그의 본성으로부터는 아니다.

그래서 그들은 아들이 창조되었다고 말할 수도 있고, 출생했다고도 말할 수 있다는 데 동의했다. 만일 창조되었다면, 그의 창조는 다른 모든 것에 대한 창조와 신중히 구별되어야 한다. 왜냐하면, 모든 다른 것들은 무로부터(ex nihilo) 창조되었기 때문이다. 아버지께 대한 아들의 종속은 철저하다. 아버지는 아들의 하나님이시다.

유도키우스는 아마도 농담조로 "불경한" 아버지와 "경건한" 아들이라고 불렀는데, 왜냐하면, 아들은 아버지를 경배하는 반면, 아버지는 아무에게도 경배를 내주지 않기 때문이다. 아타나시우스는 그들을 이신론에 대한 신앙 때문에 정죄한다.

> 어떤 사람은 이것을 삼위일체라고 부를 수 있다. 그러나 그것은 인간사에 참여하지 않는 높으신 하나님과 인간사에 참여하는 보다 작은 하나님, 그리고 세 번째(뭐라고 할까?) 하나님을 포함한다[50]

49　Hanson, *Search*, 559-61.
50　Ibid., 570.

성령은 아들이 아버지께 그러하듯이 아들에게 엄격히 종속되어 있다. 성령은 아들이 아버지께 그러하듯이 아들을 경배한다. 4세기 중엽에는 신성의 다양한 수준에 대한 언급을 하는 것이 가능했다.

많은 사람들이 아들이 아버지와 유사하다는 문제를 능력과 활동 면에서 보았지 본질 면에서는 보지 않았다.[51] 그들은 삼위에 대한 사벨리우스주의적(그리고 마르셀루스주의적) 혼동을 심하게 반대했다. 그들의 생각에 니케아신조를 수용한 자들은 동일본질이 삼위가 동일하다는 것을 포함하기 때문에, 사벨리우스주의로 빠질 것이었다.

유사론자들은 미약했는데, 왜냐하면, 그들의 공식은 겨우 정치적인 타협에서 이루어진 시도였기 때문이었다. 그들은 357년 제2차 시르미움 신조에서 두각을 나타내었고, 잠깐 우세를 점했지만, 362년 후에 분열되고 와해되었다. 그러나 그들은 380년대 이탈리아에서 소소한 회복세를 보였고, 아우구스티누스가 회심할 무렵 암브로스에게 문제를 야기했다.[52]

그래서 알렉산드리아에서 있었던 아리우스와 알렉산더 사이의 작은 충돌은 전혀 예기치 못한 격변을 일으켰다. 로완 윌리엄스는 언급하길, 아리우스는 그 스스로는 중요하지 않을지 모르지만, "그는 지적으로 부주의한 교회를 개념적 재건의 소요 속으로 뒤섞어 버렸다."[53]

51　Ibid., 574.
52　제2부 제6장을 보라.
53　Willams, "Logic."

◆ 주요 용어들

전체 용어 해설이 이번 장과 관계가 있다.

◆ 깊이 생각할 문제

아리우스를 둘러싼 논쟁에서 무슨 성패가 달려 있었는가?

◆ 더 읽으면 좋은 책

1. Khaled Anatolios, *Retrieving Nicaea* (Grand Rapids: Baker, 2011).
2. Lewis Ayres, *Nicaea and Its Legacy: An Approach to Fourth-Century Trinitarian Theology* (Oxford: Oxford University Press, 2004).
3. R. P. C. Hanson, *The Search for the Christian Doctrine of God: The Arian Controversy 318–381* (Edinburgh: T&T Clark, 1988).

제3장

아타나시우스

328년에 알렉산더를 승계했다가 다섯 번이나 추방당했던 알렉산드리아의 대주교 아타나시우스는 자신이 자기 주교의 권력을 사용한 방법 때문에 물의를 일으켰다. 그는 알렉산드리아가 통제하는 중요한 곡물 공급을 안디옥을 반대하는 책략으로 전용했다는 비난을 받았다. 그는 주술적인 목적을 위해 부적절한 경쟁자의 절단된 손을 사용하는 교회 적대자의 의심스러운 암살 사건에 연루되기도 했다.[1]

아타나시우스에게 다행스럽게도 살해된 성직자가 손이 묶인 채 교회 회의에 나타났다. 역사는 아타나시우스를 이단 세력에 맞서 홀로 진리를 위해 일어선 자로 숭배해 왔다. 현실은 낭만적으로 묘사한 사후 처방이 암시했을지도 모르는 것이 전혀 아니다. 381년 이전에 명확하게 확립된 정통주의는 없었고 아타나시우스는 이 진리를 변호하는 데 혼자가 아니었다. 그럼에도 불구하고, 우리는 삼위일체 교의를 세련되게 하고 구체화한 그의 공헌을 아무리 강조해도 지나치지 않을 것이다.

---

1   R.P.C. Hanson, *The Search for the Christian Doctrine of God: The Arian Controversy 318-381* (Edinburgh: T&T Clark, 1988), 239-73; Alvyn Petterson, *Athanasius* (London: Geoffrey Champian, 1995), 10.

1. 아타나시우스 전체 신학에서 차지하는 삼위일체

아타나시우스의 삼위일체론을 이해하기 위해, 우리는 이것이 그의 전체 신학에 얼마나 적합한지를 고찰해야 한다.[2] 이것은 삼위일체 교리를 발전시키는 데 그의 전략적인 중요성 때문에 두배로 중요하다.

아타나시우스의 신학에 세 가지 기본적인 축-창조, 성육신, 그리고 신격화-이 있다. 아타나시우스는 자신의 하나님 관점을 구원과 밀접하게 연결시킨다. 아마도 330년대에 쓰여진 『성육신에 대하여』라는 초기 저작에서, 그는 그리스도 안에 있는 구원을 창조의 회복(renewal)으로 간주한다.

> 그런 다음, 창조의 회복이 태초에 창조하신 동일한 말씀의 사역이었다는 것을 적절히 인식하기 위해서는, 우리가 우주의 창조와 그 고안자이신 하나님에 대해 이야기하면서 이 주제를 다루기 시작하는 것이 바람직하다. 왜냐하면, 아버지가 창조의 수단으로 사용한 그 안에서 구원을 완성하셨다는 것이 조화롭게 보이기 때문이다.[3]

그의 창조관은 분명 삼위일체적이다. 말씀이신 우리 주 예수 그리스도는 만물을 무로부터 만드는 데 대행자였다.[4] 이것은 섭리에까지도 확대된다. 왜냐하면, 아버지는 말씀을 통해 만물을 배치하시고 만물은 그에 의해 움직이며, 만물은 그 안에서 활기를 띤다.[5] 자기 자신의 섭리에 의해 말씀은 아

---

[2] Khaled Anatolios, *Athanasius: The Coherence of His Thought* (London: Routledge, 1998); Basil Studer, *Trinity and Incarnation: The Faith of the Early Church*, trans. Matthias Westerhoff, ed. Andrew Louth (Collegeville, Minn.: Liturgical Press, 1993), 115-19; Martin Tetz, *Athanasiana: Zu Leben und Lehre des Athanasius* (Berlin: Walter de Gruyter, 1995); Frances Young, *From Nicaea to Chalcedon: A Guide to the Literature and Its Background* (London: SCM, 1983), 69-83.

[3] Athanasius, *On the Incarnation* 1; see also 14 (PG 25:97-98, 119-22).

[4] Ibid., 3 (PG 25:99-102).

[5] Ibid., 1 (PG 25:95-98).

버지를 모두에게 나타내니 그들이 말씀을 통해 하나님을 알 수 있게 했다.[6]

또한, 사람은 그리스도 안에서 창조되었다. 그리스도가 하나님의 형상이고 사람은 하나님의 형상으로 창조되었기 때문에, 인간은 그리스도 안에서 만들어졌다.

> 그는 사람을 거의 창조하지 않으셨지만 … 자기 자신의 형상을 따라 그들을 만드셨으며, 심지어 자기 말씀의 일부 권세를 허락하셨다. 그래서 말하자면 그들이 말씀을 반영하고 합리적으로 만들어져서 지속적으로 복되게 살아감으로써 낙원에 있는 성도들이 소유한 참된 인생을 살아가게 하셨다.[7]

따라서 하나님은 "그들로 하여금 당신에 대한 지식을 궁핍하게 내버려 두지 않으셨다." 왜냐하면, "그분은 그들에게 자기 자신의 형상 안에 있는 몫을 허락하시어" 그들이 아버지의 관념을 얻게 하셨기 때문이다. 이 은혜로 그들은 형상(아버지의 말씀)을 인식하고 조물주를 알며 행복하고 진실로 복된 삶을 살아갔다. 하나님은 우리를 무로부터 만드셨지만 또한 "말씀의 은혜로 우리에게 하나님과 소통하는 삶을 허락하셨다."[8] 만약 아담과 이브가 선한 상태로 남아 있었다면 그들은 "말씀의 참여에서 비롯되는 은혜로 그들의 자연적 상태를 벗어났을 것이다."[9]

아타나시우스는 여기서 창조, 섭리, 삼위일체, 인간, 그리스도, 그리고 구원을 맨 처음 몇 페이지에 걸쳐 통합된 완전체로 묶는다. 그것은 당연히 전체 이야기는 아니었다. 죄가 들어와서 죽음이 우리를 다스리는 법적인 지배력을 획득했기 때문이다.[10] 우리가 회개-이것은 하나님의 의로운

---

6   Ibid., 12 (PG 25:115-18).
7   Ibid., 3 (PG 25:99-102).
8   Ibid., 11 (PG 25:113-16).
9   Ibid., 5 (PG 25:103-6).
10 Ibid., 6 (PG 25:105-8).

요구를 지키기에 역부족이었다[11]-만으로 회복될 수 없었기에 필요한 것은 태초에 무로부터 만물을 만드신 하나님의 말씀이었다. 이번에도 구원은 재창조이다.

아타나시우스는 그런 다음 성육신의 목적에 대해 설명한다.[12] 말씀은 이전에 우리에게서 멀리 계시지 않았다. "창조의 어떤 부분도 그가 없이 방치된 곳은 없기 때문이다. 곧 그는 자기 아버지와 함께 현존하면서 모든 곳에 만물을 가득 채우셨다."

인간이 될 때, 그는 우리와 전혀 다르지 않은 몸을 취하셨고, 모두를 대신해서 몸을 사망에 양도하셨으며, 아버지에게 드리셨다. 그 결과 모든 이가 그 안에서 죽었기 때문에 인류의 상실된 상태가 (그 능력이 그의 몸 안에 완전히 보내졌기에) 원상태로 돌려지게 하셨다. 게다가, 그는 부활로 우리를 죽음에서 되살아나게 하셔서 우리를 부패한 상태에서 부패하지 않은 상태로 바꾸신다.[13] 그래서 하나님의 형상으로 만들어진 인간의 갱신은 하나님 자신 곧 우리 주 예수 그리스도의 형상에 의한 것이다.[14]

개신교인들은 습관적으로 십자가에서 일어난 교환에 대해 생각하곤 한다. 그리스도는 십자가에서 우리의 죄를 담당하셨고 우리는 그의 의를 획득했다. 아타나시우스가 보기에, 관계가 있어도 다른 종류의 교환이 성육신에서 발생했다. 사람이 되실 때, 그리스도는 우리의 것을 받아 취하셨고, 그 과정에서 그것을 거룩하게(신격화) 하시어 하나님과의 교제에 적합하게 하셨다. 또한, 그는 인류에게 신의 성품에 참여하는 은혜를 허락하셨다.[15]

---

11   Ibid., 7 (PG 25:107-10).
12   Ibid., 8 (PG 25:109-10).
13   Ibid., 9 (PG 25:111-12).
14   Ibid., 13 (PG 25:117-20).
15   Athanasius, *Orations Against the Arians* 1.42; 2.74; 3.40 (PG 26:97-100, 303-6, 407-10); Athanasius, *On the Incarnation* 9 (PG 25:111-12).

성육신에서 일어난 이 교환은 아타나시우스의 신격화(theosis)-"그는 우리가 신이 될 수 있도록 사람으로 만들어졌다"¹⁶-에 대한 가르침의 토대다. 이 배후에 베드로후서 1장 14절(우리가 "신의 성품에 참여한 자가 되었다")과 요한 문헌의 많은 구절과 같은 신약의 가르침이 있다.

그는 우리가 인간이기를 멈추고 신이 되기를 의도하기보다는 성육신 안에서 말씀이 하나님 되기를 멈추고 인간으로 변화되었다는 것을 내포한다. 오히려 개념은 연합과 교제의 개념이다. 마치 그리스도 안에 있는 신성과 인성이 그 모습 그대로 남아 있지만 깨질 수 없는 인격적 연합 안에 있는 것처럼 말이다. 그때에 하나님이라는 단어는 이런 가능성들을 덮을 수 있는 어느 정도의 탄력성을 가졌다.

> 따라서 그가 몸의 구아들로 그 몸을 새롭게 하여 자기 안에서 그 몸을 신격화함으로써, 우리 모두를 자기 모양을 따라 하늘나라로 인도하기 위해서 그는 독창적이고 인간적인 형태의 몸을 입으셨다. 피조물로 연결되었거나 아들이 참된 하나님이 아니었다면, 사람은 신격화되지 못했을 것이다. 그가 육신을 입은 자연스럽고 참된 말씀이 아니었다면, 사람은 아버지의 임재 가운에 들어오지 못했을 것이다.¹⁷

여기서 아타나시우스는 성육신과 신격화와 같은 중요한 주제들을 말씀의 신성과 연결시킨다. 예수 그리스도의 정체는 구원을 위해 매우 중요하다고 그는 말한다. 마찬가지로, 그는 아들이 "우리를 자신 안에서 신격화시키려고 사람이 되셨으며"¹⁸ 성찬식에서 "우리는 말씀 자신의 몸을 받음으로써 신격화된다."¹⁹

---

16 Athanasius, *On the Incarnation* 54 (PG 25:191-94).
17 Athanasius, *Against the Arians* 2.70 (PG 25:111-12).
18 Athanasius, *Letters* 60.4.
19 Ibid., 61.2.

마치 창조와 성육신이 그리스도의 신성과 그리스도의 아버지와 하나 됨에 대해 문제를 제기하는 것처럼, 다음에는 신격화도 아버지 및 아들과 성령의 하나 됨을 가리킨다.[20]

2. 그리스도의 인성

얼마 동안, 학자들은 아타나시우스에게 예수 안에 있는 인간의 영혼에 대한 중요한 자리가 있었는지의 여부에 대해 의문을 제기해 왔다. 그릴마이어는 362년 이후에 아타나시우스가 예수의 인간 영혼을 인정한 반면, 실제로는 거기에 신학적인 중요성을 전혀 부여하지 않았다는 것을 인정한다는 점에서 이 노선을 따른다. 쿠아스텐은 더 나아가서 그릴마이어가 허용하는 것조차 의심을 품는다.[21] 수많은 요인들이 이 주장을 뒷받침한다.

첫째, 아타나시우스는 일반적으로 로고스와 몸의 연합의 차원에서 성육신하신 그리스도에 대해 쓰는데, 이것은 취해진 인성이 오직 육체적이라는 것을 함의한다.

둘째, 사망이 그 당시에 영혼과 육체의 분리로 간주되었던 반면 아타나시우스는 로고스와 육체의 분리를 겪고 있는 그리스도에 대해 말한다. 핸슨은

---

20 Athanasius, *Letters to Serapion on the Holy Spirit* 1.24-33 (PG 26:585-608); Athanasius, *To Epictetus* 6-7 (PG 26:1059-62).
21 Aloys Grillmeier, *Christ in Christian Tradition*, vol. 1, *From the Apostolic Age to Chalcedon (451)*, 2nd ed., trans. John Bowden (Atlanta: John Knox Press, 1975), 308-28; Johannes Quasten, Patrology, vol. 3, *The Golden Age of Greek Patristic Literature from the Council of Nicaea to the Council of Chalcedon* (Westminster, Md.: Christian Classics, 1992), 72-76; J.Roldanus, *Le Christ et l'homme dans la théologie d' Athanase d' Alexandrie: Étude de la conjonction de sa conception de l'homme avec sa Christologie* (Leiden: E. J. Brill, 1968), 252-76, 359-73; Charles Kannengiesser, *Arius and Athanasius: Two Alexandrian Theologians* (Aldershot, U.K.: Variorum, 1991), 7:108-10.

심지어 그를 "우주복 기독론"을 가지고 있는 것, 즉 우주비행사의 몸과 우주복이 밀접한 것과 다름없는 말씀과 몸의 관계로 묘사하기까지 한다.[22]

셋째, 아리우스주의자들에 반대하는 가장 친밀한 협력자들 중 한 사람은 라오디게아의 아폴리나리우스였는데, 그는 로고스가 그리스도 안에서 인간의 영혼을 대체했다고 가르친 것 때문에 콘스탄티노플에서 381년에 정죄를 받았다. 교회(동방 서방 모두)는 이것이 구원을 위험하게 하는 불완전한 인성으로 보았다.

어찌되었건, 인성은 어떻게 혼이 없을 수 있는가?

감형을 바라고, 아폴리나리우스와 달리 아타나시우스는 예수님이 인간의 영혼을 가졌다는 것을 결코 부정하지 않는다는 사실을 모두가 인정한다. 게다가, 아타나시우스가 이 주장에 많은 주의를 기울이지 않은 반면, 이것은 전투가 고조되었던 지점이 아니다.

다른 한편, 362년 이후에 아타나시우스가 저술한 많은 단락들은 예수의 온전한 인성에 대한 그의 인식을 가리킨다. 그 해에 『안디옥파에 보내는 편지』에서, 그는 다음과 같이 쓴다.

> 그들은 구원자가 영혼이나 감각이나 지성이 없는 몸을 갖고 있지 않았다는 사실도 고백했다. 그것이 가능하지 않았기 때문이다. 왜냐하면, 주님이 우리를 대신하는 인간이 되었을 때 그의 몸에 지성이 없다는 것은 있을 수 없기 때문이다. 또한 말씀 자신 안에서 완성된 구원이 육신만의 구원이 아니라 영혼의 구원이었기 때문이다.[23]

---

22   Hanson, *Search*, 448.
23   Athanasius, *To the Antiocenes* 7 (PG 26:803-4).

그릴마이어는 "생명 없는 몸"이라는 구절을 제안하지만, 이것이 그렇지 않을 것이라는 점을 찬성한다. 그러나 쿠아스텐은 그를 오해하여 그가 그것을 받아들인다고 주장한다.[24]

쿠아스텐은 여기서 일방적이다. 이 문장의 마지막 절이 단지 어렵게 "몸뿐 아니라 생명도"로 여겨질 수 있고, 추가적으로 더 앞에 있는 구절을 거꾸로 반영한다. 게다가, 의심스러운 구절은 아리우스주의의 예수 안에 있는 인간 영혼의 부정에 대한 직접적인 반박이다.

『아리우스주의에 반대하는 세 번째 설교』(핸슨에 따르면 339년에서 345년 사이에 기록되었다)를 말하면서, 쿠아스텐은 그리스도의 인성이 완전했다고 아타나시우스가 가르치는 부분들을 언급하지 못한다. 대신에, 그는 오직 그리스도의 죽음이 로고스와 육체에만 연관됐다고 아타나시우스가 말한 부분만 가리킨다.

그러나 이 연설은 쿠아스텐의 논증이 거짓임을 나타내는 많은 자료들이 있다. 아타나시우스는 지혜와 같은 인간적 특징들에 있어서 예수님의 성장과 감정적 번민에 대해 장황하게 논의하고 또한 예수님의 인간적 연약함도 언급한다.[25] 게다가, 이 연설문들은 362년 이전, 곧 아타나시우스가 그리스도의 인성에 대해 더 좋은 깨달음을 얻기 전에 작성되었다.

쿠아스텐은 또한 『에픽테투스에게 보낸 편지』(Letter to Epictetus)를 인용하는데, 그것은 거의 교회법상의 지위를 할 수 있었고 칼케돈 공의회(451)에 의해 인용될 수 있었다. 그는 5-6단락을 인용하는데, 거기서 아타나시우스는 그리스도의 육체에서 그리스도의 영혼의 이탈을 조금이라도 언급하는 것을 생략한다. 하지만 쿠아스텐은 7단락을 언급하지 않는데, 거기서 아타나시우스는 구원이 전 인격 곧 육체와 영혼에까지 확장된다고 강조한다.

---

24 Grillmeier, *Christ*, 324; Quasten, *Patrology*, 3:74.
25 Athanasius, *Against the Arians* 3.52-57 (PG 26:431-44); Quasten, *Patrology*, 3:72-76.

구원자가 정말로 인간이 되셨기 때문에, 전인(the whole man)의 구원이 성취되었다. 그들이 주장하는 대로, 만일 말씀이 가상으로(putitively)-가상으로는 상상으로(imaginary)를 의미한다-육체 안에 있었다면, 사람의 구원과 부활은 단지 표면적인 것으로 귀결된다. …
그러나 참으로 우리의 구원이 단지 표면적이지 않고 몸으로만 확장되지 않으며, 전인은 몸과 영혼을 막론하고 모두다 말씀 자신 안에서 구원을 획득했다. 그런 다음, 마리아에게 태어났다는 것은 성경에 따라 태어날 때부터 사람이었고 주님의 몸은 진짜 몸이었다는 것이다. 하지만 이것이 그랬던 것은 우리의 몸과 똑같은 몸이었기 때문이다. 우리 모두가 아담에게서 나왔기에, 마리아는 우리의 자매였다.

"육체"는 여기서 전 인격과 동등하며, 우리의 나머지 부분과 그리스도의 닮음은 매우 분명하다.[26]
아타나시우스는 종종 그리스도가 단지 우리와 똑 같은 인성을 취하셨다고 하며[27], 인간을 "육체"로 부르는 성경의 일반적 관행을 가리킨다.[28] 예수님의 지혜의 발달은 마치 그의 인성이 신적인 지혜 안에서 발달한 것처럼 일어났다.[29] 따라서 그리스도의 발달이 모두를 위한 것이었기 때문에 사람들은 곧이어 발전한다. 이러한 지혜의 성장이 인성의 신격화-덜 인간적이 아니라 더 인간적으로 변화되는 것-다.

육체에 따르면 (인간으로서의) 로고스는 무지하다. 이는 그의 인성이 참되고 로고스로서의 로고스가 제한 없는 주체가 아니라는 사실을 입증한다.[30] 이것은 필수적으로 아타나시우스의 구원론-그리스도의 무지, 두려움, 그

---

26 Athanasius, *To Epictetus* 7 (PG 26:1061-62); Quasten, *Patrology*, 3:72-76.
27 Athanasius, *To Epictetus* 5 (PG 26:1057-60); Athanasius, *Incarnation* 34 (PG 25:153-56); Athanisus, *Against the Arians* 2.61 (PG: 26:275-78).
28 Athanasius, *Against the Arians* 3.30 (PG 26:387-88).
29 Ibid., 3.52-53 (PG 26:431-36).
30 Ibid., 3.46 (PG 26:419-22).

리고 신격화에 의해 우리를 이런 것들로부터 해방시켜 주려는 열망-과 연결된다. 로고스는 인간 곧 아는 것도 있고 모르는 것도 있는 다른 모든 이들과 같은 사람이 되신다.

마침내, 아타나시우스는 예수 안에 인간의 영혼을 부정한 아리우스주의를 반박한 니케아 신경-육체로 변한 로고스가 인간이 되셨다-를 계속해서 반복한다. 게다가, 아리우스주의자들은 잠언 8장 22절을 인용해서 로고스가 창조되었음을 입증한 반면, 아타나시우스는 일관되게 이것을 그리스도의 인성을 가리키는 것으로 해석했다.[31]

하지만 아타나시우스가 보기에 결정적인 지렛대는 성육신이다. 따라서 십자가는 중요성을 감소시켰다. 핸슨은 그의 구원론을 거의 속죄 교리를 폐지하는 성스러운 피의 주입에 비긴다.[32] 아타나시우스는 그리스도가 왜 죽었어야만 했는지에 대한 근거들이 부족하다. 그에게 있어 부패는 죄가 아니라 오히려 타락에 있다.

3. 아버지와 존재에 있어 하나이신 아들

우리가 지금까지 본 것처럼, 4세기에 벌어진 논쟁들에서 핵심 쟁점은 아들과 아버지의 관계였다. 아타나시우스는 니케아 공의회를 강력하게 지지하고 이 관계 속에서 호모우시우스의 사용을 옹호한다. 삼위일체에 대한 지식은 아들을 통해 온다고 그는 일관되게 주장한다.

누가복음 10장 22절을 다룬 짧은 작품(*In illud omnia*)에서, 그는 이 중요한 문제에 대한 자신의 가르침을 요약한다. 말씀의 신적 본질(존재)은 본성상 자기 자신의 아버지에게 통합된다. 아버지 안에 있는 것은 무엇이든

---

31 Athanasius, *Against the Arians* 2.88ff. (PG 26:161ff.); Widdicombe, *Fatherhood*, 215ff.
32 Hanson, *Search*, 450-51.

지 아들 안에 있다. 아버지가 피조물이 아니기 때문에 아들도 피조물이 아니다. 아버지의 뜻과 아들의 뜻은 하나다. 둘은 나눌 수 없기 때문이다. 아들은 아버지의 정확한 표징이다. 이 삼인조는 하나이고 나눌 수 없으며 정도의 차이가 없다. 또한 첫째, 둘째, 셋째 하나님이 없다. 이것은 아리우스주의 진영에 있는 모든 이에 대한 완전한 반박이다.[33]

여느 때처럼, 아타나시우스는 불쑥 니케아 공의회를 옹호한다. 신조의 표현인 "아버지의 본질(우시아)로부터"가 아들과 피조물을 명확히 구별하기 위해 삽입되었다고 그는 주장한다. 말씀만이 아버지의 존재에서 나오며, 결단코 피조물이 아니다.[34] 아들은 아버지와 같은 본질이시며 아버지에게서 나와 존재하신다. 아버지가 가지고 있는 것은 무엇이든지 아들이 가지고 있다.[35]

토랜스는 아타나시우스가 니케아 신경를 통해 아들의 성육신 안에 있는 하나님의 구원 행위로부터 신성의 한 존재 안에 있는 위격들의 영원한 관계와 구별 안에 삼위일체의 궁극적 기반으로 이동하는 것을 지적한다.[36]

따라서 아들은 아버지의 본질(존재)에게서 분리할 수 없고 아버지의 본질에 적절하다. 아들과 아버지는 한 존재이다. 아리우스가 주장했고 아에티우스와 에우노미우스도 증언하고 있는 것처럼, 아들은 피조물이 아니다. 피조된 대상들은 시작이 있다. 하지만 말씀은 시작이 없으신 아버지로부터 나온다. 그래서 아들도 역시 아버지의 자손으로서 시작이 없다.

케아에서 주교들은 "성경의 의미를 정리하기 위해" 성경 밖의 용어들을 사용할 수밖에 없었고 성경 에 있던 것을 더 구체적으로 재진술할 수밖에 없었다. 아들이 아버지와 하나이기 때문에 그는 "본질상 아버지와 하

---

33   Athanasius, *On Luke* 10:22 (*Matthew 11:27*) 4-6 (PG 25:215-20); Thomas F. Torrance, *Trinitarian Perspectives: Toward Doctrinal Agreement* (Edinburgh: T & T Clark, 1994), 8ff.
34   Athanasius, *On the Decrees of the Synod of Nicaea* 19 (PG 25:447-50).
35   Athanasius, *Serapion* 2.5 (PG 26:616).
36   Torrance, Trinitarian Perspectives 9-10.

나이신 참하나님"이시다. 그는 아버지의 외양적 표현이며 "빛에서 나온 빛"이며 바로 아버지의 본질의 형상이시다.

9세기 콘스탄티노플의 대주교였던 포티우스가 『성령의 비법 전수』(*The Mystagogy of the Holy Spirit*)에서 말했던 것으로 "빛에서 나온 빛"이라는 표현은 아들과 아버지의 동일본질을 보여 준다.[37] 아버지가 영원하기 때문에 아들도 영원하다.[38]

그리하여 아들은 시작이 없지만 영원히 낳아지셨다. 초기 저작인 『신앙의 진술』(*Statement of Faith*)에서 아타나시우스는 유출이나 분할 없이 아들에게 전달되는 아버지의 신성에 대해 말한다. 이것은 아들이 거의 파생적인 하나님의 현시로서 아버지에게서 신성을 받는다는 의미에서 종속의 느낌이 있다.

하지만 아타나시우스는 바로 앞선 문맥에서 두 개의 구별된 대상(아버지와 아들)이 있다고 강조하지만, "마치 우물이 강이 아니고 강도 우물이 아니지만 둘 다 우물에서 강으로 수로를 통해 전달되는 똑같은 물인 것처럼," 아버지의 신성도 분할 없이 아들에게 전달된다.[39]

아타나시우스는 존재의 일치를 전달하는 표현을 붙잡고 씨름하지만, 그 초기 단계에서 그 업무에 적합했던 것을 발견하지 못했다.

그러나 오리게네스를 발판으로 삼고 있는 아타나시우스는 그 후에 일관되게 아버지와 아들의 하나됨을 예증하는 것과 아들이 피조물이라는 생각을 반박하는 것으로 영원한 발생을 가리킨다.

아리우스주의자들에 의하면, 만일 아들이 아버지와 영원히 공존한다면 그는 아들이 아니라 형제다. 아타나시우스는 아버지와 아들이 선재하는

---

[37] Photius, *On the Mystagogy of the Holy Spirit*, trans. Holy Transfiguration Monastery (n.p.: Studion Publishers, 1983), 92-93, 170

[38] Athanasius, *On the Decrees* 20 (PG 25:449-54); Athanasius, *Against the Arians* 2.57; 1.9, 13 (PG 26:68-69, 28-32, 37-40).

[39] Athanasius, *Statement of Faith* 2 (PG 25:203-4).

어떤 근원에서 발생되지 않았지만 "아버지는 아들의 기원이며 아들을 낳으셨다. 그리고 아버지는 아버지이지 어느 누구의 아들로 태어나지 않았고 아들은 아들이지 형제가 아니다"라고 답변한다. 그는 영원하다.

> 여기서 사람들의 불완전한 본성으로부터 시간 안에서 낳은 것은 사람들에게 적절하기 때문이다. 하나님의 본성이 변함없이 완전하기 때문에 하나님의 자손은 영원하다.[40]

정말로 아들은 아버지의 존재에서 나온 고유한 자손이다. 만일 아들이 영원 전부터 아버지와 함께 계시지 않았다면, 삼위는 영원부터 존재하지 않았을 것이다. 반대로, 먼저는 단자가 있고 이후에 추가로 외부의 본질들로 구성된 삼위가 존재했을 것이다. 그것은 분명히 충분하지 않을 것이다.[41] 오히려, 아들은 영원히 공존하는 아버지의 자손이다.

> 신적인 발생은 인간의 본성과 비견되어서는 안 되고, 아들도 [단지] 하나님의 일부로 간주되어서도 안 되며, 조그마한 욕정도 포함하는 발생이어서는 안 된다.

하나님은 부분들로 이루어지지 않았다. 이 발생은 통용될 수 없었고 영원하다.[42] 하나님은 사람이 낳는 것처럼 낳지 않으시고 하나님으로서 낳으신다. 하나님은 인간을 자기 모범으로 삼지 않으신다.[43] 사람들은 연속적으로 낳고 낳아진다. 자기 아버지에게 낳은 사람이 이번에는 아들을 낳고 그에게 아버지가 된다. 그러나 이런 일은 하나님에게 맞지 않는다. 아

40　Athanasius, *Against the Arians* 1.14 (PG 26:41-42).
41　Ibid., 1.16-17 (PG 26:44-48).
42　Ibid., 1.27-28 (PG 26:68-72).
43　Ibid., 1.23 (PG 26:60).

버지는 한 아버지에게서 나오지 않았으며 아버지가 될 자를 낳지 않기 때문이다. 신성(the Godhead) 안에서 아버지는 정확하게 아버지이고 아들은 정확하게 아들이다. 그들 안에서, 오직 그들 안에서 아버지는 영원히 아버지이며 아들은 영원히 아들라는 것은 사실이다. 이것은 영원하고 변함없는 구별이다.[44]

우리는 아직 아무것도 만들지 않았을지라도 그를 제작자라고 부를 수 있지만, 그는 아들이 없는 경우에 아버지라고 불릴 수 없다. 정반대로, 한 작품이 아니라 아버지의 본질에 적절한 아들은 언제나 존재해야 한다.[45]

이것을 따라서 아타나시우스는 하나님에 대한 용어가 유비적이라는 점을 강조한다. 우리는 하나님에 대해 말하는 것을 하나님에게 적절한 방식으로 그의 실존과 관련해서 말한다. 그리하여, 이 발생은 인간의 발생과 같지 않다. 우리는 인간적인 방식으로 하나님에 대한 것들을 생각해서는 안 된다. 그렇지 않으면, 우리는 오류에 빠지게 될 것이다.

우리는 하나님과 인간에 대한 용어들을 다른 의미로 이해한다. 사람들은 스스로 존재할 수 없고 장소에 에워싸이는 반면, 하나님은 스스로 존재하시고 모든 것을 에워싸기 때문이다.[46] 그래서 아들의 발생은 아버지의 본성에서 분리될 수 없다. 아들과 아버지는 변함없이 하나다. 곧 광선과 빛의 관계와 같이, 말씀은 아버지 안에 영원히, 아버지는 말씀 안에 영원히 거하신다.[47]

다시 말해, 하나님은 사람처럼 자신의 분할로 아들을 낳지 않으신다. 아버지는 인간 아버지가 그런 것처럼 한 아버지에게서 나온 자신이 아니며, 아들도 아버지의 일부가 아니다. 아들도 자신이 낳아졌던 것처럼 낳지 않고 "전체의 전체 형상과 광선"(*holos holou*)이다. 아버지는 영원히 아버지이

44　Ibid., 1.21, 34 (PG 26:56-57, 81-84).
45　Ibid., 1.29 (PG 26:72-73).
46　Athanasius, *On the Decrees* 10-11 (PG 25:431-36).
47　Ibid., 20 (PG 25:449-52); Athanasius, *Serapion* 1.16 (PG 26:568-69).

시고 아들은 영원히 아들이시다. 아버지는 절대 아들이 될 수 없고 아들도 아버지가 될 수 없다. 아들은 아버지의 아들이시다.[48]

이런 유비적 표현의 근거가 되는 것은 단어들과 실재의 관계다. 우리가 사용하는 단어들은 이 단어들이 지시하려는 실재에 의해 지배를 받는다. "용어들은 그의 본성을 경시하지 않고 오히려 그 본성이 그 용어들을 자기에게 끌어오고 그것들을 변화시키기 때문이다. 용어들은 본질에 앞서지 않고 본질이 먼저고 용어들이 다음이기 때문이다."

본질이 피조물일 때 "그가 만드셨다"라는 구절이 사용되지만 본질이 후손이나 아들일 때 "그가 만드셨다" 또는 "그가 창조하셨다"라는 표현은 거기에 적절하지 않다.

"왜냐하면, 본성과 진리는 의미를 자기 자신에게 끌어오기 때문이다."[49]

실재의 우선성을 인정한 상태에서, 그는 나중에 안디옥 교부들에게 편지를 써서 만일 이 단어들 이면에 있는 의도가 용인될 수 있음을 조건으로 하여 단어 사용의 특정한 유동성을 강조한다. 그는 진리를 바르게 설명하고 유지하는 자들이 "유익한 효과가 전혀 없는 단어들을 놓고 다퉈서는 안 된다"고 충고한다.[50]

다른 한편, 어떤 용어들은 다른 용어들보다 실재에 더 적합하며, 아들과 관련지어 하나님의 이름을 부르고 아버지라고 부르는 것이 그분이 하신 일들로부터 그 이름을 부르고 기원이 없는 자로 부르는 것보다 더욱 경건하고 정확하다. 후자는 하나님의 모든 사역과 관계가 있지만, 아버지는 오직 아들에게서만 그 의미가 있다.[51]

이것은 우리 시대의 조류와 관련이 있는 아주 놀라운 설명인데, 이제 페미니스트 신학자들은 아버지와 아들의 남성 이름을 뿌리 뽑기 위해서 하

---

48 Athanasius, *Serapion* 1.16 (PG 26:568-69).
49 Atanasius, *Against the Arians* 2.3-4 (PG 26:151-56).
50 Athanasius, *To the Antiochenes* 5-8 (PG 26:799-806).
51 Athanasius, *Against the Arians* 1.34 (PG 26:81-84).

나님의 이름을 다시 부르고 싶어 한다. 이런 시도들에서 밝혀지는 것은 기껏해야 창조자, 섭리자, 또는 구속자와 같은 명칭들로 하나님을 탈인격화하는 행위다.

아타나시우스가 아들에 대해 신의 전체(*holos theou*[52], 참조. *holos holou*[53])를 사용한 놀라운 구절을 짧게 상기해 보자. 아들은 "온전한 하나님"(whole God)이다. 아타나시우스는 이것을 좀 더 자세히 설명한다. 아들을 살펴보는 자는 아버지를 본다고 그는 말한다.

반대로, 아버지의 신격은 아들 안에 있고 아들 안에서 보여진다. 아버지는 아들 안에 있다. 아들의 존재는 아버지의 존재의 고유한 후손이다. 아들은 아버지가 존재하시는 그대로다. 아들은 아버지의 소유가 되는 모든 것을 가지고 있기 때문이다. 아들을 경배하고 영광 돌리는 자는 아들 안에서 아버지를 경배하고 영광을 돌린다. 하나님의 신격은 하나이기 때문이다.

따라서 경배와 영예는 아들 안에서, 아들을 통해 아버지에게 주어지는 것이다. 이와 같이 경배하는 자는 한 하나님을 경배한다. 『세라피온에게 보내는 편지』(*Letters to Serapion*)에 나오는 "전체의 전체"(whole of whole)라는 표현에 대해, 그는 다음과 같이 설명한다.

> 하나이고 유일하신 아버지는 하나이고 유일하신 아들의 아버지이시다. 아들은 아버지의 일부가 아니고 스스로 낳지도 않고 '전체에 대한 모든 형상과 광채이다.'

샤프런드는 이 구절에 대한 설명에서 그것이 형상의 완전성과 전체성을 가리킨다고 주장한다. 아들은 아버지에게서 유출한 아버지의 초상(picture)

---

[52] Ibid., 3.6 (PG 26:333-34).
[53] Athanasius, *Serapion* 1.16 (PG 26:568-69).

이 아니고 하나님이 존재하는 모든 것의 완전한 표현이다. 홀루스(holus)의 사용은 부분과 결함의 개념을 배제한다. 아들은 하나님의 일부도 아니고 하나님보다 열등하지 않다. 아타나시우스는 아리우스주의자들이 하는 방식으로 원작의 재현(reproduction)을 가리키는 유비를 사용하지 않는다.[54]

간단히 말해서, 우리는 아타나시우스가 존재에 있어 아들과 아버지의 동일함을 단언한다고 말할 수 있다. 아버지에 관한 모든 것은 아버지이심을 제외하고 아들에 관한 것이다. 아무것도 종속론에서 제거될 수 없을 것이다. 이것은 그의 크게 칭송받는 호모우시우스에 대한 변호와 일치한다. 호모우시우스는 "아타나시우스 사상을 통제하는 센터"로서 복음의 진리가 여기에 달려 있다.[55]

이로부터 성육신하신 아들을 아는 것은 즉시로 아버지를 아는 것이다. 왜냐하면, 아버지의 존재와 아들의 존재 사이에 아무런 차이도 없기 때문이다.[56]

아타나시우스 역시 자기 가르침 중에서 달리 수정할 가능성이 있다는 것에 대해 경계한다. 그는 아버지의 본질에 외적인 성장이 전혀 없다고 주장한다.[57]

만일 그 본질을 완전하게 해 주는 하나님에 대한 것이나 하나님을 둘러 싼 것이 있다면, 우리가 볼 수 없고 이해할 수 없는 본질을 의미하지 않고

54　Athanasius, *The Letters of Saint Athanasius Concerning the Holy Spirit*, trans. C. R. B. Shapland (London: Epworth Press, 1951), 102-3; Athanasius, *Against the Arians* 1.20-21 (PG 26:53-57).

55　Torrance, *Trinitarian Perspectives*, 10-12. In agreement is J, Rebecca Lyman, *Christology and Cosmology: Models of Divine Activity in Origen, Eusebius, and Athanasius* (Oxford: Clarendon, 1993), 147-48, who says that the essential identity of the Father and the Son is "an axiom of [Athanasius's] thought." Peter Widdicombe, *The Fatherhood of God from Origen to Athanasius* (Oxford: Clarendon, 1994), 188ff., sees this as the basis of his theology of creation and salvation. But see the qualifications made by Christopher Stead, *Divine Substance* (Oxford: Clarendon, 1977), 260-61.

56　Widdicombe, *Fatherhood*, 205.

57　Athanasius, *On the Decrees* 22 (PG 25:453-56).

"그것에 대한 것"(*peri auton*)을 나타낸다고 "아버지"를 말할 때 우리는 신서 모독을 할 것이다. "아버지"라고 말할 때 우리는 그의 본질 자체를 지칭한다. 이 사항이 아주 잘 기억되지 않곤 한다.

왜냐하면, 동방이 우리가 하나님의 활동들에 대해 알고 있다는 생각을 발전시킬 수 있었기 때문인데, 그것은 하나님이 창조와 구속 사역에서 행사하신 것이지 알 수 없는 하나님의 본질에서가 아니다.[58]

4. 분할할 수 없는 삼위일체의 위격들

알렉산드리아의 전임자였던 디오니시우스의 표현을 호의적으로 언급하면서, 아타나시우스는 아버지와 아들이 분리되지 않고 "그들의 손에 성령이 계신데 성령은 보냄 받은 분에게서나 그를 전달한 자에게서 분리될 수 없다"고 진술한다. 단자(monad)는 삼자(triad)로 나눌 수 없게 확대되고 삼자는 축소되지 않고 단자로 함께 모아진다.[59]

삼위일체의 위격들이 분리될 수 없다는 이런 주장은 아타나시우스에게 끊임없이 계속되는 주제다. 스스로 존재하는 아버지는 우물에서 흘러간 강물처럼, 뿌리에서 자란 가지처럼, 빛에서 나온 광채처럼 아들을 낳으셨다. 곧 자연이 알고 있는 모든 것은 나눌 수 없다.[60]

---

58 이 책 제2부 제8장을 보라. 거기서 우리는 다마스쿠스의 요한네스와 그레고리우스 팔라마스의 신학을 고찰할 예정이다(에네르게이아[energeia]는 본래 아리스토텔레스가 현실태를 가리키는 용어로 사용했는데, 가능태의 실현에 있어 활동적인 측면을 강조했다. 동방신학자들은 인간이 하나님의 본질[우시아]은 전혀 알 수 없고, 하나님의 에네르게이아[활동]를 통해서만 하나님을 알 수 있다고 주장하였다. 역주).
59 Athanasius, *Defence of Dionysius* 17 (PG 25:503-6).
60 Athanasius, *Statement of Faith* 4 (PG 25:203-6).

아들은 아버지의 존재에게서 나와 아버지와 본질이 같다. 아버지가 무엇을 가지고 있든지 아들도 가지고 있다.[61]

삼위일체는 나눌 수 없기에, 아버지가 언급되는 곳마다 아들 역시 이해되어야만 한다. 따라서 아버지가 언급되는 곳에서, 그분의 말씀과 아들 안에 있는 성령도 또한 포함된다. 만일 아들의 이름이 불려진다면 아버지는 아들 안에 있고 성령은 말씀 밖에 있지 않다. 하나의 은혜가 성령 안에서 아들을 통해 이루어진다.[62]

만일 거룩한 삼자 안에 그런 통일성이 있다면 누가 아버지에게서 아들를, 아들나 아버지에게서 성령을 분리시킬 수 있는가?[63]

삼자의 하나 됨과 불가분성은 종속 개념을 파괴시킨다. 왜냐하면, 삼자는 계급의 차이가 없고 "혼동 없이 통일되고 … 분리 없이 구별되기" 때문이다.[64]

아타나시우스와 함께 우리는 삼위의 상호 내주(후에 페리코레시스라고 불림) 교리가 시작되는 모습들을 본다. 아버지는 아들 안에 계시고 아들은 아버지 안에 계시다고 아타나시우스는 요한복음의 표현을 따라 진술한다. 이것은 마치 그들이 서로에게로 비워진 것처럼, 어느 쪽도 자신 안에서 완성되지 않은 것처럼 이해되어서는 안 된다. 그것은 하나님이 성도들 안에 들어오셔서 그들을 강하게 하신다는 의미와 같지 않다. 아들은 참여로 아들이 되는 것이 아니라 아버지의 자손이 됨으로 아들이 되기 때문이다.

아버지도 "우리가 그분 안에서 살며 기동한다"는 아포리즘(aphorism)의 의미에서 아들 안에 계시지 않다. 왜냐하면, 아들이 친히 생명이며 생명을 주기 때문이다. 이것이 상호 내주다. 아들의 전 존재가 빛에서 나온 광

---

61 Athanasius, *Serapion* 2.5 (PG 26:616).
62 Ibid., 1.14, 17 (PG 26:564-65, 569-72).
63 Ibid., 1.20 (PG 26:576-80).
64 Athanasius, *On Luke 10:22 (Matthew 11:27)* 6 (PG 25:217-20); Athanasius, *Serapion* 1.33; 3.5-6 (PG 26:605-8, 632-33).

채처럼 아버지의 본질에 적합하기 때문이다. 아들은 아버지에게서 나오신 바 되고 아버지에게 고유하다.

아버지의 형상(form)과 신격은 아들의 존재를 구성하고, 이로부터 아버지가 아들 안에 계시고 아들이 아버지 안에 계시다는 것이 명백해진다. 신격의 동일성과 존재(본질)의 통일성은 이것에 의해 보여진다. 아버지와 아들은 두 개의 분리된 존재가 아니고 두 번 불려진 하나의 이름도 아니다. 그들은 둘이다. 아버지는 영원히 아버지이고 아들이 아니며, 아들은 영원히 아들이고 아버지가 아니기 때문이다. 나중에 신학자들은 이 구별을 위해 휘포스타시스(위격)라는 용어를 사용할 것이다.

그러나 동시에 그들의 본성은 한 신성의 동일성 안에서 하나다. 아들의 신격은 아버지의 신격이기에 나누어질 수 없고 따라서 한 하나님이 존재하신다. 그래서 "아버지에 대해 언급되는 동일한 것들이 그의 존재가 아버지라고 말하는 것만 빼고 아들에 대해 언급될 수 있다."

아버지의 신격은 아들의 존재이기에, 아들은 "온전한 하나님"이다. 아들을 살펴보는 자는 아버지를 본다. 아들은 아버지의 모든 것을 가지고 있기 때문에 아버지의 존재와 같다. 아들은 아버지와 존재에 있어 하나다.[65] 이로부터 아버지와 아들은 서로를 완전히 알고 있고 쌍방이 서로를 기뻐한다.[66] 그래서 적절히 변형하면, 성령은 아들이 아버지 안에 계신 것처럼 아들 안에 계신다고 할 수 있다.[67]

다른 한편, 우리 자신도 "하나님 안에" 있다고 여겨진다. 신격화의 중심 사상이 이를 증거한다. 아타나시우스는 여기서 발생할 수도 있는 혼동

---

65 Athanasius, *Against the Arians* 3.1-6; see also 1.9; 3.19-25 (PG 26-321-34, 27-32, 361-78); Athanasius, *On the Decrees* 20 (PG 25:449-54); Athanasius, *On Luke 10:22 (Matthew 11:27)* 5 (PG 25:217-18).

66 Widdicombe, *Fatherhood*, 206-7, citing Athanasius, *Against the Arians* 1.20, 38; 2.56, 82 (PG 26:53-54, 89-92, 265-68, 319-22).

67 Athanasius, *Serapion* 1.14 (PG 26.564-65); Torrance, *Trinitarian Perspectives*, 10, 16-18, 20.

을 알아차리고 이것이 아들이 아버지 안에 있는 방식과 현저히 다르다는 점을 입증한다. 아들은 우리처럼 단순히 성령에 참여하거나 성령을 받지 않는다. 왜냐하면, 그는 실제로 성령을 공급하시기 때문이다.

또 성령은 우리를 아버지와 결합시켜 주는 것처럼 아들을 아버지와 결합시켜 주지 않고 아버지로부터 부여받는다. 아들은 본성적으로 영원히 아버지 안에 계시지만 우리는 본질적으로 하나님과 떨어져 있으며, 우리가 아버지 안에 있음은 우리의 것이 아니라 우리 안에 계신 성령의 것이다.[68] 우리 피조물들은 성령에 의해 하나님과 교제하고 하나님과 결합하게 되지만, 아들과 성령은 본래부터 아버지와 영원히 하나이시다.

5. 아버지와 아들의 관계 속에 있는 성령

아타나시우스의 『성령에 대해 세라피온에게 보내는 편지』(*Letters to Serapion on the Holy Spirit*)는 교회사에서 성령에 대해 광범위하게 다룬 최초의 저작인데, 355-360년 사이에 쓰여졌고 바실 대제의 유명한 저작보다 앞선다. 이 편지들은 수사적인 수도사들(*tropicii*)을 반박해서 쓰여졌는데, 이들은 아들의 신성을 인정한 반면 성령에게 동일한 지위를 귀속시키는 것을 주저했다.

우리가 살펴본 대로, 아타나시우스는 성령이 아버지와 아들과 밀접하게 결합되어 있다고 생각한다. 성령은 아버지에게서 나오기 때문에 계속해서 그를 보내신 아버지의 손 안에 있고 그를 전달하신 아들에게 속해 있다.[69]

성령은 아버지와 아들의 신격에 연합되었다. 그래서 모세 시대에 하나님은 성령 안에서 말씀을 통해 백성들을 인도하셨다.[70] 성령은 아들이 아

---

68 Athanasius, *Against the Arians* 3.24 (PG 26:373-76).
69 Athanasius, *Statement of Faith* 4 (PG 25:203-6).
70 Athanasius, *Serapion* 1.12; 2.5 (PG 26:560-61, 616).

버지 안에 있는 것처럼 그리스도 안에 있다.

하나님으로부터 발화된 것은 성령 안에서 그리스도를 통해 표현된다.[71] 성령이 아버지에게서 나온다면 두번째 아들이 되고 아들의 동생이 됨에 틀림없다는 수사적 수도사들의 주장에 빈대하여, 아타나시우스는 아버지 외에 다른 아버지는 없고 아들 외에 다른 아들은 없다고 답한다. 그리하여, 오직 유일하신 아버지는 오직 유일한 한 아들의 아버지이시다.[72] 성령은 불변하며, 모든 것을 채우고 말씀 안에서 모든 것 안에 현존하신다.[73]

아타나시우스는 아들과 성령의 관계에 대한 이해를 위해 가장 효과적인 설명들 가운데 하나, 즉 요단강에서 세례 받는 예수님의 모습에 눈을 돌린다. 거기서 예수님은 성령으로 기름부음을 받았고 이어서 자기 교회에 성령을 공급하셨다. 우리를 위해 자신을 희생제물로 드리셨기 때문에, 요단강에서 성령의 강림은 예수님이 우리의 몸을 짊어지셨기 때문에 우리 위에 내린 강림이었다.

그가 요단강에서 물로 정화되었을 때 우리는 그분 안에서, 그분에 의해 정화되었다. 그가 성령을 받았을 때 우리는 그를 통해 그것을 받았다. 그가 덧입은 육체는 기름 부음을 받았고 이것은 우리를 위한 것이었다. 오직 아들만이 우리를 성령과 연합시킬 수 있을 것이다. 성령이 바로 그의 성령이기 때문이다. 아타나시우스는 재차 아들이 성령의 수여자임을 단언한다.

"그러므로 우리는 안전하게 그것을 받았다. 그가 육체에 기름부음 받았다고들 한다."[74]

아버지가 빛이고 아들이 그 광채이기 때문에, 우리는 아들 안에서 우리를 교화시킨 성령을 본다. 또한 성령이 우리를 교화할 때 그 안에 계신 그리스도가 우리를 교화하신다. 아버지가 샘근원이고 아들이 강이라고 불리

---

71   Ibid., 1.14 (PG 26:564-65).
72   Ibid., 1.16 (PG 26:568-69).
73   Ibid., 1.16 (PG 26:589-93).
74   Athanasius, *Against the Arians* 1.46-50 (PG 26:105-18).

기 때문에, 우리는 성령을 마신다고들 한다. 우리는 성령을 마실 때 그리스도를 마신다. 그리스도가 참 아들이기 때문에, 우리가 성령을 받을 때 아들들로 만들어진다.

성령이 우리에게 주어질 때 하나님은 우리 안에 계신다. 하나님이 우리 안에 계실 때 아들이 우리 안에 계신다. 우리가 성령으로 되살아날 때 그리스도가 우리 안에 살아 계신다.[75]

삼위의 상호 내주의 관계는 우리의 구원을 위한 하나님의 한 사역에 떨어질 수 없는 참여의 근거가 된다. 성령은 결코 말씀인 아들-아타나시우스가 계속해서 반복하는 지점-와 떨어지지 않는다.[76]

그래서 아타나시우스에게 있어 성령은 아들의 형상으로서 아들에게 고유하며 피조물과 구별되고 하나님과 떨어져 있지 않다. 창조 세계와 말씀을 연결시켜 주는 것은 피조물에게 속하지 않으며, 창조 세계에 아들의 자격을 부여하는 것은 아들과 동떨어질 수 없다. 그는 아버지의 신격에 속하고 그 안에서 말씀은 신에게서 비롯된 대상들을 만들었다. 그러나 대상들을 신에 의해 만들어지게 한 그는 아버지의 신격 밖에 있을 수 없다.[77] 그래서 또한 성령은 아들과 나눌 수 없다.[78]

아들이 그 자신의 형상으로서 성령 안에 계신 것처럼, 아버지 역시 아들 안에 계시다.[79] 삼위일체는 구분할 수 없기에, 마치 아버지에 대해 언급된 것은 무엇이든지 아들에 대해서도 이해된다는 것이 사실인 것처럼, 아들이 어디에 있든지 성령도 아들 안에 있다는 것은 사실이다.[80]

---

75 Athanasius, *Serapion* 1.19 (PG 26:573-76).
76 Ibid., 1.14, 17, 20 31; 3.5; 4.4 (PG 26:564-65, 569-72, 576-80, 600-605, 632-33, 641-44).
77 Ibid., 1.24-25 (PG 26:585-89).
78 Ibid., 3.5 (PG 26:632-33).
79 Ibid., 1.20; 3.1 (PG 26:576-80, 624-28).
80 Ibid., 1.14 (PG 26:564-65).

게다가, 마치 아들이 아버지와 관련해서 자신의 독특한 특성을 가지고 있는 것처럼, 성령도 아들과 관련해서 그러하다.[81] 아들은 아버지의 형상이며, 성령도 역시 아들의 형상이다.[82] 아타나시우스는 결과적으로 그렇게 하는 점에서 성령의 특수성을 유지한 채 두 아들이 있다는 명확한 답변을 부정하지만, 자신이 그런 주장을 할 수밖에 없다고 느낀다는 사실은 그가 아들과 성령의 관계를 얼마나 밀접한 관계로 이해하는지를 나타낸다.

정말로, 성령은 아들이 아버지와 관련해서 갖는 것과 동일한 질서와 순서(*taxis*)와 본성(*physis*)을 아들과 관련해서 갖는다. 아들은 아버지 안에 계시고 성령 안에 계신다. 마찬가지로, 성령은 아들 안에 계시고 아들은 성령 안에 계신다. 그런 까닭에 성령은 말씀과 나누어질 수 없다.[83]

그래서 성령도 아버지 하나님 안에 계시고 아버지에게서 나온다.[84] 마치 아들이 아버지의 이름으로 오시는 것처럼, 성령도 아들의 이름으로 오신다.[85] 삼위일체의 한 가지 효험과 행위가 있다. 아버지가 성령으로 말씀을 통해 만드시기 때문이다.[86]

마찬가지로, 성령은 말씀으로부터 받는 반면, 말씀은 성령에 부여하신다. 그리고 성령이 가지고 있는 것은 무엇이든지 말씀으로부터 얻는다. 말씀이 아버지 안에서 가지고 있는 것은 무엇이든지 성령을 통해 우리에게 주어지기를 바라신다.[87]

아타나시우스의 사상에서 어떤 것도 아들과 성령의 친밀하며 깨뜨릴 수 없는 관계보다 더 분명하지 않을 것이다. 세 위격은 서로 내주하신다. 다시 말해서, 그들은 서로 안에 존재하신다. 이것은 아들과 아버지, 또는 아버지

---

81 Ibid., 3.1 (PG 26:624-28).
82 Ibid., 4.3 (PG 26:640-41).
83 Ibid., 1.20-21 (PG 26:576-81).
84 Ibid., 1.25 (PG 26:588-89).
85 Ibid., 1.20 (PG 26:576-80).
86 Ibid., 1.20, 28, 30 (PG 26:576-80, 593-600).
87 Athanasius, *Against the Arians* 3.24-25; see also 3.44 (PG 26:373-78, 415-18).

와 성령 만큼이나 아들과 성령에게도 적용된다.

아타나시우스는 삼위의 참 모습이 되는 이런 관계들을 삼자의 나눌 수 없는 하나 됨 안에서 발생하는 성령의 발현과 주심으로 이해한다. 나중에 성령의 발현에 대한 불일치(제2부 제7장을 보라)는 아타나시우스가 쓴 『성령에 대해 세라피온에게 보내는 편지』를 충분히 주목해더라면 피할 수도 있었을지도 모른다. 그는 성령이 아버지에게서 나온다고 말한다. 성령이 밝게 빛나고 보냄 받고 아버지에게서 나온 말씀으로부터 주어지기 때문이다.

아들은 성령을 보낸다. 아들은 아버지를 영화롭게 한다. 성령은 아들을 영화롭게 한다. 그래서 자연의 질서 상 성령은 아들과 아버지의 관계와 똑같은 관계를 아들과 맺는다.

아버지 안에 있는 (그리고 아버지가 그 안에 있는) 아들이 피조물이 아닌 것처럼, 성령을 피조물들과 함께 분류하는 것은 옳지 않다. 왜냐하면, 성령이 아들 안에 (그리고 아들이 성령 안에) 계시기 때문이다.[88] 이와 반대로, 성령은 말씀에 상응하며 거룩한 삼자에게 속한다.

> 아버지, 아들, 성령 안에서 하나님이라고 고백된 거룩하고 완전한 삼자가 계시다. … 아버지는 성령 안에서 말씀을 통해 모든 일을 하신다. 따라서 거룩한 삼자의 통일성은 유지된다. … 그것은 이름만이 아니라 진리와 현실태 안에서도 삼자다. 왜냐하면, 아버지가 존재하는 분인 것처럼 그의 말씀도 존재하는 분이고 만물 위에 계신 하나님이기 때문이다. 그리고 성령은 실제적인 존재가 없는 것이 아니라 존재하며 참된 존재를 소유한다. 보편 교회는 이 위격들보다 못한 것을 신봉하지 않는다.[89]

---

88 Athanasius, Serapion 1.20-21 (PG 26:576-81).
89 Ibid., 1.27-28 (PG 26:593-96).

그 결과, 호모우시우스는 아들뿐 아니라 성령에게도 적용할 수 있다.[90] 우리 구원의 차원에서, 우리는 성령으로 인침을 받았고 베드로 사도가 표현한 바와 같이 신의 성품에 참여한 자들이 되었고, 따라서 모든 창조물이 성령 안에서 말씀에 참여한다.[91]

성령의 은사들은 아들을 통해 아버지에게서 주어지기도 한다. 왜냐하면, 아버지의 만물이 아들의 것이기도 하며, 따라서 성령 안에서 아들로부터 주어진 것들이 아버지의 은사들이기 때문이다. 이 은사들은 삼자 안에서, 즉 아버지에게서, 아들을 통해, 성령 안에서 주어진다. 우리가 그에게 참여할 때 아버지의 사랑과 아들의 은총과 성령 자신의 교통을 얻게 된다. 다시 한번 삼자의 행위는 모두가 성령 안에서 말씀을 통해 비롯되고 결과되었기 때문에 한 행위다. 성령은 말씀과 분리될 수 없기 때문이다.[92]

아타나시우스는 요한복음 4장 21-24절을 언급하면서 참된 예배자들은 아들을 고백하고 아들 안에서 성령을 고백하며 성령과 진리(주님 자신) 안에서 아버지를 경배한다고 주장한다.[93]

6. 아타나시우스의 공헌

토랜스는 아타나시우스가 우시아와 휘포스타시스를 모두 가리키는 "존재의 의미에 대해 심오한 수정"을 가져온 결과 362년 알렉산드리아 공의회에서 하나님이 한 존재(우시아)요 세 위격(휘포스타시스)-처음에 후자는 그에게 결정적인 것을 의미한다-이라는 동의를 이끌었다고 제안한다.[94]

---

90 Ibid., 1.14, 16-33; 2:2 (PG 26:564-65, 568-612).
91 Ibid., 1.23 (PG 26:584-85).
92 Ibid., 1.30-31 (PG 26:597-605).
93 Ibid., 1.33 (PG 26:605-8).
94 Torrance, *Trinitarian Perspectives*, 15. See also G. L. Prestige, *God in Patristic Thought* (London: SPCK, 1952), xxix, 168ff., 188; Thomas F. Torrance, *Theology in Reconciliation*

엄밀히 말해서, 하나님만이 우시아-성삼위일체로서 내재적인 위격적 관계들의 나눌 수 없는 실재 안에 있는 영원한 한 존재-이시다.

토랜스는 이러한 발전이 하나님이 자신을 비인격적인 본질이나 종적인 존재가 아니라 인격적이고 활동적인 존재(나다)로 명명했던 그 하나님에 근거하고 있다고 주장한다. 하나님은 아버지, 아들, 성령으로서 존재의 분리할 수 없는 하나 됨과 동일성 안에서 세 위격의 공동으로 본래적인 관계들을 소유하고 있는 것으로 자신을 계시하신다.

더욱이, 아타나시우스는 군주제의 관점에서 아들을 낳은 아버지를 아들의 "근원"(arche)이라고 부른다. 아들은 아버지와 동일본질(호모우시우스)이지만 아타나시우스는 아버지가 아들과 동일본질이라고 절대 말하지 않는다. 아버지는 샘근원이시고 아들은 시냇물이다. 아버지는 빛의 근원이시고 아들은 광선이다. 그러나 삼위의 공동으로 본유적인 관계들 덕분에, 아들과 성령은 모두 그 근원과 연결된다. 따라서 그는 하나님의 하나 됨을 아버지의 관점에서 규정하지 않고 전체 신격의 관점에서 규정한다.

아버지는 아들의 아버지이지만 삼위는 완벽하게 함께 동등하며 서로 함께 본래적이시다. 토랜스는 이것이 이후의 필리오케 문제를 뒤에 남겨 둘 잠재성을 가지고 있다고 주장한다.[95]

게다가, 아타나시우스는 비록 단어와 구절이 정확히 원하는 표현이 아닐지라도 중요한 것은 올바른 믿음과 의도라는 점을 인식할 정도의 폭넓은 지성이 있었다. 그는 알렉산드리아 공의회(362)에서 이 점을 매우 효과적으로 표명했다. 그때 그는 우시아와 휘포스타시스가 다른 의미로 사용될 수도 있다는 점과 세 휘포스타시스에 대해 말하는 것이 정통적일 수 있다는 점을 허용했다.[96] 이것은 위기의 해결을 용이하게 하는 중요한 돌파구였다.

(Grand Rapids: Eerdmans, 1975), 218ff., 226ff., 231ff.; Hanson, *Search*, 444-45.

95 Torrance, *Trinitarian Perspectives*, 20. See also Lyman, *Christology*, 150.

96 Athanasius, *To the Antiochenes* 5-8 (PG 26:799-806); Hanson, *Search*, 644-45.

더 정확하게 말해서, 결정적인 해결책은 위대한 세 명의 카파도키아 교부들의 작업 덕택이 되겠지만, 삼위일체신학에 대한 아타나시우스의 기여는 결코 과대평가될 수 없을 것이다. 그가 하나님의 한 존재 안에 있는 아들과 성령의 완전한 신성과, 상호 내주 안에서 삼위의 관계들을 정교하게 만든 노고는 삼위일체를 이해하는 데 많은 발전이었고 더 정확한 삼위일체관으로 가는 길에 놓인 엄청난 이정표였다.

게다가, 그는 삼위일체론을 자신의 창조론과 구원론에 근거시켰고 논의를 철학적 사변에서 나와 다시 성경적이고 신학적인 기초로 돌아서게 했다. 이런 일들이 절대 하찮은 업적은 아니었다.

◆ 주요 용어들

전체 용어 해설이 이번 장과 관계가 있다.

◆ 깊이 생각할 문제들

1. 엄청난 역사적 신화들 중 하나는 아타나시우스가 그리스도의 신성을 옹호하기 위해 세상에 홀로 맞섰다는 점이다. 다음 장을 고려해 볼 때 이것이 어디까지 실제를 나타내는지 생각해 보라.
2. 여러분은 아타나시우스의 성령에 대한 논의에 대해 어떤 특이점을 발견하는가? 거기에 어떤 약점들이 있는가?

◆ 더 읽으면 좋은 책

1. Mark DelCogliano, Andrew Radde-Gallwitz, and Lewis Ayres, trans., *Works on the Spirit: Athanasius and Didymus* (Yonkers, NY: St. Vladimir's Seminary Press, 2011). 이 책은 아타나시우스의 『성령에 대해 세라피온에게 보내는 편지』를 현대어로 번역한 내용을 담고 있다.
2. Peter J. Leithart, *Athanasius* (Grand Rapids: Baker Academic, 2011).
3. Thomas G. Weinandy, *Athanasius: A Theological Introduction* (Aldershot: Ashgate, 2007).

제4장

카파도키아 교부들

우리는 제2부 제2장에서 에우노미우스를 접한 바 있다. 에우노미우스와 그 추종자들(에우노미우스주의자들)은 인간의 광범위한 논리력을 확신하는 합리주의자들이었다. 그들은 우리가 논리로 하나님을 이해할 수 있다고 주장했다. 그들은 신적인 지성과 인간의 지성 사이에 일의적 관계(그 의미가 서로에게 동일한 것처럼 신적 사고와 인간적 사고의 상응하는 관계)가 있는 것처럼 생각했다. 그들에게 있어 아들은 아버지와 전혀 같지 않다.

하나님은 절대적 존재이고 발생은 그에게 소급될 수 없다. 하나님의 지성과 인간 지성의 동일성 때문에 아들의 발생은 인간의 출생에 입각해서 이해될 수 있다. 영원한 발생을 상상할 수 없기 때문에 아들의 발생은 틀림없이 시작이 있었을 것이다. 따라서 아들이 존재하지 않았던 때가 있었다. 아들은 최초로 창조된 존재였고 하나님께서 세상을 창조하시는 도구였다. 성령은 하나님에게서 훨씬 더 제거되었다.

에우노미우스의 견해는 아리우스주의자들과 아주 비슷하다. 반대파는 그를 "아리우스의 극장 무도장의 리더"로 묘사했다.[1] 그의 합리주의는 다음의 주장 안에 분명히 드러난다. "하나님은 자신의 본질에 대해 우리보

---

1   Richard Paul Vaggione, ed., *Eunomius: The Extant Works* (Oxford: Clarendon Press, 1987), 179 (Fragment iii).

다 더 많이 알지 못하며 그 본질은 그분에게 더 잘 알려지지도 않고 우리에게 덜 알려지는 것도 아니다. 오히려, 우리 자신이 그것에 대해 알고 있는 것이 정확히 그분이 알고 있는 것이며, 반대로 그분이 알고 있는 것은 여러분이 우리 안에서 변함없이 발견하게 될 것이다."[2]

그가 『변증론』(Apology) 앞부분에서 인용하고 있는 신조는 아리우스가 알렉산더에게 제시했던 신조다.[3] 하나님은 한 분이시며 비길 데 없는 주권을 갖고 계시다. 그분은 출생되지 않은 본질이시다. 하나님은 아들보다 앞서기 때문에 아들은 아버지에게 종속되고, 아버지와 동일본질도 유사본질도 아니며 본질과 뜻에 있어 아버지에게 복종하는 피조물이다.

그는 만들어졌다.[4] 그는 존재하게 되었고 시작이 있으며 하나님의 뜻으로 낳았다. 아버지는 그 존재의 원인이시다. 아들은 창조의 대리자다. 그래서 아들과 하나님(아버지)은 다른 본질에 속한다. 성령은 질서와 본성에 있어 세 번째이고 독생자가 아니고 아버지의 명령과 아들의 행위로 존재하게 되었으며 아들에 의해 만들어지고 그리스도에게 복종하는 것이다.[5]

에우노미우스주의자들과 아리우스 전통에 속한 자들에게 있어, 하나님과 다른 모든 존재들의 관계는 아버지와 아들의 관계 사이에 온 반면, 니케아의 지지자들은 이것을 삼자관계와 다른 모든 존재들 사이에 위치시켰다.[6] 아들이 아버지의 자식이라는 사실에 일반적인 합의가 있었지만, 그가 에우노미

2　Ibid. (Fragment ii). See also Graham A. Keith, "Our Knowledge of God: The Relevance of the Debate Between Eunomius and the Cappadocians," *TynBul* 41 (1988): 60-88.
3　Eunomius, *Apology* 4-5 (in Vaggione, Eunomius, 38-39).
4　Eunomius, *The Fragments* i; Eunomius, *Apology* 7-15, 17, 20-23, 26-27; Eunomius, *An Apology for the Apology* 1.ii.b; 2.v; 3.ii-iii, vi-vii, xi; Eunomius, *The Confession of Faith* 2-3 (in Vaggione, Eunomius, 40-55, 60-63, 70-71, 102-3, 112, 116-18, 122, 126, 150-53, 177).
5　Eunomius, *Apology* 15-27; Eunomius, *An Apology for the Apology* 3.iii-vii; Eunomius, *Confession* 3-4; Eunomius, *Fragments* i (inVaggione, Eunomius, 52-71, 117-22, 152-57, 177).
6　Richard Paul Vaggione, *Eunomius of Cyzicus and the Nicene Revolution* (Oxford: Oxford University Press, 2000), 123-24.

우스가 주장한 대로 피조물이었는지, 니케아 지지자들이 주장한 대로 아버지와 동일한 존재인지에 대해 의문을 제기했다.

에우노미우스주의자들은 잠언 8장 22절을 근거 구절로 사용하여 그리스도의 연약함에 초점을 맞추었다.[7] 그러나 에우노미우스는 아들이 다른 모든 존재들을 창조했기 때문에 다른 존재들과 같은 피조물이 아니라고 생각했다.[8] 간단히 말해서, 모든 유형의 아리안주의자들은 삼자관계를 위계질서, 즉 아버지가 되신 한 하나님과 두 분의 다른 종속되고 영원하지 않은 존재들로 붙박아 놓았다.

마케도니아인들 혹은 프뉴마토마키이(*pneumatomachii*, 성령을 대적하는 자들)은 아들의 신성을 (여러 경우에) 인정했지만, 성령을 (영원할지라도) 하나님보다 열등한 존재이기에 예배할 필요가 없다고 생각했다. 그들은 맹목적 성경주의자들로서 성경 어느 곳에서도 성령을 "하나님"이라 부르지 않는다고 주장했고 성경 이외의 어떤 주장들도 반대했다.

이 운동은 342년부터 360년 퇴임할 때까지 콘스탄티노플의 주교였던 마케도니우스라는 사람의 이름을 따서 불리어졌지만, 그가 이 운동과 어떤 관계가 있었다는 구체적인 증거가 전혀 없다.[9]

1. 바실 대제

캐세리아의 주교였던 카파도키아 토박이 바실 대제(Basil the Great, 330-379)는 조직을 구성하는 기술과 수도사 생활의 개발로 유명하다. 그는 364년에 『에우노미우스 반박』(*Against Eunomius*)이라는 책을 한 권 집필했지

---

7   Ibid., 107-11.
8   Ibid., 124-26.
9   R. P. C. Hanson, *The Search for the Christian Doctrine of God: The Arian Controversy* 318-381 (Edinburgh: T & T Clark, 1988), 760-72.

만,[10] 성령과 삼위일체에 대한 성숙한 사상은 그의 대작인 논고 『성령에 대하여』(On the Holy Spirit)에서 발견된다. 이 책은 376년경에 성령 대적자들을 반박하여 썼던 것이다.[11] 그의 글은 아마도 자기 이전 스승이었던 에우스타티우스(Eustathius)를 겨냥했는데, 그는 직전까지 성령의 종속을 가르치고 있었다.

이 작품은 성령의 신성을 충실하게 변호한다. 바실은 종종 이것을 긍정하는데 주저했다고 여겨져 왔지만, 라슨은 그러한 해석을 공격했다.[12] 어떤 이는 바실이 자기 친구 나지안주스의 그레고리우스와 현저히 다르게 아버지 및 아들과 동일본질이라고 주장하지[13] 않는다고 지적해 왔다.[14]

하지만 라슨은 바실이 다른 표현으로 동일한 것을 말하는 증거를 배열한다. 또 학자들은 바실이 명시적으로 성령을 하나님과 결코 동일시하지 않는다는 점을 주목해 왔다.[15]

---

10 위에 인용한 문헌들에 더하여, 에우노미우스의 신학과 바실의 답변에 대한 세부 논의를 보려면, 다음을 참고하라. Thomas A. Kopecek, *A History of Neo-Arianism* (Cambridge, Mass.: Philadelphia Patristic Foundation, 1979), vol.2.; Milton V. Anastos, "Basil's Κατα Ευνομιου, a Critical Analysis," in *Basil of Caesarea: Christian, Humanist, Ascetic: A Sixteen-Hundredth Anniversary Symposium*, ed. Paul Jonathan Fedwick (Toronto: Pontifical Institute of Medieval Studies, 1981), 67-136. 이 논문은 이 작품을 상세히 고찰하는데, 교정판으로 결코 출간된 적이 없고 현대어로 번역된 적도 없다. 바실에 관해서는 다음을 참고하라. Philip Rousseau, *Basil of Caesarea* (Berkeley: University of California Press, 1994); Volker Henning Drecoll, *Die Entwicklung der Trinitätslehre des Basilius von Cäsarea* (Göttingen: Vandenhoeck & Ruprecht, 1996); Johannes Quasten, *Patrology*, vol. 3, *The Golden Age of Greek Patristic Literature from the Council of Nicaea to the Council of Chalcedon* (Westminister, Md.: Christian Classics, 1992), 204-36, 특히, 230-33.

11 통찰력이 있는 요약을 보려면, 다음을 참고하라. Basil Studer, *Trinity and Incarnation: The Faith of the Early Church*, trans. Mattias Westerhoff, ed. Andrew Louth (Collegeville, Minn.: Liturgical Press, 1993), 148-51.

12 Mark J. Larson, "A Re-Examination of *De Spirity Sancto*: Saint Basil's Bold Defence of the Spirit's Deity," *SBET* 19, no. 1 (spring 2001): 65-84.

13 Thomas F. Torrance, *The Christian Doctrine of God: One Being, Three Persons* (Edinbrugh: T & T Clark, 1996), 126; Quasten, *Patrology*, 3:232.

14 Gregory Nazianzen, *Orations* 31.10 (PG 36:144).

15 Quasten, *Patrology*, 3:231; Larson, "A Re-Examination," 67-69.

하지만 그가 내린 평가들은 이 주장과 모순되며, 닛사의 그레고리우스가 그 효과에 대해 내린 비평들은 좀 더 이른 시기에 적용되는 것이 당연하다.[16]

바실은 이 논쟁의 예전적 기원(liturgical origin)을 가리킨다. 반대자들은 그가 송영에서 사용한 명제들에 대해 공격했었다. 거기서 그는 그들이 공인한 형식인 "성령 안에서 예수 그리스도로 말미암아 아버지에게"에 더하여, "성령과 함께하는 아들과 더불어 아버지에게"를 말하는 데 익숙했다. 그들은 그가 추가한 사항이 성경 외적이고 모순되는 기이한 것이라고 생각했다. 그들이 선호했던 형식은 바실과는 달리 명확히 종속주의적인 이해를 허용했다.[17]

그로서는 바실이 위격들(hypostases)을 구별하여 아버지와 아들이 구별되고 혼동되지 않는다는 점을 입증한다.[18] 이것은 니케아에서 발전한 것인데, 거기서 휘포스타시스와 우시아는 명백히 상호교차할 수 있으며, 아버지와 아들은 똑같은 휘포스타시스에게서 나왔다고들 한다. 이것은 바실이 휘포스타시스를 활용하여 하나님께서 세 분으로 존재하는 방식을 표시하는 최초의 기록이다. 그로인해 좀 더 명확한 언어로 삼위일체에 대해 말하는 방식을 열어놓았다.

바실은 아들나 성령을 아버지와 함께하는 것으로 인정하기를 거부한 프뉴마토기아주의자들을 반박하여 아들을 아버지에게서 분리할 수 없다고 강력히 변호한다.[19] 아들은 본성 안에 아버지와 함께 계신다고 바실은 역설한다. 그분의 의지는 아버지와 깨지지 않는 연합을 이루고 있다.[20]

---

16 Basil of Caesarea, *On the Holy Spirit* 16.37; 19.49; 21.52 (PG 32:133, 155-60, 164-65); Larson, "A Re-Examination."
17 Basil of Caesarea, *Holy Spirit* 1.3-4; 더 자세한 것은 4:6 (PG 32:72-72)를 보라.
18 Ibid., 5.7 (PG 32:77-81).
19 Ibid., 6.13-14 (32:88-89).
20 Ibid., 7.16-8.20 (PG 32:93-105).

널리 공인된 성령론에 관해 바실은 계속해서 다음과 같이 말한다.

> 성령은 최고의 본성 … 지적인 본질을 지녔고, 무한한 능력과 시간과 시대로 측정되지 않는, 제한이 없는 광대함 속에 거하시며 … 다른 만물을 완전하게 하면서도 스스로 부족한 것이 전혀 없으시며 … 그 권능으로 만물을 채우시는 … 무소부재하신 … 생명의 공급자이시다(이 모든 용어와 표현들은 오롯이 하나님에게만 적용되는 것들이다). 그는 깨끗이 씻김 받은 자들을 자기와의 교제로 말미암아 신령하게 하고 다함이 없는 기쁨, 하나님 안에 거함, 하나님과 같이 되는 것, 그리고 최상의 것으로 하나님이 되는 것 등의 선물들을 전달한다.[21]

그는 우리 주님에 의해 세례식의 식문(마 28:19)에서 아버지와 아들과 함께 배열된다.
이보다 더 친밀한 연대가 어디 있을 수 있겠는가?
우리의 구원은 아버지와 아들과 성령을 통해 확립된다.[22] 그리하여, 성령은 "자연발생적인 교제 때문에"[23] 아버지와 아들과 분리할 수 없는 하나님으로 배열된다. 이 교제는 창조 사역에서 선명하게 드러난다. 여기서 모든 피조물의 최초 원인은 아버지이고 창조 원인은 아들이며, 완성하는 원인은 성령이다. 하지만 존재하는 대상들의 제일 원리는 "아들을 통해 창조하시고 성령을 통해 완전케 하는 '분'(One)"이시다. 삼위 모두(주님, 말씀, 영)의 사역은 단독으로 하든 함께하든 부족한 것이 전혀 없다.[24]
아버지와 아들과 함께하는 성령의 분리할 수 없는 연대는 고린도전서 2장 8-11절을 언급하면서, "그가 우리 안에 계신 성령이 우리 각자와 갖는

---

21   Ibid., 9.22-23 (PG 32:108-9).
22   Ibid., 10.24-26 (PG 32:109-13).
23   Ibid., 13.30; 16.37; 참조. 11.27; 23.54 (PG 32:120-21, 133, 113-16, 168-69).
24   Ibid., 16.38 (PG 32:136-40).

것과 똑같은 하나님과의 관계를 맺고 있다고들 한다"[25]는 점에서 찾아볼 수 있다. 그는 이단자들이 넌지시 암시하는 것처럼 아버지와 아들 아래에 있는 것이 아니라 아버지와 아들과 함께 열거된다.[26]

이것은 세 분의 신이 있다는 것을 의미하지 않는다. 왜냐하면, 위격들이 구별되지만 그 위격들이 숫자의 순서로 추가된 존재들이 아니기 때문이다. 우리는 "위격들의 구별과 동시에 군주정에 의한 거주"를 고백한다. 이는 구별된 위격들이지만 예배의 유일한 대상이신 유일하신 하나님이 존재한다. 성령은 "경배 받을 만하고 복된 삼위일체를 완전하게 만들며 … 한 아들을 통해 한 아버지와 연합한"[27] 분이다.

하지만 성령은 아버지와의 여러 관계 속에서 아들과 구별된다. 성령은 "하나님에게서" 나오는데, 만물이 하나님에게서 나오는 방식이 아니라 "하나님으로부터 발현하는 방식이다. 이는 아들과 같은 발생이 아니라 하나님의 입의 호흡으로부터 나오는 것이다."

바실은 인간의 현실을 말하지 않고 하나님에게 적합한 것들에 대해 말한다. 발생의 양상은 우리의 이해를 뛰어넘는다. "그리스도의 영"이라 불리는 그는 아버지뿐 아니라 아들과도 친밀한 관계를 맺는다.[28] 그는 아버지에게서 발현하고 창조된 어떤 것이거나 하나님의 단순한 대리인이 아니라 하나님이시다.[29]

그리하여 본성에 따라 창조와 은총에서 보는 것처럼 아버지로부터 아들을 통해 성령에게 나오는 움직임이 있는 반면, 하나님에 대한 우리의 지식의 차원에서 우리는 성령으로부터 아들을 통해 아버지에게 나아가는 역방

25　Ibid., 16.40 (PG 32:141-44).
26　Ibid., 17.41-43 (PG 32:144-48); Basil of Caesarea, *Letters* 125, 159.2 (PG 32:545-52, 620-21).
27　Basil of Caesarea, *Holy Spirit* 18.45 (PG 32:152); Basil of Caesarea, *The Hexaemeron* 2.6 (PG 29:41-44).
28　Basil of Caesarea, *Holy Spirit* 18.46 (PG 32:152-53).
29　Basil of Caesarea, *Letters* 125, 159.2 (PG 32:545-52, 620-21).

향으로 움직인다. 동시에 군주제는 없어지지 않는다. 왜냐하면, 이 순서가 계급이 있는 분리된 세 존재로 이해되어서는 안 되기 때문이다. 이는 다신론과 마찬가지일 것이다.[30]

바실은 성경에서 성령에게 주어진 명칭들과, 성령이 하나님의 지위를 갖고 있는 사역들의 성격 모두에 기초하여 주장한다. 왜냐하면, 그가 아버지와 아들과 동일한 명칭들을 갖고 있고 동일한 사역들을 함께하고 있기 때문이다.[31]

스펙트럼의 맞은편 끝에서, 바실이 자신의 영송(doxology)에서 전치사 with를 사용한 것은 휘포스타시스들을 구별함으로써 사벨리스주의를 반박한다. 이 전치사는 "방해받지 않는 결합"과 "구별"을 동시에 인정한다.[32] "본질의 공통성(community)을 고백하지 못하는 사람은 … 다신론에 빠지고 휘포스타시스들의 구별을 인정하기 거부하는 사람은 유대교로 휩쓸려간다." 단순히 위격들을 열거하는 것만으로는 충분하지 않다. 우리는 각 위격이 실제 휘포스타시스 안에 자연스럽게 존재한다고 고백해야만 한다.[33] 그리하여, 바실은 아들과 아버지와 함께 성령의 존재에 있어 하나됨에서부터 세 휘포스타시스들의 구별성에 이르기까지 왔다 갔다 한다. 그는 세 위격 중 어느 위격도 나머지 다른 위격들에 종속되지 않지만 아버지가 여전히 원천 혹은 궁극적 원리라고 강조한다.

마지막으로, 바실은 자기가 시작했던 예배와 성화의 문제로 다시 돌아온다. 뛰어난 수사 표현에서, 그는 성령이 "거룩해져 가고 있는 자들의 자리이며 독특하고 특이한, 참된 예배 장소"라고 말한다. 그는 요한복음 4장 21-24절을 언급하면서, 그리스도인의 예배 장소가 성령이라고 주장한다.

---

30 Basil of Caesarea, *Holy Spirit* 18.47 (PG 32.153).
31 Ibid., 19.48-49; see 21.52; 23:54 (PG 32:156-60, 164-65, 168-69); Basil of Caesarea, *Letters* 90.2 (PG 32: 473-76).
32 Basil of Caesarea, *Holy Spirit* 25.29 (PG 32:176-77).
33 Basil of Caesarea, *Letters* 210.5 (PG 32:773-77).

왜냐하면, "성령은 … 성도들의 자리이고 성도는 성령이 거하시기 적합한 자리로서, 하나님의 내주를 위해 자기를 바치며 하나님의 성전으로 불리기 때문이다." 성령은 다른 종류의 방식들로 성도들 안에 거하지만 아버지와 아들과의 관계에서는 그들 안에서보다는 그들과 함께 거하신다.[34] 따라서 우리 자신의 예배 속에서조차 성령은 아버지와 아들과 분리될 수 없다.

바실은 나지안주스의 그레고리우스에게 보낸 편지에서 어떤 신학 용어도 말하는 사람의 생각을 표현하는 데 적절하지 않음을 강조한다. 왜냐하면, 언어가 너무 미약하여 생각의 대상들에 맞게 작용하지 못하기 때문이다. 그리고 반대로 우리의 생각은 너무 미약해서 그 실재를 이해할 수 없다. 그럼에도 불구하고, 우리는 주님을 사랑하는 자들에게 하나님에 대해 답변을 제시할 수밖에 없다. 그래서 진리를 대변하도록 하나님께서 너희에게 주신 지적 활동들을 바치라고 그는 자기 친구에게 촉구한다.[35]

바실이 인간의 사상과 언어의 제약들에 대해 인정한 것은 삼위일체 문제를 헷갈리게 만들었던 전문 용어를 쇠퇴시키는 데 공헌한다. 아타나시우스와 마찬가지로, 그는 진리의 주장들이 가장 중요하다는 점과 인간의 언어와 논리가 그 앞에 굴복해야 한다는 점을 인정한다.

그리하여, 그는 우시아와 휘포스타시스를 떼놓는 매우 중요한 조치를 취한다.[36] 그는 테렌티우스 백작(Count Terentius)에게 "일반적인 것이 특수한 것과 맺는 관계처럼 우시아는 휘포스타시스와 똑같은 관계를 맺는다"고 편지를 쓴다.

우시아는 선함이나 최고 신성과 같이 일반적이지만, "휘포스타시스는 아버지 됨, 아들 됨, 또는 거룩하게 하는 능력이라는 특성 안에서 관찰된

---

34 Basil of Caesarea, *Holy Spirit* 26.62-64 (PG 32:184; see also 181-85).
35 Basil of Caesarea, *Letters* 7 (PG 32:244-45).
36 이따금씩 바실은 우시아(*ousia*)보다는 퓌시스(*physis*)에 대해, 휘포스타시스(*hypostasis*)보다는 프로소폰(*prosopon*)에 대한 쓴다.

다." 이것들은 완벽하고 완전하며 실제적인 휘포스타시스들인 반면, 호모우시온은 최고 신성의 일체성 안에 보존된다.[37]

이것은 하나의 중요한 조치이며, 개념의 미로에서 빠져나오는 길을 발견하는 데 도움이 될 것이다. 하지만 바실은 일반과 특수를 비교함으로써 하나님에 대한 포괄적 견해와, 인간의 공통 본성을 함께하는 세 사람과 그 비유의 불행한 상속인 지정의 비교를 위해 문을 열어놓는다. 그는 자기 친구 암필로키우스(Amphilochius)에게 편지를 쓰면서, "우시아와 휘포스타시스의 구별이 일반적인 것과 특수한 것의 구별과 똑같다"고 주장한다.

하나님과 함께 우리는 하나의 본질이지만 하나의 특수한 휘포스타시스를 고백한다. 그 결과 우리의 아버지, 아들, 성령 개념은 혼동 없이 분명해질 수 있다. 만일 우리가 아버지 됨, 아들 됨, 성화의 분리된 특징들을 전혀 모르고 존재의 일반 관념으로부터 우리의 하나님 개념을 형성한다면, 우리는 자신의 신앙을 건전하게 설명하지 못한다. 따라서 우리는 "공통적인 것에 특수한 것을 첨가함으로써" 신앙을 고백해야만 한다.[38]

미래의 운명에 맡긴 또 다른 의미심장한 요소는 우리의 이해력 안에 있어 우리가 하나님의 속성들(하나님의 능력, 지혜, 선, 섭리, 정의 등)을 알고 있지만 하나님의 본질(그의 정체)은 우리를 초월하여 거기에 다가서려고 하지 않는다는 그의 주장이다. 우리는 그 본질을 모두 이해하지 못하지만 그 본질이 존재한다는 것은 이해한다.[39]

여기서 바실은 아타나시우스와 결별하고 이후에 동방교회의 발전을 위한 길을 제공하는데, 그것은 하나님의 본질(존재)이 아니라 그의 활동들에 대해서만 알고 있다고 주장할 것이다. 이것은 하나님에 대한 우리 지식의

---

37 Basil of Caesarea, *Letters* 214.4 (PG 32:789).
38 Ibid., 236.6 (PG 32:883-84). Hanson, *Search*, 691-92, 696-99를 참고하라; Studer, *Trinity*, 142-43; Bertrand de Margerie, *The Christian Trinity in History*, trans. Edmund J. Forman (Petersham, Mass.: St. Bed's Publications, 1982), 99-104.
39 Basil of Caesarea, *Letters* 234.1-2 (PG 32:868-69).

실재에 대해 의문을 갖게 할 것이다.

이러한 전제들 위에서, 우리는 하나님을 있는 그대로 알 수 없고, 단지 그가 자기를 계시하는 대로 알 수 있으며, 하나님이 자기에 대해 계시하신 것은 그가 누구인지로 이해되어서는 안 된다. 이 개념이 그레고리우스 팔라마스에 의해 상세히 설명됨에 따라, 그것은 삼위일체론을 서서히 손상시킬 것이다(제2부 제8장을 참고하라).

바실은 에우노미우스주의의 합리론에 과잉반응하고 있는가? 그는 틀림없이 성령의 신성을 명백히 옹호한 사람이고 삼위일체론의 최후 합의에 크게 기여하지만 미해결의 유산들도 남겨놓는다.[40]

2. 닛사의 그레고리우스

세 명의 위대한 카파도키아 교부들 중 가장 명석했고 가장 체계적인 사상가였던, 바실의 형제 그레고리우스(대략 335/340-394/400)는 372년에 닛사의 주교가 되었고 381년에 콘스탄티노플 공의회에 참석했다.[41] 그의 주저 『에우노미우스 반박』은 공의회보다 앞서는 것으로 추정되곤 하지만, 최근의 일부 학계는 작품의 대부분을 공의회 이후로 배치한다.

---

40 플라톤주의가 바실(과 나지안주스의 그레고리우스)에게 영향을 미쳤다는 주장들은 존 리스트에 의해 일축되었다. John M. Rist, "Basil's 'Neoplatonism': Its Background and Nature," in *Basil of Caesarea*, ed. Fedwick, 137-220.

41 Anthony Meredith, "The Idea of God in Gregory of Nyssa," in *Studien zu Gregor von Nyssa und der christlichen Spätantike*, ed. Hubertus R. Drobner and C. Klock (Leiden: E. J. Brill, 1990), 127-47; G. Christopher Stead, "Why Not Three Gods? The Logic of Gregory of Nyssa's Trinitarian Doctrine," in *Studien zu Gregor von Nyssa*, ed. Drobner and Klock, 149-63; Hanson, *Search*, 715-30, 784-87; J. N. D. Kelly, *Early Christian Doctrines* (London: Adam & Charles Black, 1968), 261-62; G. L. Prestige, *God in Patristic Thought* (London: SPCK, 1952), 252-55, 260; Quasten, *Patrology*, 3:254-96.

그레고리우스는 아타나시우스와 바실과 함께하여 아들과 아버지의 하나 됨을 강조한다. "발생하지 않은"(에우노미우스의 용어) 보다는 "아버지"라고 말하는 것을 더 선호한다고 그는 주장한다. 에우노미우스는 이 용어를 사용함으로써 발생한 것과 발생하지 않은 것으로 아들을 아버지와 대립시킨다. 이와 반대로, "아들"이라는 명칭은 아버지와 존재의 동일성을 표현하고, 결과적으로 단순한 활동보다는 인격성을 나타낸다.[42]

또한, "아들"은 그에게 주어진 다른 모든 명칭들과 차원이 다르다. 이러한 다른 이름들에서 그의 영광을 떨어뜨리는 모든 함의들이 제거되어야만 한다. "아들"이라는 명칭은 독보적이다. 그것은 그러한 유비적 조정을 전혀 필요로 하지 않기 때문이다.[43]

아들의 영원한 발생과 관련해서, 그레고리우스는 신적 본성이 유물론적 이해와는 상반되게 분할되지 않는다는 점을 지적한다. 따라서 아들은 영원히 공존하는 아버지와 동일한 본성을 갖고 있음으로, 아버지가 되는 것만 제외하고 모든 부분에 있어 아버지와 같다.[44] 요한복음 1장의 말씀은 하나님만큼이나 위대하다.[45]

그레고리우스는 아타나시우스를 좇아서 잠언 8장 22절 이하의 말씀을 성육신하신 아들의 인성과 연관시킨다. 그는 또한 영원한 아들과 관련된, 독생자에 대한 성경의 언급들과, 육화된 상태에 적용되는, 모든 창조물의 첫 태생(골 1:15)인 아들에 대한 언급들을 구별한다.[46]

---

42 Gregory of Nyssa, *Against Eunomius* 2.12. 이 방대한 작품은 PG 45:248-1121에서 찾아볼 수 있다. 닛사의 그레고리우스에 나타난 위격성에 대한 논의는 사라 코클리의 찾아볼 수 있는데, 그 논의는 개인주의나 사회적 삼위일체론의 견지에서 해석하는 것을 반대하는 주장을 한다. Sarah Coakley, "'Persons' in the 'Social Doctrine of the Trinity: A Critique of Current Analytic Discussion,'" in *The Trinity: An Interdisciplinary Symposium on the Trinity*, ed. Stephen T. Davis (Oxford: Oxford University Press, 1999), 123-44.
43 Gregory of Nyssa, *Against Eunomius* 1.37; 3.7.
44 Ibid., 1.25; 2.6-7.
45 Ibid., 4.1.
46 Ibid., 2.8, 10; 3.2.

그레고리우스는 또한 바실이 우시아와 휘포스타시스를 매우 의미 있게 구분한 것을 인정한다.

특히, 38번 편지가 유달리 중요한데, 그 편지는 전통적으로 바실의 것으로 간주되어 왔고 그 작품으로 열거되었지만, 이제는 그레고리우스의 작품으로 인정받고 있다. 그는 바실이 일반(우시아 또는 퓌시스)과 특수(휘포스타시스 또는 이따금씩 프로소폰)를 비교한 것을 따른다. 이것들은 개별 위격들 안에 있는 불가해한 본질과 인식 가능한 현시에 해당한다. 삼위는 구별되지만 동등성, 일체성, 확고부동한 친교에 있어 분리될 수 없다.[47]

따라서 하나님은 본질에 있어 하나이고 위격에 있어 셋이며, 분리 없이 나누어지고(divided without separation) 혼동 없이 통일된다(united without confusion). 그분은 본질상 불가해하고 경계를 긋는 것이 불가능하다. 위격들은 관계적이다. 왜냐하면, "아들"은 어떤 아버지를 필요로 하고, 아버지는 아들과 관계가 있는 아버지이기 때문이다.[48]

아마도 콘스탄티노플 이전 해에 쓰여졌을 것으로 추정되는 『성령에 관하여, 그리고 에우스타티우스에게 보내는 성령의 최고 신성에 대하여』(*On the Holy Trinity and of the Godhead of the Holy Spirit to Eustathius*)라는 제목의 작품에서, 그레고리우스는 우리가 하나님을 하나님의 본질과 분간하는 것이 아니라 하나님의 사역들과 분간한다고 말하면서 같은 맥락의 주장을 한다.

삼위의 사역들은 하나이기에, 우리는 그들의 본성이 하나라고 결론짓는다. 이러한 사역들이 분리될 수 없는 이유는 성령과 아버지 및 아들과 분리할 수 없기 때문이다. 삼위일체는 하나의 최고 신성이다. 당연히 아들과 성령이 분리될 수 없다는 것이 된다.[49]

---

47 Basil of Caesarea, *Letters* 38 (PG 32:325-40). 이제는 사람들이 이것을 닛사의 그레고리우스의 작품이라고 믿는다.
48 Gregory of Nyssa, *Against Eunomius* 2.2-3; 7.4.
49 Gregory of Nyssa, *Dogmatic Treatises*, Etc., in *NPNF²*, 5:326-30 (PG 46:235 [32:683-94 에 바실의 189번 편지로 잘못 기재되어 있다]).

거의 동시에 쓰여진 『마케도니우스의 추종자들을 반박하는 성령에 대해』(*On the Holy Spirit Against the Followers of Macedonius*)라는 책에서, 그는 성령이 아버지와 아들과 똑같은 지위를 갖고 있고 정확히 그들과 동일하며, 따라서 다른 두 위격들과 동등한 영예를 받아야 한다고 주장한다. 삼위는 분리될 수 없고 영원히 구별되지만 상호 내주하는 완벽한 삼위일체이시다.[50]

그는 여기서도 다른 어느 곳에서도 성령의 호모우시오스를 사용하지 않는다(그 문제 때문에 콘스탄티노플 공의회도 사용하지 않는다).[51] 그러나 그는 그런 결론에 이른다고 말하는데 필요한 모든 것을 주장하고 켈리와 스튜더 모두 그가 성령을 정말 그렇게 간주한다고 인정한다.[52]

이 평가는 그레고리우스가 삼위의 관계들에 대해 갖고 있는 견해와 완전히 조화된다. 여기서 그는 군주정을 유지한다. 왜냐하면, 아버지가 권능의 근원이고 아버지의 권능은 아들이며, 성령은 그 권능의 영이기 때문이다. 따라서 창조는 아버지와 함께 시작했고 아들을 통해 진행되었으며, 성령 안에서 완성되었다.

반면 은혜는 아버지에게서, 아들을 통해, 성령 안에서 나온다. 그래서 성령은 순서상 세 번째이지만 아버지와 아들과 분리할 수 없는 연합 가운데 있다.[53]

『에우노미우스 반박』에서 그는 하나의 제일 원인이신 아버지가 존재한다고 주장한다. 그는 삼위의 관계들을 인과적 의존 관계에 비유한다. 비록 그가 그들이 태양과 거기서 흘러나오는 광선과 같이 동시에 존재하기 때문에 삼위 간에 아무런 시간차가 없다는 말을 덧붙이면서 이것을 한정할지라도 말이다. 하나의 빛과 나머지 다른 빛 사이에 아무런 차이도 없다.

---

50   Ibid., 5:315-19 (PG 45:1301-33).
51   Hanson, *Search*, 786.
52   Studer, *Trinity*, 152; Kelly, *Doctrines*, 261-62.
53   *NPNF*², 5:320-23.

둘 다 완전히 완벽하기 때문이다. 그리하여 하나의 매우 분명한 질서,[54] 즉 부조화에 대한 생각을 전혀 허용하지 않는 오직 하나의 질서가 존재한다. 삼위가 영원히 공존하고 서로 상호 내주하고 있기 때문이다.[55]

정말로, 신조 안에 나오는 "빛에서 나온 빛"과 참되신 하나님에게서 나온 참되신 하나님"이라는 표현들은 "아버지가 되는 것을 제외하고 나머지 전부가 되는" 아들을 언급하는데, 이는 위격의 구별과 존재의 동일함을 동시에 가리킨다.

그레고리우스가 콘스탄티노플 공의회가 끝나고 2년 이내에 이것을 쓰기 때문에, 이것은 동방교회와 서방교회 모두의 의식에 심겨질 구절들에 대한 귀중한 주석이다. 이 질서(taxis)는 삼위일체의 존재의 하나됨과 완전히 일치한다.[56]

또한, 아버지와 아들의 완전한 상호 관계에 대한 그레고리우스의 가르침으로부터 아주 많은 것이 명확해진다. "따라서 우리는 기름부음 받은 그리스도와 그의 기름부음 사이에 아무런 차이도 생각해내지 못하지만 … 아버지 안에서 아들을 영원토록 생각되는 것처럼, … 그 안에서 성령도 생각된다. … 그런 이유로 우리는 거룩한 제자들에게 경건의 신비가 연합과 구별 모두를 표현하는 형태로 남겨졌다고 말한다."[57]

이것은 예배의 모습으로 나타나는데, 거기서 하나님의 한 존재 안에 있는 삼위의 완전한 상호 내주라는 필연적 결과들이 분명히 드러난다. 아버지가 경배 받으실 때 성령과 아들도 경배를 받으신다. 성령이 아버지와 아들과 똑같은 지위를 갖기 때문에, 우리는 삼위 모두를 동시에 경배한다. 또한 그들의 상호 내주 안에서 삼위의 각 위격은 나머지 다른 위격들의 영

---

54 Gregory of Nyssa, *Against Eunomius* 1.34-36.
55 Ibid., 1.42; 2.2.
56 Ibid., 3.4. 그레고리우스는 하나의 신조를 언급하면서, 니케아 신경과 콘스탄티노플 신조에 공통된 어법을 인용한다. 하지만 그는 콘스탄티노플 신조가 그런 것처럼 니케아의 "하나님 중의 하나님"이라는 구절을 생략한다.
57 Ibid., 2.2; 4.8도 참고하라.

광을 추구한다. "유유상종하는 영광의 회전 고리"가 있다.

> 아들은 성령에 의해 영화롭게 되고, 아버지는 아들에 의해 영화롭게 되며, 다시 아들은 아버지로부터 당신의 영광을 얻게 되고 따라서 독생자는 성령의 영광이 된다. … 마찬가지로, 신앙은 그 고리를 완전하게 하고 성령을 통해 아들을 영화롭게 하며, 아들을 통해 아버지를 영화롭게 한다.[58]

삼위 중 어느 위격에 드리는 경배이든 삼위 모두에게 드리는 경배이며, 따라서 한 위격에 대한 경배가 된다.[59]

삼위에 초점을 맞추기 때문에, 그레고리우스가 삼신론이라고 비난을 받는 것은 전혀 놀랄 일이 아니다. 그는 짧지만 흥미진진한 『아블라비우스에게 보내는 "세 분 하나님이 아닌 것"에 대하여』(On "Not Three Gods" to Ablabius) 작품에서, 비방에 대해 자기를 변호할 수밖에 없는 마음을 느꼈는데, 스테드는 이 작품이 콘스탄티노플 공의회 이후에 쓰였졌던 것이라고 간주한다.[60]

그레고리우스는 삼위일체가 공통 인성(common human nature)을 공유하고 있는 세 사람과 비교될 수 있다는 아블라비우스의 제안에 답변한다. 이 유비는 바실이 제안했고 그레고리우스가 직접 인정한 우시아와 휘포스타시스의 포괄적인 정의를 따른다. 나타난 문제점들은 분명하다. 엄청 많은 사람들이 있지만 삼위일체의 오직 삼위만이 언제나 삼위가 존재한다. 그 이상도, 그 이하도 아니다.

---

58   *NPNF²*, 5:324.
59   상호 내주에 관해서는 다음을 참고하라. Verma Harrison, "Perichoresis in the Greek Fathers," *StVladThQ* 35 (1991): 53-65.
60   Stead, "Why Not Three Gods?" 149-63; *NPNF²*, 5:Gre26-27, 331-36 (PG 45:115-36)에 나오는 그레고리우스의 작품을 살펴보라.

게다가, 삼위일체의 위격들은 서로 내주하는데, 사람들은 그것을 행할 수 없다. 사람들은 분리되고 자율적인 인격체이기 때문이다. 이 유비는 삼위일체가 아닌 삼신론을 가리킨다.

그레고리우스가 이 개념을 만지작거리면서도 한정한 것은 그의 강한 플라톤주의 실재론 때문이다. 이에 의하면 보편자들은 하나의 실재뿐 아니라 개별자들보다 탁월함을 지닌다. 이것은 그로 하여금 하나의 신적 존재에 피해를 입히기까지 삼위에 초점을 맞추지 못하게 한다.

모든 카파도키아 교부들 중에서 그는 플라톤주의 특히 플로티누스에 가장 정통해 있었다. 그는 이 사상에 지배되기보다는 오히려 그것을 활용했다.[61] 그는 『(공통 관념들에 대한) 헬라인들 반박』(*Against the Greeks [about common notions]*)라는 단편에서[62] 유비의 약점들을 더 자세히 설명하지만, 여기서는 아블라비우스에게 삼위일체의 사역들이 분할될 수 없다고 역설한다.

위격들 가운데 어느 위격도 나머지 다른 위격들과 별개로 혼자서 일하지 않는다. 하나님의 모든 사역은 아버지로부터 시작되고 아들을 통해 나오며, 성령 안에서 완성된다. 하지만 이것들은 세 개의 다른 것들이 아니라 하나님의 동일한 사역이다.

게다가, 이와 같이 통일된 행위는 하나님을 복수형으로 언급할 어떤 가능성도 배제한다. 아버지가 원인이라고 할 때, 이것은 하나님의 본질을 가리키지 않고 오히려 "존재 방식의 차이"를 가리킨다. 우리는 본질을 분할하지 않지만 단지 아들은 발생에 의해 존재하고 아버지는 발생 없이 존재한다는 사실을 가리킬 뿐이다. 그래서 "원인 개념이 성삼위일체의 위격들을 구별한다."[63] 반면, 신적 본성(본질, 존재)은 "변하지 않고 분할되지 않

---

61 Michael Azkoul, *St. Gregory of Nyssa and the Tradition of the Fathers* (Lewiston, N.Y.: Edwin Melten Press, 1995).

62 PG 45:180-81. 이 유비는 사실상 나지안주스의 그레고리우스에게 논박된다. Gregory Nazianzen, *Orations* 31.15 (PG 36:149).

63 *NPNF*², 5:336; 333-36도 살펴보라; Studer, *Trinity*, 143-44를 참고하라.

으며" 단수형으로 배열되어야 한다.

3. 나지안주스의 그레고리우스

나지안주스의 고레고리우스(Gregory of Nazianzus, 대략 330-391)는 동방교회에서 오롯이 사도 요한과 함께하는 명칭으로 "그 신학자"라 불린다.[64] 바실의 친구였던 그레고리우스는 다방면에 걸친 교육을 받았다. 자기 뜻과는 달리 361년 서품을 받았으며, 은둔하기 위해 자기 책무들을 종종 멀리하던("우리는 그를 소심함에서 방면해 줄 수 없다"[65]) 그는 간단히 말해 공의회에서 잠시 좌장을 맡은 콘스탄티노플의 주교였다. 그 무렵에 아리안주의자들은 한 사람을 고용하여 그를 죽이려 했다.

381년에 그는 콘스탄티노플에서 영구히 명성을 얻은 5번의 설교(『신학적 연설들』[*Theological Orations*])를 했다. 한 전기 작가가 표현한 것처럼, "비판자들은 자기들이 쌓아올린 칭찬들 안에서 서로 겨뤄왔지만, 어떤 칭찬도 그것들 안에서 그들 자신의 최고 사상을 발견해 온 많은 신학자들의 칭찬만큼 높지 않다."[66]

에우노미우스주의자들을 반박하는 첫 번째 신학적 연설에서, 그레고리우스는 하나님 이야기를 위한 원리들에 대해 논의한다. 아리안주의자들은 비천하고 손쉬운 농담거리를 만들어서 대중들 사이에 자기네 사상들을 퍼뜨렸다. 그레고리우스가 보기에, 기독교의 미덕을 실행하는 자들만이 하

---

[64] 영어로 쓰인 최초의 그레고리우스 전기를 보려면, 다음 책을 참고하라. John A. McGuckin, *St. Gregory of Nazianzus: An Intellectual Biography* (Crestwood, N.Y.: St. Vladimir's Seminary Press, 2001). 이 책은 2차 문헌에 대한 광범위한 참고문헌이 들어 있다. 그레고리우스의 삼위일체 교리에 관해서는 이미 인용된 일반 서적들에 더하여 다음을 참고하라. Thomas F. Torrance, *Trinitarian Perspectives: Toward Doctrinal Agreement* (Edinburgh: T & T Clark, 1994), 21-40; Quasten, *Patrology*, 3:236-54.

[65] Hanson, *Search*, 706.

[66] H. W. Watkins(*NPNF*[2], 7:280에서 인용).

나님에 대해 이야기할 자격이 있다.

> 하나님에 대해 철학적으로 사색하는 것은 나의 친구들 모두에게 속한 것이 아닙니다. 모두에게 속한 것이 아닙니다. 이 주제는 비천하고 저급한 것이 아닙니다. 그리고 저는 모든 청중 앞에서, 항상, 모든 곳에서가 아니라 특정한 경우에, 특정한 사람들 앞에서, 특정한 범위 내에서 말을 덧붙이겠습니다.

이것은 묵상의 대가인 사람들, 외부의 모독이 전혀 없는 사람들의 것이며, 이 주제가 실제로 관심 있는 자들을 위한 것이다. 우리는 또한 에우노미우스 합리론자들과 달리 우리 자신에게 시선을 돌려 "우리의 신학적 자아를 다듬어 조각상과 같은 아름다운 상태가 되게 하면서"[67] 우리의 적절한 한계 내에서 철학적으로 사색해야만 한다.

두 번째 담화에서, 그는 누군가 하나님의 본성(본질 또는 존재)을 파악하는 것은 불가능하다고 주장한다.

> 하나님을 상상하는 것은 어렵지만 말로 그를 규정하는 것은 불가능한 문제다.

아주 위대한 주제를 이해하는 것은 아주 불가능하며 실행 불가능하다. 하나님의 존재에 설득되는 것과 하나님의 실체를 아는 것은 전혀 별개의 문제다.[68] 다른 한편, 부정의 방법[69]이 제거된 것처럼 하나님은 인류에게, 아브라함, 이사야, 바울에게 자기를 계시하셨다.

---

67 Gregory Nazianzen, *Orations* 27.3-7 (PG 36:13-21).
68 Ibid., 28.4-17 (PG 36:29-49).
69 부정의 방법을 취할 때, 누군가는 하나님인 것에 대한 어떤 것을 주장하지 않고 하나님이 아닌 것만 말한다.

그레고리우스는 일으킬 수 있던 난제들과 함께 본질과 속성들, 또는 하나님의 활동들에 대한 바실의 구별을 따르는 내색을 전혀 하지 않는다.[70] 하나님에 대한 우리의 지식은 참된 지식이지만 하나님의 본질에 대한 직접적 지식은 아니다. 왜냐하면, 위격들의 특성이 정말로 하나님의 본질에 영향을 미치지 않기 때문이다.[71] 게다가, 우리 육체의 존재는 우리로 하여금 비물질적 실재들을 파악하지 못하게 한다.[72]

우리가 하나님의 본질을 알지 못함은 우리를 교만하지 않게 하고, 하나님을 아는 지식에 대한 우리의 평가를 향상시키며, 지금의 신실한 봉사에 대한 보상으로 내세에 그 성취로 우리를 인도함으로써 인생의 시험들 속에서 우리를 지탱해 주어야 한다.[73] 여기서 그레고리우스는 에우노미우스주의의 합리론을 반박하고 인간 지식의 한계점을 설정한다.

세 번째와 네 번째 연설은 아들에 관한 것이다. 이제 그레고리우스는 자기 자신의 가르침을 드러낸다. 그는 군주정을 긍정하면서 시작한다. 카파도키아 교부들은 아버지를 아들과 성령의 신성의 원인자로 삼아 아버지가 신적 본질의 원천이 되게 했다고 비판을 받아 왔다. 그레고리우스의 마음과 전혀 다르다. 군주정은 "한 사람에게 한정되지 않는다." 그래서 비록 사람들이 수치적으로 구별된다 할지라도 "본질의 분할이 전혀 없다." 여기에 아들과 성령을 아버지에게 종속시킬 수 있는 어떠한 추세도 상쇄시키는 큰 발전이 있다.

아버지는 낳는 자이자 방출자(emitter)이고 아들은 출생된 자이며, 성령은 방출(emission)인데, 이것은 위격들의 관계와 연관되고 본성의 동등성, 곧 본질의 동일성의 맥락에 있다.[74] 아들의 출생은 아버지가 출생되지 않

---

70 Torrance, *Trinitarian Perspectives*, 37-40.
71 Gregory Nazianzen, *Orations* 29.12 (PG 36:89).
72 Ibid., 28.13 (PG 36:41-44).
73 Ibid., 28.17-31 (PG 36:48-72).
74 Ibid., 29.2; 31.13-14; 39.12 (PG 36:76, 148-49, 348).

앉을 때 일어난 반면, 성령의 발현은 아들이 출생되고 나오지 않았을 때 발생했다. 이는 시간을 뛰어넘고 이성을 초월한 것인데, 아버지와 아들과 성령이 존재하지 않았던 적이 없었기 때문이다. 아들과 성령이 아버지로부터 나오지만 아버지를 뒤따라 나오지 않는다.[75]

출생되는 것과 나오는 것은 존재와 함께 동시에 발생한다.[76] 이것은 우리의 이해를 뛰어넘으며, 침묵으로 최고의 경배를 받는다. 하지만 그러한 침묵은 우리가 하나님을 이해할 수 없어서 그의 존재를 받아들이지 않는 것보다 오히려 진리를 부정하지 않는다.[77] 그래서 아버지에 의한 아들의 출생은 그들의 본성의 동일성을 확립한다. 자식은 부모와 동일한 본성을 지니기 때문이다.[78]

그레고리우스는 에우노미우스 합리론에 맞서 하나님의 본질의 불가해성을 계속 주장한다. 아마도 미래의 어느 시점에 우리는 "언제 이 어두움과 둔감함이 제거될지"[79] 알지도 모른다. 주목해야 할 것은 아버지와 아들의 구별이 "본질 외부에" 있다는 점이라고 그는 주장한다. 낳음과 출생됨 (그리고 추론에 따라, 발현)은 위격들(hypostses)의 속성이지 한 본질의 속성이 아니다.[80] 이것은 『아블라비우스에게 보내는 "세 분 하나님이 아닌 것"에 대하여』에서 닛사의 그레고리우스가 관찰한 내용과 비슷하다. 그것은 또 다른 큰 기여이다.

왜냐하면, 위격들의 관계의 영역에 특성들을 배치함으로써 종속에 대한 모든 함의들이 제거되기 때문이다. 이것이 그런 이유는 이러한 특징들, 정확히 말해서 위격들의 특성들이 하나님의 본질을 규정하지 않기 때문이다. 따라서 아버지란 이름은 하나님의 본질이 아니라, "아버지가 아들에

75　Ibid., 29.3 (PG 36:77).
76　Ibid., 29.9 (PG 36:84-85).
77　Ibid., 29.8 (PG 36:84).
78　Ibid., 29.10 (PG 36:85-88).
79　Ibid., 29.11 (PG 36:88-89).
80　Ibid., 29.12 (PG 36:89).

게 서 있는 관계" 및 낳은 아버지와 출생된 아들 사이의 본성의 동일성을 지칭한다.[81] 그 아들은 이 본성의 동일성을 지칭하기 위해, 또한 그가 관계 (*relatio*)의 차원에서 아버지에게 속해 있기 때문에 아들이라 불린다.[82] 따라서 아버지가 아들 없이 존재했던 적이 없었고 아들도 아버지 없이 존재했던 적이 없었다.[83]

『거룩한 세례에 대한 40번 연설』(*Oration 40 in Holy Baptism*)에서, 그레고리우스가 이렇게 말했다.

> 그에게서 동등한 것들의 동등성과 존재 모두 흘러나온다[는 점에서 아버지가 더 위대하다고 말하고 싶었지만] 나는 내가 그를 열등한 것들의 기원으로 삼아서 영예보다 우선하는 것들로 인해 그를 욕보일까봐 기원이란 단어를 사용하기가 두렵다.[84]

그래서 아들은 아버지와 호모우시오스이며, 살아 있는 분의 살아 있는 형상, 전체의 전체 모사이다.[85]

그의 대적자들이 일반적으로 연약함과 종속을 아들에게 돌리는 성경 구절들을 인용했기 때문에, 그레고리우스는 (아타나시우스를 좇아서) 그런 설명들을 위한 경우로 성육신을 지적한다.

> 당신은 숭고한 것을 최고 신성에게 적용해야 한다. … 그러나 비천한 것은 모두 성육신한 그의 합성 상태에 적용해야만 한다.[86]

---

81 Ibid., 29.16 (PG 36:93-96).
82 Ibid., 30.20 (PG 36:128-32).
83 Ibid., 29.17 (PG 36:96-97).
84 Ibid., 40.43 (PG 36:420-21).
85 Ibid., 30.20 (PG 36:128-32).
86 Ibid., 29.18 (PG 36:98).

그는 인성을 덧입었으면서도 여전히 하나님이었다.[87] 그의 인성은 하나님에게 연합되었고 한 위격이 되었기에, 우리는 그가 사람으로 만들어진 한 하나님이 될 수 있을 것이다. 그는 합리론자들의 경고와 함께 결론을 내린다.

> 우리가 믿는 것을 그만두고 단순한 논증의 설득력으로 자신을 지키며, 여러 질문으로 우리의 신앙에 요구할 권리를 파괴할 때, … 언어의 고상함이 그리스도의 십자가를 무효로 한다.[88]

네 번째 연설에서, 그레고리우스는 계속해서 약점과 종속에 대한 여러 비난들에 답변한다. 성경은 여러 번에 걸쳐 그리스도가 아버지의 뜻을 성취했다고 말한다. 이것들은 성육신과 우리를 위한 구원 사역의 견지에서 설명된다.[89]

성령을 다루는 다섯 번째와 마지막 담론은 그레고리우스의 왕관에 박힌 보석이다. 여기에서 영의 항쟁자들(*pneumatomachii*)이 문제가 된다. 여러 시대의 이단들과 공통된 그들의 책략은 성경적 문자주의다. 아리안주의자들, 에우노미우스주의자들, 그리고 마케도니아주의자들은 모두 성경에 호소하면서 니케아 이후의 신학들이 비성경적인 용어들을 사용한다고 주장한다. 그리고 이렇게 지적한다.

> 여러분은 몇 번이고 성경이 언급하지 않는 것을 우리에게 나타낸다"고 그레고리우스는 불평한다. 그는 교부들이 성경을 다루는 과정에서 문자의 이면을 파헤치고 내적 의미를 살폈다[90]

---

87 Ibid., 29.19 (PG 36:100).
88 Ibid., 29.21 (PG 36:101-4).
89 Ibid., 30.5 (PG 36:108-9).
90 Ibid., 31.21 (PG 36:156-57).

그러나 이단자들의 "문사에 대한 사랑은 그들의 불경건을 가리기 위한 외투에 불과하다."[91] 성경은 여러 수사적 표현들과 비유적 표현들을 사용한다. 문자적 해석에 예속되는 것은 잘못된 석의신학 방법이다.[92] 사실상, 이단자들이 하나님을 수식할 때 가장 선호하는 "출생되지 않은"(또는 자존하는, unbogtten)과 "발생되지 않은"(unoriginate)이라는 용어들은 성경에 전혀 나오지 않는다![93]

그레고리우스는 신격화로부터 성령의 신성을 옹호하는 주장을 한다.

구원 안에서 우리는 하나님이 되지만, 성령이 영원부터 존재하지 않는다면 그가 어떻게 나를 하나님으로 만들 수 있거나, 나를 최고 신성과 결합시킬 수 있는가?[94]

성령의 지위에 대한 논란이 자주 발생했다.

> 그러나 우리 가운데 있는 지혜로운 자들에 대해, 어떤 이는 그를 한 행위로, 어떤 이는 한 피조물로, 어떤 이는 하나님으로 생각해 왔다. 그리고 어떤 이는 마치 그것이 이 문제를 어느 쪽으로든 명확하게 하지 않았던 것처럼, 성경에 대한 존경심에서 그를 어느 명칭으로 불러야 할지 불확실했다고 그들은 주장한다. 그러므로 그들은 그를 예배하지도 않고 불신을 갖고 그를 대하지도 않으며, 중립적인 입장을 취하거나 그에 관하여 매우 인색한 태도를 보인다.[95]

그의 대적자들은 인간의 논리가 하나님에 대한 진실을 드러낼 수 있다고 가정하면서 그레고리우스에게 명확한 정의를 내려달라고 부탁했었다.

---

91 Ibid., 31.3 (PG 36:136-37).
92 Ibid., 31.21-24 (PG 36:156-60).
93 Ibid., 31.23 (PG 36:157-60).
94 Ibid., 31.4 (PG 36:137).
95 Ibid., 31.5 (PG 36:137).

그는 성령의 발현과 함께 아들의 출생으로서 하나님에 대한 언어는 일의적 의미로 이해될 수 없다고 응답한다.[96] 결과적으로, 우리는 성령의 발현과 아들의 발생을 규정할 수 없다.

"그러면 발현은 무엇인가?

당신은 나에게 아버지의 출생하지 않음이 무엇인지 말해 달라, 그러면 내가 당신에게 아들의 발생과 성령의 발현의 생리학에 대해 설명해 줄 것이며, 우리는 모두 하나님의 신비를 캐내는 데 광란에 사로잡히게 될 것이다."[97]

그러면, 어떻게 아버지와 아들과 성령은 서로 다른가?

그들의 관계들과 연관된 특성들(출생되지 않은[unbegotten], 출생된[begotten], 나오는[proceeding], 아버지는 출생되지 않은 자[Unbegotten], 아들은 출생된 자[Begotten], 그리고 성령은 나온 자[Proceeding]라는 점에서 서로 구별된다, 역주)은 그들에게 각자의 이름(아버지, 아들, 성령)을 부여했는데, "세 위격의 구별은 최고 신성의 … 한 본성 안에 보존될 수 있다."

이러한 특성들은 그들의 관계들에 영향을 미치지 하나의 동일한 우시아에 영향을 미치지는 않는다.[98] 그레고리우스는 요한복음의 표현을 깊이 생각하는 가운데, 여기서 세 번째 위격의 독특한 특성을 가리키는 새로운 단어(발현, procession)를 만들어 낸다.

"그러면 무엇인가?

성령은 하나님이신가?

확실히 그렇다. 그러면, 그는 동일본질(호모우시오스)인가?

그렇다. 그가 하나님이라면."[99]

---

96 Ibid., 31.7 (PG 36:140-41).
97 Ibid., 31.8 (PG 36:141).
98 Ibid., 31.9; 39.11-13 (PG 36:141-444, 345-49).
99 Ibid., 31.10 (PG 36:144).

바실과 그의 형제가 마지못해 이것을 공개적으로 말했을 때, 아마도 잠재적인 지지자들을 떨어지는 것을 두려워하여 그레고리우스에게 망설임이 전혀 없다.

적절하게도, 그레고리우스는 이제 예배를 고찰하기 시작한다. 성령은 우리가 예배드리고 기도드리는 한 분이다. 따라서 성령에게 드리는 기도는 실제로 자기에게 경배와 기도를 드리는 영이다. 한 분에 대한 경배는 삼위에 대한 경배다. 삼위 가운데 있는 영예와 신성의 동등성 때문이다.[100] 아들과 성령의 신성에 관한 '질문들은 연결-일단 우리가 전자를 인정하면 후자가 따라온다.[101]

> 우리에게 한 하나님이 계시며, 그에게서 비롯되는 모든 것은 우리가 세 위격을 믿고 있지만 하나로 표현된다. 하나가 더 많은 하나님이 아니며 또 다른 것이 더 적은 하나님이 아니다. 하나가 더 이전에 있고 또 다른 것이 나중에 있는 것도 아니다. … 하지만 최고 신성은 … 분리된 위격들 안에 분할되지 않는다. … 우리가 최고 신성, 제일 원리, 또는 단일신(monarchia)을 살펴볼 때, 우리가 생각해내는 것은 하나다. 그러나 우리가 최고 신성이 내주하는 위격들을 살펴볼 때, … 우리가 예배하는 삼위가 존재한다.[102]

삼위 중 어떤 위격도 나머지 다른 위격들보다 더 신적이지 않다는 이 주장이 중요하다. 그레고리우스는 아버지가 제일 원리이기 때문에 아들과 성령이 그들의 신성을 아버지에게서 끌어낸다는 어떤 생각도 잘라 버린다. 그는 바실과 그의 형제가 암시했던 인과적 의존 관계 개념을 회피한다. 제일 원리인 군주정은 최고 신성이며 하나이다. 그래서 칼빈이 지적했던 바와 같이(제2부 제9장 참조), 각각은 그 자체로 하나님이시다.

---

100 Ibid., 31.12 (PG 36:145-48).
101 Ibid., 31.13 (PG 36:148).
102 Ibid., 31.14 (PG 36:148-49).

이 위격들 각각은 본질의 동일성 때문에 일체성—그것에 연합된 것이 그 자체에 못지않은—을 소유하고 있다.[103]

그레고리우스는 독창적이게도 성경이 성령에 대해 비교적 말이 없는 것을 설명하기 위해 계시의 점진적인 역사적 완성을 지적한다.

구약성경은 아버지를 공개적으로 선포했고 아들은 좀 더 모호하게 선포했다. 신약성경은 아들을 분명히 드러냈고 성령의 신성을 암시했다. 이제 성령은 친히 우리 가운데 거하고 우리에게 더 명확하게 자기를 드러내 보이신다. 아버지의 최고 신성이 아직 인정되지 않았을 때 명백히 아들을 선포하는 것은 안전하지 않았다. 성령과 함께 … 우리에게 무거운 짐을 더 지우려고 아들의 최고 신성이 아직 인정되지 않았을 때에도 안전하지 않았다.[104]

이제 예배와 세례가 성령의 신성을 세운다.

왜냐하면, 우리가 영예와 영광이 나누어지지 않는 아버지 하나님, 아들 하나님, 그리고 성령 하나님, 세 위격, 하나의 최고 신성을 예배하기 때문이다. … 만일 그분이 예배 받을 수 없다면 어떻게 그분이 세례로 나를 신격화할 수 있겠는가? 그러나 그분이 예배 받을 수 있다면 확실히 그분은 경배의 대상이 되며, 만일 경배의 대상이라면 그분이 틀림없이 하나님일 것이다.[105]

그레고리우스는 구별된 위격들에 대해 분명히 이해하면서도 분할되지 않는 최고 신성의 일체성을 확고히 고수한다. 그에게 있어, 삼위일체는 추

---

103 Ibid., 31.16 (PG 36:149-52).
104 Ibid., 31.26 (PG 36:161).
105 Ibid., 31.28 (PG 36:164-65).

상적인 수수께끼가 아니라 기독교 신앙의 핵심이요 참된 예배의 중심이다. "그러나 내가 하나님을 말할 때 나는 아버지, 아들, 그리고 성령을 의미한다."[106]

우리는 칼빈이 『기독교 강요』에서 그레고리우스의 『거룩한 세례에 관한 연설』(*Oration on Holy Baptism*)로부터 발췌하여 "나를 대단히 기쁘게 한다"[107]고 말하는 단락으로 결론을 맺는다.

첫째, 우리는 각 위격이 그 자체로 하나님이라는 점에 주목하면서, 아들과 성령의 신성이 아버지에게 유래한다는 어떤 생각도 제거한다.

둘째, 이에 수반된 것은 삼위의 완전한 상호 내주라는 개념이다.

셋째, 하나님의 일체성에서 위격들의 삼위일체로 방향을 바꾸고, 다시 한 가지와 세 가지 동시에 일어나는 사건에 대한 지식을 만드는 그의 방식은 우리가 앞으로 다시 다루게 될 중요한 원리이다. 이것은 하나님의 한 존재에서 세 위격으로 이동하는 서방교회의 움직임과, 반대 방향으로 가는 동방교회의 움직임과 대비된다.

> 나는 연합한 삼위에게 발견되고 삼위를 개별적으로 구성하는 하나의 최고 신성과 권능을 함께하고 일평생 옹호하라고 여러분에게 이 말씀을 전합니다. 실체나 본성에 있어 불공평하지 않고 우월함이나 열등함에 의해 늘어나지도 줄어들지도 않습니다. 모든 면에서 동등하고 모든 면에서 동일합니다. 마치 하늘의 아름다움과 위대함이 하나이듯이 말입니다. 무한한 삼위의 무한한 결합은 그 자체로 생각될 때 각각의 하나님이십니다.
> 아버지로서, 아들로서. 아들로서 성령으로서. 함께 묵상될 때는 세 분의 한 하나님(three one God)이십니다. 동일본질 때문에 각각의 하나님이시고

---

106 Ibid., 38.8 (PG 36:320).
107 John Calvin, *Institutes of the Christian Religion*, trans. Ford Lewis Battles, ed. John T. McNeill (Philadelphia: Westminster Press, 1960), 1.13.17.

단일신론(monarchia) 때문에 한 하나님이십니다. 내가 한 위격을 떠올리자 마자 나는 삼위의 영광으로 조명을 받습니다. 또 내가 그들을 구별하자마자 나는 한 위격에게로 다시 옮겨집니다. 삼위 중 어느 한 위격에 대해 생각할 때, 나는 그를 전체로 생각하며, 내 눈은 가득 채워지고 내가 생각하고 있는 것의 더 큰 부분이 나를 회피합니다. 나는 더 큰 위대함을 나머지 분들에게 돌리기 위해 그분의 위대함을 파악할 수 없습니다. 내가 삼위를 함께 묵상할 때 나는 단 하나의 횃불만 보이고 분할되지 않는 빛을 그냥 구분하거나 재서 나눌 수 없습니다.[108]

4. 카파도키아 교부들의 기여

세 명의 교부들은 공히 아들은 물론 성령의 신성을 널리 인정하게 하여 아리우스에 의해 위험에 빠진 삼위일체론의 위기를 최종적으로 합의하기 위해 준비활동을 했다. 그들이 이 일을 할 때 삼위의 실제적이고 영원하고 인격적인 구별을 명확히 하고 서로에 대한 관계들의 맥락에서 이것들을 설정했다.

하나님은 나누어지지 않는 하나의 존재이지만 연합하고 교류하는 세 위격이시다. 동시에 삼위의 관계들의 측면에서 아버지가 원리요 원천이요 제일 원인이신데, 나지안주스의 그레고리우스는 특히 이것이 하나님의 존재에 영향을 미치지 않기에 삼위 모두가 그 자체로 하나님이라는 점을 조심스럽게 상술했다. 어떤 위격도 나머지 다른 위격보다 더 하나님이고 덜 하나님이지 않다.

따라서 켈리는 이렇게 평가한다.

---

[108] Gregory Nazianzen, Orations 40.41 (PG 36:417).

카파도키아 교부들이 진술한 대로, 아버지로부터 아들을 통해 나오는 이 중 발현 개념은 종속론의 모든 흔적이 빠져 있다. 왜냐하면, 그 설정이 성령의 동일본질에 대해 충심에서 우러나온 인식이기 때문이다.[109]

캐서린 라쿠냐는 이것이 카파도키아 신학에서 각 위격에 대한 것을 의미한다고 지적한다. 각 위격은 "신적인 우시아이고 신적 우시아는 위격으로 존재한다. 그리고 휘포스타시스 없는 우시아는 절대 없다. 하나님으로 존재하는 것은 아들을 낳으시고 성령을 내뿜는 아버지가 되는 것이다."

게다가, 기원의 관계들에 대한 개념은 "다른 위격들이나 신적 본질로부터 단절된, 신적 인격 '자체'(unto itself)에 대해 생각할 수 없게 한다." 그래서 "신적 본질을 그 자체로 또는 홀로 생각할 수 없다."[110]

그러나 사람의 손만한 크기의 구름이 하나님의 가해한 속성들과 하나님의 불가해한 본질을 바실이 구분한 것과 함께 출현했다. 이 구름이 발달하여 나중에 하늘을 어둡게 만들어서 하나님에 대한 우리 지식을 모호하게 만들 위험이 있을 것이다.

우리는 이 책임을 바실에게 떠넘길 수는 없는데, 논쟁은 이후에 팔라미스가 발전시킨 것들이 정확히 카파도키아 신학을 어느 정도 반영하는지에 대한 문제를 둘러싸고 있다.[111]

신적인 속성들에 대한 우리 삼위일체신학자들에 의해 사용된 용어들은 원래 1904년에 홀(K. Holl)에 의해 표현된 이 일람표로 요약할 수 있다.

---

109 Kelly, *Doctrines*, 263; Torrance, *Trinitarian Perspectives*, 27-32도 살펴보라.
110 Catherine Mowry LaCugna, *God for Us: The Trinity and Christian Life* (San Francisco: Harper, 1991), 69-70.
111 제2부 제8장을 보라.

5. 바실: 아버지 됨, 아들 됨 (즉, 매우 적음)

> 닛사의 그레고리우스: 발생하지 않음(Ingenerateness), 독생함, 아들을 통해
> 나지안주스의 그레고리우스: 발생하지 않음, 발생함(Generateness), 발현(procession)[112]

바기온(Vaggione)은 콘스탄티노플의 합의가 카파도키아 교부들이 촉진한 두 가지 발전에 의해 가능하게 되었다고 설명한다.

첫째, 일상 언어와 전문 용어의 차이를 줄인 것이었다. 이 경우에, 전문 용어는 더 평범하게 되었다. 많은 면에서 이것은 신학 용어를 철학적인 예비지식에서 벗어나게 해 주었다.

둘째, 그리고 이와 직접적으로 연관된 것인데, 아타나시우스와 이후 바실리우스에 의한 엄밀함의 완화였다.

용어들의 정확하고 전문적인 정의는 새로운 유창함(fluidity)으로 대체되었다. 하나님의 본성의 실재는 용어를난 다시 만들고 고쳐서 그것을 더 잘 표현하도록 했다. 이것은 하나님에 대해 새롭게 말하는 방식을 널리 받아들이게 했다.

330년대와 340년대에, 니케아 신경의 모호함은 그 신조에 대한 변호를 양태론적으로 보이게 만들어, 결국 사벨리우스주의의 비난을 가능하게 했다.[113] 이것은 니케아 신경의 용인을 가로막는 장애물로 판명되었다.[114]

362년 경에 개발된 더 유려한 어휘는 호모우시우스, 우시아, 휘포스타시스와 같은 용어들이 삼위일체에 대한 새로운 이해의 문을 여는 방법으

112　Hanson, *Search*, 787에서 재인용됨.
113　Vaggione, *Eunomius of Cyzicus*, 364-65.
114　Ibid., 376-78.

로 재공식화하게 했다.

동시에, 용어는 이전의 철학적 철학적인 전제들로부터 자유로워졌다.[115] 우리는 지나는 길에 카파도키아 교부들이 어떻게 다양한 용어들을 사용하여 하나님 안에 하나인 동시에 세 개인 것을 표현했는지 보았고, 아타나시우스가 어떻게 지지받고 있는 것이 지지받은 것으로 된 엄밀한 언어보다 더 중요하다는 것을 깨닫게 되었는지 주목해 왔다.

전체적으로 보면, 360년에서 381년 사이에 결정적인 돌파구가 발생했는데, 그것은 온 교회에 지울 수 없는 인상을 남겼을 것이다. 이제 381년 콘스탄티노플 공의회에 대해 고찰해 보도록 하자.

---

115 Ibid., 364-67. 하지만 우리는 카파도키아 교부들이 광범위한 용어들(*ousia*뿐 아니라 *physis*와 *theotēs*)을 사용하여 하나님이 한 분이 되는 방식을 표현했을 뿐 아니라, 비슷한 범위(*hypostasis*뿐 아니라 *idiotētēs*와 *prosōpon*) 내에서 하나님이 세 분이 되는 방식을 표현했다는 점을 인정해야 한다. Joseph T. Lienhard, "*Ousia and Hypostasis*: The Cappadocian Settlement and the Theology of 'One *Hypostasis*,'" in *Trinity*, ed. Davis, 99-121 을 보라.

◆ 주요 용어들

전체 용어 해설이 이번 장과 관계가 있다.

◆ 깊이 생각할 문제

나지안주스의 그레고리우스는 어떻게 성령의 신성을 옹호하는가?

◆ 더 읽으면 좋은 책

1. Gregory of Nazianzus, *The Five Theological Orations*. The best translation is Frederick Williams and Lionel Wickham, trans., *St. Gregory of Nazianzus: On God and Christ* (Crestwood, NY: St. Vladimir's Seminary Press, 2002).
2. Stephen M. Hildebrand, trans., *On the Holy Spirit: St. Basil the Great* (Yonkers, NY: St. Vladimir's Seminary Press, 2011).

제5장

콘스탄티노플 공의회

381년 초에 새로운 황제 테오도시우스 1세가 콘스탄티노플로 동방교회의 한 위원회를 소집하여 니케아 신앙에 기초해서 통합하려고 시도했다. 그 위원회는 5월, 6월, 7월에 모였다. 불행하게도, 이 절차에 대한 공식적인 기록이 전혀 남아 있지 않다. 그 조직은 범교회적인 대표단도 아니었고 범교회적인 위원회로 인정받지도 않았다.

서방교회의 대표단이 전혀 없었고 특히 로마 출신은 한 명도 없었다. 처음에 유일하게 참석한 주교들은 소아시아, 서 시리아, 팔레스타인 출신이었다. 비록 나중에 이집트, 특히 알렉산드리아에서 몇 명, 일리리쿰(Illyricum, 아드리아 해 동쪽 해안에 위치한 로마의 일리리아 주에 위치한 한 도시, 역주)에서 조금 도착했을지라도 말이다. 하지만 550년 경 이 회합은 보통 범교회적이라고 간주했다.

가장 크고 유력한 대표단은 안디옥 출신이었기 때문에, 안디옥의 주교인 멜레티우스가 좌장을 맡았다. 그는 영의 사람들(*pneumatomachii*)을 결사 반대했다. 그러나 그는 위원회가 시작하고 나서 바로 죽고 말았다. 니지안주스의 그레고리우스가 이 자리를 대신했는데, 그는 니케아 신앙을 받아들이라는 테오도시우스 황제의 요구를 거부한 바 있는 전직 아리우스파 주교의 퇴임 후에 콘스탄티노플의 주교로 임명되었었다.

그레고리우스는 정치적으로 서툴고 완고하며 우유부단한 절망스러운 지도자였다. 그는 공공 사업의 큰 소용돌이보다 수도원의 은둔을 더 선호했다. 위대한 학자이자 설교자인 그레고리우스는 교회 정치의 격동기에 어쩔줄 몰라했다.

놀랍지 않게도, 위원회는 요동하다가 혼란에 빠지기 시작했다. 회의의 동향이 자신을 반대하는 것을 보고, 그레고리우스는 갑작스럽게 위원회의 좌장직과 콘스탄티노플의 주교직을 사임함으로써 동료 주교들을 깜짝 놀라게 했다. 훌륭하고 통렬한 고별 연설 후에, 그는 계속적인 갈채를 자극하는 방식으로 황제와 결집한 다른 고위 성직자들에게 자신의 공식적인 사표를 제출하고 나지안주스로 돌아왔다.

그는 신조를 찬성하지 않았고 위원회를 약간 경시했지만, 은둔생활을 하면서 자신의 도피를 변호하는 글을 썼고 당시의 신학적인 문제에 대한 결정적이고 확고한 주석을 마련하기 위해 자신의 연설문들을 편집했다.[1] 이런 식으로, 그는 윈스턴 처칠의 전조가 되었는데, 처칠은 2차 세계 대전 당시에 자기 자신이 역사를 쓰고 있기 때문에 역사가 자기를 호의적인 관점으로 묘사할 것이라고 확신 있게 예측했다.[2]

위원회에 있어 아주 중요한 쟁점은 마케도니아 사람들 또는 영의 사람들과의 관계였다. 어떤 이들은 테오도시우스 황제가 고트족의 위협에 직면하여 자기 제국의 응집력을 유지함에 있어 중요한 요소인 교회의 될 수 있는 한 가장 광범위한 일치를 확보하기 위해 위원회가 융화하는 기조를 채택하기 원했다고 주장해 왔다.

결국 이것이 그랬든 그렇지 않았든, 회유는 보장할 수 없음이 입증됐다. 위원회는 네 개의 중요한 규범을 통과시켰다. 주교들의 활동은 자기 교구

---

[1] John A. McGuckin, St. *Gregory of Nazianzus: An Intellectual Biography* (Crestwood, N. Y.: St. Vladimir's Seminary Press, 2001).

[2] See, *inter alia*, Roy Jenkins, *Churchill: A Biography* (New York: Farrar, Straus and Giroux, 2001), 819.

들로 제한받아야만 했다. 견유학파 막시무스는 정죄를 받았다. 콘스탄티노플의 주교는 "콘스탄티노플이 새로운 로마이기" 때문에 로마의 주교에게 경의를 표하며 두 번 공표된다.

첫째 규범은 신학에 관한 것인데, 니케아 교의를 재확인하고 에우노미우스주의자들, 무정부주의자들, 아리우스주의자들, 유독시아주의자들, 마케도니아 사람들, 사벨리우스주의자들, 마르셀리우스주의자들, 포티니우스주의자들, 그리고 아폴리나리우스주의자들을 정죄한다.

1. 신조

오늘날까지 널리 니케아 신경로 잘못 불려진 것과 니케아-콘스탄티노플 신조로 더 적절하게 기술된 것이 동방교회와 서방교회 전역에 다시 인용되고 있다. 이 신조는 이 위원회와 연결돼 있다.

하지만 이 위원회가 계속 그런 신조를 만들어 냈는지에 대한 성가신 문제를 제기한다. 신조에 대한 첫번째 언급은 기껏해야 451년이다. 같은 해 칼케돈 공의회의 의사록은 모인 주교들에게 콘스탄티노플에서 만난 150명의 교부들의 신앙으로 읽어 주고 있는 콘스탄티노플의 대부제(archdeacon)를 기록하고 있다.

20세기 중엽까지 대다수의 학자들은 그 기원이라고 평판이 있는 것을 논박했다.[3] 그것이 381년 위원회에서 연구되고 있다는 기록이 전혀 없다. 비록 그것이 현존하는 의사록이 전혀 없기 때문에 처음에 추정될 수 있는 것보다 덜 입증된다고 하더라도 말이다.

그러나 이 사건들에 가장 친숙한 교회사가들-초기 5세기의 소크라테스와 소조멘-은 이에 대해 언급하지 않는다. 정말로, 381년에서 451년까지

---

3 J. N. D. Kelly, *Early Christian Creeds* (London: Longman, 1972), 305-12.

위원회들뿐 아니라 신자들에게서도 침묵이 지배한다. 어떤 이는 374년에 작성된 작품에서 에피파네스에 의해 인용된 실제로 동일한 신조를 지적했지만, 나중에 학문은 이 신조를 콘스탄티노플보다는 니케아 신경에 더 가깝다고 간주한다.

하지만 켈리는 콘스탄티노플 신조의 콘스탄티노플 기원을 지지하는 강력한 논증을 만들어낸다.[4] 칼케돈에서 교부들은 왜 대부제가 그들에게 제시한 그 기원에 대한 설명을 받아들였는지 그는 묻는다. 그들은 불필요한 신조들을 만드는 일에 반대하는 것으로 알려졌다. 아무도 그 당시에 그것에 대해 의심하지 않았다.

핸슨이 주장한 바와 같이, 우리는 콘스탄티노플의 대부제가 자신이 속한 도시의 위원회가 행한 것을 알기를 기대해야 한다.[5] 게다가, 이 위원회에서 발단이 되어 오직 로마에게만 경의를 표하여 두 번째가 되어야 한다는 콘스탄티노플의 주장에 대한 로마와 특히 알렉산드리아의 적대감은 그 신조가 왜 질투심이 많은 경쟁국들에 의해 한 동안 압력을 받았을지를 설명하는 데 도움이 된다.

세월을 거치면서 널리 사용된 "니케아 신앙"이라는 표현은 언제나 니케아 공의회 자체에만 적용되지 않았고 그 가르침의 일반적인 궤도를 따르는 모든 것에 적용되었다. 이런 관행을 생각하면, 니케아의 정신을 좇았던 규범집이 왜 얼마 동안 그 배경 속에 남아 있었는지를 쉽게 알 수 있다.

콘스탄티노플 공의회는 그 자체를 새로운 가르침을 공포하는 것이 아니라 오히려 단지 다른 규범집과 함께 니케아를 채택하는 것으로 보았을 것이다. 그 엄밀한 표현보다도 니케아의 가르침이 중요한 것으로 간주되었다.[6] 콘스탄티노플 신조가 이미 존재—그 용어의 유입이 의식적인 용도를

---

4 Ibid., 312-31.
5 R. P. C. Hanson, *The Search for the Christian Doctrine of God: The Arian Controversy 318-381* (Edinburgh: T & T Clark, 1988), 813.
6 Hanson, *Search*, 817-18.

암시한다―했고 당시 공의회가 아마도 콘스탄티노플에서 닛사의 그레고리우스의 후계자인 넥타리우스가 세례 받을 때 사용함으로써 그것을 채택했다는 것이 충분히 있을 수 있다.

켈리는 마케도니아 인들에게 승리하기 위해 사용되었다고 주장하면서 (그리하여 신학적인 타협이 있을 때 닛사의 그레고리우스의 혹평들이 있었다), 또 거의 모든 표현 속에 그레고리우스의 성령론을 채택하면서, 니케아 신앙이 콘스탄티노플 신조의 형태로 비준되었다고 제안한다. 나는 또한 닛사의 그레고리우스가 지은 세 번째 책 『에우노미우스 반박』(*Against Eunomius*)에서 콘스탄티노플 신조에 대한 매우 이른 언급의 암시가 있다고 제안할 수 있을 것이다.

그 책에서 그는 아버지와 아들의 실체의 동일성을 고백할 때, "우리의 단순하고 소박한 신앙의 진술"에서 "빛 중의 빛, 참 신 중의 참 신"이라는 어구들을 언급한다. 이 구절들은 니케아 신경와 콘스탄티노플 신조에 모두 나오지만, 두 요소는 콘스탄티노플 신조를 가리킬 수도 있다.

우리는 그레고리우스가 위원회가 열리기 직전에 이 작품의 부분들을 단편 모음집으로 읽었다는 사실을 알고 있지만 이것은 처음 두 책으로 구성되었다. 왜냐하면, 그가 이후 2년이 지날 때까지 나머지 부분을 쓰지 않았기 때문이다.

게다가, 그레고리우스는 니케아 신경에서 "신 중의 신"이라는 구절을 삭제하는데, 콘스탄티노플 신조에서도 생략된다. 만일 그렇다면, 이것은 우리가 콘스탄티노플 신조에 대해 갖게 된 가장 이른 입증이며, 가장 신뢰할 만한 것이리라. 그레고리우스가 공의회 내내 참석했고 거기서 주도적인 역할을 했기 때문이다.[7]

---

7 Gregory of Nyssa, *Against Eunomius* 3.4 (my translation). See McGuckin, *St. Gregory of Nazianzus*, 349-50; Johannes Quasten, Patrology, vol. 3, *The Golden Age of Greek Patristic Literature from the Council of Nicaea to the Council of Chalcedon* (Westminster, Md.: Christian Classics, 1992), 254-96.

그 이듬해에 공포된 회의의 서한과 콘스탄티노플 신조의 관계는 무엇인가?

중요한 차이점은 그 서신의 명확하고 모호하지 않은 주장들과 비교하여 성령에 관한 콘스탄티노플 신조의 온화한 어조-그가 아버지와 아들과 동일본질이라는 언급이 전혀 없고 하나님으로 불리지도 않는다-다. 그런데 이것은 정확히 콘스탄티노플 신조가 회피했던 주장들을 진술한다.

가장 일반적인 논제는 위원회가 될 수 있는 한 폭넓은 수용을 확보하는 시도를 하여 어떤 이들 특히 마케도니아 인들을 공격할 수 있는 기간을 지연시켰다는 점이다. 이듬해까지 이론이 진전되어 감에 따라, 이 사람들은 스스로 위원회에 아주 적대적이어서 더 절충하는 것이 불필요하고 규제의 가치가 더 이상 없었다는 것을 보여 주었다.

이것은 콘스탄티노플 신조가 마케도니아 인들에게 승리하려는 시도였다는 추정에 기초한다. 하지만 이것이 신조에 대한 오해라는 타당한 근거들이 있다. 그것은 또한 마케도니아 인들이 위원회가 취하고 있는 노선을 거부하며 그곳을 떠났다는 사실을 간과한다. 그들과 니케아 인들 사이의 불화가 이미 발생했었고 위원회가 끝난 이후에도 미뤄지지 않았다.[8]

또 다른 각도에서 볼 때, 콘스탄티노플 신조와 니케아 신경의 관계는 무엇인가?

콘스탄티노플 신조는 종종 단지 니케아 신경의 확장과 갱신으로 간주되어 왔다. 이것은 그렇지 않다. 콘스탄티노플 신조는 니케아 신경에 있는 아주 많은 단어들과 구절들을 삭제한 반면, 전혀 상반되지 않는 더 많은 진술들을 도입하고 있다. 콘스탄티노플 신조에서 약 5분의 1정도 되는 단어만이 니케아 신경로 소급될 수 있다. 가장 큰 차이점은 콘스탄티노플 신조에서 성령을 다루는 더 큰 부분이다.

---

8   Hanson, *Search*, 817-18.

켈리는 콘스탄티노플 신조가 단순히 수정한 것이 아니라 그 편집가들이 새로운 것이라고 여기지 않았을지라도 완전히 새로운 문서라고 정확히 진술한다.

왜냐하면, 그들이 언어의 정확함에는 별 관심이 없고 신학적인 조화에 더 관심이 많았기 때문이다.[9] 니케아 신경에서 두 개의 중요한 문구-"아버지의 본질(우시아)로부터"와 "하나님에게서 나온 하나님"(God from God) -가 삭제되었다.

콘스탄티노플 신조에서 도입된 일부 단어들과 어구들은 중요하다. 예를 들어, "그 나라가 끝나지 않을 것이며"라는 구절은 분명 아들의 나라는 아버지에게 양도할 때 끝날 것이라는 사벨리우스의 말처럼 들리는 앙키라의 마르셀루스 생각과 반대된다.

만일 콘스탄티노플 신조의 편집가들이 단지 니케아 신경를 개선하기를 원했더라면 결코 도입되지 않았을 아주 많은 사소한 차이점들이 두 신조 사이에 존재한다. 간단히 말해서, 공의회는 진실로 범교회적인 그 자체의 유일한 신조로 구성 또는 채택했고 "기독교 제국의 갈라진 의복의 넝마조각들을 이어놓은 몇 안 되는 옷들 중 하나"라고 동서방교회에서 공히 고백했다.[10]

다음은 니케아-콘스탄티노플 신조의 표현이다. 때는 아마도 4세기의 심한 격동을 해결했던 콘스탄티노플 공의회(381)에서 비롯되었을 것이다.

> 우리는 한 분이신 아버지 하나님을 믿습니다.
> 그분은 전능하셔서, 하늘과 땅과, 이 세상의 보이고 보이지 않는 모든 것을 지으셨습니다.
> 우리는 한 분이신 주 예수 그리스도를 믿습니다.
> 그는 모든 시간 이전에 아버지에게서 나신, 하나님의 독생자이십니다.

---

9   Kelly, *Creeds*, 301-5, 325; Hanson, *Search*, 820.
10 Kelly, *Creeds*, 296.

그는 하나님에게서 나신 참하나님이시요, 빛에서 나신 빛이시오, 참하나님에게서 나신 참하나님이시며,
아버지와 같은 분으로, 낳음과 지음 받은 분이 아닙니다.
오히려 그를 통해서 만물이 지음 받았습니다.
그는 우리와 우리의 구원을 위하여 하늘로부터 내려오시어, 성령의 능력으로 동정녀 마리아에게서 태어나, 참인간이 되셨습니다.
우리 때문에 본디오 빌라도 치하에서 십자가형을 받아, 죽임을 당하고 묻히셨으나, 성서의 말씀대로 사흘 만에 부활하셨습니다.
그는 하늘에 올라 아버지 오른편에 앉아 계십니다.
그는 산 이와 죽은 이를 심판하러 영광 가운데 다시 오실 것입니다.
그리고 그의 나라는 끝이 없을 것입니다.
우리는 주님이시며, 생명을 주시는 성령을 믿습니다.
성령은 아버지로부터 나오시어, 아버지와 아들과 더불어 예배와 영광을 받으시고,
예언자들을 통하여 말씀하고 계십니다.
우리는 하나이고, 거룩하며, 보편적이고, 사도적인 교회를 믿습니다.
우리는 죄를 용서하는 한 세례를 믿습니다.
우리는 죽은 이들의 부활과, 오고 있는 세계에서 살게 될 것을 믿습니다.
아멘.[11]

---

11 Translation by Hanson from the Greek text printed by G. L. Dosetti, *Il simbolo di Nicaea e di Constantinopoli*, 1967, 244f., quoted in *Search*, 815-16.

2. 신조의 신학

우리는 콘스탄티노플 신조가 니케아 신경와 매우 다르다는 점을 주목했다. 우선, 많은 부가 어들이 있다. "성령과 동정녀 마리아에 의해"라는 구절이 아폴리나리우스를 반대하는 첨언으로 간주돼 왔지만, 그럴 가망성이 낮다.

아폴리나리우스는 주저하지 않고 이것을 받아들였을 것이기 때문이다. 그는 재빨리 예수님의 동정녀 탄생과 성령에 의한 잉태를 받아들였다. 그가 부인한 것은 인간 영혼의 실재였다. 실제로, 이 단어들이 공의회가 채택한 기존의 문구 안에 이미 있었다는 것을 제외하고 이 부가어에 대해 준비된 설명이 없었다.

우리는 "그리고 그의 나라에 끝이 없을 것이라"라는 그리스도에 대한 표현이 앙키라의 마르셀루스를 반대할 의도였음을 봐왔다. 나머지 다른 부가어들은 한 가지를 제외하고 전부 사소한 것이어서 니케아 신경보다 이 신조를 위한 다른 기초를 가리킨다. 전혀 사소하지 않은 한 가지 부가어는 성령을 다루는 세 번째 항목이다. 이것은 마케도니아 인들이 일으킨 많은 논쟁들에 의해 설명된다. 공의회는 그밖에 무슨 일을 했을지라도 이런 질문들에 답변할 수밖에 없었다.

니케아 신경에 삭제된 것들은 약간의 설명을 필요로 한다. 단연코 가장 명확한 삭제는 아들을 지칭하는 "아버지의 본질(우시아)로부터"라는 구절이다. 이 삭제에 기초해서, 하르낙은 콘스탄티노플 신조가 동일본질의 문서가 아니라 유사본질의 문서라고 주장했다. 그가 평가하기에, 공의회는 아들이 아버지의 동일본질(호모우시우스)에 속한다고 주장한 준비가 되어 있지 않았다.

하지만 이 논증은 하르낙이 상상했던 것만큼 강력한 논증이 어디에도 없다. 핸슨이 지적한 바와 같이, 유사본질을 주장하는 자들은 호모우시우스라는 용어를 반박하는 동안 사실상 해당 표현을 용인할 수 있다고 생각했다. 그것은 내용의 뼈대가 아니었다.[12] 이 구절의 삭제에 대한 가장 합리적인 추측은 콘스탄티노플 신조가 예전을 위한 교리-이것은 리듬의 흐름이 있다-로 시작하여 공의회가 니케아 신경의 정확한 어구를 반복하는 것을 불필요하다고 여겼을지 모른다.

신조의 세부 항목들에서 신조의 신학으로 이동하면서, 우리는 그 시대의 특별한 필요가 성령에 대한 더 공범위한 언급을 요구했음을 상기한다. 우리는 황제의 압력이었건 의도적인 계획이었건 공의회가 이 문제를 놓고 마케도니아인들에게 융화하는 노선을 채택한 것에 대해 회의적이었다. 1년 후에 성령의 동일본질이 교회 편지 안에 명백히 언급되었다.

핸슨이 제안한 바와 같이, 아버지와 아들과 함께 성령을 예배하는 구절은 마케도니아인들에게 수용될 수 없었다. 그들은 성령이 일종의 피조물이기 때문에 경배 받을 수 없다고 생각했다. 해당 구절은 마케도니아인들을 융화시키려는 것이 아니라 배제시키려고 고안되었다.[13]

하지만 전체적인 콘스탄티노플 신조는 될 수 있는 한 비방하지 않고 조심스러운 어조로 성령의 신성을 가르치려고 한다. 수많은 구성 요소들이 이 관점을 지지한다.

첫째, "주님"이란 칭호는 "주님이요 생명을 주시는 자"인 성령에게 적용된다. 퀴리오스(주님)는 관례상 이스라엘의 하나님인 여호와를 가리키는 헬라어다.

둘째, 성령이 "아버지와 아들과 함께 경배와 영광을 받으신다"는 진술은 『성령에 대해 세라피온에게 보내는 편지』에서 아타나시우스가 한 설명들을 재현한다.[14]

---

12   Hanson, *Search*, 817-18
13   Ibid., 818.
14   Athanasius, *Letters to Serapion on the Holy Spirit* 1.31 (PG 26:601). See also Basil of Caesarea, *Letters* 90.2 (PG 32:473).

이 구절은 실제 위격적인 구별들을 강조하지만 예배를 통일시키는데, 그것은 동일하다. 이것은 의심할 여지없이 성령을 신성의 편에 세운다. 그가 구체적으로 동일본질이라고 불리지 않지만 명시적이든 직접적인 함의이든 그 용어와 함께하는 모든 것이 존재한다.[15]

정통주의 계열에 속한 모든 사람이 아주 많은 단어들 안에 성령을 "하나님"이라고 부르는 것에 대해 여전히 썩 편하게 생각하지 않는 반면(당시의 다양한 견해에 대해 나지안주스의 그레고리우스가 설명한 것들을 기억하라), 382년에 나온 교회 서한은 모호한 것을 모두 제거했다. 거기에 이렇게 쓰여 있다.

우리는 세 분의 가장 완벽한 휘포스타시스 또는 세 분의 완전한 위격(프로소포이스) 안에 아버지와 아들과 성령의 한 실체(우시아)가 있다고 믿는다.[16]

게다가, 공의회에서 나지안주스의 그레고리우스가 행한 재앙과 같은 역할에도 불구하고-또는 어쩌면 그것 때문에-신조는 그레고리우스의 관점에 따라 해석하기로 되었으며, 성령의 신성에 대한 바실의 침묵을 단호하게 포기했다.[17]

신조는 성령에 아버지에게서 발현하기 때문에 아버지의 군주권을 간접적으로 언급한다.[18] 동시에 이 진술은 마케도니아인들과 상반되고 모순되는데, 그들은 성령이 아들의 피조물이라고 주장했다. 성령이 아버지에게서-암묵적으로 아버지의 본질에서- 발현한다고 하는 것은 성령을 아들에

---

15 Bertrand de Margerie, *The Christian Trinity in History*, trans. Edmund J. Fortman (Petersham, Mass.: St. Bede's Publications, 1982), 105-6; Basil Studer, *Trinity and Incarnation: The Faith of the Early Church*, trans. Matthias Westerhoff, ed. Andrew Louth (Collegeville, Minn.: Liturgical Press, 1993), 157.
16 De Margerie, *Christian Trinity*, 107, citing J. Alberigo, *Conciliorum oecumenicorum dercreta* (Rome: Herder, 1962), 24. See Studer, *Trinity*, 158.
17 De Margerie, *Christian Trinity*, 106: "The council made its own the doctrine that we already saw set forth by St. Gregory of Nazianzus."
18 Boris Bobrinskoy, *The Mystery of the Trinity: Trinitarian Experience and Vision in the Biblical and Patristic Tradition*, trans. Anthony P. Gythiel (Crestwood, N. Y.: St. Vladimir's Seminary Press, 1999), 249-50.

의해 만들어진 것들 밖에 위치시킨다.[19] 더욱이 성령의 인격성은 성령이 선지자들을 통해 말씀하셨다는 언급으로 알게 된다.[20]

드 마게리가 지적한 것처럼, 신조는 새로운 차원을 도입한다. 이단이 더 이상 말해진 것이나 가르쳐진 것에만 국한되지 않고, 이제는 말해지지 않고 가르쳐지지 않은 것에도 적용되기 때문이다. 성령이 아버지와 성령과 함께 경배 받으셔야 한다고 가르치지 않는 것은 기독교 신앙의 범위를 벗어난다.[21]

성령은 또한 창조와 은혜에 있어 아버지와 아들과 동등하시다. 아버지는 만물의 조아들이신 반면, 주 예수 그리스도는 만물을 존재하게 한 방편이시고 성령은 생명의 주님이시요 수여자이시다. 창조는 삼위일체 전체의 사역이며, 삼위 모두는 만물의 창조에 능동적으로 관여하신다. 게다가, 생명의 주님이시요 수여자가 되심으로 아버지와 아들과 함께 만물을 창조하심에 있어, 성령은 또 다시 하나님의 범주에 명확하게 포함된다.

다른 한편, 눈에 띄는 삭제 조항들이 있다. 맥구킨이 지적한 바와 같이, 성령의 동일본질의 부재와 그의 하나님 되심에 대한 직접적인 언급이 없는 것에 더하여, 아타나시우스와 카파도키아 교부들이 증거했던 삼위의 상호 내주에 대한 언급이 전혀 없다. 또 신조는 위격들의 속성은 그들 사이의 관계들과 연관되고 하나의 신적 본질에 영향을 미치지 않는다고 두 명의 그레고리우스가 했던 주장들도 언급하지 않는다.

나지안주스의 그레고리우스의 일시적인 실패를 강조하는 경향이 있는 맥구킨은 이것을 겁쟁이 바실과 그 형제들 신학의 승리이고 나지안주스의 그레고리우스의 거절이라고 생각하지만,[22]

---

19 Studer, *Trinity*, 157.
20 Ibid., 157-58; Bobrinskoy, *Mystery*, 249-50.
21 De Margerie, *Christian Trinity*, 107.
22 McGuckin, *St. Gregory of Nazianzus*, 350-69; but see Hanson, *Search*, 818-19.

켈리와 핸슨과 스투더와 보브린스코이와 드 마게리는 맥구킨의 주장에 동의하지 않는다. 만일 켈리의 논제가 옳고 그가 그것을 찬성하는 유력한 증거를 배열한다면, 우리는 공의회가 혁신적인 그 길에서 나오지 않았을 것이라고 결론지어야 한다. 그것은 이전의 문구를 채택하는 것에 만족했다.

382년의 교회 서한은 그 의도가 무엇이었으며, 이 의도가 나지안주스의 그레고리우스의 신학과 더 일치했다는 점에 대해 좀 더 많은 실마리를 제공한다.

정말로, 맥구킨은 신조가 어느 경우에 나지안주스의 그레고리우스의 견해들에 맞게 해석돼 왔고 해석된다는 점에 다음과 같이 동의한다.

> 고대 교회의 계속되는 역사에서 (그레고리우스의) 이 다섯 개의 연설은 381년의 교회 신조가 말해야만 했던 것에도 불구하고 삼위일체 정통 교리에 대한 궁극적인 진술로 채택되었다. 성령의 동일본질을 가르치는 그레고리우스의 뻔뻔함에 대해 명확하게 명시적으로 비난했던 신조가 이어지는 신학의 역사에서 그레고리우스의 연설의 관점에서 아주 엄밀하게 해석하게 되었다는 것은 섭리적으로 아이러니한 일이다. … 그는 자기 작품이 기독교 정통주의의 토대들로 세워지게 될 방식을 결코 상상하지 못했다. … 그를 따라 수 세기 동안 이 연설들은 모든 동방교회 학파의 삼위일체의 주요 교과과정이 되었고 대부분의 서방교회에 아주 중요하게 되었다.[23]

---

23 McGuckin, *St. Gregory of Nazianzus*, 277.

3. 삼위일체적 정리가 가지고 있는 함의들

삼위일체적 정리의 관점에서 볼 때, 동등하게 궁극적인 것으로 균형을 유지하기 위한 많은 조건들이 있다. 단 한 조건의 위반으로도 큰 문제들이 발생한다.

1) 한 존재, 세 위격

하나님이 한 존재(본질, essence는 '존재하다'를 의미라는 esse에서 왔다)라는 것은 성경적인 배경에서 보면 자명하다. 하나님의 한 존재가 개별적인 세 위격으로 영원히 구성된다는 것은 교부들이 구원에 필수적인 것으로 여겼던 문제다. 그렇지 않으면 하나님 계시의 진리와 신빙성이 파괴될 것이기 때문이다. 창조와 구원은 성경에서 하나님의 사역으로 제시된다.

아들과 성령이 아버지와 더불어 두 영역에서 인격을 갖춘 직접적이고 개별적인 행위자들이기 때문에, 세 위격 모두 신성의 지위를 갖고 있다는 점은 당연한 것이 된다. 교회의 오랜 성찰 후에 좀 더 정확한 설명이 이루어졌는데, 이 성찰은 고려하여 받아들일 수 없다고 판명된 제안들로 촉진되었다.

세 위격이 모두 하나님이기 때문에, 두 가지 상반되는 방향에서 이 질문에 접근할 수 있을 것이다. 하나님은 세 위격으로 존재하는 한 존재(이것은 서방에서 더 선호된 길로 입증될 수 있었다)이시라거나 하나님은 동시에 분할되지 않는 한 존재(이것은 동방에서 더 호의적인 접근방식이었다)로서 세 위격이시라고 표현될 수 있을 것이다. 하지만 두 접근법 모두 똑같이 타당하다.

한 편에서 볼 때, 하나님은 한 존재이시며 세 위격이신 반면, 다른 각도에서 보면 하나님은 세 위격이시며 한 존재이시다.[24] 그 이유를 알려면,

---

24 Thomas F. Torrance, *The Christian Doctrine of God: One Being, Three Persons* (Edinburgh:

이어지는 논의가 도움이 될 것이다.

아들 또는 성령이 완전한 하나님이시라고 교회가 말할 때, 이것은 하나님의 전 존재가 남은 부분 없이 각 위격 안에 계심을 의미한다. 하나님이신 모든 것, 여지껏 하나님이라고 말해질 수 있는 모든 것은 희석되거나 감해지지 않고 마치 아버지의 인격과 함께하시는 것처럼 아들의 인격을 구성하고 또 성령의 인격도 구성한다. 삼위일체의 각 위격은 단독으로 검토할 때 결단코 100퍼센트 하나님이시고 동시에 하나님의 100퍼센트가 각 위격 안에 계시다. 하나님 전부가 각 위격 안에 계시고 각 위격은 온전한 하나님이시다.

동시에, 하나님의 한 존재는 단일하고 나누어지지 않는다. 하나님은 창조된 존재에게 발생할 수 있는 것처럼 나머지 부분을 남겨놓은 채 하나님의 부분을 잘라 내거나 떼어 낼 수 없다. 예를 들어, 사람의 콩팥을 원 소유주에게서 떼서 다른 사람에게 이식할 수 있다.

그런 일은 하나님에게는 불가능하다. 그분은 나누어질 수 없다. 이것이 아버지와 아들과 성령이 개별적으로는 물론 함께 하나님의 전부를 구성하는 이유다. 하나님은 합산해서 그분의 존재 전체보다 적은 몇 개의 위격으로 배분될 수 없다. 결과적으로, 하나님 전체가 각 위격 안에 계시고 각 위격은 전체 하나님이시다.

이를 통해 세 위격들 중 어느 한 위격 안에 있는 하나님과 세 위격 전체 안에 있는 하나님이 같다고 볼 수 있다. 이런 근거는 단 하나의 신적 본질 또는 존재가 있기 때문이다. 그러므로 하나님 아버지를 묵상할 때 우리는 온전히 완벽하게 하나님이신 분을 묵상하고 있는 것이다.

동시에, 우리는 하나님 전체를 고찰하고 있는데, 그분은 우리 자신의 이해력을 무한히 초월하신다. 아버지 안에 계신 것 이상의 하나님이 존재하지 않기 때문이다. 마찬가지로, 아들 하나님을 묵상할 때 우리는 또 다시

T & T Clark, 1996), 112-67.

온전히 완벽하게 하나님이신 분을 묵상하고 있는 것이다.

우리는 무한하신 하나님 전체를 고찰하고 있는데, 그분은 인간의 가장 큰 역량을 초월하신다. 또한 예수 안에 계신 것 이상의 하나님이 존재하지 않기 때문이다. 마지막으로, 성령 하나님을 묵상할 때 우리는 다시 한번 온전히 완벽하게 하나님이신 분을 묵상하고 있는 것이다.

우리가 무한하신 하나님 전체를 고찰하는데, 그분은 인간의 가장 큰 역량을 초월하신다. 성령 안에 계신 것 이상의 하나님이 존재하지 않기 때문이다. 유일하신 하나님이 존재하시기 때문에, 우리는 지금쯤은 하나님의 나누어지지 않는 한 존재로 회고해야 함을 깨달아야 된다.

하나님은 영원히 아버지, 아들, 성령이시다. 나지안주스의 그레고리우스가 아주 흔하게 불타오르고 눈부신 빛의 관점에서 삼위일체를 언급했던 것은 전혀 놀라운 일이 아니다.

2) 동일본질

이를 통해 하나의 동일한 신적 존재가 아버지, 아들, 성령에 의해 공유된다는 점을 알 수 있다. 세 위격 모두 한 본질에 속한다(동일본질). 세 위격 모두 동일한 존재에 속한다(호모우시오스). 하나님의 오직 하나인 본질 또는 존재가 있는데, 세 위격 모두 완벽하게 이것을 공유한다. 게다가, 각 위격은 그 자체로 하나님이시다. 콘스탄티노플 신조 안에 아들나 성령의 신성이 아버지에게서 기인한다고 암시하는 것은 하나도 없다.

만일 이런 생각이 오리게네스와 같은 사람들에게 있었다면 콘스탄티노플 공의회가 개최되기까지 수정되었을 것이다. 때때로 닛사의 그레고리우스가 인과적 의존 고리을 제안하는 것처럼 보일 때, 나지안주스의 그레고리우스는 그를 바로잡아 주며, 둘 다 기원(낳음과 발현)의 관계가 하나님의 본질이나 존재가 아니라 위격들의 관계를 가리킨다고 강조한다.

아들은 아버지인 것을 제외하고 아버지의 전부라는, 두 그레고리우스가 취한 아타나시우스에게 있는 주제는 신성 자체의 완전한 상태를 수반한다. 닛사의 그레고리우스는 이 주장에 대해 더 단호할 수 없었으리라.[25] 종속의 잔재를 언급하기 위해 일부가 취한 여러 진술("빛 중의 빛", "참 신 중의 참 신")조차 동시대인들과 전통은 동일본질을 가리킨다고 이해한다.[26]

3) 페리코레시스

페리코레시스라는 엄밀한 단어가 얼마동안 사용되지 않았더라도, 그것이 가리키는 진실은 이미 널리 수용되었다. 아타나시우스와 카파도키아 교부들은 특히 하나님의 한 존재 안에 세 위격의 완전한 상호 내주 개념을 전면에 내세웠었다.

콘스탄티노플 신조가 이 개념을 명확히 표현하지 않아도 이 신조가 공개적으로 선언하는 모든 것에 포함되어 있다. 이는 삼위의 동일한 본질의 일체성과 나누어지지 않는 신적 존재에서 입증된다. 삼위 모두 완전한 하나님이고 온전한 하나님이 삼위 각각 안에 계시기 때문에, 삼위가 서로를 포함하고 있다는 결론이 나온다. 제럴드 브레이가 표현하는 것처럼, 삼위는 모두 동일한 신적 공간을 차지한다.[27]

이런 생각은 다마스쿠스의 요한네스에 의해 한층 더 발전된다. 이것은 이미 삼위의 불가분성이라는 널리 알려진 표현 안에 함의돼 있었다. 삼위의 연합은 깨뜨릴 수 없고 삼위는 분리할 수 없다. 말하자면, 삼위 가운데 누구도 다른 위격들이 점유하지 않은 공간을 차지하지 않는다. 라이든 시놉시스(Leiden Synopsis)가 설명한 것처럼, 여기서 신적인 위격과 인간의 인

---

25 Gregory Nazianzen, *Orations* 30.20; 31.14, 16; 40.43 (PG 36:128-32. 148-52, 420-21).
26 Gregory of Nyssa, *Against Eunomius* 3.4; Photius, *On the Mystagogy of the Holy Spirit*, trans. Holy Transfiguration Monastery (n.p.: Studion Publishers, 1983).
27 Gerald Bray, *The Doctrine of God* (Leicester: Inter-Varsity Press, 1993), 158.

격이 서로 다르다. 인간의 인격은 신적인 위격들과 달리 서로 안에 존재하지 못한다.[28]

우리네 사람들은 구별될 뿐 아니라 떨어져 있다. 우리는 다르게 행동하고 자신의 분리된 길을 가고 어떤 이는 다른 이보다 더 오래 산다. 게다가, 어마어마한 수의 사람들이 존재하고 그 총계는 시간이 지남에 따라 늘기도 하고 줄기도 한다. 그러나 신적인 위격은 수가 그 이상도 그 이하도 아닌 셋이며, 변화 없이 아주 영원히 존재하신다. 그런 까닭에 인간의 공통된 본성을 함께하는 세 사람의 비유는 결코 삼위일체를 조금도 흉내 낼 수 없었다. 그것은 삼신론이나 다신론이 훨씬 더 적절하다.

4) 위격들의 질서

삼위 사이의 관계들에 입각하여 분명한 순서(taxis[29])가 존재한다. 아버지로부터 아들을 통해 성령에 의해. 이 관계들은 바뀔 수 없다. 즉 아들은 아버지를 낳지 않고 아버지가 성령에게서 나오지도 않는다. 이런 의미에서 아버지가 제1위, 아들은 제2위, 성령은 제3위가 된다.

그렇지만 아버지는 어떤 의미에서 제1위인가?

특히, 아버지의 군주제에 대해 말하는 것은 적절한가?

---

28 Doctorum et Professorum in Academia Leidensi: Iohannes Polyandrus, Andreas Rivetus, Anthonius Walaeus, Anthonius Thysius, *Synopsis purioris theologiae* (Leiden, 1625), 77.

29 The Greek word *taxis* has a range of meanings. It was often used in military contexts and had the idea of rank, implying a hierarchy of some kind. This fitted in well with the Arian view of a gradation between the Father and the Son, with the latter having a lower and subordinate status. However, the word was also used of role, office, class, orderliness and regularity of the stars, order in the church or monastery, or an ordered constitution. It is in the sense of order, not rank, closer to what is fitting and suitable than to rank or hierarchy. that the orthodox use the term. See G. W. H. Lampe, ed., *A Patristic Greek Lexicon* (Oxford: Clarendon Press, 1961), 1372-73.

바실과 닛사의 그레고리우스의 암시를 따르는 일부 동방 신학자들은 아버지를 아들과 성령의 신성의 원천 또는 기원-종속설의 어조를 띠는 표현-이라고 말한다. 하지만 나지안주스의 그레고리우스는 군주제가 아버지만의 군주제가 아니라 삼위일체 전체의 군주제로 여겨져야 한다고 가르쳤다. T. F. 토랜스는 삼위 모두 각각의 독특한 관계들을 유지하면서 동등하게 하나님이라고 주장하면서 이 견해를 지지했고, 그의 입장은 최근에 동방정교회와 개혁파 교회의 일치를 위한 토대가 되었다.[30]

하지만 세 위격은 서로 동일하지 않고 영원하며 구별이 된다. 삼위를 혼동했던 것은 바로 양태론이었으며, 이것은 위격들의 관계가 여하튼 인간의 역사에 흐릿해지거나 감금될 때마다 계속 부상한다. 삼위가 서로에게 유지하는 특별한 관계들은 그들의 동일성과 분리될 수 없기에 영원하며 불변한다.

따라서 아버지는 아들의 아버지이고 아들은 아버지의 아들이다. 아버지는 아들을 낳고 아들은 아버지에게 출생된다. 이 관계는 교호적인 관계도 아니고 뒤바뀔 수 있는 관계도 아니다. 이 관계는 영원하며 불변한다. 적절히 변형하면, 성령은 아버지에게서 발현(서방교회는 "그리고 아들"을 첨가한다-콘스탄티노플 신조에 첨가된 필리오케 구제)하는 반면, 아버지(와 아들-서방교회에 따르면)는 성령을 발현하신다.

또한, 이것도 절대 뒤바뀔 수 없다. 아버지는 출생되지도 않고 발현하지도 않는다. 아들도 낳지 않고 발현하지도 않는다. 성령 역시 낳지도 않고 발현하지도 않는다. 이런 관계들은 삼위의 상호 내주 관계(페리코레시스) 안에 존재한다. 진실로 성령은 아들의 영이시고 아버지는 아들의 아버지시다. 또한, 아버지와 아들의 관계는 삼위의 페리코레시스적 관계 안에 계시고 따라서 성령 안에 계시다.

---

30 Gregory Nazianzen, *Orations* 29.2; 31.13-16; 39.12 (PG 36:76, 148-52, 348); Torrance, *Christian Doctrine of God*, 168-202; Thomas F. Torrance, *Trinitarian Perspectives: Toward Doctrinal Agreement* (Edinburgh: T & T Clark, 1994).

그리하여 삼위 사이에 독특하지만 함께 분리되지 않는 하나님의 한 존재를 이루고 있기 때문에 (분할이 아닌) 구분이 있다. 동시에 삼위 사이에 영원하고 구별이 되는 인격적 관계들 안에 있다.

삼위 모두가 완벽하게 공유하고 있는 하나님의 유일한 존재가 있기 때문에, 아들이 아버지에게 출생된다거나 성령이 아버지에게서 발현한다고 말할 때 발생과 발현은 위격들의 관계들과 관련이 있다. 하지만 아버지의 본질이 하나님의 한 본질이기 때문에 군주제는 전 삼위일체의 것이라고 할 수 있다.

토랜스는 이 주제에 대해 나지안주스의 그레고리우스가 수행한 기초 작업을 지적한다. 그는 바실에게 발견되는 것처럼 "존재의 양상들" 개념에서 "상호관계들"의 관점으로 변화를 가져왔다.

이 관점은 "아버지, 아들, 성령이 자신 안에, 그리고 서로와 함께 서로를 위해 객관적인 상호 관계 속에서 함께 본유적으로 존재하는 것에 본질적으로 속해 있는 상호관계들, 즉 위격들이 변함없이 자체 안에 저절로 존재하는 것만큼 실질적인 [관계들]의 관점이다. … '위격'은 존재관계적인 개념이다."[31]

칼빈은 아들이 자신의 하나님(*ex seipso esse*)이라고 주장할 때 이렇게 요약하는 반면, 그 위격의 실체에 근거하여 그는 아버지에게서(*ex Patre*) 나온다.[32]

여기서 우리는 하나님이 한 위격이라는 반틸의 제안에 주목한다.[33] 그는 나중에 서방교회의 삼위일체론에 잠입한 것과 같은, 비인격적인 신적 본질 개념을 피하는 데 관심이 있다. 이것은 칭찬받을 만한 의도다. 하지

---

31 Torrance, *Christian Doctrine of God*, 157.
32 John Calvin, *Institutes of the Christian Religion*, trans. Ford Lewis Battles, ed. John T. McNeill (Philiadelphia: Westminster Press, 1960), 1.13.25. Cf. 1.13.17-19.
33 Cornelius Van Til, *An Introduction to Systematic Theology* (Phillipsburg, N.J.: Presbyterian and Reformed, 1974), 220, 229.

만 토랜스는 하나님이 "위격적 존재의 충만함"이라는 점을 인정하면서도 그를 한 위격으로 부르는 것을 경고한다.[34] 이에 대한 근거들은 분명하다. 삼위일체의 위격들이 관계적이기 때문이다. 그들은 타자들과 관련하여(*ad alios*) 위격들이다. 아버지는 아들과 관련하여 아버지이다.

그러므로 만일 하나님의 한 존재가 인격들이 존재한다는 것과 같은 의미에서 한 위격이었다면, 우리는 누구와 관련된 것인지 물어야 한다. 답변은 오직 세 가지 가능성들 중 하나가 될 수 있을 것이다. 각각은 이단적이다.

첫째, 하나님의 존재는 삼위와 관련이 있을 것이고, 따라서 사위일체(quaternity)를 구성하는 네 번째 위격이 될 것이다.

둘째, 그는 다른 어떤 존재와 관련이 있을 것이며, 우리는 삼위일체가 아닌 하나의 만신전(a pantheon)을 갖게 될 것이다.

셋째, 세 위격이 하나의 절대적 위격의 속성들로 환원될 것이다.

하지만 만일 하나님이 삼위가 위격들인 것과 같이 한 위격이 아니라면, 그가 하나가 되는 방식을 표현해 주는 다른 용어가 필요해지는데, 그것은 정확히 교부들이 사용했던 것이다. 반틸의 의도는 명확히 정통적이고 긍정적이다. 다만 그가 지닌 문제점들은 언어의 한계로 야기된다.

---

34 Torrance, Christian Doctrine of God, 102-3, 155-61.

5. 여파

6세기 무렵, 콘스탄티노플 신조는 동방교회에서 유일한 세례 신조가 되었다. 게다가, 이 신조는 즉시로 동방교회에서, 좀 더 점진적으로 서방교회에서 성찬식 때 일반적인 신조가 되었다. 신조가 나온 이래 50세대가 넘는 동서방교회들이 거기에 나온 표현들을 이용하여 신앙을 고백해 왔다. 이것만으로도 이 신조를 내버리고 싶어 하는 자들을 주저하게 만들 것이다.

개신교의 종교개혁은 성경의 최고 권위를 주장했지만 종교개혁자들은 이것을 한 사람에게 지키게 하고 싶었다. 그들이 교회의 역사적 가르침을 존중했고 교회의 권위를 이 신조에 부여했기 때문이다. 이 부분에서 그들은 성경적인 좋은 선례를 갖고 있다. 사도 바울이 자기 독자들에게 "그리스도를 경외함으로 피차 복종하라"(엡 5:21)고 강권했기 때문이다.

마가복음을 시작하는 절들로부터 콘스탄티노플 신조에 이르기까지의 여정이 정말 필요했는지의 여부를 묻는 질문에 답하는 과정에서, R.P.C. 핸슨은 다음과 같이 결론지으면서 힘주어 긍정적인 답변을 한다.

> 이 교리가 점진적으로 형성되어가는 전체 역사에 대한 고찰은 학생들에게 삼위일체 교리가 형태상 참되고 진정성 있는 발전이라는 주제를 설득시켜야만 한다.[35]

J. N. D. 켈리는 콘스탄티노플 신조 안에 집약된 4세기의 엄청난 성과들을 다음과 같이 요약한다.

---

[35] R. P. C. Hanson, "The Doctrine of the Trinity Achieved in 381," *SJT* 36 (1983): 57.

하지만 항상 주목받지 못한 부분은 두 개의 큰 공의회에서 새로운 정통의 승리가 수반했던 엄청난 지적인 혁명이다. 나의 주장을 최대한 명확하고 단순하게 표현한다면, 니케아 공의회 이전에 용인된 기독교 신론은 오리게네스식의 거룩한 삼위일체, 또 종속적이고 결국은 본질이 다른 두 위격을 지닌 입에 담을 수 없는 신격 교리였다.

하지만 니케아 이후 호모우시온의 도입을 통과시킨 압력 단체는 만일 여러분이 십자가의 은유를 단념한다면 신적 본질 안에 내부의 이 두 위격을 끌어들였다. 니케아 신경 이후 4-50년 동안 교회에서 우세한 견해는 계속해서 오리게네스식과 다원주의 방식이었다. …

그러나 일단 콘스탄티노플 신조가 니케아 신경의 핵심을 재확인했을 뿐 아니라 보충했다면, 그런 다원주의에 아무런 미래가 없을 것이다. 아들과 성령은 '존재에 있어' 아버지와 '하나'이셨고 신격은 그들의 관계 안에서만 다른 영원한 세 양태로 친히 나타내는 분할할 수 없는 단일체였다. 니케아 신경는 원래 형태의 니케아 신경와 좀 더 성숙하게 발전한 콘스탄티노플 신조에서 이 광범위한 혁명을 상징했다.[36]

하지만 이것은 콘스탄티노플 신조가 아무런 제약이 없다는 말이 아니다. 바실 스튜더가 지적한 것처럼,[37] 이어지는 역사는 적어도 두 가지 그런 약점들을 드러냈고 우리 모두 영향을 받기 쉬운 장래의 놀라운 일들과 같은 불가피한 것만큼 많이 설명해 왔다. 공의회는 결코 인간적이고 시간에 속박된 것이라고 비난받을 수 없다.

36　J. N. D. Kelly, "The Nicene Creed: A Turning Point," *SJT* 36 (1983): 38-39.
37　Studer, *Trinity*, 159-60.

첫째, 스튜더는 공의회가 우시아와 휘포스타시스의 의미를 아주 많이 탐구하지 않았다고 지적한다. 이것은 다음 세기에 벌어진 기독론 논쟁 후에 해로운 영향을 미칠 예정이었다. 이것은 6세기에 삼신론의 출현을 초래했다. 기독론 논쟁은 성육신하신 그리스도가 두 본성 혹은 퓌시스(4세기 삼위일체 논쟁에서 우시아와 교호적으로 사용된 용어)를 지닌 한 위격이나 휘포스타시스였다는 결론을 낳았다. 따라서 초점은 그리스도의 한 휘포스타시스, 두 본성으로 이루어진 한 위격, 인성과 결합한 신성에 맞춰지게 되었다.

삼위일체 사상에 적용되면, 이것은 반대의 결과를 얻었다. 기독론적 사고의 초점이 두 본성보다는 그리스도의 휘포스타시스에 집중되었기 때문에 삼위일체 사상의 초점은 하나님의 본성이나 존재보다는 휘포스타시스들로 이동했다.

조만간 6세기의 요한네스 필리포누스(600년 이후 사망)는 삼신론으로 고소를 당했다. 가 주장한 대로, 그는 7세기 잘 알려지지 않은 작가인 위 시릴(pseudo-Cyril)에 의해 답변을 받았는데, 시릴의 논고 『신성불가침의 삼위일체에 대하여』(*De sacrosancte Trinitate*)는 미그네(J.-P. Migne)가 편집한 알렉산드리아의 시릴의 작품들과 함께 묶여 있다.[38]

하지만 이것이 4세기의 철학자 요셉의 편집본이며,[39] 그래서 교리의 발전에 아무런 기여를 하지 못했고 완전히 원본이 아니었다는 사실은 콘티첼로(V. S. Conticello)가 최근에 입증했다. 삼신론을 반대하고 삼위일체 논쟁에 페리코레시스라는 전문 용어를 소개한 공적은 이제 다마스쿠스의 요한네스에게 돌아간다.

---

[38] Ibid., 232-33; G. L. Prestige, *God in Patristic Thought* (London: SPCK, 1952), 263-95; Elmer M. Colyer, *The Promise of Trinitarian Theology: Theologians in Dialogue with T. F. Torrance* (Lanham, Md.: Rowman & Littlefield, 2001), 316.

[39] Vassa S. Conticello, "Pseudo-Cyril's *De sacrosancte Trinitate*: A Compilation of Joseph the Philosopher," OCP 61 (1995): 117-29; Walter Kaspar, ed., *Lexikon für Theologie und Kirche*, 3rd ed. (Freiburg: Herder, 1993-2001), 8:707-8.

이 문제와 엮어 있는 것은 휘포스타시스가 정확한 의미와, 신격과 인격의 차이점들과 유사점들에 대한 명료성이 부족하다. 또 이 용어가 단지 최근에서야 하나님이 한 분이면서 세 분이라는 방식들을 구별하기 위해 주조되었던 것이라면, 이것은 이 단계에서 많은 것을 묻고 있다.

둘째, 스튜더의 평가에 따르면, 콘스탄티노플 신조의 한계는 발생과 발현에 대한 문제를 한층 더 강조하지 못한 것이다. 이것은 필리오케 논쟁에 불을 붙인 것이었는데, 그것이 현대에 이르기까지 교회를 분리해 왔다(제2부 제7장을 살펴보라). 하지만 그것은 미래에 거짓이 될 것이다. 한편, 우리는 다음 세기에 아우구스티누스가 콘스탄티노플 신학을 전용하여 자신의 독특하고 광범위한 흔적을 남기게 될 서방교회로 이동해 간다.

> 거룩하고 본질이 같으시며 생명을 주시고 나누어지지 않는 삼위일체에게 이제와 계속해서 세세무궁토록 영광이 있을지어다.[40]

40　Collect for Easter, *Service Book*, 226.

◆ 주요 용어들

전체 용어 해설이 이번 장과 관계가 있다.

◆ 깊이 생각할 문제들

1. 삼위일체가 성경에 계시되어 있고 교회에서 믿고 있다는 점을 생각할 때, 이 교리의 조건에 대해 깊이 고심하여 나온 결정이 왜 그렇게 오래 걸렸는가?
2. 그 당시 교회의 성경석의의 정수로 여겨졌던 니케아-콘스탄티노플 신조는 오늘날 교회생활을 하는데 얼마나 두드러지게 중요한 역할을 해야하는지 생각해 보라.

◆ 더 읽으면 좋은 책

1. Lewis Ayres, *Nicaea and Its Legacy: An Approach to Fourth-Century Trinitarian Theology* (Oxford: Oxford University Press, 2004).
2. R. P. C. Hanson, *The Search for the Christian Doctrine of God: The Arian Controversy 318-381* (Edinburgh: T&T Clark, 1988).

제6장

아우구스티누스

아우구스티누스(354-430)는 400-420년 사이에 자신의 역저 『삼위일체론』(On the Trinity)을 저술했다. 그것은 서방교회에 심오하고 지속적인 영향을 미칠 예정이었다. 하지만 그는 자기 경력 내내 다른 작품들, 특히 『신의 도성』(The City of God)과 『고백록』(Confessions)은 물론 『요한복음에 대한 논고들』(Tractates on the Gospel of John) 중 20번 논고와 네브리디우스(Nebridius)에게 보내는 편지 11호, 그리고 에보디우스(Evodius)에게 보내는 편지 200호에서 삼위일체에 대해 폭넓게 썼다.[1]

아우구스티누스가 테르툴리아누스에게 빚을 진 것은 의심할 여지가 없다. 다른 한편, 그는 동방교회에서 활동이 계속되었던 모든 일을 알아차리지 못했다. 하지만 그는 포이티어스의 힐러리(Hilary of Poitiers)에게서 배웠는데, 힐러리는 카파도키아의 망명에서 되돌아온 후에 삼위일체에 대한

---

[1] 아우구스티누스의 전기 작가들 중 많은 이들은 삼위일체에 대한 그의 글에 대해 거의 또는 전혀 언급하지 않는다. 그것들 중에는 Peter Brown, *Augustine of Hippo: A Biography* (London: Faber and Faber, 1967) and Gerald Bonner, *St. Augustine of Hippo: Life and Controversies* (Norwich: Canterbury Press, 1986)이 있다. Serge Lancel, *Saint Augustine*, trans. Antonia Nevill (London: SCM Press, 2002), 368-87은 주목할 만한 예외다. 더 자세한 내용을 보려면 다음을 참고하라. Basil Studer, *The Grace of Christ and the Grace of God in Augustine of Hippo: Christocentrism or Theocentrism?* (Collegeville, Minn.: Liturgical Press, 1997), 104-9, and Bertrand de Margerie, *The Christian Trinity in History*, trans. Edmund J. Fortman (Petersham, Mass.: St. Bede's Publications, 1982), 110-21.

전문서적을 썼고 서방교회에서 라틴어 사용자들에게 졌던 많은 빚을 소개했다.

아우구스티누스가 신플라톤주의의 영향을 받았다고 널리 추정되어왔다. 이로부터 신적 본질의 통일성에 대한 강조와 세 위격에 대한 실제적 구별들을 인식하는 큰 난제들이 비롯되었다고 주장을 한다. 그의 유산의 결과로, 양태론은 서방교회에 항상 존재하는 위협이 되어왔다.

콜린 건턴은 이러한 흐름에 따라 아우구스티누스의 삼위일체론에 대해 특별히 통렬하게 공격해 왔다.[2] 이와 마찬가지로, 프레스티지는 아우구스티누스의 "주의가 그 본질적인 일치에 대해 단단하게 고정되어서" 그가 헬라 교부들과 "본질적으로 다른" 교리를 갖는다고 단언한다.[3]

브레이는 드 마제리와 같이 마리우스 빅토리누스(Marius Victorinus)를 통해 포르피리오스의 신플라톤주의에게 받은 영향을 지지하는 주장을 한다. 비록 그가 힐러리를 통해 카파도키아 교부들에게 받은 영향을 배제하지 않을지라도 말이다. 아우구스티누스는 "카파도키아 교부들과 상당히 다른 삼위일체론"[4]과 더불어 양태론에 가까워지면서 상반되고 당황하게 한다고 그는 주장한다.

반대로, 바실 스튜더(Basil Studer)는 좀 더 적극적인 태도를 취한다.[5] 이어서 반즈(M. R. Barnes)는 조심스럽게 신플라톤주의의 영향을 받았다는 통상적인 생각을 공격한다. 문맥 안에서 읽어보면, 아우구스티누스를 이해해야 하는 것은 바로 니케아 신학의 관점에서다. 그는 통상적인 견해를

---

2   Colin Gunton, "Augustine, the Trinity, and the Theological Crisis of the West," *SJT* 43 (1990): 33-58.
3   G. L. Prestige, *God in Patristic Thought* (London: SPCK, 1952), 237.
4   Gerald Bray, "The Filioque Clause in History and Theology," *TynBul* 34 (1983): 115-16; de Margerie, *Christian Trinity*, 110-21.
5   Basil Studer, *Trinity and Incarnation: The Faith of the Early Church*, trans. Matthias Westerhoff, ed. Andrew Louth (Collegeville, Minn.: Liturgical Press, 1993), 167-85; Studer, *Grace of Christ*, 특히, 104-9.

"완전히 잘못된 것"(dead wrong)이라고 한다.

아우구스티누스의 삼위일체론 안에 이전 전통과의 확실한 연속성이 있다. 그동안 커다란 문제는 역사적이고 신학적인 맥락과 무관하게 그의 글들에서 발췌한 잡동사니와 해독된 단편을 가지고 해체된 형태로 아우구스티누스를 읽는 습관이었다.

반즈는 가장 훌륭한 단일 연구가 스튜더에 의한 것(1997)이라고 생각한다. 사실상 아우구스티누스의 삼위일체론에 대한 적절한 역사적-신학적 연구들이 별로 없다.

> 이에 대한 많은 결과물이 없다고 해서 … 조직신학 분야에 있는 사람이 아우구스티누스의 삼위일체신학에 대해 말하고 싶어 하는 것을 무엇이든지 눈에 띄게 말하지 못했던 것은 아니다.

게다가, 신플라톤주의의 영향에 대한 주장은 신플라톤주의를 더 이상 실행할 수 없는 역사적 현상으로 이해한 데서 비롯된다. 그것은 또한 본문들의 교리 내용을 반영하지 못하기도 한다.[6]

로완 윌리엄스는 아우구스티누스가 밀란에서 유사본질을 주장하는 아리우스주의자들과 접촉한 일이 그의 말년가지 줄곧 삼위일체에 대해 쓴 많은 글의 배경이 된다는 반즈의 견해에 동의한다.[7]

---

6 Michel René Barnes, "Rereading Augustine on the Trinity," in *The Trinity: An Interdisciplinary Symposium on the Trinity*, ed. Stephen T. Davis (Oxford: Oxford University Press, 1999), 145-53.
7 Rowan Williams, "De Trinitate," in *Augustine Through the Ages*, ed. Allan D. Fitzgerald (Grand Rapids: Eerdmans, 1999), 845-51; Lancel, *Siant Augustine*, 79-82.

1. 가톨릭의 삼위일체 교리

아우구스티누스는 에보디우스 주교에게 보내는 편지 169호에서 가톨릭의 삼위일체 교리를 간결하게 요약한 내용을 제공한다. "한 하나님, 아버지, 아들, 성령"이 있다.

> [아들은 아버지가 아니며, 아버지는 아들이 아니며, 아버지도 아들도 성령이 아니다] … 이들은 동등하고[8] 영원히 공존하며, 절대적으로 한 본성에 속하며 … 분리할 수 없는 삼위일체이지만,…뚜렷이 … 분리할 수 없게 연합해 있고 서로 상호 관계하는 … 삼위일체이며, 우리가 삼위를 주목할 수 있도록 개별적으로 나타내지만, … 결코 분리되지는 않는다.[9]

하나님은 세 위격으로 존재하는 하나의 본체이시다. "하나의 실체가 되는 것은 무엇인가가 되는 것"이기 때문에, 하나님은 "일종의 실체"이시다. 아버지가 어떤 신분이든 그가 하나님이기 때문이며, 아들도 그렇고 성령도 역시 마찬가지다. 그러나 아버지는 자기와 관련해서가 아니라 아들과 관련해서 아버지라고 불린다. 그래서 아들은 본질적으로 하나님이지만 아버지와 관련해서는 아들이 된다.

우리는 아브라함과 이삭과 같이 인간적인 인격들을 복수로 언급한다. "신적인 것들 안에서는 그렇지 않다." 왜냐하면, 아버지가 하나님이시고 아들이 하나님이면서도, 그들은 하나님들이 아니라 단수인 하나님이기 때문이다. 동일본질인 그들은 동등하지만(윌리엄스가 지적한 대로,[10] "완전히 차

---

8 Basil Studer, "Augustine et la foi de Nicée," *Recherches Augustiniennes* 19 (1984): 133-54. 이 논문은 아우구스티누스가 이것으로 동방교회의 논쟁들이 정당성을 입증했던 동일본질 개념을 이해한다는 점을 보여 준다.
9 Augustine, *Letters* 169, in *NPNF*¹, 1:540 (PL 33:742-48).
10 Williams, "De Trinitate," 845.

별 없이 동등한") 복수는 아니다.[11] 따라서 하나님은 세 분의 신들이 아니라 삼중(thrice)의 하나님이다.[12]

아우구스티누스는 이름이 잘못 불린 아타나시우스 신조(*Quincunque vult*)의 전조가 되는 관점으로 기술한다.[13]

2. 아버지와 동일본질인 아들

아우구스티누스에게 중요한 것은 아들이 아버지와 동일본질이라는 사실인데, 이것은 4세기 삼위일체 논쟁에 의해 확립되었다.[14] 그들이 존재에 있어 하나이기 때문에 아들과 아버지는 그들의 위격과 사역에 있어 분할할 수 없다-이것이 그의 사상 안에 있는 끊임없는 중심 사상이다[15]- 반면에 삼위일체의 위격들과 사역들은 우리에게 결과로서 드러나게 된다. 왜냐하면, 우리는 존재와 행위의 참된 동시성을 이해할 수 없기 때문이다.[16]

『요한복음에 대한 논고들』에 들어있는 중요한 20번 논고에서, 아우구스티누스는 이것을 상세하게 주장한다. 삼위일체 사역들의 불가분성은 위격들의 불가분성에서 나온다.

---

11   Augustine, *On Psalm 69*, 5, in *NPNF¹*, 8:301 (PL 36:870); Augustine, *On the Trinity* 1.4.7 (PL 42:824); Augustine, *Tractates on John 39*, in *NPNF¹*, 7:222-23 (PL 35:1681-84).
12   Augustine, *Tractates on John 6*, in *NPNF¹*, 7:39 (PL 35:1425-35). 다른 삼위일체 교리의 축약본을 보려면, Augustine, *On Christian Doctrine* 1.5 in *NPNF¹*, 2:524 (PL 43:21)을 참고하라. 아우구스티누스는 삼위일체가 일찍이 창세기 1:1-2에서부터 가르쳐졌다고 여긴다는 점을 주목하라. *Confessions* 13.4.5, in *NPNF¹*, 1:191 (PL 32:846-47); *City of God* 11.24, in *NPNF¹*, 2:218-19 (PL 41:337-38).
13   Augustine, *Trinity* 7.3.6 (PL 42:938-39).
14   Ibid., 1.6.9 (PL 42:825); Augustine, *Tractates on John 6*, in *NPNF¹*, 7:39 (PL 35:1425-35).
15   Augustine, *Trinity* 1.6.12, 8.15-17, 12.25-27 (PL 42:827, 829-32, 838-40); Augustine, *Letters* 169.2.5, in *NPNF¹*, 1:540 (PL 33:744); Studer, *Grace of Christ*, 104.
16   Augustine, *Trinity* 4.21.30 (PL 42:909-10).

"아버지와 아들이 두 하나님이 아니고 한 하나님이며 … 자비의 영도 하나이기 때문이다. 그래서 아버지와 아들과 성령은 삼위일체가 된다."

따라서 창조는 세 개의 분리된 행위가 아니라 성령 안에서 아들로 말미암아 아버지에 의해 이루어진 것이다.[17] 그리하여 하나님은 하나의 의지, 하나의 권능, 하나의 위엄을 갖고 계신다.[18] 우리는 이러한 문맥을 닛사의 그레고리우스에게서 살펴보았다.

아우구스티누스의 친구 네브리디우스(Nebridius)에게서 나온 질문은 이 지점에서 중요하다. 380년대의 논쟁과 유사본질을 주장하는 아리안주의자들에 의해 발의된 문제들의 상황에서, 네브리디우스는 삼위일체의 사역들이 분리할 수 없고, 따라서 세 위격 모두 하나님의 모든 사역에 관여하기 때문에 왜 아들만이 육화되었고 아버지와 성령도 그렇게 하지 않았는지에 대해 물었다.

아우구스티누스가 앞으로 수십 년 동안 별로 바뀌지 않게 될 삼위일체론을 처음 설명한 것은 바로 이때 그가 신플라톤주의의 영향에 가장 민감했을 389년, 그리스도인의 경험 초기였다. 아우구스티누스는 세 위격 모두 정말로 하나님의 모든 사역과 방법에 관여한다고 네브리디우스에게 답변한다.

삼위는 모두 역할을 차지하지 않는 것은 아무것도 하지 않는다. 그럼에도 불구하고, 각각의 사역은 위격들 중 한 위격에게 적절히 적용된다. 특히, 아들만이 성육신의 주체이지만 아버지와 성령의 직접적인 관여가 없는 것은 아니다. 신적인 위격들의 사역은 분리할 수 없지만 구별된다. 아들이 육화된 것은 매우 적합했다. 비록 아우구스티누스가 이것이 왜 그런지 만족할 정도로 설명하지 못했을지라도 말이다.[19]

---

17   Augustine, *Tractates on John* 20, in *NPNF*¹, 7:131-37 (PL 35:1556-64).
18   Augustine, *Tractates on John* 22, in *NPNF*¹, 7:150 (PL 35:1574-82). *Tractates on John* 77, in *NPNF*¹, 7:339 (PL 35:1833-35)을 살펴보라.
19   Augustine, *Letters* 11, in *NPNF*¹, 1:228-30 (PL 33:75-77).

그는 마태복음 3장 13절에 대한 설교에서 똑같은 것을 많이 주장하는데, 그는 그 설교에서 창조와 은혜의 사역이 세 위격 모두에 의해 착수되지만, 특별히 한 위격에 적용된다는 점을 입증한다. "위격들의 구별과 작용의 분리될 수 없음"이[20] 있다. 그리하여 한 위격이 호명될 때, 때때로 세 위격 모두가 이해된다.[21]

3. 아버지와 아들과 동일본체인 성령

이 모든 것을 통해, 아우구스티누스가 성령을 아버지와 아들과 동일 본체로 간주한다는 결론이 나온다. 세 위격은 명확하게 그리고 근본적으로 동등하다.[22] 성령은 "아버지와 아들의 말로 표현할 수 없는 특정한 친교"[23]이며, "아버지와 아들의 동일본질의 사랑"[24]이다.

성령의 동등하고 동일한 본체의 신성을 이렇게 완전히 인지하기 때문에, 아우구스티누스는 아버지와 아들로부터 나오는 성령의 이중적 발현에 대한 자신의 가르침을 다음과 같이 발전시킬 수 있다.[25]

> … 하지만 이 삼위일체 안에서 우리가 왜 아들 외에 어느 누구에게도 하나님의 말씀이라 하지 않고, 왜 성령 외에 어느 누구에게도 하나님의 은사라고 하지 않고, 하나님 아버지 외에 그들 중 누구에게도 말씀이 낳음 받고 그에게서 성령이 원래(*principaliter*) 나온다고 하지 않는지 타당한 근거가 있

---

20 Augustine, *Sermon on Matthew* 3:13, in *NPNF*¹, 6:259-66, 특히, 262 (PL 38:354-64).
21 Augustine, *Trinity* 1.9.18-19 (PL 42:832-34).
22 Ibid., 1.6.13; 7.3.6 (PL 42:827-28, 938-39); J. N. D. Kelly, *Early Christian Doctrines* (London: Adam & Charles Black, 1968), 272-73; Studer, *Trinity*, 174, 176.
23 Augustine, Trinity 5.11.12 (PL 42:918-19).
24 Augustine, *Tractates on John* 105, in *NPNF*¹, 7:396 (PL 35:1904-8).
25 Augustine, *Trinity* 1.12.25 (PL 42:860-61).

다. 나는 원래라는 단어를 첨가한다. 왜냐하면, 성령이 아들에게서도 나온다는 것을 우리가 배우기 때문이다. 그러나 이것은 아버지에 의해 아들에게 주어진 것에 속하는데, 그것 없이 이미 존재하는 대로가 아니라, 아버지가 낳은 행위 속에서 그의 독생자인 말씀에게 주시는 모든 것으로 그에게 주어진다. 그는 공동 은사가 그에게서도 나오는 그런 방식으로 낳음을 받으며, 성령은 둘 다의 영이다.[26]

그래서 성령은 원래(*principaliter*) 아버지에게서 발현하지만 아버지와 아들로부터 공동으로 발현한다. 여기에 앞으로 교회를 괴롭힐 운명적인 필리오케 논쟁의 조짐들이 존재한다(제2부 제7장을 보라).

아우구스티누스는 정확히 무엇을 말하고 있는가?

첫째, 그는 조심스럽게 아버지의 자리를 성령의 유일한 기원으로 보호한다.[27]

둘째, 그는 성령이 (포티우스가 넌지시 주장하려는 것과 상반되게[28]) 마치 두 부모에게서 나오는 것처럼 두 원천에서 나온다고 언급하지 않는다.

왜냐하면, 그 발현이 일어나는 것은 바로 유일한 원천에서 나오기 때문이다. 하지만 그 발현은 구별할 수 없는 일치로부터 나오는 것이 아니다.[29] 성령은 원래(*principaliter*) 아버지에게서 나오기 때문이다. 아버지도 전달하기 위해 아들에게 성령을 주시지 않는다. 그 대신에, 그는 자기 자신의 생명을 아들에게 주시는데, 그것은 성령의 분출을 포함한다.

---

26 Ibid., 15.26.47; 15.26.45, 27.48 (PL 42:1092-96)도 살펴보라.
27 Ibid., 4.20.29 (PL 42:908-10); Williams, "De Trinitate," 847.
28 Photius, *On the Mystagogy of the Holy Spirit,* trans. Holy Transfiguration Monastery (n.p.: Studion Publishers, 1983).
29 스틸리아노풀로스(Stylianopoulos)와 동방교회의 많은 호교론자들과 상반된다. Augustine, *Trinity* 15.17.29 (PL 42:1081)을 살펴보라.

이와 같이, 성령은 아버지와 아들 모두에 의해 영원히 그리고 동시에 주어진다. 주는 자이신 아버지는 아들의 아버지가 되심으로 인해 소모되지 않는다. 왜냐하면, 아들을 낳으실 때 은사의 과잉이 있고 이 과잉은 차례로 주기 위해 아들에게 주어진다.[30]

다른 한편, 성령을 다른 두 위격의 친교로,[31] 그들을 연합시키는 상호 사랑으로[32] 보는 아우구스티누스의 진술은 성령이 사실상 종속되는지의 여부에 대한 중대한 질문을 야기한다.

우리는 그가 사용하기를 아주 좋아한 삼위일체적 비유들(더 잘 표현하면 실례들)에 대해 논의하면서, 나중에 이 문제에 집중할 계획이다. 그 대답은 여기서 소극적임에 틀림없다. 그는 성령의 동일실체성을 자세히 강조해 왔고 거의 다음 항목에서 성령에 대해 아버지와 아들의 "본질적으로 동체인 친교"라고 쓴다.[33]

4. 성육신

아우구스티누스는 구약성경의 신현의 사건들과 성육신의 차이점들을 자세히 고찰한다. 특히, 그는 예수님의 세례 시에 나타난 아버지의 음성 및 성령이 비둘기로 강림한 사건과 아들의 성육신을 대조한다.

처음 두 요소는 일시적인 현상들이었던 반면, 성육신은 영구적이었고, 위격적 연합을 수반했고 우리의 구원을 가져왔다. 왜냐하면, "자기 인성의 닮음(likeness)을 우리에게 결합시킴으로써 그가 우리의 불의함이라는 닮지 않음(unlikeness)을 제거하였으며, 우리의 죽을 운명에 참여자가 되심

---

30 Williams, "De Trinitate," 850.
31 Augustine, *Trinity* 15.27.50 (PL 42:1096-97).
32 Ibid., 15.17.27 (PL 42:1079-80).
33 Ibid., 15.27.50 (PL 42:1096-97).

으로써 그가 우리를 자기 신성의 참여자들이 되게 하셨기 때문이다."[34]

아들은 보냄 받고 아버지는 보내시지만 그들은 동등하다. 이것은 더 크고 더 적은 관계가 아니고 아버지와 아들의 관계이며 낳은 자와 낳음 받은 자의 관계이다.[35]

우리는 성육신이 아들에게 적합하다는 아우구스티누스의 설명을 주목한 적이 있다. 그는 칼케돈(451)에서 기독론적 합의의 윤곽을 예견했다. 스튜더와 반즈 모두 아우구스티누스의 사상 속에서 삼위일체와 성육신 사이의 중요한 관계를 지적한다. 그리스도는 그의 전체 신학의 중심부에 있다.[36]

이것은 건턴의 날카로운 주장들을 은연중에 약화시킨다. 라이트하르트가 관찰한 바와 같이, 건턴이 아우구스티누스에 대해 성경 석의가 부족하다고 비난하지만, 건턴의 전집 전체보다 『삼위일체론』의 앞부분에 굉장히 더 많은 성경 석의가 있다.[37]

게다가, 그 책들은 "이것이 문제가 되고 있는 성경 구절들에 대한 전통적 이해에서 나오기 때문에 삼위일체에 대해 믿어진 것에 대한 교리적 설명"이라는 스튜더의 주장은 잘 받아들여진다.

> 하여튼, 아우구스티누스가 자신의 출발점으로 삼은 것은 바로 아버지와 아들과 성령의 동일한 본질과 그들의 공동 행위에 대한 니케아의 신앙이다.[38]

---

34 Ibid., 4.2.4; 4.2.4-19:26 (PL 42:889-906).
35 Ibid., 4.20.27-30 (PL 42:906-10).
36 Barnes, "Rereading," 154-68; Studer, *Grace of Christ*; Studer, *Trinity*, 168-85.
37 Peter J. Leithart, "'Framing' Sacramental Theology: Trinity and Symbol," *WTJ* 62 (2002): 1-16, 특히, 2-4.
38 Studer, *Grace of Christ*, 106.

5. 아버지와 아들과 성령의 관계들

아우구스티누스는 또한 세 위격의 관계들을 고찰한다. 아버지는 낳았고 아들은 낳음을 받으며, 아버지는 보냈고 아들은 보냄을 받았다. 둘 다 하나다. 성령은 아버지로부터 나오고, 또한 아들에게서도 나온다. 그는 아버지의 영뿐 아니라 아들의 영으로도 불리기 때문이다. 아버지는 전체 신성의 시원(*principium*)이며, 따라서 아버지와 아들 모두에게서 나온 성령은 궁극적으로 아버지로 다시 언급된다.[39]

따라서 스튜더가 올바르게 진술한 것처럼, 아버지는 고유한 의미에서 하나님이라 불리는 반면, 아들과 성령과 전체 삼위일체는 공통된 의미에서 하나님이라 불린다. 아버지는 "어느 누구로부터도 나오지 않은 하나님"[40]이시다. 이런 의미에서, 아우구스티누스는 헬라 교부들과 어느 정도 공통성이 있다.

하지만 이런 관계들은 삼위일체의 분할할 수 없음과 분리할 수 없음을 고려하면서 어떻게 이해할 수 있는가?

이것은 아우구스티누스가 제5권에서 착수한 문제다.

하나님은 여호와가 자기를 "스스로 있는 자"라고 명명하는 출애굽기 3장 14절과 같이, 실체 또는 본질이시다. 다른 한편, 그에게는 우연성이 전혀 없다.[41]

아우구스티누스는 여기서 아리스토텔레스주의 안에 있는 실체와 우유들의 구별을 이용한다. 어떤 대상의 실체는 그 개별 대상이 실제로 존재하는 것, 즉 그 본래적 본성이다. 다른 한편, 우유들은 어떤 대상의 내적인 본성이 아니라 그것이 나타나 보일 수 있는 것, 또는 그 대상의 실체를 바

---

39 Augustine, *Trinity* 4.20.28-29 (PL 42:907-9); Augustine, *Tractates on John 39*, in *NPNF*¹, 7:222-23 (PL 35:1681-86).
40 Studer, *Grace of Christ*, 104-5.
41 Augustine, *Trinity* 5.2.3 (PL 42:912).

꾸지 않고 철회될 수도 있는 우발적인 것과 더 관련된 우연적 특성들이다. 하나님은 변하지 않기 때문에 우연성이 전혀 없으시다.

이 지점에서 아우구스티누스는 아들의 신성을 부정하려고 했던 아리우스주의의 주장-아들이 아버지보다 열등하다고 선포하는 구절들을 공격 수단으로 사용함-에 답변한다.

아리안주의들의 입장에서, 하나님에 대해 표현되는 것은 무엇이든지 우연성에 대해 표현될 수 없기에, 하나님의 실체나 본질에 대해 언급해야만 한다. 따라서 이런 구절들은 아들이 아버지와 다른 본질에 속한다는 것을 가르친다.[42]

이에 답하여, 아우구스티누스는 하나님에 대해 표현된 것 전부가 하나님의 실체에 대해 표현되지는 않는다는 중요한 주장을 한다.[43] 어떤 것들은 하나님의 관계들에 대해 표현된다.[44] 하나님의 실체에 대해 표현되는 것은 무엇이든지 각 위격과 삼위일체에 대해 표현된다.[45] 다른 모든 것들은 위격들과, 위격들과 서로의 관계에 대해 관계적으로 표현된다.[46]

따라서 다양한 성경 구절들은 아버지와 관계가 있는 아들을 언급하고 그의 보냄 받음이나 시원이신 아버지에 대해 말하고,[47] 하나님 자체의 본질을 말하지 않는다. 예를 들어, 시간 안에 존재하는 하나님에 대해 표현되는 것은 우연적으로가 아니라 관계적으로 표현된다.[48] 그래서 세 위격 모두는 본질에 있어 동등하다.[49]

하나님은 하나의 삼위일체-아버지 홀로, 아들 홀로, 성령 홀로 삼위를

---

[42] Ibid., 5.3.4 (PL 42:912-13).
[43] Ibid., 5.4.5 (PL 42:913).
[44] Ibid., 5.5.6 (PL 42:913-14).
[45] Ibid., 5.8.9-9.10 (PL 42:916-18).
[46] Ibid., 5.11.12 (PL 42:918-19).
[47] Ibid., 5.13.14-14.15 (PL 42:920-21). NPNF¹, 3:95n6에 나오는 쉐드의 논평들을 살펴보라.
[48] Augustine, Trinity 5.15.16-16.17 (PL 42:921-23).
[49] Ibid., 6.2.3-5.7 (PL 42:924-28).

합친 것보다 더 적지도 더 크지도 않다.[50] 콘스탄티노플 신조가 필요로 했던 것의 중요한 진술이다. 그래서 "가장 높은 삼위일체 안에서 한 위격은 세 위격을 합친 것만큼 많고 두 위격은 한 위격에 지나지 않는다. 그리고 그들은 본질적으로 무한하다. 그래서 각 위격 둘 다 각 위격 안에 있고 모두가 각 위격 안에 있고 각각은 모든 위격 안에 있고, 모든 것 안에 모든 것이 있고 모든 것은 하나다."[51]

쉐퍼의 설명들은 특히 이것에 대해 도움이 된다. 언급한 내용이 위격들에 관한 것이 아니라 본질에 관한 것이라면, 그는 각 위격이 삼위일체만큼 위대하다고 말한다.[52] 따라서 아우구스티누스는 하나님이 하나님을 보냈다고 말할 수 있다.[53] 각 위격은 본질과 관련해서 완전히, 완벽하게, 동일하게 하나님이다.

그러나 각 위격은 다른 두 위격들과 관련해서 보냄과 보냄 받음, 낳는 것과 낳음 받는 것, 발산하는 것(emiting)과 발현하는 것(proceeding)을 수반하는 각 위격의 특수한 특성들에 따라 다르다. 정말로, 어떤 위격도 자기 혼자와 관련해서 존재하지 않는다. 각 위격은 다른 위격에 대한 한 위격으로, 관계적으로 존재한다. 따라서 아버지와 아들은 함께 한 본질이지만 그들은 함께 한 말씀이 아니다.[54] 이와 같이, 위격들의 관계들 안에 일종의 불균형과 불평등이 존재한다.[55]

아우구스티누스는 표현의 문제로 돌아온다. 헬라 교부들은 세 휘포스타시스에 대해 말한다. 라틴 교부들은 경의를 표하여 반응했었다. 헬라어 휘포스타시스는 단지 하나님이 한 존재와 세 실체들이라는 용납할 수 없는 개념을 낳는 라틴어 수브스탄시아(실체)로만 번역될 수 있었기 때문이

---

50 Ibid., 6.7.8-8.9 (PL 42:928-30).
51 Ibid., 6.10.11 (PL 42:931-32).
52 *NPNF*¹, 3:101n2와 n3을 살펴보라.
53 Augustine, *Tractates on John* 14, in *NPNF*¹, 7:97-99 (PL 35:1301-8).
54 Augustine, *Trinity* 7.1.2-2.3 (PL 42:934-36).
55 Williams, "De Trinitate," 847.

다. 그리하여 그들은 테르툴리누스의 페르소나(위격들)라는 용어를 선호한다.[56] 표현과 전문용어에 있는 이러한 차이점들은 문맥 속에서 인간의 언어나 생각이 망라할 수 있는 것보다 더 큰 실재를 언급하는 것으로 찾아봐야 한다고 아우구스티누스는 말한다.

우리는 그것들이 발화될 수 없는 대상들을 지시한다는 점을 인정하면서도 필연적으로 말해야 하기에 그런 용어들을 사용해야만 한다. 왜냐하면, 하나님은 발화되는 것보다 더 참되게 여겨지고, 그가 여겨지는 것보다 더 참되게 존재하기 때문이다.[57]

아우구스티누스는 지나가는 길에 세 사람의 비유를 타파한다.[58] 우리는 누적되는 방식으로 서로에게 추가될 수 있는 유(genus)의 세 경우들과는 다른 세 위격에 대해 생각할 필요가 있다. 세 사람은 한 사람보다 더 많지만 최고 신성의 세 위격은 어느 한 위격보다 수가 더 많지 않다.[59]

6. 아들은 아버지보다 열등한가?

아우구스티누스는 아들이 아버지보다 열등하다고 가르치는 것처럼 보이는 성경 단락들을 다룸에 있어 아타나시우스와 카파도키아 교부들의 친 니케아 규정을 따른다. 그 규정은 아버지보다 아들의 열등함을 표현하는 성경 구절이 아들의 육화된 상태, 즉 그분이 짊어진 인성을 언급한다고 가르친다.

아우구스티누스는 빌립보서 2장 5절 이하에서 바울이 "하나님의 형체이신" 그리스도와 "종의 형체이신" 그리스도를 대조한 것을 이용하여 그

56　Lancel, *Saint Augustine*, 378-80에 나오는 명확한 논의를 살펴보라.
57　Augustine, *Trinity* 7.4.7-6.11 (PL 42:939-45).
58　Ibid., 7.6.11 (PL 42:943-45).
59　Ibid., 5-6; Williams, "De Trinitate," 848.

분의 영원한 신분과 겸손하게 육화된 그분의 지위를 구별한다. 이러한 접근은 고린도전서 15장 28절과 요한복음 14장 28절에 딱 들어맞는다.[60] 그러나 이것은 아우구스티누스의 입장에 대한 완벽한 묘사는 아니다. 실제로 성경에서 아들에 대해 말하는 세 가지 방법이 있다.

첫째, 그분은 하나님의 형체이신데, 그 부분에 있어 아들은 아버지와 동일하시다고 한다.

둘째, 그분은 성육신하실 때 종의 형체를 취하셨는데, 그 부분에 있어 아들은 아버지보다 열등하다고 한다.

셋째, 그분은 아들-그분을 하나님과 동등한 분으로 만들지만 아버지로부터 나오는-로, 하나님 중에 하나님, 빛 중에 빛으로 언급된다.

이 세 번째 의미에서 아들은 아버지와 동등하며 (존재에 있어) 분리되지 않지만 인격적 관계의 측면에서 아버지로부터 아들로의 순서가 있다.[61] 아우구스티누스가 보기에, 이것은 불평등의 문제가 아니라 출생의 문제이다. 왜냐하면, "아들이 아버지보다 열등하지 않고 동등하지만 여전히 아버지로부터 나오기" 때문이다. 아버지와 아들의 사역은 분리되지 않고 동일하다. "하지만 그것은 아버지로부터 아들에게로 나온다."[62]

---

60 Augustine, *Trinity* 1.7.14, 8.15, 10.20, 11.22, 12.23-24, 13.28-31 (PL 42:828-30, 834-38, 840-44).
61 Ibid., 2.1.2-3 (PL 42:845-47).
62 Ibid., 2.1.1-3 (PL 42:845-47). *NPNF*[1], 3:38n2를 보라. 또한 Augustine, Tractates on John 20.4-8, in *NPNF*[1], 7:133-35 (PL 35:1556-1564)도 참고하라. 여기는 그는 "아들의 권세는 아버지에게 속하고, 따라서 아들의 실체도 아버지에게 속한다"고 말한다. 그리고 "그가 자기 자신에게서 나온 아들이 아니기 때문에, 따라서 그는 자기 자신으로부터 유능하지 않다." 하지만 그는 이것이 불평등을 수반하거나 아들이 아버지보다 열등하다는 의미가 아니라고 첨언한다. 아버지와 아들의 사역은 분리할 수 없고, 아들을 통해 아버지에 의해 이루어진다. 왜냐하면, "만일 그가 아들이라면 그는 출산되었으며, 출산되었다면 그는 자기를 출산한 분에게서 나오기 때문이다. 그럼에도 불구하고, 아버지는 자기와 동등한 그를 낳았다."

이 원리는 성령에게도 똑같이 준용된다(準用, *mutatis mutandis*).⁶³ 아들과 성령은 아버지에게 보냄을 받았다고 해서 아버지보다 열등한 것은 아니다.⁶⁴ 삼위는 모든 일에 있어 나눌 수 없게끔 사역하기 때문이다. 아들은 보냄 받고 아버지는 보내시지만-결코 이 역은 성립되지 않는다-두 분은 존재론적으로 동등하시다. 이것은 크고 작고의 문제나 우월과 열등의 문제가 아니라 , 아버지와 아들의 문제이며 낳은 자와 낳음 받은 자의 문제이다. 그것은 성육신 시점보다 앞선다.

> 아들이 아버지에게서 나오는 것이지 아버지가 아들에게서 나오지 않는다. 그리고 … '말씀(로고스)이 육화되었기' 때문에 아들이 그보다 먼저 보냄 받았다고 할 뿐만 아니라 (따라서) 말씀이 육화될 수 있도록 보냄 받았다.

그래서 말씀은 "사람이 되도록 보냄 받았다. 그가 능력 내지 실체의 불평등이나 그 안에 있는 아버지와 동등하지 않은 어떤 것의 측면에서 보냄 받은 것이 아니고, 아들에게서 나온 아버지가 아닌 아들이 아버지에게서 나온 관점에서 보냄 받았기 때문이다."

"따라서 만일 그가 아버지와 동등하지 않기 때문이 아니라 '전능하신 하나님의 영광에서 나온 순수한 유출'이기 때문에 그가 보냄 받은 것이라 할지라도 무엇이 이상한가. 태어나는 것과 그것을 태어나게 하는 것은 하나의 동일한 실체에 속한다."⁶⁵

세 위격간의 관계들-이것은 구별들과 관계가 있다-은 신적인 한 본질 안에서 세 분의 동등성과 일체성과 완벽할 정도로 함께 공존한다. 윌리엄스가 지적한 바와 같이 아버지에 비해 아들의 존재론적 열등감은 전혀 없다.⁶⁶

63　Augustine, *Trinity* 2.3.5 (PL 42:847-48).
64　Ibid., 2.5.7-9 (PL 42:848-51).
65　Ibid., 4.20.27 (PL 42:862-63).
66　Williams, "De Trinitate," 847.

7. 아들과 성령의 보내심 대 신현(神顯, Theophanies)

다음으로 아우구스티누스는 구약성경의 신현 사건들과 성육신 사이의 차이점에 대해 논한다.[67] 그의 공리는 전체 삼위일체가 분리되지 않는다는 것이었다.[68]

그래서 신현의 주체였던 분은 아들과 같은 개별적인 한 인격이었는가, 아니면 삼위일체가 가리지 않고 나타나셨는가?

그에게 선명하게 보이는 것은 전체 삼위일체가 아브라함에게 나타난 세 사람의 등장에서, 모세에게 나타난 불타는 떨기나무에서, 시내산의 구름과 불 속에서, 그리고 다니엘에게 볼 수 있게[69] 변화무쌍한 피조물을 통해 등장했다는 점이다.[70]

삼위일체는 하나의 천사로 육신의 형체로 나타났다.[71] 그는 이것을 성육신 이전의 모습들이라고 다시 시인했다.[72] 이것은 성육신 자체와 대조를 이룬다. 전체 삼위일체는 창조된 중재를 통해 신현에 관여했다. 아우구스티누스가 보기에, 그 자신의 삼위일체 교리를 아버지의 위격보다는 하나의 신적 본질에 토대를 둔 것과 같이, 삼위 모두는 동방교회에서 그 원인을 아버지에게 돌리는 초월성을 공유한다.[73]

에보디우스 주교에게 보내는 편지 169호에서, 아우구스티누스는 성육신의 유일무이함에 대해 논의한다. 아버지의 음성과 성령의 비둘기로 나타남, 그리고 아들의 성육신 사이의 차이는 실제적 연합 속에 인성을 영구적으로 덧입은 성육신과 대조적으로 앞의 두 개가 영구적이라기보다 일시

---

67 Augustine, *Trinity* 2.7.12-18.35 (PL 42:857-68).
68 Ibid., 2.8.14-9.16 (PL 42:854-55).
69 Ibid., 2.11.20-18.33 (PL 42:858-67).
70 Ibid., 2.10.17-19 (PL 42:855-58).
71 Ibid., 3.11.21-27 (PL 42:881-86).
72 Ibid., 4.21.31 (PL 42:910).
73 Williams, "De Trinitate," 847.

적이었고 단지 상징들에 불과했다는 점이다. 성육신의 결과로, 어떤 것들은 그의 인성에 따라 아들에게 속한다고들 하고, 어떤 것들은 그의 신성에 따른다고들 한다.[74]

『삼위일체론』에서 그는 이것을 더 자세히 설명한다. 성령은 바람, 불, 또는 비둘기-그가 나타났던 물질적 요소들 중 어느 것-를 지복을 입게 하지 않았고, 또 그것들을 자기에게, 자기 인격에게 영원히 병합시키지 않았다. 이러한 물리적 대상들은 그를 나타내기 위하여 스스로 변화되고 적용되었다. 그리하여 우리는 하나님이요 불로, 혹은 하나님이요 비둘기로 모두 부를 수 없다.

다른 한편, 우리는 올바르게 아들을 하나님이요 사람으로 모두 부른다. 게다가, 불과 비둘기는 단순히 성령을 나타내기 위해 등장했다가 사라진 것으로 보였다. 성육신은 실제적이면서도 항구적이었다.[75]

이와 같은 논증들을 고려해 볼 때, 건턴의 비평들은 놀랄 만하다. 아우구스티누스는 위격들의 구별에 별로 관심이 없었던 것이나, 성육신의 완전히 취지를 완전히 싫어했던 것으로 결코 보이지 않는다. 스튜더는 적어도 그런 생각들을 타파한다. 이러한 논의들은 정확히 그 목적을 위한 것이었다.

8. 삼위일체적 실례들

『삼위일체론』의 후반부인 8-15권에서, 아우구스티누스는 사람들 안에 약간 인식할 수 있는 삼위일체의 흔적이 있는지의 여부에 대해 고찰한다. 하지만 이것은 약간 새로운 관심이 아니라, 그가 389년 네브리디우스에게 답변을 한 이후에 계속해서 자신의 경력 내내 추구했던 것이다.

74　Augustine, *Letters* 169.2.7, in *NPNF*¹, 1:540-41 (PL 33:745).
75　Augustine, *Trinity* 2.6.11 (PL 42:851-52).

『요한복음에 대한 논고들』 가운데 23번 논고에서, 그는 인간의 마음과 하나님의 유사성을 언급하고,[76] 또한 편지 11호와 169호, 시편에 관한 책, 『고백록』과 『하나님의 도성』에서 그 생각을 발전시킨다.

8권에서는 지적인 지식이 아닌 사랑이야말로 하나님에 대한 우리의 지식에서 제일 중요하다는 자신의 확신을 따라서, 아우구스티누스는 사랑 안에 세 가지 것들-사랑하는 자, 사랑받는 자, 사랑 자체-이 있다고 주장한다.[77]

하지만 이것은 즉각적인 문제들을 제기한다. 사랑하는 자와 사랑받는 자가 실제 인격적인 개별자인 반면, 사랑은 그렇지 않기 때문이다. 이런 실례는 성령의 위격적 지위에 대해 의문을 갖게 한다. 그것은 또한 아버지와 아들이 연합될 필요가 있다는 것을 내포한다. 사랑은 "어떤 두 개의 대상들을 함께 결합하려고 애쓰는 것"[78]이기 때문이다.

이것은 세 위격 모두의 완전한 상호 내주에 대한 기존의 가르침과 현저한 차이가 나는데, 아우구스티누스가 이것을 이해했던 것 같지는 않다.

9권에서 그는 마음과 지식, 그리고 사랑의 삼자 관계를 도입한다. 이것은 하나의 실례로서 효과적이라면 정통 교리가 아니라 양태론을 입증할 것이다. 이것들은 모두 구체적인 인격들이 아니라 추상적인 특성들이며,[79] 단일한 지성의 특성들이기도 하다.

또 제10권에 나오는 기억과 이해와 의지의 삼자 관계(그가 가장 좋아하는 실례)는 양태론과 어떻게 다른가?[80]

3인조의 관찰된 것들의 트로이카, 관찰자의 시야에 인상을 준 것들, 양자를 결합하고 있는 의지의 목적(11권)도 상호 내주를 위한 어떤 공간도

76　Augustine, *Tractates on John 23*, in *NPNF*[1], 7:155 (PL 35:1582-92).
77　Augustine, *Trinity* 8.10.14 (PL 42:960).
78　Ibid., 8.10.14.
79　*NPNF*[1], 3:126n2, 127, 129n1, 131n1, 133n3에 나오는 쉐드(W. G. T. Shedd)의 논평들을 참고하라.
80　*NPNF*[1], 3:143에서 쉐드가 언급한 것들을 살펴보라.

남겨 두지 않는 반면,[81] 세 번째 요소는 두 번째 요소와 구별되는 인격적 개별자가 아니다. 유사한 반대들이 지혜와 합리적 지식과 동물의 지식(12권), 그리고 기억과 생각과 의지(13권)로 제시된 삼자 체제들에 적용된다. 아우구스티누스 자신은 이것들이 성공적이지 못하다는 것을 인정한다.[82]

그는 14권에서 기억과 이해와 의지의 삼자 체제로 다시 돌아온다. 지성은 그 자신을 기억하고 이해하고 사랑한다.[83] 이것은 "특정한 종류의 삼위일체"[84]라고 그는 주장한다.

그러나 그는 다시 양태론에 가까워진다. 왜냐하면, 이 세 가지 것들이 인격적 개별자가 아니라 활동들이며, 단일 지성의 속성들이다. 아우구스티누스는 스스로 "본질적인 통일성에 대해 중점을 두고 주목"[85]하고, 따라서 위격들은 "자기 자신의 권리를 지닌 객관적 실재"가 아니고 "신적 존재 안에 내재하는 실제적 관계들의 표출"[86]이다.

아우구스티누스는 이 모든 것을 기꺼이 인정한다. 『고백록』에서, 그는 "이 셋이 삼위일체와 크게 다르다"–비유가 아니라 이해가 잘 되지 않는 실례–는 존재와 지식과 의지의 삼자 관계에 대해 말한다.[87] 그는 거듭해서 자기를 사벨리스주의와 거리를 둔다.[88] 비록 이것이 단언에 불과했고 그밖에 어떤 것도 독자로 하여금 어떤 차이를 인식하지 못하게 될 것이라고 하르낙이 생각했을지라도 말이다.

---

81 Ibid., 3:145에 나오는 쉐드의 주장을 참고하라.
82 Augustine, *Trinity* 13.20.26 (PL 42:1034-35).
83 *NPNF*¹, 3:189에 나오는 쉐드를 참조하라. 또한 Augustine, *Letters* 169.2.6, in *NPNF*¹, 1:540 (PL 33:744-45)도 살펴보라.
84 Augustine, *Trinity* 14.8.11 (PL 42:1044-45).
85 Prestige, *God*, 236.
86 Bray, "Filioque," 115.
87 Augustine, *Confessions* 13.11.12, in *NPNF*¹, 1:193 (PL 32:849-50); Augustine, *Of Free Will* 3.7 (PL 32:1225); Augustine, *On True Religion* 13 (PL 34:128-29).
88 Augustine, *Trinity* 7.11 (PL 42:943-45); Augustine, *City of God* 10.24, in *NPNF*¹, 2:194-95 (PL 41:300-302); Augustine, *On Psalm* 5, 3, in *NPNF*¹, 8:11 (PL 36:83-84); Augustine, *On Psalm* 68, 36, in *NPNF*¹, 8:297 (PL 36:865).

하르낙의 평가는 지나칠 정도로 너무 가혹하다. 왜냐하면, 아우구스티누스는 긍정적인 교리적 진술들 속에서 삼위를 하나님의 통일성 내에 구별되는 것으로 명백히 간주하기 때문이다.

그가 창조 세계 안에 삼위일체의 "발자국"이 있고[89] 사람 안에 "특정한 삼위일체성"이 있다고 생각할 때,[90] 이것들은 매우 어려운데,[91] 그것들이 "부적절한 이미지"[92]이기 때문이다. 그는 이런 실례들을 맥락 속에 넣고[93] 그것들이 양태론적이라고 인식한다.[94] 그것들은 "그(하나님)와 거리가 매우 멀고,"[95] 또한 "불완전하다."[96] 그는 그것들의 심각한 한계들에 대한 망상은 전혀 없다.[97]

아우구스티누스는 마태복음 3장 13절에 대한 훌륭한 설교에서 이런 예시들과 그 한계들에 대해 폭넓은 설명을 제시한다.[98] 그것들은 "그 모델과 아주 다른 … 삼위일체에 대한 약간의 자취를" 제공한다. 그것들은 "가장 높은 곳에서 가장 낮은 곳의 거리와 같이 서로 아주 많이 동떨어져 있는", "거리가 먼 유사성"을 제공한다. 이와 같은 탐구의 배후에 있는 그의 의도는 단지 "그 작용이 여전히 분리되지 않으면서 따로따로 표출되는 세 가지 대상들"을 찾는 것이다.

아버지와 아들과 성령은 구별되게 계시되지만 그들의 작용은 분리되지 않는다. 또한, 기억과 이해와 의지는 구별되지만, 어떤 것도 다른 두 개가 없이 작동할 수 없다. 그는 기억과 아버지를 동일시하지 않고 이해와 아들

---

89 Augustine, *City of God* 11.28, in *NPNF*¹, 2:221 (PL 41:341-42).
90 Augustine, *Trinity* 15.2.2-3 (PL 42:1057-58).
91 Ibid., 15.5.7, 7.11-12 (PL 42:1061-62, 1065-66).
92 Ibid., 9.2.2 (PL 42:985-86).
93 Ibid., 15.17.28-29 (PL 42:1080-81).
94 Ibid., 15.22.42-24.45 (PL 42:1089-93).
95 Augustine, *City of God* 11.26, in *NPNF*¹, 2:220 (PL 41:339-40).
96 Augustine, *Letters* 169, in *NPNF*¹, 1:540 (PL 33:740-48).
97 Kelly, *Doctrines*, 278.
98 *NPNF*¹, 6:259-66 (PL 38:354-64).

을 동일시하지 않는다.

> 나는 이 대상들이 어느 정도 성삼위일체와 동등하게 취급되고 하나의 비유, 즉 비교의 정확한 규칙을 따라서 조화되어야 한다고 말하는 것이 아니다. 나의 주장은 이것이 아니다.
> 그러면 나는 무엇을 말하는가? …
> 나는 세 가지 대상들을 발견했는데 … 그것들은 작용은 분리되지 않고 따로따로 표출된다.[99]

이것은 정확히 아우구스티누스가 편지 11호에서 답변하는 네브리디우스의 질문과 연결된다. 반즈가 주장한 것처럼, 이것은 삼위일체적 실례들을 이해해야 하는 맥락이다.

이것은 4세기가 끝나갈 무렵 수년 동안 논쟁을 피할 수 없는 문제였는데, 아우구스티누스는 삼위일체의 위격들이 어떻게 구별되는지, 그리고 삼위일체의 존재(와 사역)가 분할되지 않으면서도 동시에 특수한 행위들이 특수한 위격에 어떻게 기인하는지를 보여 주기 위해 그것을 받아들였다.

9. 아우구스티누스와 그의 유산

하지만 아우구스티누스의 유산은 다른 일이다. 서방교회에서 후속 세대들은 심리적 예시들이 이끄는 신적 본질에 대한 강렬한 초점을 발전시켰을 것이다. 여기서 건턴의 비평들이 영향력이 있다.

본래 양태론적-모두 인간의 마음 안에 있다-인 그것들은 하나를 최고로 만들고 세 위격을 문제가 있게 만든다. 건턴은 마음이 특히 신체와 비

---

99 Augustine, *Letters* 169, in NPNF[1], 1:541 (PL 33:740-41).

교하여 특권을 갖는다는 지적인 분석, 가장이 하나님과 물질적 창조 세계의 유사한 거리두기와 결합했다고 주장한다.[100]

보브린스코이는 이렇게 지적한다.

> 아우구스티누스 안에 단지 예증하는 특징이 있던 것은 이후에 안셀름과 함께, 그리고 토미즘 안에서 신학적 사고의 체계적인 기준이 되었다.[101]

이러한 문제는 아우구스티누스 자신 안에 존재한다. 그는 자기가 하나님의 본질부터 시작할 때 위격들에 대해 생각하는 데 어려움이 있다는 점을 인정한다.

> 질문을 받을 때, '어떤 셋?'이라는 인간의 표현은 표현의 엄청난 빈곤함 때문에 고생을 한다. 하지만 그 답변은 완전히 표현될 수 있는 것이 아니라 온전히 표현되지 않은 채 남겨질 수 없는 '세 위격'으로 주어진다.[102]

위격들은 관계이고 아버지는 오직 아들과 성령과 관련해서만 실제적이다. 다른 한편, 본질은 단일하며 이런 면에서 문제가 되지 않지만, 바로 그와 같은 이유로 인해 비인격적인 쪽으로 기울어진다.

카파도키아 교부들이 성경과 그리스도인의 구원 경험부터 시작했던 반면, 아리스토텔레스식 범주의 관계들이 아우구스티누스를 주도했다.[103]

라쿠냐는 일반적으로 이 논제에 동의하면서, 그녀는 아우구스티누스가

---

100 Gunton, "Augustine."
101 Boris Bobrinskoy, *The Mystery of the Trinity: Trinitarian Experience and Vision in the Biblical and Patristic Tradition*, trans Anthony P. Gythiel (Crestwood, N.Y.: St. Vladimir's Seminary Press, 1999), 284.
102 Augustine, *Trinity* 5.9.10 (PL 42:894-95).
103 Richard Haugh, *Photius and the Carolingians: The Trinitarian Controversy* (Belmont, Mass.: Norland, 1975), 198-200.

"그 위격적, 사회적 관계들과는 별개로 개별자에 맞춘 초점"은 "위격보다는 실체부터 시작하는 존재론에서 직접 나온다"고 말한다.

그녀는 계속해서 이렇게 말한다.

> 비록 아우구스티누스 자신이 그런 유의 것을 전혀 의도하지 않았을지라도, 서방 신학에 미친 그의 유산은 주로 구원의 경륜에서 절단된 삼위일체에 대한 접근법이었다.[104]

아우구스티누스의 첫 번째 주요 업적은 그 통일성에서 나온 삼위일체 위격들의 행위가 분리될 수 없었다는 것을 강조한 것이었다. 실제로, 반즈가 주장한 바와 같이 "삼위일체의 통일성은 분리할 수 없는 행위들이나 활동들 안에서 발견된다."[105]

또한, 존재와 행위 모두에 있어 위격들의 분리불가능함은 위격들의 완전한 동등성의 반영이다. 종속의 모든 요소들은 제거된다. 스튜더는 이렇게 관찰한다.

> 내재적 삼위일체와 구원사에서 삼중적인 사역이 지금까지도 많은 이들에 의해 인정받는 것보다 아우구스티누스 신학 안에서 정말로 훨씬 더 밀접하게 서로 관계가 있다.

왜냐하면, "그리스도가 아우구스티누스 신학의 중심에 위치한다는 것이 당연시될 수 있기 때문이다."[106] 스튜더는 또한 아우구스티누스의 혁신적인 인격 개념, 아들의 보내심과 성령의 보내심 사이의 차이점들에 대한

---

104 Catherine Mowry LaCugna, *God for us: The Trinity and Christian Life* (San Francisco: Harper, 1991), 102.
105 Barnes, "Rereading," 154.
106 Studer, *Trinity*, 175-77.

성찰, 그가 관계(relatio) 개념을 이끌어낸 예리함, 그리고 아버지와 아들의 사랑이라는, "비성경적이지 않은" 성령의 관념을 가리킨다.[107]

아우구스티누스가 성령론을 아버지와 아들의 사랑의 띠(bond)로 정교하게 다듬은 최초의 신학자였다고 주장할 때, 드 마게리가 주의를 기울인 부분이 바로 이 마지막 논점이다. 하지만 드 마게리는 이러한 통찰의 강점들에 넋을 잃고, 그 약점들은 인식하지 못한 것으로 보인다.[108]

한편으로, 그것은 세 위격의 상호 내주를 약화시키는데, 아우구스티누스는 그것을 결코 인식하지 않은 것처럼 보인다.[109] 반즈가 제안한 것처럼, 그 문제의 일부는 아마도 현대신학이 아우구스티누스와 상반되는 삼위일체론과 기독론의 분리를 전제한 상태에서 작업해 왔다기 때문일 것이다. 아우구스티누스에게 있어, 신학은 삼위일체의 공동 행위의 교집합과, 삼위일체의 계시자인 아들에 의해 형성된다.[110]

만일 서방교회가 아우구스티누스로 이루어 온 것 안에 결함을 우리가 인정한다면, 이것은 단지 그가 이루어낸 엄청난 업적들 중 하나의 부산물에 불과할 것이다. 내가 보기에 카파도키아 교부들이 남긴 기독교 전통 안에서 그가 활약했다는 것은 명백한 것 같다. 그의 제일 동기는 콘스탄티노플 회의 이후에 발생했던 여러 도전들에 직면해서 그것을 변호하고 발전시키는 것이었다.

하지만 그는 그렇게 하는 동안 앞으로 서방교회와 동방교회의 단절을 시작하게 할 다른 중요한 방향 전환을 했다. 우리는 이어지는 두 장에서 발전하고 있는 차이점들을 고찰할 것이다.

한편, 우리가 『삼위일체론』의 결론 부분에 나오는 아우구스티누스의 기도와 함께 끝마치는 것보다 얼마나 더 좋을 수 있겠는가?

---

107 Ibid., 173-83.
108 De Margerie, *Christian Trinity*, 110-21.
109 Kelly, *Doctrines*, 285.
110 Barnes, "Rereading," 168n32.

오! 하나이신 주 하나님, 삼위일체 하나님이시여!

제가 당신의 것인 이 책에서 한 말은 무엇이든지 그들이 인정하기를 원하나이다. 제 자신의 생각을 말한 것은 무엇이든지 당신과 당신의 백성들의 용서를 구하나이다. 아멘.[111]

---

111 Augustine, *Trinity* 15.28.51.

◆ 주요 용어들

우유들(accidents)
동일실체의(consubstantial)
본질(essence)
휘포스타시스(*hypostasis*)
발현(procession)
실체(substance)

◆ 깊이 생각할 문제

1. 여러분은 아우구스티누스의 삼위일체에 대한 명확한 표현과 카파도키아 교부들의 표현 사이에 어떤 의미심장한 차이점들을 발견하는가?
   만일 그렇다면, 얼마나 많은 것들이 그들이 저술한 맥락의 차이에 기인할까?
2. 아우구스티누스의 삼위일체에 대한 예시들이 너무 높이 평가되었는가?
   여러분이 내린 결론은 어떤 기반 위에 놓여 있는가?

◆ 더 읽으면 좋은 책

Lewis Ayres, *Augustine and the Trinity* (Cambridge: Cambridge University Press, 2010).

제7장

동방교회와 서방교회: 필리오케 논쟁

　동방교회와 서방교회는 로마 제국 내에서 민족의 구분과 언어의 구분에 있어 각자의 기원이 있다.[1] 로마 제국에 기반을 두고 있는 서방교회는 오늘날 로마가톨릭 교회와, 종교 개혁 때 로마교와 분열된 다수의 교회들을 포함한다.

　원래 콘스탄티노플에 기반을 둔 동방교회는 오늘날 러시아, 지중해 동부, 동남부 유럽에 뿌리를 내린 수많은 자치 독립교회 구역들로 이루어져 있다. 동방교회와 서방교회의 교류는 1054년에 단절되었고 그 단절은 1453년 비잔틴 제국의 붕괴 이후에 강화되었다. 심각한 의견 차이가 많이 나타났었는데, 일부는 로마 교회와 교황권의 관할권과 연관되었고 일부는 성만찬에서 무교병의 사용, (동방교회가 허용했던) 성직자의 결혼 문제, 그리고 다양한 신학 쟁점들을 포함한다.

　후자와 관련하여 단연코 제일 중요한 유일무이한 문제는 서방교회가 니케아-콘스탄티노플 신조(C)에 첨가한 필리오케 구절이었고 지금도 필리오케 구절이다.[2] 1965년에 화해를 위한 오랜 여정에 있어 새로운 운동의

---

[1]　이번 장의 대부분은 주로 1999년 11월 10일에 미국 중부 개혁주의 신학원에서 행한 강의였고, 이어서 *MJT* 13(2002): 71-86쪽에 게재하였고 지금은 허락을 받고 이곳에 다시 게재했다.

[2]　이 중요한 문제에 대한 고찰을 시작하기 딱 좋은 곳은 다음의 뛰어난 두 논문이다.

표시로, 교황 바울로 6세와 아테나고라스 총주교 1세는 1054년의 파문을 철회했다.

1. 필리오케 구절

콘스탄티노플 신조는 성령이 "아버지에게서 발현한다"고 진술한다. 아들에게서도 발현한다는 언급은 전혀 없다. 하지만 스페인에서 지속된 아리우스주의의 위협 때문에 한 지역에 국한된 예전 안에 "아버지와 아들에게서"(*a patre filioque*)라는 표현이 슬그머니 첨가되었다.

덧붙여진 필리오케라는 이 표현은 널리 퍼져나가 지역 공의회들 특히 톨레도 공의회(589)에서 채택되었고,[3] 8세기 후반 프랑스 교회에 의해 공인되었지만, 교황 베네딕트 8세의 영향력 아래 1014년까지 로마교의 신조에는 삽입되지 않았다. 제4차 라테랑 공의회(1215)는 이에 대해 언급했고

동방교회를 지지하는 Nick Needham, "The Filioque Clause: East or West?" *SBET* 15 (1997): 142-62와 서방교회를 지지하는 Gerald Bray, "The *Filioque* Clause in History and Theology," *TynBul* 34 (1983): 91-144. 브레이의 논문은 예리한 신학적 논평이 실려 있는 광범위한 역사적 논의이다. 동방정교회, 로마가톨릭, 그리고 개신교의 견지에서 귀중한 논문들을 모은 자료는 *Spirit of God, Spirit of Christ: Ecumenical Reflections on the Filioque Controversy*, ed Lukas Vischer (London: SPCK, 1981)이다. 전체 문제를 가장 포괄적으로 다루는 최근 작품은 Bernd Oberdorfer, *Filioque: Geschichte und Theologie eines Ökumenischen Problems* (Göttingen: Vandenhoeck & Ruprecht, 2001)이다.

3 하지만 Richard Haugh, *Photius and the Carlingians: The Trinitarian Controversy* (Belmont, Mass.: Norland, 1975), 160-61을 보라. 그는 이 설명에 문제를 제기하고 그것은 "에큐메니컬 칙령들을 고의로 어기면서 고의적으로 삽입한 것이 아니라 간단히 치환하는 방법으로 라틴 서방교회에서 먼저 에큐메니컬 신조가 시작되었다"고 주장한다. Sergei Bulgakov는 아리우스주의가 이 구절 없이도 아주 재빨리 논박될 수 있었기 때문에 그것이 불필요했다고 올바르게 주장한다. "pour rejeter l'arianisme et reconnaitre le-qui-divinite et la consubstantialite du Fils au Pere, on na nul besoin de cette surerogation" Sergei Nikolaevich Bulgakov, *Le Paraclet*, ed. Constantin Andronikof (Paris: Aubier, 1946), 125.

리용 공의회(1274)는 그것을 교의로 선포했다.

동방교회는 교회론적인 근거들로 이러한 전개를 반대했다. 그런 변화(C가 필리오케를 부정하지 않고 단지 그것에 대해 평가를 하지 않았기 때문에 더욱 발전한 것)는 니케아, 콘스탄티노플, 그리고 칼케돈과 유사한 범교회적인 종교 회의를 요청하기 때문에, 그것이 유지되었다.

스틸리아노풀루스(Stylianopoulos)가 표현한 바와 같이, "하나의 신학적 전통에서 나온 구절이 종교 회의 없이도 또 다른 신학 전통에서 나온 신조에 그냥 덧붙여질 수 있는가?"[4]

동방교회도 역시 신학적인 근거들을 갖고 반대했다. 우리는 잠시 이에 대한 이유들을 탐구할 것이다. 동방교회와 서방교회가 삼위일체를 달리 이해하기 때문에, 동방교회의 전제들에 대한 서방교회의 전개는 교회의 삼위일체 가르침을 헤치는 것으로 보인다.

이 문제의 중대성을 인식하고 이것을 무익한 것으로 폄하하지 않기 위해서, 디트리히 리츨(Dietrich Ritschl)이 관찰한 바와 같이, "누군가의 사상이 고전적 삼위일체 방식의 논변으로 스며들게"[5] 해야만 한다. 스틸리아노풀루스는 다음과 같이 평가한다.

> 추상적인 질문이 아니라 기독교 구원의 진리가 위험에 빠졌다.[6]

펠리칸 식의 표현대로 하자면, 헬라 교부들과 초기의 여러 공의회들은 신

4　Theodore G. Stylianopoulos and S. Mark Heim, eds., *Spirit of Truth: Ecumenical Perspectives on the Holy Spirit* (Brookline, Mass.: Holy Cross Orthodox Press, 1986), 32.

5　Dietrich Ritschl, "Historical Development and the Implications of the Filioque Controversy," in *Spirit of God, Spirit of Christ*, ed. Vischer, 46.

6　Theodore Stylianopoulos, "The Biblical Background of the Article on the Holy Spirit in the Constantinopolitan Creed," in *Études Theológiques: Le Ile Concile Oecuménique* (Chambésy-Genève: Contre Orthodoxe du Patriarcat Oecuménique, 1982), 171.

의 존재론을 다루는 학문이 아니라 신의 계시를 다루는 학문을 만들었다.[7] 관건은 이 구절이 콘스탄티노플 신조와 성경에 일치하는 지의 여부다.

2. 성령의 발현에 대한 성경의 가르침

표준 문구인 요한복음 15장 26절에서 예수님은 자신이 보혜사(오순절 즉 역사적 보내심에 대한 언급)를 보내겠다고 말씀하신다. 이 보혜사는 또한 아버지에게서 나오는데(*ekporeuetai*), 이는 계속적인 발현(procession)을 가리킨다. 상당수의 현대 신약학 분야는 발현이 여기서 경륜적 활동-인간의 역사 내에서 아버지와 아들과 성령의 관계-만 언급할 뿐이지 하나님 자신 안에 있는 영원한 선재적 실재에 대해서는 전혀 언급하지 않는다고 주장한다.

로버트 레이먼드는 이것을 하나님 안에 있는 내재적 실재를 언급하는 것이 성경의 한계를 뛰어넘는다고 생각한다. 하지만 드 마게리(de Margerie)는 이와 같이 일시적 임무로 제한하는 것을 "신학적 배경이 빠진 지나치게 단순한 석의"[8]라고 공정하게 판단한다. 그것은 사실상 하나님이 경륜적으로 하신 일이 반드시 그분의 존재를 드러낼 필요는 없다고 상정함으로써 하나님 계시의 실재와 진실성을 약화시킨다.

성령은 아버지에게서 발현한다. 하지만 논쟁이 되는 문제는 이 발현이 아들에게서도 나오는지의 여부와 관련된다. 예수님은 자신의 요청으로, 또는 자기의 이름으로(요 14:16, 26) 오순절에 아버지께서 성령을 보내신 것

---

7   Jaroslav Pelikan, *The Christian Tradition*, vol. 2, *The Spirit of Eastern Christendom* (Chicago: University of Chicago, 1974), 33.
8   Robert L. Reymond, *A New Systematic Theology of the Christian Faith* (New York: Nelson, 1998), 331-32; Bertrand de Margerie, *The Christian Trinity in History*, trans. Edmund J. Fortman (Petersham, Mass.: St. Bede's Publications, 1982), 169.

에 대해 말씀하신다.

　하지만 예수님도 역시 자기 자신이 오순절에 성령을 보내시겠다고 말씀하시고(요 16:7), 이후에는 제자들에게 숨을 쉬며 "성령을 받으라"(요 20:22)라고 말씀하신다. 그래서 예수님은 성령을 보내는 일에 아버지와 함께 일하신다. 게다가, 예수님은 자기와 아버지가 하나라고 말씀하신다(요 10:30). 그래서 아들이 또한 요한복음 15장 26절이 가리키는 영원한 방식으로 성령을 발현하는 일에 아버지와 함께하시는 지의 여부에 대해 질문을 받을 수도 있다.

　전반적으로, 성경은 성령과 아버지 및 아들의 관계를 복잡하게 그리고 있다. 우리는 이 모습을 제1부 제3장에서 생생하게 살펴보았다.

　성령은 아버지의 음성을 듣고, 아버지에게서 메시지를 받고, 아들에게서 가져와 그것을 교회에 나타내시고, 아버지에게서 발현하고, 아들의 이름으로 아버지에 의해 보냄을 받고, 아버지로부터 아들에 의해 보냄을 받고, 아들을 의존하고, 아들에 대해 말하며, 아들을 영화롭게 한다.

　성령과 아들의 관계는 일방향이 아니라 양방향이며 호혜적이다. 성령은 그리스도의 강림과 부활에 있어 도구적인 역할을 한다. 성령은 성육신하신 아들의 지상생활 내내 활동적이다. 그래서 그리스도가 성령을 보내시면서, 그 자신은 성령과 연합하여 살아가시고-그리스도의 육화한 실존에 관해서만-성령을 의지하며 살아가신다.[9]

　성령은 아버지를 가리키는 하나님의 영으로 불리지만, 또한 그리스도의 영, 하나님 아들의 영, 그리고 주의 영으로 불리기도 한다.

---

[9] 요 16:7, 13-15; 15:26; 14:26; 참조. 막 1:10; 눅 3:22; 1:34-35; 마 1:18-20; 눅 4:1, 14; 롬 1:3-4; 8:11.

3. 동방교회에 의한 삼위일체

동방의 삼위일체론에서 지배적인 영향력을 행사하고 있는 카파도키아 교부들과 다마스쿠스의 요한네스는 아들과 성령의 위격적인 실체의 원천으로 아버지를 최고로 강조한다. 아버지는 신성 안에 있는 연합의 보증인 –아들과 성령의 유일한 원리요 원천이요 근원–이시다. 그리하여, 성령은 아버지에게서 발현한다.

닛사의 그레고리우스는 단일군주제가 아버지만이 아니라 전체 삼위일체가 된다는 자신의 가르침으로 이런 강조점을 교정했지만, 이 최고의 강조점은 남아 있다.

4. 서방교회에 의한 삼위일체

아우구스티누스는 오늘날에 이르기까지 서방교회에 막대한 영향력을 행사해 왔다. 우리는 그가 어떻게 아버지의 위격이 아니라 신적인 본질을 자신의 삼위일체론을 위한 토대로 삼는지를 보았다.

서방 신학은 하나의 실체에 출발하는 것을 따라왔다. 서방에서 특히 스페인에서 아리우스주의의 계속된 위협은 교회로 하여금 아버지와 아들의 동일본질을 특별히 강조하게 만들었다. 필리오케는 이것을 보강할 의도였다. 곧 아버지와 아들에게서 성령의 발현은 서방에서 보기에 아들과 아버지의 동일한 본질을 지키는 역할을 했다.

또한, 아우구스티누스의 마음의 비유를 좇아서, 성령은 아버지와 아들 사이에 연합의 띠로 간주되었다.[10]

---

10   이러한 차이점들을 명확하고 예리하게 평가한 내용을 보려면, Vischer, *Spirit of God, Spirit of Christ*, 12-16을 참고하라.

5. 포티우스에 의한 서방교회

콘스탄티노플의 교부(858-867, 880-886)인 포티우스는 이 상황을 한층 더 혼란스럽게 만들었다.[11] 그는 성령이 아버지에게서만 발현하고 아들은 아무 역할을 하지 않는다고 강조했다. 비록 로마교가 이것을 받아들이도록 요청하지 않았을지라도 말이다. 그의 의도는 아들과 성령의 친밀한 관계를 부정하려는 것이 아니라, 아버지만이 아들과 성령의 존재를 초래한다는 점을 매우 명확히 밝히려는 것이었다.

또한, 포티우스는 성령이 아버지와 아들에게서 발현한다는 정리가 두 개의 분리된 원리들로 된 것이 서방교회 때문이라고 생각했다. 그는 이것을 이단으로 간주했다. 삼위일체 안에 두 개의 분리된 원리들이 하나님의 일체성을 파괴할 것이기 때문이다.

6. 아우구스티누스 안에 있는 서방 견해의 기원

그러나 서방 삼위일체론에 대한 포티우스의 이해는 450년 전에 분명히 아우구스티누스에 의해 논박되었다.

> … 하지만 이 삼위일체 안에서 우리가 왜 아들 외에 어느 누구에게도 하나님의 말씀이라 하지 않고, 왜 성령 외에 어느 누구에게도 하나님의 은사라고 하지 않고, 하나님 아버지 외에 그들 중 누구에게도 말씀이 낳음 받고 그에게서 성령이 원래(*principaliter*) 나온다고 하지 않는지 타당한 근거가 있다. 나는 원래라는 단어를 첨가한다. 왜냐하면, 성령이 아들에게서도 나온다는 것을 우리가 배우기 때문이다. 그러나 이것은 아버지에 의해 아들에

---

11   Photius, *On the Mystagogy of the Holy Spirit* (PG 102:280-391).

게 주어진 것에 속하는데, 그것 없이 이미 존재하는 대로가 아니라, 아버지가 낳은 행위 속에서 그의 독생자인 말씀에게 주시는 모든 것으로 그에게 주어진다. 그는 공동 은사가 그에게서도 나오는 그런 방식으로 낳음을 받으며, 성령은 둘 다의 영이다.[12]

아우구스티누스이 보기에, 성령은 아버지와 아들에게서 하나의 기원 원리로서 발현한다. 아버지는 신성의 유일한 원리이시며, 아들은 아버지에게서 나오고, 성령은 그들의 공통된 사랑으로부터 단일한 원리로서 아버지와 아들에게서 발현한다.[13] 그리하여 성령은 먼저 아버지에게서 그리고 시간적 간격이 전혀 없이 두 분으로부터 아버지의 선물로 발현한다.[14]

포티우스는 우리가 이후에 언급할 근거들 때문에 이것 역시 거부한다. 리츨이 제안하는 것처럼, 아우구스티누스가 아버지보다 삼위일체부터 시작하는 것은 카파도키아 교부들이 했던 것처럼 하나님의 단일성에 대한 강조와 함께 필리오케를 거의 불가피하게 만들었다.[15]

7. 동방 호교가들에 의한 서방의 견해

포티우스에도 불구하고, 필리오케에 대한 동방의 반대는 성령에 대한 두 개의 분리된 원천을 함의하는 것이 아니다. 우리가 이미 본 것처럼, 아우구스티누스는 성령이 단일한 원천이신 아버지와 아들에게서 발현한다고 가르쳤다. 동일본질에 대한 서방의 확언들이 이 가능성을 상쇄했기 때문에 이 구절이 성령을 아들에게 종속시킬 수 있는 것–포티우스에 대한

12　Augustine, *De Trinitate*, 15.26.47 (PL 42:1092).
13　Ibid., 15.17.27 (PL 42:1079-80).
14　Ibid., 15.26.47 (PL 42:1092).
15　Ritschl, "*Filioque* Controversy," 60-61.

또 다른 논점-도 아니다. 주요 관심사는 필리오케가 아버지는 물론 아들도 성령의 원천 또는 기원 또는 근원이라는 점을 상정한다는 것이다.

그리하여 동방에서 보기에, 서방의 견해는 아버지의 군주제와 조화를 이룬다. 헬라 교부들은 성령이 보물(the treasure)이고 아들은 보물 보관자(the treasurer)라고 주장했다. 아들은 성령을 받고 나타내지만, 성령의 존재 자체를 야기하지 않는다. 오직 아버지만이 말로 표현할 수 없을 정도로 다르면서도 일치된 행동을 통해 아들과 성령의 원천 또는 기원 또는 근원이시기 때문이다.

동방에서 보기에, 관련이 있는 또 다른 문제는 이 구절이 아버지와 아들을 혼동하게 한다는 점이다. 아버지는 아들이 아니다. 이는 아버지가 아들을 낳으시고 아들은 아버지에게 태어났다는 점에서 분명히 드러난다. 그리하여, 성령과 아버지의 관계는 성령과 아들의 관계와 다르다. 아버지와 아들이 같지 않기 때문에, 성령과 그분들 각각의 관계도 역시 동일하지 않다. 따라서 아버지와 아들로부터 차이가 없이 발현하는 성령에 대해 얘기하는 것은 양자를 혼동할 수 있다.

이것은 성령이 공동 원천으로서 양자로부터 나온다는 아우구스티누스의 가르침에 의해 토대가 허물어진다. (삼위일체를 구분하게 될) 두 개의 독립된 성령의 원천이 존재한다는 제안을 회피함으로써, 서방교회는 아버지와 아들의 특수성을 혼동한다. 동방교회에 따르면 세 위격 모두 동일본질의 연합과 상호 내주에 의해 한 하나님이시지만, 결코 그들의 위격적 특수성에 있어 (양태론 이단에서과 같이) 결코 혼동되어서는 안 된다.

우리는 이에 대해 무슨 말을 할 수 있을까?

군주정과 관련해서, 서방교회는 결코 아버지의 군주정을 손상시키려고 의도한 적이 없고, 일관되게 그것을 긍정해 왔다. 비록 서방교회와 동방교회에서 다른 방식으로 표현하게 되었지만 군주정은 논쟁점이 아니다. 필리오케는 결코 이것과 반대로 영향을 받지 않았다. 스틸리아노풀로스는 동의하지만 다음과 같이 첨언한다.

*filioque*의 *que*(그리고)는 아우구스티누스의 맥락에서 아버지의 '군주정'을 포기하는 것 같지 않지만, 본의 아니게 카파도키아 교부들의 맥락에서 그것을 포기한다.[16]

하지만 필리오케가 아버지와 아들을 혼란스럽게 한다는 주장은 더더욱 중요하다고 나는 제안한다. 우리는 그것을 짧게 살펴볼 것이다. 다른 하나의 대상이 재빨리 일축될 수도 있다. 일부 동방 호교가들에 따르면, 필리오케는 서방교회에 교회중심주의, 권위주의, 그리고 교황의 신조로 이어진다.[17] 이것은 일부 서방의 논쟁술만큼이나 무리가 있다.

8. 서방 호교가들에 의한 동방의 견해

서방교회에 따르면 필리오케에 대한 동방의 반박은 아들과 성령을 불분명한 관계로 남겨놓는다. 이것은 페리코레시스에 대한 교부들의 가르침과 묘한 대조를 이루고 있는데, 이에 따르면 삼위일체의 위격들이 내주하고 서로 관통하고 있다. 서방교회는 이것이 오리게네스까지 기억을 더듬어 가며 종속론의 경향을 드러낸다고 주장한다. 왜냐하면, 동방교회에서 주로 아들과 성령이 아버지로부터 그들의 신성을 부여받기에 둘 다 파생된 것으로 보이기 때문이다.

이와 반대로, 필리오케는 아들과 성령의 친밀한 관계를 긍정한다. 이것이 동방교회에서 신학과 경건 사이의 현격한 차이를 낳았다고 서방교회는 주장한다. 로고스에 기반한 사변 신학은 성령이 매개하는 예배와 분리되어 왔다. 따라서 바빙크와 같은 서방의 전문가들이 주장하는 것처럼, 동방

---

16 Theodore Stylianopoulos, "The Filioque: Dogma, Theologoumenon or Error?" in *Spirit of Truth*, ed. Stylianopoulos and Heim, 50.
17 Timothy Ware, *The Orthodox Church* (London: Penguin Books, 1969), 222-23.

의 경건은 신비주의에 의해 과도하게 점령되었다.[18]

이 두 주장들 가운데 어느 쪽도 많은 정밀조사에 견디지 못한다.

첫 번째 주장인 동방교회가 필리오케를 거부함으로써 아들과 성령을 떨어뜨려 놓는다는 내용을 검토해 보자.

이것은 완전히 잘못된 것이다. 처음부터 끝까지, 동방교회는 "아버지에게서 아들을 통해"와 같은 용어를 콘스탄티노플 신조의 취지를 나타내는 타당한 표현으로 수용해 왔다. 그것은 성령의 발현에서 아들을 위해 매개하는 역할을 주장하는 반면, 아버지가 유일한 원천, 원인 또는 기원이라고 강조한다.

또 동방교회는 성령이 (예수님이 세례 받을 때처럼) 아들 위에 임하고 그에 의해 영접 받고, 반대로 아들에 의해 보냄 받는다고 주장한다.[19] 성령이 아버지에게서 발현한다고 주장할 때, 동방교회는 삼위일체 안에서 아버지와 아들 사이에 존재하는 관계를 전제한다. 왜냐하면, 아버지가 아들의 아버지요 아들은 영원히 아버지 안에, 아버지와 함께 존재하고, 아버지는 결코 아들을 떠나지 않기 때문이다.[20]

서방 신학자들이 이 주장을 하는 것은 닛사의 그레고리우스에 의해 처음 가르쳐진 카파도키아의 상호 내주에 대한 가르침을 무시한다. 이것은 우리가 잠시 후에 살펴보겠지만 아들과 성령의 친밀한 관계에 대한 최고의 확언이다. 게다가, 콘스탄티노플 신조 빼기 필리오케 구절(콘스탄티노플

---

18 Herman Bavinck, *The Doctrine of God* (reprint, Edinburgh: Banner of Truth, 1977), 313-17.
19 Wolfhart Pannenberg, *Systematic Theology*, trans. Geoffrey Wl Bromiley (Grand Rapids: Eerdmans, 1991), 1:317-19.
20 아래에 아타나시우스에 대한 참고문헌들을 보라. 성령이 "아들의 아버지에게서" 발현한다는 위르겐 몰트만의 제안은 의견 일치 그것을 지지하는 동방교회에서 만들어질 것이라는 점을 가정한다. Jürgen Moltmann, *The Trinity and the Kingdom: The Doctrine of God* (London: SCM, 1991), 185-87을 보라.

신조의 원본)은 성령과 아들의 관계에 대해 침묵하지 않는다. 왜냐하면, 성령은 아버지와 아들과 함께 경배를 받고 영광을 받으며, 아버지와 "아버지가 세상을 만들게 한" 아들과 함께 생명의 창시자요 수여자이기 때문이다. 요컨대, 동방교회는 일관되게 아버지에게서 내재적으로 뿐 아니라 경륜적으로 나오는 성령의 발현에 아들이 참여한다는 점을 확언한다.

두 번째 주장에 관하여, 동방식 경건의 가장 유명한 요소들 가운데 하나인 주기도문은 철저하게 그리스도 중심적이다.

"주 예수 그리스도, 하나님의 아들이시여, 죄인인 저에게 자비를 베푸소서"는 분위기상 결코 더 복음적이거나 기독론적일 수 없다. 동방교회가 억제되지 않은 신비주의에 독점권을 행사하지 못하는 것은 토론토 축복과 비슷한 현상들로 인해 분명히 드러났는데, 그것은 실제로 분명 서방식이다.

간단히 말해서, 이 주장은 필리오케와 교황 제도 사이의 가정된 관계에 대한 동방의 주장과 유사하다. 알려진 모든 병을 단일한 원인으로 돌리는 데 있어 환원주의적 위험성들이 있다.

세 번째 반대는 훨씬 더 중요하다.

다마스커스의 요한네스를 추종하는 동방교회는 하나님의 본질을 알 수 없고 오직 드러난 하나님의 활동들 또는 작용들 즉 그 주변에 있는 것들만 알 수 있다고 생각하는 경향이 있다("우리가 하나님에 대해 단언할 수 있는 전부는 하나님의 본성을 선포할 수 없고 오직 그 본성의 특성들만 선포할 수 있다").[21] 이러한 이분법은 성령에 관하여 아들의 대등한 공동 참여를 위해 성경적 증거의 일부를 상쇄하는 데 사용된다.

T. F. 토랜스와 같은 동정적인 비평가가 주장하는 것처럼, 그것은 하나님의 내적 생명과 역사 속에서 그의 구원 행위의 사이를 틀어지게 하여,

---

21 John of Damascus, *The Orthodox Faith* 1.4 (PG 194:797-800).

하나님 자체를 알려는 어떤 실제적 접근도 배제한다.[22] 그것은 또한 이전의 그리스 교부 사상에서 벗어나는데, 이 사상은 이 구별을 거부했다.[23] 경륜적 삼위일체와 존재론적 삼위일체 사이에 크게 벌어진 틈을 여는 것을 제외하고, 추세는 삼위일체보다 사위일체-이해할 수 없는 신적 본질 더하기 계시된 세 위격-로 가는 것처럼 보인다.

9. 초기 동방의 견해

바실 대제에 따르면 참된 종교는 우리가 아버지와 함께하는 아들에 대해 생각하도록 가르친다.[24] 하나님에게서 오는 선한 것들이 "아들을 통해"[25] 우리에게 도달한다. 아들의 의지는 아버지의 의지와 확고하게 일치한다.[26] 따라서 성령은 만물 안에서 아버지 및 아들과 분리될 수 없다.[27]

게다가, "하나님을 아는 길은 한 성령으로부터 한 아들을 통해 한 아버지에게로 놓여 있고, 반대로 자연적 선함과 본래적 거룩함과 위엄 있는 품위는 아버지로부터 독생자를 통해 성령에게로 확장된다."[28]

그러므로 성령은 아버지와 아들의 사역들을 함께한다.[29] 간단히 말해서, 아버지는 신성의 유일한 원천이다. 아버지로부터 성령은 아들을 통해 발현한다. 신성은 아버지로부터 아들을 통해 성령에게로 전해진다.

---

22 Thomas F. Torrance, *The Christian Doctrine of God: One Being, Three Persons* (Edinburgh: T & T Clark, 1996), 187.
23 Athanasius, *On the Decrees of the Synod of Nicaea* 22 (PG 25:453-56).
24 Basel of Caesarea, *On the Holy Spirit* 14 (PG 32:88-89).
25 Ibid., 19 (PG 32:101-2).
26 Ibid., 20 (PG 32:103-5).
27 Ibid., 37 (PG 32:133).
28 Ibid., 47 (PG 32:153).
29 Ibid., 53 (PG 32:166-67).

다마스쿠스의 요한네스는 『정통 신학에 대하여』(*De orthodoxa fidei*)에서 다음과 같이 가르친다. 하나님의 영은 "말씀의 동반자요 자기 활동의 계시자이며, … 아버지에게 나와서 말씀 안에 거하며, 존재를 부여한 아버지와 분리될 수 없는 말씀을 선포하며, 말씀의 동반자인 그는 실재에 있어 말씀의 모양이다."[30]

언제라도 아버지가 말씀 없이 존재한 적이 없었고 말씀도 성령 없이 존재한 적이 없었다. 성령은 아버지에게서 나오고 아들 안에 거하며, 아들을 통해 전달되고 아버지 및 아들과 분리될 수 없고 분할될 수 없으며, 낳은 것과 태어난 것만 빼고 아버지와 아들이 소유한 모든 것을 소유하고 있다. 아들과 성령 모두 아버지에게서 그들의 존재를 얻는다. 삼위는 서로 안에 존재하면서, 동일한 본질을 갖고, 서로 내주하며, 같은 의지, 활동, 권세, 권위, 운동을 소유한다.

그들은 서로 엉켜 있고 융합이나 혼합 없이 서로 안에 존재한다. 따라서 아들과 성령은 갈라서지 않는다. 그것은 분리 없이 서로 착 달라붙어 하나로 혼합되고 결합된 빛을 발산하는 세 개의 태양과 같다. 성령은 아들을 통해 우리에게 나타나고 부여된다.[31]

드 마게리는 포티우스가 이 모든 것을 무시한다고 지적하면서 불가코프를 인용하는데, 불가코프는 다음과 같이 평가한다.

> 그의 많은 선배들과 동시대 사람들보다 헬라 교부들을 훨씬 잘 알았던, 매우 박식한 총대주교가 성령의 발현에 대한 교부의 가르침이 자기 자신과 근본적으로 차이가 있음을 몰랐다는 것은 대경실색할 일이다.[32]

---

30 John of Damascus, *The Orthodox Faith* 1.7 (PG 194:805).
31 Ibid., 1.8 (PG 194:808-833).
32 De Margerie, *Christian Trinity*, 166; Bulgakov, *Paraclet*, 102.

10. 동방교회와 서방교회의 문제점들

 필리오케에 대한 동방교회와 서방교회 양측의 입장은 여러 문제에 직면한다.

1) 필리오케 논쟁이 기원의 관계들 측면에서 이해된 위격들에 집중되었다는 비판이 있어 왔다

 이와 반대로, 판넨베르크는 이 관계들이 동방교회와 서방교회의 간단한 신앙고백문이 우리에게 믿도록 하는 것보다 훨씬 더 미묘함을 보여 주는 신약성경의 꽤 복잡한 내용을 지적한다. 이것은 사실이다. 그리고 우리는 지나가면서 가끔 이 복잡함을 본 적이 있다. 하지만 내가 보기에 기원의 관계들이 고려에서 배제되어야 하는 타당한 근거가 전혀 없는 것 같다.

2) 서방 신학은 이따금씩 동방교회가 하나의 신적 본질보다 아버지부터 시작함으로써 삼신론으로 빠지는 경향을 보여 준다고 주장해 왔다

 이에 대한 증거는 별로 없다. 아버지(또는 나지안주스의 그레고리우스의 경우와 같이 전 삼위일체)의 군주제, 동일본질, 그리고 페리코레시스는 방부제들이다.

3) 다른 한편, 하나님의 본질과 그의 활동들에 대한 동방의 분열은 확실히 다마스쿠스의 요한네스 이후에 생겨난 현실이다

 이 경우에, 우리가 앞서 했던 비판들이 적용된다. 이런 식으로, 동방의 호교론자들은 성령을 보내는 아들에 대한 언급들이 오롯이 활동들, 순전히 경륜적인 것에만 적용된다고 말할 수 있다.

위르겐 몰트만은 우리가 유일한 삼위일체와 구원의 경륜에 대해 말할 수 있다고 할 때 이에 대해 아주 명쾌하게 답변한다.

> [그래서] 신적인 삼위일체는 그 자체 안에 있는 것과 다른 어떤 것처럼 구원의 경륜 속에 나타날 수 없다. 따라서 누군가는 근본적인 삼위일체의 관계들에 근거하지 않은 구원의 경륜 속에 일시적인 삼위일체의 관계들을 놓을 수 없다.

그리하여 몰트만은 아들과 성령의 이 관계가 일시적 파송으로 축소될 수 없다고 계속해서 말한다. 만일 이것이 그랬다면 하나님 안에 모순이 있게 될 것이다. 하나님은 스스로에게 충실하기 때문에 절대 그럴 리가 없다. 그는 신실하고 신뢰할 만하다. 그의 계시에 유효한 것은 그의 존재에도 마찬가지다.[33]

4) 서방교회에서 양태론의 위험은 바르트와 라너에게 전수된 모든 서방 신학 안에 매우 실제적이고 명백히 드러난다

이후의 장들이 이에 대한 증거를 제공할 것이다. 만일 우리가 신적인 일체성(unity)부터 시작한다면, 위격들은 실제적이고 위격적이고 영구적이고 돌이킬 수 없는 존재론적 구별로서 문제가 된다.

콜린 건턴은 아우구스티누스식 모델이 무신론과 불가지론을 양산했다고 강력하게 주장해 왔다.[34] 정말로, 대부분의 서방 그리스도인들은 실제

---

33 Jürgen Moltmann, "Theological Proposals Towards the Resolution of the Filioque Controversy," in *Spirit of God, Spirit of Christ: Ecumenical Reflections on the Filioque Controversy*, ed. Lukas Vischer (London: SPCK, 1981), 165-66.

34 Colin Gunton, "Augustine, the Trinity, and the Theological Crisis of the West," *SJT* 43

적 양태론자들이다. 확실히, 삼위일체는 서방 기독교에게 다만 산술적으로 풀기 어려운 문제에 불과하다.

5) 필리오케 구절은 세 가지 가능성 있는 이유 때문에 오해를 낳는다

첫째, 만일 성령이 두 개의 독립된 원천에서 발현된다면, 아버지의 군주정은 허물어질 것이다. 그것을 이해해 온 방식이 아니지만, 그렇게 말했었다면 그 구절이 그런 종류의 소박한 해석에 적합하다는 것을 인정해야만 한다.

둘째, 만일 아우구스티누스식(서방교회가 일관되게 그것을 이해해 온 방식)의 의미에서, 성령은 단일한 원천으로서 아버지와 아들로부터 발현한다면, 아버지와 아들 사이의 구별은 희미해진다. 아들은 아버지와 동일하지 않다. 그는 출생되고 아버지는 그렇지 않다. 아들은 영원히 아들이고 아버지는 영원히 아버지다. 따라서 아들은 아버지가 성령과 맺는 것과 동일한 관계를 성령과 갖지 않는다. 성령의 발현에 대한 가르침은 이 구별을 감안해야만 한다.

셋째, 아들의 동일본질을 지지하는 데 필리오케를 필요로 한다면, 성령을 종속시키는 경향에 대한 약간의 증거가 존재하는 것처럼 보인다. 만일 아들의 신성이 그로 하여금 성령의 발현하는 원천이 되기를 요구한다면, 그것은 성령을 어디에 남겨 두며, 누가 다른 휘포스타시스가 전혀 없는 원천인가?

필리오케를 찬성하는 주장은 현상금 즉 삼위일체를 교묘하게 허무는 것을 갖고 온다.

(1990): 33-58.

이 점에 대하여, 삼위일체의 기본 원리가 서방교회에 의해 조롱받지 않는가?

신성의 속성들(attributes)이 세 위격 모두에게 공유되는 반면, 신적 특성들(properties)은 한 위격에 의해 보유된다. 그러나 여기서 한 가지 특성(발현)이 두 위격에 의해 공유되지만 세 번째 위격은 배제된다.[35]

이 모든 것으로부터 서방의 접근 방향과 동방의 접근 방향이 심각한 약점들을 지니고 있다는 것이 분명해진다. 이것들은 최근 수십 년간 있었던 사건-이전에는 결코 일어난 적이 없었던 것-처럼 양측이 상대방과 대화를 하게 시킬 때 부각된다. 결과적으로, 이제 이 커다란 분열을 뛰어넘는, 즉 각자의 해로운 약점들을 피하면서도 양측의 가장 좋은 취지를 보존하는 어떤 길이 있는지에 관한 질문이 제기되고 있다.

11. 해결을 위하여

1) 상호 인정

오래 지속돼 온 이 문제를 해결하기 위해서, 동방교회는 서방교회가 동방교회에서 완전히 인정하는 가르침-삼위일체의 동일본질의 단일성, 아들의 신성, 그리고 아들과 성령의 친교-을 지지하여 필리오케를 사용했다는 점을 인정할 필요가 있을 것이다. 그것에 관한 한, 서방교회는 아버지와 아들이 영원한 성령의 존재의 공동 원인이라는 아우구스티누스의 가르침이 카파도키아의 패러다임을 옹호하는 사람들의 눈에 아버지의 군주제와 본의 아니게 타협한다는 사실을 인정해야만 한다.

---

35   포티우스는 " "Photius, *Holy Spirit* 36.

2) 역사적 복원

시골길을 거닐다가 길을 잃었을 때 정확히 자신의 위치가 드러났던 마지막 장소로 온 길을 되돌아가는 것이 도움이 된다. 그때 계획된 목적지를 향한 절차가 진행될 수 있다. 필리오케에 관하여, 길을 갈라선 카파도키아나 히포로 돌아가는 대신에, 알렉산드리아로 돌아감으로써 도움을 찾을 수 있다.

카파도키아 교부들과 아우구스티누스가 장래의 논의를 위한 무대를 설정하기 전에, 아타나시우스는 몇 가지 중요한 주장을 했는데, 이어지는 분쟁들 속에서 잊혀졌다. 그 다음 세기에 알렉산드리아의 시릴이 비슷한 방향으로 그를 따랐다.

네 통의 『성령에 대해 세라피온에게 보내는 편지』(Letters to Serapion on the Holy Spirit)에서 아타나시우스는 삼위일체의 관계들을 상세하게 다룬다. 아들은 아버지와 동일본질이며 아버지의 존재로부터 나온다. 아버지가 소유한 것은 무엇이든지 아들이 갖고 있다.[36] 삼위일체는 분할할 수 없다. 그래서 아버지가 언급되는 곳마다 아들도 역시 이해되어야 한다. 그리고 같은 방식으로 아들이 있는 곳에 성령이 그 안에 존재한다.[37] 성령은 결코 말씀인 아들과 떨어지지 않는다. 이는 아타나시우스가 되풀이해서 반복한 주장이다.[38]

게다가, 아들이 아버지와 관련하여 자신만의 특성을 갖고 있는 것 같이, 성령도 아들과 관련하여 마찬가지다.[39] 아들은 아버지의 형상이지만 성령도 역시 아들의 형상이다.[40]

---

36 Athanasius, *Letters to Serapion on the Holy Spirit* 2.5 (PG 26:616).
37 Athanasius, *Serapion* 1.14 (PG 26:566).
38 Ibid., 1.14, 17, 20, 31; 3.5; 4.4 (PG 26:565-66, 572, 576-77, 601, 632-33, 641).
39 Ibid., 3.1 (PG 26:625).
40 Ibid., 4.3 (PG 26:640-41).

아타나시우스는 결과적으로 두 아들이 있다는 명백한 답변을 부인하면서, 그렇게 하는 과정에서 성령의 특수성을 주장하지만, 그가 그런 주장을 할 수밖에 없는 느꼈다는 사실은 자신이 아들의 성령의 관계가 얼마나 친밀한 관계로 이해하는지를 나타낸다. 과연, 성령은 아들이 아버지에 대해 갖는 것과 같이 아들에 대하여 동일한 순서와 본성을 갖는다.

아들은 아버지 안에 있고 아버지는 아들 안에 있으며, 그래서 또한 성령이 아들 안에 있고 아들이 성령 안에 있다. 따라서 성령은 말씀으로부터 분할될 수 없다.[41] 그래서 또한 성령이 하나님 아버지 안에 존재하고 아버지로부터 나온다.[42] 아들이 아버지의 이름으로 오는 것처럼, 성령도 아들의 이름으로 온다.[43] 성삼위일체의 한 가지 효능과 행위가 있다. 왜냐하면, 아버지가 아들을 통해 성령에 의해 만물을 만드시기 때문이다.[44]

아타나시우스의 사상 안에 아들과 성령의 친밀하고 깨뜨릴 수 없는 관계보다 더 분명한 것은 없을 것이다. 세 위격은 서로 내주하고 서로 안에 존재한다. 이것은 아들과 성령만큼이나 아들과 아버지, 또는 아버지와 성령에도 똑같이 적용된다.

비슷한 사상의 흐름이 시릴 안에 분명히 드러난다. 『거룩하고 동일본질의 삼위일체에 대한 두 번째 대화』(*Dialogue II on the Holy and Consubstantial Trinity*)에서, 그는 전체 신성이 각 위격에 공통되고, 그래서 아버지, 아들, 성령이 하나의 동일한 본질에 속한다고 설명한다. 아들과 성령은 아버지 못지않고 그들의 관계들만 제외하고 모든 것에 있어 동등한데, 그 안에서(*inter alia*) 성령은 아버지를 발현하고 아들을 통해 유입되거나 쏟아 붓는다.[45]

---

41 Ibid., 1.20-21 (PG 26:580).
42 Ibid., 1.25 (PG 26:588).
43 Ibid., 1.20 (PG 26:580).
44 Ibid., 1.20, 28, 30 (PG 26:580, 596, 600).
45 Cyril of Alexandria, *De Sancta et consubstantiali Trinitate, Dialouus II* (PG 75:721-23).

『거룩하고 동일본질의 삼위일체에 대한 사전』(*Thesaurus on the Holy and Consubstantial Trinity*)에서, 그는 이 문제에 대한 자기 생각을 상세히 전개한다. 본성에 따르면 성령은 아버지의 존재로부터 나온 하나님이다. 창조는 아들을 통해 성령의 의해 이루어졌다.[46]

성령은 신적 본질에 적합하지 않다. 왜냐하면, 그는 본질에 속하고 휘포스타시스 안에 존재하며(*inexists*[*enhypostasis*]), 거기서 발현하고 그 안에 머물기 때문이다.[47] 그래서 성령은 아버지와 아들에게서 나온다. 그가 신적 존재에 속하고 그것 안에서, 그리고 그것으로부터 발현하기 때문이다.[48] 따라서 성령은 아버지의 존재뿐 아니라 아들의 존재로부터 나온다.[49]

그가 자연스럽게 아버지로부터 발현할 때,[50] 휘포스타시스 안에서의 관계들 때문에 그는 아들 안에서, 그리고 아들로부터 존재하고,[51] 그래서 아버지로부터 아들 안에서 발현한다고 말할 수 있다.[52]

시릴도 역시 (요한복음 15장 26절과 14장 26절을 둘 다 인용하면서)[53] 성령이 아버지로부터 아들을 통해 보내졌다는 것과, 성령이 아버지와 아들로부터 발현한다고 말한다.[54]

---

46 Cyril of Alexandria, *Thesaurus de sancta et consubstantiali Trinitate* (PG 75:565).
47 Ibid. (PG 75:577).
48 Ibid. (PG 75:585).
49 Ibid. (PG 75:587, 589).
50 Ibid. (PG 75:597).
51 Ibid. (PG 75:581).
52 Ibid. (PG 75:577).
53 Ibid. (PG 75:581).
54 Ibid. (PG 75:585).

12. 최근의 발전들

이 문제에 대한 새로운 관심은 칼 바르트가 쏟은 온당한 관심으로 인해 생겨났다.[55] 그때 이후로 여러 서방 신학자들이 필리오케에 대한 불만족을 표현해 왔다. 그들 가운데 위르겐 몰트만과 볼프하르트 판넨베르크가 있다. 몰트만은 성령이 아들의 아버지로부터 발현한다는 그의 제안으로 분열을 타개하려고 시도한다. 그는 구속사에서 성령에 의해 잉태되고 성령에 의해 세례 받고 있는 아들을 가리킨다.

여기서 성령은 아들보다 우선한다. 몰트만은 위격들의 호혜적 관계들을 강조한다. 그는 성령의 발현이 아들의 참여와 별개로 일어나지 않는다는 점을 인정하면서도 아버지로부터의 성령의 발현을 보존하고 싶어 한다. 전반적으로, 그는 동방교회에 실례를 허용하는 것처럼 보이며, 서방교회의 관점에서 보면 아들의 역할을 적절히 표현하지 않는다.[56]

판넨베르크는 필리오케가 성령의 종속을 함의한다는 근거들로, 또한 성경은 아들이 아버지로부터 성령을 받는다고 주장하기 때문에 이를 거부한다. 그래서 아들과 성령의 관계가 일방적이라는 생각을 약화시킨다.[57]

다른 한편, 제럴드 브레이는 필리오케를 옹호하는 약간 광범위한 주장들을 한다. 여기서 다른 입장들은 구원의 다양한 견해를 나타낸다고 그는 주장한다. 특히, 동방교회는 성령과 아들의 관계를 적절하게 표현하지 못했다.

이것은 곧바로 그 구원론과 직결되는데, 동방교회에서 성령에 의한 신격화가 핵심이지만, 서방교회로서는 그리스도의 사역-성령에 의해 적용된 십자가와 부활-이 그 중심에 있다.[58] 다른 말로 하면, 서방의 눈으로 볼 때 동방의 패러다임은 그리스도의 속죄 사역을 그 중심 무대에 두고 그것을 성령

---

55 Karl Barth, *CD*, I/1: 546-57.
56 Moltmann, *Trinity*, 178-90.
57 Pannenberg, *Systematic Theology*, 1:319-21.
58 Bray, "Filioque," 139-44.

의 사역과 통합하지 못함으로 인해 복음의 토대를 허물어버린다.

브레이의 주장은 중요하다. 우리는 아타나시우스가 속죄에 대해 말하는 것이 얼마나 적은지를 보았다. 십자가는 그의 구원론에 필수적이지 않다. 그에게 열쇠는 우리의 인성을 입고 그 인성을 하나님과 결합하여 결국 인성을 치유하는, 성육신하신 그리스도이다.

핸슨이 핵심을 찔러 그것을 묘사하는 것처럼, 아타나시우스에게 구원은 일종의 성스러운 피의 수혈(또는 주입, transfusion)에 의해 이루어진다.[59]

이것은 동방교회 구원론의 특징이다. 동방교회에게 사망은 죄의 무질서를 가져오는 대적이다. 죄는 사망에 굴복한다. 그리스도의 부활은 사망을 무너뜨린다. 구원은 죽을 운명에 대한 정복이며, 부활하신 그리스도는 그 자리에 생명을 가져온다. 십자가는 무시되지 않지만 부활의 관점에서 찾아볼 수 있다. 하나님의 율법에 대한 위반이라는 죄 개념은, 이 때문에 그리스도가 십자가 위에서 속죄하신 것인데, 전혀 발견되지 않는다.

서방교회에게 구원이 근저부터 도덕적이고 윤리적인 데 비해, 동방교회에게는 구원이 우주적이다. 서방교회에게 거룩하신 하나님은 당신의 백성을 죄에서 구원하시는 반면, 동방교회에게 부활하신 그리스도가 인류를 사망에서 해방시킨다.[60]

브레이에 따르면(그의 논제는 건전하다), 동방교회와 서방교회의 격차는 필리오케 그 자체보다 더 넓다. 그는 칼빈을 언급하면서 다음과 같이 제안한다.

> 성령의 사역은 그리스도의 형상을 따라 우리를 다시 만드는 것이다. 그 결과 우리가 아버지와 그리스도의 관계의 유익들을 즐길 수 있도록 한다. 그

---

59 R. P. C. Hanson, *The Search for the Christian Doctrine of God: The Arian Controversy 318-381* (Edinburgh: T & T Clark, 1988), 450-51.
60 Ware, *Orthodox Church*, 230-34; John Meyendorff, *Byzantine Theology: Historical Trends and Doctrinal Themes* (New York: Fordham University Press, 1979), 159-65.

래서 그는 우리를 그리스도의 인격의 형상으로 다시 만들고 있다. … [그것을 행하기 위해 그는] 아들의 휘포스타시스를 공유하고 따라서 그로부터 발현해야만 한다.

따라서 브레이는 "자연 신학에 상대되는 위격 신학의 맥락 안에서 필리오케 구절에 대한 생생한 인식이 없다면, 복음주의 신앙은 이해할 수 없게 된다"고 주장한다. 이 구절은 개혁주의 기독교와 복음주의 기독교에 요긴할 뿐 아니라 필연적이다.[61]

바르트는 아들의 영에 대해 말하는 다른 많은 구절들로부터 성경의 개별 구절들(그는 요한복음 15장 26절을 유념한다)을 분리하기 위해 동방의 삼위일체론을 비난하면서 이러한 비판들을 한층 보강한다. 그것은 또한 그 자체로 영원히 선행하는 하나님의 실체로부터 그의 자기 계시를 분리한다.[62]

속죄와 죽음의 정복은 모두 성경에 충실하려고 하는 어떤 신학에서도 두드러져야 하기에, 동방교회의 입장의 장점들에도 불구하고 필리오케의 영향이 포기될 수 없다는 점은 분명하다.[63]

필리오케에 대한 논의들이 더욱 멀리 확대되어야 한다. 하지만 성령의 발현에서 아들의 제외시키는 포티우스의 극단적 아버지단일론(monopatrism)을 반박하는 브레이의 논증이 강력하다.

그것은 또한 우리가 동방교회에서 널리 용인된 아버지로부터 아들을 통해라는 구절을 고찰할 때 아주 중요한데, 그것은 아버지에 대한 아들의 특정한 종속을 함의할 수 있고, 불가코프와 보브린스코이가 모두 지적한 내재하는 모호성을 포함한다.[64]

---

61 Bray, "Filioque," 142-43.
62 Barth, *CD*, I/1: 480.
63 Robert Letham, *The Work of Christ* (Leicester: Inter-Varsity Press, 1993), 특히, 7장을 보라.
64 Boris Bobrinskoy, *The Mystery of the Trinity: Trinitarian Experience and Vision in the Biblical and Partistic Tradition*, trans. Anthony P. Gythiel (Crestwood, N.Y.: St. Vladimir's

다른 한편, 우리가 제2부 제5장에서 제안했던 모든 매개 변수들이 긍정적으로 인식된다면, 이러한 위험들은 틀림없이 피할 수 있을 것이다. 게다가, 브레이는 동방교회에서 예수님의 세례에 대해 풍성하고 숙고한 내용을 간과한다. 여기서 성령은 아버지의 음성이 나오는 하늘에서 내려와서 아들 위에 임하는데, 이어서 아들의 제자들에게 그를 내뿜는다.

스타닐로애 자신의 말로 표현하자면 다음과 같다.

> 아들에 의해 성령을 사람들에게 보냄은 성령이 아들 안에 거하기 때문에 아들과 연합한 자들 안에 거한다는 사실을 나타낸다. 성령은 우리가 성령이 사람들에게 보내진다고 부적절하게 말할 때조차 아들을 능가하지 않는다. 아들은 성령의 유일하고 궁극적인 휴게소이다. 성령은 우리가 아들 안에서 양육 받는 한 우리 안에 내주한다. 이것이 한편으로 신학적 합리주의에서 우리를 구원해 주고, 다른 한편으론 순전히 감정적 열광주의에서 우리를 구원해 준다.[65]

이 지점에서 우리는 정교회와 개혁 교회들 사이에 맺은 1991년 협약에 주목한다.[66] 이 역사적 협약은 그 범위에 있어서 제한받는다. 서방의 대표자들은 개혁파 신학의 특별한 분파인 세계개혁교회연맹 출신이었다.

Seminary Press, 1999), 302-3; Bulgakov, *Paraclet*, 93.
65 Dumitru Staniloae, "The Procession of the Holy Spirit from the Father and His Relation to the Son, as the Basis for Our Deification and Adoption," in *Spirit of God, Spirit of Christ*, ed. Vischer (London: SPCK, 1981), 179.
66 공식 문서에 대해서는 다음을 보라. Thomas F. Torrance, *Theological Dialogue Between Orthodox and Reformed Churches*, vol. 2 (Edinburgh: Scottish Academic Press, 1993), 219-32, 또는 "Agreed statement on the Holy Trinity Between the Orthodox Church and the World Alliance of Reformed Churches," *Touchstone* 5, no. 1 (winter 1992): 22-23. 이 협약에 대한 주석을 보려면, 다음을 참고하라. Thomas F. Torrance, *Trinitarian Perspectives: Toward Doctrinal Agreement* (Edinburgh: T & T Clark, 1994), 110-43.

다른 개신교 교파들 출신은 아무도 없었고 로마교 출신도 없었다. 더욱이, 이 문서들은 아우구스티누스의 삼위일체론을 적절히 대변하는 것이 없었다는 점을 나타낸다. 개혁주의 참가자들은 이미 동방교회에 동정적-무비판적인 것은 아니지만-이었다.

최고 대표인 T. F. 토랜스는 이미 아타나시우스의 구원론을 채택했었고 칼빈과 바르트에 대한 자기 해석과 현대 물리학과의 교류를 통해 굴절시켰다. 그건 그렇다 치고, 이 협약은 발전을 상징한다.

토랜스의 논평은 우리가 제5부 제2장에서 상술한 모든 신학적 주요 매개변수들에 대한 철저한 인식을 나타낸다. 그것들은 세 위격 모두의 호모우시온, 그들의 완전한 상호 내주인 페리코레시스, 하나님의 한 존재와 세 위격의 동등한 근본 원리, 비인격적인 신적 본질에 대한 거부와 살아 있고 역동적이며 인격적인 하나님의 존재에 대한 동시발생적 인식, 그리고 위격들의 질서와 관계성 등이다.

따라서 (나지안주스의 그레고리우스가 가르쳤던 것처럼) 군주정은 아버지만의 군주정이 아니라 전체 삼위일체의 군주정이다. 결과적으로, 포티우스의 아버지단일론(monopatrism)은 약화되고, 동시에 종속론의 어떤 생각도 제거된다. 성령의 발현은 하나의 신적 본질 안에서 세 위격들의 완전히 동일본질적이고 페리코레시스적인 관계들에 비추어 찾아볼 수 있다. 그래서 성령은 아버지와 아들로부터 분리될 수 없게 하나님의 존재로부터 발현한다.

만일 이 모든 구성요소들이 마땅한 평가를 받는다면, 이것은 브레이가 올바르게 경고한 위험 요소들을 피할 수 없는가?

다른 한편, 필리오케가 이러한 매개 변수들에 온전히 비추어 이해되었다면, 우리는 동방교회로부터 남아 있는 반대들이 무엇이 될 수 있는지 물어봐도 되겠는가?

제1부 제3장에서 우리는 그가 (동방교회의 관점에서) 적절한 필리오케주의(filioquism)-성령과 아들의 분리할 수 없는 연합을 인정하는-와, 영으로

부터(Spirituque)–아들의 영원한 발생을 고찰하는–라고 부른 것의 융합을 제안한 보브린스코이의 설명을 넌지시 언급했는데, 성령과 아버지의 분리할 수 없는 동등한 연합에 초점을 맞춰야만 한다.

간단히 말해서, 보브린스코이는 삼위의 페리코레시스적 관계들을 이 딜레마의 해결책을 제공하는 것으로 지적한다.[67] 아버지로부터 아들을 통해라는 대안이 되는 구절은 확실히 성경적 근거라는 이점을 가지며, 동방교회가 받아들일 수 있을 것이다. 하지만 그것은 여전히 니케아 이전의 종속론, 제일 원천이신 아버지, 제이 원천인 아들에 대한 생각들을 함의할 수 있다.[68]

우리는 몰트만이 아들의 아버지로부터를 제안하는 것을 보았다. 이것이 그런 이유는 아들의 영원한 낳음 안에서 아버지가 아들과 관해서만 아버지이기 때문이다. 그가 자기를 계시하신 것은 모든 창조물의 우주적 아버지로서가 아니라 바로 예수 그리스도의 아버지로서다. 그는 성령의 아버지도 아니다. 그의 아버지 됨은 아들과 관련되기 때문이다.

그러므로 아버지로부터 성령의 영원한 발현은 아버지에 의한 아들의 영원한 낳음을 전제한다. 따라서 성령의 발현은 아들의 영원한 현존 속에서 발생한다.[69] 성령이 아들로부터 그의 형상을 받는다는 몰트만의 또 다른 억측에 대해 의혹을 제기함에도 불구하고, 두미트루 스타닐로애(Dumitru Staniloae)는 이것을 고찰할 가치가 있는 것으로 조심스럽게 맞이한다.[70]

아들 안에서 아버지로부터라는 시릴의 구절은 내가 보기에 삼위의 상호 내주를 표현하고, 남아 있는 어떤 종속도 피하며, 또한 예수님의 세례로 우리를 인도하는 것 같다. 그것은 또한 그리스도와 독립된 성령에 대한 초점을 피한다. 왜냐하면, 우리는 그리스도 안에서 성령을 받기 때문이다.

67　Bobrinskoy, *Mystery*, 65-72를 언급하고 있는 제1부 제3장 각주 23번을 참고하라.
68　위의 각주 62번을 보라.
69　Moltmann, "Proposal," 167-69.
70　Staniloae, "Procession," 184-86.

아들과 성령의 관계에 대한 서방교회의 관심은 지속되고, 필리오케에 대한 혼란은 회피된다. 아버지의 군주정은 또한 분명하다. 게다가, 초점은 본질보다는 위격들에 맞춰 있는데, 이는 비인격적으로 가는 서방교회의 경향을 피하기 위해 크게 요구되는 움직임이다.

우리는 지금까지 필리오케에 대한 동방교회와 서방교회의 차이점들이 어떻게 성삼위일체를 이해하는 근원적이고 대안적인 방법들의 징후가 되는지 살펴보았다. 다음 장에서 우리는 그들의 다양한 길을 더 자세히 검토할 것이다.

> 우리가 아버지라고 말할 때 아들과 성령은 그로부터 나옵니다.
> 우리가 아들이라고 말할 때 아버지와 성령은 그를 통해 인식됩니다.
> 우리가 성령이라고 말할 때 아버지와 아들은 그 안에서 완벽해집니다.
> 아버지는 태어나지 않은 창조주이시며, 아들은 태어나고 출산하지 않으시며, 성령은 아버지에게서 나오시고 아들로부터 아버지의 인격과 존재를 부여받으십니다.(오순절을 위한 기도, 남인도의 시리아 동방정교회)[71]

> 너희 백성들아!
> 와서 삼위 안에 계신 하나님을 경배하자, 성령과 함께 아버지 안에 계신 아들을 경배하자. 아버지가 시간 이전에 아들을 낳으셨기 때문이다. 그는 영원히 함께하시며, 동등하게 왕위에 앉아 계신다.
> 그리고 성령은 아버지 안에 계셨고 아들과 함께 영광을 받으셨다. 하나의 권능, 하나의 본질, 하나의 최고 신성이시다. 똑같이 경배하며 우리 모두 이렇게 말하자.
> 오! 거룩하신 하나님!

---

71 Moltmann, "Proposals," 171(*Die syrisch-orthodoxe Kirche der südindischen Thomas-Christen: Geschichte, Kirchenverfassung, Lehre*, by Navakatesh J. Thomas (Würzburg: Augustinus-Verlag, 1967, 67에서 몰트만이 재인용).

당신은 아들로 말미암아 성령과의 협력을 통해 만물을 지으셨나이다.

오! 거룩하고 전능하신 분이시여!

신을 통해 우리가 아버지를 알게 되었고, 당신을 통해 성령이 세상에 임하셨나이다.

오! 거룩하고 영원하신 분, 위로의 성령이시여!

당신은 아버지에게 나와서 아들 안에 거하시나이다.

오! 거룩한 삼위일체시여, 당신에게 영광이 있기를.

아버지, 아들, 성령에게 주어져야 할 모든 영광과 영예와 경배가 이제부터 계속해서 영원무궁토록 그대에게 있기를. 아멘.

아버지, 아들, 성령에게 이제로부터 영원히 세세무궁토록 영광이 있을지어다. 아멘.

모든 곳에 계시며 만물에 충만하신 오 하늘의 왕, 위로자, 진리의 영이시여, 선한 것들의 보고이시며 생명의 수여자시여!

오시어 우리 안에 당신의 거처를 정하시고 모든 흠으로부터 깨끗하게 하소서.

오! 선하신 분이시여!

우리의 영혼을 구하소서.[72]

---

[72] Pentecost, At the all-night vigil, *Service Book*, 245, 249.

◆ 주요 용어들

(그리스 정교)자치 독립 교회의(autocephalous)
동일 실체성(consubstantiality)
휘포스타시스 안에(enhypostatic)
동일본질의(*homoousios*)
성부의 단일원인성(monopatrism): 아들과 성령이 아버지에게 나온다는 교의
페리코레시스(perichoresis): 상호침투
발현(procession)
구원론(soteriology)
종속론자(subordinationist)

◆ 깊이 생각할 문제

인터넷 블로그들을 읽고 쓰는 총명한 젊은 신학자들에게: 모든 진영이 모조리 만족할 수 있도록 필리오케 논쟁을 해결하라.

◆ 더 읽으면 좋은 책

1. Myk Habets, ed., *Ecumenical Perspectives on the Filioque for the Twenty-First Century* (London: Bloomsbury, 2014).
2. A. E. Siecienski, *The Filioque: History of a Doctrinal Controversy* (New York: Oxford University Press, 2010).

제8장

동방과 서방: 갈라선 두 길

필리오케 구절에 대한 차이점은 우리가 살펴보았듯이 동방교회와 서방교회에서 삼위일체에 대한 다른 접근으로 인한 것이었다. 몇 세기가 지날수록 이 차이점들은 점점 한정된 접촉과 상호 간의 의혹 때문에 훨씬 더 증폭되었다. 특히, 동방에서 이슬람의 패권은 신학적 발전을 엄격히 감시하게 했고 전통을 끈질기게 고수하는 것을 중시하게 했다. 이번 장에서 우리는 라틴과 헬라의 몇몇 주요 인물들을 살펴볼 것이다.

1. 세 명의 서방교회 대표자들

1) 캔터베리의 안셀무스

안셀무스(Anselm of Canterbury, 1033-1109)는 수도사 로첼린(Roscelin)에 의해 삼위가 세 개의 "대상"(things)이었다는 가르침, 또는 아버지와 성령이 아들과 함께 성육신했다는 가르침으로 부당하게 기소된 이후에 『삼위일체와 말씀의 성육신에 대한 믿음에 관하여』(*De fide Trinitatis et de incarnatione Verbi*)를 저술했다.[1] 그는 1093년에 캔터베리의 주교가 되고 나서 1904년에 이 책의 최종판을 완성했다. 거기서 그는 자기 나름의 방식으로 아버지도 성령도 모두 성육신할 수 없었다는 점을 입증한다. 그는 하나님의 존재와 삼위의 관계 사이의 매우 중요한 구별을 강조한다. 그는 이렇게 묻는다.

> 마음이 너무 어두워서 자기 말과 말의 색깔을 구별하지 못하는 사람이 어떻게 한 하나님과 하나님의 개별적인 관계를 구별할 수 있겠는가?[2]

각 위격 안에 삼위 모두에게 공통적인 것이 있고 한 위격에 고유한 것이 있다. 하지만 인격적인 명칭인 "아버지"와 "아들"은 서로 대립되는 것으로 기술된다. 그래서 아버지와 아들의 관계는 두 가지인 반면, 그들의 본질은 하나다.[3]

위격들 서로의 구별의 견지에서 하나의 관계가 하나님 안에 존재한다.[4] 그는 이 관계들이 위격들의 평등에 완전히 조화된다고 입증한다. 그는 아우구스티누스가 서방교회에 물려준 전통 안에서 연구하고 있다.

안셀무스는 그때 오직 아들이 육화되는 것만이 적절했고 다른 두 위격에게는 가능하지 않았다는 점을 입증하기 시작한다. 만일 성령이 육화했었다면, 그분은 한 인간의 아들이 되었을 것이다. 그 결과 삼위일체 안에 두 아들이 있었을 것이다. 하나는 하나님의 아들이고 다른 하나는 사람의 아들이 될 것이다. 둘은 동등하지 않을 것이다.[5]

---

1 G. R. Evans, *Anselm* (London: Geoffrey Chapman, 1989), 57.
2 Anselm, *De fide Trinitatis et de incarnatione Verbi*, in *Anselm of Canterbury*, ed. and trans. Jasper Hopkins and Herbert Richardson (Toronto: Edwin Mellen Press, 1975–76), 3:13 PL 158:265).
3 Ibid., 3:15–16 (PL 158:267).
4 Ibid., 3:19 (PL 158:270).
5 Ibid., 3:27 (PL 158:276).

게다가, 만일 아버지가 인성을 취하여 자신의 위격과 연합시킨다면, 또 다시 복수의 아들이 있게 될 뿐 아니라 아버지와 아들도 손자가 될 것이다. 아버지는 동정녀의 부모에게 손자가 되는 반면, 아들은 동정녀의 손자가 될 것이다. 따라서 "하나님 안에 부적합한 점이 조금도 있을 수 없기 때문에 아들 이외에 어떤 위격도 성육신해서는 안 되었다."[6]

더욱이, 아들이 인류를 대신해서 기도해야 했기에 아들의 성육신이 바람직하다. 우리의 이성은 아들이 아버지에게 간청하는 것이 더 적절하다고 이해한다. 비록 이 일이 자기 신성이 아닌 자기 인성으로 자기 신성에게 행해지는 것일지라도 말이다.[7] 따라서 삼위 가운데 어떤 위격도 아들보다 "자기를 비워 종의 형체를 입는 데" 더 적합하지 않았을 것이다.[8]

또한, 아들의 위격과 성육신 안에 지닌 인성 사이에 일치점도 있다. 그리스도 안에서 신적인 존재가 한 개별자고 인간적 존재가 다른 개별자가 아니다. 동일한 존재가 인간이자 신이기 때문이다. 말씀은 인성을 취한 것이지 인간 개인을 취한 것이 아니다.[9] 결과적으로, 말씀과 덧입혀진 인성은 서로 구별이 되는 특성들을 똑같이 모은 것이다.[10]

따라서 삼위는 영원히 구별된다.

> 아버지는 결코 아버지와 동일하지 않으며 발현한 분이 자기가 발현한 자와 절대 같지 않다. 오히려 아버지는 언제나 아들과 다르고 발현한 분은 언제나 자기가 발현한 자와 다르다. … 따라서 하나님이 하나님에게서 태어나거나 하나님에게서 나올 때, 본질은 그 단일성(singularity)을 잃을 수 없고 관계들은 그 복수성을 잃을 수도 없다.[11]

---

6   Ibid., 3:28 (PL 158:276).
7   Ibid. (PL 158:277).
8   Ibid., 3:29 (PL 158:277).
9   Ibid., 3:30 (PL 158:278).
10 Ibid., 3:31 (PL 158:279).
11 Ibid., 3:36–37 (PL 158:283–84).

이런 주장에 비추어, 학자들이 (뒷받침해 줄 증거자료가 전혀 없이) 안셀무스를 양태론으로 비난하는 것이 이상한 일이다. 당시에 그는 실제로 로체리누스에게 삼신론이라고 비난받았었다.[12]

성령의 발현에 대해 다룬 안셀무스의 논고([헬라인들에 반대하는 성령의 발현에 관하여], *De processione Spiritu Sancto contra Graecos*)는 우르반 교황의 요청으로 작성되었다는데, 거기서 필리오케를 옹호하는 그리스인들을 다루었다. 이것은 면밀하게 숙고한 학적인 문서이지만, 에반스가 동의하는 바와 같이 다른 작품보다 더 관대하다. 안셀무스 자신의 가르침이 위태롭지 않기 때문이다.

물론 그것은 논쟁을 불러일으키는 조항을 철두철미하게 변호한 것인데, 우리는 그의 모든 주장들을 반복하지는 않을 것이다. 우리의 목적대로, 안셀무스는 위격들의 관계가 어떻게 위격들의 완전한 평등과 조화되는지에 대해 중요한 변호를 소개한다.

아들의 출생 곧 아버지로부터 존재하게 됨은 아들이 아버지보다 못하다는 것을 수반하는가?

어떤 대상이 "더 근본적으로 더 가치 있게" 존재하는 다른 대상이 없이, 그리고 더 열등하고 부차적으로 존재하는 대상이 없이 또 다른 대상으로부터 존재할 수 있는가?

안셀무스의 답변은 이것이 다른 경우들과는 아주 다르다는 것이다. 우리는 피조물의 방식으로 하나님의 출생됨과 발현을 판단할 수 없고 또 판단해서도 안 된다. 하나님 안에서 "출생되는 것과 발현하는 것은 발현하는 것이나 출생되는 것과 다름이 아니다."

하나님은 그 자신보다 더 크거나 더 작지도 않으시기 때문에, 삼위보다 더 크거나 더 작은 것은 전혀 없고 "삼위 중 어떤 위격도 다른 위격보다 더 많거나 더 적지 않다. 비록 하나님이 발현과 출생됨을 통해 하나님에게

---

12 이 작품의 배경을 요약한 것으로, Evans, *Anselm*, 56-60을 보라.

서 존재할지라도 말이다."[13]

하지만 각 위격은 나머지 다른 위격들과 구별된다. 아버지만이 다른 위격들로부터 존재하지 않고 다른 두 위격이 아버지에게서 존재한다. 성령은 다른 두 위격에게서 존재하고 다른 위격들은 성령으로부터 존재하지 않는다. 아들만이 다른 한 위격으로부터 존재하고 다른 한 위격을 존재하게 한다. 각 위격이 나머지 다른 위격들 모두와 관계하고 있다는 점은 삼위에게 공통적이다.

> 그래서 [삼위 중] 각 위격이 자신만의 독특한 속성을 지니고 있다.[14]

이것은 삼위의 온전히 하나님 되심을 전혀 손상시키지 않는다. 하나님이 출생됨으로 하나님에게서 존재하고 발현으로 하나님에게서 존재하기 때문이다. 하나님 바깥에 있는 것은 아무것도 없기 때문에 하나님이 하나님에게서 출생되거나 하나님에게 발현할 때 발현하거나 출생된 분은 하나님 밖으로 나가지 않고 하나님 안에 머문다.[15]

하나님은 전혀 분할되지 않고 온전히 존재하시는 모습 그대로이기 때문에, 아버지가 하나님 전부이고 아들이 하나님 전부이고 성령이 하나님 전부라는 사실이 필연적으로 수반된다. 그리고 삼위는 한 분의 동일한 하나님이시다. 하나님이 하나님에게서 나올 때 하나님은 하나님 안에 존재하고 유일한 하나님만 존재하신다.[16]

그러나 또 다른 자에게서 나온 자는 그를 존재하게 한 자와 동일할 수 없기에 세 위격은 복수성을 유지한다.

---

13   Anselm, *De processione Spiritu Sancto contra Graecos*, in *Anselm of Canterbury*, ed. and trans. Hopkins and Richardson, 3:224-25 (PL 158:320).
14   Ibid., 3:228 (PL 158:323).
15   Ibid., 3:229 (PL 158:324).
16   Ibid. (PL 158:325).

에반스는 안셀무스가 따뜻한 맛이 없고 범위의 제한을 받는다고 결론짓는다. 우리는 삼위일체를 기이한 사건으로 전혀 의식하지 않는다. 이것은 엄밀한 논리와 냉혹한 논증 행위다. 하지만 그의 논증들은 독창적이며, 그는 이 논의를 의미심장하게 발전시킨다.[17]

겉보기에 참으로 보이지만, 에반스의 평가는 안셀무스가 다른 곳에서처럼 여기서도 자기 자신의 이성을 추구하는 신앙(*fides quaerens intellectum*)의 원리로 인도받는다는 사실에 따라 수정되어야 할 것이다. 이 원리는 안셀무스의 작품을 기도와 수도원의 규율의 맥락 안에 놓는다. 그는 믿음과 경건을 전제하고 자기 논리가 여기서 흘러나오게 한다. 철저히 아우구스티누스의 입장에서 볼 때,[18] 그는 세 위격의 구별에 대해 건전하고 발전된 논증을 한다.

2) 성 빅토르의 리처드

스코틀랜드 태생의 성 빅토르의 리처드(Richard of St. Victory, d. 1173)는 파리의 빅토르 대수도원에 입회하여 결국 부수도원장이 되었다. 『삼위일체론』(*De Trinitate*)라는 그의 논문은 안셀무스의 것과 다르게 철저하게 합리주의적이다.[19] 그는 삼위일체 교리를 "이성으로 선명하게"[20] 드러내는 것을 목표로 삼는다. 그는 우리가 교부들보다 이성으로부터 더 많은 도움을

---

17 Evans, *Anselm*, 65-66.
18 『모노로기온』(*Monologion*)에서, 그는 인간의 마음 안에 있는 아우구스티누스의 삼위일체 심상(image)인 기억, 이해, 사랑을 사용한다. G. R. Evans, "Anselm of Canterbury," in *Augustine Through the Ages*, ed. Allan D. Fitzgerald (Grand Rapids: Eerdmans, 1999), 23-24를 참고하라.
19 W. J. Hill, *The Three-Personed God* (Washington, D.C.: Catholic University of America Press, 1982), 225-32; Michael C. O'Carroll, *Trinitas: A Theological Encyclopedia of the Holy Trinity* (Collegeville, Minn.: Liturgical Press, 1987), 197-98.
20 Richard of St. Victor, *The Trinity* 3.1 (PL 196:915-16). 이 번역은 Richard of St. Victor, *The Twelve Patriarchs; the Mystical Ark; Book Three of the Trinity*, trans. and ed. Grover A. Zinn (New York: Paulist Press, 1979)에서 발췌한 것임.

발견한다고 주장한다. 아우구스티누스를 좇아서, 그는 하나의 본질에서 시작한다.

> 무엇보다도 우리가 저 참되고 단일한 신성 안에 참된 복수성이 있는지 물어봐야 할 것 같기 때문이다.[21]

그는 하나님의 일체성(unity)을 전제하고 삼위 됨(threeness)은 이성으로 입증될 수 있는 것이다. 이 전제와 더불어 자신의 전체 논증 속에서, 리처드는 아우구스티누스에게 받은 영향을 드러낸다. 그는 성령이 아버지와 아들의 사랑의 연대라는 후자의 가르침과 또한 삼위일체를 사랑하는 자, 사랑받는 자, 그리고 사랑으로 대비하는 것을 발전시킨다. 이런 의미에서, 리처드는 아우구스티누스에게 영향을 미쳤던 문제점들을 공유한다. 곧 성령의 지위와 삼위의 실재에 대한 문제를 제기한다.

(1) 그의 논증

최고의 선이 있는 곳에 사랑이 있다. 왜냐하면, 사랑(자비)보다 좋은 것이 아무것도 없기 때문이라고 리처드는 강조한다. 정의하자면, 사랑은 다른 대상에게 이끌리는 것이다. 그러므로 사랑(또는 자비)은 복수의 위격이 없는 곳에 존재할 수 없는 것이다.

최고의 사랑은 피조물에게 이끌리지 않는다. 창조된 인격은 최고의 사랑을 받을 자격이 없기 때문이다. 그래서 "자비가 최고이며 최고로 완벽하기 위해서는, 그보다 더 큰 것이 존재할 수 없을 정도로 정말 위대하며, 그보다 더 좋은 것이 존재할 수 없는 부류에 속할 필요가 있다."[22]

---

21 Richard of St. Victor, *Trinity* 3.1 (PL 196:915-16).
22 Ibid., 3.2 (PL 196:916-17).

안셀무스의 유명한 존재론적 논증의 표현은 명확하다. 리처드는 논증을 계속 이어 간다. 충만한 자비가 하나님 안에 존재하기 위해서는 하나의 신적인 위격이 동등하게 가치가 있는 한 인격과 관계가 있을 필요가 있다. 이런 이유로 그 인격은 신적이다.

> 확실히 하나님만이 홀로 최고로 선하시다. 그러므로 하나님만이 최고로 사랑받으셔야만 한다. 하나의 신적인 인격이 신성이 없는 인격에 대해 최고의 사랑을 보여 주지 않을 수도 있다. 하지만 충만한 신성은 충만한 선함이 없이 존재할 수 없을 것이다. 그러나 충만한 선함은 충만한 자비 없이는 존재할 수 없을 것이다. 또한 충만한 자비는 복수의 신적인 위격들 없이는 존재할 수 없을 것이다.[23]

충만한 행복에 근거한 논증은 동일한 결론을 증명한다.[24] 이 사랑은 쌍방 간에 이루어짐에 틀림없다. 사랑하는 사람은 많이 사랑 받는 자에게 많이 사랑받기를 바란다. 따라서 참된 최고의 행복을 위해서는 사랑이 쌍방 간에 이루어져야 하며, 주는 자와 사랑으로 보답하는 자가 모두 있어야 할 필요가 있다.

그런 충만한 행복을 위해 복수의 위격이 필요하다. 최고의 행복이 신성 그 자체이기 때문에, 참된 신성 안에 복수의 위격이 없을 수가 없다.[25] 유사한 결론들이 신적인 영광에 대한 고찰을 수반한다.[26]

게다가, 신적인 위격들은 영원히 존재하며 영원한 위격은 영원히 공존하는 위격을 가질 필요가 있다―신적인 위격들이 영원히 공존하지 않을 수

---

23 Ibid.
24 Ibid., 3.3 (PL 196:917–18).
25 Ibid., 3.3 (PL 196:917–18).
26 Ibid., 3.4 (PL 196:918).

없다.²⁷ 참된 행복은 진정한 불변성 없이 존재할 수 없고 불변성 역시 영원성 없이 존재할 수 없다. 따라서 위격들의 영원한 공존은 필요하다.

게다가, 참된 자비는 위격들의 동등함을 요구한다. 각 위격은 최고의 사랑을 주고받는데, 이것은 동등한 권능, 지혜, 선 등등을 의미한다.²⁸ 이것은 각 위격이 동일한 본질을 함께 가지고 있어 복수의 위격 안에 하나의 본질을, 하나의 본질 안에 복수의 위격이 있다(with substantial unity in that plurality of persons and a personal plurality in that unity of substance)는 것을 의미한다.²⁹

인성 안에 한 인격과 복수의 실체(육체와 영혼)가 있는 반면, 신성 안에는 하나의 실체와 복수의 위격들이 있다.³⁰ 하지만 신성 안에 완전히 유사함과 최고의 동등성이 있는 반면에, 인성 안에는 많은 유사함과 불평등이 존재한다.³¹

따라서 자비의 완전함은 위격들의 삼위일체성-참된 단일성 안에 있는 참된 삼위일체성과 참된 삼위일체성 안에 있는 참된 단일성-을 필요로 한다.³² 자비가 참이 되기 위해서 그것은 위격들의 복수성을 필요로 하고, 자비가 완전해지기 위해서는 위격들의 삼위일체성을 필요로 한다.³³

이에 대한 근거는 사랑이 공유되기 위해서 세 위격보다 적게 존재할 수 없다는 점이다. 만일 두 위격만 존재했다면, 자비는 공유되지 못했을 것이다.³⁴ 지혜와 권능은 단 하나의 마음에 거할 수 있지만, 사랑은 또 다른 대상을 필요로 한다.³⁵

---

27   Ibid., 3.6 (PL 196:919).
28   Ibid., 3.7 (PL 196:919-20).
29   Ibid., 3.8 (PL 196:920-21).
30   Ibid., 3.9 (PL 196:921).
31   Ibid., 3.10 (PL 196:921-22).
32   Ibid., 3.11 (PL 196:922-23).
33   Ibid., 3.13 (PL 196:923-24).
34   Ibid., 3.14 (PL 196:924-25).
35   Ibid., 3.16 (PL 196:925-26).

행복의 성취는 한 쌍의 위격들 없이 존재할 수 없다.[36] 그러나 만일 세 번째 위격이 없었다면, 최고 수준의 관대함은 아무런 지위를 갖지 못할 것이다. 두 위격 중 어느 한 쪽이 그들의 기쁨을 나눌 수 있는 위격이 없을 것이기 때문이다. 따라서 참된 최고선의 절정은 삼위일체의 실현(completion) 없이는 존재할 수 없다.[37]

결과적으로, 삼위일체의 어렴풋한 모습은 어떤 피조물이 결코 창조주에게서 받을 수 없는 공유된 사랑―그냥 공유된 사랑이 아닌 최고로 공유된 사랑―에서 발견될 수 있다.[38] 일치되고 통합된 사랑은 결코 분리된 개별자들 안 어디에서도 발견되지 않는다.[39]

이 삼위일체 안에 최고의 동등성이 있는데, 거기서 모두가 똑같이 완전해지는 것이 필요하다.[40] 최고로 단일한 이 존재 안에, 유일한 전능, 유일한 본질이 있을 수 있다.[41] 이 삼위일체 안에, 한 위격에 속하는 최고의 단일한 존재가 또한 다른 각 위격에 속하기도 한다.[42]

따라서 삼위일체 안에 있는 어떤 한 위격이 삼위일체 안에서 다른 어떤 위격보다 더 크거나 더 좋은 것이 되지 않을 것이다. 동일한 실체가 동시에 각 위격 안에 있기 때문이다. 어떤 두 위격이 어떤 한 위격 혼자보다 더 크지 않을 것이고, 세 위격도 어떤 두 위격이나 한 위격 혼자보다 더 크지 않을 것이다.[43]

---

36   Ibid., 3.17 (PL 196:926).
37   Ibid., 3.18 (PL 196:926-27).
38   Ibid., 3.19 (PL 196:927).
39   Ibid., 3.20 (PL 196:927-28).
40   Ibid., 3.21 (PL 196:928).
41   Ibid., 3.22 (PL 196:928-29).
42   Ibid., 3.23 (PL 196:929).
43   Ibid., 3.24 (PL 196:929-30).

(2) 평가

리처드는 위격들의 복수성에 대해 강한 주장을 펴지만, 그는 왜 세 위격만 있어야 되고 네 위격이나 그 이상은 안 되는지 납득할 수 있게 설명하지 못한다.

만일 최고의 사랑이 공유된 사랑이라면, 세 위격에게만 그것을 제한하는 것은 무엇인가?

게다가, 세 위격은 이성으로 입증되어야만 한다. 그는 계시된 대로 주어진 성경적인 출발점에 대해 아무런 관심도 보여 주지 않는다. 그가 준 인상은 삼위일체가 논리적으로 필요하며, 인간의 추론 절차로 입증될 수 있는 것이라는 점이다.

그것은 삼위일체에 대한 성경의 가르침에 비해 얼마나 사실일까?

다른 한편, 이런 접근방법은 그런 존재가 사랑할 수 없는 한 완벽하지 않음에 틀림없다는 점을 증명함으로써 단일한 신성에 대한 믿음을 허문다는 큰 장점을 가지고 있다. 한 단자(monad) 안에 인격(personality)을 위한 토대가 하나도 없을 수 있고 인간적인 사랑에 대한 존재론적 근거가 전혀 없을 수도 있다. 대신에, 신성은 권능과 의지로 축소된다.

그런 존재가 단지 최고인 이유는 자기 의지를 다른 모든 존재들에게 강요할 수 있기 때문이다. 이것은 인간적 차원에서 힘이 곧 정의라는 철학과 획일적인 전제정치로 이끈다. 3천년기(the third millennium, AD 2000-3000년 사이) 초에 종교적, 정치적, 군사적 상황에서, 리처드의 주장–적절히 수정되고 상황화됨–은 이슬람의 도전에 직면해 있는 교회에게 힘 있는 변증과 선교적 무기를 제공한다.[44]

---

44 다음의 글들도 참고하라. Hill, *Three-Personed God*, 225-32; O'Carroll, *Trinitas*, 197-98.

3) 토마스 아퀴나스

브라이언 데이비스는 토마스 아퀴나스(1225-1274)에게 있어 "기독교 가르침의 핵심은 삼위일체 교리"[45]라고 제시한다. 그것은 필연성의 개념 –하나님이 세상을 필요로 하셨다–을 배제하기 때문에 창조에 대한 올바른 견해를 위해 필요하고 또한 구원에 대한 올바른 견해를 위해서도 필요하다.[46]

이것이 그럴 수도 있지만, 종종 언급돼 온 것처럼 아퀴나스는 삼위일체에 대한 논의와 하나님의 실존, 존재, 속성들에 대한 논의를 분리시킨다. 게다가, 그는 창조를 위격들이 각각 기여한 정도를 불명확하게 남겨둔 상태에서 한 하나님, 온전한 삼위일체에게 돌린다.

(1) 삼위일체, 이성, 그리고 계시

성 빅토르의 리처드와는 완전히 다르게, 아퀴나스는 자연 이성으로 삼위일체에 대한 지식을 얻을 수 없다고 주장한다. 우리는 이성으로 신적인 본질의 단일성에 대한 지식을 얻을 수 있지만, 위격들의 특징에 대해서는 얻을 수 없다.

자연 이성으로 삼위일체를 입증하려는 시도들은 실제로 신앙을 해친다. 신앙의 대상은 인간 이성의 한계를 넘어서는 보이지 않는 실재들이다. 게다가, 약한 논증들은 비신자들의 조롱을 촉발시킨다. 대신에, 우리는 권위

---

[45] Brian Davies, *The Thought of Thomas Aquinas* (Oxford: Clarendon Press, 1992), 185. 이는 라쿠냐의 입장(Catherine Mowry LaCugna, *God for Us: The Trinity and Christian Life* [San Francisco: Harper, 1991], 158ff)과 반대된다. 그녀는 아퀴나스가 삼위일체 하나님과 창조주 하나님 사이에 단절을 야기한다고 주장한다. 이러한 견해는 부분적으로 라쿠냐의 범신론에 가까운 관계적 삼위일체 개념에 당연할 수도 있는데, 거기서 하나님은 자기 피조물과 관련해서만 이해될 수 있다. 이 기준에 따르면, 대다수의 과거 신학은 결함이 있다.

[46] Thomas Aquinas, *ST*, Pt. 1a, Q. 32, art. 1.

즉 성경의 권위에 의존한다. 그럼에도 불구하고, 우리는 여전히 이성을 사용해서 하나님이 한 분임을 입증할 수 있고 신앙으로 삼위일체를 받아들인 후에 그것을 입증할 수 있다.[47] 그래서 "비록 삼위일체 교리가 합리적으로 증명될 수 없을지라도, 여전히 합리적으로 논의될 수는 있다."[48] 이 교리는 설명될 수 있고 반박들은 답변될 수 있다.[49]

앤스컴(G. E. M. Anscombe)과 기치(P. T. Geach)에 따르면, 위격의 특징들은 이성으로 명백하게 논증할 수 없다.[50] 하나님은 본질적으로 구석구석 신비스럽고 우리의 이해를 초월하신다. 이 같은 사실은 삼위일체뿐 아니라 그분에 대한 모든 사항에 적용된다.

"아퀴나스는 철학이 우리를 아주 멀리 데리고 갈 수 있고 더 이상은 데리고 갈 수 없는 것을 인정한다."[51]

이런 의미에서, 그는 우리가 안셀무스와 성 빅토르의 리처드에게서 보았던 폭넓은 합리주의에 의식적으로 제한을 가한다.[52]

하지만 이런 조건들은 아퀴나스가 '한 분 하나님에 관하여'(de Deo uno)와 '삼위일체 하나님에 관하여'(de Deo trino)를 분리시킨 것을 가리킨다. 우리가 이 두 요소에 접근한 방식은 상당히 중요하기 때문이다. 『이방인대전』(Summa contra Gentiles) 1부에서, 그가 한 하나님의 존재와 본질, 본성과 속성

---

47 Ibid., Pt. 1a, Q. 32, art. 1; Thomas Aquinas, *Compendium theologiae* 36; Thomas Aquinas, *On Boethius* 1.4; 3.4.
48 Davies, Aquinas, 191.
49 Ibid., 192.
50 G. E. M. Anscombe, *Three Philosophers* (Oxford: Clarendon Press, 1973), 118ff(Davies, Aquinas, 189에서 재인용).
51 Davies, *Aquinas*, 190. 188쪽에서 시작되는 부분을 보라.
52 다음의 글들도 참고하라. F. C. Copleston, *Aquinas* (London: Penguin, 1963), 54-56; Ralph McInerny, ed. and trans., *Thomas Aquinas: Selected Writings* (London: Penguin, 1998), 122-26에서 Aquinas's *On Boethius*의 4항에 대한 번역을 찾아보라. 그는 여기서 다음의 질문을 고찰한다. "인간의 마음은 저절로 신적 삼위일체를 아는 지식에 이르기에 충분한가?" 전체적으로 아퀴나스에 관해서는 다음의 글들도 참고하라. Hill, *Three-Personed God*, 62-78, and Bertrand de Margerie, *The Christian Trinity in History*, trans. Edmund J. Fortman (Petersham, Mass.: St. Bede's Publications, 1982), passim.

들에 대해 상세히 논의하는 반면, 4부 마지막 절에 이르기까지는 삼위일체와 위격들의 관계들에 대한 고찰을 제쳐놓는다.

이 분리가 『신학대전』(*Summa theologica*)에서 덜 철저하지만 여전히 등장한다. 1부 전편 2-26문에서 그는 한 하나님에 대해 논의하는 반면에, 27문에서만 삼위일체에 집중한다. 아퀴나스는 하나의 신적 본질의 공리적 기초에서 나온다는 점에서 아우구스티누스에 의해 세워진 전통을 따른다. 그는 위격들과 그 관계들을 상세히 논의한다. 이것이 아퀴나스에게 문제가 있는 부분이기 때문이다.

(2) 『신학대전』에 나타난 아퀴나스의 논의

여기서 우리는 아퀴나스의 가르침을 비판적으로 검토해나가기 이전에 삼위일체에 대한 논의에서 나타난 가장 두드러진 특징들을 요약할 것이다.

① 발현

하나님이 모든 창조물 위에 계시기 때문에, 우리는 최고의 피조물의 입장에서 하나님에 대해 말해진 것을 이해해야 한다. 이것들마저 하나님의 진실한 모습에 한참 미치지 못한다는 점을 인식하면서 말이다. 따라서 발현은 물리적인 관점에서 이해되어서는 안 되고 화자(a speaker)에게서 나오지만 그 사람 안에 남아 있는 말과 같이 지각이 있는 유출(무 intelligible emanation)로 이해되어야 한다.[53]

말씀은 동일한 본성에서 나온다. 하나님 안에 있는 이해와 존재는 하나님의 절대적인 단일성으로 인해 동일하기 때문이다.[54] 말씀은 발현하는 과정에서 신적 존재를 부여받지만, 이것은 그가 신성 이외의 다른 것에서

53　Thomas Aquinas, *ST*, Pt. 1a, Q. 27, art. 1.
54　Ibid., Pt. 1a, Q. 27, art. 2 (referring back to Q. 14, art. 4).

나온다는 것을 의미하지 않는다. 말씀과 성령과 더불어, "하나님 안에 존재하는 모든 것은 하나님" 곧 내부의 모든 발현으로 교통되고 있는 신성(divine nature)이다.[55]

(성령) 하나님 안에 있는 사랑의 발현과 말씀의 발현은 구별된다. 후자는 발생(generation)이고 전자는 발산(spiration)을 가리킨다.[56] 여기서 말, 의지, 또는 사랑의 모델은 아우구스티누스에게 영향을 받은 아퀴나스가 요한복음 1장을 이해한 결과다.[57]

② 관계들

아우구스티누스를 따라서, 하나님 안에 있는 관계들은 우연적이지 않고 실재적이다.[58] 이 관계들은 상대적으로 상반되는 것을 말하는데, 실재적인 구별을 함의하지만 본질과는 관련이 없다.[59] 오직 네 가지 관계들—부성(paternity), 아들 됨(filiation), 발산(spiration), 발현(procession)—만 존재한다.[60]

③ 위격들

아퀴나스는 보에티우스가 위격을 "관계적 본성을 지닌 개별적 실체"라고 한 포괄적 정의(generic definition)를 따른다. 하지만 라틴어에서 수브스탄시아는 애매하고 헬라어 휘포스타시스나 우시아를 대표할 수 있기 때문에, 아퀴나스는 수브시스텐시아(subsistence)라는 용어를 더 선호한다. 이것은 다른 대상 안에서가 아니라 그 자체로 존재함을 의미한다.[61]

---

55   Ibid., Pt. 1a, Q. 27, art. 3.
56   Ibid., Pt. 1a, Q. 27, art. 4.
57   Thomas Aquinas, *Commentary on the Gospel of St. John* (Albany: Magi Books, 1980), 23ff.
58   Thomas Aquinas, *ST*, Pt. 1a, Q. 28, art. 1.
59   Ibid., Pt. 1a, Q. 28, arts. 2-3.
60   Ibid., Pt. 1a, Q. 28, art. 4.
61   Ibid., Pt. 1a, Q. 29, arts. 1-2.

페르소나(person)라는 단어는 모든 본성에 있어 완벽한 것(합리적인 본성을 지닌 자존적 [subsistent] 개별자)을 가리키기 때문에 하나님에게 어울리지만, 하나님의 본질이 완전하기 때문에 이 단어는 피조물과는 다르게 하나님에게 적용된다.

우리는 성경 밖의 용어들을 사용할 필요가 있다. 이단을 집요하게 논박하는 일은 하나님에 대한 고대의 신앙을 표현하기 위해 새로운 단어들을 찾게 만들었다. 중요한 것은 "성경적 의미"를 따르는 것이다.[62]

한 인간의 인격에 대해 말할 때, 우리는 다른 사람들과 구별되는 특수한 개인을 의미한다. 하지만 하나님과 더불어 구별은 오직 기원의 관계에 의해서만 이루어지고, 관계는 (사람들에게 있는 것처럼) 우유적 속성이 아니라 신적인 본질 자체이다. 따라서 "신적인 위격은" 신성 안에 "자립적으로 존재하는 관계"를 가리킨다.[63]

아퀴나스는 여기서 신적인 위격들과 관계들을 동일시하는데, 그것은 이것들이 실제적인 위격들이라는 자신의 주장-우리가 아래에서 논의할 문제-을 약화시키는 것처럼 보인다. 그는 계속해서 하나님 안에 세 위격이 있다고 확언한다.[64]

하나님 안에 3배수(triplicity)-이것은 차등을 나타낸다-가 아니라 삼위일체-이것은 순서와 본질의 일치를 수반한다-가 존재한다.[65] 우리는 여기서 마치 한 사람이 단지 일렬로 늘어선 두 사람 중 한 부분이거나 세 사람 중에 두 명인 것처럼 피조물에게 적용되는 의미로 수를 이해해서는 안 된다. "아버지가 삼위일체 전체와 동일한 크기이기에 이것은 하나님에게 적용될 수 없기" 때문이다.[66]

---

62   Ibid., Pt. 1a, Q. 29, art. 3.
63   Ibid., Pt. 1a, Q. 29, art. 4.
64   Ibid., Pt. 1a, Q. 30, arts. 1-4.
65   Ibid., Pt. 1a, Q. 31, art. 1.
66   Ibid., Pt. 1a, Q. 30, art.1.

아퀴나스는 삼위일체의 위격들이 인간 개인들처럼 어떤 부류에 속하는 연속되는 수들이 아니라고 말하고 있다. 신성은 어떤 부류에 속하는 개별적인 수들로 열거될 수 없기 때문이다. 그는 여기서 "베드로, 바울, 요한이 한 (인간의) 본성을 공유하고 있는 세 개별자들이라는 의미로 아버지와 아들과 성령이 한 본성을 공유하고 있는 세 개별자들이라는 삼신론"을 반박한다.[67]

우리는 아리우스의 오류와, 분리(separation)와 분할(division)과 같은 용어들을 피해야 한다. 또한 혼동(confusion, 구별하지 못함을 의미함, 역주)과 단수성(singularity)과 같은 단어들을 삼가함으로써 사벨리우스주의를 피해야 한다. 따라서 아들은 또 다른 위격이기에 아버지와 다르지만, 동일 본질을 갖고 있기에 그밖에 다른 대상이 아니다.[68]

④ 관념들

위격들의 다양한 관계들은 특성들(properties) 또는 관념들(notions)로 불리는 위격들의 결정짓는 특징들로 구별된다. 관계들을 특징짓는 네 가지 관념들-부성, 아들 됨, 공동 발산, 발현-이 있다. 관계를 특징 짓지 않는 다섯 번째 관념 즉 비산출성(innascibility, unoriginatedness)도 있다. 본질과 위격들이 실재하는 반면, 관념들은 단순히 기술하는 개념(idea)이다. 만일 누군가 신앙과 모순되는 것을 지지할 생각이 아니라면, 다른 개념들은 올바른 신앙과 양립한다.[69]

⑤ 아버지

아버지는 삼위일체의 원리(principle)이시다. 이 단어는 단지 "또 다른 것이 발현된 곳"을 의미한다. 원리는 원인과 구별되어야만 한다. 아버지를

67　Davies, *Aquinas*, 187.
68　Thomas Aquinas, *ST*, Pt. 1a, Q. 31, art. 2.
69　Ibid., Pt. 1a, Q. 32, art. 4.

원인으로 말하는 것은 부적절하다. 그것은 실체의 다양성을 의미하게 되고 다른 두 위격이 의존적이 되기 때문이다. 이런 문제점들 중 어떤 것도 원리라는 용어에 들어있지 않다.

우리가 비록 아버지가 원리이시기 때문에 일부 권위를 아버지에게 돌려드릴지라도, "우리는 어떤 식의 오류도 피하고자 아들나 성령에게 어떤 종류의 종속이나 열등함을 귀속시키지 않는다." 원리라는 단어는 "우월성을 가리키지 알고 기원을 가리키기"[70] 때문이다.

여기서 아퀴나스는 아들과 성령이 아버지에게 종속되거나 그 존재에 있어 아버지에게 의존한다는 것을 부인한다. 발현은 의존이나 종속을 함의하지도 수반하지도 않는다. 아퀴나스는 계속해서 아버지가 그렇게 불리는 것이 적절하다고 말한다. 부성은 아버지와 다른 두 위격을 구별시키기 때문이다. 아버지는 또한 공동 발산과 비산출성(inascibility, 출생되지 않음[unbegottenness])의 특징을 갖고 있다.[71] 아버지는 다른 위격들의 원리로서 어느 누구에게서도 나오지 않았기 때문이다.[72]

⑥ 아들

아들이나 말씀(이것이 그의 고유명이기에) 하나님과 완벽하게 동일시된다.[73] 그는 하나님의 형상인데, 이것은 동방 교부들이 주장했던 것처럼 성령에게 해당되지 않고 아들에 대해 적절히 언급된다.[74]

⑦ 성령

성령은 아버지뿐 아니라 아들에게서도 발현된다. 헬라 교부들은 성령의

---

70   Ibid., Pt. 1a, Q. 33, art. 1.
71   Ibid., Pt. 1a, Q. 33, art. 2.
72   Ibid., Pt. 1a, Q. 33, art. 4.
73   Ibid., Pt. 1a, Q. 34, arts. 1-3.
74   Ibid., Pt. 1a, Q. 35, arts. 1-2,

발현이 아들과 관계가 있다는 점을 인정한다. 이것이 성경에 명시적이지 않지만, "우리는 성경의 의미에서 그것을 발견한다." 아버지에게 적용되는 것은 무엇이든지 반대되는 관계들에 적용되는 것을 제외하고 아들에게도 적용된다는 것이 성경의 규칙이다.

네스토리우스주의자들은 성령이 아들에게서 발현되지 않는다는 오류를 도입했다. 동방의 일부 교부들이 주장한 것처럼 성령이 아들을 통해 아버지에게서 발현된다고 바르게 표현될 수 있다. 아버지와 아들은 아들의 하나의 원리이다. 성령의 원리로서 두 위격 사이에 상대적인 대립이 전혀 없기 때문이다.

이 부분에서 아퀴나스는 아우구스티누스를 따르고 그의 주장을 인용한다.[75] 아퀴나스는 아우구스티누스와 서방교회의 입장을 따르지만 조금이라도 가능하다면 헬라 교부들과의 분열에 다리를 놓고 싶어 한다. 사랑은 성령의 고유한 이름(아우구스티누스를 따라서)이며, 아버지와 아들을 이어주는 사랑의 띠이다. 그는 아들에 대한 아버지의 사랑이다.[76]

성령의 명칭은 "은사"이기도 하다. 그가 주어지고 선물이기 때문이다. 선물이 주어지기 전에, 그것은 단지 주는 사람에게 속한다. 하지만 주어지면 그것을 받은 사람의 것이 된다. 그래서 성령은 "하나님이 주신 은사"이지만 성령이 주어지면 성령은 "사람에게 부여된 선물"[77]이 된다.

⑧ 본질과 관계되는 위격들

본질은 신적인 단일성 때문에 위격들과 동일하지만 위격들은 실제로 서로 구별된다. 하나님의 본질은 세 위격의 형상이다. 위격들은 다양하지만 본질은 그렇지 않기 때문이다. 그래서 세 위격은 하나의 본질에 속해 있다. 따라서 하나님의 본질(또는 하나님)을 지칭하는 이름들은 위격들은 물

75　Ibid., Pt. la, Q. 36, arts. 1-4.
76　Ibid., Pt. 1a, Q. 37, arts. 1-2.
77　Ibid., Pt. 1a, Q. 38, arts. 1-2.

론 본질에도 적용될 수 있다.[78]

　다른 한편, 추상적인 이름들(본질)은 위격들을 대표할 수 없다. 본질은 본질을 낳지 않지만 아버지는 아들을 낳는다. "하나님"이 하나님 안에 그것을 가지고 있는 본질을 지시하는 반면, "본질"이라는 단어는 위격을 나타낼 수 없다. 그것은 추상적인 형태로 본질을 지시하기 때문이다.[79]

　하지만 형용사(adjectival terms, 절차적 용어들)가 본질에 대해 서술할 수 없는 반면, 명사(substantive terms, 실체적 용어들)는 본질과 위격의 실제적 동일성 덕분에 그렇게 할 수 있다. 신적인 본질은 실제로 한 위격과 동일하고 또한 세 위격과도 동일하다.[80] 따라서 본질적인 속성들(능력, 지혜 등등)은 세 위격 각각에 점유될 수 있다.[81]

⑨ 관계들 또는 특성들과 대비된 위격들

　특성들은 개념상 차이는 있어도 위격들과 동일하다. 하지만 이 지점에서 견해의 차이점들이 존재한다. 여기서 본질의 통일성은 물론 위격들의 차이(distinctions)도 인정하는 것이 중요하다.

　이것들은 본질에 있어 일치하지만 관계들에 있어 구별된다. 본질은 나누어지지 않기 때문에 위격들은 차이가 나는 특성들—아버지에게는 부성, 아들에게는 아들 됨—로 구별된다. 그래서 위격들은 기원(낳는 자-낳아짐)보다는 관계들(아버지-아들)로 구별된다고 말하는 것이 더 좋다. 그것들은 존재로 구별되지 않고 절대적인 어떤 것에 의해서도 구별되지 않지만, 관계적인 것—그리하여 관계는 그것들을 구별하기에 충분하다—으로 구별된다.[82]

78　Ibid., Pt. 1a, Q. 39, arts. 1-4.
79　Ibid., Pt. 1a, Q. 39, art. 5.
80　Ibid., Pt. 1a, Q. 39, art. 6.
81　Ibid., Pt. 1a, Q. 39, art. 7.
82　Ibid., Pt. 1a, Q. 40, arts. 1-2.

⑩ 관념적 행위들과 관련된 위격들

관념적 행위들(부성, 아들 됨, 발산, 발현)은 단지 표시(signification)의 형태에 있어서만 다르지 실제로는 동일하다. 예를 들어, 아들을 낳는 것은 아버지의 본질이다. 아버지는 영원 속에서 신적인 의지(동시에 발생하는 의지[will of concomitance])의 일치가 있을 때를 제외하고 의지의 행위로 그렇게 하지 않는다.[83]

⑪ 위격들의 평등

세 위격은 한 본질에 속하기 때문에 동등하다.[84] 따라서 아들은 아버지와 영원히 공존하기에, "아들의 발생은 시간 안에 있지 않고 영원 속에 있다." 오리게네스가 "그는 영원히 태어나고 있다"고 한 말보다는 그레고리우스와 아우구스티누스가 "그는 영원히 태어난다"라고 한 말이 가장 좋다.[85]

하지만 하나님 안에 우선권은 없지만 위격의 본성상의 순서가 있다.[86] 이 순서는 평등함과 양립한다. 아들이 위대함에 있어 아버지와 같기 때문이다. "아버지와 아들은 똑같은 본질을 갖고 있는데 … 그것은 수여자의 관계에서 아버지에게 존재하는 것과 수납자의 관계에서 아들에게 존재하는 것이다."[87]

위격들의 임무(역사 속에서 아버지와 아들의 보내심)는 그들의 영원한 관계에 상응하는데, 그것은 열등이 아니라 평등과 일치한다.[88] 임무와 주는 것은 현세적인 것과 관계가 있고 발생과 발산은 영원한 것과 관계가 있다.[89]

83　Ibid., Pt. 1a, Q. 41, arts. 1-2.
84　Ibid., Pt. 1a, Q. 42, art. 1.
85　Ibid., Pt. 1a, Q. 42, art. 2.
86　Ibid., Pt. 1a, Q. 42, art. 3.
87　Ibid., Pt. 1a, Q. 42, art. 4.
88　Ibid., Pt. 1a, Q. 43, art. 1.
89　Ibid., Pt. 1a, Q. 43, art. 2.

(3) 요약

아퀴나스는 위격들과 그 관계들에 상당한 주의를 기울인다. 13세기에 이슬람의 위협은 실제적이었으며, 아랍의 아리스토텔레스 해석자들의 도전은 기독교 변증가들에게 매우 중요한 문제를 제기했다.

하지만 아퀴나스는 하나의 본질에서 시작하면서 삼위일체에 대한 논의를 상당히 지연-라쿠냐가 보기에 아주 중요한 사실이다[90]-하고 아우구스티누스의 초점을 받아들이고 따른다. 그는 본질적으로 이슬람주의자들을 문제 삼지 않는다. 더욱이, 그가 위격들과 부성, 아들 됨, 발현과 동일하게 여긴 것은 그것들이 실제적인 존재론적 구별이 되는지에 대해 큰 물음표를 던진다.

위격들은 명백히 관계적이며, 그 관계들은 실제적이다. 즉 위격들은 하나님의 본질에 속해 있다. 크리스토퍼 휴즈(Christopher Hughes)가 주장한 것처럼, 관계들은 신적인 휘포스타시스를 구성할 뿐 아니라 개체화한다. 따라서 아퀴나스는 "아들의 아버지 되심은 아버지 안에서 실제적인 것임을 의미하고, 아버지의 아들 되심은 아들 안에서 실제적인 것임을 의미한다."

그리고 그는 "아들의 아버지 되심은 그냥 아버지 자신이며, 마찬가지로 아버지의 아들 되심은 그냥 아들 자신이시라고 결론짓는다." 그런 다음, 휴즈는 아퀴나스에게 있어 이런 관계들은 우리가 단순히 하나님에 대해 생각하는 방식이 아니라 하나님 안에서 실제적인 것이라고 주장한다.[91]

존 프레임과 같이, 어떤 이들은 아퀴나스가 양태론에 아주 가깝다고 생각해 왔다.[92] 하지만 아퀴나스는 아리우스의 오류들만큼이나 사벨리우스의 오류들을 우려했다. 그리고 그는 삼위일체의 위격들은 실제적인 의미

---

90 LaCugna, *God for Us*, 147.
91 Christopher Hughes, *On a Complex Theory of a Simple God: An Investigation in Aquinas' Philosophical Theology* (Ithaca: Cornell University Press, 1989), 196-97. 187-239쪽에 나오는 부분을 보라.
92 John M. Frame, *The Doctrine of God* (Phillipsburg, N.J.: P&R Publishing, 2002), 701-3.

에서 구별된다고 강조한다. 아들은 또 다른 위격이자 휘포스타시스이기 때문에 아버지와 다른 반면, 아들은 양자(아버지-아들)이 동일 본질에 속해 있기 때문에 아버지와 이질적이지 않다.[93]

코넬리우스 플랜팅가(Cronelius Plantings)를 따라서, 아퀴나스가 위격들을 단지 우리 마음 속에 있는 관념들로 간주한다는 프레임의 제안은 이 증거에 충실하지 않다.[94]

사회적 삼위일체를 강하게 두둔하는 플랜팅가는 스펙트럼에서 아퀴나스와는 아주 먼 극단에 위치하며, 아퀴나스에게 결코 동정적이지 않다. 프레임과 플랜팅가 모두 여기서 관념들과 위격들에 대한 아퀴나스의 가르침을 혼동하는 것처럼 보인다. 아퀴나스에게 있어, 관념들은 위격들을 구별시켜 주는 관계들을 가리키는 추상적인 용어들이다. 관념들은 우리 자신의 심리적인 복합 개념들, 즉 단지 기표들(signifiers)이지만, 관계들과 위격들은 실제적이다. 아퀴나스는 이 점에 대해 명확하기 때문에, 양자를 혼동해서는 안 된다.[95]

그럼에도 불구하고, 아퀴나스가 아우구스티누스 모델을 전면 활용한 것은 양태론의 방향에 있다는 강한 편견을 수반한다. 무엇보다도 하나님의 단일성에 대한 그의 강력한 교리는 철저하게 자신의 삼위일체론 안에 잠재해 있다. 아퀴나스는 하나님이 자기 본질, 본성, 속성들과 동일하며, 합성(composition, 내적인 구별)이 없다고 주장한다. 그가 매우 강력한 단일성 개념을 주장하면서 구별되는 세 위격을 생각하는 것은 아주 어려워진다. 세 위격이 복합성을 함의하고 절대 단일성을 상쇄하기 때문이다.[96]

---

93 Thomas Aquinas, *ST*, Pt. 1a, Q. 31, art. 2.
94 Frame, *The Doctrine of God*, 702. 『신론』(CLC 刊).
95 Thomas Aquinas, *ST*, Pt. 1a, Q. 32, art. 2.
96 나는 이 점에 대해 여러 제안들을 해 주고 크리스토퍼 휴즈의 책을 소개해 준 폴 헬름 (Paul Helm)에게 감사를 드린다.

이것은 아리스토텔레스의 신론과 성경적 신론 사이에 큰 충돌이지만, 아우구스티누스의 영향은 긴장감을 증가시킨다.

휴즈는 다음과 같은 결론을 내린다.

> 아퀴나스에게 있어, 하나님은 가장 단일할 수 있는 존재인데, 그 안에 위격과 본성, 부분과 전체, 또는 주체와 우유 사이에 어떤 구별도 없다. 이제 그런 존재가 한 본성 안에 세 위격이 있을 만큼 충분한 구조가 있을 수 있다는 것은 표면적으로는 믿기 어렵다.[97]

의미심장하게도, 휴즈는 아퀴나스가 보기에 신적인 단일성이야말로 신적인 위격들이 서로 똑같다는 사벨리우스의 교리에 적합할 수 있다고 생각한다.

"신적 단일성에 대한 전력을 다한 설명은 어쩌면 삼위일체적일 수 없는 신을 묘사하기 때문이다."[98]

그러므로, 아퀴나스 안에 "양립할 수 없는 두 신"이 존재한다.[99]

『신학대전』과 『이방인대전』에서 아퀴나스에게 있는 또 다른 약점은 구속사의 사건들에 대한 초점이 없고 이에 따라 역사적으로 그 사건들을 다루지 못하는 데 있다.

그럼에도 불구하고, 아퀴나스의 전체 신학은 그의 삼위일체론의 완성이다. 삼위일체는 중요하다. 그것은 "사변적인 천체 물리학 안에 있는 복잡한 실습"이 아니라 인간에 대한 함의들로 가득 찬 놀라운 진실이다. 그 중요성은 우리가 그 생명 속에서 나누게 될 것이다.[100]

97　Hughes, *On a Complex Theory*, 239.
98　Ibid., 240.
99　Ibid., 269.
100　Davies, *Aquinas*, 207.

2. 세 명의 동방 신학자들

1) 다마스쿠스의 요한네스

주저인 『정통주의 신앙』(The Orthodox Faith)에서, 다마스쿠스의 요한네스 (675-753)-동방교회의 위대한 마지막 교부-는 즉시로 하나님부터 시작해서 지체하지 않고 삼위일체에 대한 논의로 이동한다. 이것은 아퀴나스와 크게 대비된다. 아퀴나스는 삼위일체 안에서 본 모든 것을 기독교 신앙에 중요하고 핵심적인 것으로 여겼기 때문이다.

여기서 이 글의 앞 부분에 있는 그 자리는 아퀴나스가 할 수 없었던 방식으로 그 중심성을 명확히 입증한다. 게다가, 그는 자기 작품의 첫째 절에서 세 위격과 위격들의 페리코레시스 관계를 아주 자세히 논의한다.

삼위일체가 교회의 신앙과 예배에서 차지해야 한다는 지배적인 입장보다 그 어떤 것도 더 강하게 역설하지 못하며, 동방교회와 서방교회의 신앙과 예배에 있는 각각의 입장들보다 더 강하게 역설하지 못한다.[101]

(1) 하나님에 대한 지식과 불가해성

하나님은 말로 형용할 수 없고 이해할 수 없다. 하나님이 스스로를 계시할 때를 제외하면 아무도 하나님을 안 적이 없다. 하지만 하나님은 우리를 무지 속에 내버려두지 않으셨다. 하나님은 모든 자연 속에 하나님의 존재에 대한 지식을 심어놓으셨다.

---

[101] 다마스쿠스의 요한네스에 관해서는 다음의 글들을 참고하라. Jakob Bilz, ed., *Die Trinitätslehre des Hl. Johannes von Damaskus* (Paderborn: Ferdinad Schöningh, 1909); G. L. Prestige, *God in Patristic Thought* (London: SPCK, 1952), 263-64, 280; O'Carroll, *Trinitas*, 139-40; Andrew Louth, *St. John Drama-scene: Tradition and Originality in Byzantine Theology* (Oxford: Oxford University Press, 2002).

무엇보다도 율법과 선지서 안에, 그리고 후에는 그리스도 안에서, 하나님은 우리가 파악할 수 있는 만큼 자신을 계시하셨다. 따라서 우리는 성경에서 우리에게 전달된 것들 이상의 그 어떤 것도 추구하지 않는다.[102]

따라서 하나님에 대한 모든 것을 알 수 없으며, 모든 것들은 알 수 없는 것이 없다. 우리보다 위에 있는 것들에 대하여, 우리는 자신의 제한된 능력에 따라 자신을 표현한다. 우리는 다른 것들 중에서 하나님이 영원하고 불변하신다고 고백한다.

> 그리고 하나님이 … 한 본질(우시아)이시라는 것, 그가 알려지고 세 실재(subsistences) 안에 존재한다는 것, … 그리고 출생되지 않는 것, 출생된 것, 그리고 발현을 제외하고, 아버지와 아들과 성령이 모든 면에서 하나라는 것 … 그러나 하나님의 본질(우시아)이 무엇인지, 또는 그것이 어떻게 모든 것 안에 존재하는지 우리는 알지도 못하고 말할 수도 없다. … 따라서 하나님에 대해 뭔가를 말하거나 심지어 그분에 대해 생각하는 것조차 우리는 감당할 수 없다. 하나님은 말로 하건 현시(manifestation)로 하건 간에 구약성경과 신약성경의 거룩한 신탁들에 의해 신적인 힘으로 우리에게 계시되어 온 것들을 초월하신다.[103]

그래서 하나님이 그 존재와 본성(본질) 안에 계신 것은 이해할 수 없고 알 수 없다. 우리는 하나님에게 육체가 없으며, 무한하고 비가시적이고 (혼합되지 않고) 불변하시며, 우주를 가득 채우고 계심을 알고 있다.

그러나 이것들은 단지 하나님이 어떤 분인지가 아니라 어떤 분이 아닌지에 대해서만 알려 준다. 어떤 것의 본질을 설명하기 위해서, 우리는 긍정적인 용어들로 표현해야 하지만, 하나님의 경우에는 하나님이 어떤 분

---

102 John of Damascus, The Orthodox Faith 1.1; 1.3 (PG 194:789-97)도 참고하라.
103 Ibid., 1.2 (PG 194:792-793). 여기서 사용된 번역은 *NPNF²*의 번역이다.

이신지를 설명할 수 없다.

"왜냐하면, 그분은 존재하는 사물들과 같은 계층에 속해 있지 않기 때문이다. 그분은 전혀 존재하지 않으시는 것이 아니라 존재하는 모든 사물들 위에 … 심지어 존재 자체 위에서 계신다."

그래서 우리가 하나님에 관해 인정할 수 있는 모든 것은 "하나님의 본성을 설명하지 못하지만 그 본성의 속성들만 보여 준다. 여러분이 하나님을 선하고 정의롭고 지혜롭다고 말할 때, 하나님의 본성이 아니라 그 본성의 속성들을 말하기 때문이다."[104]

요한네스는 이런 점에서 아타나시우스를 반박한다. 그렇게 하는 과정에서, 요한네스는 우리가 하나님을 아는 지식에 대해 뿌리 깊은 불가지론을 소개하는데, 그것은 동방교회에서 수세기에 걸쳐 울려 퍼질 것이다. 우리는 이 주제로 곧장 돌아올 것이다.

(2) 존재와 위격들

하나님이 한 분이라는 것은 성경을 믿고 있는 모든 이에게 명확한 사실이다.[105] 아들에 관해 말하자면, 하나님이 말씀이 아니실 때가 결코 없었다. 그분은 항상 그분 자신의 말씀을 가지고 계셨다. 하나님에게 "아버지(Begetter)의 모든 속성들을 지닌 자신 안에 항상 존재하고 있는" 자기 말씀이 있다.

우리 마음에서 나오는 우리 말이 마음과 완전히 같지 않고 마음과 철저히 다르지도 않은 것처럼, "그 개별적인 실재(subsistence) 안에 있는 하나님의 말씀은 그 실재를 나오게 한 하나님과 구별된다. 하지만 그것이 그 자체 안에 하나님 안에서 보여진 동일한 속성들을 보여 주는 한, 그것은 하나님과 동일한 본성에 속한다."[106]

104　John of Damascus, *The Orthodox Faith* 1.4 (PG 194:797-800).
105　Ibid., 1.5 (PG 194:800-801).
106　Ibid., 1.6 (PG 194:801-4).

또한, 말씀은 성령을 소유하고 있다. 하나님의 영은 "말씀의 동료요 그 활동의 계시자"이다. 성령은 단순히 우리 입의 호흡에 비유되지 않는다. 그 이유는 다음과 같다.

> 자기 자신의 고유하고 특이한 실재(subsistence) 안에 존재하며, 아버지로부터 나오고 말씀 안에 거하며, 말씀을 나타내는 본질적인 능력이다. 그것은 자기를 존재하게 하는 하나님과, 자기 동반자인 말씀과 분리될 수 없고 무로 사라지도록 활동하지도 않고, 말씀으로 모양으로 실재하며, 생명, 자유의지, 독리립적인 움직임, 에너지를 부여하며, … 시작도 없고 끝도 없다. 왜냐하면, 언제나 말씀이 없는 아버지는 결코 존재하지 않았고, 성령이 없는 말씀도 존재하지 않았기 때문이다.[107]

(3) 삼위일체

요한네스는 이어지는 절에서 삼위일체 교리에 대한 광범위한 설명을 한다. "자기 존재가 또 다른 존재에게서 나오지 않고 그 자신이 모든 존재의 근원이 되며 세 개의 완벽한 실체로 알려지고 하나로 경배 받으시며 혼동 없이 통일되고 분리 없이 구분되는" 유일한 분이시다. 그는 주로 콘스탄티노플 신조의 표현을 의지한다.

아들은 "영원히 시작도 없이 [아버지에게서] 낳아지셨다." 아버지가 영원히 아버지이시기 때문에, 아들이 결코 존재하지 않을 때가 없었다. 시간적인 차원에서 아들의 발생을 말하는 것은 불경건하다. 왜냐하면, 그것은 아버지의 본성에서 발생되기 때문이다.

우리가 아들과 아버지가 영원히 공존했음을 인정하지 않는다면, 우리는 아버지의 실체에 변화를 도입한다. "왜냐하면, 발생은 아버지(begetter)가

---

107 Ibid., 1.7 (PG 194:805).

자기 본질에서 본질이 비슷한 자손을 생산한다는 것을 의미한다. 그러나 창조는 … 창조자가 외부적인 것에서, 그리고 자기 본질이 아니라 절대 닮지 않은 본성을 지닌 피조물에게서 생산하는 것을 [의미한다]."

따라서 인간의 출산과 하나님의 출산 사이에 큰 간극이 있다. 인간의 발생은 일시적이고 욕정적이고 성적이다. 이와 달리, 신적인 발생은 영원하고 정욕적이지 않고 성적이지 않다. 그래서 아들은 아버지에게서 나와서 분리 없이 그 나름의 고유한 실체를 지닌 채로 항상 아버지 안에 존재한다.

이와 구별되게, 아버지에게서 성령의 발현은 발생적이지 않은 특징이 있으며, 다른 존재 양태이기도 하지만, 이것은 여전히 이해할 수 없지만 비슷하게도 본질상 차이가 전혀 없음을 의미한다. 아버지가 아들의 기원이라고 말하는 것은 인과관계를 제외하고 어떤 것에도 우열이 없음을 암시한다.

우리는 아들이 아버지에 의해 낳아진 것이지 아버지가 아들에게 낳아진 것이 아님을 의미한다. 마치 빛이 불에서 나오지 불이 빛에서 나오지 않는 것처럼 말이다. 그래서 아버지가 아들을 통해 창조하실 때, 아들은 단순한 도구가 아니라 아버지의 실체적인 힘이시다.

성령은 아버지에게서 발현되고 아들 안에 안식하며, 아버지와 아들과 더불어 똑같이 영광 받으신다. 왜냐하면, 성령이 동일본질이고 영원히 공존하시며 아버지에게서 발현되고 아들을 통해 전달 받을 뿐 아니라 양자와 분리되거나 나누어질 수 없고 낳아지거나 출생하는 것 빼고는 아버지와 아들이 소유한 모든 특질들을 가지고 있기 때문이다.

아버지는 원인이 없으시고 태어나지 않으셨으며, 아들은 아버지로부터 발생에 의해 나오며, 성령은 (발생이 아닌) 발현에 의해 아버지에게서 나온다. 아들의 발생과 성령의 발현은 동시발생적이다.

"아버지와 아들이 소유한 모든 것은 아버지로부터, 심지어 삼위의 존재 그 자체로부터 나온다."[108]

---

108 참조. Gregory Nazianzen, *Orations* 25 (PG 35:1193-1225).

(4) 세 위격의 페리코레시스

요한네스는 다음과 같이 쓰고 있다.

> 오직 이러한 휘포스타시스의, 또는 위격의 특성들 안에서만, 세 분의 거룩한 실재들(subsistences[hypostases])이 서로 구별된다. 그것은 본질에 의해서가 아니라, 자기들의 고유하고 특이한 실재의 구별되는 표시에 의해 분리할 수 없게 구분되는 … 세 분의 완전한 실재들 안에 존재하는 하나의 단일한 본질이다.[109]

실체들(subsistences)이나 위격들은 서로 안에 있어,[110] 우리가 복수의 신을 도입하지 않도록 한다. 세 실체 덕분에, 아무런 혼합이나 혼동도 없다. 세 실체가 동일본질을 갖고 있고 서로 안에 거류하기 때문에, 우리는 하나님의 불가분성과 통일성을 인식한다.

요한네스는 신중하게 이것을 인성을 공유하고 있는 세 사람의 잘못된 유비와 대비한다. 세 명의 인간 실체는 다른 실체 안에 하나로 존재할 수 없다. 각각은 분리되어 다른 것과 구분시켜 주는 많은 요소들-공간, 시간, 생각, 능력, 형태, 형상, 습관, 기질, 존엄, 추구하는 것들 속에서, 그리고 무엇보다도 이 실체들이 서로 안에 거주하지 않고 분리돼 있다는 점에서-을 가지고 있다. 따라서 우리는 두 명이나 세 명 혹은 많은 사람들에 대해 말한다.

삼위일체의 경우에는 정반대다. 삼위는 영원히 공존하며 동일본질에 속하며 에너지원(energy)과 선과 의지와 능력과 권위에 있어 하나이시다. "삼위 각각은 자신만큼이나 나머지 다른 위격과 밀접한 관계를 맺고 있다. … 아버지, 아들, 성령은 낳아지지 않고 출생하고 발현한 것만 제외하고 모든

---

[109] 이것과 다음의 내용은 Damascus, *The Orthodox Faith* 1.8 (PG 194:808-33)에서 발췌한 것이다.
[110] 참조. Gregory Nananzen, *Orationes* 1: 37 PG 35:395-402; 36:279-308).

면에서 하나다."

요한복음 14장 11절을 인용하자면, 삼위는 서로 안에 거하고 함께 착 달라붙어 있다.

> 삼위는 혼합하기 위해서가 아니라 서로에게 달라붙어 있기 위해 하나가 되셨고 어떤 혼합이나 융합이 없이 서로 안에 그들의 존재를 가지고 계시다(페리코레신). 왜냐하면, 신성은 나누어진 것들과 함께 나누어지지 않기 때문이다. … 그리고 그것은 마치 분리되지 않고 서로에게 밀착되어 있고 혼합된 빛과 하나로 모아진 빛을 발산하지 않는 세 개의 태양과도 같다.

사실상 나지안주스의 그레고리우스의 표현을 바꾸어 말한 것이다. 이것은 삼위일체론의 역사에서 중요한 단계다. 요한네스가 여기서 익명의 17세기 수도사 위 시릴의 작품을 사용하고 있다고 여겨져 왔다. 그는 알려진 바로는 요한 필로포노스와 연관이 있는 삼신론의 출현을 논박했다.

하지만 콘티첼로(V. S. Conticello)는 위 시릴이 실제로 14세기 철학자 요셉이라는 사실을 밝혔고, 그 결과 우리는 이제 요한네스를 페리코레시스라는 용어를 삼위의 상호 내주로 사용한 최초의 인물로 인정할 수 있다. 이 개념 더 이른 시기에 등장했지만, 요한네스는 이것을 더 발전된 형태로 취급했다.[111]

우리는 요한네스가 출애굽기 3장 14절을 언급하며 설명한 것을 지나면서 하나님에게 주어진 이름들 중에 가장 적절한 이름이 "스스로 있는 자"인데, 이것은 하나님의 존재 개념과 하나님의 본성이나 본질의 의미를 전달한다. 하나님의 두 번째 이름은 호 테오스(ho theos)인데, 그것은 활동

---

[111] Verna Harrison, "Perichoresis in the Greek Fathers," *St VladThQ* 35 (1991): 53-65; Vassa S. Conticello, "Pseudo-Cyril's De Sacrosancte Trinitate: A Compilation of Joseph the Philosopher," *OCP* 61 (1995): 117-29; Walter Kaspar, ed., *Lexikon für Theologie und Kirche*, 3rd ed. (Freiburg: Herder, 1993-2001), 8:707-8.

(energy)의 개념을 암시한다.[112] 이것은 후기 동방교회에서 하나님의 본질과 활동들을 구별한 것에 영향을 미쳤다.

요컨대, 요한네스에게 있어(그리고 정통주의에 대한 그의 전략적인 중요성에 비추어 볼 때 일반적으로 동방교회에 있어), 삼위일체는 신학과 실천에 있어 중요하다. 요한네스는 서방교회에서와 같이 하나의 신적 본질에서 삼위의 존재를 합리적으로 입증해야 하기 때문이 아니라 삼위가 계시로 주어진 것이기 때문에 삼위를 중시한다. 그는 카파도키아 교부들의 전통을 따르고, 그 결과 합리주의적인 방향보다는 더 성경적인 방향과 송영의 방식으로 이 교리를 발전시킬 수 있다.

2) 포티우스

콘스탄티노플의 문제 있는 주교였던 포티우스(Photius, 810-895)는 『성령의 비법 전수』(Mystagogy of the Holy Spirit)에서 서방교회의 필리오케를 반박하는 주요 논증들을 펼쳤다.[113] 이것들은 삼위일체에 대한 서방교회와 동방교회의 접근법 사이에 큰 차이점들을 보여 준다.

불행하게도, 그는 유배 상태에서 글을 썼는데, 거기서 라틴 교부들의 작품을 접하지 못했고 아마도 그리스 자료들을 기억해내서 사용해야 했을 것이다. 서방교회에서 그와 동시대인들 역시 그것을 읽을 수 없었다. 그래

---

112 John of Damascus, *The Orthodox Faith* 1.9 (PG 194:833-37).
113 Photius, *On the Mystagogy of the Holy Spirit*, trans. Holy Transfiguration Monastery (n.p.: Studion Publishers, 1983), 67-116 (in English), 153-91 (in Greek). 보브린스코이는 이 작품이 "동방정교회 학파들의 교의적 가르침의 토대를 구성한다"고 설명한다. Boris Bobrinskoy, "The Filioque Yesterday and Today," in *Spirit of God, Spirit of Christ: Ecumenical Reflections on the Filioque Controversy*, ed. Lukas Vischer (London: SPCK, 1981), 134. 포티우스에 대해 더 자세히 읽으려면, 다음의 책들을 보라. F. Dvornik, *The Photian Schism* (Cambridge: Cambridge University Press, 1948); Joseph Hergenröther, *Photius, Patriarch von Constantinopel*, 3 vols. (Regensburg: G. J. Manz, 1867-69); Richard Haugh, *Photius and the Carolingians: The Trinitarian Controversy* (Belmont, Mass.: Norland, 1975).

서 폭넓은 학식에도 불구하고, 포티우스는 자기 마음에 들을 정도로 급소를 찌를 수 없었을 것이다.

불가코프는 이 논고의 결과를 "싸우지 않고 라틴 사상으로부터의 승리"[114]라고 묘사한다. 연구한 결과에 따르면 그는 서방교회에 체계적으로 반대하지 않았고 오히려 아주 진지하게 신학적 문제를 다루었다.[115]

포티우스에게 있어 신적인 특성들이 본성(본질)이나 휘포스타시스(위격들)에 속한다는 점을 파악하는 것이 중요하다. 위격의 특성들은 비공유적이고 단일하다. 따라서 아버지는 아들과 성령의 유일무이한 원인이시며, 성령의 발현은 아버지의 위격에서 나오기에 아들이 공유할 수 없는 특성에서 나온다.[116]

서방교회가 성령이 아들에게서도 나온다고 말하는 것은 포티우스가 보기에 아들이 아버지의 위격적인 특성들을 공유한다고 말하는 것이다. 간단히 말해서, 이것은 양태론적인 이설(heresy)이다.

첫째, 포티우스에게 있어 필리오케는 아버지의 군주권(monarchy)을 전복시킨다. 본질에서 시작하여, 서방신학은 실제로 이것을 아버지보다는 오히려 군주제로 만든다. 이것은 삼위일체에 대한 비인격적인 토대를 세운다고 단언한다. 그것은 또한 위격들을 카파도키아 전통과 동방교회 전통과 같이 우리가 하나님을 아는 지식의 출발점이라기보다는 오히려 신적 본질 안에서의 상호 관계들로 축소시킨다.

둘째, 서방신학의 교리는 성령을 종속시킨다. 포티우스와 동방교회에 따르면, 아들은 아버지에게서 직접(immediately, 매개 없이) 낳아지지만 서방

---

114 Sergei Nikolaevich Bulgakov, *Le Paraclet*, ed. Constantin Andronikof (Paris: Aubier, 1946), 102.
115 John Meyendorff, *Byzantine Theology: Historical Trends and Doctrinal Themes* (New York: Fordham University Press, 1979), 60.
116 Photius, *On the Mystagogy of the Holy Spirit*, 11.

교회에게 있어서는 성령이 아버지로부터 간접적으로(remotely) 발현한다. 왜냐하면, 성령이 또한 친히 낳아진 아들에게서 나오기 때문이다.

따라서 성령의 발현은 아들의 출생에 수반되는데, 이것이 동시에 일어날 수 없거나, 아니면 성령이 또한 아들에게서 낳아질 것이기 때문이다. 이 주장은 성령이 아버지와 아들을 이어 주는 사랑의 띠라는 (아우구스티누스를 따르는) 서방교회의 가르침에 의해 강화되는데, 이것은 성령에게 하위 단계의(subpersonal) 지위를 부여한다.

우리는 이것을 아우구스티누스의 삼위일체 유비들에 들어 있는 중대한 위험 요소로 간주했지만, 그것은 또한 포티우스가 지적한 대로 아우구스티누스의 관계들에 대한 논의에 드러났다. 요점은 초점이 본질에 맞춰질 때 위격들과 관계들은 문제가 발생하게 된다. 포티우스는 서방교회의 교리를 성경 계시에 의존하기보다는 합리주의적인 것으로 여긴다.

셋째, 서방교회의 접근은 양태론과 다름없다. 위격들의 독특함이 흐려지기 때문이다. 이것이 그런 이유는 성령이 단일한 원천으로서 아버지와 아들에게서 발현된다고들 하기 때문이다. 이것은 아버지와 아들의 휘포스타시스를 흐리게 한다고 포티우스는 역설한다. 우리는 제2부 제7장에서 이 부분을 유심히 살펴보았다.

포티우스가 내세운 또 다른 요점은 구별되는 특징들이 위격들 중 하나 또는 본성(본질)에 속해서 삼위 모두에게 공통적이기 때문에 서방교회는 세 번째 위격을 배제하면서 두 위격에게 발현을 부여하는 점에서 오류를 범한다. 하지만 동방교회가 아버지에게서 시작되는 공통 기원인 세 번째 위격이 아니라 두 위격에게 귀속시키는 것을 반박함으로써 주객이 포티우스에게 전도될 수도 있었다.

그의 입장에서, (이레나이우스와 같이) 포티우스는 예수의 세례를 중요하게 여긴다. 성령은 아버지에게서 나와서 아들 안에 거한다. 그래서 성령은 정확하게 아들의 영이라고 불릴 수 있다. 아들과 성령 사이에 아무런 분리도 없지만 아버지의 군주권은 유지된다. 게다가, 포티우스가 접근한 효과는 삼위를 논리적 주장으로 입증된 대상들이 아니라 계시되고 주어진 것으로 다루는 것이다.

포티우스는 성령의 영원한 발현과 시간의 흐름과 구원의 경륜 속에 보내심 사이에 구별이 있다는 것을 인정한다. 이 후자의 의미에서 성령은 아들을 통해 보냄을 받는다. 요단강의 장면은 이런 견해를 낳게 한다. 성령이 예수를 의지하기 때문에 예수의 신격화된 인성(deified humanity)은 교회와 창조 세계의 연결고리이다. 이것은 또한 이런 의미에서 아들의 역할을 경륜의 영역에만 제한시킴으로써 그가 필리오케를 반대하는 방식이기도 하다.[117]

『비법 전수』를 쓸 무렵 서방 문헌들을 접할 수 없었기 때문에, 포티우스는 성령이 아들과 어떤 관계에 있는지 중요한 질문을 다루지 못했다. 그는 이 문제를 정확하게 다루지 않아서, 양편 모두 점점 밤에 지나가는 유명한 배들처럼 되었다.[118]

3) 그레고리우스 팔라마스

콘스탄티노플에서 태어난 그레고리우스 팔라마스(Gregory Palamas, 1296-1359)는 30세에 사제 서품을 받은 수도사였다. 그의 생애 대부분은 많은 논쟁과 교회의 동요 속에 휘말렸다. 1347년에 데살로니카의 대주교에 선임되었다. 사후에 그는 1368년 콘스탄티노플 공의회에서 성인으로 추대되었다. 팔라마스는 발람(Barlaam)의 주장에 맞서 『삼부작들』(*Triads [For The Defense of Those Who Practice Sacred Quietude]*, 팔라마스는 발람의 주장을 반박하는 9편의 논고들을 써서 세 편씩 묶어 세 개의 논문집을 만들었다, 역주)을 썼는데, 발람은 그리스 철학을 긍정적으로 평가하며 교육과 인간의 지식을 하나님에 대한 것을 아는 데 필요하다고 여겼던 비잔틴 철학자다.

---

117 Ibid., 21-23; John Meyendorff, *Byzantine Theology*, 60-61.
118 Gerald Bray, "The Filioque Clause in History and Theology," *TynBul* 34 (1983): 125.

발람에게 있어, 하나님의 본질은 알 수 없다. 하나님의 활동들은 창조되었기에, 인간에게 남겨진 것은 하나님의 본질 안에 있는 하나님 자체에 대한 지식에는 이르지는 못하는 변증적 지식이다. 하나님에 대한 직접적 지식은 인간의 지성으로는 불가능하다. 하나님은 단지 자연 속에 있는 하나님의 사역을 묵상함으로 간접적으로 알려질 수 있다.

팔라마스가 주장했듯이,[119] 발람은 강한 주지주의자였고 모든 욕정을 변형시키고 하나님께 봉사하는 데 할애하기보다는 이를 죽이는 것이 필요하다고 생각했다.

발람의 견해는 1341년 콘스탄티노플에서 계속되는 종교회의들로부터 정죄 받았다. 그 결과 그는 이탈리아로 추방당했다. 이런 생각들에 반대해서 그레고리우스는 계속적인 기도와 명상에 몰두한 은둔자들 즉 헤시카스트(hesycasts, 14세기 그리스 아토스 산에서 시작한 금욕 수도단)를 지지했다.

유명한 주기도문이 그들의 영성에 핵심이었다. 기도를 거듭 반복하면서 자기 몸 아래쪽을 바라보는 관습 때문에, 발람은 이 수도사들을 조롱하며 "영혼이 자기 배꼽에 있는 사람들"이라고 불렀다.[120] 헤시카스트에 대한 그레고리우스의 변호는 정교회에서 수용되었다.

(1) 하나님의 본질과 활동들

그레고리우스에게 있어 일반적으로 동방교회에 대해 말하자면 신화는 기독교 메시지의 핵심이다. 왜냐하면, 베드로 사도가 베드로후서 1장 4절에서 말한 것처럼 성도들이 신의 성품에 참여한 자들이 되었기 때문이다. 메엔도르프가 관찰한 것처럼, 그레고리우스는 이것이 세례와 성찬의 계속

---

119 Gregory Palamas, *The Triads*, ed. John Meyendorff, trans. Nicholas Gendle (New York: Paulist Press, 1983), 154n119.
120 Ibid., 8. 이런 이유로, 브레이가 동방교회와 서방교회의 인간과 그 구원 개념들에 대한 차이점을 설명한 내용을 읽다 보면 어리둥절해진다. 동방교회의 편에서, 그 개념은 "그리스도인의 삶에서 아들의 구원하는 사랑을 부정하는 것이나, 기껏해야 제2위에게 그 사랑을 귀속시키는 것"을 말한다. Bray, "Filioque," 128.

적인 참여로 모든 그리스도인에게 주어졌다고 본다.¹²¹

성육신은 이것을 위해 중요하다. 하나님의 아들은 육신을 취할 때 인성을 자신과 하나가 되었다. 그것은 하나님의 인성이 되었고 신적인 활동으로 가득 찼다. 그리스도와 연합한 우리는 우리의 인성 안에서 영혼은 물론 육체도 변화된다. 하나님에 대한 참된 지식은 창조되지 않은 활동들과의 교류를 통해 그리스도 안에서 가능하다.

그레고리우스는 기원이 없고 영원한 유일한 본질, 즉 하나님의 본질이 있다고 주장한다. 신적인 본질이 하나님의 권세를 가지고 있기 때문에 그 권세 역시 기원이 없다. 하지만 그 권세 자체는 본질이 아니고 신적인 본질 안에 존재한다. 따라서 하나님의 본질은 기원이 없는 유일한 실재가 아니다.¹²²

신적인 권세뿐 아니라 하나님의 일부 사역-하나님의 섭리, 의지, 그리고 예지-도 시작이 없다. 이것들은 하나님의 본질과 동일하지 않지만 분명히 시간 이전에 있던 것이고 시작이 없다.¹²³

하나님 자신은 자기 창조 사역-창조되지 않은 선, 거룩, 또는 미덕이든지-과 무한히 초월해 계신다. 이것들은 그 자체로 하나님의 초본질적인 본질이 아니다. 이것들이 바로 그가 하나님의 활동들이라고 부르는 것이다. 우리는 이 활동들을 아리스토텔레스 식의 의미로 "실존적으로 지각할 수 있는 징후들"이라고 생각할 수도 있지만 여기서는 하나님의 공동으로 내재하는(페리코레시스적인) 삼위의 생명이 밖으로 드러난 것으로 적용된다.

따라서 하나님이 신적인 각각의 활동 안에 완전히 현존하기 때문에 우리는 비록 하나님이 그 모든 것은 초월해 계심이 분명할지라도 그것들 각각으로부터 하나님의 이름을 부른다.¹²⁴

---

121 Meyendorff, *Byzantine Theology*, 77.
122 Gregory Palamas, *Triads* 3.2.5.
123 Ibid., 3.2.6.
124 Ibid., 3.2.7; John Meyendorff, *Byzantine Theology*, 185–86.

하지만 시작과 끝이 모두 있는 하나님의 일부 활동이 있다. 모든 신적 활동은 창조되지 않지만 전혀 시작이 없는 것은 아니다. 이것들은 피조물을 향해 있는 활동이다. 창조가 시작이 있었기 때문에 창조와 관계된 하나님의 활동도 시작이 있다. 여기서 하나님의 활동과 본질 사이에 구별이 아주 선명하다. 따라서 하나님의 초본질적인 본질은 하나님의 활동과, 심지어 시작이 없는 것들과도 동일시되어서는 안 된다.

신적인 본질은 모든 활동을 초월하고 무한한 정도와 무한한 수로 초월한다.[125] 따라서 본질과 활동은 하나님 안에서 동일하지 않다. 활동은 존재하지만 그분 안이 아니라 그분 주위에 존재한다.[126] 그래서 교부들이 주장한 것처럼, 창조되지 않은 삼위일체의 본성을 표현할 이름을 찾는 것은 불가능하다. 오히려 이름들은 활동에 속한다. 모든 이름 위에 계시는 하나님은 그가 불려진 이름과 동일하지 않다.[127]

(2) 하나님의 활동은 창조되었는가 창조되지 않았는가?

발람은 신적인 활동이 창조되었다고 주장했다. 하나님은 그것들에게 존재를 부여했다. 이와 같은 이유로 그는 큰 간극이 알 수 없는 본질과 알 수 있는 활동 사이에 존재한다고 주장했다. 이에 따르면 우리가 하나님에 대한 직접적인 지식을 얻을 수 없는 것이다.

여기에 답해서 그레고리우스는 나지안주스의 그레고리우스(*Oration* 28:31)를 언급하며 어떤 면에서 볼 수 있는 하나님의 영원한 영광과 우리가 참여할 수 없는 하나님의 본질과 동일 하는 것을 허용할 수 없다고 주장한다.

---

125 Gregory Palamas, *Triads* 3.2.8.
126 Ibid., 3.2.9.
127 Ibid., 3.2.10.

하나님의 영원한 영광은 어떤 면에서 볼 수 있기 때문에 본질이 비록 참여를 넘어서 있을지라도 우리는 그 영광에 참여할 수 있다.[128] 영적인 접촉과 연합은 영적이고 신적인 빛과 가능한데, 이것은 감각할 수도 이해할 수도 없으며, 그 초월 속에 있는 모든 피조물과 구별되고 우리를 보게 해 주는 시각의 대상과 능력이 되는 초본질적인 것의 활동이다.[129]

선한 천사들은 이 영원한 영광을 묵상하되 영원히 그렇게 하는데, 그러기에 그것은 창조되거나 자연적이거나 지적이지 않고 오히려 영원하고 영적이고 신적이다.[130]

다른 한편, 타락한 천사들은 이 능력이 제거되었기에 이것이 천사들에게 선천적이지 않다.[131] 그것은 활력을 불어넣는 성령과 분리될 수 없는 것이 바로 신성을 부여하는 활동이다. 그것은 영적으로 성숙하지 않은 자들에게 알려지지 않고, 악한 성향이 있는 자들에게 남아 있을 수 없다.[132]

하나님은 구약성경의 족장들-아브라함과 모세-에게 개인적으로 말씀하셨다. 그 후로 주님께서 친히 우리를 구원하셨고 하나님의 영은 우리를 모든 진리로 가르치셨다. 성육신은 이 장면을 철저하게 변형시켰다. 빛 안에서 보지 않고 그 빛을 볼 수 없다. 접근할 수 있고 볼 수 있는 것은 신적인 본질이 아니고 아버지의 영광과 성령의 은혜다.[133]

이와 반대로, 발람은 오직 하나님의 본질만이 창조되지 않고 활동들은 창조되었으며, 그래서 이 실재가 창조되지 않았다면 그것은 하나님의 본질과 동일함에 틀림없다고 추정한다.[134]

---

[128] Ibid., 3.2.13.
[129] Ibid., 3.2.14.
[130] Ibid., 3.2.15.
[131] Ibid., 3.2.16.
[132] Ibid., 3.2.17; Gregory Palamas, *The Triads*, ed. John Meyendorff, 150n61.
[133] Gregory Palamas, *Triads* 3.3.5; Gregory Palamas, *The Triads*, ed. John Meyendorff, 17-18.
[134] Gregory Palamas, *Triads* 3.3.6.

(3) 하나님은 알려질 수 있는가? 비판적 평가

그레고리우스의 논증은 그리스도의 인격에 대해, 그런 다음 삼위일체에 대해 의문을 제기하는 것처럼 보인다. 그는 그리스도의 두 본성을 에너지와 동일시한다. 그는 하나님의 활동이 창조되었다는 발람의 주장 속에 내포된 내용들을 공격한다. 발람은 실제로 그리스도의 신적인 본성이 창조되었다고 말하고 있어 그의 적수는 단의론자(a monothelite)나 마니교도보다 더 바쁘다고 그레고리우스는 역설한다.[135]

그레고리우스가 보기에, 그리스도의 인성은 활동들이기에 이 (인간적인) 활동들은 신적인 활동들과 하나가 된 것처럼 보인다. 이런 입장을 취함에 있어, 그레고리우스는 아들의 위격을 신적인 활동으로 간주하는 것 같다. 이것은 그가 아들의 위격에 대해 아무 말도 하지 않는다는 사실로 입증된다. 그는 자신의 논의를 활동에만 제한한다. 하지만 그는 이미 예지, 선, 미덕, 의지를 하나님의 활동과 같은 그런 것들로 열거했다.

그는 아들의 위격을 신적인 속성으로 환원하고 있지 않은가?
그렇게 할 때 삼위일체에 남는 것은 무엇인가?
삼위는 단지 신적인 활동인가?
그렇지 않다면, 또 그것들이 신적인 본질에 속하지 않는다면, 그의 신학을 볼 때 그것들은 알 수 없고 우리 편에서 참여를 넘어서지 않는가?

하나님의 본질과 활동들의 관계가 기독론과 삼위일체에 대한 정통주의 입장과 어떻게 양립할 수 있는지 분명하지 않고 그가 이 딜레마를 어떻게 피해갈 수 있을지 분명하지 않다.[136]

---

135 Ibid., 3.3.7. 마니교도들은 우주에 선과 악, 이 두 개의 경합하는 원리가 있어 이원론적이라고 주장했다.
136 Gregory Palamas, *The Triads*, ed. John Meyendorff, 17-20.

신격화된 인간-하나님과 연합되고 하나님에 의해 변형된 성도들-이 하나님의 본질보다는 하나님의 창조되지 않은 활동에 참여한다는 주장에 의해 아주 많이 강화된다.[137] 이 활동들은 하나님 안에 존재하고 창조된 기능들에 보이지 않게 남아 있다. 하지만 성도들은 성령의 도움으로 자신을 초월했기 때문에 그 활동들을 본다.[138] 경험을 통한 하나님에 대한 지식은 인간에게 하나님의 모양(likeness)을 부여하는 은혜에서 나온다.

우리는 이것을 신격화라고 알고 있다. 왜냐하면, 인간이 은혜로 말미암아, 또한 인간을 아주 눈부시게 만든 복된 영광의 신성한 광채로 말미암아 영혼과 몸이 있는 상태로 완전히 하나님이 되기 때문이다. 이것은 창조되지 않은 활동인 하나님의 광채다.[139] 하지만 이것은 자연이 아닌 은혜에 의해 활동들과 교류하면서 일어난다. 본질과 활동들의 예리한 구별은 창조주와 피조물 사이에 있을 수 있는 혼동을 막아준다.

이 문제에 대한 답변이 하나 있다. 우리는 신격화가 어떻게 성육신-적어도 아타나시우스만큼이나 오래된 주제-에 의해 일어나게 되고 신적인 활동들의 수준에서 발생하며 그 결과 창조주와 피조물의 구별을 유지하는지를 주목했다. 언제나 우리에게 알려지지 않는 하나님의 본질은 당연히 삼위적이다.

그레고리우스는 동방신학자이고 세 위격에 최고의 지위를 부여하는 전통 속에서 연구한다. 의지, 예지, 그리고 섭리와 같은 활동들은 하나님에게 떨어진 세력이 아니고 신적인 유출도 아니며 하나님 자신보다 열등한 지위에 해당되는 것도 아니다. 그것들은 신적인 생명이고 그 맥락에서 찾아봐야 한다.[140]

137　Gregory Palamas, *Triads* 3.3.8.
138　Ibid., 3.3.10.
139　Ibid., 3.3.13.
140　John Meyendorff, *Byzantine Theology*, 77-78.

또한 브레이가 지적한 대로 영원한 관계들 안에서 세 위격은 알 수 없지만 아들에 의한 현현에서는 성령이 세상에서 활동하고 있는 신적 활동들으로 알 수 있다.[141] 이 안에서 그레고리우스는 휘포스타시스의 존재의 차원에서 아버지로부터 나온 성령과 신적인 활동들으로서 역사 속의 선교의 차원에서 아들을 통해 아버지에 의해 보냄 받은 성령을 나눈 폰티우스의 구별을 따른다.[142]

하지만 우리가 언급했고 라츠가 제안한 바와 같이 동방교회는 "신성과 인성을 연결시켜 주기 위한 특별한 실체-소위 신적인 활동들-를 도입해야 했다. 그것은 하나님과 피조물 사이의 차이를 메우는 데 성령을 대신했다."[143]

삼위일체 교리에서 아들 자신은 성육신으로 이 차이를 메우고 성령은 우리를 아들과 연합시킨다. 그레고리우스는 이것을 모호하게 하는데, 그가 보기에 위격들은 활동들에 의해 가려지고 말로 표현할 수 없는 신적인 본질에 흡수된다. 여기서 문제는 이것이 인간과 알 수 없는 본질 사이에 놓은 심연(the gulf)이다.

궁극적으로, 결과는 일종의 확고한 불가지론이다. 자기를 계시하신 하나님은 있는 모습 그대로의 하나님과 다르다. 게다가, 세 위격은 알 수 없는 초본질적인 본질 안에서 잃어버렸다. 기껏해야 그레고리우스는 활동들을 통해 하나님에 대한 간접적 지식을 허용하지만 이것은 있는 모습 그대로의 하나님에 대한 지식이 아니다.

만약 우리가 정말로 이 간접적인 지식을 가질 수 있다면, 하나님의 본질에 대해 모르더라도 이것이 참된 지식이라는 사실을 우리는 어떻게 아는가?

---

141 Bray, "Filioque," 134.
142 Gregory Palamas, *Capita physica theologica* (PG 150:1145).
143 Alar Laats, *Doctrines of the Trinity in Eastern and Western Theologies: A Study with Special Reference to K. Barth and V. Lossky* (Frankfurt am Main: Peter Lang, 1999), 163-64.

더욱이, 팔라마스 신학의 중심부에 무의미가 있다. 만약 신적인 본질이 알 수 없으면 그레고리우스는 어떻게 그것을 알고 있는가?

이것이 카파도키아 교부들로부터 철저한 이탈이라는 사실은 명백하다. 라쿠나가 지적한 것처럼, 그들이 보기에 "하나님의 우시아는 아버지, 아들, 성령으로 존재한다. 삼위는 공통의 우시아를 가지고 있지 않고, 오히려 신적인 우시아다. … 게다가, 로완 윌리암스가 지적한 것처럼 삼위일체 교리는 우시아와 에네르게이아이와의 동일성을 의미한다."

그레고리우스와 함께 위격이 아닌 활동들은 피조물과의 교제를 시작한다. 본질과 위격은 우리가 접근할 수 없고 본질(우시아)은 위격들을 뛰어넘는다.[144] 그레고리우스는 실제로 역사적 삼위일체론을 단념했다. 그는 확실히 "삼위일체를 우리의 구원에서 제거했다."[145]

3. 동방교회와 서방교회의 차이점들—요약

우리가 주목해 온 바와 같이, 동방교회와 서방교회는 결정적인 차이가 있는 두 개의 삼위일체 개념이 있다.

1) 서방교회

첫째, 서방교회는 아우구스티누스 이래로 계속해서 일관되게 위격들보다 우선하는 하나님의 본질에서 시작해 왔다. 결과적으로, 본질은 비인격

---

[144] LaCugna, *God for Us*, 192.
[145] Ibid., 197. 팔라마스에 관해서는 다음의 글들도 참고하라. Rowan Williams, "The Philosophical Structures of Palamism," *ECR* 9 (1977); 27-44; D. Wendebourg, "From the Cappadocian Fathers to Gregory Palamas: The Defeat of Trinitarian Theology," *StPatr* 17, no. 1 (1982): 194-98.

적인 쪽으로 흘러가고 삼위는 문제를 일으켜 장황한 논의와 증명의 주제가 되었다.

게다가, 다시금 아우구스티누스를 따라서 위격들은 단지 하나의 본질 안에 있는 상호 관계에 불과하다.

둘째, 성령이 아버지와 아들 사이의 사랑의 띠로 보이기 때문에, 성령이 실제로 종속적인지에 대한 질문이 남는다. 이것은 아우구스티누스의 삼위일체 유비들 안에 매우 심각해졌고 이후로 계속해서 전통 속에 전수돼 왔다. 과연, 성령이 이런 식으로 이해된다면, 성령이 그 나름대로의 인격으로 적절히 여겨지는지 질문을 받을 수도 있다.

셋째, 양태론에 대한 경향은 서방 삼위일체론의 고유한 특징이다.

넷째, 삼위일체는 점차로 교회의 삶과 예배에서 분리되었다. 압도하는 대다수의 서구 그리스도인들에게, 이것은 매일의 신앙과 예배라는 생생한 문제보다는 수학적인 수수께끼로 취급받는다.

2) 동방교회

첫째, 동방교회는 일관되게 삼위에서 시작한다. 기독교 신앙에서, 아들과 성령은 신적인 구원의 대행자로 조우된다. 결과적으로, 하나님은 닛사의 그레고리우스가 매우 생생하게 묘사한 것처럼 한분인 동시에 세 분이시다.

둘째, 아버지의 군주제는 중요한 요소다. 신적인 본체보다는 아버지가 아들과 성령 안에 있는 신적 본성의 기원 혹은 원인이다.

셋째, 아들과 성령의 관계는 얼마만큼 명확해졌는가?

서구 많은 사람들이 보기에 그리스도의 사역과 성령의 사역 사이의 관계가 덜 분명한 것은 필리오케를 반대한 결과로 보인다.

넷째, 삼신론의 위험성은 4세기 때부터 인식되었고, 아버지의 군주제는 안전장치다.

다섯째, 존재론적 종속론은 니케아 회의와 콘스탄티노플 회의에서 제거되었지만, "성경적이고 정통적인 종속론"[146]은 유지된다. 모든 신적인 존재와 활동의 연원이 되는 아버지와 더불어.

여섯째, 동방의 교리는 발전해 온 바와 같이 내재적 삼위일체와 경륜적 삼위일체, 하나님 자신과 계시된 하나님, 본질과 활동들을 구별한다. 이것은 심오한 불가지론으로 우리의 하나님에 대한 지식을 위협한다. 그것은 또한 합리적 담론을 거부한다. 그리스도인의 삶에서 절정은 이해를 추구하는 신앙보다는 신비적 묵상이다. 바르트가 말한 것처럼, "매우 다른 하나님의 모습을 그 자신 언에서 뒤늦게 도달하는 것은 계시를 뛰어넘는다."[147]

일곱째, 정통주의 예배서식이 분명히 가리키는 바와 같이, 삼위일체는 서방교회보다 교회생활과 예배에 더 중요하다.

---

146 Meyendorff, *Byzantine Theology*, 183.
147 Karl Barth, *CD*, 11:480.

◆ 주요 용어들

부정의, 무념적(apophatic)
낳음(begetting): 아버지가 낳음
낳아짐(begottenness)
신화(deification)
활동(energies)
본질(essence)
필리오케(filioque): 아들로부터
발생(generation)
휘포스타시스의(hypostatic)
존재론적인(ontological)
페리코레시스의(perichoretic)
위격들(persons)
발현(procession)
단일성(simplicity)

◆ 깊이 생각할 문제

1. 라틴 교회와 헬라 교회 모두 삼위일체 교리를 고수한 이후로, 왜 동방의 교리와 서방의 교리의 담화가 존재하는가?
2. 광범위하게 영향을 미친 것만큼이나 필리오케에 대한 명백한 차이점들이 이따금씩 주장되어 왔는가?

◆ 더 읽으면 좋은 책

1. G. R. Evans, *Anselm* (London: Geoffrey Chapman, 1989).
2. Russell L. Friedman, *Medieval Trinitarian Thought from Aquinas to Ockham* (Cambridge: Cambridge University Press, 2010), 1-49.
3. Charles C. Twombly, *Perichoresis and Personhood: God, Christ, and Salvation in John of Damascus* (Eugene, OR: Pickwick Publications, 2015). On John of Damascus but relevant for the Trinitarian crisis, too.
4. Thomas G. Weinandy et al., eds., *Aquinas on Doctrine: A Critical Introduction* (London: T&T Clark, 2004).

제9장

존 칼빈

1. 칼빈의 삼위일체론은 얼마나 새로운가?

『기독교 강요』 최종판(1559)에서 칼빈의 삼위일체론을 읽어 보면 아퀴나스의 견해와 다르다는 것을 보고 깜짝 놀랄 것이다.

칼빈은 신적 본질의 연합이라는 전제에 기초하여 삼단논법으로 논리적인 주장을 하면서, 한 하나님이 어떻게 세 위격이 되실 수 있는지를 묻기보다는 주로 철학적 용어를 멀리하고 직설적인 언어로 성경에 기초한 설명을 제시한다. 이것이 평이한 라틴어로 삼위일체다.

게다가 칼빈의 논의는 주로 순서대로 다루어진 아들과 성령의 신성과 관련이 있다. 방법과 내용에 있어 차이점은 인상적이다. 이는 칼빈이 어느 정도로 혁신자였는지에 대한 질문으로 이끈다.

지금으로서는 우리는 브레이가 일반적으로 개신교 종교개혁자들과 마찬가지로 칼빈이 "그 이전에 지나가버린 것이나 그 이후로 나타난 것과 근본적으로 다른 하나님의 비전"[1]을 가지고 있다고 여긴다는 점을 주목한다.

---

1   Gerald Bray, *The Doctrine of God* (Leicester: Inter-Varsity Press, 1993), 197.

브레이는 현대 역사신학이 "칼빈의 삼위일체론이 지닌 혁명적 성격"[2]을 인식하지 못한 점을 비극이라고 생각한다. 레이몬드는 칼빈이 "니케아 공의회의 삼위일체"[3]와 결별한다고 주장한다. 다우이는 칼빈의 삼위일체론이 "단연 성경적 기원을 갖고 있다"[4]고 생각한다.

다른 한편, 많은 학자들은 칼빈이 이 전통과 연속성이 있다는 데 동의한다. 방델은 칼빈이 "혁신으로 간주될 수 있을 만한 것을 조심스럽게 피한다"고 고찰한다. 왜냐하면, 삼위일체가 칼빈 신학의 핵심적인 부분이지만 "독창성이 부족"하기 때문이다.[5] 니젤이 고찰한 바에 따르면, "그는 초대 교회 교부들에게서 삼위일체 교리와 함께 이에 수반된 모든 신학적 소양을 이어받았다."

그는 독창적이지 않고 이 지점에서 그의 모든 목적은 성경의 메시지를 지키는 것이다.[6] 오캐롤(O'Carroll)은 모든 개신교 신학자들 중에 칼빈이 "가장 충만하고 가장 명백하게 전통적이고 정통적인 삼위일체신학"을 가지고 있다고 생각한다.[7] 파커는 1536년 초부터 칼빈이 "완벽하게 정통적"이었으며, 계속 연구해 감에 따라 "정통 삼위일체 교리가 자신이 친히 말하고 싶었던 부분을 정확히 말했다"는 점을 발견했다는 데 동의한다.[8]

---

2 Gerald Bray, "The Filioque Clause in History and Theology," *TynBul* 34 (1983): 143.
3 Robert L. Reymond, *A New Systematic Theology of the Christian Faith* (New York: Nelson, 1998), 레이먼드는 2판에서 이 주장을 수정한다.
4 Edward A. Dowey Jr., *The Knowledge of God in Calvin's Theology* (Grand Rapids: Eerdmans, 1994), 125-26, 146.
5 François Wendel, *Calvin: The Origin and Development of His Religious Thought*, trans. Philip Mairet (London: Collins, 1963), 168-69.
6 Wilhelm Niesel, *The Theology of Calvin*, trans. Harold Knight (Grand Rapids: Baker, 1980), 54-57.
7 Michael C. O'Carroll, *Trinitas: A Theological Encyclopedia of the Holy Trinity* (Collegeville, Minn.: Liturgical Press, 1987), 194.
8 T. H. L. Parker, *The Doctrine of the Knowledge of God: A Study in the Theology of John Calvin* (Edinburgh: Oliver and Boyd, 1952), 61-62. See also Jan Koopmans, *Das altkirchliche Dogma in der Reformation* (Munich: Chr. Kaiser Verlag, 1995), 66-75; W. Nijenhuis, "Calvin's Attitude Towards the Symbols of the Early Church During the Conflict with

우리는 칼빈의 가르침을 기본적으로 파악하기 위해 『기독교 강요』를 시간적인 순서로(in historical progression) 주석들과 같이 읽을 필요가 있다는 점에 유의하면서 1559년 판 『기독교 강요』부터 시작한다.⁹

이것이 칼빈 자신의 명확한 의도다. 하지만 『기독교 강요』 최종판에서 우리는 삼위일체가 칼빈의 신론이라는 결론을 내린다. 그것은 삼위일체를 다루는 절 이외에 하나님을 명확하게 다루는 곳이 전혀 없다는 것을 나타낸다. 이 부분이 한 하나님에 대한 논의와 삼위일체에 대한 논의를 분리시키는 아퀴나스와 크게 결별하는 지점이다.

오히려 이것은 『명제집』(Sentences)에 등장하는 피터 롬바르두스의 접근 방식과 더 일치한다. 칼빈의 하나님 이해에 통합된 삼위일체는 아주 많아서 전 작품이 삼위일체의 구조를 갖고 있다.

실제로, 사도신경은 『기독교 강요』의 재판이 계속됨에 따라 더 확연한 구조의 기초가 되었고, 사도신경은 당연히 삼위일체에 입각해서 만들어졌다. 부틴은 칼빈의 삼위일체론에 있는 강한 구원론적 관심에 찬성하는 주장을 하는데, 또한 칼빈이 구원론을 다루는 내용은 온통 삼위일체적이다.¹⁰

파커는 사도신경에 기초해 있고 교부들과 점점 늘어가는 친숙함과 교부들에 대한 인용으로 풍성해진 칼빈 신학에 깊이 스며있는 삼위일체적인 색조의 성장을 약술한다.¹¹

Caroli," in *Ecclesia Reformata: Studies on the Reformation*, by W. Nijenhuis (Leiden: E. J. Brill, 1972), 73-96; Benjamin Breckinridge Warfield, "Calvin's Doctrine of the Trinity," in *Calvin and Augustine*, ed. Samuel G. Craig (Philadelphia: Presbyterian and Reformed, 1974), 187-284; Philip Walker Butin, *Revelation, Redemption, and Response: Calvin's Trinitarian Understanding of the Divine Human Relationship* (New York: Oxford University Press, 1995).

9   Elsie a. McKee, "Exegesis, Theology, and Development in Calvin's Institutio: A Methodological Suggestion," in *Probing the Reformed Tradition: Historical Studies in Honor of Edward A. Dowey, Jr.*, ed. Brian G. Armstrong (Louisville: Westminster/John Knox, 1989), 154-72.
10 Butin, *Revelation*, 13, 19, 25, 27, 30, 40ff., 137n14, 145n106.
11 Parker, *Knowledge of God*, 61-69.

2. 동방교회와 서방교회와 연관된 칼빈

우리가 칼빈이 물려받은 전통과 칼빈의 관계에 대해 어떤 결론을 내릴지라도, 하나의 본질보다는 세 위격에 대한 칼빈의 강조는 서방보다는 동방의 접근방법에 더 유사하다.

그가 쓴 많은 글들에서, 칼빈은 동방과 서방의 두 요소를 결합시킨다. 그가 세례의 공식을 활용하는 것은 바실의 잔재다. 그는 하나님이 개별적으로 삼위일체로 생각되지 않으면 하나님을 참으로 알 수 없다는 점과 세례의 열매는 하나님 아버지가 아들 안에서 우리를 입양하시고 성령을 통해 우리를 개조해서 의롭게 만드신다는 점을 강조한다.[12]

부틴은 칼빈과 바실에게 미친 세례 공식의 영향에 대해 설명하고,[13] 동방교회에 대한 워필드의 약점에 주목한다. 워필드는 최근에 이르기까지 대다수의 개신교 학자들과 같이 동방신학을 별로 주목하지 않았거나 아예 주목하지 않았기 때문이다.[14]

세 위격에 대한 칼빈의 집중은 하나님의 존재가 하나이기 때문에 하나님의 단일성을 헤치지 않는다. 세 위격은 구분이 아니라 구별을 의미한다.[15]

12　John Calvin, *Calvin's Commentaries: A Harmony of the Gospels Matthew, Mark and Luke*, vol. 3, *and the Epistles of James and Jude*, trans. A. W. Morrison, ed. David W. Torrance and Thomas F. Torrance (Edinburgh: Saint Andrew Press, 1972), on Matt. 28:19; John Calvin, *Calvin's Commentaries: The Gospel According to St John 11-21 and the First Epistle of John*, trans. T. H. L. Parker, ed. David W. Torrance and Thomas F. Torrance (Edinburgh: Oliver and Boyd, 1961), on John 17:21, 24.

13　Butin, *Revelation*, 43-45, 128-29, 157n15, 158n21, 159n25.

14　Ibid., 163n46.

15　John Calvin, *Institutes of the Christian Religion*, trans. Ford Lewis Battles, ed. John T. McNeill (Philadelphia: Westminster Press, 1960), 1.13.17.

3. 위격에 대한 칼빈의 강조

『기독교 강요』에서 칼빈의 구체적인 논의는 아들과[16] 성령의[17] 영원한 신성과 관계가 있다. 게다가, 그는 하나님의 존재, 본질, 또는 속성들에 대해 길게 고찰하지 않고 소개하는 몇 장을 지나 곧바로 이것을 시작한다. 간단히 말해서, 이것이 칼빈의 신론이다. 이 점이 아우구스티누스와 아퀴나스와 크게 다른 점이다.

더욱이, 칼빈의 설명은 아퀴나스와 같이 추론이나 교회의 권위자들보다는 거의 전적으로 성경에 기초해 있다. 이 말은 칼빈이 이성이나 교부들을 무시한다는 뜻이 아니다. 그는 논쟁의 과정에서 교부들을 자주 인용하며, 그의 논증이 논리정연하지 않으면 아무것도 아니다.

하지만 그는 신구약성경 성경에서 하나님의 영원한 신성을 지지하는 광범위한 단락들을 언급한다. 아들과 성령의 신성은 아버지의 신성과 동일하다고 칼빈은 강조한다. 최고의 신성(Godhead)에 아무런 등급도 없다.

성령을 언급하는 로마서 8장 9절을 주석하면서, 칼빈은 서방교회와 동방교회의 영향력의 증거를 보여 주는 한 단락에서 이 철저한 동등성을 강조한다. 칼빈에 따르면, 성령은 "때로 하나님 아버지의 영으로, 또 때로는 그리스도의 영으로 아무 구별 없이 언급된다.

이것은 우리 각자가 그리스도에게서 자신의 몫을 얻을 수 있도록 성령의 온전한 충만이 우리의 중보자시오 머리되시는 그리스도 위에 부어졌을 뿐 아니라(여기서 이레나이우스에게 그 흔적을 찾아낼 수 있는 동방교회식 사고의 전환을 주목하라), 바로 그 성령이 아버지와 아들에게 공통되기 때문이다(여기서 칼빈은 아우구스티누스의 표현을 사용한다).

---

16 Ibid., 1.13.7-13.
17 Ibid., 1.13.14-15.

아버지와 아들은 한 본체를 가지고 계시며, 동일한 영원한 신성을 가지고 계시다."[18] 아마도 우리가 잠시 언급하게 될 아들의 절대적 신성에 대한 자신의 특별히 강한 주장들 때문에, 칼빈은 오랜 문제가 있는 단락인 고린도전서 15장 27-28절을 약간 어려워하는 것 같고, 이 절에 대한 칼빈의 주석은 그들에게 네스토리우스와 같은 소리로 들릴지도 모른다.

칼빈에 따르면 중재하는 나라가 종결될 때, 그리스도는 이 나라를 하나님에게 다시 건네 드릴 것이다. 여하간, 그리스도는 자기 왕권을 내려놓지는 않을 것이다.

"하지만 어떻게든 자기 인성을 영광스러운 신성으로 이전할 것이다."

이것은 그리스도의 인격 안에 분리가 있는 것처럼 보인다. 정말로 칼빈은 우리가 그때 자기 위엄 속에 계신 하나님을 분명히 보게 될 것이며, "그리스도의 인성이 더 이상 우리 사이에 있어 더 가까운 하나님의 직관(vision of God)을 방해하지 않을 것이다."[19]

이 놀라운 진술은 칼빈의 성육신에 대한 다른 강력하고 명확하게 정통적인 초점과 충돌하는 것처럼 보인다. 이것은 마치 그리스도의 충만한 신성을 조금이라도 축소하지 않으려고 조심하려고 시도할 때 그가 순간적으로 성육신하신 그리스도의 연합된 두 본성에 대한 파악을 놓친 것 같다. 비록 이것이 사실일지라도, 이는 단순히 칼빈이 아들과 성령의 참되고 영원한 신성에 대해 강조하는 중심점을 강조하는 역할을 할 뿐이다.

---

18   John Calvin, *Calvin's Commentaries: The Epistles of Paul the Apostle to the Romans and to the Thessalonians*, trans. Ross Mackenzie, ed. David W. Torrance and Thomas F. Torrance (Edinburgh: Oliver and Boyd, 1961). 여기서 로마서 8장 9절에 대한 설명을 찾아보고 또한 로마서 14장 11절에 대한 설명도 참조하라.

19   John Calvin, *Calvin's Commentaries: The Epistle of Paul the Apostle to the Corinthians*, trans. John W. Frazer, ed David W. Torrance and Thomas F. Torrance (Edinburgh: Oliver and Boyd, 1960). 고린도전서 15장 27절에 대한 설명을 참고하라.

4. 스스로 하나님이신 아들 (God of Himself)

우리가 엿보았던 것처럼, 칼빈은 생애 후기에 이탈리아의 반(反)니케아파의 반박으로 인해 가능한 한 강한 어조로 아들과 성령의 신성을 강조할 수밖에 없었다. 칼빈이 비판한 사람들은 마이클 세르베투스(Michael Servetus), 조지 블란드라타(George Blandrata), 그리고 발렌타인 장띨(Valentine Gentile)이었다.

흔히 『발랑띤 장띨의 불경건에 대한 해설』(*Expositio Impietatis Valentini Gentilis*)로 잘 알려진 『폭로되어 공개적으로 망신당한 발랑띤 장띨의 불경건』(*Impietas Valentini Gentilis detecta et palam traducta*)에서 칼빈은 아들을 "스스로 하나님"(*autotheos*)[20]이라고 자주 언급한다.

이처럼, 칼빈은 아들이 아버지에게서 신성을 부여받았다는 어떤 생각도 반박한다. 오히려 아들은 아버지가 그런 것처럼 자기 신성을 스스로 갖고 계신다. 이것은 아버지만이 스스로 하나님이시고 아들과 성령은 아버지와는 다른 본질을 갖고 있다는 장띨의 가르침과 반대된다.

장띨은 이 표현을 아버지에게만 독점적으로 사용했고, 칼빈은 그를 반박하는 과정에서 그 표현을 아들에게도-암묵적으로 성령에게-적용시킨다. 그리하여, 이것은 칼빈에게 독창적인 것이 아니며, 기독교 강요 최종판이 출간된 후에 논쟁이 일어났다. 칼빈은 다른 어느 곳에서도 이 용어를 사용하지 않는다.

칼빈의 주장은 로마가톨릭 진영에 좀 심한 반대를 불러일으켰다. 하지만 16세기 로마교의 주요 변증가인 로버트 벨라민은 좀 더 신중한 입장을 취했다. 벨라민은 고전적 삼위일체 교리에 입각해서 칼빈이 정통적이라고 인정했다. 칼빈의 참신함은 단순히 그의 용어와 표현 방식(*modus loquendi*)에 있어 그랬다. 그 안에서조차, 벨라민은 칼빈이 참된 교리를 변호하고

20　Calvin, *CO*, 9:368-70.

있었다는 점을 깨달았다.²¹

다른 로마가톨릭 비판자들은 칼빈이 아들과 아버지를 구별하지 못해서 사벨리우스 이단에 빠졌다거나, 아니면-양자를 구별했을지라도-아버지 외에 또 다른 원천(*principium*)을 찬성하는 주장을 함으로써 마니키아니즘에 가깝다고 넌지시 주장했다. 벨라민은 칼빈이 표현 방식에 있어 특히 『기독교 강요』 1권 13장 19, 23절과 장띨을 비판하는 논문에서 실수했다고 한다. 여기서 칼빈은 아들을 스스로 하나님이라고 칭하고 N에 있는 구절 "하나님 중에 하나님"을 난해한 표현이라고 언급한다.

> 하지만 내가 이 주제를 조사하고 칼빈의 사상을 면밀히 검토할 때, 나는 아주 대담하게 칼빈이 오류에 빠졌다고 선포하지 못한다. 칼빈은 위격이 아니라 본질의 측면에서 아들이 스스로 존재한다고 가르치기 때문이다. 칼빈은 위격이 아버지에게서 나오고 본질이 아버지에게서 나오는 것이 아니라고 잘 말한 것으로 보인다.

벨라민이 제안한 바에 따르면, 칼빈이 아들을 스스로 하나님이라고 한 이유는 장띨이 그렇게 하도록 부추겼기 때문이다. 장띨은 끊임없이 아버지만이 스스로 하나님이라고 외쳤다. 이는 그분만이 창조되지 않은 신적 본질을 갖고 계시며 아들과 성령은 아버지에게서 나온 다른 본질을 지닌 존재라는 것을 의미한다.²² 벨라민은 계속해서 칼빈과 그의 추종자들을 약간 냉혹하게 비판하지만, 이 중요한 사항들에 대해서는 칼빈이 말하는 방식에 있어서만 실수한다고 선포한다.

칼빈에게 이 용어는 무슨 의미였는가?

---

21 Robert Bellarmine, "Secunda controversia generalis de Christo," in *Disputationum de controversiis Christianae fidei adversus haereticos* (Rome, 1832), 1:307-10.
22 Ibid., 1:307-8.

하나님이 하나이면서 구별된다는 정통적인 삼위일체 가르침의 전제 아래, 삼위 모두가 하나의 동등하고 나누어지지 않는 하나님의 존재를 공유한다는 결론이 나온다. 그래서 아들은 그 신성이 아버지에게서 나온다고 말할 수 없다. 반대로, 장띨은 아버지만이 스스로의 신성을 갖고 계시고, 그 결과 다른 두 위격은 아버지와 다른 본질을 갖고 있다고 주장했었다.

워필드가 인정한 것처럼, 칼빈은 급진적으로 새로운 것을 전혀 도입하지 않았다. 앞으로 우리가 보겠지만, 칼빈은 교부들을 언급하며 장띨에 대한 자신의 반박을 보강했다.[23] 하지만 칼빈은 삼위의 영원한 신성에 대해 될 수 있는 한 가장 강력하게 완전한 방식으로 표현한다고 인정하는 것이 옳다.

5. 본질과 위격들

이것은 아들이 아버지에게 영원 전에 나왔다는 고전적 가르침과 더불어 성령의 영원한 발현을 어디에 남겨놓는가?

장띨은 칼빈이 자기 빵을 가지고 있지도 않고 그것을 먹지도 못했다-그는 그리스도를 자존하신 하나님이라고 신봉할 수 없었고 그리스도가 "빛 중에 빛, 참하나님 중에 참하나님"이라고 주장하는 니케아-콘스탄티노플 신앙을 고백할 수도 없었다-고 주장했다. 그의 생각에 따르면, 영원한 출생과 발현은 스스로 하나님인 아들 및 성령과 양립되지 않는다.

여기서 칼빈은 아우구스티누스를 따르는 닛사의 그레고리우스의 동등하게 고전적인 가르침에 호소한다. 그레고리우스의 가르침은 신조의 구절들이 본질이 아닌 위격들의 특징을 묘사한다고 한다. 이 구절들은 관계들에 대해 말하고 몇몇 위격들에는 특이하다. 그것들은 본질 자체를 언급하지 않기 때문에 세 위격에 의해 동등하게 똑같이 공유되지 않는다.

---

23   Warfield, "Calvin's Doctrine," 241ff.

칼빈은 다음과 같이 선포한다.

> 그러나 성경을 근거로 하여 위에서 충분히 입증한 사실들을-한 분 하나님의 본질은 단일하며 분리되지 않는다는 것, 그 본질이 아버지와 아들과 성령께 속한다는 것, 그러나 반면에 아버지의 고유한 특성이 아들과 다르며, 아들의 고유한 특성이 성령과 다르다는 것을- 든든히 붙잡는다면, 아리우스와 사벨리우스는 물론 기타 고대의 모든 그릇된 저자들의 논리에 대해서도 문이 굳게 닫힐 것이다.[24]

따라서 아들에 관해서는, "그의 신성과 관련해서 자기 신성은 자신에게서 나온다." 그리고 "아들이 그의 본질을 아버지에게서 부여받았다고 하는 자는 누구든지 아들이 스스로 존재한다는 것을 부정한다."
반니케아파는 아버지만이 하나님의 존재를 가지고 있고 이 본질을 아들에게 부여하신다고 주장했다. 그러나 칼빈에 따르면 본질과 관련해서 아버지와 아들 사이에 어떤 구별도 없다.[25] 하지만 칼빈은 또한 우리가 위격들 간에 영원히 구별되는 관계들을 계속 고수할 수 있다고 말한다. 우리가 위격들을 본질과 분리하지 않고 오히려 위격들이 본질 안에 남아 있을 때 위격들을 구분하기 때문이다.
칼빈은 다음과 같이 결론을 내린다.

> 그러므로 우리는 하나님이 절대적인 의미에서 스스로 존재하신다고 말한다. 그러나 동시에 그의 위격으로 보면 그는 아들이므로, 그가 아버지로부터 존재하신다고 고백하는 것이다. 이렇게 볼 때, 그의 본질은 기원이 없다. 그러나 그의 위격의 기원은 하나님 자신인 것이다.[26]

---

24 Calvin, *Institutes*, 1.13.22.
25 Ibid., 1.13.23.
26 Ibid., 1.13.25. 여기서 칼빈은 시편 109:13(영어로는 110:13)을 주석한 내용으로부터

이 때문에, 말씀은 세상의 창조 안에 계시되기 전에 영원히 하나님 안에 감춰졌지만, 그의 위격은 아버지와 구별되는 동시에, "하나님 안에 감춰진"[27] 아버지와는 동일본질이다. 아들 그리스도는 성령과 구별되기도 한다.[28] 따라서 하나님 안에 위격들의 구별이 있다.

본질의 일치는 하나님의 본질에 속하는 것이 아버지와 아들에게 똑같음을 요구하며, 하나님에게 속한 것이 아버지와 아들에게 공통됨을 요구하지만, 이것은 "각자가 그 나름의 위격적 특성을 지니는 것을 막지 않는다."

아버지의 영광은 그리스도 안에서 선포될 때까지 우리에게 보이지 않는다. 정말로, 아버지의 실체는 "어떤 면에서 그리스도 위에 새겨진다." 그래서 아들은 "아버지와 함께 한 하나님이다. 하지만 그럼에도 각각이 그 자신의 자립적 존재를 갖는 방식으로 구별될 수 있다."[29]

이것은 스스로 신적인 지위와 완전히 조화되는 삼위 가운데 한 질서를 수반한다. 워필드가 표현하는 것처럼, 칼빈의 삼위일체 개념은 "삼위일체의 위격들 안에 한 '질서'의 가정을 포함시켰다." 이 가정에 따르면 아버지가 첫째, 아들이 둘째, 성령이 셋째다. 그리고 그것은 발생과 발현의 교리를 포함시켰는데, 이 덕분에 아들은 아들로서 아버지에게서 유래하고, 성령은 영으로서 아버지와 아들에게서 유래한다."[30] 하나님의 이름이 언급될 때마다, 아버지는 물론 아들과 성령도 포함된다.

아우구스티누스를 지지하면서 인용한다. 다음의 두 글을 보라. *NPNF*[1], 8:542ff. (PL 37:1457), and Augustine, *De Trinitate*, book 5.

27　John Calvin, *Calvin's Commentaries: The Gospel According to St John 1-10*, trans. T. H. L. Parker, ed. David W. Torrance and Thomas E. Torrance (Edinburgh: Oliver and Boyd, 1959), on John 1:1-3.

28　Ibid., 14:16에 관하여.

29　John Calvin, *Calvin's Commentaries: The Epistle of Paul the Apostle to the Hebrews and the First and Second Epistles of St Peter*, trans. William B. Johnston, ed. David W. Torrance and Thomas F. Torrance (Edinburgh: Oliver and Boyd, 1963), on Heb. 1:2-3.

30　Warfield, "Calvin's Doctrine," 244.

다른 한편, "아들이 아버지와 결합된 곳에서 양자의 관계가 시작되기에, 우리는 위격들 사이를 구별한다." 그렇게 하는 과정에서, 세 위격의 고유한 특성들은 그들 안에 있는 질서를 전달한다. 아버지가 기원이요 원천이기 때문에, 그가 아들이나 성령과 함께 언급되는 곳에서 하나님의 이름은 유별나게 그에게 적용된다.[31]

이것은 아버지가 창조주로 불리는 이유-"그것은 위격들 사이의 질서 때문이다"-이다. 이런 이유로, 그리스도를 위격들의 관점에서 창조주라고 부르는 것은 부적절(*improprie*)하다. 차라리 그는 신적 본질에 대해 말할 때 창조주로 불려질 수 있다.[32]

6. 원천이신 아버지

교부들과 중세의 가르침에 보조를 맞추어서, 칼빈은 아버지를 원천(*principium*) 또는 기원(*origo*)이라고 간주했다. 아버지에게 "활동의 시작과 만물의 근원과 원천이 속한다고 생각되고, 아들에게 지혜, 경륜, 만물의 순서 잡힌 성향이 속한다고 여겨지지만, 성령에게는 이 활동의 능력과 효능이 부여된다."

하나님의 모든 사역에서, 삼위는 공동으로 사역하시고(아우구스티누스에게 중요한 주제), 이 모든 활동들 안에 아주 분명한 순서가 있다. 이면에 관계적인 순서가 있다. 아버지가 제일이고 아들은 아버지에게서 나오며, 성령은 아버지와 아들에게서 나온다.

31　Calvin, *Institutes*, 1.13.20.

32　"Cur ergo creator dicitur pater, et hoc titulo seorsum ornatur? Nempe ratione ordinis, lum respicitur ad personas … . Si vere creator est Christus, neque id personae respectu: sequitur ecessario referri hoc ad essentiam." *CO*, 9:369.

이런 이유로, "아들은 오직 아버지에게서만 나오고, 성령은 아버지와 아들에게서 동시에 나온다고들 한다."[33] 따라서 "순서와 정도에 관해 신성의 시작이 아버지 안에 있다"[34]고 말해도 무방하다.

"아버지는 순서에 있어 으뜸이시고 … 신성 전체의 시작과 근원이시다."[35]

우리가 보았듯이, 이것은 위격들과 관계가 있다.

이것은 19문항으로 이루어져 있고 1545년에 출간된 칼빈의 소요리 연구서인 『제네바 교회 소요리문답』(Le catechisme de l'église de Genève)에 분명히 드러난다. 여기서 그는 아버지를 시작이나 기원, 혹은 제일 원인으로 칭한다. 칼빈은 거듭해서 하나의 신적 본질이나 존재가 아니라 위격들의 관계에 대해 말한다.[36]

1559년 『프랑스 신앙고백』을 위해 작성한 초고-처음 몇 장만 제외하고 거의 전적으로 이것이 하나라고 했던 초고-에서, "그분은 당신의 말씀과 당신의 영의 원인이자 기원이기 때문에"[37] 하나님의 이름이 때로는 특별히 아버지에게만 적용된다고 칼빈은 말한다.

---

33 Calvin, *Institutes*, 1.13.18.
34 Ibid., 1.13.24.
35 Ibid., 1.13.25.
36 "Pource qu'en une seule essence divine nous avons à considerer le Pere, comme le commencement et origine, ou la cause première de toutes choses," and, in translation, "Quoniam in na Dei essentia patrem intueri nos convenit, tanquam principium et originem, primamve rerum mnium causam." *OS*, 2:76–77; *CO*, 6:13–14.
37 "Et combien que le nom de Dieu soit quelque fois attribué en particulier au Pere, d'autant qu'il est principe et origine de sa Parole et de son Esprit." *OS*, 2:312, 또한 *Expositio impietatis Valentini Gentilis*, in *CO*, 9:369.

7. 아들의 영원한 발생

아버지와 아들의 구별은 창조와 구속에 국한되지 않는다. 또한, 칼빈의 초점이 보통 거기에 있다는 것이 사실이더라도 아버지가 아들을 낳는다고 언급하는 표현도 오직 경륜적인 영역에만 제한되지 않는다. 아들의 출생에 대해 언급하는 성경 단락들은 보통 성육신하신 아들의 부활을 가리키지만, 그럼에도 불구하고 이에 앞서 "아들이 '아버지의 품에서' 독생한 자(the only begotten)는 것이 명백하다."[38]

정말로, "말씀이 모든 세대 이전에 아버지에게 출생되었기 때문에"[39] 그는 아들이시다. 동시에, 칼빈은 영원한 출생이 무엇을 수반하는지에 대해 사색하는 것을 반대한다.

닛사의 그레고리우스와 같이, 칼빈은 이것을 우리가 가히 설명할 수 없는 문제로 간주한다. 이런 생각들은 유익이 별로 없고 쓸모없는 문제에 빠지게 한다. "낳으심의 지속적인 행위"가 있다는 오리게네스의 생각은 어리석다. 이 관계가 영원하기 때문이다.[40]

칼빈의 초점은 신적인 위격들의 경륜적 활동에 맞춰져 있었다. 따라서 사도행전 13장 33절에서 시편 2편 7절을 인용한 것은 예수님의 부활을 언급하는데, 그로 인해 예수는 인간의 눈에 보일 수 있게 출생되셨다. 그럼에도 불구하고, 이것은 영원 속에 발생한 숨겨진 출생(*illa arcana generatio*)을 전혀 부정하지 않는다.[41]

---

38 Calvin, *Institutes*, 1.13.17.
39 Ibid., 1.13.23-25.
40 Ibid., 1.13.29. 워필드는 모든 "니케아 교부들"이 영원한 발생을 설명하는 데 익숙했다고 잘못 말한다. 우리는 나지안주스의 그레고리우스와 같이 얼마나 많은 이들이 이것을 관통할 수 있는 신비로 인식했는지 주목해 왔다. Warfield, "Calvin's Doctrine," 247을 보라.
41 John Calvin, *Calvin's Commentaries: The Acts of the Apostles 1-13*, trans. John W. Fraser and W. J. G. McDonald, ed. David W. Torrance and Thomas F. Torrance (Edinburgh: Oliver and Boyd, 1965), on Acts 13:33; Ioannis Calvini opera exegetica, vol. 12/1, Com-

요한복음 17장에 나오는 대제사장적 기도에서, 그리스도는 자기 영광이 영원하기 때문에 그는 언제나 존재했다는 사실을 가리킨다. 그렇게 하는 과정에서, 그는 자기 자신과 아버지 사이의 구별을 표현하신다.

> 이로부터 우리는 그가 영원하신 하나님일 뿐 아니라 만세 전에 아버지가 낳으신 영원한 하나님의 말씀이라고 추론한다.[42]

『제네바 교회 소요리문답』 22문에서도, 그는 영원한 말씀이 모든 세대 이전에 아버지에 의해 출생되었다고 말한다.[43]

칼빈은 자신이 아들을 오토테오스라고 강조한 바로 그 작품, 『발랑띤 장띨의 불경건에 대한 해설』(*Expositio Impietatis Valentini Gentilis*)에서 아주 날카롭게 이 문제에 초점을 맞춘다. 그리스도는 하나님의 아들이다. 그가 모든 세대 이전에 아버지에게 출생되어(*ante secula a patre genitus*) 이제 육체로 나타난 하나님의 말씀이기 때문이다. 아버지에 관련하여 영원한 말씀은 하나님의 아들이다. 그 관계들과 별개로 간주된다면, 그는 동시에 하나님이다.[44]

그가 그가 니케아 신경의 표현인 "하나님 중의 하나님"(콘스탄티노플 신조에서 빠짐)을 성찰하는 중요한 단락에서, 칼빈은 교부들 특히 아타나시우스의 견해들을 비교 검토하며, 이 신조가 위격의 관계들에 대해 말하고 있고 본질의 교통이나 동시에 일어나는 종속을 전혀 함의하지 않는다고 결론을 내린다.

---

mentariorum in Acta Apostolorum liber primum, ed. Helmut Feld (Geneva: Droz, 2001), 389.
42 Calvin, *The Gospel According to St. John 11-21*, on John 17:5: "Sed aeternum quoque Dei sermonem ex Patre ante secula genitum."
43 *OS*, 2:77; *CO*, 6:15-16.
44 *CO*, 9:370.

그러나 니케아 공의회의 표현은 하나님 중에 하나님을 메아리치게 한다. 나는 이것이 난해한 발언이라는 사실을 인정한다. 하지만 어느 누구도 그것을 작성한 아타나시우스보다 모호함을 더 잘 제거하거나, 그보다 더 능력 있는 해석자는 없다. 그리고 확실히 교부들의 조언은 기원의 관점에서 아들은 그의 위격에 대하여 아버지로부터 밖으로 인도되었고, 결코 동일한 본질과 신성을 가진 그의 존재를 반대할 수 없음에 지나지 않았다. 그래서 본질에 따르면 그는 기원이 없는 하나님의 말씀이지만, 그의 위격에 따르면 아들은 아버지로부터 시작된다.[45]

곧바로 이어서, 그는 재차 다음과 같이 말한다. 아들은 "그가 아들이시기 때문에 아버지에게서 자기 기원을 갖고 있다. 시간의 기원도 아니고 본질의 기원도 아니며, 엄밀히 순서의 기원(sed ordinis duntaxat)이다. 그리하여, 위격들의 관계에 관련해서는 모든 것이 아버지에게서 나온다고들 한다."[46]

만일 짱떨이 아들은 낳으심의 측면에서 아버지에게 자기 기원이 있다고만 했어도, 칼빈은 그와 다투지 않았을 것이다. 하지만, 아들은 유일한 신적인 본질의 측면에서 기원이 없다고 짱떨이 부정한 것이 문제가 되었다.[47]

까롤리 논쟁을 돌아보면서 기록한 『변호』(Defensio, 1545)라는 글에서, 칼빈은 관계의 측면에서 그가 아들은 아버지에게 나온다고 "계속해서 선포

---

[45] "Sed verba consilii Nicaeni sonant, Deum esse ad Deo. Dura loquutio, fateor, sed ad cuius tollendam ambiguitatem nemo potest esse magis idoneus interpres, quam Athanasius, qui eam dictavit. Et certe non aliud fuit patrum concilium, nisi manere originem quam ducit a patre filius, personae respectu, nec obstare quominus eadem sit utriusque essentia et deitas: atque ita, quoad essentiam, sermonem esse Deum absque principio: in persona autem filii habere principium a patre." Ibid., 9:368.

[46] Ibid., 9:369.

[47] Ibid., 9:375.

했다"고 언급한다.[48]

칼빈이 프랑스 신앙고백서의 초고에서 밝힌 것처럼, 이것은 위격들이 각 위격에 특징이 되는 것을 가지고 있는 반면, 유일무이한 본질은 분리될 수 없기 때문이다.[49]

이 문제에 대한 칼빈의 생각들을 요약해 보면, 아들이 하나님이시기 때문에 자존하시지만, "위격과 관련해서는 그렇지 않다. 정말로 그가 아들이시기 때문에 우리는 그가 아버지로부터 존재한다고 말한다."[50]

8. 성령의 영원한 발현

칼빈은 아버지와 아들에게서 나온 성령의 영원한 발현을 받아들인다. 그는 "많은 단락에 나타나지만 로마서 8장보다 더 명확하게 드러난 곳은 아무 데도 없다"고[51] 가르친다.

우리는 앞에 칼빈이 로마서 8장 9절을 주해한 내용에서 성령의 발현에 대해 동방교회와 서방교회가 접근한 방법들의 조화에 주목했다. 하지만 필리오케 문제에 대해 말하자면, 칼빈은 분명 서방교회와 아우구스티누스의 입장을 따른다.

브레이는 이것이 칼빈 신학의 핵심이며 복음주의 개신교에 중심이 된다고 주장한다. 그리스도와 성령 모두 "위로자"를 뜻하는 파라클레토스라는 동일한 칭호로 불린다. 왜냐하면, 이 직무가 두 분에게 보호 관찰 아래 우리를 위로하고 격려하고 인도하는 공통된 직무이기 때문이다.

---

48 Ibid., 7:323-24.
49 "D'sutant que chacun ha tellement ce qui luy est propre, quant à la Personne, que l'essence unique n'est point divisee." *OS*, 2:312.
50 Calvin, *Institutes*, 1.13.25.
51 Ibid., 1.13.18.

세상에 거주하는 동안, 그리스도는 우리의 보호자시다. 그런 다음, 그리스도는 성령의 보호에 우리를 맡기셨다. 그러나 그리스도는 눈에 보이지는 않지만 여전히 우리의 보호자이시다. 그의 영으로 우리를 인도하시기 때문이다.[52]

그리스도는 하늘의 영광스러운 자리에서 성령을 보내신다. 그리고 그가 아버지에게 성령을 나오게 하신 분으로 부를 때, 우리로 하여금 성령의 신성을 묵상하기를 원하시어 그렇게 하는 것이지 그 역할에서 자기 자신을 배제하기 위해 그런 것이 아니다.[53] 결국, 자기 생명을 "그의 영의 능력으로"[54] 우리에게 전달하시는 분은 바로 그리스도이시다.

9. 위격들의 상호 내주

각 위격 안에서 온 신성이 이해된다. 요한복음 4장 10절을 언급하면서, 칼빈은 "아버지가 완전히 아들 안에 계시고 아들은 완전히 아버지 안에 계신다"고[55] 진술한다. 그는 요한복음 17장 3절을 주해하면서 똑같이 말한다.

> "우리는 [그리스도]가 완전히 하나님 안에 거하시고 아버지가 완전히 그리스도 안에 거하신다는 사실을 배운다. 간단히 말해서, 그리스도를 아버지의 신성과 분리시키려는 자마다 아직도 유일하게 참하나님이신 그분을 알지 못한다."[56]

---

52 Calvin, *The Gospel According to St. John 11-21*에서 요한복음 14장 16절에 대한 주해를 살펴보라.
53 Ibid. 요한복음 15장 26절에 대한 주해를 살펴보라.
54 Ibid. 요한복음 17장 21절에 대한 주해를 참고하라.
55 Calvin, *Institutes*, 1.13.19.
56 Calvin, *The Gospel According to St. John 11-21*에서 요한복음 17장 3절에 대한 주해를

토랜스는 칼빈의 '연대'(in solidum)라는 구절을 사용한 것을 지적하는데, 그것은 본래 키프리아누스가 한 주교단 내에서 주교들의 통합된 상호연결을 언급하는 교회적 맥락에서 사용했던 용어였고, 칼빈은 삼위가 하나님의 한 존재 안에서 완전하고 동등하게 공유하시는 것을 입증하려고 채택한 용어다.[57] 이것은 삼위의 상호 내주(페리코레시스) 또는 속박(containment)과 관련된다.[58]

10. 칼빈과 초기 교회의 공의회 및 교부들

칼빈은 1559년 판 『기독교 강요』에서 이탈리아의 반(反)삼위일체론자들과의 논쟁에 들어있는 자신의 가르침이 교부들에게 완전한 지지를 받는다고 역설하면서 삼위일체에 대한 공식적인 논의를 마무리한다. 그는 유스티누스, 이그나티우스, 니케아 공의회, 그리고 아우구스티누스를 인용한다.[59]

아우구스티누스는 반(反)니케아파가 공격했던 교리를 당연하게 여겼다고 칼빈은 주장한다. 또 칼빈은 바로 앞부분에서 이레나이우스, 테르툴리아누스, 힐러리, 그리고 닛사의 그레고리우스를 인용한다.[60]

이것은 까롤리 논쟁 때문에 좀 중요하다. 삐에르 까롤리(Pierre Caroli)는 스스로를 종교개혁과 동일시했었고 로잔에서 목사가 되었었는데, 그 후

살펴보라; 참조. 요한복음 14장 10절. 또 다음을 참고하라. Warfield, "Calvin's Doctrine," 229; Butin, *Revelation*, 42-43, 130.
57 Thomas F. Torrance, *The Christian Doctrine of God: One Being, Three Persons* (Edinburgh: T&T Clark, 1996), 201-2.
58 Ibid., 194-202. 다음의 글도 보라. Verna Harrison, "Perichoresis in the Greek Fathers," *StVladThQ* 35 (1991): 53-65.
59 Clavin, *Institutes*, 1.13.29.
60 Ibid., 1.13.16-29; 참조. *OS*, 3:129-51.

동요했고 결국 로마교로 되돌아갔다. 그는 제네바에 머물던 첫 시기(1536-38)에 칼빈을 공격했다. 특히, 까롤리는 칼빈을 비롯한 다른 이들을 아리우스주의라고 비난했고 그들이 니케아 신경에 서명해야 한다고 요구했다. 이후로 줄곧, 칼빈의 삼위일체론은 그에게 적대적인 진영에서 계속 의심받게 되었다. 칼빈이 까롤리의 요구에 묵묵히 동의하지 않았던 실제적이고 정치적인 선한 이유들이 있었다.[61]

다른 것도 있지만 그 중에서도, 워필드는 칼빈의 거절이 "자신이 결코 [고대 신조의] 가르침에 동조하지 않아서가 아니라, 오로지 자신과 자기 동료들을 위해 그리스도인에게 속한 자유를 보존하기로 결심했기 때문"이라고 제안한다. 그는 그들을 논박할 때 까롤리에게 오해받지도 않았다.[62] 그러나 이 에피소드는 일부 사람들에게 칼빈이 범교회의 결정들을 확고하게 유지하지 않았다고 생각할 근거를 제공했다.[63]

칼빈은 모든 교리가 성경의 가르침 위에 세워져야 한다고 강조했지만, 어떤 점에서도 가톨릭의 삼위일체 교리와 분리되지 않는다고 생각했다. 그는 교부들이 성경적인 가르침을 변호하기 위해 휘포스타시스와 우시아와 같이 성경 외적인 용어를 사용한 것을 지지했다.[64]

칼빈은 자신의 가르침을 지지하는 교부들 특히 아우구스티누스와 다양한 중세의 신학자들을 자주 인용했다.[65] 워필드의 표현을 빌리자면, 칼빈

---

61 Nijenhuis, "Symbols," 73-96을 보라.
62 Warfield, "Calvin's Doctrine," 207.
63 까롤리 논쟁에 대해서는 다음을 보라. Karl Barth, *The Theology of John Calvin*, trans. Geoffrey W. Bromiley (Grand Rapids: Eerdmans, 1995), 309-45; Nijenhuis, "Symbols," 73-96.
64 요한복음 1장 1절에 대해 다음을 찾아보라. Calvin, *The Gospel According to St. John 1-10*,
65 다음을 보라. Koopmans, *Altkirchliche Dogma*, 특히, 54-57, 86-97, 108-15, 121-30, 132-37, 141-47; Hughes Oliphant Old, *The Patristic Roots of Reformed Worship* (Zurich: Theologischer Verlag, 1975), 149-51, 338-41; Anthony N. S. Lane, *John Calvin: Student of the Church Fathers* (Grand Rapids: Baker, 1999). 칼빈이 아우구스티누스에 대해 무비판적이지 않았다는 점은 아우구스티누스가 인간의 마음에서 삼위일체의 이미지를 찾

은 공의회가 사용한 전문용어를 "교리를 진술하고 변호하는 데 가장 좋은 표현들"이라고 간주했고, 오직 이단들만이 어리둥절해질 수 있는 표현으로 여겼다.[66] 그의 명확한 표현 안에서 그것은 자신의 전 논증을 위한 기초가 된다.[67]

간단히 말해서, 워필드는 "자신의 삼위일체 교리에서 칼빈은 정통 교부들에게 전수받은 교리에서 아무것도 벗어나지 않았다"고[68] 주장한다. 그는 니케아 신경나 심지어 아들이 (C가 사라진) "하나님 중에 하나님"이라는 주장, 즉 칼빈이 명백히 영원 전에 아들의 영원한 출생을 가르친다는 주장과도 아주 거리가 멀다. 이 신조에 대한 칼빈의 비판은 그 내용이 아닌 형식에 영향을 미친다.[69]

『불경건한 발랑띤 장띨에 대한 설명』에서, 칼빈은 아들을 '스스로 하나님'(*autotheos*)이라고 부르는 것을 지지하는 아타나시우스를 인용하고, 계속해서 우리가 앞의 각주 45번에서 인용했던 중요한 단락에서 니케아 공의회(콘스탄티노플 공의회가 아니라 훨씬 더 난해한 그 이전의 공의회)를 옹호한다.

4세기 삼위일체론의 위기에 대한 교회의 신학적 결의와 함께 자기 논증을 설명하는 『변호』(*Defensio*, 1545)라는 글에서, 칼빈은 하나님이기 때문에 자존하시는(*a se ipso*) 그리스도를 지지하는 아우구스티누스와 시릴을 인용한다.[70]

칼빈의 『조지오 비안드라타의 질문에 대한 답변』(*Responsionum ad quaestiones Georgii Blandratae*)은 니케아-콘스탄티노플 신학에 대한 단호한 변호다.[71] 『트렌트 공의회에 대한 치료제』(*Antidote to the Council of Trent*)라는 글에서, 칼빈은 트렌트의 제일 칙령-사도신경-을 그냥 넘어가면서, 잠시 멈추어 결집한 고

는 것을 "결코 건전하지 않다"고 일축하는 말에서 분명히 드러난다.
66　Warfield, "Calvin's Doctrine," 210.
67　Ibid., 215.
68　ibid., 229.
69　Ibid., 248-49.
70　*CO*, 7:322-24.
71　Ibid., 9:325-32.

관들이 사도신경을 확증하는 데 한 달 이상 걸린 것에 대해 비웃기만 한다.[72] 이것은 칼빈과 로마교 사이에 아무런 분쟁도 없는 문제였다. 사돌렛 추기경에게 글을 쓸 때, 칼빈은 강조하기를, "고대에 대한 우리의 동의는 너희보다 훨씬 더 크지만, 우리가 시도해 온 모든 것은 희랍 교부들 가운데 크리소스토무스, 바실의 시대와 라틴 교부들 가운데 키프리아누스, 암브로시우스, 아우구스티누스의 시대에 [존재했던] 고대 형태의 교회를 갱신하는 것이었다."[73]

삼위일체에 대한 『프랑스 신앙고백서』 2항의 초고에서, 칼빈은 아주 의미심장하게 다음과 같이 진술한다.

> 우리는 고대의 공의회들에 의해 이미 결정된 것을 받아들이며, 우리는 성 힐러리와 아타나시우스로부터 성 암브로시우스와 시릴에 이르기까지 거룩한 박사들에게 거부되었던 모든 종파와 이단을 혐오한다.[74]

칼빈 신학에 골고루 퍼져 있는 삼위일체 형태의 성장을 약술하면서, 파커는 이 발전이 사도신경에 기초했고 교부들과의 증대하는 친밀감과 교부들에 대한 인용으로 풍부해졌다고 설명한다.[75]

토랜스(T. F. Torrance)는 칼빈이 닛사의 그레고리우스와 긴밀한 신학적 관계를 가지고 있다고 주장한다. 그의 특색 있는 뉘앙스 중에 많은 부분

---

72 John Calvin, "Antidote to the Council of Trent," in *Selected Works of John Calvin: Tracts and Letters*, ed. Henry Beveridge (Grand Rapids: Baker, 1983), 3:61-63; *CO*, 7:407-8.
73 John Calvin, "Reply to Sadolet," in *Selected Works of John Calvin: Tracts and Letters*, ed Beveridge, 1:37-38.
74 "Et en cela nous avons ce qui a esté determiné par les anciens Condiles, et detestons toutes sectes et heresies qui ont esté reiettees par les saincts docteurs depuis S. Hilaire, Athanase, iusqu'à S. Ambroise, et Cyrille." *CO*, 9:739-42; *OS*, 2:312.
75 Parker, *Knowledge of God*, 61-69; H. H. Esser, "Hat Calvin eine 'Leise Modalisierende Trinitätslehre'?" in *Calvinus Theologus*, ed. W. H. Neuser (Neukirchen-Vluyn: Neukirchener Verlag, 1976), 20-24도 보라. Butin, *Revelation*, 46-49도 보라; S. M. Reynolds, "Calvin's View of the Athanasian and Nicene Creeds," *WTJ* 23 (1960-61): 33-37.

이 어느 정도 그레고리우스에게서 발견된다.[76] 칼빈은 주지하는 바와 같이 "내 마음에 꼭 든다"라고 말하면서, 다음의 단락을 그레고리우스의 『거룩한 세례에 대한 설교』(*Oration on Holy Baptism*)에서 인용한다.

> 나는 일체를 생각하자마자 삼위의 영광으로 조명을 받는다. 또 나는 삼위를 구별하자마자 일체로 다시 옮겨진다. 나는 삼위 중 한 위격에 대해 생각할 때 전체로서의 그 위격을 생각하며, 내 눈은 채워지고 내가 생각하고 있는 것의 더 큰 부분이 나를 벗어난다. 나는 더 큰 위대함을 나머지 위격에게 돌리기 위해 한 위격의 위대함을 파악할 수 없다. 삼위를 함께 묵상할 때, 나는 단 하나의 횃불만 보며, 분리되지 않은 빛을 분리하거나 측정할 수 없다.[77]

레인(A. N. S. Lane)은 칼빈이 거의 그레고리우스의 글을 읽지 않았고 문맥상 그들의 작품에 대해 꼼꼼하게 직접 얻는 지식보다는 논쟁의 무기로 교부들을 종종 인용했다는 증거를 제시하면서, 이 주제에 찬물을 끼얹는다.[78] 그러나 칼빈 자신이 인정하듯이, 칼빈이 그들을 전후 관계를 고려하여 읽었든지 그렇지 않든지 그레고리우스의 표현은 여기서 그를 기쁘게 했다.

---

76 특히, 토랜스가 다룬 다음의 장을 살펴보라. "The Doctrine of the Holy Trinity in Gregory Nazianzen and John Calvin," in *Trinitarian Perspectives: Toward Doctrinal Agreement* (Edinburgh: T&T Clark, 1994), 21-40.
77 Gregory Nazianzen, *Orations* 40.41. Calvin, *Institutes*, 1.13.17에서 인용됨.
78 Lane, *Calvin*, 1-13, 83-86.

11. 결론

우리는 칼빈이 삼위일체 교리에 대해 얼마만큼 혁신가인지에 대한 질문을 제기하면서 시작했다. 확실히, 그는 중세 후기 스콜라의 접근법과 현저히 결별하며, 철저히 성경적인 설명을 복구시킨다. 칼빈은 사변적인 것을 멀리한다. 그는 거듭해서 동방 신학에 눈에 띄게 개방적인 모습을 보여 주고, 카파도키아 교부들에 특정 주제들을 빌려올 준비가 되어있다.

칼빈은 아무리 닛사의 그레고리우스의 삼위일체에 대한 지식이 제한될지라도 그의 작품을 칭송한다. 삼위에 대한 칼빈의 주안점은 서방 신학의 특징보다는 동방 신학의 특징이 더 많다. 칼빈은 이런 면에서 한 모금의 청량제와도 같다.

하지만 칼빈의 삼위일체론은 본질적으로 크게 보수적이다. 그는 점차 초기 교회 공의회들의 전통의 뒤를 쫓아가는 것을 자각하게 된다. 칼빈의 논증은 교부들과 하는 것이 아니라 자신이 충돌하게 된 중세 후기의 신학자들 특히 소르본 신학자들과 하는 것이다.

그리하여, 그리스 교부들과의 특별한 유대감을 명시하는 곳에서조차, 칼빈은 확고하게 아우구스티누스-그가 아주 빈번하게 인용하는 교부-에 대한 충성심을 유지한다. 예를 들어, 성령에 대한 동방의 가르침에서 한 주제를 빌려오는 곳에서, 칼빈은 여전히 필리오케 구절과 그 구절이 수반하는 모든 것에 헌신적이다. 삼위일체 교리를 수정하는 자가 되기는커녕, 칼빈은 자신이 받은 유산을 보존하는 동시에 발전시킨다.

◆ 주요 용어들

본질(essence)
휘포스타시스(*hypostasis*)
위격들(persons)
관계들(relations)

◆ 깊이 생각할 문제

칼빈은 삼위일체에 대한 혁신자였는가?
워필드를 위시한 다른 사람들은 그렇게 생각했다. 하지만 나를 비롯한 다른 이들은 여전히 이의를 제기한다.

◆ 더 읽으면 좋은 책

1. John Calvin, *Institutes*, 1.13.
2. Richard A. Muller, PRRD, vol. 4. *An exhaustive discussion of Reformed Trinitarianism up to the eighteenth century.*
3. Thomas F. Torrance, "The Doctrine of the Holy Trinity in Gregory of Nazianzen and John Calvin," in *Trinitarian Perspectives: Toward Doctrinal Agreement*, ed. Thomas F. Torrance (Edinburgh: T&T Clark, 1994), 21–40.

보충설명 2

종교개혁 이후의 발전

종교개혁 이후 2세기가 흐르는 동안, 삼위일체에 대한 논의가 많이 있었다. 이 논의는 17세기에 기독교 전체를 이성적으로 비판한 선구자들로서 소시니아누스주의(Socianism)와 다른 급진적 운동들의 출현으로 가속되었다. 이 시기부터 시작하여 설명할 것이 많이 있다. 내가 이렇게 하는 것을 삼가는 것은 대부분 두 가지 이유에서다.

첫째, 한 사람이 모든 것을 다 설명할 수는 없는 법이며, 책이 너무 길어서 사실상 읽을 사람이 몇 명이 안 될 것이며, 이것을 쓰는 목적은 인식(the congniscenti)을 뛰어넘어 될 수 있는 한 독자층을 많이 넓히는 것이다.

둘째, 그 근거가 리처드 멀러(Richard Muller)에 의해 예리하고 풍부하게 자세히 검토되었다는 점이며, 나는 그가 수행한 일에 첨가할 만한 것이 거의 없을 뿐 아니라, 그의 연구 결과와 크게 달리할 이유도 전혀 없다.[1]

하지만 하나의 발전은 몇 가지 질문을 불러일으킨다. 곧 17세기의 구원 협약 또는 구속 언약에 대한 개념이다. 세상과 교회의 구속이 삼위일체의 영원한 경륜에 달려 있다는 사실은 부정할 수 없는데, 이는 성경에서 잘

---

1 Muller, *PRRD*, 4:17–420.

입증되었으며 고전적 삼위일체론에서 귀결된 내용이다. 문제는 (1) 이 경륜을 언약으로 설명하는 적합성의 문제와 (2) 이 언약이 그 지지자들 (전부는 아니더라도) 일부에 의해 수년에 걸쳐 표명되었던 몇몇 방식들의 성격과 관련된다.

언약 신학은 17세기에 개혁주의 신학 내에서 등장하여 발전했다. 은혜 언약은 1520년대 초에 개혁주의 신학 안에서 눈에 띄는 주제가 되기 시작했고, 이어서 하인리히 불링거가 1534년에 이 주제를 다룬 첫 번째 주요 논문을 저술했다.[2]

마침내 언약이 율법의 계속적인 집행과 연관되었는지에 대한 성찰과 동시에, 생각이 타락 이전의 상황을 뒤돌아보았다. 수많은 제안들이 창조 언약에 대해 있었지만, 공식적으로 행위 언약을 제안한 최초의 인물은 1585년 더들리 페너(Dudley Fenner)였다.[3]

1590년 경, 이 교리는 널리퍼졌고 1647년 웨스트민스터 총회 자료집 안에 신앙고백적인 지위를 얻었다. 타락 전 언약을 용이하게 하는 것은 구속사 전체에 걸쳐 율법과 은혜의 연속성이 있었다. 특히, 언약의 모든 구성요소들이 비록 언약이라는 용어 자체가 아니더라도 창세기 2장에 등장한다는 점이 주목되었다. 그런 다음, 성경의 더 광범위한 맥락을 고찰해 보면, 첫째 아담과 둘째 아담 사이의 관계-아담이 잃어버린 것과 그리스도가 획득한 것 그 이상-가 존재한다.

이로부터, 어떤 이는 언약적 차원에서 하나님의 영원한 경륜을 해석하기 시작했다. 카스파 올레비언(Caspar Olevian)은 1585년에 이미 영원한 협약에 대해 글을 썼지만,[4] 아버지와 아들의 시간이 생기긴 이전의(pretemporal) 언약 개념은 1630년대에 더욱 선명하게 드러났다. 멀러는 이 개념

---

2 Heinrich Bullinger, *De testamento seu foedere Dei* (Zürich, 1534).
3 Dudley Fenner, *Sacra theologia* (Geneva, 1585).
4 Caspar Olevian, *De substantia foederis gratuiti inter Deum et electos* (Geneva, 1585).

이 1603년에 아르미니우스가 처음 말을 꺼낸 다음, 1618년에는 폴 베인(Paul Bayne)에 의해, 1632년에는 에드워드 레이놀즈(Edward Reynolds)에 의해, 1635년부터는 데이비드 딕슨(David Dickson)에 의해, 대륙에선 1643년에 요한네스 클롭펜버그(Johnannes Colppenburg)에 의해, 영국에선 1647년에 다시 존 오웬에 의해, 이듬해에는 요한네스 코케이우스(Johannes Cocceius)에 의해 아주 유별나게 거론되었던 것을 확인했다.[5]

타락 이전의 언약과 달리, 그것은 고백적 지위를 얻지 못했기 때문에 흔히 해명되고 옹호되고 있지만 여전히 더 많은 신학적 견해가 있다. 우리는 그것이 지닌 삼위일체의 함의들 때문에 그것에 대해 논의한다.

1. 구속 언약(*Pactum Salutis*)[6]의 전체적 윤곽

일반적으로 설명하는 것처럼, 이것은 아버지와 아들 사이의 협정(a pact)이요 삼위일체 내에서 이루어진 합의사항이다. 더 날카로운 신학자들 가운데 일부가 성령이 필연적으로 포함되어야 한다고 인정했지만, 이 언약의 많은 구성들이 성령에 대해 언급하지 않고 아버지와 아들에게 국한시켜 왔다.

데이비드 딕슨과 제임스 더햄의 공저 『구원얻는 지식의 총체』(*The Sum of Saving Knowing*)는 가장 빨리 진술한 것들 중 하나인데, 다음과 같이 주장한다.

---

5 Richard A. Muller, "Toward the Pactum Salutis: Locating the Origins of a Concept," *MAJT* 18 (2007): 11-65.
6 이는 기독론에서 성육신의 방식으로 세상을 구원하시기로 한 하나님의 작정을 가리킨다. 다른 말로 '구속 언약'(covenant of redemption)이라고도 하는데, 언약의 3중 구조 안에 속한다. 이 언약의 3중 구조는 '구속 언약(*pactum salutis*)-행위 언약(*foedus operum*)-은혜 언약(*foedus gratiae*)으로 17세기 개혁파 언약신학의 가장 발전된 형태였다(역주).

> 구속 언약은 … 세상이 시작되기 이전 삼위일체의 경륜 속에서 하버지 하나님과 아들 하나님 사이에 이루어지고 합의되었다.

> 이 안에서 하나님은 "자기를 낮추리나는 조건 하에 약속된 구원자", 아들 하나님에게 "특정한 수의 잃어버린 인류"-이전에 자유롭게 선택받은-를 허락하셨다 … "이 조건을 세상이 시작되기 전에 하나님의 아들이 수용했다."

여기서 계약상의 협정에 두 행위자, 두 의지, 두 당사자의 문제가 발생한다. 이 자료는 다음과 같이 계속 이어진다.

> 그러나 전술한 거래 덕분에 … 그는 여전히 전술한 유익들을 택자들 안에 적용시키는 사역을 하고 있다.

보험증권의 계약조건과 같은 해석과는 별개로, 그것을 '거래'로 묘사한 것은 하나 이상의 당사자, 하나 이상의 업무 협약의 타협들을 수반한다. 게다가, 성령에 대한 언급이 전혀 없다.[7] 이것을 따라서, "성례로 하나님은 전술한 조건 하에서 거래를 확증하기 위해 언약을 인치실 것이다."[8]
삼위일체의 불가분성에 근거한 삼위일체신학의 근본적인 공리(axiom)인 분리할 수 없는 작용들은 약화되고 파기되었다.
나중에 A. A. 하지의 『신학 개요』(*Outlines of Theology*) 안에 매우 비슷한 내용이 등장한다. 하지가 세 위격에 대해 지나가며 언급하지만, 언약을 설명할 때 성령은 부재한다.[9]

---

7 "The Sum of Saving Knowledge," in *The Confession of Faith, the Larger and Shorter Catechisms with the Scripture Proofs at Large, Together with The Sum of Saving Knowledge* (Applecross, Ross-shire: Publications Committee of the Free Presbyterian Church of Scotland, 1970), 324.

8 Ibid., 325.

9 A. A. Hodge, *Outlines of Theology* (Grand Rapids: Eerdmans, 1972), 372.

언약에 대한 벌코프의 해설도 역시 그의 완성된 사역에 대한 보상으로 아들은 "자신의 영적인 몸의 형성을 위해 성령을 내보내려고"[10] 한다는 짧은 설명 이외에 성령에 대한 언급을 생략한다. 존 오웬조차 세 위격 각각에 의해 수행되는 역할을 상세히 설명할 때 성령의 사역에 대한 내용이 약간 빈약하다. 게다가, 그는 성령을 언약의 당사자로 명백히 언급하지 않는다.[11] 그 출현은 다양한 성경 구절들에 기초했다.

멀러는 스가랴 6장 13절이 종종 협약에 대한 1차 문헌으로 보이지만, 17세기에는 이것이 증거 구절로 사용되지 않았다는 점을 지적한다. 각각의 저자는 다른 부류의 단락들로 자기 주장들을 지지했다. 많은 단락들이 구약성경에서 인용되었다(예. 시 2:7; 40~6; 89:27; 110:1; 사 42:1 이하; 49:4~6; 50:4~9; 52:13~53:12).[12]

신약성경의 인용은 누가복음 22장 29절이 있었다. 하지만 주목받지 못했던 것은 이 본문들이 삼위일체 내의 영원한 협정이 아니라 육화된 그리스도를 가리킨다는 사실이다.

좀 더 예리한 지지자 중 한 사람인 휴 마틴(Hugh Martin)은 협약의 논리적 근거를 다음과 같이 요약한다.

> 육화된 구속주의 행위에 관하여 성경의 주요 내용에 맞게 될 어떤 계획에 대해서도, 우리는 아마도 그가 아버지와의 언약을 따라 행동한다는 결론에 이른다는 것을 피할 수 있을는지 모른다.

또 다시 성령은 자기를 낮추신다.

---

10 Louis Berkhof, Systematic Theology (London: Banner of Truth, 1958), 265-71; see 270.
11 William H. Goold, ed., *The Works of John Owen* (London: Johnstone and Hunter, 1850-55), 10:163, 168, 178-79.
12 Muller, "Toward the Pactum Salutis," 5-46.

구속 언약은 교리라기보다는 차라리 테오로구메논(*theologoumenon*, "신학적 견해")이다. 그것은 웨스트민스터 대요리문답이나 스위스 일치 신조(Formula Consensus Ecclesiarum Helveticarum, 1675) 어디에도 신앙고백을 지지하는 곳이 전혀 없다. 이와 반대로, 대요리문답과 소요리문답은 두 개의 언약 곧 행위 또는 삶의 언약과 은혜 언약이 존재함을 주장하는데(WCF 7.2~3; WLC 30), 행위 언약이 앞서 있다.

이 협약의 일부 구성 요소들은 중보자 그리스도(WCF 8.1~5)에 대한 고백의 장에 나오지만, 초점은 하나님 아버지와 육화된 그리스도의 관계에 있다. 이것은 웨스트민스터 대요리문답 제31문에 의해 한층 더 강조된다. 즉 이 은혜 언약은 "둘째 아담이신 그리스도와 함께 [하나님에 의해] 맺어졌고, 그 안에서 그의 씨앗인 모든 택자들과 함께 맺어졌다."

2. 평가

우리가 주목해야 하는 기본 전제는 삼위일체 곧 한 존재와 세 위격의 불가분성이다. 이로부터 삼위일체의 모든 사역 가운데 세 위격이 밀접하게 작용하신다는 사실로 귀결된다.

그 사역은 창조(1:1-5; 시 33:6-9), 섭리(시 104:29-30; 골 1:18; 히 1:3), 그리고 은혜(성육신, 예수의 세례, 십자가와 부활) 등이 있다. 구속은 삼위가 모두 관여한 하나님의 영원한 결정에 의존한다(롬 8:29 이하; 엡 1:4-5; 딤후 2:19).

예수는 아버지가 자기에게 백성을 허락하셨고(요 6:37), 자기에게 보내셨다(3:16; 5:36-37, 43)고 하며, 수행하라고 부여하신 사역을 자기가 이루었다고 말한다(4:34; 17:4; 히 10:5-10). 이 모든 것 안에서, 그가 명시적으로 언급되지 않았지만, 요한복음에서 그의 사역이 나중에 상세히 묘사될 때 성령은 암묵적으로 포함된다.

협약(pactum)을 지지하는 휴 마틴(Hugh Martin)은 선택이 구속 언약과 대비가 되는 냉정하고 냉엄한 작정이라고 썼는데, 그는 구속 언약을 명백히 더 인격적인 것으로 보았다. "이 하나됨[언약]을 작정된 것으로 여기는 것은 충분하지 않다. 대신에, 우리는 이것을 특별하고도 분명하게 언약으로 맺어진 것으로 간주해야만 한다."[13]

작정이 최고의 신성을 영예롭게 할 수는 있지만, 삼위일체를 영예롭게 하는가?

언약은 최고 신성인 위격들의 각가 다른 행위를 드러낸다. 이것을 단일한 작정의 결과로 간주하는 것에 대해 변명의 여지가 없다. 이는 사랑을 구속의 동기로 보고 넘어가는 일이 될 것이다. "단순한 작정에 대해 냉담함이라는 어떤 측면이 있다."[14]

칭찬받아 마땅한 여러 의도들에도 불구하고, 마틴이 왜 삼위일체, 즉 불가분의 관계 안에 있는 삼위의 모든 행위를 무정하고 냉담하다고 여겨야 하는지 어리둥절하기만 하다. 영원한 선택은 단일하거나 단순한 작정이 아니다. 곧 이것은 그리스도 안에서 아버지에 의한 것이며, "[성령으로부터 오는] 모든 신령한 복"(엡 1:3~4)의 원천이다.

선택하는 작정과 삼위일체적 언약을 구별하는 것은 매우 미심쩍어 보인다. 마틴의 논증 자체는 삼위일체적 함의들을 지닌다. 왜냐하면, "단일한 작정"은 언약보다는 덜 중요한 그의 사고 속에서 그 냉랭함을 극복하기 위해 요구된 계약상의 협의이기 때문이다.

분할할 수 없는 삼위일체의 결정이 어떻게 그것을 인격적인 것으로 만들어주는 계약상의 합의를 요구할 수 있는가?

게다가, 이것은 한층 더 걱정되는 영향을 미친다. 마틴은 "아버지의 의지"와 "아들의 의지"에[15] 대해 쓴다. 그러나 삼위일체는 단일하여 분할할

---

13 Ibid., 43-44.
14   Ibid., 44-45.
15   Ibid., 45.

수 없는 하나의 의지를 갖고 있다. 오웬은 협약에 대해 설명하면서 아버지와 아들과 성령 안에 다르게 표출된 하나의 의지에 대해 쓸 때 이 문제점을 인식했다.[16]

마틴은 이러한 제한을 하지 않는다. 마틴의 설명은 여전히 크고 많은 가치가 있다. 은혜 언약에 내재하는 하나님의 의도가 역사적 집행보다 우선한다는 주장에 대한 마틴의 강조는 중요하다. 성육신, 속죄, 그리스도와 우리의 연합은 정말로 추상적인 것들이 될 것이다. 삼위일체가 구속 사역을 계획했었다는 사실이 없다면, 그리고 홀로 그것에 의미를 부여하는 맥락을 가정한다면 말이다.

속죄와 그리스도와 우리의 연합은 하나님의 사역의 통일성에 근거하는데, 그것은 또한 그의 영원한 삼위일체적 경륜에서 기인한다. 상술한 내용에 기초하여, 구속 언약은 그 모든 요소들-우주적, 교회적, 개인적-과 역사상 모든 완성 안에서 전체 구속 사역의 긴요한 영원한 토대임을 입증한다. 따라서 구속 언약의 의도는 칭찬할 만하다.

그러나 만일 선택이 삼위일체적 차원에서 이해된다면, 구속 언약과의 구별은 타당한가?

훨씬 더 중요하게도, 딕슨과 하지를 비롯한 여러 학자들에 의해 표현된 구속 언약의 도식들은 역사적인 삼위일체 정통 교리와 조화되는가?

명백한 삼위일체적 문제들은 예를 들어 『구원의 지식의 총체』에 나타난 형태 안에서 빈번하게 구성되는 것처럼 구속 언약과 깊은 관계가 있다. 많은 설명들 중에서 가장 놀라운 점은 성령이 언급되지 않는다는 것이다. 실제로, A. A. 하지는 거룩한 총회가 무엇이며, 성령이 부재에 대해 사과했었다고 설명하지만, 그러한 사과들은 언급도 되지 않았다.[17]

그러한 구성들은 이위일체적이다.

---

16 Goold, *Works of John Owen*, 19:88.

17 Hodge, *Outlines*, 372.

게다가, 언약 개념들을 하나님에게 적용할 때 결코 피할 수 없는 문제들이 발생한다. 성경에는 두 종류의 언약이 존재한다.

첫 번째 언약은 일방적인 부과다. 아버지와 아들의 관계에 적용된(성령만 제외시킨!) 이 언약은 종속을 의미할 것이다.

두 번째 언약은 보수(*a quid pro quo*)다. 둘 이상의 인격체 사이에 맺어진 자발적 협약이다. 이것은 당사자들이 자율적인 행위자가 될 것을 요구한다. 삼위일체에 적용하면, 이는 삼위일체의 위격들이 각각 자기 자신의 의지를 지니고 있어, 삼신론에 가까워지는 뭔가를 수반하고 있음을 함의한다.

존 오웬은 협약에 대해 논의하면서 중요한 단서조항을 달 때 이 점을 인정했다. 그는 이것을 가장 빨리 지지한 인물들 중 하나였는데, 하나님의 한 의지가 세 위격 안에 다르게 표현되는 것이라고 말했다.[18]

그러나 바빙크-아마도 최고의 옹호자일 것이다[19]-는 중보자인 아들이 아버지에게 복종한다는 점(이는 논쟁이 되지 않는다)과 이 관계가 또한 영원 속에서 존재했다고 진술한다.[20]

훅스마(Hoeksema)는 다음과 같이 강조하며 비판한다.

> 우리가 하나님께서 친히 허락하신 자들의 머리로 서 있는 주님의 종 그리

---

18 Goold, *Works of John Owen*, 19:86-88.
19 Laurence R. O'Donnell III, "Not Subtle Enough: An Assessment of Modern Scholarship on Herman Bavinck's Reformulation of *the Pactum Salutis* con\-tra 'Scholastic Subtlety,'" *MAJT* 22 (2011): 89-106을 참고하라. 여기서 그는 언약 개념들을 하나님의 존재에 도입하여 협약을 그 존재의 필연성이 되게 함으로서 구속 언약을 존재화한다는 비판에 맞서 바빙크를 옹호한다. 바빙크는 우리가 정확히 지적한 대부분의 위험들을 피하고 있지만, 그가 분할되지 않은 삼위일체와 관련된 작정과 위격들과 관련된 경륜이나 협약을 구별한 것은 분명 여러 문제점들이 있다. 또한 Cornelis P. Venema, "Covenant and Election in the Theology of Herman Bavinck," *MAJT* 19 (2008): 69-115도 참고하라.
20 Bavinck, *RD*, 2:214.

스도와 함께 세운 언약과, 성삼위일체의 세 위격 사이에 세운 영원한 언약을 뚜렷이 구별하는 것은 최고로 중요하다. 이러한 구별을 하지 못하는 것은 구속 언약이 아버지와 아들 사이의 관계나 일치로 표현되며, 이 언약 안에 성령이 들어갈 자리가 전혀 없어지며, 그 결과 실제적으로 삼위일체를 부정하고 아들과 아버지의 동격을 부정하는 원인이 되었다.[21]

게다가, 구속 언약을 지지하여 인용된 성경 본문들은 모두 그의 작품 속에서 육화된 그리스도를 중보자로 언급한다. 그렇게 하면서, 그것들은 삼위일체의 내적 관계들에는 적용되지 않는다. 훅스마는 다시 진술한다.

> 우리가 옛 교의학자들이 평화의 경륜이나 구속 협약에 대한 증거본문으로 인용했던 성경의 모든 구절들을 주목해 볼 때 그것들은 모두 예외 없이 하나님께서 택자들의 머리인 그리스도와 더불어 세우신 언약을 말한다.[22]

계약상의 합의에 대한 구속 언약의 초점은 하나님의 언약이 무엇인가에 대한 핵심을 놓친다. 그러한 구성들은 일반적으로 언약의 핵심이 살아 있는 교제, 친교, 연합의 약속이라는 점을 간과한다. 이것은 재차 언급된 약속 곧 "나는 너희의 하나님이 되고 너희는 나의 백성이 될지라"(창 17:7-8; 렘 11:14; 24:7; 30:22; 31:1, 33; 32:38; 계 21:3) 안에 표현된다.

삼위일체의 중심에 매우 풍부한 무한한 생명이 있다. 아들의 영원한 발생과 성령의 영원한 발현은 하나님이 측량할 수 없는 생명과 풍성함이라는 점을 나타낸다.

바빙크가 진술한 바와 같이, 아들이 영원히 발생되지 않으면 창조는 불가능할 것이다. 삼위는 내재적으로 관계적이다. 이 관계성은 하나님의 자

---

21 Herman Hoeksema, *Reformed Dogmatics* (Grand Rapids: Reformed Free Publishing Association, 1966), 297.
22 Ibid., 298.

유로운 창조 결정-삼위 모두 관여하고 본성에 따라 행사된, 주권적인 의지 행위-의 근거가 된다. 그것은 또한 하나님의 언약 개시(initiation)의 근거가 된다. 그 핵심은 살아 있고 생생하며 인격적인 교제, 친교, 연합이다. 따라서 우리는 이 관계에 함께하고, 하나님의 영원한 안식에 참여하라고 초대를 받는다.

이것은 결혼과 유사하다. 마치 결혼이 법의 지지를 받는 것처럼 하나님의 언약도 그렇다. 이 원리는 무시될 수 없다. 하지만 이 언약을 순전히 법적인 관점에서 해석하는 것은 하나님이 피조물과의 관계 속에서 당신의 언약적 삶을 반영하는 가장 친밀한 친교나 우정의 관계를 잃어버리는 것이다. 우리는 마틴이 이 같은 위험을 피하고 싶었다는 점을 주의 깊게 살펴보았다. 그것은 살아 있는 우정의 관계다.

그러나 17세기에 구속 언약의 또 다른 구성이 있었다. 우리는 주목할 만한 한 가지 실례를 언급할 것이다. 우리는 "은혜 언약은 누구와 함께 맺어졌는가"라는 질문과 그것은 "둘째 아담인 그리스도와 맺어지되, 그 안에서 그 씨인 그의 모든 택자들과 함께 맺어졌다"는 답변으로 웨스트민스터 대요리문답 31문을 언급했다. 이것은 은혜 언약 안에서 둘째 아담인 육화한 그리스도 안에서, 또 그로 말미암은 하나님의 은혜의 역사적 나타남을 이야기한다.

패트릭 길레스피(Patrick Gillespie, 1616-75)는 영원 속에 있는 구속 언약과 시간 안에 구현된 은혜 언약의 연속성과 구별성을 인정하면서, 하나님과 둘째 아담인 그리스도 사이의 이 관계를 역사에서 영원으로 가져와서 여러 고행과 함께 구속 언약에 적용했다. 성경적이고 언어학적인 광범위한 지지와 함께, 그는 영원한 언약의 당사자들이 "한 편에는 여호와, 상대편에는 하나님의 독생자였다"고[23] 그는 주장했다.

23　Patrick Gillespie, The Ark of the Covenant Opened: Or, A Treatise of the Covenant of Redemption between God and Christ, as the Fountain of the Covenant of Grace (London, 1677), 73.

유일한 난관은 이 당사자들이 어떻게 고려되어야만 했는가라고 길레스피는 생각했다. 그는 이에 대해 네 가지 주장을 제시했는데, 그 가운데 처음 세 가지 주장은 우리의 목적에 가장 직접적으로 관련된다.

첫째, 그는 하나님이 양측의 언약 당사자와 관계하지만 동일한 방식으로 고려되어서는 안 된다고 썼다. 한편, 하나님은 본질적으로 고려되는데, 이것이 삼위 모두가 함께 행동하는 본질적 사역(*opus essentiale*)이다. 다른 한편, 아들은 "개인적으로 고려되어야 한다." 왜냐하면, 이것은 아버지와 성령과 구별되는, 아들에게 독자적인 사역이기 때문이다. 당사자의 구별 없이는 어떤 언약도 존재할 수 없을 것이다.[24] 길레스피는 이 안에 명백한 삼위일체적 토대를 지니고 있다.

둘째, 언약은 택자들과 더불어 그리스도와 체결된 것이 아니라, 머리와 몸이 아닌 "선택받은 머리 안에서, 많은 사람을 대표하는 공적인 개인이 아닌 선택받은 걸출한 개인이신"[25] 그리스도와 개인적으로 맺어졌다. 여기서 길레스피는 이 언약을 은혜 언약과 구별하여 웨스트민스터 대요리문답과 견해를 달리 했다. 우리가 살펴본 대로 대요리문답은 은혜 언약을 구속사에서 보충되었고 그리스도 안에 있는 택자들이 포함된 것으로 말하고 있었다.

셋째, 언약은 "하나님이신 그리스도와 맺어지지 않았고 하나님이자 인간인 그리스도와 맺어졌다. 여호와와 거래하고 있는 인격체는 하나님, 하나님의 자연적 아들로 여겨진 하나님의 아들이 아니라, 하나님이자 인간 곧 중보자로 여겨진 하나님의 아들이었다."[26]

이는 하나님이신 그리스도가 본질적으로 간주된 하나님과는 다른, 언약 당사자가 될 수 없었기 때문이었다. 게다가 그리스도는 육화한 상태에

---

24 Ibid., 74.
25 Ibid.
26 Ibid.

서만 여호와의 의지와 다른 의지를 갖고 있었다. 왜냐하면, "하나님으로서 그의 의지는 아버지의 의지와 동일하며, 양자 간의 언약이 존재하는 곳에 두 개의 의지가 있어야 하기" 때문이다. 육화한 상태에서만 그리스도는 자유롭게 양도하고 순종할 수 있는 의지를 지녔다. 이것은 곧 그가 종속된 유일한 방식이었다.[27] 이런 까닭에, "나는 하나님이자 인간인 그리스도와 맺어진 구속 언약이었다고 결론짓는다."[28]

아버지와 아들 사이의 삼위일체 내적인 언약 대시에, 이것은 불가분의 삼위일체와 중보자 그리스도 사이에 맺어진 언약이다.

길레스피는 이 때문에 내가 구속 언약의 전형적인 도식들에서 확인한 문제점들을 회피했다. 그는 하나님 안에 세 개(또는 두 개!)의 의지를 가정하는 위험과 영원한 아들에게 종속을 허용하는 문제를 인정했다.

하지만 이러한 위험 요소들을 피하면서, 길레스피는 다른 어려움들을 만들어 냈다. 그는 육화된 그리스도를 영원한 아들과 대치시키는 기독론의 문제를 야기시켰다. 여기서 아버지 및 성령과의 불가분의 연합 가운데 있는 영원한 아들은 두 개의 다른 당사자로 육화된 아들과 언약을 맺었다.

고전적 기독론은 제2차 콘스탄티노플 공의회와 제3차 콘스탄티노플 공의회에서 인정한 대로 아버지의 영원한 아들과 나사렛 예수의 위격적 연속성을 고수했다. 아들은 인성을 덧입고 인성을 위격적 연합 안에서 취했지만 그 위격의 정체성은 과거에도 지금도 하나님의 영원한 아들이었으며, 덧입은 인성은 영원한 아들의 인성이다.

문제가 존재하는 이유는 삼위일체의 영원한 결정이 언약의 관점에서 해석되고, 별개의 두 당사자가 일치하기를 요구하기 때문이다. 만일 구분될 수 없지만 위격적으로 구별되는 하나님의 영원한 경륜의 결정이 언급되었더라면, 그것을 피했을 것이다.

---

27 Ibid., 76.

28 Ibid., 78.

두 본성에 따른 중보자로서의 그리스도를 논의함에 있어, 길레스피는 그리스도를 "두 당사자로부터 똑같이 거리를 두며, 두 당사자들에게 똑같이 가까이 다가서는 '한 인격'(a person)"으로 간주한다. 이것은 하나님만이거나 인간만인 한 위격(a Person)이 될 수 없으며, 신인(God-man)은 약간 거리를 두고 … 두 본성에 참여하고 있는 한 위격이다." [29]

취지는 분명 정통주의적이지만, 두 본성에 대한 초점은 결국에는 육화된 그리스도가 그 자신의 인성을 덧입은, 위격적으로 영원한 아들이라는 주장을 잃어버리게 된다. 그는 하나님과 인간의 중간 위치에 있는 인격이 아니다.

길레스피는 또한 극단적인 탈역사화를 내비친다. 그의 구성은 역사적 은혜 언약-성삼위일체와 중보자 그리스도 사이의 언약-에 대한 웨스트민스터 대요리문답의 입장과 확실히 유사하지만, 그것은 영원성 안에 위치한다. 이 언약은 아직 육화되지 않은 성육신하신 그리스도와 거래된, 영원 속에서 일어난다. 따라서 "구속 언약은 영원하다. 주님이 그리스도를 중보자로 계획한 것을 시간 안에서 시작하지 않고, 아들도 동조자가 되도록 시간 안에서 시작한지 않기 때문이다."[30]

길레스피는 잠언 8장 23절의 "태초부터 세움을 받았다"와 베드로전서 1장 20절의 "창세 전부터 미리 알린 바 되신"을 참조할 사항으로 언급한다.

이런 일이 가능하다면, 이것은 바르트가 육화된 그리스도를 하나님의 영원한 작정 안에 둔 일의 놀라운 전조 현상이다. 길레스피를 긍정적으로 다루면서도 이러한 문제점들을 인식하지 못한 지점에 대해서는 다음을 참고하라.[31]

---

29 Ibid., 188-89.
30 Ibid., 118.
31 Carl R. Trueman, "The Harvest of Reformation Mythology? Patrick Gillespie and the Covenant of Redemption," in *Scholasticism Reformed: Essays* in Honour of Willem J. Van

3. 이 에피소드를 통해 배우는 몇 가지 교훈

속죄와 칭의는 하나님의 영원한 목적에 근거한다. 구속 언약이 이것을 증거할 때, 웨스트민스터 대요리문답의 구성도 전자 안에 내제한 위험성들을 피하면서 똑같이 증거한다.

역사적 결과물들은 그 배치를 따랐다. 영국 장로교는 이내 왕정복고 이후 반 세기만에 아리안주의와 유틸리테리언의 영향을 받았다. 아들의 종속을 내포하는 구속 언약의 구성들이 이 붕괴에서 하는 역할이 있었다는 점을 세우기는 어렵다. 계몽주의 합리론은 명백히 주요 원인이었다. 그러나 아들이 아버지에게 종속된다는 구성은 그런 결과를 되돌리는 데 결코 도움이 되지 않았을 것이다.

이안 캠벨(Iain Campbell)은 이러한 몇몇 난제를 극복하려고 노력했고 대부분 의식적으로 삼위일체적이 되는 데 성공했다.[32]

페스코(J. V. Fesko)는 아주 방대하고도 철저하게 이 교리를 옹호해 왔는데, 나는 그의 견해에 대부분 동조하며, 1972년으로 거슬러 올라가서 내가 토마스 굿윈(Thomas Goodwin)의 탁월한 에베소서 1장 주해를 읽은 이후로 지속된 관찰들을 여러 면에서 충족시킨다.[33]

『삼위일체와 구속 언약』이라는 책은 가장 철저한 처방이다. 페스코는 협약이 어떻게 성령과 연관되는지에 대해 광범위하게 논의한다. 하지만 그는 "삼위일체의 내적인 대화를 가정하는 것은 삼신론을 필요로 하지 않

Asselt, ed. Maarten Wisse, Marcel Sarot, and Willemien Otten (Leiden: Brill, 2010), 196-214.

32 Iain D. Campbell, "Re-Visiting the Covenant of Redemption," in *The People's Theologian: Writings in Honour of Donald Macleod*, ed. Iain D. Campbell and Malcolm Maclean (Fearn, Scotland: Mentor, 2011), 173-94.

33 J. V. Fesko, *The Covenant of Redemption: Origins, Development, and Reception* (Göttingen: Vandenhoeck & Ruprecht, 2016); J. V. Fesko, *The Trinity and the Covenant of Redemption* (Fearn: Mentor, 2016).

는다"(p. 186)라고 쓰는 부분에서 내가 구속 언약에 대해 보류한 것들을 구속의 삼위일체적 토대에 대한 반대로 추정되는 것과 혼동한다. 당연히 그렇지 않다. 내가 보류한 이유는 구속 언약을 공식화한 것들 대부분이 분명 삼위일체적이지 않다는 사실 때문이었다. 문제는 이것이 하나의 언약으로 이해되어야 하는지의 여부다.

하지만 언약적 개념들을 삼위일체의 영원한 생명에 적용하는 것은 얻는 것보다 잃는 것이 더 많다는 의혹이 항상 따라다닌다. 비록 유비적 서술에 해당하고 정확한 동치가 배제된다는 점을 인정한다고 할지라도 말이다. 분명히 하나님의 모든 사역은 삼위일체적이다.

구원은 궁극적으로 세 위격 모두 밀접하게 관련된 하나님의 영원한 경륜에 의존한다. 영원한 삼위일체적 경륜에 대한 담론은 이런 문제점들을 회피하면서, 위격의 구별은 물론 삼위일체의 불가분성을 유지하며, 구속 언약이 의도했던 모든 것을 성취한다.

제3부

현대의 논의

제1장 칼 바르트

제2장 라너와 몰트만 그리고 판넨베르크

제3장 동방으로의 회귀:

      불가코프, 로스키, 슈타닐로애

제4장 토마스 F. 토랜스

실수와 혼동은 소인배들의 특권이 아니다. 한 신학자의 작품에서 앞뒤가 맞지 않는 점들을 솔직하게 검토할 수 있는 것은 학생이 그 신학자가 한창 전성기일 때 배웠던 것에 대한 증언이어야 한다.

- 로완 윌리엄스, "팔라마스주의의 철학적 구조"-

제1장

칼 바르트

삼위일체 교리는 종교개혁 이후에 서구 신학에서 점점 무시를 받아 왔다. 계몽주의의 세계관을 좇아서, 사람들의 관심이 하나님에서 이 세상으로 옮겨졌다. 알렉산더 포프(Alexander Pope)는 이것을 유명한 시구로 요약한다.

> 그런즉 너 자신을 알라. 하나님을 해석하는 체 하지 말라. 인간에게 꼭 맞는 연구는 인간 자신이니라.[1]

19세기에 등장한 새로운 학문 분야는 심리학, 사회학, 인류학과 같이 인간에 대한 연구에 몰두했다. 또한, 역사의식의 괄목할 만한 발전도 있었다. 성경신학자들은 역사적 예수에 대해 탐구했다. 영원과 존재론을 잘라낸 칸트의 세계관에 압력을 받은 성경신학은 아버지와 아들에 대한 성경 진술들의 언급을 역사적 차원으로만 제한하고 한정 짓는 경향이 있었다.

고전적 사례는 신약성경에 순전한 기능적 기독론(functional Christology)이 있다는 오스카 쿨만의 주장이었다.[2]

---

1 Alexander Pope, *An Essay on Man*, 2:1.
2 Oscar Cullmann, *The Christology of the New Testament* (London: SCM, 1959), 326-27; [Cullmann], "The Reply of Professor Cullmann to Roman Catholic Critics," trans. Robert P. Meye, *SJT* 15 (1962): 36-43. 여기서 그는 이전에 했던 주장들을 누그러뜨린다.

이 문맥이 지닌 문제점은 만일 성경 진술들에 대한 언급이 전적으로 이 세상에 속한 것뿐이고 인간의 역사에 국한된 것이라면 하나님은 반드시 영원한 모습 그대로의 당신 자신을 계시할 필요가 없었다는 점이다.

이 모든 것에 더하여, 신론을 완전히 고찰하기까지 삼위일체에 대한 논의를 지연시킨, 아퀴나스가 설정한 구조가 일반적인 것이 되었다. 따라서 삼위일체는 점차 신론의 추가 부분으로, 기독교 신앙의 핵심보다는 진보적인 사상가들을 위한 전유물로 여겨지게 되었다.

찰스 하지는 『조직신학』이라는 책에서 하나님의 존재와 본성 그리고 속성들에는 250쪽을 할애한 다음에서야 삼위일체를 다룬다. 슐라이어마허는 『기독교 신앙』에서 삼위일체를 부록(appendix)으로 분류한다. 이것이 미친 결과들은 광범위하다. 신학의 모든 측면들이 다른 모든 것들과 연관된다. 알라 라아츠(Alar Laats)가 논평한다.

> 지난 19세기 자유주의 신학에서 그리스도의 역할을 윤리 교사로 축소한 일은 삼위일체론의 쇠퇴 때문에 일어났다고 하지 않을 수 없다.[3]

그런 다음 바르트(1886-1968)가 등장했고 근래에 삼위일체론에 대한 관심이 다시 고조된 계기는 바로 바르트에게 있다. 로버트 젠슨(R. W. Jenson)이 인용한 바와 같이, "20세기 신학이 삼위일체 교리에 신학 전체를 설명하고 해석하는 용도가 있다는 것을 배운 것은 바로 바르트로부터다. 또한 현재 삼위일체적 성찰의 왕성한 부활이 가능해졌던 것은 바로 바르트에 의해서다."[4]

---

3   Alar Laats, *Doctrines of the Trinity in Eastern and Western Theologies: A Study with Special Reference to K. Barth and V. Lossky* (Frankfurt am Main: Peter Lang, 1999), 160.

4   R. W. Jenson, "Karl Barth," in *The Modern Theologians*, ed. D. F. Ford (Oxford: Blackwell, 1989), 1:42(Laats, *Doctrines of the Trinity*, 15에서 재인용).

칼 바르트가 지은 『교회교의학』의 전반부를 번역한 사람은 그가 그 책에서 삼위일체를 취급한 것은 아우구스티누스 이래 가장 의미심장한 것이라고 제시한다. 이 주장이 과장된 반면에, 바르트의 연구가 중대한 영향을 미쳤다는 데 별로 의심이 없다. 브로밀리가 설명한 대로, 하나님은 바르트에게 있어 신학의 주제이다. 이는 "그리스도의 중추적 역할(centrality)조차 삼위일체 하나님의 중추적 역할(에서 멀어지는 것이 아니라)을 가리킬 의도였기"[5] 때문이다.

1. 초기 바르트

1) 성경과 교의

『교회교의학』 첫째 권에서 바르트는 성경이 삼위일체가 아닌 삼위일체 교리를 위한 기초라고 진술한다.[6] 교의가 성경 자체 내에 없지만, 우리는 그것이 성경의 좋은 해석인지의 여부에 따라 그것을 검토해야만 한다.[7]

그 기초는 계시에 있는데, 이는 우리가 "모든 시대의 양태론자들이 생각해 온 것처럼 하나님과 구별되는 실재"가[8] 아니라 하나님 자신을 다루고 있기 때문이다. 이때 계시는 삼위일체의 기초가 아니라 삼위일체 교리의 기초다.[9]

---

5   Geoffrey W. Bromiley, *An Introduction to the Theology of Karl Barth* (Grand Rapids: Eerdmans, 1979), xi.
6   Karl Barth, *CD*, I/1: 295.
7   Ibid., I/1: 310.
8   Ibid., I/1: 311.
9   Ibid., I/1: 312; Laats, *Doctrines of the Trinity*, 17, 23. 우리는 바르트에게서 성경과 계시의 논란이 되는 관계를 다루지 않았다.

성경이 이 교리의 기초이기 때문에, 교회사가 진행되는 동안 삼위일체 교리에서 발전한 문제점들은 성경과 상반되지 않고 적어도 거기에 예시되었다.[10] 게다가, 삼위일체 교리는 근본적이다. 그것은 교의학의 상좌에 있다.[11]

"삼위일체 교리는 기본적으로 기독교 신론을 기독교도로 구별하는 것이기"[12] 때문이다. 이것은 19세기 자유주의가 잊어버린 중요한 점이다. 여기서 바르트는 슐라이어마허와 그 추종자들을 반대했다. 폰 발타자르는 바르트가 삼위일체를 교의학 서언(prolegomena)에 둔 것은 하나님의 완전한 주권을 확립하고 슐라이어마허의 의식의 신학을 배제시키는 것이라고 주장한다. 하나님은 사람에게 해명할 의무가 없지만 자기를 삼위일체로 계시하기 때문에 그는 자유롭다.[13]

자신의 삼위일체 교리를 자신의 신론이 되게 함으로써, 바르트는 칼빈과 마찬가지로 아퀴나스 이후의 서방교회 전통과 거리를 둔다. 삼위일체의 이 근본적 역할은 바르트의 신학 안에 많은 방면에서 극명하게 나타난다. 특히, 바로 이 책에서 삼중적 형태의 하나님 말씀은 삼위일체적 방식을 극명하게 나타낸다. 계시되고 기록되고 선포된 하나님의 말씀은 삼중의 형태를 갖고 있지만 페리코레시스의 방식으로 서로 내주하고 관통하는, 하나의 근본적 일치, 세 요소들이다.

『교회교의학』 제1권 제1부에 들어 있는 바르트의 교리는 단일 위격적(Unipersonal)인가?

---

10 Barth, *CD*, I/1: 314.
11 Ibid., I/1: 300-302.
12 Ibid., I/1: 301.
13 Hans Urs von Balthasar, *The Theology of Karl Barth: Exposition and Interpretation*, trans. Edward T. Oakes (San Francisco: Ignatius, 1992), 87; David Ford, *Barth and God's Story: Biblical Narrative and the Theological Method of Karl Barth in the "Church Dogmatics"* (Frankfurt am Main: Peter Lang, 1981), 154; Bromiley, *Karl Barth*, 10.

바르트는 삼위일체 교리가 "하나님은 자기를 계시하신다"는 명제의 유출(outflow)이라고 주장한다.

> 하나님은 자신을 통해 자기를 계시하시고 스스로를 계시하신다.[14]

이후에 그는 하나님이 존재하시는 분으로 자기를 계시한다는 사실을 긍정함으로써 이것을 설명한다.[15] 계시는 인간에게 드러낸 하나님의 자기 공개인데, 인간은 자기의 죄 많은 상태로 인해 하나님의 말씀을 받아들일 수 없다. 하나님은 인간이 할 수 없는 것을 하신다.[16]

로완 윌리엄스(Rowan Williams)는 인간이 말씀을 들을 수 없다는 생각이 무의미하다고 지적한다. 이것은 말씀과 사람의 격리를 바르트가 알고 있다는 것을 가정한다.

바르트가 의미하는 바는 "그것이 인간에게 한 하나님의 창조적 전달, 당신의 자유, 당신의 결정으로 주장된 말씀을 전적으로 의존하는 것"[17]이라고 그는 제안한다. 게다가 하나님은 당신의 계시 속에서조차 감춰지는데,[18] 그것은 신화적이지 않고 역사적이다.[19]

따라서 자기를 계시하는 하나님과 하나님의 계시 그리고 그분의 계시 수납 사이에 일치-그분의 세 가지 형태의 존재 즉 주어, 술어, 목적어를 분리시키는 장애물이 전혀 없는 연합-가 있다. 하지만 이 일치는 판별의 형태를 띠기도 한다. 그리스도와 성령이라는 명칭들은 서로 교환할 수 없

---

14 Barth, *CD*, I/1:296.
15 Ibid., I/1:396.
16 Ibid., I/1:320.
17 Rowan Williams, "Barth on the Trinune God," in *Karl Bath: Essays in His Theological Method*, ed. S. W. Sykes (Oxford: Clarendon Press, 1979), 147-48.
18 Barth, *CD*, I/1:322-23.
19 Ibid., I/1:323-29.

기 때문이다.[20]

윙엘은 삼위일체 교리에 대해 이렇게 관찰한다. 이 교리는 "그 존재의 주체이신 하나님이 그분의 알려짐과 알려지고 있음의 주체라는 사실을 단호히 주장해야만 했다. 이는 바르트에게 있어 삼위일체 교리가 『교회교의학』 첫 부분부터 견지하고 있기 때문이다."[21]

이 주제에 대해 더 자세한 확장의 일환으로, 바르트는 "하나님은 자기를 주로 계시하신다"는 명제가 삼위일체 교리의 근간이라고 진술한다.[22] 하나님의 주재권(lordship)은 그의 계시보다 앞서지만 그의 계시는 삼위일체 교리의 근간이 된다. 따라서 그의 주재권은 어떤 의미에서 삼위일체보다 앞선다. 그의 주권은 최고의 권위가 있다. 이것은 광범위한 결과들을 가져올 것이다.

하나님은 "손상되지 않은 일치에 있어 동일하며 또한 손상되지 않은 구별에 있어 여전히 동일한 삼위다." 또는 "성경의 계시에 대한 증거에서 아버지, 아들, 성령은 그들의 본질의 일치에 있어 한 하나님이고 성경의 계시에 대한 증거에서 한 하나님은 그 위격들의 구별에 있어 아버지, 아들, 성령이시다."[23]

즉시로 삼위일체의 주체에 대한 의문이 일어난다. 바르트의 강조는 하나님의 하나 되심에 대한 것이다. 그분이 계시하신 것은 바로 "자기 자신"이다. 그분은 삼중으로 되풀이되는 하나님이시다.

이것은 아우구스티누스에게 분명히 뿌리를 둔 강한 서구식 모델이다. 라아츠는 그것이 직선형의 단일인격적 모델이라고 주장하고 그 증거는 그의 주장을 뒷받침하는 것으로 보인다. 라아츠는 바르트에게 아버지는 신

---

20 Ibid., I/1:299.
21 Eberhard Jüngel, *The Doctrine of the Trinity: God's Being Is in His Becoming* (Edinburgh: T & T Clark, 1976), 42.
22 Barth, *CD*, I/1:306-7.
23 Ibid., I/1:307-8.

적 주체라고 생각한다. 비록 그가 지적한 대로 몰트만은 그것을 신적 본질로 간주할지라도 말이다.²⁴

로완 윌리엄스는 그것을 "한(one) 신적 주체의 '반복'의 순서"라고 생각한다.²⁵ 하지만 바르트는 1924년 4월-1925년 10월까지 괴팅겐에서 행한 강의에서 자신이 이전에 삼위일체에 대해 논의했던 것에서 벗어난다. 그 당시 "그는 세(three) 신적 주체의 존재를 단언하는 데 어려움이 없었다."²⁶ 왜냐하면, 이 강의에서 그는 사벨리우스주의를 반대하고 있었기 때문이다.²⁷

경륜적 삼위일체와 내재적 삼위일체의 명확한 구별을 견지한 반면, 그럼에도 그는 그들 사이에 내용상 구별이 전혀 있을 수 없거나, 아니면 사벨리우스주의에 빠져들기 쉬울 것이라고 역설했다.²⁸ 『교회교의학』 제1권에 나타난 이러한 변화들과 더불어, 그는 세 분의 신적 주체에 대한 자신의 지지를 단념하게 된다. 그에게 질색인 것(bete noire)이 삼신론이 되어서, 우리는 더 구체적인 질문을 할 필요가 있다.

2) 바르트는 양태론자인가?

『교회교의학』 제1권에 나오는 논의 때문에, 일부 학자들이 바르트를 양태론이라고 비난해 온 것은 놀랍지 않다.²⁹ 하지만 바르트의 근본적인 전제에 단일위격적인 느낌에도 불구하고, 그는 일관되게 양태론을 반박한

---

24 Laats, Doctrines of the Trinity, 37.
25 Williams, "Barth," 166.
26 Bruce L. McCormack, *Karl Barth's Critically Realistic Dialectical Theology: Its Genesis and Development, 1909-1936* (Oxford: Clarendon Press, 1995), 355-56.
27 Ibid., 358.
28 Ibid., 352-58.
29 Jürgen Moltmann, *The Trinity and the Kongdom: The Doctrine of God* (London: SCM, 1991), 143; Catherine LaCugna, *God for Us* (San Francisco: Harper, 1991), 252.

다. 그는 삼위일체의 흔적(vestigium Trinitatis)에 대해 논의할 때 양태론을 반박한다.[30] 신적인 일치를 고려할 때, 그는 "단순한 본질(kind)의 일치나 단순한 집단적 일치"[31]를 배제한다. 그는 내재적 삼위일체론을 고수한다.[32] 아버지와 아들과 성령, 이 세 가지 국면(moments)은 하나님으로서 하나님의 존재(God's being as God)와 상반되지 않으며, 그는 그리스도와 성령의 구별됨을 분명히 확언한다.

그는 경건주의 신학(neo-Protestant theology) 안에 있는 사벨리우스주의의 위험을 충분히 깨닫고 있다.[33] 경건주의 신학은 그 이면에 절대적 인격(personality)이신 하나님을 두고 계시의 경륜적 삼위일체에 제한해 왔다. 하지만 그의 주요 관심사는 삼신론을 피하는 것인데, 이는 이 관심사가 똑같은 강조를 통해 얼마나 많이 다른 방향으로 일어나는지에 대한 의문을 불러일으킨다. 삼위일체는 세 가지 대상이 아니라고 그는 말한다.

우리가 살펴본 것처럼, 그는 하나님의 주재권을 하나님의 본질과 동일시한다.[34] 하나님의 일체성은 위격들의 셋 됨(또는 삼위성) 안에 있지만, 그것은 삼중의 본질이나 신성이 아니다. 오히려 한 하나님은 삼중의 반복 안에 있다. 이것은 단일위격적이고 양태론적인 소리로 들린다.[35] 다른 한편, 하나님의 일치는 희귀한 일(singularity)이나 고립이 아니다. 왜냐하면, 그것은 구별이나 순서를 포함하기 때문이다.[36]

그가 "위격" 개념에 대해 논의할 때 이러한 의문들이 다시 일어난다. 바르트는 "위격"도 다른 어떤 용어도 하나님 안에 있는 셋 됨을 적절히

---

30 Barth, *CD*, I/1: 343.
31 Ibid., I/1: 350.
32 E.g. ibid., I/1: 358, 499, 542; II/1: 16, 208-50.
33 Ibid., I/1: 451-53.
34 Ibid., I/1: 349.
35 Ibid., I/1: 350.
36 Ibid., I/1: 354-55.

표현할 수 없다는 아우구스티누스의 인식을 깊이 생각한다.[37] 아우구스티누스를 따라서 "위격"은 하나님 안에 있는 셋 됨이 우리가 인격인 것과 똑같은 방식으로 위격들이라고 말하기 위해 사용되지 않고 단지 하나님 안에 삼위가 있다고 말하기에 유용한 것이라고 그는 진술한다. 자의식의 중심이 되는 현대의 인격 개념은 사태를 더욱 복잡하게 만든다.

왜냐하면, 삼위일체에 적용된다면 바르트는 이 안에서 구별된 세 존재인 각각의 "나"(I)와 더불어 삼신론에 대한 처방을 보기 때문이다. 다른 여러 사람들 중에서 멜란히톤은 이와 매우 가까운 입장으로 입장을 바꿨다고 바르트는 주장한다.[38] 만일 그것이 하나님에게도 똑같이 적용되었다면 세 분의 나가 있을 것이다. 하지만 이것은 명확하게 고전 신학이 의도한 "위격"의 의미가 아니다.[39] 따라서 "우리는 '위격'이라는 용어를 사용하지 않는다."

그러면 바르트는 그것을 대신해서 무엇을 사용하는가?

그가 선호하는 것은 영어로 번역하면 "존재의 양상(또는 방식)"이 되는 자인스바이세(seinsweise)라는 독일어 단어이다. 그는 이 용어로 현대 어법이 낳는 문제점들을 피하면서 고전적 삼위일체론에 나오는 "위격"과 똑같은 것을 표현하고 싶어 한다. 이 생각은 새롭지 않지만 처음부터 사용된 보조 개념이라고 그는 말한다.

"하나님은 존재의 세 가지 방식 중 하나이다"라는 언명은 "유일하신 하나님이 오직 한 가지 방식으로만 존재하는 것이 아니며 아버지의 방식으로, 아들의 방식으로, 성령의 방식으로 존재하시는 것"[40]임을 의미한다.

우리는 이 지점에서 자인스바이세가 "존재의 방식"이나 "존재의 양상"을 의미할 수 있다는 것에 주목한다. 바르트 번역가인 제프리 브로밀리(Geoffrey Bromiley)는 한결같이 그것을 "존재의 양상"으로 번역한다. 무심

---

37 Ibid., I/1: 355-56.
38 Ibid., I/1: 359.
39 Ibid.; I/1: 350ff도 살펴보라.
40 Ibid., I/1: 359.

코 읽는 사람들에게 이 용어는 즉시로 양상론의 유령을 주술로 불러낸다. 브로밀리 자신도 곧바로 그런 주장이 불합리하다고 여긴다. 왜냐하면, 바르트가 "정통 규범서들(formularies)에 매우 가까이 머물러 있기" 때문이며, "위격"이라는 용어에 대한 그의 반론은 "정통의 입장을 왜곡시키기보다는 오히려 변호하는 것을 목표로 삼고 있기" 때문이다.[41]

이것은 정말이지 사실이다. 바르트가 여기만이 아니라 다른 많은 곳에서도 양태론을 거부하기 때문이다.[42] 그는 항상 그 위험성을 알고 있고 꾸준히 그것을 회피한다. 그가 의미하는 자인스바이세는 "한 존재자(an existent)의 존재 방식"을 가리킨다.[43] 그는 개혁파 스콜라주의자들인 볼렙(Wolleb)과 버만(Burmann)의 정의뿐 아니라 칼빈의 정의를 호의적으로 인용한다.[44]

볼렙과 버만은 "특수한 방식으로 실재하는 신적 실체" 또는 "특정한 방식으로 존재나 실재하는 하나님의 존재"로 언급한다. 존재의 이러한 방식들은 뚜렷하고 교환할 수 없으며, 혼합될 수도 없다. 그래서 "이 유일하신 하나님은 다른 방식으로 세 번 하나님이 되는데, 그분이 하나님이 되시는 것은 오직 이 삼중적인 차이 안에서만 그럴 정도로 아주 다르다."[45]

이 같은 존재의 삼중적 방식은 그분에게 필수적이며 제거될 수 없다. 아버지와 아들은 성령으로 환원될 수 없다. 만일 우리가 하나님 안에 있는 삼중성을 부정하려 한다면, 우리는 성경에 계시된 하나님과는 또 다른 하나님을 말하게 될 것이다.[46]

41　Bromiley, *Karl Barth*, 16. 21.
42　Barth, *CD*, I/1: 382.
43　Ibid., I/1: 360.
44　John Calvin, *Institutes of the Christian Religion*, trans. Ford Lewis Battles, ed. John T. McNeill (Philadelphia: Westminster Press, 1960), 1.13.6.
45　Barth, *CD*, I/1: 360.
46　Ibid., I/1: 360.

이런 존재의 양상들은 존재의 구별되는 양상들로서, 신적 속성들과 일치되지 않으며 신적 본질의 세 부서로 강등되지도 않는다.[47] 그들은 서로에 대한 그 독특한 관계들에 의해 구별된다.

"아버지, 아들, 성령은 본질이나 위엄의 차이가 없이, 신성의 증가나 경감이 없이 삼위는 서로에게 다른 기원의 관계들을 맺고 있다는 사실로 인해 서로 구별된다."[48]

이것은 결코 양태론이 아니다.

하지만 바르트가 자인스바이세를 사용한 것보다 더 중요한 것은, 이 단어 영어 번역은 제쳐놓고서라도 그의 기본적인 삼위일체 모델이다. 곧 "하나님은 자기를 주님으로" 또는 "계시자, 계시, 계시수납으로 계시하신다." 그런데 이 두 가지 모두 단일위격성을 함의한다. 위격이라는 용어 사용에 대한 바르트의 거부가 이것을 지지하는 것으로 보인다.

비록 양태론을 회피할지라도, 바르트는 단일위격성에 대한 비난에서 아주 면제될 수는 없다. 그의 분명한 의도는 교회의 정통주의 노선을 따르는 것이며, 콘스탄티노플 신조에 대한 그의 광범위한 해설이 이를 입증한다. 하지만 그는 위격에 문제가 있는 서방교회와 아우구스티누스 모델에 몰두하고 있다.

레너드 하지슨(Leonard Hodgson)은 바르트가 삼위일체의 "위격들"을 이 단어의 온전한 의미로 인격들이라고 부르기를 거부하는 것은 "내가 보기에 성경의 증거와 노골적으로 모순되어 보인다"라고 주장한다.

하지슨의 평가에 따르면 바르트의 본심은 삼신론에 대한 그의 두려움이다. 또 그는 성경적 고찰보다는 합리적 고찰에 사로잡혀 있어서 성경적 증거들을 일치의 선험적 개념을 따르게 한다. 하지슨은 이렇게 결론을 내린다.

---

47 Ibid., I/1: 361.
48 Ibid., I/1: 363.

나는 그의 작품에서 현대신학의 삼위일체론에 대한 설명에 가장 크게 기여한 바를 찾는 영어 번역자의 판단에 단호하게 이견을 제시해야 한다.[49]

위르겐 몰트만은 이 지점에서 바르트에 대한 몇 가지 예리한 비판을 한다. 몰트만은 하나님을 자기 자신의 존재와 자기 자신의 계시의 주체로, 신적 모나드를 절대적이고 동일한 주체로 해석하는 데 있어 바르트가 독일 관념론을 추종하고 있다고 본다.

따라서 바르트와 함께 "초대 교회의 하나의 실체-세 위격(una substantia-tres personae)라는 삼위일체 문구는 이제 존재의 다른 세 양상 가운데 있는 하나의 신적 주체라는 문구로 대체된다." 만일 유일한 신적 실체만 존재한다면 삼위는 그 한 주체의 존재의 양상으로 강등된다고 몰트만은 주장한다. 그것은 "사벨리우스 양태론을 위한 뒤늦은 승리"이다.[50] 문제는 바르트 자신의 창조에 있다.

왜냐하면, 그는 삼위일체보다 하나님의 주재권(lordship)에 우선권을 부여했기 때문이다. 하나님의 본질은 그분의 주권(sovereignty)이다. 이와 같이, "'삼위'에 대해 계속 말하는 것은 불가능하다." 그리고 유일하게 남아 있는 가능성은 하나님 안에 있는 "존재의 세 양상"에 대해 말하는 것이다.

게다가, "하나님의 삼중 본성을 영원한 반복이나 거룩한 동어반복으로 이해하는 것은 삼위일체의 관점에서 생각하는 것을 의미하지도 않는다. 삼위일체 교리는 똑같은 것을 세 번 세우는 문제일리가 없다."[51]

이러한 계획 속에서 성령은 단지 아버지와 아들을 연결시켜 주는 공통된 사랑의 띠에 불과하다. 삼위일체 안에 세 번째 위격이 있을 필요가 전

---

49 Leonard Hodgson, *The Doctrine of the Trinity: Croall Lectures, 1942-1943* (London: Nisbet, 1943), 229.
50 Moltmann, *Trinity*, 139.
51 Ibid., 140-41.

혀 없다. 성령은 단지 분리된 것의 연합일 뿐이다.[52] "하나님께서 자기를 주님으로 계시하신다"는 원리는 엄밀히 말해서 아버지가 하나의 신적 인성(personality)이라는 것을 의미한다.[53] 이것은 바르트가 "결코 존재한 적이 없는 '삼신론'을 격렬하게 반대하는"[54] 이유다.

다른 한편, 바르트의 근본적 보수주의(conservatism)를 인정하지 않을 수 없다. 전용(appropriations, 사역을 특정한 위격에 귀속시키는 것)에 관해서,[55] 또한 페리코레시스에 관해서와 같이, 삼위의 관계들에 관해서, 그는 철저하게 정통적(orthodox)이다.[56]

여기서 그는 "하나님의 생명이 존재의 세 가지 양상의 간섭받지 않는 순환인 것처럼 보일 것"[57]이라는 취지로 다마스쿠스의 요한네스를 인용한다. 페리코레시스는 셋 안에 하나, 하나 안에 셋(*unitas in trinitate* and *trinitas in unitate*) 교리의 총체라고 그는 주장한다.[58]

그는 직접적인 암시로 세 위격 중 한 위격을 나머지 두 위격의 손실로 강조하는 것은 금지된다고 주장한다.[59] 하지만 이 구별들은 실제적이다.

그는 분명히 아버지와 아들을 구별한다. 거기에 확실한 종속이 있다. 왜냐하면, 화해는 창조 다음에 오는 두 번째 신적 행위이기 때문이다. 따라서 아들은 불가역적으로 아버지를 따르고 그 반대는 아니다. 이것은 단호하게 존재(본질)의 구별이 아니라 존재 양상의 구별이다.[60] 그는 콘스탄티노플 신조의 구절들에 대해 공범위하고 그 진가를 잘 이해하는 설명을 한다.[61]

---

52 Ibid., 142.
53 Ibid., 143.
54 Ibid., 144.
55 Barth, *CD*, I/1: 373.
56 Ibid., I/1: 363-65.
57 Ibid., I/1: 370.
58 Ibid., I/1: 370-71.
59 Ibid., I/1: 395.
60 Ibid., I/1: 413.
61 Ibid., I/1: 414ff.

바르트는 그냥 지나가면서 성령을 "그"라고 부른다. 그는 예수 그리스도 및 아들과 동일하지 않다.[62] 성령은 사람에게 계시에의 참여를 보증한다.[63] 그는 아버지와 아들의 교통이다. 이는 명백히 아우구스티누스식의 설명이다.[64] 같은 맥락에서, 그는 필리오케를 확고하게 옹호한다. 성령은 피조물이 아니고 아버지와 아들과 구별되는 하나님이시다. 비록 우리가 발생과 발현의 구별을 규정할 수 없을지라도 오직 하나님만이 그렇게 하실 수 있기 때문이다.[65]

3) 삼위일체의 흔적

자연신학에 대한 바르트의 부정적인 태도는 창조 안에 발견되고 있는 '삼위일체 흔적'(*Vestigium Trinitatis*, 삼위일체의 증거)의 가능성을 전제하는 것으로 보인다. 그는 그것을 옹호하는 자들에게 물어볼 몇 가지 진지한 질문이 있다. 계시 속에서 오직 하나님이 취하신 삼위일체의 형태만이 사실이라고 그는 주장한다.[66]

이것이 필요한 이유는 인간의 언어가 하나님의 정체에 대한 진실을 파악할 수 없기 때문이다. 하지만 이것은 비관적 불가지론을 위한 근거를 전혀 제공해 주지 않는다. 계시가 그 그림에 들어가기 때문이다. 우리는 하나님에게 도달할 수 없지만 그는 자기를 우리에게 계시해 오셨다.

그래서 "그것이 이제 처음으로 발견되었다. 이 용어가 계시를 파악할 수 없었던 것이 아니고 계시가 … 그 표현을 이해할 수 없었다."[67]

---

62 Ibid., I/1: 451.
63 Ibid., I/1: 453.
64 Ibid., I/1: 469-70.
65 Ibid., I/1: 473ff.
66 Ibid., I/1: 339.
67 Ibid., I/1: 340.

결과적으로, 사람들은 자기 주변 세계로 삼위일체를 설명하려고 하지 않았고, 그 반대로 "그들은 이 세상에서 삼위일체에 대해 말할 수 있기 위해서 삼위일체로 세상을 설명하려고 노력했다." 간단히 말해서, 그들은 삼위일체가 사물들 안에서 그 자체를 반영할 수 있으리라는 확신을 가졌다.[68]

창조 세계에서 하나님에 이르기까지 추론하는 것은 위험할 뿐더러 또한 헛된 것이다. 그렇게 할 때 우리는 계시로부터 출발한다. 여기서 그는 아우구스티누스와 삼위일체의 심리적 비유들이나 예시들과 같은 그의 유산에 당연히 비판적이다.[69] 하나님은 참된 삼위일체의 흔적을-아버지, 아들, 성령의 두 개의 단일한 음성을-제공하신다.[70]

2. 후기 바르트의 변화?

1936년 경, 『교회교의학』 제1권이 출판된 후에 바르트는 조금은 의미심장한 방법으로 자기 신학을 바꾸었다. 그는 제1권 2부에서 이전에 계시의 역사적 뿌리에 충분한 주의를 기울이지 않았었다고 인정하면서 이러한 변화들의 조짐을 미리 보여 주었다. 그때부터 그는 요한복음 14장 6절의 실재인 육신이 된 말씀을 올바로 평가하려고 노력하곤 했다고 밝혔다.[71]

이와 더불어, 바르트는 그 후에 신학사 전체뿐 아니라 칼빈과 개혁파 정통주의에 점점 더 많은 주의를 쏟았다. 맥코맥은 이 변화가 1936년 선택 교리를 수정하는 데 효력을 발휘했다고 주장한다.[72] 이것은 변증법에서 유

---

68 Ibid., I/1: 341; II/1: 230도 보라.
69 Ibid., I/1: 343-45.
70 Ibid., I/1: 347.
71 Ibid., I/2: 50.
72 "1936년에 자기 선택 교리의 중요한 수정과 함께, 바르트의 신학은 그 자체와의 일관성이라는 새로운 단계에 도달했었다. 향후에 그의 신학은 기독론적으로 이론에 근거를 두었을 뿐 아니라 실제에도 근거를 두게 되었다." McCormack, *Barth*, 462.

비까지의 변화와 달랐는데, 발타자르(Hans Urs von Balthasar)는 1931년 안셀름을 다룬 바르트의 책과 함께 이것이 일어나고 있는 것을 보았다.[73]

바르트는 이제 하나님의 주재권과 사랑을 연결시킨다. 하나님은 자유롭게 사랑하는 분이다.[74] 이것은 바르트가 삼위에 대해 더 많은 기회를 갖게 될 가능성을 높게 해 준다. 왜냐하면, 하나님 안에 있는 사랑은 하나의 위격적 실재 이상을 수반하기 때문이다.

하지만 여전히 유일한 신적 위격이 있는 것처럼 보인다. 바르트는 그럼에도 "하나님은 주어, 술어, 목적어; 계시자, 계시 행위, 계시됨; 아버지, 아들, 성령이신 분이다"라고 단언한다. 이것은 이전과 똑같은 모델이다. 또 그는 하나님의 존재와 하나님의 행위를 동일시한다. 하나님의 존재는 하나의 사건-하나님의 행위의 사건-이다.[75]

바르는 한 인격-인식하고 의도하고 행동하는 "나"-의 정의가 사랑하고 그 자체로 유일한 인격(바르트의 강조)이신 분에 대한 자기 계시 안에 선포된 하나님의 인격 속에서만 의미가 있다고 역설한다. 하나님만이 이런 면에서 하나의 인격이시다. 인간은 하나님에 의해 사랑받고 그 답례로 하나님을 사랑하는 자가 되는 한에서만 하나의 인격이다. 하나님은 "인격화하는 인격"(the personifying person)이시다. 여기서 나(I)인 것은 바로 하나의 본질이다.[76]

바르트는 다음과 같이 주장함으로써 이것을 더 자세히 강조한다.

> 모든 것은 하나님이 사랑하시는 분이라는 진술에 의존한다. 그러나 아무것도 그가 존재한다거나 그가 인격성을 갖고 있다는 진술에 의존하지 않는다.

73　Von Balthasar, *Barth*, 여러 곳.
74　Barth, *CD*, II/1: 275, 322.
75　Ibid., II/1: 262-63.
76　Ibid., II/1: 284-85.

이것은 하나님이 사물이 아니라 말하고 행동하는 주체, 최초의 실제적인 나인 하나의 인격이기 때문이다. 이전에 인격이란 단어를 거부했던 것을 언급하면서, 그는 세 위격이 존재하고 따라서 3중의 주체라는 의미에서 그가 삼신론이 될 수 있다고 말한 세 인격성이 존재한다는 것을 기독교 교회가 결코 가르친 적이 없다고 주장한다.

하나님은 언제나 한 분이시다. 인격성의 원인은 정확하게 말하면 개별적인 측면들 혼자가 아니라 오직 삼위일체 전체에게 있다. 삼위일체의 한 하나님은 3중(threefold)이 아니고 3회(thrice)이며, "따라서 하나의 … 인격성이다."[77]

바르트가 그중 일부가 의미심장한 자신의 신학을 여러 번 바꾸는 동안, 라아츠는 두 개의 아주 다른 모델-첫째 모델은 비인격적이고 둘째 모델은 나와 너의 관계에 집중한다-을 제시함으로써 자기주장을 과장하여 말한다.[78] 왜냐하면, 더 나중의 바르트에게 있는 문제점들은 놀랍게도 제1권에 있는 바르트의 문제점들과 비슷하기 때문이다.

1) 세 위격은 얼마나 멀리 떨어져 있는가?

삼위일체 교리는 세 위격이 19세기 이후 인간의 인격성 개념이 인격들을 이해한 대로 개별적인 자기의식의 핵심층임을 인정하지 않는다는 바르트의 견해에 우리는 동의한다. 이것은 정말로 삼신론이 될 경향이 있다. 바르트가 이것을 지적한 것은 옳다.

하지만 그가 인격이라는 용어를 하나님의 한 존재에 잡아둔 것은 문제가 있다. 그 결과는 삼위를 신적인 속성들과 거의 다름없는 것으로 축소시킨 것이다. 아무리 좋아도, 그것은 많은 모호성을 야기한다.

---

77 Ibid., II/1: 296-97.
78 Laats, *Doctrines of the Trinity*, 68.

T. A. 스메일은 다음과 같이 지적한다.

> 사람이 이해하는 범위 내에서 … 아버지와 성령, 그리고 아들과 성령은 유일하신 하나님의 존재의 양상들로서 서로 다르다. … 바르트는 더 자세히 설명하지 않지만, 그가 성령을 위격적으로 구별된 신적 존재의 한 양상으로 인정하는 것은 분명하지만, 그 이 차이성을 이해하는 방식은 약간 모호한 채로 남아 있다. 그것은 언제나 바르트가 여기서 매우 가까이 따르는 아우구스티누스의 전통 안에서 행했기 때문이다. … 하나님의 단일성(oneness)에 대한 그의 전형적인 서방식 관심과, 성령을 직무적으로 아들에게 종속된 것으로 보는 그의 경향은 이것을 거의 불가피하게 만든다.[79]

우리 입장에서 볼 때, 우리는 삼위일체 교리에서 중요한 점이 성육신의 결과이어야 한다고 말할 수도 있다(제4부 제1장을 참고하라). 여기서 아들은 영원히 자기와 인성을 결합시켰는데, 아버지와 성령은 이것을 하지 않았다. 나머지 두 위격과 관련해서 그를 생각할 때 아들에 대해 아주 다른 것, 영원히 그러한 것이 있다. 동시에, 상호 내주하는 삼위 모두 철저히 서로를 함유하고 있고 하나님의 한 존재 안에 함유된다.

다른 한편, 겉보기에 바르트의 가르침에 상쇄하는 측면들이 있다. 예를 들어, 그는 신적 본질이 그 자체로 존재하지 않는다는 유명한 표현을 한다. "왜냐하면, 최고 신성, 신적 본성, 신적 본질은 그 자체로 혼자 힘으로 존재하지 않고 실재하지 않기 때문이다."[80] 바르트가 여기서 의미하는 것은 하나님의 한 존재가 결코 본질적인 것으로 간주될 수 없다는 것이다. 하나님은 아버지와 아들과 성령이기 때문이다.

---

79 Thmas A. Smail, "The Doctrine of the Holy Spirit," in *Theology Beyond Christendom: Essays on the Centenary of the Birth of Karl Barth, May 10, 1886*, ed. John Thompson (Allison Park, Pa.: Pickwick Publications, 1986), 106.

80 Barth, *CD*, IV/2: 65.

"최고 신성조차 오직 아버지와 아들과 성령의 존재 안에서만, 그 존재와 함께 존재한다. … 하나님이신 유일자는 최고 신성이 있다."

삼위에 더하여 네 번째 대상은 전혀 없다. 삼위가 개별적으로, 함께 고찰된 이후에 신적인 잔여분(remainder)은 전혀 없다. 실제로 존재하는 자는 "하나님 아버지와 아들과 성령"[81]이다.

게다가, 그는 아버지와 아들을 구별된 것으로 간주한다. 하나님 안에 원근성 없는 어떤 접근성도 없고, 접근성 없는 어떤 원근성도 없는, 분해할 수 없는 통일성 안에 접근성과 원근성이 둘 다 있는데, 그것은 우리가 하나님을 사랑으로 말할 수 있는 이유다.[82]

폰 발타자르는 더 나아가 이러한 "삼위일체 안에 있는 위격들의 신적인 내부 거리"가 하나님과 피조물 사이에 있는 거리의 가장 심원한 토대라고 제안한다.[83] 그럼에도 불구하고, 바르트는 여기서 추상적인 관점에서 아버지와 아들의 관계들에 대해 말하고 있는데, 그것은 양자가 다소 인격적이지 않은 인상을 전달한다.

창조 시에 하나님의 능력과 지혜는 태초에 구체적으로 예수 그리스도의 능력과 지혜였다. 하나님 아버지의 아들로서 그의 존재는 어떤 의미에서 내적인 신적 유비와 창조의 정당화였다. 신약성경의 여러 구절들은 만물의 창조주가 바로 하나님 아버지일 뿐 아니라 그 아들 예수 그리스도라고 선포한다.[84]

하나님 안에서 이 구별은 남자와 여자로 인간을 창조할 때 반영된다. "분화(differentiation)와 관계 속에 있고" 하나님과 교제 가운데 있는 이 존재는 "하나님의 모사(copy)와 모방(imitation)"으로 존재한다. "사람은 하나님만큼 고독하기" 때문이다. 사람은 하나님의 형상 곧 "사람의 창조주 자

---

81 Ibid.
82 Ibid., II/1: 462; II/2: 76-77, 116-17, 145, 175를 보라.
83 Von Balthasar, *Barth*, 292.
84 Barth, *CD*, III/1: 55-56.

체의 모사와 모방"을⁸⁵ 반영한다. 그의 성육신과 뒤따른 모든 속에서, 아들은 아버지와 구별된다. 육신이 된 분은 바로 아들이지 아버지도 성령도 아니다.⁸⁶

먼 나라로 들어가서 우리를 위한 대속물 곧 우리를 대신하여 심판받으신 심판자로 속죄하신 분은 바로 아들이다.⁸⁷ 아들의 이 되돌릴 수 없는 구별은 지속된다. 왜냐하면, "단지 그가 과거의 한때 '우리의 허물을 동정했던' 것만은 아니다. 그는 여전히 그렇다."⁸⁸

2) 영원과 시간

후기 바르트에게 또 다른 변화의 요소는 뚜렷한 역사화(a pronounced historicizing)다. 이것은 그가 역사를 떼어버린다는 많은 보수주의자들의 비판에 비추어 볼 때 반어적이다. 하나님의 존재와 행위에 대한 그의 몰두는 그로 하여금 성육신을 절대화하도록 한다.

따라서 하나님의 자기계시는 철저히 그리스도 안에서 발견된다. 신적인 선택은 그리스도 안에 있으며, 인간 자신에 관한 하나님 자신의 작정의 관점으로 이해해서는 안 된다.⁸⁹

위격적 연합은 영원부터 존재하기에, 아들은 결코 성육신 할 때 덧입은 인성과 별개인 하나님으로 간주되지 않는다. 따라서 육신이 없는 것으로 여겨진 육화하지 않은 로고스(*logos asarkos*) 곧 영원한 아들은 하나의 추상 관념이다. 바르트는 이러한 이유로 그리스도와 창조 세계의 존재론적 관계에 대해 말하는 신약의 구절들은 로고스 아사르코스 곧 성육신 이전의

---

85   Ibid., III/1: 185-86.
86   Ibid., IV/2: 42-43.
87   Ibid., IV/1: 75, 222.
88   Ibid., IV/3: 394-95; IV/2:341-46을 보라.
89   Ibid., II/2, 3-506, 특히, 3-194를 보라.

영원한 하나님의 아들을 언급하지 않는다.

다른 한편, 로고스 아사르코스는 교의적 탐구를 위해 불가피한 개념이며, 바르트도 그것을 버리지 않는다. 그는 다만 그 개념이 계시된 자와 다른 그리스도로 이어지는 경우에만 그것을 거부한다. 그러나 신약성경은 영원한 아들이나 말씀에 대해 명백히 말하지 않고 세상이 있기 전에 존재한 예수 그리스도, 하나님의 영원한 시점으로 이미 스스로 우리의 인성을 덧입은 예수 그리스도에 대해 말한다고 그는 주장한다.

골로새서 1장, 히브리서 1장, 그리고 요한복음 1장은 육화한 그리스도에 대해 말한다. 영원 전부터 하나님은 중재자인 당신의 독생자-육화한 말씀-를 보고 알고 사랑하기 원하셨다. 이 성경 구절들은 하나님의 창조적 지혜와 능력이 구체적으로 태초에 예수 그리스도의 지혜와 능력이었다고 말한다.[90]

따라서 우리 창조주로서 하나님의 자기계시는 그가 우리의 소송을 그것이 있기도 전에, 또는 그것이 우리의 것이 되기 전에 자기 자신의 소송으로 삼은 분, 이방인과 같은 우리 존재의 모순에 초연해 있지 않은 분, 스스로 그것을 기꺼이 떠맡으신 분, 그리고 실제로 영원 전부터 그것을 짊어지셨던 분으로 인식되기 위해 예수 그리스도 안에서 우리에게 자신을 내어 주신다는 사실에 있다.[91]

이로부터 "이 원에 포함된 자는 바로 영원할 뿐 아니라 육화한 로고스이며, 따라서 인간 예수이다." 예수님의 최고 신성에로의 참여는 그의 인성의 해체가 아니라 그 인성의 토대이다. 요한복음은 영원하고 신적인 로고스가 이 인간 예수였고, 이 인간 예수가 태초에 하나님과 함께 계셨다는 것을 보여 준다. 신성에 대한 그의 참여는 그의 인성의 기초이다. 그는 사람인 것과 같이 하나님의 아들이며, 그는 하나님의 아들인 것과 같이 사람이다.[92]

---

[90] Ibid., III/1: 54-56.
[91] Ibid., III/1: 380ff.
[92] Ibid., III/2: 64-66.

바르트의 정통 기독론은 그를 이 방향으로 향하게 한다.[93] 그가 고전적인 안휘포스타시아 교의에 몰두한 것이 하나의 적절한 사례다. 553년 제2차 콘스탄티노플 공의회에서 공인한 이 교의는 성육신 할 때 아들에 의해 덧입혀진 인성이 그 연합 밖에서 전혀 독립적으로 존재하지 못한다는 것을 가르친다. 다소 불행하게도, 그것은 자주 비인격적 인성의 교리라고 불린다.

엔휘포스타시아라는 한 쌍의 교의는 육화한 그리스도의 인격적 중심이 아들에 의해 인격화된 인성 곧 하나님의 아들의 인격적 중심이다. 왜냐하면, 그것은 그 연합과 별개로 전혀 따로 존재하지 않는다고 단언한다.

바르트는 이 교의들을 이용하여 예수님이 하나님의 아들로서만 실제 인간이라고 말할 수 있다. 이것은 그의 인성이 취한 유일한 형태이다. 엔휘포스타시스 개념은 "상당히 불가피하다."

그래서 하나님의 아들의 존재는 한 인간의 존재가 되었고 한 인간의 존재다.[94] 따라서 위격적 연합 안에서 아들은 자신의 신적 존재를 인간 예수의 존재가 되게 한다.[95] 예수 그리스도가 역시 사람으로 존재하는 것은 오직 하나님의 아들로서 이다.[96]

결과적으로, "예수 그리스도는 그가 하나님의 아들로서, 그의 신적인 본질의 힘으로 행한 것과, 그가 인간의 아들로서, 그의 인간적 본질의 행사로 행한 것을 전자와 후자의 결합뿐 아니라 전자와 후자의 가장 엄밀한 관계 안에서 행한다. 신적인 것은 인간적인 것의 영역에서 그 자체를 온전히 표현하고 드러내며, 인간적인 것은 신적인 것에 봉사하고 신적인 것을

---

93 바르트가 육화한 그리스도 안에 있는 인간의 영혼, 비인격적 인성(*anhypostasia*), 주체가 되는 하나님의 아들(*enhypostasia*), 그리고 두 의지(*dyotheletism*)에 대해 몰두한 것은 모두 나무랄 데 없을 정도로 정통 기독론의 가르침들이다.
94 Barth, *CD*, IV/2: 49-50; 또한 IV/1:204도 보라.
95 Ibid., IV/2: 51.
96 Ibid., IV/2: 90-91.

입증한다."[97]

신적이고 인간적인 것은 하나님과 인간만큼 다르며, 또 다르게 남아 있는데, 서로 교호적이지 않고 신적인 것은 더 위에, 인간적인 것은 아래에 위치한다. 그러나 예수 그리스도 안에서 그것들은 협동한다. 그래서 그리스도 안에 있는 인간적 의지와 신적 의지(바르트의 양의론은 올바르기도 하고 정통적이기도 하다)가 일치한다.[98] 이런 양립성은 신적 인격으로 하여금 그리스도 안에서 주체-엔휘포스타시스 교의[99]-가 되게 할 수 있고 우리가 오직 육신이 된 그리스도로부터만 하나님에 대해 배우는 것을 의미한다.[100]

그럼에도 불구하고, 바르트는 또한 내재적(또는 존재론적) 삼위일체의 실재에 몰두한다. 이것은 중요하다. 최근에 더 많은 신자들이 내재적 삼위일체를 사변적인 것으로 처리하고, 따라서 하나님을 하나의 우주적 과정 안에 있는 인간의 역사와 통합한다.[101]

바르트는 이렇게 하지 않는다. 그는 몰트만에게 추상적인 희망의 원리 위에 자기 신학을 만들지 말고, 대신에 "내재적 삼위일체 교리를 수용하라"고[102] 설득한다. 하나님은 자기에게 객관적으로 비매개적이지만, 우리에게는 객관적으로 매개적이다.[103] 그는 멜랑히턴이 신론을 그리스도의 유익들(*beneficia Christi*), 즉 그리스도가 우리를 위해 획득하신 구원의 유익들로 환원한 것을 반대한다.[104] 그가 하나님 자신을 사랑의 기초로 논의한 것은 하나님이 그의 창조, 우리에게 허락한 그의 계시, 그리고 그가 이루신 화해보다

---

97 Ibid., IV/2: 115-16.
98 Ibid., IV/2: 166ff.
99 Ibid., IV/3: 38ff.
100 Ibid., IV/1: 177.
101 Paul D. Molnar, *Divine Freedom and the Doctrine of the Immanent Trinity: In Dialogue with Karl Barth and Contemporary Theology* (Edinburgh: T & T Clark, 2002)를 참고하라.
102 Karl Barth, *Letters, 1961-1968*, trans. and ed. Jürgen Fangemeier and Geoffrey Wo. Bromiley (Grand Rapids: Erdmans, 1981), 175.
103 Barth, *CD*, II/1: 16.
104 Ibid., II/1: 257-60; 또한 II/1: 285, 663도 참고하라.

앞선다는 자신의 믿음을 강조한다.[105]

결국, 하나님은 자유롭게 사랑하는데, 그가 어떤 면에서 자기 존재를 위해 창조 세계를 의지했다면 자유롭지 않았을 것이다. 몰나가 언급한 바와 같이, 바르트에게 있어 "하나님은 영원히 아버지와 아들과 성령으로 존재하는데, 창조나 화해나 구속이 전혀 없었을지라도 그렇게 존재했을 것이다."[106]

3) 성령은 하나의 위격인가?

바르트에게 작별을 고하기 전에, 우리는 바르트의 사상 속에서 그가 이제까지 비난받고 있는 양태론과 정반대 방향을 가리키는 몇 가지 경향을 주시한다. 거듭 아우구스티누스를 따르면서, 그는 성령을 아버지와 아들을 맺어주는 사랑의 띠로 간주한다.

만일 그것이 그들을 통합시키는 데 제3자를 필요로 한다면, 이것은 곧바로 아버지와 아들 사이의 깨지기 쉬운 연합이라는 망령(a specter)을 불러일으킨다. 그것은 또한 전형적으로 아우구스티누스가 지닌 약점, 즉 성령을 한 인격보다는 어떤 속성 내지 특성으로 만드는 약점을 가지고 있다. 그것은 삼원성(trinity)보다는 이원성(duality)을 가리킨다.

성령이 다른 실재들을 결합시킨다는 것은 바르트의 일관된 가르침이다.

> 성령의 사역은 서로 달라서 … 예수 그리스도와 그의 공동체의 관계에서 분열되는 것, 즉 한편으로 신적인 일과 존재와 행위, 다른 한편으론 인간적인 것과 관계된 것들을 모아 결합하는 것이다. … 그의 사역은 그들을 모아 결합시키며,… 통합시키며, 일치하게 해 주며, 조화를 이루게 해서 진정한 통일체로 묶어 주는 것이다.

105　Ibid., IV/2: 756-68.
106　Molnar, *Divine Freedom*, 63; Barth, *CD*, II/1: 260-61.

그런 까닭에, 주님의 만찬에서 성령은 천상의 주님과 주님의 피와 살을 받는 자들과 더불어 교회의 일치를 가져온다.[107]

그에 앞서, 성령은 아버지와 아들을 맺어주는 "평화의 띠"이다.[108] 그는 성육신한 그리스도 안에서 신성과 인성을 통합하고,[109] 그리스도가 하나님과 하나 되고 지상의 몸과 하나 되는 연합을 구성하고 보증한다.[110]

그는 인간 예수와 다른 인간들을 중재한다.[111] 그는 교회의 존재와 일치를 가져온다. 왜냐하면, 그는 "전체 그리스도(*totus Christus*)의 연합을 구성하고 보증하기 때문이다."[112] 그는 인간을 육체와 영혼으로,[113] 결혼한 남편과 아내로[114] 통합한다.

이 모든 것은 필리오케와 바르트의 아우구스티누스식의 삼위일체 이해에서 나온다. 왜냐하면, 만일 성령이 아버지와 아들에게서 나온다면, 성령의 역할은 아버지와 아들을 중재하는 힘이 될 것이고 창조와 구속에 있어서도 마찬가지일 것이다.

하지만 이 역할은 겨우 바르트의 하나님 관점이 단일위격적이라는 사상을 뒷받침하는 데 도움을 제공할 뿐이다. 왜냐하면, 성령은 단지 아버지와 아들 간의 사랑으로 환원되기 때문이다. 동시에 만일 세 번째 세력이 없었다면 존재하지 않았을 연합을 확보하기 위해 필요하다면 그것은 아버지와 아들 간에 존재하는 거리를 함의한다.

이것은 몰트만의 비판이기도 하다. 그는 다음과 같이 진술한다.

---

107 Barth, CD, IV/3: 761.
108 Ibid., IV/3: 760.
109 Ibid., III/2: 193ff.
110 Ibid., IV/3: 760-62.
111 Ibid., IV/2: 343.
112 Ibid., IV/3: 760.
113 Ibid., III/2: 354.
114 Ibid., IV/2: 746ff.; see also III/4: 184.

성령은 단지 아버지와 아들을 연결시켜 주는 일반적인 사랑의 띠에 불과하다.… [그래서] 삼위일체 안에 삼위가 있을 필요가 전혀 없다.… 성령은 분리된 것의 연합일 뿐이다. 절대적 주체인 삼원성(trinity)의 반영은 이원성(duality)이다.[115]

그는 아우구스티누스에게 물려받은 이 오래된 서구의 주장이 "성령이 단지 다른 두 위격의 상호관계만이 아니라 삼위일체의 삼위(third person)라는 전통과 모순된다"고 믿는다. 엄밀히 말해서, "하나님이 자신을 주님으로 드러낸다"는 바르트의 원리는 아버지가 하나의 신적 인격(personality)이라는 것을 의미한다.[116] 그래서 우리는 우리가 시작했던 곳으로 다시 돌아간다.

윌리엄스는 이에 동의하면서, "바르트는 비록 삼위일체의 어떤 '위격'도 현대적 의미에서 독립된 의식의 중심부가 아닐지라도 아버지와 아들이 성령보다 더 가까이 근접해 있다고 말하는 것처럼 보인다"고 진술한다.

게다가 "만일 성령이 아버지와 아들 사이의 교제나 사랑이라면, 그것이 함의하는 바는 두 주체와 하나의 '작용' 또는 어쩌면 얽혀 있는 '특성'(quality)이 존재한다는 점이다."

윌리엄스는 바르트에게 있어 삼위일체가 셋이 아닌 둘의 교제(society)라고 결론짓는다.[117] 윌리엄스는 바르트가 I/1보다 IV/1에서 더 다원주의적이라고 인정한 반면에,[118] 그럼에도 "계시나 자기 해석의 통제 모델이 성령의 신학에 적용되기 어렵다는 것이 입증될 때 바르트의 삼위일체 체계 안에 여러 문제가 드러나기 시작한다."

---

115 Moltmann, *Trinity*, 142.
116 Ibid., 143.
117 Williams, "Barth," 170-71.
118 Ibid., 175.

윌리엄스가 I/1에서 만큼 일찍 밝혀진 "직선 모델"(linear mode)이라고 부른 것은 전혀 도움이 되지 않는다. "사랑하는 사이와 관련되는 '양상들'로 이해될 소지가 별로 없다." 이것은 우리가 십자가를 생각할 때 훨씬 더 심각해진다.[119]

바르트가 단일체(unity)인 삼위일체를 남성과 여성으로 구별되는 인간과 비교한 것에 관해서, 인격체들(human persons)을 단지 존재의 '양상들'(modes)로 간주하는 것은 이상했을 것이다.[120]

3. 양태론에 대한 모호한 반대

바르트는 기회가 닿는 대로 계속해서 양태론을 반박한다. 근접(proximity)과 원격(remoteness)의 주제가 이것을 강조한다.[121] 그는 하나님이 "아버지와 아들과 성령이라는 세 위격의 구별 속에서도" 한 분이라고 말하고, 하나님의 단일성(simplicity)이 삼위일체와 기독론의 맥락에서 이해되어야 한다고 강조한다.[122]

실제로, 하나님은 영원히 아버지이시며, 영원히 아들이시며, 영원히 성령이시다. 그리고 아버지에 의한 낳으심(the begetting), 출생됨(the being begotten), 두 위격으로부터 성령의 발현(the procession)의 내적인 움직임을 당연히 인정해야 한다.[123]

바르트는 확실히 자신을 양태론자로 여기지 않는다. 그가 하나님의 자기계시가 우리로 하여금 하나님 자신에게 접근하게 한다고 보지 않으려는

---

119 Ibid., 181.
120 Barth, *CD*, III/2: 64, 246-48, 274ff.; IV/2: 343.
121 Ibid., II/1: 462.
122 Ibid., II/1: 445.
123 Ibid., II/1: 615.

어떠한 거부도 확고하게 반대할 때 이것은 다시 분명해진다.

"만일 신으로서의 자신의 고유한 존재 안에 하나님이 단순히 현세적이지 않다면, 만일 그가 자신의 고유한 존재 안에서가 아니라 외모의 양태에서만 겸손하고 낮고 순종하는 분이라면, 그리스도의 진정한 신성의 가치는 무엇인가?"[124]

그러나 그는 계속해서 하나님 안에 세 개가 아니라 단 하나의 주체, "스스로 중복(self-repetition)하는 유일한 하나님…세 가지 다른 양태를 지닌 인격적인 유일한 하나님"이[125] 존재한다는 이전에 자신의 반복어를 되풀이한다. 바뀌지 않은 바르트의 삼위일체론의 핵심에 이런 지속되는 모호함이 존재한다. 만일 그가 양태적이지 않다면 그는 단지 가장 큰 위험성을 지닌 단일인격성(unipersonality)에 대한 비난에서 벗어날 수 있을 것이다.

눈에 크게 띨 정도로 아직 해결되지 않은 문제가 있다. 우리가 본 대로, 바르트가 근접과 원격의 관점에서 아버지와 아들을 고찰한 것은 성령이 양자를 결합하도록 요청한다. 톰슨은 여기서 또 다른 문제를 지적하는데, 성령과 분리시켜 양자를 생각하는 것은 하나의 추상(abstraction)이다.[126]

바르트가 『교회교의학』 I부 1권에서 확언한 페리코레시스 교리에 마주하자 금세 사라진 것은 또한 아버지와 아들 사이의 결합의 부족함을 암시한다. 스마일은 이런 방식으로 한결 같은 비판을 약간 제시한다. 바르트의 필리오케에 대한 변호는 그로 하여금 성령이 일방적인 관계 안에서 아들을 의존하는 것으로 보게 한다. 그래서 스마일은 바르트가 신약성경이 제시하는 복잡성(complexity)과 상호 의존성(reciprocity)을 놓쳐버린다고 주장한다.[127]

---

[124] Ibid., IV/1: 196-97.
[125] Ibid., IV/1: 205.
[126] John Thompson, "On the Trinity," in *Theology Beyond Christendom*, ed. Thompson, 30.
[127] Smail, "Holy Spirit," 106ff.

그 결과 바르트는 "신성 전체의 원천과 기원"(*fons et origo totius divinitatis*)으로서 아버지의 우선성에 충분한 무게를 두는 데 실패한다. 바르트는 그것이 그리스도의 인성에만 적용된다는 근거들로 이 양방향의 관계를 거부한다.

하지만 스마일이 주장하는 것과 같이, "만일 인성을 지닌 그리스도(the human Christ)에게 발생한 일에 영원한 아들에 대한 언급이 전혀 없다면 바르트의 계시론 전체는 그 중심에서 공격을 받는다." 그는 예수의 세례에 더 많은 주의를 기울였어야 했다. 서구의 필리오케 교리는 아들과 관련하여 성령의 역할과 위격이 감퇴되는 결과를 가져오고, 성령론이 기독론으로 동화된다.[128]

이번 장에서 우리는 종종 약간 다른 각도에서 동일한 주제들로 되돌아가면서 다람쥐 쳇바퀴를 도는 듯한 인상을 주었을지도 모른다. 이런 점에서 우리는 사실상 『교회교의학』에서 중심 주제들을 계속 맴도는 나선형 방식(a spiral method)을 채택한 바르트에게 충실하다.

---

[128] Ibid., 108.

◆ 주요 용어들

경륜적 삼위일체(economic Trinity)
본질(essence)
내재적 삼위일체(immanent Trinity)
위격(person)

◆ 깊이 생각할 문제

1. 바르트는 분명 양태론자가 아니다. 몇몇 사람은 왜 그가 양태론자였다고 생각했는가?
2. 많은 이들은 바르트가 수 세기 동안 삼위일체신학에 가장 중요한 기여를 했었다고 생각해 왔다. 그러한 주장은 일반적인 동의를 얻지 못했다. 찬반 양론을 평가해 보라.
3. 바르트는 하나님이 삼위일체 되기를 선택하셨으며, 하나님의 선택이 당신의 삼위일체 본성보다 앞선다고 가르치는가?
이 질문에 답변하기 위해, 여러분은 바르트에 대해 세밀하고 철저하게 읽어야 할 것이다.

◆ 더 읽으면 좋은 책

1. Karl Barth, CD, I/1.
2. Michael T. Dempsey, ed., *Trinity and Election in Contemporary Theology* (Grand Rapids: Eerdmans, 2011).

3. Paul D. Molnar, *Divine Freedom and the Doctrine of the Immanent Trinity: In Dialogue with Karl Barth and Contemporary Theology* (London: T&T Clark, 2002).

4. ——. *Faith, Freedom, and the Spirit: The Economic Trinity in Barth, Torrance, and Contemporary Theology* (Downers Grove, IL: IVP Academic, 2015).

제2장

라너와 몰트만 그리고 판넨베르크

1. 칼 라너

칼 라너(Karl Rahner, 1904-1984)는 20세기에 가장 뛰어난 가톨릭 신학자들 가운데 한 사람으로 제2차 바티칸 회의의 방침을 따르는 신학 토론을 이끌었다. 1967년에 그 회의가 끝나자마자 그는 『삼위일체』(*The Trinity*)라는 책을 썼다. 그 책에서 그는 현 사태를 이렇게 묘사한다.

> 우리는 기꺼이 인정해야 한다. 삼위일체 교리가 거짓으로 평가절하 되더라도 대부분의 종교 문헌은 실제로 아무 변화 없이 잘 보존될 수 있을 것이다.[1]

캐서린 라쿠냐(Catherine LaCugna)가 1997년 영어판의 (본인의) 소개 글에서 인정한 것처럼 신뢰할 사람이 라너 자신인 것은 이것이 더 이상 정당한 논거가 아니기 때문이다. 이 책에서 라너는 수많은 주요 질문에 답변하려고 노력한다. 그는 로마가톨릭의 교도권(*magisterium*)을 따르는 서방신학의 패러다임 안에서 운용을 하되 비판적인 입장에서 그렇게 한다. 그는 삼위의 구별성에 관심이 있고 바르트와 달리 동방신학의 통찰력에 관대하다.

---

1 Karl Rahner, *The Trinity*, trans. Joseph Donceel (New York: Crossroad, 1997), 10-11.

1) 경륜적 삼위일체와 내재적 삼위일체의 일치

라너는 삼위일체와 성육신의 관계를 면밀히 탐구한다. 아우구스티누스 이후에 옛 전통에 반대하여 삼위일체의 어떤 위격이든지 육화될 수 있었으리라는 것은 서방신학자들에 의해 추정되었다.[2]

이것은 하나님이 일반적인 의미에서 인간이 되셨다는 공통의 인식으로 묘사된다. 만일 그렇다면 아들의 성육신은 우리에게 아들 자신에 대해 특별한 것을 아무것도 말해 주지 않을 것이라고 라너는 역설한다.[3] 대신에, 구원은 단순히 신인(God-man)에게서 오지 않고 육화된 말씀으로부터 온다고 그는 주장한다.

인간이 된 것은 정확히, 그리고 특별히 (일반적으로 신이 아닌) 아들이다.[4] 삼위일체로부터 유일신에 대한 논의의 분리는 아퀴나스 이래로 예의상 필요한(de rigeur) 이런 잘못된 개념을 양성하는 데 기여하여 삼위 사이를 구별하는 집단의식에 오점을 낳고 말았다.[5]

이것은 라너로 하여금 그의 논증의 핵심이 되는 경륜적 삼위일체와 내재적 삼위일체의 공리와 같은 일치로 이끈다.[6] 삼위일체가 단지 교리에 불과한 것이 아니라 구원의 신비라는 점을 확립시켜 주는 기본 명제는 "경륜적 삼위일체는 내재적 삼위일체요 내재적 삼위일체는 경륜적 삼위일체이다"[7]라는 것이다.

이것은 삼위일체와 구원사의 일치를 수반하고 성경에 기록된 구원 역사의 경험에 뿌리를 둘 것이다. 우리 구원에 있어 아들 예수 그리스도와 성령의 특수성은 실제적인 구별을 반영한다.

---

2   그러나 제2부 제8장에서 안셀무스에 대해 논의한 것을 보라. 그는 다른 주장을 한다.
3   Rahner, *Trinity*, 11.
4   Ibid., 12.
5   Ibid., 15-21.
6   Ibid., 21ff.
7   Ibid., 22.

라너는 이 테제를 성육신과 관련지어 정교하게 구성한다. 예수는 아들 하나님이기에 적어도 아들에게 적합할 뿐 아니라 "그에게 고유한" 하나의 사명이 있다. 이것은 특히 아들의 영역에 속하는 삼위일체의 사역이 아니라 두 위격이 공유하는 사역이다. 차라리 이것은 로고스에게만 속하는 것인데, 오직 한 위격의 속성으로 단정할 수 있다.[8]

그것은 유일무이하며, 일반적인 상황이나 원리의 표본이 아니다. 마치 성육신이 단지 더 뚜렷하고 고조된 형태로서 약간 똑같이 관련된 많은 표본들이 있는 것처럼 말이다.[9] 삼위일체의 어떤 위격이라도 육화될 수 있었다는 것은 입증될 수 없고, 더욱이 그렇게 될 수 있었다고 주장하는 것은 거짓이다.[10]

만일 어떤 위격이고 육화될 수 있었다면, 그 임무들과 삼위일체 내적인 생명 사이에 아무런 관계도 없을 것이고, 따라서 "하나님이 우리를 위하는 것은 그분이 삼위일체만큼 자신 안에 존재하는 것에 대해 우리에게 아무것도 알려 주지 않을 것이다." 그래서 "우리는 로고스가 실제 계시 속에 드러난 대로의 모습이라는 진리, 그분이 (단지 우리에게 계시되었을지도 모르는 분들 중의 하나가 아닌) 우리에게 삼위일체 하나님으로 계시되는 유일한 분이라는 진리를 고수한다."[11]

라너는 아버지와 성령이 자기의 독특한 방식으로 성육신 안에 함께한다는 점을 부정하려 하지 않고, 삼위일체의 사역이 분리할 수 없다는 점을 이의제기하려고도 않는다. 그의 의도는 사실상 인간이 되신 분은 아들밖에 없다는 것과, 이것이 마땅히 그랬어야 하는 방식이라는 것이다.

라너는 안휘포스타시아(*anhypostasia*, against *hypostasis*)와 엔휘포스타시아(*enhypostasis*, into *hypostasis*) 교리를 이 질문에 계속 적용시키면서, 로고스가

---

8 Ibid., 23.
9 Ibid., 24-28.
10 Ibid., 28-30.
11 Ibid., 30.

자신을 그의 인성 안에서, 그리고 그의 인성을 통해서 계시한다고 결론짓는다.[12] 따라서 "신적인 삼위의 각 위격은 그 나름의 특수성과 다양성 안에서 값없는 은혜로 인간과 소통하신다."[13]

하나님의 자기소통은 삼중적인 측면이 있다.[14] 경륜적 사벨리우스주의는 잘못됐다.[15] 그래서 우리는 구원사에서 믿음을 통해 경험한 것과 같이 예수와 그의 성령을 통해 삼위일체에 대한 접근을 추구할 수 있다. 이 두 위격 안에 내재적 삼위일체는 이미 주어졌다. 삼위일체는 단지 교리가 아니고, 경험에 뿌리를 두고 있다. 삼위가 말하는 실체가 우리에게 부여된다.[16]

라너는 동방교회에 대해 바르트보다 더 긍정적인 인식을 보여 준다. 그는 또한 사건들의 성경적 순서를 따르고 싶어 한다.[17] 하지만 바르트와 같이 그는 가장 큰 위험을 양태론이 아닌 삼신론으로 본다.[18] 이것은 그가 스스로 충돌하게 될 문제들에 대한 실마리가 된다. 그는 인격이란 용어에 대해 바르트가 유보한 것들을 공유한다. 하지만 그는 더 좋은 단어가 없다는데 동의하기에, 적절한 여러 조건을 달고 그 단어를 사용한다. 그러나 그는 위격들부터 시작하지 않고 한 하나님부터 시작한다.[19]

현대의 인격 개념 안에 내재한 의식의 요소는 고전적 가르침이나 교권(magisterium)의 교의들에 속하지 않는다.[20] 하나님 안에 오직 하나의 능력과 의지와 외향적 행위가 있을 뿐이며, 세 개의 주관성 관념은 현재의 맥

---

12 Ibid., 31-33.
13 Ibid., 34-35.
14 Ibid., 36.
15 Ibid., 38.
16 Ibid., 39.
17 Ibid., 40-42.
18 Ibid., 43.
19 Ibid., 44; 56-57도 살펴보라.
20 Ibid., 75.

락에 있는 인격 개념에서 분리되어야 한다.[21]

어떤 행위가 한 위격에 적합할 때, 그것은 암묵적으로 다른 두 위격에 귀속되기도 하지만 이것이 하나님의 외향적 관계들은 삼위 모두에게 공통이 되는 방식으로만 존재할 수 있음을 함의하지 않는다.[22] 내재적 삼위일체에 대한 이해는 경륜적 삼위일체를 경유하여 온다.[23] 이는 당연히 아버지와 아들과 성령이 한 신격으로 동일하지만 상대적으로 서로 구별된다는 것이다.[24]

2) 하나님의 자기소통과 삼위의 동일성

그러므로 경륜적 삼위일체는 예수 그리스도와 성령에 의한 하나님의 자기소통의 구별되지만 관련있는 두 가지 방식을 드러낸다. 이것들은 하나님의 한 가지 자기소통의 두 "국면들"(moments)이다.[25]

몰나가 인용한 건턴은 이 용어가 유출을 내포한다고 설명한다.[26] 네 쌍의 개념들(기원-미래, 역사-초월, 초청-수용, 지식-사랑) 아래 이 사기소통이 무엇인지에 대한 장황하고 약간 모호한 논의가 뒤따른다. 내가 보기에 라너는 바르트와 동일한 함정에 빠진 것 같다. 인격이라는 용어가 거부되거나 가혹하게 제한될 때 덜 인격적인 추상적인 것들로 마치게 된다.

라너는 분명 동방교회의 일부 통찰력을 포용하고 싶어 하고 서방교회의 성향을 비판하지만, 벗어날 수 없다. 라쿠냐는 다음과 같이 말한다.

---

21 Ibid., 75-76.
22 Ibid., 76-77.
23 Ibid., 65-66.
24 Ibid., 72.
25 Ibid., 83-85.
26 Paul D. Molnar, *Divine Freedom and the Doctrine of the Immanent Trinity: In Dialogue with Karl Barth and Contemporary Theology* (Edinburgh: T & T Clark, 2002), 85.

라너의 신학은 인간 인격의 구조가 약간 본질적인 면에서 하나님 자신의 존재의 형상에 상응하거나, 그 형상이라는 생각에 근거를 둔 인간론이다. 라너가 경륜을 설명하려고 구성하는 4각형의 형태는, 아는 것과 사랑하는 것의 두 행위(기원-미래, 역사-초월, 초대-수용, 지식-사랑)와 유사한 이중적 형태를 뚜렷하게 띤다. 이 작품의 말미에서, 라너가 아우구스티누스를 비판하는 내용들은 다소 부드러워진다.[27]

이것은 고통스럽게도 그가 결국 삼위의 동일성에 대해 몇 가지 결론에 도달하려고 애쓸 때 명백해진다. 그는 "인격"이라는 용어가 절대로 아버지, 아들, 성령에 대한 우리의 지식을 구성하지 않는다고 주장한다. "그것은 절대적으로 독특한 것을 다시 한번 일반화하려고 시도한다."[28] 그는 이 점에서 옳다. 아우구스티누스 외 다른 사람들은 인간 언어의 약점을 인정했다. 우리는 4세기에 전문용어를 놓고 벌인 길고 복잡한 싸움도 기억한다. 그래서 라너는 이어서 말하기를 우리가 그밖에 다른 모든 곳에서 하는 것처럼 삼위에 대해 말할 수 없다고 한다. 삼위는 "본질의 모임 세우기 번식"이 아니고 "삼위의 개성의 '대등함'도 아니다."[29]

우리는 반대로 구원 역사의 원래 경험으로 돌아와야 한다. 하나님 안에 행위의 세 가지 영적 중심부나 주관성이 있는 게 아니다. 오히려 하나의 의식이 삼중적인 방식으로 존속한다.[30]

무엇이 "인격" 개념을 설명하고 정확히 해석하는 설명 개념이 될 것인가?

라너는 이것을 제안한다. 곧 "한 하나님이 존재하는 세 가지 구별된 방

---

27 Catherine Mowry Lacugna, *God for Us: The Trinity and Christian Life* (San Francisco: Harper, 1991), 109.
28 Rahner, *Trinity*, 104.
29 Ibid., 105.
30 Ibid., 106-7.

식으로 존속한다."³¹ 그러면 어느 한 위격이라도 "이렇게 규정된 존속의 구별된 방식으로 존재하고 우리를 만나는 하나님"이 될 것이다. … "거기에 있는 이것은 존속하는 것이다."³²

이 무의미한 구절은 "인격"이란 단어를 포기하는 비인격적인 결과를 생생하게 강조한다. 라너는 이 정의가 지닌 어려움을 인정하지만, 그것이 "인격"이 요즘에 할 수 없는 방식으로 하나님의 일치를 표현한다고 제안한다.³³

그를 따라다니는 것은 삼신론이지만 이것은 가짜 위협이며, 그는 더 긴급한 양태론의 위험을 덜 알아차린 것처럼 보인다. 공정하게 말해서, 그는 "구별된 존속의 방식"에 의해 "인격"이 이전에 했던 것과 유사한 것을 말하려고 한다. 그는 오롯이 자기 제안이 설명을 위한 도구로 사용되기를 꾀한다.³⁴

3) 라너의 삼위일체론이 지닌 문제점들

세 가지 "구별된 존속의 방식"이 어떻게 서로 사랑할 수 있는지에 대한 의문이 남는다. 위격이란 단어를 보다 낫게 하려는 시도들은 가차 없이 보다 덜 인격적인 결론으로 이끈다. 이것은 하나님의 형상대로 지음 받은 인간 인격들과 관계를 잘라낸다.

라너 자신은 그리고 독자인 여러분은 하나의 "구별된 존속의 방식"인가?
그것은 무엇을 의미하는가?
그것이 좀 더 명확한가?

---

31   Ibid., 109.
32   Ibid., 110.
33   Ibid., 111.
34   Ibid., 115.

"신적인 위격들"이라는 구절은 그것들이 인간의 인격과 어떻게 다른지에 대한 상응하는 설명으로 사용될 수 없었는가?

라너는 교회 도그마의 범위 내에서 그 문제를 정당하게 다루려고 영웅적 노력을 한다. 하지만 그는 갑자기 양태론쪽으로 방향을 선회한다.

다른 한편, 라너는 아들과 성육신의 독특함에 대해 지나치게 도발적이다. 경륜적 삼위일체와 내재적 삼위일체를 연결시키고 동일시하는 그의 주요 명제는 적절하게 이해되고 적용될 때 생기가 넘친다.

만일 공리가 창조, 섭리, 은총의 사역에서 삼위일체로서 하나님의 자기 계시가 영원한 그분에 대한 참된 계시라면, 그것은 기독교 신앙의 핵심에 있는 하나의 진리를 표현한다. 그것은 하나님의 신실하심을 가리킨다. 그것은 유일하신 삼위일체가 존재함을 입증한다. 하나님은 자유로우시며, 우리를 창조할 필요도 없었고 우리에게 자신을 나타낼 필요도 없었다. 그러나 그렇게 하기로 선택하셨던 그분 자신의 신실하심은 그분이 누구신지를 반영하는 방식으로 자신을 계시하는 것을 필요로 한다.

경륜적 삼위일체와 내재적 삼위일체의 한 분기점은 하나님에 대한 우리의 지식을 훼손시킨다. 우리의 구원은 하나님이 구원의 역사에서 자기를 계시하신 부분, 즉 자기 존재 자체에 대한 그분의 진실함과 신실함에 달려있다. 의심할 여지 없이, 우리는 경륜 속에서 자기를 계시하지만 내재적 삼위일체가 존재론적 우위를 지닌 하나님을 알게 되거나, 하나님의 자유가 양보되고 어떤 의미에서 피조물을 의지한다고 여겨지는 하나님을 알게 된다.

그러나 이것이 라너가 의도한 자기 공리일까?
아니면 이와 반대로 내재적 삼위일체에 대한 생각을 회피하려고 그것을 사용하고 있는가?
이것은 역사와 시간을 절대화하여 신이 그 창조 세계를 의존하는 범신론 쪽으로 이끌지 않는가?

여기서 우리는 초월적 인간론으로 그리스도의 인격에 접근하려는 라너의 기독론에 대한 콜린 건턴의 비판에 주목한다.[35] 그의 기독론은 예수의 인간적 삶, 최고 인간적 자질들에 기초한 "아래로부터의" 기독론이다. 결과는 완전히 하나님도 아니고 완전히 인간도 아닌 그리스도라고 건턴은 결론 내린다.

여기서 라너는 로고스의 인성이 "정확히 로고스가 신이 아닌 존재로 자신을 드러낼 때 존재하게 되는 것"이거나 인간 본성이 궁극적으로 "로고스 자신의 자기 발화를 자기 비움을 통해"[36] 표현되어야 한다고 제안한다. 이것은 로고스의 흐릿함, 로고스의 인성, 그리고 일반적인 인성으로 보인다. 일반적인 동향은 양태론과 범신론의 방향에 있다. 이것은 라너 신학의 주제와 조화된다.

몰나는 라너가 하나님에 대한 지식이 하나님의 자유로운 자기현현보다는 오히려 우리의 경험에서 온다는 전제를 갖고 시작한다고 주장한다.[37] 그러면 우리 자신의 한계와 초월에 대한 우리의 경험은 하나님에 대한 우리 지식과 분리될 수 없다.[38]

위에서 언급한 네 개의 극성(기원-미래, 역사-초월, 초청-수용, 지식-사랑)에 대한 라너의 의존은 여기에서 비롯된다. 결과는 보편적인 인간 경험과 계시의 병합이며, 그 결과 하나님을 창조 세계의 일부로 삼으려는 거센 경향성이다. 라너는 실제로 하나님이 하나님 아닌 존재가 되기를 의도하셨기에 영원히 사람으로 남아 있어 그 결과 "모든 신학은 따라서 영원히 인간학이며" 인간은 "다른 부분과 깊이 관련된 하나님의 신비"이다.[39]

---

35 Colin E. Gunton, *Yesterday and Today: A Study of Continuities in Christology* (Grand Rapids: Eerdmans, 1983), 11-15.
36 Rahner, *Trinity*, 31.
37 Molnar, *Divine Freedom*, 85-86.
38 Ibid., 85-92.
39 Karl Rahner, *Theological Investigations*, vol. 4, *More Recent Writings*, trans. Kevin Smyth

이 공리의 마지막 산물은 라너와 특히 그것에 영향을 받은 사람들에 의해 사용된 대로 내재적 삼위일체에 대한 담화가 하나의 신기루라는 것과, 모든 것이 인간의 역사와 경험으로 환원된다는 것이다. 이것은 라너가 지은 다른 작품들에서 주목할 만하다.[40]

몰나의 표현대로 하자면, "우리의 자기초월적인 경험들이 참된 하나님을 아는 일에 출발점을 제공한다고 여겨지는 한, 기독교 신학자들은 언제나 실제로 하나님에 대한 그들의 생각과 하나님을 구별하는 어려움을 겪게 될 것이다."[41] 『삼위일체』에서 설명된 하나님의 자기소통에 대한 사중적인 조직 체계는 보편적인 인간 경험이 우리로 하여금 삼위일체에 접근하는 것을 수반한다.

이것은 추상적인 것들이 아버지, 아들, 성령으로서 하나님 자신의 신분보다 앞서 사용될 때마다 따라온다. 그 결과는 범신론에 가깝다.

그리고 고든 카우프만, 로버트 젠슨, 위르겐 몰트만, 캐서린 라쿠냐와 엘리사벳 존슨과 같은 페미니스트 학자들은 라너가 그려놓은 길을 따라 가지각색으로 여행한다. 몰나가 지적한 것처럼, 이것은 바르트가 사용했던 길과 매우 다르다. 그것은 내재적 삼위일체를 무시하거나 거절함으로써 길을 잃어버린다. 바르트에게 있어, 하나님은 창조 세계보다 앞서는데, 그것은 하나님이 존재하도록 자유롭게 결정했다.

따라서 우리 경험은 하나님의 자유롭고 주권적인 계시에 의해 결정된다. 라너와 함께 인간의 경험이 역사 안에 위치한 척도이기 때문에 내재적 삼위일체는 경륜적 삼위일체로 붕괴되는데, 그것은 이어서 인간의 한계와 초월에 대한 경험 위에 세워진다. 역사는 절대화되고 일반적인 인간 경험

(Baltimore: Helicon Press, 1966), 116.
40 Karl Rahner, *Foundations of Christian Faith: An Introduction to the Idea of Christianity*, trans. William V. Dych (New York: Seabury Press, 1978), 44-55; Rahner, *Theological Investigations*, 4:41-65.
41 Molnar, *Divine Freedom*, 85.

은 하나님을 이해하기 위한 기초가 된다.[42]

일원론적 양태론이나 삼신론으로 방향을 바꾸는 사회적 삼위일체 교리가 따라온다. 다음으로, 이것은 창조주와 피조물을 하나의 우주적 과정으로 병합한다. 하나님은 세상이 하나님을 의존하는 만큼 세상을 의존한다. 그 결과는 범신론이나 범재신론이다.

이것은 라너에게 영향을 받은 많은 이들 중 하 사람인 캐서린 라쿠냐에게 발견된다. 몰나는 그녀가 다음과 같이 주장-그리고 이것은 『우리를 위하시는 하나님』에 나오는 그녀의 중심 주제다-하는 것을 인용한다.

> 경륜과 신학은 한 실재 곧 신인의 교통의 신비가 지니고 있는 두 가지 양상이다."[43] 또한 "삼위일체 교리는 궁극적으로 '하나님'에 대한 가르침이 아니라 우리와 함께하는 하나님의 생명과 서로 함께하는 우리의 생명(God's life with us and our life with each other)에 대한 가르침이다.[44]

2. 위르겐 몰트만

1973년에 처음 출판된 『십자가에 달리신 하나님』에서, 위르겐 몰트만(Jürgen Moltmann, 1928-)은 예수의 십자가와 부활의 변증법적 해석에 집중한다. 그는 이것을 삼위일체 교리의 뼈대 속에 놓는다. 그 논증의 핵심에 "십자가 신학은 삼위일체 교리임에 틀림없고 삼위일체 교리는 십자가 신

---

42   Ibid., 1-25. 몰라는 라너의 접근방법과 범신론과 범재신론을 향한 길을 따라서 라너의 공리를 더 구체적으로 받아들이는 사람들의 접근방법이 지닌 약점들을 적나라하게 폭로하면서, 내재적 삼위일체 교리의 중요성에 대해 철저하고 통찰력 있는 설명을 제공한다. 이것은 현대 삼위일체신학을 탐구하는데 관심 있는 사람이라면 누구나 꼭 읽어야 하는 책이다.
43   LaCugna, *God for Us*, 222.
44   Ibid., 228.

학임에 틀림없다"⁴⁵는 진술이 있다. 십자가는 예수와 아버지 사이의 사건이었으며, 그것을 이해하기 위해 우리는 삼위일체의 관점에서 접근해야만 한다.

> 아들은 죽어가고 아버지는 아들의 죽음을 겪고 … 아들의 아버지 부재는 아버지의 아들 부재와 조화된다. … 하나님은 … 아들의 죽음 속에서 자기 부성애의 죽음을 겪는다.⁴⁶

이 사건은 분리된 예수와 아버지의 공동체, 공동체인 예수와 아버지의 분리를 함의한다. 아버지와 아들은 철저히 분리되어 있고, 전도자 요한은 이 사랑의 사건 속에서 하나님의 존재 자체를 본다. 이 사건으로부터 나오는 것이 성령인데, 이는 경건하지 않은 자들을 의롭게 하고 이들을 하나님 안에 있는 죽음 속에 포함시킨다.⁴⁷

간단히 말해, 하나님은 경건하지 않은 자들 및 신에게 버림받은 자들과 자기를 동일시한 것 속에 계시된다. 마치 죽음 속에 있는 그분이 사랑 안에서 경험하는 것처럼. 헤겔의 변증법이 미친 영향은 틀림없다. 십자가는 하나님이 고난 받으신 사랑 속에서 모순을 극복하기 위해 자기와 모순되는 것과 동일시하신 변증법적 사건이다. "따라서 삼위일체는 변증법적인 역사적 과정이다."⁴⁸

처음부터 끝까지 몰트만은 하나님과 세상을 서로 연관시킨다. 헤겔의 강력한 메아리와 함께, 그는 라너의 공리를 따르고 또 더 발전시킨다. 하나님은 세상에 영향을 미치고 또 영향을 받으면서 세상과 함께 역사를 경

---

45 Jürgen Moltmann, *The Crucified God: The Cross of Christ as the Foundation and Criticism of Christian Theology* (Minneapolis: Fortress Press, 1993), 241.
46 Ibid., 243.
47 Ibid., 244.
48 Richard Bauckham, *The Theology of Jürgen Moltmann* (Edinburgh: T & T Clark, 1995), 155.

험하신다.⁴⁹

이것은 십자가에 대한 그의 삼위일체적 접근방식 속에 분명히 드러나지만, 그의 신학 전체에 골고루 퍼져 있다. 이것과 밀접한 관련이 있는 것이 그의 초기 저작인 『희망의 신학』⁵⁰에 등장하는 종말론이다. 이것은 미래 즉 하나님 나라로 가는 길(a direction)이다. 한편 그것은 계속되는 변화의 과정을 수반한다.

이 미래지향적인 희망은 예수 그리스도의 부활에 근거하고 약속의 형태를 띠는데, 이는 우리가 현재 경험하는 고난과 버림과 모순되며 반대로 작용한다. 헤겔의 영향은 약속의 통합에 의해 고난이라는 반대명제를 극복하는 것에서 거듭 명백해진다.

한편, 하나님은 고난 가운데 있는 세상과 동일시하신다. 십자가는 신적인 사랑의 사건이다. 그것은 하나님 자신의 본성을 고통 받는 사랑으로 입증한다. 보컴의 표현대로, "십자가는 고통의 문제를 해결하지 않고 자발적인 사랑의 공동 고통(fellow-suffering)으로 그것을 충족시킨다."⁵¹

이것은 단지 하나님이 행하신 선택이 아니고, 오히려 그것은 존재 자체가 사랑이시기 때문에 그분이 갖고 계신 필요이며, 사랑은 고난을 겪어야만 한다.⁵² 하나님의 삼위일체 역사는 세상의 역사와 뒤엉켜 있고 완전히 분리할 수 없어서 공동 고통의 역사이다.⁵³

---

49 Ibid., 6, 173-74.
50 Jürgen Moltmann, *Theology of Hope: On the Ground and the Implications of a Christian Eschatology*, trans. James W. Leitch (London: SCM, 1967).
51 Bauckham, *Moltmann*, 12.
52 Jürgen Moltmann, *The Trinity and the Kingdom: The Doctrine of God* (London: SCM, 1991), 32ff.; Jürgen Moltmann, *God in Creation: A New Theology of Creation and the Spirit of God* (San Francisco: HarperSanfrancisco, 1991), 108ff.; Molnar, *Divine Freedom*, 200.
53 Bauckham, *Moltmann*, 13.

다음으로, 몰트만은 정치신학에 대한 단호한 방향성이 있다. 하나님이 고통 받는 사랑, 억압받는 자들과 연대하는 고통이시기 때문에, 몰트만은 자신이 이런 관심사를 표명한다고 믿는 정치 운동을 특히 좋아한다.

1960년대에 마르크스주의는 "새로운 자유세계에 대한 비전"으로 몰트만에게 호소했다. 좀 더 최근에 몰트만은 인간의 창조된 권위와 하나님의 형상을 지닌 인류의 종말론적 운명 위에 세워진 인권을 강조했다.[54] 나는 그의 신학적 결론들이 자신의 정치적 통찰력과 조화된다고 주장할 것이다.

1) 세상과 호혜적인 관계

몰트만에게 있어, 하나님은 "세상에 대한 그의 사랑이 세상에 영향을 미침은 물론 그것에 영향을 받는" 세상과 호혜적 관계를 맺으신다. 세상의 삼위일체 역사는 세상뿐 아니라 하나님에게 진정한 역사다.[55] 이것은 라너가 밟은 오솔길의 명백한 결과다. 몰트만 스스로가 다음과 같이 표현한 바와 같다.

> 하나님은 세상과 사람을 '필요로 하신다.' 하나님이 사랑이라면 그가 사랑하는 대상이 없이 존재하지 않게 되거나 존재할 수 없을 것이다.[56]

창조주는 피조물이 존재할 수 있는 공간을 만들어야만 한다. 또 피조물을 위한 시간을 갖고 자유를 허용해야 한다.[57] 하나님은 무로부터 세상을 창조하시는데, 몰트만에게 이것은 하나님이 우주를 무로부터(*ex nihilo*) 존

---

54 Ibid., 18-19.
55 Ibid., 15.
56 Moltmann, *Trinity*, 58.
57 Ibid., 59.

재하게 하셨다는 고전적 기독교의 믿음이 아니라, 오히려 하나님이 자기 제한을 통한 원초적 공간, 자기 자신을 드러내는 비실재(nothingness), 자기 현존과 함께 온통 퍼져 있는 신께 버림받음을 인정하고 이 비실재로부터 이 세상을 창조하신다는 것을 의미한다.[58]

이삭 루리아(Isaac Luria)의 표현을 빌리자면, 몰트만은 이것을 "하나님 안에 있는 수축과정을 통해 가능해 진 것"[59]으로 묘사한다. 그 결과 하나님의 역사는 세상의 역사가 된다. 하나님과 창조는 둘 다 호혜적으로 연관되고 철저히 상호 연관된 과정 속에서 함께 엮여진다.

이것이 『십자가에 달리신 하나님』의 근저에 있는 내용이다. 십자가는 삼위일체의 한가운데 있다. 그것은 하나님의 생명을 규정한다. 역사적 사건들은 하나님의 존재를 규정한다. 경륜적 삼위일체는 내재적 삼위일체를 계시할 뿐 아니라 그것을 반성적으로 규정한다.[60]

2) 범재신론

당연히 하나님은 필연성에 영향을 받는다. 창조와 함께 엮인 필연성은 신의 존재에서 나온 필연적 유출이다. 그 결과는 명백한 범재신론(panentheism)이다. 20세기 초 성공회 학자인 롤트(C. E. Rolt)를 따라서, 몰트만은 다음과 같이 주장한다.

> 하나님의 자기애를 그분의 자기희생으로 이해한 것을 통해, 하나님의 영원한 자기애에 대한 롤트의 삼위일체적 해석은 세상에 개방적인 삼위일체론에 도달한다. 사랑은 주어야 한다. 왜냐하면, 사랑이 진실로 지복을 소

---

58 Moltmann, *God in Creation*, 89-91.
59 Moltmann, *Trinity*, 109.
60 Ibid., 160-61; Roger Olson, "Trinity and Eschatology: The Historical Being of God in Jürgen Moltmann and Wolfhart Pannenberg," *SJT* 36 (1983): 217-18.

유하고 발견하는 것은 바로 주는 행위 안에서 뿐이기 때문이다. 이 때문에 하나님은 자기를 내어주셔야만 하고, 이러한 봉사 행위와 별개로 자기를 소유할 수 없는 것이다. 하나님은 완전히 자기를 희생하셔야만 한다. 그가 하나님 되는 것은 바로 이런 방식뿐이다.

그는 시간을 경험하셔야만 한다. 그가 영원한 것은 바로 이런 방식뿐이다. 그는 지상에서 풀코스를 종으로 달려야만 한다. 그가 하늘의 주인이 되는 것은 바로 이런 방식뿐이다. 그는 사람, 오직 사람이 되셔야만 한다. 그가 완전히 하나님이 되는 것은 바로 이런 방식뿐이다. 그래서 하나님의 신성은 자기 인성에서 단절되지 않고, 그의 인성은 자기 신성에서 단절되지 않는다. 곧 하나님이 인간이 되는 것은 필연적이었다. 왜냐하면, 그래야만이 그가 참된 하나님이 될 수 있기 때문이다.[61]

몰나는 이러한 범재신론과 유출론이 몰트만의 창조론과 삼위일체론에 필수적이라고 주장한다.[62] 몰트만의 테제는 창조가 하나님 자신의 존재인 사랑의 유출이라는 점이다. 아들의 영원한 발생과 세상의 창조는 모두 필연적인 행위이면서 또한 즉각적인 행위다. 그는 아버지가 영원 속에서 행하신 것과 동일한 방식으로 영혼 안에서 아들을 낳는다는 취지에 찬성하며 마이스터 에크하르트(Meister Eckhart)를 인용한다.[63]

하지만 몰나가 지적한 것처럼 에크하르트는 1329년에 정죄를 받았다. 그는 하나님이 아들을 낳는 비슷한 시기에 세상을 창조하셨다고 주장했다. 창조를 아들과 영원히 공존하게 만드는 것은 기독교의 무로부터의 창조 교리를 부정했다는 이유로 이 주장은 거부되었다.[64]

---

61 Moltmann, *Trinity*, 33.
62 Molnar, *Divine Freedom*, 220.
63 Moltmann, *Trinity*, 236.
64 Molanr, *Divine Freedom*, 210ff.

몰나는 몰트만에 반대하여, 하나님이 스스로에게 진실하기 위해 창조해야만 한다고 말하는 것은 아버지, 아들, 성령으로서 하나님의 자기충족적인 사랑과, 자신과 구별된 세상을 창조하려는 하나님의 자유의지 사이에 아무런 구별도 없다는 것을 의미한다며 옳은 주장을 한다. 이와 반대로, 몰트만에게 있어 실제로 창조는 아버지의 아들에 대한 필연적 사랑에 내재한다.[65]

다음으로, 성령의 고난은 세상의 고난과 같은 동시에, 성령은 우주의 영과 같다. 하나님과 창조세계는 동일하지 않다. 만유(everything)는 하나님이 아니다. 그러나 하나님은 만유이시다.[66]

다시 말하면, "생태학적 창조 교리는 하나님에 대한 새로운 유형의 사고를 내포한다. 이 사고의 초점은 더 이상 하나님과 세상의 구별이 아니다. 그 초점은 세상 안에 있는 하나님의 현존에 대한 인식이며 하나님 안에 있는 세상의 현존에 대한 인식이다."[67]

따라서 이 유출론적 창조론과 함께 하나님은 피조물을 필요로 하고 피조물 없이 존재하지 않기 때문에 내재적 삼위일체 교리에 대한 필요성이 전혀 없어진다.[68] 그러므로 "모든 피조물은 창조 공동체의 개체들이며 성령의 현시물이다."[69] 우리가 "사건들의 우발성으로부터 우주와 생명의 진화"를 생각할 때, 하나님과 세상을 구별하는 유신론보다도 "역동적인 범재신론은 훨씬 더 그럴듯하다."[70]

몰트만이 지지하고 있는 삼위일체적 창조 개념은 "단일신론과 범재신론 안에 있는 진리의 요소들을 통합한다." 그것은 하나님과 자연을 동일

---

65 Ibid., 213-14.
66 Moltmann, *God in Creation*, 102-3.
67 Ibid., 13.
68 Molnar, *Divine Freedom*, 231.
69 Moltmann, *God in Creation*, 100.
70 Ibid., 212.

한 전망 속에 통합하려고 노력할 것이다.[71]

3) 신적인 감수성(Divine Passibility)

초기에 아버지와 아들 사이의 사건인 십자가와 함께 십자가에 달리신 하나님-여기서 삼위일체 교리는 예수의 역사에 대한 신학적 해석이다-에 대한 몰트만의 강조는 모두 신적인 감수성(하나님의 고통 받으시는 수용성) 교리를 드러내고 요구한다. 이것은 고전적인 신적 불감수성 교리(하나님이 고통 받을 수 없다는 교리)와 상반된다. 몰트만에게 있어 고통은 하나님에게 이질적이지 않을 뿐더러 실제로 그분이 누구신지를 규정한다.

> 고통 받을 수 없는 신은 사랑할 수도 없다. 사랑하지 못하는 신은 죽은 신이다.[72]

그분은 사랑이시고 사랑은 고통 없이 존재할 수 없기에, 당연히 하나님은 친히 본질적으로 고통 받는 사랑이라고 할 수 있다. 이것은 물론 역사 속에서 완성되는데, 그것은 동시에 삼위일체의 역사다. 고통이 하나님에게 필수적이며 하나님의 존재를 아우르는 원리이기 때문에, 하나님은 그것을 극복할 수 없다.[73] 그분은 그것을 변화시키는 데 무능하다. 그분의 능력은 사랑 안에서 고통당하는 데 있기 때문이다.

최근에 토마스 웨이넌디(Thomas Weinandy)는 지난 세대에 아주 많은 사람들에게 의문의 여지없이 용인되었던, 하나님이 친히 고통당하신다는 눈을 속이고 쇠약하게 만드는 이 개념을 조심스럽게 탐구했다. 웨이넌디가 이 문제를 다루는 것은 능수능란하다. 조심스럽게, 한걸음씩 주의 깊은 꼼

---

71 Ibid., 98.
72 Moltmann, *Trinity*, 38.
73 Molnar, *Divine Freedom*, 203.

꼼함과 사려 깊은 전문지식으로, 그는 인간적 고통의 유린과 잔학한 행위들 앞에서 "오직 고통당하는 신만이 도울 수 있다"는 본회퍼의 인상적인 구절에서 주장해 온 신학적 일치를 무너뜨린다. 그는 고전적 기독교 전통에 대한 철저한 탐구를 통해 이 일을 하고, 마찬가지로 성경적이고 신학적인 주장을 보장한다.

창조 세계에 대해 주권적인 하나님은 창조 세계보다 높은 분으로 자신을 계시하기 위해 창조 세계 안에서 행동하신다. 오직 고통 받을 수 없는 신만이 우리를 도울 수 있다. 그분이 인간의 고통을 인간으로 경험하시고 자기 죽음과 부활로 근원-죄-을 다루시는 것은 바로 아들이 인간으로 사신 성육신을 통해서다. 만일 하나님이 신으로서 신적인 고통을 받으셨다면 우리에게 전혀 도움이 되지 않을 것이다.

한편, 그분은 우리를 돕지 못할 것이다. 왜냐하면, 그분은 자신의 창조 세계 안에서 적대 세력에게 꼼짝 못하게 될 것이기 때문이다. 다른 한편, 그분은 인간의 고통을 이해하거나 다루는 능력이 전혀 없을 것이다. 정확히 그분이 하나님으로 고난당하지 않고 또 당할 수 없기 때문에, 그분은 (성육신을 통해서) 인간적인 방식으로 고통당할 수 있고, 죄(인간 고통의 원인)를 속죄하셨기 때문에 죄의 궁극적 제거가 일어날 수 있다. 본회퍼를 멍하게 만들기 위해서, 오직 신으로 고난 받을 수 없는 하나님만이 도울 수 있기에 사랑을 실행에 옮길 수 있다.[74]

4) 하나님과 인간 경험의 상관관계

물트만의 하나님과 세상의 상관관계, 그의 범재신론은 나란히 경륜적 삼위일체와 내재적 삼위일체의 전통적 구별에 대한 그의 단념과 함께한

---

74 Thomas G. Weinandy, *Does God Suffer?* (Notre Dame, Ind.: University of Notre Dame Press, 2000).

다. 여기서 그는 라너를 따르는데, 한 단계 내지 두 단계를 더 취한다.[75] 하나님이 창조 세계와 밀접하게 짜여 있기에 그분은 변화한다.

세상과의 관계는 그분이 고통을 당할수록 변화하고, 자신 안에 있는 관계들도 변화를 경험한다. 따라서 우리는 자신 안에서 변화하는 삼위일체의 관계들과 동시에 세상과의 관계의 역사로서의 이야기 형태만 채택할 수 있다. 정말로 사랑에 대한 우리 경험과 그로 인한 우리 자신에 대한 경험은 하나님에 대한 우리 경험과 비슷하다.[76]

몰트만은 하마터면 이 지점에서 창조 세계와 삼위일체를 거의 동일시할 뻔했다. 실제로 그는 우리 경험과 삼위일체 자체의 경험을 다음과 같이 동일시한다.

> [한 인격은] 세계의 역사가 하나님의 고통의 역사라고 인식한다. 하나님의 가장 심오한 계시의 순간들에, 항상 고통이 있다. … 만일 한 인격이 여기서 나타난 하나님 사랑의 무한한 수난(passion)을 한 번 느낀다면, 그는 삼위일체 하나님의 신비를 이해한다. 하나님은 우리와 함께 고통 받으신다-하나님은 우리로부터 고통 받으신다-하나님은 우리를 위해 고통 받으신다.
>
> 곧 삼위일체 하나님을 드러내는 것은 바로 이러한 하나님에 대한 경험이다. 그것은 삼위일체의 관점에서 이해되어야만 하고 오롯이 이해될 수 있다. 결과적으로, 삼위일체론에 접근하는 방법에 대한 근본주의 신학의 논의는 오늘날 고통 받을 수 있음, 혹은 고통 받을 수 없음에 대한 문제의 상황으로 진행된다.[77]

---

75 Bauckham, *Moltmann*, 16, 155-56; Molnar, *Divine Freedom*, 198-99; Moltmann, *Trinity*, 151ff.
76 Bauckham, *Moltmann*, 159.
77 Moltmann, *Trinity*, 4-5.

몰나는 이것을 몰트만의 유출실과 범재신론의 직접적인 유출로 간주한다.[78] 보컴에 따르면 몰트만은 헤겔과 유사한 실수―세계 역사를 하나님이 자기를 실현하시는 과정으로 만든 실수―를 범한다.[79]

5) 삼위일체 위격들 간의 상호 호혜성

보컴은 몰트만의 하나님 이해가 "역동적 관계성 개념에 의거한다고들 할 수 있을" 것이라고 지적한다. 삼위일체는 "서로 사랑하는 관계 속에 있는 세 분의 신적 주체들"[80]이다.

몰트만은 활동 기간 내내 바르트와 서구 전통과 날카롭게 대비하면서 사회적 삼위일체론을 발전시켜 왔다. 존재의 세 가지 양상 또는 방식 안에 있는 단 하나의 주체 대신에, 몰트만에게 있어 신적인 세 위격은 서로 관계하는 세 분의 주체들이다.

세 분 사이에 고정된 순서는 없다. 그들의 "관계"(relationship, 영어 번역으로 꾸준히 사용된 단어)가 자유로움 속에서 상호 호혜적인 사랑의 관계이기 때문이다. 단연코 아무런 종속도 없다. 세 분은 "삼위일체적 관계"[81] 속에서 존재한다. 이것은 주재권(lordship)과 권위에 대한 몰트만의 완전한 거부를 따른다.

보컴이 관찰하듯이, "바르트와의 불일치는 아주 중요하다."[82] 바르트가 주재권을 자신의 신론 중심부에 놓았던 반면에, 몰트만은 그것을 시야에서 추방하고 싶어 한다.

---

78 Molnar, *Divine Freedom*, 218.
79 Bauckham, *Moltmann*, 25.
80 Ibid., 15.
81 Ibid., 16, 162.
82 Ibid., 173; 176도 살펴보라; Molnar, *Divine Freedom*, 199.

따라서 하나님의 일치는 만유와 하나님을 하나로 묶는 궁극적 목표 즉 "삼위일체적이고 종말론적인 범재신론"[83]과 더불어 자체 안에 세상을 포함시키기 위해 개방적인, "관계 속에 있는 삼위의 일치"이다. 전능하신 하나님의 주재권을 고수하는 "단일신론"과는 반대로, 삼위일체론은 "자유와 평등의 관계에 근거를 둔다."

몰트만은 자신에게 크게 영향을 주었던 사상가인 마르크스주의자 에른스트 블로흐(Ernst Bloch)를 이렇게 인용한다.

> 우주의 위대한 주께서 다스리시는 곳에 자유가 들어설 공간은 없다.[84]

삼위일체 관계 속에 있는 신적인 세 주체들의 변화하는 상호 호혜적인 관계에 대한 이 견해는 우리가 나중에 잠시 살펴보게 될 삼신론이라는 의문을 불러일으키며, 또한 페미니스트적인 하나님 이해를 위한 문을 열어준다.

몰트만에게 있어 관계성 개념이 아주 중요해서 몰나는 그에게 "관계성은 주부이며 하나님은 그 반대가 아닌 술부이다"[85]라고 결론짓는다. 따라서 바르트와 노골적으로 상반되게, "하나님은 자기 아들을 계시하신다. … 하나님은 '자기 자신'을 계시하지 않으신다. 그분은 '자기 아들'을 계시하신다. 아들은 하나님 자신과 같지 않다. 그분은 자기 스스로의 주체이시다."[86]

바르트가 가르쳤던 대로, 하나님은 단 하나의 동일한 주체가 아니시다. 하나님은 삼위일체의 열린 교제 관계를 맺고 계신다. 아버지, 아들, 성령의 영원한 페리코레시스가 존재한다. 그것은 "특권과 종속이 없는 사람들

---

83 Bauckham, *Moltmann*, 17.
84 Moltmann, *Trinity*, 203.
85 Molnar, *Divine Freedom*, 227.
86 Moltmann, *Trinity*, 86.

의 인간적 교제에"⁸⁷ 상응한다. 따라서 성령은 아버지와 아들의 신적 주체들과 함께하는 "의존적인 주체"이다.⁸⁸

6) 고삐 풀린 억측

보컴은 훈련되지 않은 숙고와 후기 작품에서 해석의 무책임성 때문에 몰트만을 비판한다.⁸⁹ 그는 자신이 성경 본문들을 이용하는 것을 지지해 주는 어떤 석의도 없이 계속해서 성경 본문을 언급한다. 한 예를 들면 충분할 것이다. 십자가 위에서 그리스도의 내려놓음에 대한 견해를 피력할 때, 그는 히브리서 2장 9절을 인용한다.

> 이를 행하심은 하나님의 은혜(χωρὶς Θεοῦ)로 말미암아 '모든 사람을 위하여 죽음을 맛보려' 하심이라 (히 2:9).⁹⁰

그는 각주에서 미첼(O. Michel)을 언급하는데, 그는 후자가 대체와 교정이라는 이유로 (하나님의 은혜로) 일반적으로 받아들인 '하나님의 은혜'(χάριτι Θεοῦ)에 대한 이런 해석을 선호한다.⁹¹

하지만 몰트만이 선호한 이해는 그것을 지지하는 많은 교부들이 있는 반면, P⁴⁶, ℵ, B, C, 그리고 D를 포함하여 '카리티 떼우'(χάριτι Θεοῦ)에 대한 사본상의 입증이 훨씬 우세하다. 이 변형은 아마도 '테오스'(θεός)가 5-8절에 있는 시편 8편의 인용에서 사람에게 예속된 것들로부터 배제되었다는 점을 확실하게 하려고 첨가되었을 것이다.⁹²

---

87 Ibid., 156-57.
88 Moltmann, *God in Creation*, 97.
89 Bauckham, *Moltmann*, 167.
90 Moltmann, *Trinity*, 78.
91 Ibid., 233.
92 Bruce M. Metzger, *A Textual Commentary on the Greek New Testament* (London: United

몰트만은 단지 이런 질문을 회피하고 자기 입장이 마치 논쟁의 여지가 없는 것처럼 제시할 뿐이다.

"모성을 가진 아버지"로서 하나님 아버지에 대한 "유사 생물학적" 개념[93]은 더 그렇다. 까닭 없고 입증되지 않은 주장에 근거하여, 몰트만은 아들이 아버지에게서 발현한다면 이것이 낳음(a begetting)과 동시에 탄생(a birth)을 함의하기에 아버지는 "모성을 지닌 아버지도 되신다. 그분은 더 이상 단성적으로(unisexually), 가부장적인 차원이 아니라 … 양성적으로(bisexually) 또는 성전환적으로(transexually) 규정된다. 그분은 자기가 낳은 아들에 대해 모성애를 지닌 아버지로 이해되어야 하며, 동시에 자기 독생자에 대해 부성애를 지닌 어머니로 이해되어야 한다"[94]고 주장한다.

이런 터무니없고 자명하게 비성경적인 억측을 지지하여, 몰트만은 톨레도 공의회(Council of Toledo, 675)를 인용하는데, 이 공의회는 아들이 "아버지의 자궁에서 낳거나 탄생했다"[95]고 말했다. 여기서 그는 범교회적이지 않은 공의회에서 드물게 수사적으로 언급한 테오레구메논(*theolegoumeno*)을 교리의 차원으로 격상시키고 있다.

성경이 하나님을 성을 가진 존재로 묘사하지 않는다는 사실과, 아버지에 대해 언급하는 것들을 성적이 관점에서 이해되어서는 안 된다는 사실에 더하여, 예수님은 성전환을 한 아버지에게 기도하지 않으셨다. 더 이상 말하지 말자.

몰트만은 또한 페리코레시스 개념을 종종 사용한다. 하지만 다마스쿠스의 요한네스가 하나님 안에 있는 삼위의 상호 내주를 가리키기 위해 이 용어를 사용한 반면에, 몰트만에게는 그것이 곧바로 전면적으로 적용할 수 있는 원리가 된다. 그는 "하나님에게 유비되는 모든 관계들은 삼위일체

Bible Societies, 1971), 664.
93　Bauckham, *Moltmann*, 169.
94　Moltmann, *Trinity*, 164.
95　Ibid., 165.

페리코레시스의 시원적이고 호혜적인 내주와 상호침투를 반영한다"고 주장하며, "따라서 이 생태학적인 창조 교리를 규정하게 될 것은 바로 침투나 페리코레시스와 같은 삼위일체의 생명 개념이다"[96]라고 결론짓는다. 다시 한번 말하지만 이것은 순전한 억측이다.

7) 삼신론?

몰나는 조지 헌싱어(George Hunsinger)를 비롯하여 몰트만을 삼신론자라고 비판하는 많은 학자들을 인용한다. 헌싱어는 "누군가는 단지 몰트만이 최초가 되려고 애쓴다고 결론지을 수도 있다. …『삼위일체와 하나님 나라』는 우리 중 누구라도 쉽게 볼 수 있는 삼신론에 가장 가까운 것이다"[97]라고 주장하면서 기독교 삼신론자는 없었다는 몰트만의 주장에 답변한 인물이다.

그러나 보컴은 삼위에 대한 초점이 최고의 한 개별자에 대한 초점보다 전통에 더 진실하지 않느냐고 묻는다.[98] 옳다. 그게 더 가깝다. 하지만 동방정교회에서 이것은 한 하나님에 대한 균형 잡힌 강조와 내재적 삼위일체에 대한 옹호와 함께한다. 반면 몰트만은 하나님과 창조를 서로 연관시키고 내재적 삼위일체를 붕괴시킨다.

몰트만에게 있어 삼위일체는 하나의 주체가 아니라 세 주체의 교제다. 몰트만은 이것을 인간 가족, 즉 우리가 카파도키아 교부들이 어렴풋이 생각했다가 타당하고 필연적인 근거들로 거절했다고 본 유비에 비유한다. 그것은 삼신론을 낳았다. 몰트만이 그것을 좋아한다는 점은 전혀 놀랍지 않다. 그것이 독립된 세 주체에 대해 말하기 때문이다.

---

96 Moltmann, *God in Creation*, 16-17.
97 Molnar, *Divine Freedom*, 201-2.
98 Bauckham, *Moltmann*, 25.

가족의 이미지는 삼위일체의 연합 곧 삼위-한 가족에 대한 가장 좋은 이미지다. 이 유비는 단지 임의적이지 않다.

그것은 우리가 하나님의 이미지를 인간의 개별성에서 만이 아니라 "똑같은 열정으로 인간의 사회성에서도"[99] 찾아야 한다는 사실을 가리키기 때문이다. 이것은 특히 십자가에서 표현되는데, 거기서 "아버지와 아들은 아주 철저히 분리되어서 그들의 관계가 깨진다."[100]

만일 우리가 몰트만에게 친절을 베풀고 싶다면, 그가 삼신론에 가까이 불편하게 표류할 때 하나님은 세 가지 면에서 환원할 수 없을 정도로 하나님이라는 사실에 건강한 주의를 끌게 한다는 점을 우리는 지적할 수 있다. 따라서 "인격이라는 어떤 단일하고 일의적인 개념도 아버지와 아들과 성령에 적용할 수 없다." 그리고 "우리는 인격 개념을 아버지, 아들, 성령에게 정확히 똑같은 방식으로 적용할 수 없다."[101]

아버지와 아들과 성령은 영원히 구별된다. 각 위격은 나머지 다른 위격들과 다르며 계속해서 그럴 것이다. 하지만 하나님은 분리되지 않은 하나의 존재다. 보컴이 사려 깊게 관찰한 바와 같이, "우리는 확실히 단일하고 동일한 신적인 주체가 반복되거나 자신과 관계를 맺는 세 가지 방식으로 이 삼위를 환원해서는 안 된다. 곧 이렇게 주장하는 것은 몰트만의 사회적 삼위일체론에 대한 주장이 지니고 있는 장점이다."[102]

따라서 보컴이 주장한 것처럼, 우리는 성육신이 아버지나 성령이 아닌 아들에게 적합한 반면에 영감과 세상에 내주하는 것은 아버지나 아들이 아닌 아들에게 적합하다는 점을 인정할 수 있다. 실제로, 이러한 차이점들을 고르게 하고 대등하게 하는 것은 양태론쪽으로 기울어지게 하는 것이다.

---

99 Moltmann, *Trinity*, 199.
100 Ibid., 82.
101 Moltmann, *God in Creation*, 97.
102 Bauckham, *Moltmann*, 179.

하지만 몰트만 안에 상반되는 놀랄 만한 위험, 즉 양태론의 위험도 존재한다. 그는 그리스도가 시간 안에서 고난당하신 것처럼 아버지도 영원 속에서 "고난당하셨음"(c'est son metier)에 틀림없다고 말한다. 아버지가 십자가 위에서 고난당하셨다고 주장하는 아버지고난설은 초기의 이단이었다. 바르트와 라너는 모두 이를 부인하지만, 몰트만은 포용한다.[103] 이와 같이, 아들과 성령의 고난은 아버지의 고난이 된다.

몰나는 여느 때와 같이 삼위일체 교리에 대한 우리의 접근법이 하나님의 한 존재를 과도하게 강조해서는 안 되고, 반대로 몰트만이 그랬던 것처럼 삼위를 지나치게 강조해서는 안 된다고 말할 때. 확실한 근거에 기초한다. 대신에, 우리는 삼위일체 하나님이 동시에 하나이자 셋, 즉 균등하게 궁극적인 셋이라는 사실에서 출발해야 한다.[104]

우리는 나중에 이에 대해 논의할 것이다. 그때 우리는 동방교회와 서방교회가 직면했던 근본적인 문제점들을 다룰 것이다. 몰나의 주요 관심사는 몰트만이 경멸했던 것으로, 내재적 삼위일체 교리가 거절된 곳에서 필연적인 붕괴가 범신론이나 범재신론의 형태로 생겨난다는 점이다. 여기서 또 다시 몰트만은 고전적인 실물 교육을 제공한다.

8) 극빈자 하나님?

칼 바르트는 몰트만에게 이렇게 썼다.

> 네가 만일 나를 용서해 준다면 내가 보기에 너의 하나님은 극빈자 하나님처럼 보인다.[105]

---

103 Moltmann, *The Crucified God*, 241ff.; Moltmann, *Trinity*, 32ff.
104 Molnar, *Divine Freedom*, 232-33.
105 1964년 11월 17일로 추정되는 편지. Karl Barth, *Letters, 1961-1968*, trans. and ed. Jürgen Fangemeier and Geoffrey W. Bromiley (Grand Rapids: Eerdmans, 1981), 176.

몰트만은 권위-정치 영역에서 인간의 권위와 무엇보다도 하나님의 권위-에 대한 분명하고 뿌리 깊은 문제를 지니고 있다. 하나님에 대한 순종은 비굴하다. 철저한 의존은 질색이기 때문이다. "우주 전역의 전능한 지배자 개념은 굴욕적인 예속을 필요로 한다. 왜냐하면, 이는 삶의 모든 영역에서 완전한 의존을 가리키기 때문이다."[106]

그리고 블로흐의 표현대로 하자면, "우주의 위대한 주가 통치하는 곳에 자유가 들어설 공간은 하나도 없다."[107] 이것은 성경은 말할 것도 없고 놀랍게도 전체 기독교 전통과 모순된다.

몰트만은 하나님을 당신이 창조해야만 했던 세상과 서로 의지하고 공동으로 의지하는, 자유롭고 호혜적인 인격들 간의 교제로 해석해 왔다. 이런 우주적 과정 속에서 그분은 고통을 제거할 수 없고 자기 피조물과의 연대를 공표하는 사랑이 많고 고난을 받는 참여자이시다. 인간은 자기와 함께 고통을 받는 창조주와 상호 호혜적인 자유로운 관계를 맺고 있다. 이들은 종말론적 소망을 향해 나아가는 우주적 비극 속에서 서로에게 희생자들이다. 이 안에 종속이나 권위가 들어갈 자리는 없다.

이와 반대로, 몰트만은 『공동기도서』(*Book of Common Prayer*, 1662)의 아침 기도 순서에 있는 지혜로운 평화를 위한 기도에 관심을 가졌을지도 모른다.

> 오! 하나님!
> 당신은 평화를 창시하고 일치를 사랑하는 분이십니다. 당신을 아는 지식 안에서 영원한 생명을 세우며, 당신의 봉사는 완전한 자유입니다.
> 그러하기에, 우리 원수들의 모든 공격 가운데 있는 당신의 겸손한 종들인 우리를 보호해 주소서. 우리가 확실히 당신의 방어를 신뢰함으로 우리 주 예수 그리스도의 권능으로 말미암아 어떤 대적자들의 무력도 두려워하지

---

106 Moltmann, *Trinity*, 192.
107 Ibid., 203.

않게 하소서. 아멘.

그리스도에 대한 순종과 봉사는 자유다. 게다가, 이 세상은 우리가 우리를 다스리고 보호해 줄 그분의 능력을 필요로 하는 그런 곳이다.

몰트만은 또한 사도 바울을 생각했을 수도 있었을 텐데, 바울은 종종 자신을 그리스도의 종(*doulos*)으로 묘사하며, 이어서 그리스도는 우리의 구세주가 되기 위해 기꺼이 종의 형상(*en morphe doulou*)을 취하셨다(빌 2:5-7).

롤트(Rolt)를 호의적으로 언급하고 있는 몰트만 자신의 표현대로 하면, "하나님이 소유한 유일한 전능함은 고난 받는 사랑의 전능한 능력이다."[108] 또 이번에는 스튜더트 케네디(Studdert Kennedy)를 인용하면서, 그는 하나님 아버지가 전능하시다는 것을 명백히 부정한다.[109]

하나님은 자신을 뒤로 빼고 창조할 공간을 만들며, "자신을 자기 무능으로 낮추심으로"[110] 창조하신다. 그래서 능력은 하나님에게서 제거된다. 몰트만의 기독교 정치 제도는 그 중심에 거대한 권력의 공백이 있을 것이다.[111] 하지만 이것은 세상이 작동하는 방식이 아니다. 하나님께서 우리를 만드신 방식이 아니기 때문이다.

모든 인간 사회는 성공으로 이끌어줄 리더십-단호하지만 지혜롭고 사랑이 넘치는 리더십, 그리고 배후에서 이끌어 줄 능력과 권위-을 필요로 한다. 몰트만은 다음과 같이 말할 때 지나칠 정도로 순박하다.

> 그것은 삼위일체 하나님에 상응하는 단일 지도자의 군주정치가 아니고, 특권과 종속이 없는 남성과 여성으로 이루어진 공동체다.[112]

---

108 Ibid., 31.
109 Ibid., 35.
110 Ibid., 110.
111 Ibid., 198.
112 Ibid.

히틀러의 독일에서 그 끔찍한 결과들과 함께 자란 몰트만에게 미친 영향은 무엇인지 우리는 탐구할 수도 있다. 진리는 분명 데리다, 롤랑 바르트, 푸코, 리오타르 외 다른 프랑스 포스트모던주의자들과 같은 사람들에게 문제가 된다. 왜냐하면, 진리는 점령당한 프랑스에서 조종하는 세력의 노리개였으며, 그 후에 굉장히 모호해졌기 때문이다.

비키 정권은 대재앙과 배신으로부터 프랑스를 구했는가?
누가 저항군에 가담했고 누가 협조자였는가?
협조자들로 보였던 일당이 저항군 안에 몰래 머물고 있을 때, 그리고 저항군 스스로가 심각하게 분열되었을 때, 여러분은 무슨 말을 할 수 있겠는가?

객관적 진리에 대한 부정에는 배후에 다소 민감한 역사적 쟁점들이 있다.
몰트만에 대해 이런 질문을 하는 것은 허용될 수 있는가?
거의 병적일 정도로 권력에 대한 그의 혐오는 모든 곳에 명백히 드러난다. 그는 무시무시한 전제정치(우리는 어떤 순간에 전제정치의 존재를 부정하지 않는다)가 하나님의 주재권(lordship)에 대한 믿음의 결과라고 주장하기까지 한다.
하지만 그는 대영제국과 스칸디나비아 국가들에 있는 입헌 군주제의 발전에 대해 전혀 언급하지도 않고, 미국에 있는 연방 형태로 된 자유의 출현에 대해서도 전혀 언급하지 않는다. 이 모든 것들은 하나님의 권위에 대한 강한 신념이 존재한 나라들에서 생겨났다. 이런 문제들에 있어서 유럽 대륙 특히 독일의 비참한 기록이 신학을 지배하도록 그냥 놔둬서는 안 된다.
하물며, 우리는 몰트만의 마르크스 사회주의에 대한 미심쩍은 칭송을 잠시라도 허용할 수 없다. 그는 그것에 대한 기록을 자유 민주주의와 동등하게 여긴다![113] 정치적 부조리를 가린 채, 공산주의가 붕괴되기 이전에 글

---

113 Ibid., 199.

을 쓴 몰트만은 두 가지 제도의 전환이 반드시 필요하다고 생각한다.[114]

몰트만이 자기 자신의 강조점을 정치신학에 두기 때문에, 우리는 그의 정치적 추론만큼이나 그의 신학적 추론을 신뢰해야 하는지 물어봐야 한다.

9) 페미니스트 신학에 미친 영향

몰트만의 아내 엘리자벳 몰트만 벤델(Elisabeth Moltmann-Wendel)은 뛰어난 페미니스트 신학자다. 몰트만의 삼위일체론이 페미니스트 신학의 신론을 재구성하는 데 유용한 기초가 된 것이 새삼 놀랍지 않다. 몰트만은 확고하게 가부장제에 반대했고 우리가 앞서 본 대로 모든 형태의 권위를 반대했다. 이것은 그의 삼위일체 개념과 연결된다.

몰트만에게 있어 삼위일체의 위격들은 상호 호혜적인 방식으로 관계를 맺고 있는 독립된 주체들이다. 그들 사이에 신성의 참여(한결같이 삼위일체 교의 안에 용인됨) 차원에서 뿐만 아니라 삼위의 관계(relations, 몰트만은 관계[relationships]를 선호한다)에 있어서도 종속적인 요소가 전혀 없다. 위격들의 상호 페리코레시스적 관계 안에 어떤 순서도 없다. 삼위는 독립된 주체들이다. 그들의 관계는 변화에 개방되어 있다.

하나님과 세상은 세상의 삼위일체적 역사에서 상호 파트너이다. 어떤 순서나 서열도 없는 이 자유로운 상호 관계는 남성과 여성의 자유로운 상호 호혜적 관계의 기초가 된다. 가부장적 순서의 잔재들에 대한 의문이 전혀 없다.

설령 있다손 치더라도, 몰트만의 삼위일체론은 가부장적 구조들과 태도들의 반전을 격려한다. 세상과 함께 고난을 받는, 고난 받는 사랑이라는 그의 하나님 이해는 상황을 변화시키기 위해 아무것도 할 수 없는 나약한

---

114 Ibid., 200.

방관자의 입장이다. 그는 단지 고통을 받을 뿐이다. 하나님은 여성화한 하나님, 정말로 성전환 신, 모성애를 지닌 아버지, 그리고 부성애를 지닌 아버지이시다. 이어서 몰트만의 기독교 사회는 권위가 없고 개인들이 관계를 맺은 여성화된 사회다. 이것은 골자가 빠진 신학이라고 할 만하다. 그것은 기독교의 가르침과 범신론의 혼합이다. 그밖에 누가 무슨 말을 하더라도, 이것은 확실히 "정치적으로 옳다."

3. 볼프하르트 판넨베르크

볼프하르트 판넨베르크(Wolfhart Pannenberg, 1928-)는 그의 작품 전체에 걸쳐 뛰어난 학식과 굉장한 돌봄을 보여 준다. 몰트만과 대조적으로, 그는 절제되지 않은 억측이 없다. 하지만 마지막에 그는 매우 비슷한 영역을 차지한다. 그가 만일 몰트만 만큼 아주 유별나게 나가지 않는다면, 그는 똑같은 방향으로 나아간다.

1) 예수, 역사, 그리고 부활

판넨베르크에게 있어, 기독론은 보편사에 근거한다. 예수의 신성은 그의 부활로 소급되어 확립된다. 초기 저작인 『예수-신과 인간』(*Jesus-God and Man*, 1964)에서, 판넨베르크는 하나님의 존재가 종말론적 부활에 의해서만 세워져야 한다고 주장하는 데까지 나아간다. 조밀하고 빽빽한 한 단락은 다음과 같이 요약한다.

> 타자 안에서 하나님의 존재와 생성의 요소가 그의 영원성과 하나 되는 것은 때때로 신적인 생명 안에서 새롭게 떠오르는 것이 동시에 하나님의 영원성 안에 항상 진실했던 것으로 이해될 수 있다는 점을 필요로 하다. 이

것은 성육신의 의도가 영원부터 하나님의 작정 안에서 결정되었다는 개념의 형태로 표현될 수 있다. 하지만 그러한 단언은 그 대상의 일시적 현상(actuality)에 달려 있다.

그래서 이 경우에는 성육신에 의존한다. 하나님의 영원성에 사실인 것은 오직 궁극적인 것의 유입과 함께 일시적으로 발생하는 것의 관점에서만 소급적 효력(retroactive validity)으로 결정된다. 따라서 예수와 하나님의 연합은 또한 한편으로 예수의 전 존재에 대해 예수의 부활의 관점으로부터 소급적으로만 결정된다. …

그래서 또한 다른 한편으론 하나님의 영원성에 대해 그렇게 결정된다. 예수의 부활을 제외하면, 그의 지상 사역의 맨 처음부터 하나님이 이 사람과 하나였다는 것은 사실이 아니었을 것이다. 그것은 예수의 부활 때문에 영원부터 사실이다. 예수의 부활 때까지, 하나님과 예수의 일치는 다른 사람들뿐 아니라 무엇보다도 예수 자신에게도 감춰졌다. 그 이유는 이에 대한 최종 결정이 내려지지 않았었기 때문이다.[115]

이 작품의 많은 부분이 예수의 부활이 일반 역사의 기초 위에, 따라서 역사적 연구 방법론에 의해 세워져야 한다고 주장함으로써 착수되었다.

그가 저술한 『조직신학』이라는 책에서, 판넨베르크는 하나님의 아들이 이전부터 본래 하나님의 아들이라는 것을 부정한다. 판넨베르크에게 있어, 그리스도의 영원한 신성은 그의 인성의 반영이다. 부활절 사건은 하나님과의 관계 속에서 예수가 누구였는지를 계시할 뿐만 아니라 부활절 이전의 역사에 대한 의미를 규정한다. 부활은 단지 예수의 신분을 계시하기보다는 그 신분을 규정한다.[116]

---

115 Wolfhart Pannenberg, *Jesus-God and Man*, trans. Lewis L. Wilkins (Philadelphia: Westminster Press, 1968), 321.
116 Wolfhart Pannenberg, *Systematic Theology*, trans. Geoffrey W. Bromiley (Grand Rapids: Eerdmans, 1991), 2:345-46; Molnar, *Divine Freedom*, 153-54.

판넨베르크는 아들이 자신의 영원한 아들 됨을 실현하기 위해 육화될 필요가 있었다는 점을 넌지시 내비친다.[117] 따라서 영원한 것은 그의 인성이 아니라 예수의 메시지다. 틀림없이 하르낙을 모방하면서, 판넨베르크는 다음과 같이 주장한다.

> 예수란 인물에 대한 논쟁에서, 우리가 그의 인성을 중심부에 놓지 말아야 한다는 점은 정말로 중요하다. 차라리 중심부는 하나님, 그분의 통치의 가까움, 그리고 그분의 부성애이다.[118]

예수의 주장과 메시지는 부활에 의해 입증이 필요했다. 왜냐하면, 예수는 지상 사역을 하는 동안 이런 입증을 하지 않았기 때문이다.[119] 판넨베르크는 아들의 영원한 신성을 인정하고 이것이 성육신보다 선행한다는 점을 인식하지만,[120] 예수의 신분이 부활에 의존한다고 주장한다.[121] 영원한 신성에 대해 언급한 진술들은 부활에 비추어 볼 때 가능할 뿐이다.[122]

2) 전통에 대한 비판

판넨베르크는 조직신학 1권에서 자기 자신의 조직적인 제안에 앞서 교회사에서 차지한 삼위일체신학을 폭넓게 논의한다. 그는 특히 아우구스티누스를 비판한다. 한 하나님의 본질—이것을 영으로 보든지 사랑으로 보든지—에서 삼위가 나온 것은 양태론이나 종속론의 문제를 낳는다고 그는 주

---

117 Pannenberg, *Systematic Theology*, 2:325, 367.
118 Ibid., 2:335.
119 Ibid., 2:337.
120 Ibid., 2:367.
121 Ibid., 2:345.
122 Ibid., 2:371.

장한다.¹²³ 대신에 우리는 아버지, 아들, 성령이 모습을 드러내고 계시의 사건에서 서로 관계하는 방식부터 시작해야 한다. 우리는 예수 그리스도 안에 있는 하나님의 계시부터 시작해야 한다.¹²⁴

바르트는 이것을 아주 명료하게 보았다. 여기서 판넨베르크는 역사가 신론과 기독론을 위한 기초를 제공한다는 자신의 옛 주제를 다시 되풀이한다. 그는 여기서 바르트를 칭찬하지만 그의 방법론은 근본적으로 다르다.

판넨베르크는 또한 아버지를 신성의 원천으로 삼은 카파도키아 교부들을 비판한다. 신약성경에 삼위일체 교리를 명문화한 내용이 전혀 없는 반면, 아버지와 성령의 신성을 말하고 있다. 하지만 이것이 어떻게 아버지와 관계가 있는지 불분명하다. 만일 아버지가 신성의 유일한 주체라면 여러 문제들이 존재한다. 그러면 아들과 성령이 종속되기 때문이다.

우리는 복음서에서 뚜렷한 주제, 즉 성령을 세 번째 격으로 이해하게 만드는 예수와 아버지의 관계부터 연구해야 한다.¹²⁵ 여기서부터 아버지, 아들, 성령의 호혜적인 자기 구별이 구체적인 형태의 삼위일체 관계로 전개된다.¹²⁶

판넨베르크도 역시 예전의 개신교 교의학과 거리두기를 하는데, 이 교의학은 예수가 아버지와 구별하는 진술들을 자기 인성을 언급하는 것으로 여겼다. 이것은 "회피"였다고 판넨베르크는 말한다.

고전적 기독론의 기준에 따르면, 이 단락들은 그냥 그의 인성이 아니라 육화한 아들 곧 그리스도의 인격을 말한다. 이러한 "회피적인 답변"은 예수가 정확히 하나님과 자기 구별을 하면서 하나님의 아들로 나타내신다는

---

123 Ibid., 1:298.
124 Ibid., 1:299-300.
125 Ibid., 1:301-5.
126 Ibid., 1:308ff.

점을 놓친다.[127] 자신을 하나님의 뜻에 복종시킴으로써, 그분은 자기를 하나님의 아들로 나타내신다. 이것이 그가 하나님을 영화롭게 하는 방법이다. 하나님의 아버지 되심에 상응하는 자로서, 예수는 아들이다. "그리하여 하나님과의 자기 구별은 아버지와의 관계 속에서 영원한 아들로 구성된다."[128]

3) 상호 호혜적인 관계들

아들의 아버지로부터의 자기 구별은 완전한 상호 호혜성을 수반한다. 아타나시우스는 아들이 없으면 아버지는 아들이 되지 못할 것이라고 주장했다. 그래서 어떤 면에서 아버지의 신성은 아들과의 관계에 의존한다. 어떤 면에서 아들의 신성은 아버지에게 의존하지 않지만 말이다.

아버지는 아들에 의해 낳아지거나 보냄 받지 않았지만, "이 관계가 불가역적"[129]이기 때문에, 그럼에도 "아버지는 자기 신성을 아들의 임무의 성공에 매이게 했다."[130] 이러한 아버지의 아들에 대한 의존은 양자 사이의 참된 호혜성의 기초가 된다.[131]

하지만 몰라가 비평한 바와 같이 이것은 자유로운 호혜성이 될 수 없다. 왜냐하면, 그것은 "하나님이 더 이상 자기 자신의 내적인 관계와 외적인 관계의 자유로운 주체가 아니다"[132]라는 결과와 함께 역사 안에서 발생한 사건에 달려 있기 때문이다.

아버지에게서 아들로 통치와 권력의 이양은 아들이 아버지에게 반환한 것이 그러하듯(참조. 고전 15:28) 삼위일체의 내적인 관계를 규정한다. 이런

---

127 Ibid., 1:309-10.
128 Ibid., 1:310.
129 Ibid., 1:312.
130 Ibid., 2:391.
131 Ibid., 1:312.
132 Molnar, *Divine Freedom*, 152.

행위들이 서로 깊이 관통하고 있다. 그리하여 아들의 왕국은 자기 주권을 아버지에게 다시 돌려드릴 때 끝나지 않는다. 오히려 자기 자신의 주권은 이 행위 속에서 절정을 이룬다.

판넨베르크는 우리가 낳으심 속에서 보지 못하는 이 양도와 반환을 상호성에서 본다고 주장한다.[133] 관계의 상호성에 대한 강조 때문에, 판넨베르크는 필리오케를 폄하한다. 그것은 성령과 더불어 아버지와 아들 모두의 교제를 정당하게 평가하지 못한다.[134]

동방교회와 서방교회는 삼위일체의 관계들을 기원의 관계들로 보기 때문에 모두 문제가 있다. 이에 기초하여 "우리는 관계들의 호혜성을 정당하게 평가할 수 없으며"[135] 페리코레시스조차 제한된 영향력을 행사할 것이다.

몰트만과 같이, 위격들 간의 상호 호혜성에 대한 판넨베르크의 개념은 모든 사회적 삼위일체 교리가 어떤 면에서 그런 것처럼 그를 삼신론 쪽으로 이끈다. 관계들이 서로 자기 구별을 하기 때문에 "이 관계들은 개별 행동의 중심부의 살아 있는 실현들로 이해되어야만 한다." 여기서 그는 스타닐로애와 로버트 젠슨을 제외하고 몰트만을 지지하면서 인용한다.[136]

러너에 반대하여, 그는 "신적인 의식이 세 가지 양식으로 존재한다."[137] 그리고 "삼위의 각 위격은 나머지 위격을 타자로 관계하며 자기를 그들과 구별시킨다."[138] 이런 관계들은 기원의 관계들로 축소된다.

> 상호 자기 구별로 규정되는 삼위 사이의 관계들은 전통적인 의미에서 기원의 관계들로 축소될 수 있다. 아버지는 단지 아들을 낳는 것만이 아니다.

---

133 Pannenberg, *Systematic Theology*, 1:312-13.
134 Ibid., 1:318.
135 Ibid., 1:319.
136 Ibid.
137 Ibid.
138 Ibid., 1:320.

아버지는 자기 나라를 그에게 이양하며 되돌려 받기도 한다. 아들은 단순히 아버지에게서 출생되기만 하지 않는다. 그는 또한 아버지에게 순종하며 그분을 유일하신 하나님으로 영화롭게 하기도 한다.

성령은 그냥 불어넣어지기만 하지 않는다. 그는 또한 아버지에게 순종하는 가운데 아들을 충만하게 하고 영화롭게 하며, 그로 인해 아버지 자신을 영화롭게 한다. 그렇게 하는 과정에서 그는 모든 진리 가운데로 인도하며 (요 16:13), 하나님의 깊은 것들을 찾아낸다(고전 2:10-11).[139]

"풍성하게 조직화된 관계의 기반"은 위격들의 다른 구별들을 구성한다.[140]

이로부터 "우리가 페리코레시스의 관계적 기반을 더 정확하게 규정하지 못하는지의 여부에 대한 궁금증이 발생하고 또한 그것이 신적인 생명의 일치와 어떻게 관련되는지를 보여 준다."[141]

판넨베르크가 제안하기를, 위격들의 다른 구조는 만일 아버지 아들 성령의 아주 복잡한 관계들을 고려한다면 더 선명하게 드러나며, "정확히 다른 형태를 띠는 상호간의 자기 구별의 관점에서 그렇게 드러난다."[142] 아들에 대해서만이 자신과 구별하는 다른 위격-아버지-이 그에게 유일한 하나님이 된다고 말할 수 있고 그의 신성은 자신이 아버지의 신성에 스스로 복종시킨다는 사실에 근거한다고 말할 수 있을 것이다.

그의 편에서 성령은 우리로 하여금 아들을 퀴리오스(주님)로 인정하고 고백하도록 가르침으로써 자기 신성을 드러내신다.

"그래서 아들과 아버지로부터 자기를 구별하는 성령의 형태는 아버지와의 관계 안에 있는 아들의 형태와 다르다. 또 양자의 신성과 관련해서

---

139 Ibid.
140 Ibid.
141 Ibid., 1:320-21.
142 Ibid., 1:321.

아들과 성령으로부터 아버지의 자기 구별은 여전히 또 다른 형태를 취한다."[143]

아버지는 자신과 구별되는 아들 안에 계신 유일하신 하나님을 인정하지 않고 자기 주권을 아들에게 양도하신다.[144] 또 그는 아타나시우스를 인용하는데, 아타나시우스는 아들이 아버지의 신성의 한 조건이라고 주장한다. 이는 아버지의 신성이 무조건적이며 신성이 아들과 성령에게 파생적으로만 귀속된다는 일반적인 견해와 상반된다. 따라서 아버지의 신성은 아들에게 의존하고 있기에, 삼위 모두는 다른 방식이기는 하지만 완벽하게 호혜적인 관계를 맺고 있다.[145]

판넨베르크는 이로 인해 자신이 카파도키아 교부들의 오류를 피했다고 믿는다. 아버지를 신성의 근원으로 강조하는 것과 함께, 그들은 때때로 하마터면 (자신들의 가장 좋은 의도와 달리) 존재론적인 열등함의 원인이 아들과 성령에게 있다고 할 뻔했다. 왜냐하면, 그들은 아버지가 아들의 관점에서만 신성의 근원이 되신다고 명백히 추가하지 않기 때문이다.[146]

서방교회의 입장에서 볼 때, 아우구스티누스는 상호 관계들을 신적인 본질의 차별이 없는 일치 속에서 각각의 동등한 참여로 환원했다.[147]

다른 한편, 판넨베르크는 역설하기를, 위격들의 상호성은 아버지의 군주적 통치가 파괴되었음을 의미하지 않는다. 오히려, 이것은 아들과 성령의 사역을 통해서 확립된다. 아버지의 군주제나 왕국은 아들과 성령 없이 존재하지 않고 아들과 성령을 통해서만 존재한다.[148]

---

143 Ibid., 1:321-22.
144 Ibid., 1:322.
145 Ibid.
146 Ibid., 1:322-23.
147 Ibid., 1:324.
148 Ibid.

아들은 존재론적인 열등함이라는 의미에서 아버지에게 종속적이지 않고 다만 스스로 아버지에게 복종한다. 이런 관점에서 그는 친히 아버지의 군주적 통치의 영원한 좌소가 된다. 이 안에서 그는 성령에 의해 아버지와 하나가 된다. 아버지의 군주적 통치는 삼위가 공동으로 작용하는 전제가 아니라 결과다.[149]

판넨베르크는 이 점에서 몰트만과 거리를 두는데, 삼위의 페리코레시스적 연합이 아버지의 군주적 통치를 신성의 원천으로 요구한다는 것이다. 아버지의 군주적 통치는 삼위일체의 생명과 경쟁관계에 있을 수 없다.[150] 신약성경에서 하나님이라는 단어는 거의 예외가 없을 정도로 아버지를 의미한다.[151]

우리는 판넨베르크가 능력과 권위에 대한 몰트만의 깊은 반감을 공유하지 않는다는 점을 주목해야 한다. 이 점이 그를 삼신론으로부터 지켜 준다. 동일한 목표를 향해 움직이면서도, 그는 몰트만의 가장 도가 지나친 과오들을 일부 교정할 수 있다.[152]

그래서 "우리는 창조, 화해, 구속의 사역들에서 삼위의 구별이 가능함을 받아들인다고 해서 아버지와 아들과 성령이 창조, 화해, 구속에 있어 함께 사역한다는 근본 진리에를 양보할 필요는 없다."[153]

그리고 역사를 압도적으로 의지함에도 불구하고, 판넨베르크는 경륜적 삼위일체와 내재적 삼위일체의 구별을 인식할 준비가 되어있다. 내재적 삼위일체가 그의 계시로부터 고립되어 보이지 않고 세계 속에서, 구원의 경륜 속에서 역사함에 틀림없을 지라도 말이다.[154]

---

149 Ibid., 1:324-25.
150 Ibid., 1:325.
151 Ibid., 1:326.
152 Olson, "Trinity and Eschatology"를 보라.
153 Pannenberg, *Systematic Theology*, 1:326.
154 Ibid., 1:327.

4) 경륜적 삼위일체와 내재적 삼위일체

하지만 우리는 경륜적 삼위일체와 내재적 삼위일체의 구별이 판넨베르크에게 어느 정도까지 효과적으로 작용하는 특징인지 물어야 한다. 그는 몰트만과 똑같은 경향성을 보여 준다. 그는 하나님이 역사에 의존한 결과 자기 피조물을 의존하게 만든다. 세상을 창조하시고 그 안에서 일하시도록 자기 아들과 성령을 보내심으로써, 하나님은 자기 자신을 역사의 과정에 의존하게 해 오셨다.[155] 그는 이에 동의하면서 다음과 같이 첨언한다.

> 창조 세계 내의 사건들의 과정에 대한 아버지의 신성의 의존은 먼저 융엘에게 이루어졌고 이어서 몰트만에게 이루어졌다. 몰트만은 예수의 십자가 처형으로 이것을 예증했다.[156]

그는 역사 속의 사건이 하나님에 대해 갖는 효과에 대해 조금 애매모호하다. 그는 역사 안에 신적인 되어감이 있다는 생각을 반박한다. 경륜적 삼위일체와 내재적 삼위일체의 동일함은 내재적 삼위일체의 존재가 경륜적 삼위일체에 의미를 부여할 것을 요구하지만,[157] 영원한 삼위일체를 모든 일시적 변화와 구별하는 것은 삼위일체신학을 한쪽으로 치우치게 만들고 성경적 기초에서 분리시킨다.[158]

정말로, 부활은 예수가 하나님의 아들이라는 지식을 제공할 뿐 아니라, 실제로 소급 확인하여 이것을 결정한다.[159] 또 종말론적 완성은 삼위일체 하나님이 언제나 영원에서 영원에 이르기까지 참된 하나님이라는 결정의

---

[155] Ibid., 1:329, 296.
[156] Ibid., 1:329.
[157] Ibid., 1:331.
[158] Ibid., 1:333.
[159] Ibid., 1:331; Pannenberg, *Jesus-God and Man*, 321.

자리이다.[160] 내재적 삼위일체는 영원에 속하고 그래서 시간을 초월하기보다 오히려 미래에 속하고 현재에 의해 결정된다.

5) 판넨베르크의 사회적 교리 안에 나타난 위격들과 본질

판넨베르크의 사회적 교리는 분명하다. 오늘날 우리는 아버지에게서 나온 위격들(카파도키아 교부들과 동방정교회)이나 신적인 본질(아우구스티누스와 서방교회)이라는 전통적 입장을 채택할 수 없다. 왜냐하면, 그것들은 필연 종속론이나 사벨리우스주의를 수반하기 때문이다.

아버지와 아들과 성령의 일치는 상호 자기구별과 공동사역 안에 드러난다. 이것은 신적인 본질의 일치를 표현하는데, 이는 "아버지와 아들과 성령 간의 위격적 관계들의 본보기"[161]이다.

따라서 신적 본질은 이 관계들과 밀접한 관계가 있지만 선행하는 것은 아무것도 없다. "영원한 아버지, 아들, 성령의 형태로 그 어떤 것도 나오지 않기 때문이다. 위격들은 자신과 다른 것으로부터 전혀 기원하지 않는다. 본질의 일치는 그들 간의 구체적인 생명의 관계들 안에서만 발견될 수 있을 것이다."[162]

카파도키아 교부들에게는 아버지가 삼위일체에 으뜸(primary)이며 아우구스티누스에게는 신적 본질이 으뜸인 반면, 판넨베르크는 세 위격이 으뜸이라고 주장한다. 그는 신적 일치에 대한 이해가 몰트만(판넨베르크는 유일신론을 맹공격하는 몰트만을 비판한다[163])보다 덜 위험하지만, 그것은 여전히 함께 사역하는 세 위격의 일치이다.

---

160 Pannenberg, *Systematic Theology*, 1:331.
161 Ibid., 1:334.
162 Ibid., 1:335.
163 Ibid., 1:335-36.

카파도키아 교부들의 종속론의 위험이나 아우구스티누스와 서방교회의 양태론의 위험 대신에, 판넨베르크의 사회적 삼위일체는 삼신론의 위험에 노출된다. 이것은 그가 성육신할 때 "삼위일체 간에 공유하는 하나님의 생명에서 나오는"[164] 결과로 자기를 아버지의 신성과 구별하시는 아들에 대해 말할 때 놀라울 정도로 분명해진다.

실제로, 아들은 "신적 본질에서 아주 명확하게 구별되는" 삼위 중 하나이다. 아들은 "아버지와 관계를 통해서만, 그리고 아버지의 영으로 충만해질 때만"[165] 영원한 신성(deity)에 참여하기 때문에 최고 신성(Godhead) 전체를 대표하지는 않는다.

이와 같이 명백한 삼신론적 경향은 상호 호혜적인 관계들, 서로 맞물려 있는 하나님과 창조, 그리고 신적 본질과 사랑의 느슨한 일치를 담고 있는 판넨베르크의 사회적 삼위일체에서 흘러나온다. 몰나가 주장한 바와 같이 이것은 사랑이 주어이고 사랑에 대한 하나님의 자유가 술어라는 주장에서 드러난다.[166]

하나님의 주재권이 영원성에 기초한다고 주장하는 것은 옳은데, 거기서 "아버지와 아들의 영원한 교제 속에서 아들은 자신을 영원한 왕이신 아버지에게 복종시킨다. 신적인 주권은 처음에 하나님과 세상과의 관계에서 세워지지 않는다. 그것은 하나님의 삼위일체적 생명에 기초한다."[167] 그러나 이어서 판넨베르크는 이것을 창조주에 대한 피조물의 복종과 융합한다.[168] 그래서 하나님 안에 있는 사랑에 대해 논의할 때, 그는 다음과 같이 언급한다.

---

164 Ibid., 1:421.
165 Ibid., 1:429.
166 Molnar, *Divine Freedom*, 153.
167 Pannenberg, *Systematic Theology*, 1:421.
168 Ibid.

이 권세[사랑]는 이로 인해 피조물의 생명에 존재를 부여할 수 있다. 왜냐하면, 그것은 영원 속에서 삼위 각자가 나머지 다른 위격을 그 위격들 자신이 되도록 하는 것과 같이 이미 하나님의 삼위일체적 생명의 호혜성 속에서 작용하고 있기 때문이다.[169]

그는 사랑이 신적 본질이라고 말하는 것처럼 보인다.[170] 사랑은 삼위일체의 위격들을 비롯하여 인격들보다 높은 권세를 가지고 있다.[171] 위격의 삼위일체적 개념은 인간적인 것과 비슷하다. 왜냐하면, 위격들이 (다른 대상들과 관련하여) 황홀하게 구성되기 때문이다.[172]

이 차이점들은 신적인 위격들이 오직 다른 두 위격들과의 관계로 구성되며, 그 동일성은 배타적으로 나머지 다른 위격들과의 관계에 의해 규정된다.[173] 따라서 위격 간의 구별과 아버지, 아들, 성령의 일치는 모두 신적 사랑이라는 구체적인 실재에 근거하고 있다.[174] 이에 기초하여 어떻게 하나님이 세 존재가 아닌 한 존재인지 알기 어렵다.

그래서 판넨베르크의 사회적 교리 안에 역동적으로 생각된 세 주체가 있는데, 그들의 연합은 사랑이다. 몰트만과 같이, 그는 삼신론에 가깝다. 또 창조는 하나님에게 필연적인 것으로 보인다. 아들의 신성에 대한 이해는 흔들리는 것처럼 보인다. 기원의 관계들에 대한 그의 반론은 단지 반대의 관계들로 대체하고 그것들을 수위성으로 고양시킨다.

---

169 Ibid., 1:427.
170 Ibid., 1:428.
171 Ibid., 1:430.
172 John D. Zizioulas, *Being as Communion: Studies in Personhood and the Church* (Crestwood, N.Y.: St. Vladimir's Seminary Press, 1985); John D. Zizioulas, "Human Capacity and Human Incapcity: A Theological Exploration of Personhood," *SJT* 28 (1975): 401-47.
173 Pannenberg, *Systematic Theology*, 1:431.
174 Ibid., 1:432.

◆ 주요 용어들

반(反)휘포스타시스(*anhypostasia*), 휘포스타시스 안에(*enhypostasia*)
경륜적 삼위일체(economic Trinity), 내재적 삼위일체(immanent Trinity)
유출론(emanationism), 영원한 발생(eternal generation)
양태론(modalism), 단일신론(monotheism), 범재신론(panentheism),
범신론(pantheism), 삼신론(tritheism)
존재론적(ontological)
위격(person), 관계들(relations)
사벨리우스주의(Sabellianism),
사회적 삼위일체론(social doctrine of the Trinity)

◆ 깊이 생각할 문제

라너의 공리를 평가해 보라. 그것은 최근 삼위일체 사상에 어떻게 영향을 미쳤는가?

◆ 더 읽으면 좋은 책

1. Richard Bauckham, *The Theology of Jürgen Moltmann* (Edinburgh: T&T Clark, 1995).
2. Paul D. Molnar, *Divine Freedom and the Doctrine of the Immanent Trinity: In Dialogue with Karl Barth and Contemporary Theology* (London: T&T Clark, 2002).

제3장

동방으로의 회귀: 불가코프, 로스키, 슈타닐로애

우리는 이제 동방교회로 되돌아온다. 현대 세계에서 증가하는 대화들과 더불어, 동방교회의 주요 철학자들과 신학자들은 서방교회 전통 안에 있는 특정 문맥들을 이용하기 시작했다. 이러한 추세는 특히 1917년 볼셰비키 혁명 이후에 러시아에서 크게 두드러졌었다. 그 당시 많은 지도적인 지식인들이 강제로 추방당하고 결국에는 서구 유럽에 머물게 되었다. 창조적인 긴장감이 그들의 정교회의 전통과 서방교회의 문화 사이에 일어났다.

더욱이 최근 몇 년 사이에 정교회의 신학과 예배 안에 서구 기독교에 대한 관심이 폭발했다. 우리는 세 명의 주요 정교회 신학자들을 제한하여 다루려고 한다.

첫 번째 인물인 세르기우스 불가코프는 성 빅토르의 리처드를 비롯한 중세 서방의 사상가들 위에 세워진 러시아식 사랑의 신비주의를 두드러지게 주창한 인물이었으며, 이어서 위르겐 몰트만과 현대 페미니스트 신학자들의 관심사를 반향시킨다. 정교회 신학의 수호자들은 이단아인 불가코프를 그리 호의적인 눈으로 보지 않는다.

두 번째 인물은 프랑스에 거주하는 또 다른 러시아 망명자인 블라디미르 로스키는 그레고리우스 팔라마스의 전통을 도용하여 서방교회에 매우 큰 영향을 끼쳐 왔다.[1] 그는 자기들의 신학을 자의식적으로 교부들에 기초를 둔 사람들의 뛰어난 대표자이며, 러시아 교회에 의해 더 빨리 받아들일 준비가 되어 있는 인물이다.

세 번째 인물은 루마니아인 두미트루 스타닐로애이다.

1. 세르기우스 불가코프

세르기우스 불가코프(Sergius Bulgakov, 1871-1944)는 마르크스주의에서 기독교로 개종할 때 모스크바대학에서 정치경제를 가르치는 교수였다. 1918년에 그는 러시아 동방교회의 사제직을 서품 받았다.

1923년에 볼셰비키 혁명자들에 의해 추방당한 그는 파리에 새로 설립된 러시아신학연구소(성세르기우스연구소)의 학장이 되기 전에 프레이그에 있는 러시아대학에서 경제학을 가르쳤다. 그의 지도력 하에 그곳이 20세기에 러시아 신학 연구의 주요 중심지가 되었다. 파리는 추방당한 러시아 지식인들을 위한 요충지였고 거기서 불가코프는 주류 서양 학문과 직접 접촉하게 되었다.

하지만 그의 연구는 러시아 철학자들과 신학자들이 서양 신비주의의 특정한 요소들을 이용했던 오랜 과정의 정상에 서 있다. 그의 연구는 동방교회와 서방교회 모두에 다리를 걸치고 있지만, 결정적으로 어느 편도 완전히 수용하지 않는다.

---

1   로완 윌리엄스는 "20세기 대부분 동방 신학에 대한 이야기는 1917년 이전에 러시아 자체 내에서와 이후의 이민에서(특히, 파리에서) 모두 러시아 신학에 대한 이야기이다"라고 언급한다. Rowan Williams, "Eastern Orthodox Theology," in *The Modern Theologians*, ed. David F. Ford (Oxford: Blackwell, 1989), 152.

1) 불가코프의 사상에 대한 배경

불가코프의 삼위일체신학을 낳은 문맥들은 더 직접적인 맥락에서 러시아의 인격주의 사상가인 블라디미르 솔로브요프(Bladimir Slovyov, 1853-1900, 솔로브예프[Solovyev] 또는 솔로비예프[Soloviev]로 표기되기도 함), 그리고 솔로브요프 다음으로는 강한 실존주의적 성향을 지닌 드미트리 메레츠코프스키(Dmitry Merezhkovsky)와 지나이다 히피우스(Zinaida Hippius) 부부팀, 신비주의 철학자 니콜라이 베르디아예프(Nikolai Berdiaev, 1874-1984), 그리고 케노티스 이론을 삼위일체에 적용했던 사람들 중 마지막 인물이었던 신학자 파벨 플로렌스키(Pavel Florensky)와 레브 카르사빈(Lev Karsavin, 1882-1952)에게도 거슬러 올라간다.[2]

이와 같은 사상가들은 삼위일체에 대한 논의를 인간성(personhood, 이번 장에서 구분하기 쉽지 않은 용어들이 등장하는데, personality 인격성, human nature or humanity 인성, personhood 인간성으로 나누어 번역했음을 밝힌다, 역주)에 대한 분석에서 시작한다.

그들은 인격을 개별적 실체로 이해하지 않고 다른 인격들과 교감하는 것으로 이해한다. 이것으로 미루어 보건대, 그들은 삼위일체를 사랑의 교통으로 본다. 당연히 이것은 새로울 것이 전혀 없다. 성 빅터의 리처드와 함께 서방교회에 선례들이 있다(제2부 제8장을 참고하라). 리처드는 분명히 이 운동 특히 불가코프에게 하나의 원천이다. 그도 역시 삼위일체를 사랑의 공동체 안에 있는 신적인 세 위격들로 간주했기 때문이다.

성세르기우스연구소가 성빅토르수도원에서 단지 엎어지면 코 닿을 거리에 있다는 것은 우연한 일이 아니다. 우리는 어떻게 이 주제가 훨씬 더

---

2 이 운동의 발전에 대한 자세한 분석을 보려면 다음을 참고하라. Michael Aksionov Meerson, *The Trinity of Love in Modern Russian Theology: The Love paradigm and the Retrieval of Western Medieval Love Mysticism in Modern Russian Trinitarian Thought (from Solovyov to Bulgakov)* (Quincy, Ill.: Franciscan Press, 1998).

늦은 시기에 서방교회에서 표면화되었는지를 살펴보았다. 위르겐 몰트만은 삼위일체를 세 주체가 있는 사랑의 공동체로 간주한다.

다양한 방식으로, 몰트만과 라쿠냐 그리고 월터 카스퍼(Walter Kasper)와 다른 서방 신학자들은 서방의 사랑의 신비주의에서 불가코프와 그들의 공통 자원을 이용해 왔다. 러시아 신학자들과 서방 신학자들 모두 하나님 안에 있는 중심(이는 바르트가 강조했던 것이요 전통이 일반적으로 따랐던 것이다)으로부터 인간의 경험 안에 있는 기반-미어손이 "현대 철학의 인간 중심의 전제들"[3]이라고 설명한 것-으로 중요한 패러다임 전환을 한다.

따라서 인간의 인격은 삼위일체를 이해하는 관문이다. 이것이 그런 이유는 성육신에서 입증된 바와 같이 인간과 하나님 사이에 근본적인 일치가 있기 때문이라고 생각들을 한다.

슬로브요프는 인간의 지성이 사랑이요 최고의 선함이신 절대자에 대한 지식에 도달할 수 있다고 주장했다.[4] 그것은 논리적 추론을 통해 이것에 도달할 수 있다. 하나님은 자기를 차별화하는 사랑(self-differentiating love)이다. 절대자와 창조 세계는 예수 그리스도 안에서 반대자로 같은 공간을 차지한다. 왜냐하면, 그리스도는 하나님과 창조 세계를 중재하는 원리이기 때문이다. 여기서 하나님의 인성은 존재하는 모든 것에 의미를 부여한다. 신적인 것과 인간적인 것이 끊임없는 교통 가운데 상호작용을 한다.

---

3   Meerson, *Trinity of Love*, xiii-xiv.
4   하나님-인간 됨과 소피아에 대한 솔로브요프의 생각들은 다음의 글들에서 찾아볼 수 있다. Vladimir Soloviev, *La Sophia et les autres écrits francais*, trans. and ed. François Rouleau (Lausanne: La Cite: L Age d'homme, 1978); Vladimir Soloviev, *Lectures on Divine Humanity*, trans. Boris Jakim (Hudson, N.Y.: Lindisfarne Press, 1995); Vladimir Sergeyevich Solovyev, *Vladimir Solovyev's Lectures on Godmanhood*, trans. Peter P. Zouboff (New York: International University Press, 1944); Vladimir Sergeyevich Solovyov, *A Solovyov Anthology*, arr. S. L. Frank, trans. Natalie Dud-dington (Westport, Conn.: Greenwood Press, 1974). 또한 Vladimir Sergeyevich Solovyev, *Godmanhood as the Main Idea of the Philosophy of Vladimir Solovyeu*, trans. Peter P. Zouboff (Poughkeepsie, N.Y.: Harmon Printing House, 1944)도 참고하라.

솔로브요프는 헤겔이 한 것-유사한 점들이 있지만 동일한 것은 아니다-처럼 인간의 사고와 절대자를 동일시하지 않는다. 차라리 솔로브요프는 인격을 자기 철학의 핵심에 배치하고 인간성(personhood)을 하나님과 인간의 연결고리로 삼는다. 인격은 존재를 구성한다. 존재는 절대적 범주가 아니고 인격은 존재이며 존재를 구성하고 있다.[5]

놀랄 것도 없이, 몇몇 학자들은 솔로브요프를 범재신론자로 간주한다. 그는 이 비난을 거부하는데, 그가 더 범재신로자인 것처럼 보인다. 왜냐하면, 그는 하나님이 자기 안에 만유를 함유하고 있고 창조 세계는 삼위일체의 생명에 근거하고 있다고 주장하기 때문이다.

그는 인간의 사랑에 대한 경험에 기초하여, 그리고 논리적 추론에 의해 이루어진, 절대 선과 사랑의 개념으로부터 하나님의 삼위일체성을 추론한다. 사실상, 삼위일체는 계시의 진리와 다름없는 이론적 이성의 진리인데, 이것이 이성의 진리라는 것을 부정했던 교부들은 그들의 철학적 이해가 약했을지도 모른다.

이 교리는 "논리적 측면에서 완전히 이해할 수 있고" 단순히 기독교 이전 종교적 지혜의 왕관이다. 왜냐하면, 필로와 플로티누스가 오리게네스와 그 신학자 그레고리우스와 한치도 틀림없이 그것을 주장했기 때문이다.[6] 이로부터 그는 하나님이 자기 안에 만유를 함유하고 있다는 결론을 내린다.

솔로브요프는 인간의 형상으로 하나님을 만들고 나서 이 하나님이 만유를 둘러싸고 있다고 단언했다. 이것은 훨씬 나중에 라너의 공리를 따르며 하나님과 창조 세계를 상호 연관시키는 서방 신학자들 안에서 찾아볼 수 있는 창조주와 피조물의 흐릿함과 일치한다.

---

5   Meerson, *Trinity of Love*, 21-26.
6   Soloviev, *Divine Humanity*, 73-77, 89-92; Solovyev, *Philosophy of Solovyev*, 141-55.

불가코프 자신은 "솔로브예프의 소피아 교리는 의심할 여지가 없이 혼합주의적"이라는 것을 인정한다. 그는 정교회의 전통과 고대 영지주의의 요소들 및 자기 자신의 시적인 신비주의를 결합시키기 때문이다.[7] 솔로브예프에 관해 말하자면, 사랑은 하나님의 통일성을 구성하는데, 그는 이것을 지혜(소피아)라고 부른다.

창조와 인간의 역사는 삼위일체의 영원한 사랑을 세 가지 형태-진, 선, 미-로 드러낸다. 하나님이 전 창조 세계를 둘러싸고 있는 동안, 하나님을 만나는 것은 주로 인간의 인격이다.

예수 그리스도 안에 있는 하나님의 인성은 신적인 인격들과 인간의 인격들 사이에 유사성을 나타낸다. 한 인격이신 하나님은 한 인격인 사람의 본보기이다. 사랑은 인격적이기 때문에 절대적 인격성은 하나님의 사랑의 형태를 띤다. 따라서 인간의 사랑(특히, 모든 면에서 상이한 또 다른 인간 주체, 즉 이성의 존재로 향하는 에로틱한 사랑)은 삼위일체에 근거를 두고 있고 삼위일체의 형상을 품고 있다.[8]

불가코프는 한 신학자의 관점에서 이런 주제들 각각을 채택하고 적용할 것이다. 솔로브예프의 영향은 불가코프가 친히 동의하는 바와 같이 아주 뚜렷하다.

> 솔로브예프의 종교적 전망은 그것을 따랐던 자들이 의식적으로 그렇게 했든 그렇게 하지 않았든 후속 세대들의 사상에 피할 수 없는 영향을 미쳤다. 개인적으로 말해서, 비록 그의 영지주의적 성향을 함께하지 않더라도 나는 솔로브예프를 나의 세계관(world-outlook)이 변화하던 시기에 철학적 '그리스도 안내자'였던 것으로 존중한다." 정말로, "우리 시대에 살아 있는 모든 러시아의 종교 사상가들은 직접적으로든 간접적으로든, 긍정적으로

---

7   Sergius Bulgakov, *The Wisdom of God: A Brief Summary of Sophiology* (London: Williams and Norgate, 1937), 23-24.

8   Meerson, *Trinity of Love*, 26-47.

든 부정적으로든 지혜학에 영향을 받아 왔다.⁹

2) 인간중심주의

불가코프가 검토한 대로, 교부 신학의 문제점은 그 안에 드러난 비인격주의(impersonalism)이다. 헬라어 단어 휘포스타시스는 인격들만이 아니고 사물들도 가리켰다. 대신에, 그는 비인격적인 관계들에 입각하여 삼위일체에 접근한다.¹⁰ 이것은 솔로브요프가 고안한 흐름을 따르는데, 인간의 경험을 출발점으로 삼는다.

역설적이게도, 미어손이 지적한 바와 같이 이 안에서 불가코프는 또한 종교의 최대 적인 루드비히 포이어바흐(Ludwig Feuerbach, 1804-1872)를 따른다. 포이어바흐는 1841년에 다음과 같이 선언했었다.

> 그러나 하나님이 그 자체로 존재하는 것과 하나님이 우리를 위해 존재하는 것 사이의 이러한 구별은 … 근거도 없고 지지할 수 없는 구별이다. 하나님이 나를 위한다는 것보다 그 자체 또는 자신을 위한 그 밖의 무엇인지에 대해 나는 알 수 없다. 하나님과 나와의 관계는 그가 존재하는 모든 것과 나의 관계와 같다.¹¹

포이어바흐는 하나님이 순수한 사랑에 대한 인간의 투영이라고 계속해서 주장했다. 실제로, 사랑은 하나님이다. 다른 한편, 불가코프는 이 초점을 사랑에 맞추고 그것을 삼위일체신학에 적용시킨다.

---

9   Bulgakov, *Wisdom of God*, 24-25.
10 Meerson, *Trinity of Love*, 161-63.
11 Ludwig Feuerbach, *The Essence of Christianity*, trans. George Eliot (New York: Harper Torchbooks, 1957), 14(Meerson, *Trinity of Love*, 164에서 재인용).

하지만 그것은 사람에 기초하고 사람부터 시작하는 초점이다. 그는 인간과 하나님을 서로 관련시킨다. 창조 시에 인간의 경험은 하나님에 대한 지식으로 가는 경로다. 불가코프 자신은 옛 콘스탄티노플에 있는 성 소피아 성당을 처음 방문했을 때 경험한 신비 체험으로 인해 소피아에 집중하는 일에 박차를 가하게 되었다.[12]

이러한 가정들의 토대를 이루고 있는 것은 하나님이 자신과의 양립성을 갖고 자기 자신의 형상으로 창조하셨다는 정교회의 믿음이다. 따라서 성육신은 가능하다.[13]

하지만 이것은 다른 방식이다. 성육신 안에서 우리에게 내려온 하나님부터 시작하는 대신에, 불가코프는 반대 방향 즉 인간의 경험에서 하나님에게로 이동한다.

3) 인격주의와 사랑 그리고 페리코레시스

불가코프에게 있어, 하나님과 인간은 서로 인격들이기 때문에 조화될 수 있다. 그래서 우리의 첫 번째 임무는 인간 인격들이 무엇인지 이해하는 것이다. 그런 다음 우리는 신적인 성품에 대해 조사할 수 있을 것이다. 인간의 인격들은 근본적으로 타인들과 관계를 맺고 있다.

이 관련성은 사랑의 모습으로 나타나고 그로 인해 인격들은 자기에게서 나와 다른 인격에게로 간다. 자아인 "나"는 혼자서 존재하지 않고 타자를 위해 존재한다. 그것은 그 자체(휘포스타시스)와 그 본성(우시아)을 알아차리고 있다. 하지만 인간의 자아는 제한 받는다. 그것은 발달하고 변화되며 과정 중에 있기 때문이다. 이러한 제한들은 신적인 인격성(personality)에는 적용되지 않는다.

---

12 Bulgakov, *Wisdom of God*, 13.
13 Meerson, *Trinity of Love*, 165-69.

자아의 의식은 회의적(conciliar, sobornyi)이다. 실존은 관계적이고 사랑은 관계성의 본질이다. 따라서 하나님은 사랑이시고 각 위격은 사랑 안에서 다른 위격들에게 자기를 양도한다. 삼위일체는 "신적인 세 위격의 신적인 사랑 안에 있는 자기 양도와 케노시스의 영원한 행위"이다.[14]

이것은 나와 너와 그의 관계인데, "인성의 회의 구조" 또는 "삼위의 소보르노스치"(sobornost[종교회의의 관계들], 슬라브주의 운동에 대한 집단주의 원칙 또는 공동 생활자들의 영적 공동체를 가리킴, 역주)이다.[15]

미어손은 이 사고와 리처드의 유사점들을 정확하게 가리킨다. 불가코프의 사고에 삼위일체를 낳는 것은 바로 나와 너와 그의 관계이다. 위격적 의식은 고립된 무엇이 아니고 삼위적이다. 동시에 불가코프는 조심스럽게 삼신론적인 위험을 배제시킨다. 하나님 안에 "그들"(they)은 전혀 없다. 삼위일체는 사회가 아니라 페리코레시스의 끊임없는 운동 안에서 "사랑을 통한 자기 정립의 영원한 행위"이다.[16]

4) 소피아

불가코프의 삼위일체론을 인식하기 위해서는 신적인 세계와 피죄된 세계가 결합한 그의 지혜학(sophiology)을 이해하는 것이 중요하다. 솔로브요프의 인도를 따르고 있는 그는 소피아(지혜) 개념 위주로 자기 신학을 구축한다. 보브린스코이가 말하듯이, "그것은 물로 생긴 얼룩과 같이 그의 위대한 신학적 작품들을 꿰뚫고 있다."[17] 그는 하나님의 존재에 대한 비인격

---

14 Ibid., 174.
15 Ibid., 175; Sergius bulgakov, *A Bulgakov Anthology* (Philadelphia: Westminster press, 1976), 143.
16 Meerson, *Trinity of Love*, 177.
17 Boris Bobrinskoy, *The Mystery of the Trinity: Trinitarian Experience and Vision in the Biblical and Patristic Tradition*, trans. Anthony P. Gythiel (Crestwood, N.Y.: St. Vladimir's Seminary Press, 1999), 36n17.

적 관점을 피하고 싶어 한다. 이것은 "(성 아우구스티누스의 것부터 시작해서) 성삼위일체에 대한 각양각색의 비인격적 개념들을 특징짓는 존재론적 불합리성, 이단"[18] 안에 매우 분명하게 드러난다.

이러한 실패들 배후에 "실체나 본성의 실제적 개념뿐 아니라 성삼위일체의 동일본질 교리가 [세 휘포스타시스 교리보다] 훨씬 덜 발전되었고, 명백하게 거의 간과되었다"는[19] 사실이 있다. 정말로, 실체와 동일본질이라는 용어들은 성경적이지 않고 아리스토텔레스 철학에서 적용되었다.[20]

동방교회는 물론 서방교회에서도 실체는 "순수하게 철학적 추상화로" 해석되고, "삼위일체 교의의 논리적 해결을 달성하기 위해 활용된다." 그것은 우리가 알기로는 봉인된 책으로 남아 있다.[21]

하지만 모든 것을 잃은 것은 아니다. 성경은 하나님의 실체 교리에 지혜(소피아)와 하나님의 영광에 대한 성경의 계시를 적용할 때 진정 이것을 심사숙고한다. 불가코프는 잠언과 욥기 그리고 전도서를 언급한다.[22]

신약성경도 역시 지혜에 대해 할 말이 많이 있다.[23] 성경신학 안에 하나님의 인격적 존재에 대한 계시와 함께 나란히 하나님 안이든 하나님과 함께든 어느 한쪽에 있는 신적 지혜의 교리가 있다. 그러나 구약성경 안에도 또 다른 놀라운 모습-하나님이 자기를 현시하는 중에 나타나는 하나님의 영광, 쉐키나-이 있다.[24]

이것은 하나님과 관련하여 무엇을 의미하는가?

불가코프는 하나님의 영광이 "하나님의 인격적 존재와는 다르지만 그것 -곧 하나님이 아닌 신성-과 서로 뗄 수 없을 정도로 밀접하게 관련이 있

---

18 Bulgakov, *Wisdom of God*, 83-84.
19 Ibid., 44.
20 Ibid., 44-45.
21 Ibid., 46.
22 Ibid., 47-49.
23 ibid., 50.
24 Ibid., 50-52.

는"²⁵ 신적 원리라고 결론짓는다. 이러한 신적 실체들은 성삼위일체에게 속하지 않음에 틀림없다. 왜냐하면, 어떤 하나의 특별한 위격에 그것들을 제한할 근거들이 전혀 없기 때문이다.²⁶

신적 실체의 교의적 개념(전통적으로 이해되었던 대로, 실체[ousia] 또는 본성 [physis])과 지혜(sophia)와 영광에 관한 비유적 계시들 사이의 엄밀한 관계와 관련해서, 이것은 즉시 더 자세한 질문으로 이끈다.

그것들을 구별할 이유가 있는가?²⁷

더욱이, 지혜와 영광은 서로 다른가?

그렇다. 지혜가 내용을 가리키고 영광이 현현을 가리키는 한, 한 가지 차이가 있다. 하지만 서로 분리할 수 없다. 지혜는 물론 영광에서도 표현된 오직 하나의 최고 신성만 존재한다.²⁸

만일 우시아가 그것들과 다르다면 그것은 공허하고 추상적이며 형이상학적이 된다. 단일신론은 이 두 가지 원리-우시아와 소피아-의 동일성을 가정한다. "우시아는 정확히 지혜와 영광을 대표한다."²⁹ 따라서 우시아, 지혜, 그리고 영광은 교호적으로 사용될 수 있다. 그래서 지혜와 하나님의 존재를 구별할 이유가 전혀 없다. 그로 인해 삼위일체 교의를 따라서, 우시아-소피아는 위격들(휘포스타시스들)과 구별되지만 그것들과 별도로 존재할 수 없고 그것들 안에서 영원히 위격화된다.³⁰

불가코프는 계속해서 자기주장이 이끌고 있는 질문 곧 하나님의 실체는 무엇인지를 묻는다. 그는 다음과 같이 대답한다.

---

25 Vladimir Lossky, *The Mystical Theology of the Eastern Church* (London: James Clarke & Co., 1957), 52.
26 Ibid, 53.
27 Ibid.
28 Ibid., 54-55.
29 Ibid., 55.
30 Ibid., 56-57.

하나님은 사랑-하나님에게 특이한 자질이나 특성의 의미에서 사랑이 아닌, 하나님의 생명의 실체와 활동 자체로서의 사랑-이시다. 최고 신성의 세 위격적 연합은 상호 사랑인데, 그 안에 각 휘포스타시스는 사랑 안에서 시간을 초월한 자기희생적인 행위로 나머지 다른 위격들 안에서 자기를 계시한다. 하지만 신적인 위격들만이 이 사랑의 유일한 인격적 구심점을 구성하지 않는다. 우시아-소피아 역시 하나님의 사랑의 영역에 속하기 때문이다.[31]

삼위일체 안에 있는 사랑의 양상들은 각 위격들 안에 다양하다. 그리고 "인격적인 것 외에 인격적이지 않은 사랑이 있을 수 있다." 그래서 우리는 세 위격들의 상호 관계 속에서, 그리고 하나님과 그의 최고 신성(the Godhead)의 관계 속에서 사랑에 대해 말할 수 있다. "하지만 유사한 방식으로 하나님에 대한 최고 신성의 사랑 안에서 사랑에 대해 말할 수 있다. 따라서 만일 하나님이 소피아를 사랑하면 소피아도 역시 하나님을 사랑한다."[32]

하나님은 살아 계시고 사랑이 많은 실체요 근거요 원리이다. 그러나 우리는 하나님 안에 정확히 얼마나 많이 존재하는지를 물어볼 수도 있다. 불가코프는 세 휘포스타시스를 인정한다. 그는 우시아보다 소피아를 선호하면서 하나님의 한 존재에 대해 상세히 논한다.

그러나 여기서 그는 또한 최고 신성에 대해 언급하고 그것을 하나님 및 세 위격과 구별한다. 이것은 놀랍게도 하나의 부상하는 신들(pantheon)인 것 같다. 불가코프는 자신의 표현이 초래하는 문제점을 알아차리고 있다.

이것은 네 번째 휘포스타시스 개념을 낳지 않는가?

물론 그는 이의를 제기한다. 이 원리-소피아-는 주어진 휘포스타시스 안에서 위격화될 수 있을지라도 무위격적(nonhypostatic)이기 때문이다. 그

---

31 Ibid., 57-58.
32 Ibid., 58.

것은 또 다른 하나님을 양산하지도 않는다. 왜냐하면, 하나님은 최고 신성을 소유하고 있거나 하나님이 최고 신성, 우시아, 소피아이기 때문이다. 세 위격은 공동 소유권에서와 같은 동일본질을 소유하지도 않는다. 왜냐하면, 그것은 삼신론을 양산하게 될 것이기 때문이다. 세 개가 아니라 하나의 지혜, 하나의 영광이 존재한다.[33]

그는 우시아-소피아의 완전한 존재론적 실재, 즉 "그 안에서 육화한 영혼과의 관계에서 합리적인 정신에 의해 알려진 신체에 비유되는 존재론적 실재"를[34] 강조한다. 그것은 단순한 특질이 아니다. 그는 최고 신성의 본질을 "논리적 추상화의 그림자 같은 존재로"[35] 축소시키는 것을 피하고 싶어 한다. 이것은 적어도 그 문제에 대한 불가코프의 자각과 삼위일체 신봉자가 되기를 바라는 그의 소원을 보여 준다.

하지만 그는 자기 케익을 갖고 그것을 또한 먹고 싶어 한다. 소피아는 하나님의 존재(우시아)에 대한 비인격적 견해에 대한 그의 해결책이다. 하지만 네 번째 위격에 대한 이 질문에 답하는 가운데, 그는 소피아가 무위격적이고 무인격적(nonpersonal)이라고 주장함으로써 물러선다. 만일 불가코프가 여기서 옳다면, 소피아를 지지하는 그의 주장은 붕괴되고 전통에 대한 그의 원래 비판은 약화된다.

그러면, 신적 소피아는 어떻게 성삼위일체의 위격들과 관계하는가? 하나의 동일한 소피아는 각 위격에 의해 다른 방식으로 점유된다. "우리는 신적 소피아를 동시에 삼중적이고 하나인 것으로 생각하기를 배워야 한다."[36] 그리하여 소피아는 아들의 위격에 제한받지 않는다.

지혜는 제일원리요 신적 주체인 아버지에게 속해 있다. 아버지와 관하여, 아버지가 자기를 부인하는 그의 사랑의 능력으로 단지 나머지 다른 위

---

33 Ibid., 59-60.
34 Bulgakov, *Wisdom of God*, 92-93.
35 Ibid., 87-89.
36 Ibid., 63.

격들 안에서 계시되기 때문에, 소피아는 우시아를 암시한다.[37]

따라서 소피아는 전체 삼위일체와 각 위격을 개별적으로 계시한다. 마치 아들과 성령이 아버지를 계시하는 것처럼, 지혜-영광의 이중적인 모습도 최고의 신성을 계시한다. 아버지만이 지혜-영광을 소유하고 있고 계시하고 있는 두 개의 휘포스타시스는 자기 안에서 그것을 현시한다.[38]

여기서 우리는 아버지를 최우선으로 하는 동방교회의 순서를 주의 깊게 살펴본다. 소피아는 한편으론 아버지, 다른 한편으론 아들과 성령 사이의 근본적인 구별로 삼위일체를 구분하는가?

아니다. 불가코프는 "우시아는 성삼위일체 안에서 분할되지 않은 하나이기 때문에 … 성삼위일체 자체는 삼위일체적 행위에 의해 그 한 생명 안에 공통으로 그것을 소유하고 있다"[39]고 주장한다. 그래서 소피아는 그들의 삼위일체성 안은 물론 그들의 개별적 존재 안에서, 세 위격 모두에게 속해 있으며, 그 자신에게 특이한 방식으로 각 위격에 속해 있다. 마치 세 위격이 그들의 분리성(separateness) 안에 있는 것처럼, 전체 삼위일체는 소피아다.[40]

그는 소피아가 휘포스타시스가 아니라 휘포스타시스에 속해 있는 특질이라고 재차 언급한다. 아버지, 아들, 성령, 그리고 성삼위일체는 우시아나 소피아 둘 중의 하나다. 그러나 이 진술은 뒤집어질 수 없다. "우시아-소피아는 아버지, 아들 등등이다"라는 진술이라면 허위이거나 비인격주의의 이단을 함유하게 될 것이다.[41]

로스키는 불가코프에 대해 강하게 비판적이다. 그는 동방교회가 아버지의 군주제를 강조하는 것에 내재한 위험성, 즉 위격들을 본성 앞에 두

---

37   Ibid., 64-68.
38   Ibid., 80.
39   Ibid., 81.
40   Ibid., 82.
41   Ibid., 83.

는 위험성을 언급한다. 이것은 본성이 위격들의 공통 계시의 특징에 주어진다면 분명히 드러나는데, 이는 불가코프의 지혜학이 하는 것이다. 그의 가르침은 이 러시아 사상가가 우연히 들어가기 쉬운 함정들을 드러낸다. 왜냐하면, "불가코프 신부는 하나님을 '세 휘포스타시스 안에 있는 한 인격'으로 간주했는데, 그는 우시아 곧 지혜 안에서 자기를 계시한다."[42]

하지만 "정통교회의 전통은 서방교회의 대립만큼이나 이 동방교회의 과정과 거리가 멀다."[43] 로스키가 주장한 바와 같이, 불가코프의 근본적인 실수는 지혜(소피아)의 활동과 하나님의 본질(우시아)을 동일시하여 하나님의 한 속성을 최고 신성의 원리 자체로 만든 것이다. 하나님은 그의 속성들 중 어느 속성에도 규정되지 않는다. 모든 규정들은 하나님보다 열등하고 논리적으로 그 자체 안에, 그 존재 안에 있는 그의 존재보다 이후에 온다고 로스키는 계속해서 주장한다.

게다가, 성령은 결코 아버지와 아들의 상호 사랑으로 흡수될 수 없다.[44] 로스키의 주장은 옳다. 우리는 성령이 서로 분할된다고 함축하는 아버지와 아들을 결합시킨다고 불가코프가 주장하는 것을 살펴보았다.

아무리 추상적인 특질이 하나님의 존재를 이해하는 일에 근본적인 것으로 제안 받을지라도, 비록 그것이 비인격성과 다툰다고 주장하더라도, 삼위일체는 약화된다. 그런 제안들은 궁극적으로 계시가 아니라 합리주의에 기초하고 있다. 여기서 바르트는 효과적인 비판을 제공한다. 하나님부터 시작함으로 인해 추상적 특질들이나 인격적 속성들을 다시 하나님에게로 추론하려는 유혹을 피하기 때문이다.

---

42 Lossky, *Mystical Theology*, 62(불가코프의 『하나님의 어린양』[*Agnus Dei*] 프랑스어 번역본인 *Du Verbe incarné* [Paris: Aubier, 1943], 13-20에서 재인용).
43 Lossky, *Mystical Theology*, 62-63.
44 Ibid., 76-77.

5) 신적인 인성(하나님-인간 됨)

솔로프요프를 따르고 있는 불가코프의 중심 주제는 하나님-인간 됨(God-manhood)이다. 이것은 하나님과 인간의 양립가능성을 언급하는데, 그것은 성육신 안에서 가장 명확하게 표현되지만, 창조와 구속 전체를 아우른다. 이것은 말씀과 성령을 통해 표현되고 있는 소피아다.

불가코프의 범재신론은 창조에 대한 그의 논의에 분명히 드러난다. 하나님은 무로부터(ex nihilo) 창조하셨다. 따라서 하나님 외부에 또는 하나님과 별개로 다른 어떤 창조 원리도 없다. 하나님 이외에 세상의 어떤 원천도 있을 수 없다.[45] 이것이 불가코프에게 의미하는 바는 하나님 이외에 아무것도 없었다는 것이 아니라 그가 "없음"(nothingness, 생성되고 있는 상태의 존재)를 창조하셨다는 것이다.

생명이 있는 피조물다움(creatureliness)은 존재와 없음, 존재와 비존재의 융합 속에 존재한다. 세상은 하나님으로부터 존재할 능력을 얻는다.[46] 창조는 하나님에게 새로운 것이 아니다. 만일 그랬다면 "창조가 없으면 하나님 안에 어떤 불완전함"이 있었을 것이기 때문이다. 따라서 하나님은 세상을 "자기로부터" 창조하신다.

하나님에게 새로운 것은 아무것도 없다.[47] 그는 신적인 세계가 피조된 세상의 원형이라고 주장했던 일부 교부들을 지적하며, 잠언 8장에 기초하여 지혜가 어떤 특질로서가 아니라, 존재론적으로 "신적인 본질인 하나님의 계속 현존하는 능력으로서, 최고의 신성 자체로서"[48] 창조의 원형이라고 주장하기도 한다.

---

45 Bulgakov, *Wisdom of God*, 96.
46 Ibid., 97-98.
47 Ibid., 98-99.
48 Ibid., 100-102.

따라서 "삼위 안에 계신 하나님이 전체 삼위일체에 공통된 지혜의 토대 위에서 세상을 창조하셨다."[49] 삼위일체의 다른 위격들은 창조에 다르게 참여한다. 아버지만이 위격적으로 행동하시는 반면, 아들과 성령은 "아버지의 말씀과 행위인 그의 뜻에 양도하며" 위격적으로가 아니라, "지혜 안에서 스스로를 드러내면서 소피아적으로(sophianically) 참여한다."[50]

불가코프는 이것이 범신론이 아니라고 조심스럽게 첨언한다. 창조 세계는 하나님의 능력으로 인해 존재하고 하나님 밖에 존재하며, 그것은 하나님에 속해 있고 하나님 안에서 그 실재의 토대를 발견하지만, 하나님과 동일하지는 않다.[51] 그 대신에 그것은 범재신론이다.

곧 "하나님은 자기 안에서 그 자신과 구별되는 존재를 일으키는 원리를 부여한다. 이것은 범신론이 아니라 범재신론이다." 창조된 세계는 피조된 소피아인데, 이는 생성의 과정에 있는, "무"의 비존재로 구성된 관계적 존재의 원리이다.

이것은 세상이 하나님에 의해 무로부터 창조되었다고 우리가 말할 때 의도한 것이다.[52] 이때 하나님과 세상 사이에 중재하는 원리의 필요성이 존재한다. 세상은 하나님과 구별되지만 그의 존재에 참여하기 때문이다. 로고스의 휘포스타시스는 그것을 제공할 수 없다. 왜냐하면, 이 원리는 하나님의 존재 안에서 추구될 수 없고 그의 본성, 즉 신적인 측면과 피조물의 측면의 모든 측면에 있는 소피아 안에서 추구될 수 있기 때문이다. "소피아는 하나님과 세상을 하나의 공통 원리 곧 피조물의 존재에 대한 신적 근거로 결합시킨다."[53]

49　Ibid., 104.
50　Ibid., 105.
51　Ibid., 109.
52　Ibid., 110.
53　Ibid., 112-13.

이것은 불가코프를 성육신으로 이끈다. 하나님의 형상인 인간은 인간의 신성과 하나님의 인성을 모두 확립한다. 그는 사도행전 17장 28절("우리가 신의 소생이다"), "궁창 위에 사람의 모양"의 형체 속에서 하나님의 영광을 본 에스겔의 환상(겔 1:26), 그리고 다니엘 7장 9-13절에 나오는 인자를 언급한다. 그는 이로부터 다음과 같은 결론을 내린다.

> [성육신은] 이 천상의 또는 영원한 사람 됨과 긴밀하게 연결되었다. 사람 안에 하나님의 본질과 직접적으로 관계가 있는 뭔가가 존재한다. 그것은 하나의 자연적 특질이 전혀 아니고 하나님의 형상인 그의 전체 인성이다.[54]

하나님과 인간 사이의 이러한 양립가능성은 아들과 성령 사이에 인상 깊게 유사한 것 안에서, 그리고 사람 안에 있는 대응하는 한 쌍의 관계 속에서 찾아볼 수 있다. 영원한 하나님-인간 됨 내에서, 우리는 신인인 로고스와 그의 신적 인성인 성령을 구별할 수 있다. 그로 인해 한편으론 로고스와 하나님-인간 됨 사이에, 다른 한편으론 성령과 하나님-인간 됨 사이에 한 가지 차이점이 존재한다.

"그러나 아들과 성령은 함께 성삼위일체 안에 있는 아버지의 계시인 하나님-인간 됨을 구성한다."

사람 안에 있는 하나님의 형상은 이 두 가지 원리의 상호 관계 없이 완전히 드러나지 않는다. 남편과 아내로서의 인간은 이것을 반영한다. 곧 인간 본성의 두 가지 서로 다룬 예시들이 그들의 결합 속에서 인성의 충만함과 그 안에 간직된 하나님의 형상을 분명히 나타낸다. 그들의 연합은 아들과 성령의 한 쌍에 의해 봉인되는데, 이것은 아버지를 계시한다. 사람의 복권은 오직 하나님-사람 됨 안에서, 말씀의 성육신 안에서, 그리고 성령

---

[54] Ibid., 177-18.

의 분출 안에서만 일어난다.⁵⁵

불가코프는 이 두 가지 관련 주제들을 상당히 길게 발전시킨다.

"타락의 관점에서, 성육신은 … 명백히 하나의 속죄였다. 그러나 그 목적은 이것을 뛰어넘어 창조 세계의 완전한 신격화(divinization)와, 그리스도의 주권 아래 하늘에 있는 것들과 땅 위에 있는 것들의 연합까지 확장된다."⁵⁶

사람의 창조는 성육신의 밑바탕이 된다. 인간 안에 성육신의 가능성을 이해할 수 있게 해 주는 조금 양도할 수 없는 특징이 있다.⁵⁷

그는 계속해서 이렇게 말한다. "우리는 말씀의 위격이 그 자신 안에는 물론 인성 안에 사는 것이 가능하다는 것을 발견했기 때문에 따라서 그것은 또한 그 자체로 어떤 의미에서 인간의 인격이라고 추론해야 한다."

인격으로서 인간 됨에 봉사하기 위해서, 말씀의 신적인 위격은 그 자체로 인간적 "또는 더 정확히 말해서 공동 인간적"이어야 한다. 인성과 그것의 연합은 그들 사이의 원래 관계와 일치한다. 인간은 그의 편에서 볼 때 인간적 인격의 자리에 신적 위격을 받아들이고 신적 위격이 들어설 자리를 만들 수 있어야만 한다. 그래서 "인간의 원래 존재 양상은 신인 양성을 가지고 있다."⁵⁸

"성육신은 그로 인해 적어도 그 위격적 측면에서 신적인 인격성(personality)과 인간적인 인격성 사이에 약간의 독창적인 유비를 가정하는 것처럼 보이는데, 그것은 아직 그들 사이에 있는 모든 본질적 차이를 전복시키지 못한다." 사람의 인격적 영은 "하나님의 영"(창 2:7)에서 나오는 그 신적이고 창조되지 않은 기원을 갖고 있다. 그것은 신적인 것의 불꽃이다. 인간은 신성의 참여자로 만들어졌고 신격화가 될 수 있다.⁵⁹

---

55 Ibid., 119-21.
56 Ibid., 125.
57 Ibid., 126.
58 Ibid., 129.
59 Ibid., 129-30.

인간은 신인의 양성을 가지고 있다. 곧 말씀은 영원한 신인(God-man)이다(참조. 고전 15:47-49; 롬 5:15). "따라서 천상의 신인인 말씀이 창조된 인성의 위격이 되어 그 원래의 하나님-인간 됨(God-manhood)을 실현하는 것은 가능하다."[60] 말씀이 그리스도의 인성의 인간적 인격성(the human personality of the human nature of Christ)을 대신하는 것은 당연했다.

따라서 그리스도 안에 두 본성의 연합은 변화하기 쉬운 두 가지 형태의 신적 지혜와 창조된 지혜로 그들의 상호 관계 안에 머문다. 기독론의 교의는 지혜학의 토대들 위에 놓여 있다.[61] 그리스도에 의한 케노시스(자기 비움)가 있지만(빌 2:7), 우리 주님은 결코 하나님이기를 멈추지 않았다. 이 케노시스는 하나님-인간 됨, 즉 "하나님의 지혜, 소피아가 되는 영원한 창조된 인간 됨의 그 연합"을 통해 일어났다.[62] 그렇게 결합될지라도, 두 본성은 영원히 구별된 상태로 남는다.[63]

이어서 오순절은 또한 하나님-인간 됨과 직접적인 관계가 있다.[64] 소피아를 채우고 있는 내용은 말씀인 반면, 그 생명은 성령이다.[65] 오순절에 새로웠던 것은 하나님의 영의 은사들이 아니라 인격 안에 임하는 성령 하나님이었다. 여기서 삼위일체의 제3위 곧 인격적인 지혜의 영이 세상에 거주하려고 강하한다.[66]

성령의 위격적 강하는 성육신에서 시작된 하나님과 창조 세계의 관계를 완성시킨다. 그는 또 다른 위로자-결코 그리스도는 성령과 분리될 수 없다-로 묘사된다. 그래서 하나님-인간 됨은 한 위격의 사역이 아니라 두

60　Ibid., 130-31.
61　Ibid., 132-33.
62　Ibid., 134.
63　Ibid., 141.
64　Ibid., 149-69.
65　Ibid., 149.
66　Ibid., 157-59.

위격의 사역이다.⁶⁷ 하지만 성령은 아들에게 있는 그대로의 인성에 결합되지 않고 그것을 투과하여 항상 피조물의 연약함에 따라 자기 행동을 측정한다.⁶⁸

"이것은 오순절이다. 성육신의 열매, 지혜로 인한 피조물의 침투(penetration), 성령의 능력 안에서 창조된 신적 소피아의 연합-하나님-인간 됨." 그 완전한 의미가 오직 그리스도의 재림과 세상의 변형 시에 드러날 것이다.⁶⁹ 그런 다음, 오순절의 새로운 계시가 현재 우리에게 없는 제3위의 위격적 계시가 임하게 될 것이다. 이것은 신적 소피아의 완전한 계시가 될 것이다.⁷⁰

6) 하나님의 케노시스

삼위일체가 사랑이기 때문에 세 위격은 주제넘게 나서지 않는다.

"타자를 통해 자기를 계시하는 것, 자기를 타자로서 인식하는 것 … 각 위격이 다른 위격을 위해서만, 다른 위격 안에서만 존재하는, 자기를 그 위격과 동일하게 여기는 그러한 관계; 다른 위격 안에 있는 그런 생명은 사랑이다. 호혜성과 상호 자기부정으로서의 사랑은 삼위일체 주체의 본질적인 관계이다."⁷¹

하나님은 자기희생적 사랑이시다. 신적 위격들의 관계들은 이것을 예증한다. 이로부터 불가코프는 십자가가 하나님 존재의 중심이라고 추론한다. 십자가의 자기희생, 아들과 인류의 완전한 일치, 아들을 저버릴 때 아버지가 함께 겪는 고통(cosuffering), 그리고 아들을 떠날 때 성령이 겪는 고

---

67   Ibid., 162-63.
68   Ibid., 166.
69   Ibid., 167.
70   Ibid., 168.
71   Meerson, *Trinity of Love*, 177-78.

통은 삼위일체의 신성 포기를 입증한다. 몰트만보다 아주 오래 전에 불가코프는 십자가에 달리신 하나님에 대해 글을 썼다. 그는 또한 라너 앞에서 완전히 발전한 라너식의 공리를 갖고 활용했다.[72]

게다가, 그는 창조 자체를 신성을 포기한 것, 즉 "자기희생적인 사랑의 행위"로 간주했다. 인간의 죄에 대한 고찰은 전혀 별개로 하고, 창조는 불안정해서 구속을 필요로 한다. 따라서 창조와 구속은 존재론적으로 동일하고 둘 다 삼위일체이 자기희생적인 비움을 나타낸다.[73]

7) 전통을 뛰어넘기?

불가코프는 자기희생적이고 페리코레시스적인 사랑이라는 자신의 모델이 필리오케 논쟁과 관련된 교회의 분열을 극복할 수 있다고 확신한다. 새로운 것은 이것을 행할 필요가 있다고 그는 생각한다. 교부의 자산이 고갈되고 말았다.[74]

인격주의적 패러다임은 이 문제를 해결할 역량을 지니고 있다. 이 구절에 대한 동방의 입장과 서방의 입장 모두 일방적이다. 그는 이 논쟁을 "교리 사상에 있는 하나의 변형과 하나의 편애"(une déformation et une partialité de la pensée dogmatique), 하나의 "교리적으로 모호하고 … 완전히 부정적이며 … 냉담하게 공허한 스콜라주의적 추상 관념들에서 진행된 … 언쟁"이라고[75] 한다.

그는 교회들의 생활 속에 있는 문제로부터 어떤 영향을 추적할 수 없었는데, 만일 이단이 관여됐다면 그것은 틀림없이 사실이었을 것이다.[76] 그

---

72 Ibid., 178-80.
73 Ibid., 181-82.
74 Bulgakov, *Anthology*, 139; Meerson, *Trinity of Love*, 185.
75 Bulgakov, *Anthology*, 139-40; Sergei Nikolaevich Bulgakov, *Le parclet*, ed. Constantin Andronikof (Paris: Aubier, 1946), 87.
76 Bulgakov, *Parclet*, 124-25.

것은 어느 편 교회에도 성령에 대한 경배에 영향을 미치지 않았다. 성령의 첫 번째 움직임은 아버지로부터 아들 위에 임하는 것이다. 성령은 아들 위에 머문다. 그때 아들의 아버지에 대한 위격적 사랑으로서 성령의 두 번째 움직임은 아들에게서 아버지에게로 이동한다. 양쪽 모두 아들과 성령의 관계를 인정한다.

불가코프는 다음과 같이 말한다.

> 아들은 낳음을 통해 아버지에게서 성령을 받고 위격적으로 구별될지라도 성령과 영원히 분리될 수 없는 상태로 남아 있다. 이때 아들은 아버지와 성령으로부터(ex Patre Spirituque) 출산된다. 동일한 방식으로 성령은 아버지로부터 발현되어 아들 위에 머문다. 이것은 아들을 통해(per Filium)와 아버지와 아들로부터(ex Patre filioque) 모두와 일치하는 것이다. 삼위일체 안에 있는 위격들 사이의 모든 관계에 언제나 하나의 그리고(and)와 하나의 통하여(through)가 있다.[77]

그는 필리오케 구절이 전혀 분열의 근거가 아닐 뿐 아니라 다양한 신학단상(*theologoumena*, 권위적인 교리가 없는 개인의 신학적 진술 또는 생각, 역주)도 교회 안에서 허용되어야 한다고 주장한다. 하지만 그는 여기서 인과 관계의 표현을 비판하는데, 다마스쿠스의 요한네스는 그것을 피하지 못했다.[78]

불가코프가 제시한 제안들은 동방교회에서 널리 호응을 얻지 못했다. 보브린스코이는 필리오케 논쟁에 대한 불가코프와 보리스 볼로토프(Boris Bolotov)의 비판을 언급하며, 로스키가 동방교회의 입장을 변호한 것을 가리킨다.[79]

---

77 Meerson, *Trinity of Love*, 183; Bulgakov, *Paraclet*, 143.
78 Meerson, *Trinity of Love*, 184.
79 Bulgakov, *Paraclet*, 87, 93-94, 124-25; Bobrinskoy, *Mystery*, 291-93.

8) 평가

불가코프의 지혜학은 역동적이고 불꽃을 튀기고 반짝반짝 빛나며, 상당히 심오한 통찰을 담고 있다. 보브린스코이는 여기에 감춰진 "엄청난 풍부함"에 대해 말한다.[80]

불가코프는 전형적인 동방교회의 방식으로 서방 기독교를 매우 괴롭혔던 계몽주의의 불가지론적이고 회의론적인 비판에 대해 관심이 없음을 참신하게 보여 준다. 그러나 그가 이후 세대의 몰트만과 같은 만유재론자들에게 비옥한 토지가 됨을 그가 판명한 것과는 아주 별개로, 로스키의 비판들을 제외하고, 명백한 비판들이 많이 일어난다.

불가코프는 몰트만과 매우 비슷한 약점들이 있다. 그는 솔로브요프가 인간의 경험을 통해 하나님에게 접근하는 방식을 따른다. 이것은 직접적으로 범재신론으로 이끈다. 그는 자기가 범신론과 어떻게 다른지를 해명해야 한다. 게다가, 소피아에 대한 그의 심취는 그의 이의 제기에도 불구하고 사실상 하나님의 존재를 하나의 속성에 종속시킨다. 지혜에 대한 그의 환원주의적 초점은 하나님의 자유를 배제한다.

창조 시에 하나님의 자유를 보호하려는 적절한 관심에도 불구하고, 그는 그것보다 선행하고 그것과 공존하는 없음(nothingness)의 상태를 가정한다. 더욱이, 성육신과 그것이 수반하는 모든 것이 신적인 소피아로부터 흘러나오기 때문에, 십자가는 하나님의 존재에 필수불가결하다. 최종적 결과는 하나님과 피조물 사이의 혼동이다. 로스키는 불가코프가 교회와 우주 사이에 비슷하게 혼동하는 것을 지적한다.

그는 솔로브요프의 종교철학, 페도로프의 종말론적 유토피아니즘, 그리고 "길을 잃어버린 교회학인" 불가코프의 지혜학은 "이 사상가들 안에서

---

80 Bobrinskoy, *Mystery*, 36.

교회라는 관념이 우주 관념과 혼동되고, 우주 관념이 탈기독교화한다"[81]는 최종 결과를 갖는다고 평가한다.

1937년에 불가코프가 모스크바 총주 교직(Patriarchate)에게 검열을 받고 지성 편중(intellectualism, 철학에서 주지주의라고 함, 역주), 불가지론, 활동이 지나친 상상력, 네 번째 휘포스타시스(지혜)를 새롭게 만듦, 그리고 남성의 요소들과 여성의 요소들을 삼위일체의 요소들로 주입한 것으로 고소당했다는 것은 전혀 놀랄 일이 아니다.

2. 블라디미르 로스키

블라디미르 로스키(Vladimir Lossky, 1903-1958)는 아마도 혼자 힘으로 서방교회에 동방교회의 영향을 가장 크게 미친 인물이었을 것이다. 프랑스에 망명하여 살 때, 그는 서양의 청중에게 동방 신학을 표명할 수 있었다. 그는 자기가 러시아 사상의 흐름보다 교부들의 전통 위에 세우고 있다고 생각했다. 그는 또한 논쟁적이었다.

그는 불가코프의 지혜학파와 필리오케 구절도 반박했는데, 서방교회가 그 결과로 왜곡된 신학을 갖고 있다고 간주했다. 정말로, 델 콜(Del Colle)이 설명한 것과 같다.

> 로스트키의 작품에 있는 많은 구절들에서 라틴 신학에 반대하는 그의 암묵적이면서 명시적인 반론으로부터 헬라 교부들에 대한 그의 추론에 의한 해설을 정제하는 일은 어렵다.[82]

81　Lossky, *Mystical Theology*, 112; Bulgakov, *Wisdom of God*, 199-220.
82　Ralph Del Colle, *Christ and the Spirit: Spirit-Christology in Trinitarian Perspective* (New York: Oxford University Press, 1994), 23.

1) 부정주의(Apophaticism)

로스키 신학의 중심부에 하나님은 그의 본질을 알 수 없고 자기 계시를 초월한다는 공리가 있다.[83] 따라서 신학은 효과적으로 묵상과 동일시된다. 긍정이 아닌 부정은 하나님과 관계를 맺고 전진하는 길이다.

자기 접근방법의 근거를 디오니시우스 아레오파기타의 『아레오파지티카』(*Areopagitica*)에 두면서, 로스키는 다음과 같이 말한다.

> 디오니시우스는 가능성이 있는 두 가지 신학적 방식들을 구별한다. 하나－긍정신학(cataphatic or positive theology)－는 긍정적인 요소들로 진행되고, 다른 하나－부정신학(apophatice or negative theology)－는 부정적인 요소들로 진행된다.
>
> 첫 번째 것은 우리가 하나님의 대한 약간의 지식을 얻게 하지만 불완전한 방식이다. 완전한 방식, 즉 그 본성을 알 수 없는 하나님에 관하여 알맞은 유일한 방식은 두 번째 것이다. 이것은 마침내 우리를 전적인 무지로 인도한다. 모든 지식은 그 대상으로 존재하는 것을 가지고 있다.
>
> 이제 하나님은 당신보다 열등한 모든 존재자, 즉 존재하는 모든 것을 초월하신다. 만일 하나님을 볼 때 사람이 자기가 보는 것을 알 수 있다면, 그는 하나님 자체를 보지 못하고 잘 이해되는 것 즉 하나님보다 열등한 것을 본 것이다. 사람이 가능한 모든 지식의 대상을 뛰어넘는 분을 알 수 있는 것은 … 바로 알지 못하는 것(unknowing)에 의해서다.
>
> 부정적인 것들로 계속 진행하면서, 사람은 전적인 무지의 어둠 속에서 미지의 신(the Unknown)에게 가까이 다가가기 위해서 알려질 수 있는 모든 것을 점점 제쳐놓음으로써 더 열등한 단계에 있는 존재에서 가장 높은 존

---

83 Vladimir Lossky, *In the Image and Likeness of God*, ed. John H. Erickson and Thomas E. Bird ([Crestwood, N.Y.]: St. Vladimir's Seminary Press, 1974), 89.

재로 올라간다. 왜냐하면, 빛 특히 다량의 빛으로도 어둠이 보이지 않게 되기 때문이다. 과연, 창조된 것들에 대한 지식과 특별히 지식의 초과는 사람이 하나님 자체에 도달할 수 있는 유일한 길이 되는 무지를 파괴시킨다.[84]

하나님은 그로 인해 모든 긍정적인 것들과 부정적인 것들을 초월하신다. 하나님에 관한 어떤 개념도 갖지 못하고 단지 기호들만을 가질 수 있다.[85]

신학(theologia)에 대한 이와 같은 부정적 접근은 하나님에 대한 지식이 우리가 보통 이해하는 대로의 지식이 아니고 오히려 전적인 무지를 의미한다. 그것은 전혀 지적인 지식이 아니고 오히려 신비적 황홀경이다. 로스키가 역설한 것과 같이, 신학과 신비주의는 나란히 간다.[86]

2) 삼위일체 안에 있는 위격들과 본질의 동등한 궁극성

삼위일체에서 세 위격도 일체도 나머지 다른 위격보다 앞서지 않는다. 하나님은 "그의 본성에 따라 절대적으로 하나이고 그의 위격들에 따라 절대적으로 셋이며, 절대적인 동일성과 그 정도로 절대적인 다양성의 근본적 자기모순"[87]이기 때문이다. 삼위의 본질적인 동일성과 위격의 다양성은 똑같이 궁극적이다.

---

84 Lossky, *Mystical Theology*, 25.
85 Alar Laats, *Doctrines of the Trinity in Eastern and Western Theologies: A Study with Special Reference to K. Barth and V. Lossky* (Frankfurt am Main: Peter Lang, 1999), 83-84.
86 Lossky, *Mystical Theology*, 7-22.
87 Ibid., 88; Lossky, *Image and Likeness*, 80.

3) 본질과 활동들

로스키에 따르면 동방교회는 하나님 안에 하나의 본성이나 본질, 세 휘포스타시스나 위격들, 그리고 활동들을 구별한다. 우리는 하나님의 본질이든 세 휘포스타시스이든 어느 쪽에도 참여할 수 없다. 우리는 아들의 휘포스타시스가 될 수 없다.

하지만 베드로 사도는 우리가 신적 본성을 함께하려고 만들어졌다고 말한다(벧후 1:4). "따라서 우리는 하나님 안에서 그가 다른 양상들 아래 전적으로 접근할 수 없는 동시에 접근할 수도 있게 존재하는 바에 따라 그의 본질과 그의 위격들 사이의 구별들과는 다른, 말로 표현할 수 없는 구별을 인식할 수밖에 없다."

이것은 그의 본질 또는 본성과 활동들 또는 신적 작용들 사이의 구별이다. 이들 후자는 "하나님이 자신에게서 나오고 드러내고 전달하고 자신을 내어주게 하는" 당신의 본질과 떼어놓을 수 없는 세력들이다. 이와 같이, 신적 본성은 그 활동을 통해 우리에게 전달된다.[88]

이것은 삼위일체(내재적 삼위일체)와 경륜의 구별에 부합한다. 로스키는 이 견해를 지지하는 다른 인물들[89] 가운데 바실을 언급한다. 우리는 제2부 제4장에서 어떻게 바실이 언제 잃어버릴지도 모르는 덧없는 것들을 조금 남겨놓았는지 살펴보았는데, 이것이 바로 그것이다. 활동들은 신적 본성의 분출이다.

"하나님이 당신의 본질보다 더 크고 당신의 본질 안팎에서 모두 존재하시기 때문이다."[90]

---

88 Lossky, *Mystical Theology*, 70.
89 다른 사람들에는 고백자 막시무스, 디오니시우스, 다마스쿠스의 요한네스, 그리고 닛사의 그레고리우스가 포함된다.
90 Lossky, *Mystical Theology*, 73.

활동들은 "삼위일체의 외적인 현현"[91]이다. 하나님의 존재와 그 사역을 구별하지 못한 것은 하나님의 존재와 그 행위 사이에 혼동을 초래하게 되어, 위격들의 발현과 세상의 창조 모두가 똑같이 신적인 본성이나 본질의 행위가 될 것이다.

"아들과 성령은 말하자면 위격적 발현들이며, 활동들은 본성적 발현들이다. 활동들은 본성과 분리할 수 없고 본성은 세 위격과 분리할 수 없다."[92] 여기서 로스키의 가르침 안에 있는 명백한 근원은 팔라마스이다(우리는 제2부 제8장에서 그를 비판했다).

로스키의 부정주의에 대한 지지 안에 분명히 드러난 바와 같이, 하나님은 당신의 본질에 있어 도달하기 어렵다. 하지만 하나님은 당신의 활동들 안에서 현존하는데, "'마치 거울 안에 있는 것처럼' 당신이 존재하는 것 안에 보이지 않은 상태로 머물러 있다. 또 그레고리우스 팔라마스의 주장에 따르면, '동일한 방식으로 우리는 우리 얼굴을, 즉 거울 속에서 우리에게 보이지 않는 자신들을 볼 수 있다.'"[93]

하나님은 전적으로 당신의 활동들 안에서 자기를 계시하신다. 하지만 그의 본성(본질)은 전혀 구분되지 않는다. 왜냐하면, 본질과 활동들의 구별이 단지 신적 실존의 서로 다른 두 개의 양상을 가리키기 때문이다. 활동들은 "하나님 자신의 자연적 발현들"로서 해와 햇빛 사이의 구별과 유사하다.[94]

우선은 우리는 로스키가 하나님을 둘로 나누었는지에 나누지 않았는지에 대한 질문을 고려해 넣지 않을 것이다. 하지만 이 구별 안에 주목해야 할 한 가지 중요한 사항이 있다. 로스키가 보기에, 한편으로 하나님은 완전히 알 수 없고 우리는 전적인 무지의 어둠에 도달하게 하는 신비적 부정의 절차에 헌신해야 한다. 다른 한편, 그의 활동들 안에서 하나님은 전적으로 자기를

---

91 Ibid., 80.
92 Ibid., 85-86.
93 Ibid., 86.
94 Lossky, *Image and Likeness*, 54-55.

계시해 오신 것으로 보인다.[95]

한편, 그는 알 수 없고 특별히 상세하게 우리 인생의 경로를 결정할 수 없다. 다른 한편, 그가 온전히 자기를 계시하셨기 때문에, 우리는 이 계시에 숙달한 사람들이 될 수 있고, 그래서 자기를 위해 우리가 무엇이 될 수 있고 무엇이 되어야 하며, 우리가 무엇을 할 수 있고 무엇을 해야 하는지에 대한 세부상항을 결정할 수 있다. 하나님이 누구인지에 관한 로스키의 전체적인 불가지론은 경건한 소리로 들리지만 실제로는 정반대다.

본질과 활동들 사이의 이 구별은 우리로 하여금 어떻게 삼위일체가 본질에 있어 교통하기 어려우면서도 여전히 우리 안에 거하기 위해 다가오실 수 있는지 인식하도록 돕는다고 로스키는 주장한다. 이 현존은 인과적이지 않고 하나님에 의한 전능한 행위의 결과이다. 이 안에서 그는 아퀴나스와 칼빈이 주장한 하나님의 전능하신 은혜에 대한 견해를 제거한다. 또 하나님의 본질에 따르는 하나님의 현존도 그렇다고 그는 계속해서 말한다. 왜냐하면, 이것은 알 수 없고 소통할 수 없기 때문이다.

오히려 "세 위격에게 공통적인 활동들에 의해, 또는 바꾸어 말하면 은혜로 말미암아 소통할 수 있는 것 자체를 수단으로 삼위일체가 우리 안에 내주하시는 것에 따른 양식이다." 성령은 우리에게 은혜를 전달한다. 성령을 갖고 있는 사람은 아들과 아버지도 소유하고 있다.[96]

베드로후서 1장 4절에 나타난, 그가 우리를 부르신 하나님과의 연합은 그의 본질이나 위격들이 아니라 그의 활동들 안에 있는 하나님과의 연합이다.

"우리는 은혜로 말미암아 (즉 신적인 활동들 안에서) 신화되고 본성상 하나님이 되는 모든 것은 오직 본성의 동일한 것(identity of nature)만을 구원한다. … 우리는 마치 그리스도가 성육신에 의해 사람이 되는 과정에서도 하나님으로 남아 있었던 것처럼 은혜로 하나님이 되어가는 동안에도 피조물

---

95 Ibid., 55-56.
96 Lossky, *Mystical Theology*, 86.

로 남아 있다."⁹⁷

4) 경륜

그리스도의 위격은 삼위일체의 제2위의 위격이다. 위격의 연합 속에서 두 본성은 서로 투과한다. 그러나 이 투과는 신적인 측면에서 오기 때문에 일방적이다. 여전히 그것은 인간의 본성이 성육신의 순간으로부터 신적인 활동들에 의해 보급될 수 있게 한다. 마치 철이 불에 의해 스며들어 철로 남아 있으면서 불이 되는 것처럼 말이다.⁹⁸

신적인 분배는 그것에 대해 두 가지 측면이 있다. 수동적으로 볼 때, 그것은 구원과 죄로부터의 구속으로 이루어진다. 능동적으로 볼 때, 그것은 인류를 향한 하나님의 궁극적 목표인 신화로 구성된다.⁹⁹ 두 요소 모두 필요하다. 능동적인 측면은 성령의 사역 때문에 가르쳐질 필요가 있다.

성령은 아들과 떼어놓을 수 없고, 그들 각자의 활동도 역시 그렇다. 로스키는 서방교회에 대해 매우 비판적인데, 그 이유는 서방교회가 구속, 법률적 요소, 그리스도의 사역, 그리스도의 죽음과 부활에만 배타적으로 초점을 맞추기 때문이다. 따라서 성령의 사역은 무시를 당한다. 이런 추세는 안셀름으로 거슬러 올라간다.

반대로, 성경은 우리의 온전한 구속을 가리키는 다양한 은유들–목가적 요소(선한 목자이신 주님), 법률적 요소(서방교회의 초점), 군사적 요소(사단에 대한 정복), 의료적 요소(질병과 부패로부터의 치유, 외교적 요소(마귀가 속임 당한 신적인 전략)–을 제시한다.

하지만 서방교회는 그 신학을 이들 중 오직 한 가지 위에 세운다. 그것은 신화라는 마지막 목표를 놓치고, 그 결과 아들의 사역을 대가로 성령의 사

97　Ibid., 87.
98　Ibid., 145-46.
99　Lossky, *Image and Likeness*, 110.

역을 약화시킨다.¹⁰⁰

이것에도 불구하고, 성육신은 확실히 구원 전체의 존재론적 토대다. 이 안에 이중의 케노시스(자기 비움)가 있다.

첫째, 아들은 자기 의지를 아버지의 뜻에 복종시켰다. 이것은 사실상 삼위일체 전체의 의지이다. 왜냐하면, 아버지의 의지는 의지의 원천이고 아들의 의지는 순종 속에 표현되며, 성령의 의지는 성취 안에 나타나기 때문이다. 아들의 복종은 그의 성육신을 이끌었다.

둘째, 그리스도의 신화한 인성도 있는데, 이로 인해 그는 고난과 죽음을 수반한 타락한 인간의 상태에 복종했다.¹⁰¹ 첫 번째 케노시스는 두 번째 케노시스의 기초다. 둘 다 궁극적인 목적으로 하나님과 인성의 연합을 갖고 있다.¹⁰²

하지만 똑같이 중요한 것은 성령의 경륜이다. 그리스도 사역의 목표는 인간 본성의 신화인데,¹⁰³ 이는 우리에게 내적으로 은혜를 주시는 성령에 의해 이루어진다. 이로 말미암아 성령은 우리 안에 거주하신다. 이 안에서 성령은 사람의 개성을 억압하지 않고 오히려 그것을 강화한다.¹⁰⁴

"교회 내에서 성령은 하나님의 형상으로 창조된 한 인격으로서 모든 사람에게 독특하고 '인격적이고' 적합한 방식을 따라 인간의 위격들에게 신

---

100 Ibid., 98-110. 아들의 성육신과 성령의 사역에 대한 이러한 강조는 정교회에는 일반적이다. 비록 존 지지울라스와 같은 다른 학자들이 하나님의 한 사역의 두 차원을 로스키보다 더 많이 강조할지라도 말이다. John D. Zizioulas, *Being as Communion: Studies in Personhood and the Church* (Crestwood, N.Y.: St. Vladimir's Seminary Press, 1985), 123-42.
101 Lossky, *Mystical Theology*, 144-46.
102 Ibid., 154-55.
103 Ibid., 172-73; Lossky, *Image and Likeness*, 97-110.
104 Lossky, *Image and Likeness*, 108; Lossky, *Mystical Theology*, 166-68.

성의 충만함을 나누어 준다."[105]

성령은 경륜 속에 이중의 역할을 갖고 있는데, 첫 번째 역할은 교회를 향한 것이고(요 20:19-23), 두 번째 역할은 인간 개인들과 관계가 있는 것이다(행 2:1-5).[106]

아우구스티누스 이후 서방교회의 삼위일체론과 같이, 동방교회는 성령을 아버지와 아들 사이의 사랑의 띠로 결코 간주하지 않는다. 성령은 그리스도와 교회를 결합시키는 띠도 아니다.[107] 이것은 성령을 다른 두 위격들에 부수적인 것-아들의 사역에 단지 보조적인 사역-으로 만들 것이다. 게다가, 사랑은 신적 본성의 한 특성, 성령의 위격에 특이한 것이 아닌 삼위 모두에게 공통된 하나의 속성이다.

아들과 성령의 케노시스는 세 위격 가운데 한 위격이 자기를 계시하지 않는다는 점에서 분명히 드러난다. 그 대신에, 각 위격은 나머지 다른 위격들을 분명히 나타낸다. 아버지는 자기를 나타내지 않고 아들이 자기를 계시하도록 허락하신다. 아들은 자기에게 주목을 끌게 하지 않고 우리를 아버지에게 인도한다. 성령은 아들을 증언하고 자기를 증언하지 않는다. 각 위격은 나머지 다른 두 위격과 "집단으로 행동한다."[108] 그들은 "스스로 자기를 내세우지 않고 한 위격이 다른 위격을 증언하기 때문이다."[109]

라아츠는 로스키의 이 견해를 "금욕적"이라고 부른다.[110] 그것은 혼자서 존재하는 것의 거절을 수반하고, 그 본성에서 자기를 자유롭게 해 준다. 이것은 금욕주의자들과 신비주의자들이 시도했던 것이다. 이것은 하나님의 특징이고, 반대로 우리 수준에서는 신화와 관계가 있다고 로스키는 주장한다.

---

105 Lossky, *Mystical Theology*, 166.
106 Ibid., 166-68.
107 Ibid., 243-44.
108 Ibid., 85.
109 Ibid., 160.
110 Laats, *Doctrines of the Trinity*, 115-10.

5) 내재적 삼위일체

14세기 동방의 공의회들을 따르는 로스키는 삼위의 존재(trihypostatic existence) 자체(삼위일체 자체의 위격들의 관계들)와 "본질 밖에 있는" 삼위의 존재(경륜 속에서) 사이에 중요한 구별을 한다. 위격적 실존에서 성령은 아버지에게서만 발현한다. 하지만 현현의 순서에 성령은 아들을 통하여 아버지에게서 발현한다.[111]

여기서 내재적 삼위일체와 경륜적 삼위일체의 차이는 분명하다. 로스키는 다른 곳에서 단지 실재가 아니라 외관으로만 이것을 손질하는 것처럼 보인다. 성육신을 통하여 우리는 삼위일체의 내부 관계를 엿볼-그뿐이다-수 있기 때문이다.[112] 이런 차이는 본질과 활동들 사이의 격차를 반영한다. 삼위일체 안에 그리고 그의 성육신 안에 아들과의 연속성이 있는 반면, 근본에 있어 하나님의 본질은 미지의 상태로 남아 있다.

이 말로 표현할 수 없이 훌륭함은 또한 위격들에게 영향을 미친다. 신적 위격들은 공동체 안에 존재한다. 그들의 완전함은 케노시스 안에 있다. 각 위격은 나머지 다른 위격들을 드러내고 자기를 다른 위격들에게 공개하며,[113] 아무도 자기를 내세우지 않는다.[114]

하지만 어떤 위격이 무엇인지를 긍정적으로 정의하기는 어렵다. 부정주의는 여기서도 적용된다. 로스키는 그가 교부 신학에서 그런 교리를 하나도 발견한 적이 없다는 점을 인정한다. 정말로, 그것은 개념화될 수 없다.[115] 신적인 위격들은 유일무이하고 되돌릴 수 없게 다르며,[116] "말로 표

---

111 Lossky, *Image and Likeness*, 93ff.
112 Vladimir Lossky, *The Vision of God* (London: Faith Press, 1963), 66.
113 Lossky, *Image and Likeness*, 106.
114 Lossky, *Mystical Theology*, 144.
115 Lossky, *Image and Likeness*, 111-14.
116 Ibid., 107-13.

현할 수 없을 정도로 구별된다."[117] 그들은 "세 개의 의식이지만 단 하나의 주체"[118]이다.

6) 아버지의 군주제

로스키가 보기에 전체 동방교회에 관해 말하자면, 아버지는 신성의 샘 근원(source and fountain) 곧 원리(*principium*)이시다. 따라서 그는 휘포스타시스의 기원이 비인격적이 아니라고 서방교회에 맞서 주장한다. 그것은 신적인 본질이 아니라 아버지의 위격에 기초한다.[119]

따라서 모든 신적 활동(energy)은 아버지에게서 온다. 현현 속에, 경륜 속에 순서(*taxis*)가 존재하는데, 이 안에서 모든 활동이 아버지에게서 나오고 아들 안에서 또는 아들을 통해 표현되며, 성령 안에서 출발한다. 이 순서는 분명히 오직 아버지로부터만 나오는 위격의 발현(삼위일체 내의 관계들)과 구별되어야만 한다.[120]

이것은 하나님의 신실하심이라는 중대한 문제를 불러일으킨다. 경륜 속에 있는 그의 계시가 그의 영원하신 존재를 반영하지 않기 때문이다. 이것은 우리를 위협하기 위해 그의 계시 배후의 그림자들 속에 숨어있는 데우스 압스콘디투스(숨어 계신 하나님)라는 바르트의 유령을 도입한다.

로스키는 서방교회가 아버지의 군주제를 약화시키면서 비인격적인 신적 본질을 옹호한다고 비난한다. 서방교회에서와 같이, 삼위일체의 통일성을 공통의 본성이나 본질 위에 근거를 두는 것은 본질이 "위격들을 희미하게 하고 위격들을 본질의 통일성 안에 있는 관계들로 변형시킨다"[121]

---

117 Lossky, *Mystical Theology*, 61.
118 Lossky, *Image and Likeness*, 192.
119 Lossky, *Mystical Theology*, 58ff.; Lossky, *Image and Likeness*, 81ff.
120 Lossky, *Image and Likeness*, 91-94.
121 Lossky, *Mystical Theology*, 58.

는 것을 의미한다. 그러므로 "위격적 특징들은 … 본성이나 본질 안에 대체로 흡수되었다는 것을 깨닫게 된다." 위격들은 그러면 그들 사이의 관계들과 동일시되고, 그 결과 아퀴나스와 같이 관계들로 축소된다.[122]

서방교회는 합리론적이고 그 교리는 실제로 마지막에는 단자(a monad)에 지나지 않는 것이 된다. "삼위일체에 관한 한, 우리는 한 하나님 혹은 세 위격의 현존 속에 있지만 절대 둘의 현존 속에 있지 않다." 인격적인 신은 단자가 될 수 없고 한 쌍(dyad)이 될 수도 없는데, 그것은 두 용어의 반대가 되고 완전한 다양성을 나타낼 수 없다.[123]

그 대신에, 세 위격은 완전히 다르다. 아들을 지혜로, 성령을 의지(또는 사랑)이라고 표현함으로써, 서방교회는 외적인 자질들을 삼위일체 안에 도입하는 반면, 삼위일체는 하나님이 자기 현현하시는 모든 자질들보다 앞선다.[124] 활동들은 신적 위격들의 특징을 나타낼 수 없다. 삼위일체의 현현 속에 있는 위격들의 관계를 삼위일체 자체로 바꿀 수 없다. 실제로, 삼위일체 자체를 알 수는 없다.

7) 비판

(1) 부정주의

로스키의 신학 중심부 우측에 있는 것은 총체적인 불가지론이다. 우리는 있는 그대로 하나님의 총체적인 불가지성이 그의 활동들을 통한 전체적인 접근성과 함께 외관상 그렇게 보이는 경건한 구조와 거리가 멀다고 언급해 왔다. 그것은 우리가 알 수 없기 때문에 하나님은 무(nothing)라고 확언하든지, 혹은 우리는 전체적으로 하나님을 알 수 있고, 그 경우에 우리가 그의 계시에 정통한 사람들일 수 있다고 확언한다. 두 경우에, 하나

---

122 Ibid., 56-57; Lossky, *Image and Likeness*, 77ff.
123 Lossky, *Image and Likeness*, 84-85.
124 Ibid., 86.

님은 무로 환원되고 우리는 모든 것이 된다.

(2) 본질/활동들

여기서 팔라마스에 대한 우리의 앞선 비판들이 다시 적용된다. 로스키는 구별보다는 하나님 안에 있는 분할을 도입한다. 고전적 삼위일체 교의는 하나님이 한 존재 또는 본질(*ousia*)이며, 세 위격 또는 휘포스타시스라고 주장했다. 활동들과 같이 끼워 넣은 제3의 요소는 전혀 없다.

게다가, 신약성경은 우리가 하나님을 알 수 있다고 가르친다. 우리는 그를 완전히 알 수 없지만, 참되게 알 수 있다. 이것은 그가 우리에게 자기를 계시하셨기 때문이며, 성령에 의해 그의 말씀으로, 우리는 그를 알 수 있다.[125]

일타이드 트레쏘완(Illtyd Trethowan)은 지적하는 것처럼, 로스키가 하나님 안에서 위격들의 것과 다른 구별을 한다는 것은 명백하다. 최종적인 결론은 "비참하다. 하나님의 통일성을 파괴하는 것처럼 보이기 때문이다"[126]라고 트레쏘완은 결론짓는다.

로스키는 이 비난을 알아채고 있다. 14세기에 반대자들이 팔라마스에 대하여 그 일을 일으켰기 때문이다. 그는 그것에 대해 자기를 변호한다.[127] 그러나 내가 보기에는 이 활동들 관념은 지식을 뛰어넘는 하나님의 본질에, 종합적인 무지 곧 전체적인 어둠의 무지에 달려 있는 것 같다. 하지만 그런 가정은 이해할 수 없다.

---

125 특히, 다음의 글들을 참고하라. T. F. Torrance, *The Hermeneutics of John Calvin* (Edinburgh: Scottish Academic Press, 1988), 86ff.; T. F. Torrance, *Theology in Reconstruction* (Grand Rapids: Eerdmans, 1975), 76-98; Thomas F. Torrance, "Intuitive and Abstractive Konwledge: From Duns Scotus to John Calvin," in *De doctrina Ioannis Duns Scoti: Acta Congressus Scotistici Internationalis Oxonii et Edinburgi 11-17 Sept. 1966 celebrati* (Rome: Curae Commissionis Scotisticae, 1968), 4:291-305.

126 Illtyd Trethowan, "Lossky on Mystical Theology," *DRev* 92 (1974): 243(Laats, *Doctrines of the Trinity*, 75-76에서 재인용).

127 Lossky, *Mystical Theology*, 76-77.

우리가 하나님의 본질에 대해 그것을 알 수 없다고 판단할 만큼 충분히 알고 있다고 추정하기 때문이다!

이 구별은 또한 라아츠가 "삼위일체의 단계들"로 묘사하는 생각을 도입한다. 이들 가운데 세 가지가 있다.

첫째, 하나님 안에 내재하는 것-신적 본질 안에 있는 세 위격
둘째, 현현된 삼위일체-활동들 속에 있는 삼위, 본질의 영원한 범람
셋째, 경륜-활동들을 통해 창조 안에 역사하는 세 위격-

이들 가운데, 두 번째, 세 번째 단계들은 적합하지만 세 번째는 그렇지 않다.[128] 그런 단계들 어느 것도 동방교회의 고전적 삼위일체 교의에 존재하지 않는데, 거기서 본질과 위격들은 상호 포괄적이다.

게다가, 로스키가 하나님의 본질과 "그 본질 밖에" 있는 것 사이에 당혹스럽게 구별도 있다.

하나님은 그의 본질이나 존재보다 더 위대하시다!

그는 "자기 본질 밖에서" 일하신다. 이것은 하나님의 본질이 하여튼 제한된다는 것을 의미하는 것 같다.

만일 그렇다면, 이것은 하나님의 내재성-그리고 초월성-을 위해 무엇을 하는가?

어떻든 간에, 만일 하나님의 본질에 대해 어떤 것도 알 수 없다면, 로스키 혹은 어떤 사람이 어떻게 이것을 말할 수 있는가? 여기서 하나님의 본질에 대해 완전히 말로 표현할 수 없음을 지지하는 주장은 스스로 붕괴되는 것으로 보이게 될 것이다.

라아츠는 더 자세한 문제에 대해 주의를 끈다. 본질과 활동들 사이의 간극 때문에, 하나님은 자유롭게 창조하신다. 그것이 자기 본성의 일이 아니

---

128 Laats, *Doctrines of the Trinity*, 91.

기 때문이다. 하지만 활동들이 자기 본성의 범람이기 때문에, 그의 활동들 차원에서 그는 자유롭게 존재하지 않거나 하나님이 아닌 것과 관계를 맺는 것으로 보이게 될 것이다.[129]

이것은 우리를 로스키의 입장이 숨어 계신 하나님(*Deus absconditus*)의 문제-있는 그대로의 하나님과 자기를 계시하신 대로의 하나님 사이의 철저한 분열-를 갖고 있다는 우리의 앞선 비판으로 되돌아가게 한다.

로스키의 신적 본질 교리-이는 결국 활동들에 대한 가르침을 초래하고 그의 신학에 가장 기본적인 것이다-는 실제로 역사적 삼위일체 교리와 모순된다. 로스키가 표현한 것처럼, 본질은 위격들과 삼위일체 자체보다 위에 있다. 그것은 초본질적(superessential)이다. 하지만 로스키가 또한 하나님이 그의 본질보다 더 위대하다고 말할 수도 있다. 로스키는 자기 케익을 갖고 그것을 또한 먹고 싶어 한다.[130]

트레쏘완은 "위격들의 구별보다 하나님 자체 내의 실제적인 구별을 하는 것은 확실히 불필요할 뿐 아니라 비참하기도 하다 하나님의 통일성을 파괴하는 것처럼 보이기 때문이다"[131]고 설명한다.

도로테아 벤데부르크(Dorothea Wendebourg)는 만일 본질-활동들 구별이 실제적이라면 정교회의 주장대로 위격들은 아무런 구원론적 역할도 갖지 못한다고 설명하면서, 그렇게 말했다.[132] 로스키의 삼위일체 교리는 심각한 문제들을 포함한다.

---

129 Ibid., 121-22.
130 Laats, *Doctrines of the Trinity*, 124에 기록된 캐서린 라쿠냐(Catherine Lacugna)와 폴리캅 셔우드(Polycarp Sherwood)에 대해 설명한 것들을 참고하라.
131 Laats, *Doctrines of the Trinity*, 76에서 인용됨.
132 D. Wendebourg, "From the Cappadocian Fathers to Gregory Palamas: The Defeat of Trinitarian Theology," *StPatr* 17, no. 1 (1982): 196.

3. 두미트루 스타닐로애

두미트루 스타닐로애(Dumitru Staniloae, 1903-1993)는 1947년부터 1973년에 사임할 때까지 루마니아 부카레스트에 있는 신학연구소에서 가르쳤다. 그 기간에 그는 정권에 의해 5년 동안 투옥되어 많은 시간을 강제 수용소에서 보냈다. 그는 몇 년이 지나서 "이런 식으로 자기 십자가를 지는 것은 그리스도인의 정상적인 상태이기에, 그것에 대해 말할 필요가 전혀 없겠네요"[133]라고 언급했다.

라아츠는 로스키와는 다르게 팔라마스가 스타닐로애에게 주도적 영향을 끼친 인물이 아니었다고 주장한다.[134] 하지만 그가 로스키와 같이 유사한 인물들—아레오파기타의 디오니시우스, 카파도키아 교부들, 다마스쿠스의 요한네스, 고백자 막시무스, 그리고 팔라마스— 중 많은 이들에게 영향을 받았다는 것은 분명하다. 그는 이들 모두를 특히 아레오파기타를 거듭해서 인용한다. 다른 한편, 그는 로스키보다 더 온건하고 미묘한 차이가 있으며, 자질이 있고 균형이 잡혀 있다.

1) 하나님에 대한 지식

스타닐로애의 더 큰 사려 깊음은 하나님의 불가지성에 대한 동방교회의 중요한 견해 안에서 볼 수 있다. 그는 긍정적(cataphatic) 또는 합리적 지식을 통해서든, 더 나은 부정적(apophatic) 또는 말로 표현할 수 없는 지식에 의해서든, 하나님이 그의 본질 속에서 알려지지 않는다는 사실에 동의한다. 하지만 합리적 지식은 버려져서는 안 되고, 오히려 부정적 지식을

---

[133] Kallistos Ware, *The Experience of God,* trans. and ed. Iona Ionita and Robert Barringer (Brookline, Mass.: Holy Cross Orthodox Press, 1994-2000), 1:xiii에 있는 두미트루 스타닐로애의 서언.

[134] Laats, *Doctrines of the Trinity,* 87n67.

통해 깊어져야만 한다. 또한 부정적(apophatic) 지식은 합리적 관점에서 표현되어야 한다. 하지만 부정적(negative) 지식은 서방 신학의 부정의 길(via negativa)과 다르다.

후자는 이성에 근거하고 있고 부정적인 지성적 신학인 반면, 동방교회의 부정주의는 직접적 경험에 의한 지식이다. 동방교회의 관점에서, 두 가지 접근방식은 서로 배타적이지 않고 보완적이다. 그들은 종류보다는 정도에 차이가 있다. 부정적 지식에 특이한 것은 하나님이 인격으로 경험되는 것이다.[135] 스타닐로애 자신이 다음과 같이 표현한다.

> 정욕의 정화와 우리 자신의 죄 많음과 부족함에 대한 예리한 감각이 이 지식에 대한 필요조건이라는 것은 그것이 서방교회에서 이해되었던 대로 부정적이고 지적인 지식—하나님에 대한 어떤 합리적 긍정에 대한 단순한 부정—이 아니라는 것을 보여 준다. 그것은 경험을 통해 오는 지식과 관계가 있다. 사실상, 동방 교부들은 하나님에 대한 이 접근방식을 다룰 때 연합이라는 용어를 지식보다 더 선호한다.[136]

하나님은 그의 속성들(무한성, 영원성, 순일성) 중 어떤 것과도 동일하지 않다. 그가 무한하게 그 속성들을 초월하시기 때문이다. 그것들은 "하나님의 존재 주변에" 있다. 하나님은 인격이시기 때문에 하나님과 우리 자신들 모두 인격으로서 유지하는 사랑의 관계는 하나님과 우리 사이에 존재한다.

따라서 하나님에 대한 우리의 지식은 우리가 그를 더 많이 알려고 노력하게 하지만, 그에 대한 우리의 사랑은 훨씬 더 큰 사랑으로 우리를 자극한다. 하지만 이 안에 부정주의가 두 가지 형태로 지배한다. 곧 경험되지만 정의될 수 없는 것과 경험될 수도 없는 것 등이다.[137]

---

135 Staniloae, *Experience of God*, 1:95-100.
136 Ibid., 1:101.
137 Ibid., 1:103.

어떤 인격도 정의될 수 없기 때문에, 한 인격이 살아 있기 때문에, 최고의 인격적 실재는 얼마나 훨씬 더 적게 인간의 개념들 안에서 파악되겠는가?

만일 누군가 자기 자신의 개념들로 하나님을 알고 있다고 생각한다면, 그는 영적으로 죽은 것이다.[138] 하지만 교부들의 관점에서 지적인 긍정과 부정 모두 세상 안에 하나님의 작용에 대한 우리의 경험 속에서 기초를 갖는다. 그래서 너무 엄격한 지적인 지식과 부정의 지식 사이의 구별은 잘못 배치된 것이다.

디오니시우스 아레오파기타(Dionysius the Areopagite)가 설명했듯이, 하나님은 긍정적인 것들보다 부정적인 것들을 훨씬 더 많이 초월한다. 왜냐하면, 그가 최고로 긍정적인 실재이기 때문이다. 디오니시우스의 입장에서 보면, 로스키에 의해 인용된 "어둠"이라는 용어조차도 하나님에게 어울리지 않는다. 하나님은 알 수 없지만 믿는 자는 분별력 있고 의식이 있는 방식으로 그를 경험할 수 있다.[139]

이 모든 것의 의도는 신비의 의미를 보존하는 것인데, 그것은 이성을 포함하지만 그것보다 더 깊다. 그것은 하나님이 인간의 모든 이성이나 경험을 초월하는 하나님의 불가해성을 강조한다.[140]

정말로, 하나님은 존재(existence) 자체를 초월해 계신다. 그리하여 하나님은 어떤 존재나 어떤 본질이 아니다. 그는 초본질적이며, 창조된 모든 존재들과 완전히 다른 순서에 속한다.[141] 그는 최고로 부정적이고 자존하기 때문에 정의될 수 없다.[142] 하나님은 그가 어떻게 세상과의 관계를 유지하는지에 관련된 것만 저절로 계시해 오셨다.[143]

138　Ibid., 1:108-9.
139　Ibid., 1:112.
140　Ibid., 1:117.
141　Ibid., 1:129-31.
142　Ibid., 1:134-38.
143　Ibid., 1:211.

성육신은 어떻게 이 패러다임에 꼭 들어맞는가?

스타닐로애의 더 조심스럽고 균형 잡힌 설명에도 불구하고, 하나님에 대한 지식에서 이 동방교회의 분기가 네스토리우스식의 그리스도에 대한 이해를 함의하지 않는가?

만일 하나님이 있는 그대로 알 수 없고, 사람들에게 가능한 모든 것이 "그의 주변에" 있는 것들, 즉 그의 창조되지 않은 활동들 또는 속성들에 대한 지식이라면,[144]

그리스도의 인성이 어떻게 삼위일체의 제2위와 실제적인 위격적 연합을 가질 수 있는가?

내가 보기에 하나님이 그와 같다면 그리스도 안에 위격적 연합이 전혀 있을 수 없다는 것이 피할 수 없는 결론인 것 같다. 두 본성은 좁혀질 것 같지 않을 정도로 거리가 멀었고 지금도 여전히 거리가 멀다.

게다가, 또 하나의 공동 의문이 일어난다. T. F. 토랜스는 칼빈이 말씀과 성령의 신학으로 중세 말기의 하나님에 대한 추상적이고 직관적인 지식의 딜레마를 극복했다고 주장한 적이 있다. 토랜스가 의미한 것을 이해하기 위해, 우리는 로마가톨릭교회가 하나님에 대한 지식을 환상(vision)과 동일시함으로써 이 세상에서 하나님을 아는 것을, 여기서 이제 우리가 하나님을 볼 수 없기에 교회의 가르침에 동의하는 것으로 축소시켰다는 점을 상기해야 한다.

다른 한편, 칼빈은 하나님에 대한 지식을 보는 것보다 듣는 것에 더 많이 배치했다. 우리가 하나님을 볼 수 없지만 그의 소리를 들을 수 있다는 것은 사실이다. 그는 설교되고 읽힌 그의 말씀 안에서 우리에게 말씀하신다. 성령은 말씀을 수반하고, 우리가 믿음으로 그의 음성을 들을 때 은혜로 하나님에 대한 직접적인 직관적 지식을 우리에게 부여한다. 동방교회

---

[144] Ibid., 1:126.

는 결코 칼빈의 이 중요한 주장을 표현한 적이 없다.[145]

팔라마스 전통에 있는 다른 사람들과 같이, 스타닐로애는 하나님에 대한 참된 지식 없이 남겨진다. 우리는 삼위일체의 위격들이 부정적(apophatic, 하나님이 아닌 것의 차원에서만 사람들에게 알려질 수 있음을 의미함, 역주)이기 때문에 그들을 알 수 없다.

우리가 어느 정도 경험할 수 있는 것, 즉 하나님의 직접적인 현현은 "그의 존재 주변에" 있고 그와 동일하지 않다. 하지만 동시에 하나님은 "온전한 형태로 우리에게 자기를 나타내시고" 각각의 작용을 통하여 우리가 그를 경험하게 한다.[146] 이 변증법은 하나님을 미지의 무 자체로 축소시키고 동시에 우리 자신을 우리가 그의 현현을 완전히 알 수 있는 위치로 격상시킨다.

2) 삼위일체 내의 사랑과 페리코레시스

동방 기독교에서 구원의 의미는 하나님의 삼위일체 내 사랑에 의해 규정된다.[147] 삼위일체 안의 각 위격은 자기를 알고 있고, "위격들의 역동적인 '호혜적 내면성'(reciprocal interiority)" 또는 페리코레시스로 인해 자기를 완벽하게 영원히 실현시킨다.

우리는 이것을 물리적 내부성으로 이해해서는 안 되고, 오히려 그것이 의미하는 바는, "각 위격이 의도적으로 나머지 다른 위격들에게 개방되어 있고 전체적이고 무한한 사랑 안에서 유도된다는 것, 그리고 각 위격이 자기를 위해 아무것도 계속 유지하지 않고 전적으로 다른 두 위격들에게 주어진다는 것이다. 그것은 의식적인 사랑의 전체적이고 무한한 영적 페리

---

145 Torrance, "Intuitive and Abstractive Knowledge"; Torrance, *Theology in Reconstruction*, 76-98; Torrance, *Hermeneutics of John Calvin*, 86ff.
146 Staniloae, *Experience of God*, 1:127-28.
147 Ibid., 1:192.

코레시스이다."¹⁴⁸ 스타닐로애는 아래와 같이 설명한다.

> 오직 이 완전한 삼위일체적 통일성과 지식만이 하나님이 다른 위격들을 알고 사랑하는 과정에서 갖는 기쁨을, 반대로 다른 위격들이 혼동 없이 하나로 연합하여 하나님과 서로를 아는 과정에서 갖는 기쁨을 설명해 준다. … 만일 삼위일체적 사랑이 전혀 없다면, 하나님에 대한 지식도 없을 것이며, 하나님과 피조된 인격체들 사이의 지식과 사랑의 가능성도 전혀 없을 것이다. 지식을 위한 싸움은 비인격적인 사랑에게서 나오고, 이것은 성삼위일체에게서 나온다.¹⁴⁹

스타닐로애는 신적인 사랑이 자기 피조물을 향한, 그들과의 연합을 향한 하나님의 움직임에서 볼 수 있다고 주장한다. 이는 하나님 안에 "그 가운데 사랑이 현시된 위격들의 공동체"¹⁵⁰가 존재한다는 사실에서 기인한다. 그는 계속해서 다음과 같이 말한다.

> 피조물을 향해 나가는 가장 완전한 사랑은 인간의 본성을 덧입은 그 아들의 성육신을 통해 하나님에 의해 수행되었다. 그러나 동시에 아들은 인성을 아버지를 향한 자기의 신적 사랑으로 가득 채웠다. 성령은 사랑을 통해 우리를 하나님과, 우리들 사이를 결합시켜서 마치 하나님의 육화한 아들이 역시 그런 것처럼 하나님으로부터 우리에게 이르는, 그리고 우리로부터 하나님과 서로에게 이르는 사랑의 전달자가 된다.
> 성령은 아버지로부터 가진 자기 사랑을 통해 우리를 내부에서 움직이게 하여 우리에게 아버지의 사랑을 가져온다. 동시에 우리 안에도 아버지와

---

148 Ibid., 1:203.
149 Ibid., 1:204.
150 Ibid., 1:240.

모든 사람들을 향한 그 자신의 사랑을 불어넣는다.[151]

    삼위일체 내 사랑은 신적인 위격들을 부각시킨다. "사랑은 언제나" 호혜적인 관계 속에서 "서로 사랑하는 두 개의 '나'를 전제한다." 삼위일체의 위격들의 완전한 사랑과 별개로, 사람들 사이의 사랑을 전혀 설명할 수 없을 것이다.
    이 삼위일체적 사랑은 가톨릭 신학이 말하는 것처럼 신적 위격들을 양산하지 않는다. 사랑이 위격들보다 앞서게 함으로써 그들이 그것-그 결과 삼위일체-을 비인격적으로 만들기 때문이다. 그 대신에, 동방교회에 따르면 신적 사랑은 신적 위격들을 전제하며, 그 결과 완전히 인격적이다.[152]
    이 삼위일체 내 사랑은 우리의 구원과 신화의 토대이며, "신적인 위격들 사이에 획득한 관계들이 의식이 있는 피조물들에게 확장됨"이다. 아들은 성육신으로 말미암아 우리를 아버지와의 아들로서의 교통으로 인도하는 반면, 성령으로 말미암아 우리는 아버지에게 기도하거나 아들들로서 그와 함께 말한다.
    기도 속에서 성령은 우리를 자기 자신의 기도로 이끌며, 자신이 본질적으로 아버지와 아들과 맺은 동일한 관계를 은혜로 말미암아 우리와 아버지 사이에 새로 만들어낸다.
    사람으로 육화한 아들은 아버지에 대한 자신의 아들 된 사랑을 순종적 사랑으로 나타낸 반면, 아버지는 아버지로서 우리에 대한 자기 사랑을 주장하고 있다. 성령은 자기 편에서 아들의 인성을 신화시켜서 아들이 아버지에 대해 갖고 있는 사랑에 참여하는 것을 적합하게 한다. 따라서 우리는 성령을 통해 아들이 아버지와 맺고 있는 관계로 이끌림을 받는다. 우리는 일으킴을 받아 "성삼위일체의 위격들과 교통하게 된다."[153]

---

151 Ibid., 1:243.
152 Ibid., 1:245-47.
153 Ibid., 1:248-49.

스타닐로애는 세 위격과 그들의 페리코레시스적 사랑의 교통을 강력하게 강조한다. 그는 또한 몰트만이 빠진 월권(excesses)을 피한다. 그는 각 위격이 나머지 다른 위격들을 사랑하기 때문에 세 위격을 세 주체로 쓰지만, 신적인 통일성을 보호하는 데 조심스럽기도 하다.

삼위 배후에 있는 신적이 존재는 전혀 없다. 존재는 한 휘포스타시스 안에만 존재할 수 있기 때문이다. 그래서 하나님은 세 위격과 별개로 존재하지 않으신다. 하나님은 "완전히 투명한 주체들로 이루어진 하나의 공동체"[154]이다. 신적인 본질은 주체 혹은 삼중의 주체이며,[155] 동시에 통일성이자 관계 곧 통일성의 가장 핵심에 있는 관계이다.[156]

따라서 삼위는 세 실체로서 충만하고 완전한 교통 가운데 "서로(each other) 함께 투과"하고 "서로에게(one another) 완전히 내부에" 존재한다. 그리하여 우리는 단일한 하나님과 세 분의 "나"에 대해 말할 수 있다.

스타닐로애는 사려 깊게 삼위일체의 통일성을 보호한다. 이것이 의미하는 바는, 아들의 발생과 성령의 발현 속에서 아들과 성령 모두 기쁘게 "나머지 다른 위격과 일치하여-자기 자신의 위치에서 하는 것일지라도-다른 위격을 아버지에게서 나오게 하는 그 결정(act)에 따라 살아가는 일"에[157] 참여한다는 것이다.

스타닐로애는 각각의 "나"가 결코 다른 "나"에 대해 자기 권리를 주장하지 않지만 오직 나머지 다른 위격들만 존중하거나 다른 위격들 안에서만 자기를 본다고 강하게 주장한다.

> 이 안에 다른 위격들의 완전한 사랑을 위한 각 위격의 무사무욕(self-forgetting)이 나타나고, 오직 이것만 개인주의에 반대되는 통일성을 가능하

---

[154] Ibid., 1:256.
[155] Ibid., 1:260.
[156] Ibid., 1:258.
[157] Ibid., 1:260-62.

게 한다.¹⁵⁸

그는 바실을 인용하면서 하나님이 우리의 경험 속에 있는 하나와 셋이라는 숫자들을 초월한다고 단언한다. 왜냐하면, "세 주체는 분산을 전혀 모르는 존재로서 그들의 통일성 안에 매우 깊이 들어 있어서 그들은 자기들 사이에 어떤 불연속성이 있는 세 실체로 계산될 정도로 절대 분리될 수 없기 때문이다."¹⁵⁹

4. 요약

던칸은 리드(Duncan Leid)는 동방의 삼위일체 교리와 서방의 삼위일체 교리 사이에 다른 흐름을 우리가 여기서 할 수 있는 것보다 훨씬 더 자세하게 탐구한다. 서방교회는 그가 "동일성 원리"라고 부르는 것으로 눈에 띄는데, 이 원리는 삼위일체가 구원의 경륜 속에서 계시된 그대로 존재한다고 주장한다. 우리는 이것을 중요한 원리로 내내 강조해 왔다.

서방교회는 여기서 하나님의 신실하심과 신빙성을 가리킨다. 리드는 이와 반대로 동방교회가 활동들 교리와 함께 "초본질적인 삼위일체 교리, 즉 삼위일체의 위격들이 경륜적 역할들 또는 모티브들에서 근본적으로 독립된 것으로 간주된 교리를 가정한다"고¹⁶⁰ 덧붙여 말한다. 따라서 하나님이 자기를 계시해 오신 것과 다르지 않다는 보장이 전혀 없다.

동방의 삼위일체 교리는 다른 삼위일체 단계들을 요구하고 하나님에 대한 우리의 지식을 약화시키며, 그렇게 할 때 암묵적으로 하나님의 신실함과 신빙성을 문제 삼는다. 주로 서방교회로부터의 분리 때문에, 동방교회

---

158 Ibid., 1:264.
159 Ibid., 1:265-66.
160 Duncan Reid, *Energies of the Spirit* (Atlanta: Scholars Press, 1997), 67.

는 중세 기간도, 르네상스나 종교개혁도, 계몽주의도 없었고, 그 결과 칼빈이 이루어 놓았고 바르트가 자기 방식대로 고수했던, 하나님을 아는 직접적인 청각적, 직관적 지식에 대한 중요한 인식론적 돌파구를 맞잡고 겨룬 적도 없었다.

게다가, 성육신과 부활과 신화에 집중된 동방의 구원관은 속죄와 칭의가 들어갈 여지를 별로 남겨놓지 않는다. 본질과 활동들 사이의 구별은 주요한 결점이라고 우리는 다시 말해야 한다.

리드가 지적한 바와 같이, 정교회는 이것을 단지 합리적인 구별이 아니라 실제적 구별로 간주한다. 하지만 이런 종류의 실제적 구별은 결코 하나님의 순일성(simplicity)에 문제 삼는 것을 피할 수 없다.[161] 하나님의 행위들이 그의 존재와 분리되기 때문에, 그것은 하나님 안에 다양한 단계들을 가정할 필요가 있는 상황을 새로 만들어낸다.

다른 한편, 서방교회에 대한 동방교회의 비판들은 귀를 기울여야만 한다. 서방교회는 아우구스티누스로부터 성령의 문제들이 있었다. 성령이 아버지와 아들 사이의 사랑의 띠요 연합이라고 주장함으로써, 서방교회는 성령을 한 위격보다 못한 것으로 축소시키는 경향이 있었다.

이 배후에 신적 본질의 통일성이라는 전제부터 시작하는 잠재적인 문제가 있다. 위격들이 어떤 면에서 따라오기 때문에, 본질은 본유적으로 비인격적이다.

반대로, 동방교회는 "하나님의 초월성(beyondness)을 지칭하는 본질 개념을 보유하고 있는"[162] 위격들부터 시작한다. 위격들에 초점을 맞춤으로써, 동방교회는 아주 왕성하게 삼위일체의 살아 있는 위격적 관계들을 발전시킬 수 있는데, 서구 신학자들은 이것을 지나치게 어렵다고 생각해 왔던 부분이다. 이슬람에 대한 적극적이고 효과적인 도전이 개시될 수 있는

---

161 Ibid., 88ff.
162 John Meyendorff, *St. Gregory Palamas and Orthodox Spirituality* (Crstwood, N.Y.: St. Vladimir's Seminary Press, 1974), 126.

것은 바로 이와 같은 구상을 따르는 것이다.[163]

그럼에도 불구하고, 많은 오해들이 도중에 분류될 필요가 있다. 한 예가 "서방 기독교는 진보를 향한 인류의 길에 신뢰하지 않는 제동을 더 많이 표현한 반면, 동방교회들은 삼위일체, 부활, 신화의 교리를 고려하여 언제나 진보를 위한 사람들의 열망을 지지해 왔다"는 스타닐로애의 주장이다.[164] 성령에 대한 다른 견해들이 "진보를 위한 사람들의 열망"의 의미와 같은 것들을 포함하면서 훨씬 더 많은 상이함을 숨기는 것처럼 보인다.

---

163 이런 주제들에 대한 더 자세한 탐구를 보려면, 예를 들어 Reid, *Energies of the Spirit*를 참고하라.
164 Staniloae, *Experience of God*, 1:191.

♦ 주요 용어들

부정의, 무념적(apophatic)
하나님의 속성들(attributes of God)
긍정의, 유념적(cataphatic)
동일 실체성(consubstantiality)
신화(deification)
활동(energies)
필리오케(*filioque*): 아들로부터
휘포스타시스(*hypostasis*)
케노시스/케노시스주의(kenosis/kenoticism)
본성(nature), 본질(*ousia*), 실체(substance)
범재신론(panentheism), 범신론(pantheism)
내재적 삼위일체(immanent Trinity), 페리코레시스(perichoresis)
관계들(relations)

♦ 깊이 생각할 문제

이러한 동방 신학자들의 삼위일체신학은 서방측 대응자들과의 차이점들을 어떤 식으로 나타내는가?

♦ 더 읽으면 좋은 책

1. Rowan Williams, "Eastern Orthodox Theology," in *The Modern Theologians*, ed. David F. Ford, 3rd ed. (Oxford: Blackwell, 2005), 572–88.

제4장

토마스 F. 토랜스

토마스 토랜스(Thomas F. Torrance, 1913-2007)는 아마도 틀림없이 지난 50년 이상 동안 영어권에서 가장 중요한 신학자일 것이다. 교구 사역과 에든버러대학 뉴칼리지에서 짧은 기간 교회사 교수로 봉직한 후에, 그는 1952년에 그곳에서 기독교 교의학 교수가 되었고 1979년에 사임할 때까지 그 자리에 머물렀다. 그로부터 그는 뒤죽박죽으로 출판을 한다.

그의 주된 관심 영역들은 신학과 자연과학 특히 물리학과의 관계, 동방정통교회와의 범교회적 참여, 그리고 삼위일체 교리다. 중국 내륙 안쪽에 있는 선교사 가정에서 자라난 그는 스스로를 서구 문화 전체에 파송 받은 신학적 복음전도자로 생각했다.[1]

처음에 삼위일체를 다룬 토랜스의 글들은 교리 신학과 역사신학의 전 영역에 걸쳐 그의 폭넓은 관심사를 반영하는 다양한 책 안에 흩어져 있었다. 이 논문들 가운데 일부는 『삼위일체적 관점들』(*Trinitarian Perspectives*,

---

1   토랜스의 삶과 작품에 대한 뛰어난 설명은 맥그라스의 책에서 찾아볼 수 있다. Alister E. McGrath, *Thomas F. Torrance: An Intellectual Biography* (Edinburgh: T & T Clark, 1999). 토랜스의 남동생인 데이비드 토랜스는 더 인격적인 설명을 제공한다. David W. Torrance, "Thomas Forsyth Torrance: Minister of the Gospel, Pastor, and Evangelical Theologian," in *The Promise of Trinitarian Theology: Theologians in Dialogue with T. F. Torrance*, ed. Elmer M. Colyer (Lanham, Md.: Rowman & Littlefield Publishers, 2001), 1-30.

1994) 안에 모아서 다시 출판되었다.²

그보다 앞서 『삼위일체 신앙』(*The Trinitarian Faith*, 1988)은 4세기의 위기가 해소될 때까지 교회의 삼위일체신학을 해설했다. 이것을 뛰어넘어 토랜스는 복권의 교의학을 기획했지만 단지 일회분만 출판할 수 있었다.

그러나 이 책 『기독교 신론: 한 존재, 세 위격』(*The Christian Doctrine of God: One Being, Three Persons*, 1996)은 아마도 그가 쓴 가장 위대한 단권의 작품일 것이다.³ 최근에 엘머 코일러가 뛰어난 토랜스 신학 입문서를 출간했고, 현대의 영향력 있는 신학자들이 삼위일체론에 대해 토랜스와 함께 나눈 심포지움을 편집했다.⁴

1. 토랜스에게 미친 주요 영향들

1937년에 토랜스는 칼 바르트 밑에서 박사 지도를 받기 위해 바젤에 갔다. 바르트의 신학은 토랜스에게 심오한 영향을 미칠 운명이었다. 하지만 비록 그런 결과물들이 존재한다고 말할 수는 있어도, 이 때문에 토랜스를 바르트주의자라고 부르는 것은 심각한 오류가 될 것이다. 토랜스는 매우 역량이 뛰어난 사상가라서 다른 사람의 신학으로 분류될 수 없다.

실제로, 도널드 맥킴이 편집한 책 『어떻게 칼 바르트는 자기 마음을 바꾸었는가』(*How Karl Barth Changed My Mind*)에 기여한 토랜스의 공헌은 "어

---

2   Thomas F. Torrance, *Trinitarian Perspectives: Toward Doctrinal Agreement* (Edinburgh: T & T Clark, 1994).

3   Thomas F. Torrance, *The Christian Doctrine of God: One Being, Three Persons* (Edinburgh: T & T Cla가, 1996).

4   Elmer M. Colyer, *How to Read T. F. Torrance: Understanding His Trinitarian and Scientific Theology* (Downers Grove, Ill.: InterVarsity Press, 2001); Elmer M. Colyer, ed., *The Promise of Trinitarian Theology: Theologians in Dialogue with T. F. Torrance* (Lanham, Md.: Rowman & Littlefield Publishers, 2001).

떻게 내가 칼 바르트의 마음을 바꾸었는가"로 더 잘 표현된다.[5] 바르트 외에도, 에든버러에서 그의 스승이었던 매킨토시(H. R. Mackintosh)는 토랜스에게 중대한 영향을 주었다.

하지만 이 두 사람이 모두 제공한 자극은 토랜스로 하여금 종교개혁 특히 칼빈의 고전적 신학 자료들과 교부들에게 되돌아가게 한 것이었다. 바젤에서 그의 박사논문은 『속사도 교부들에게 나타난 은총 교리』(*The Doctrine of Grace in the Apostolic Fathers*, 1946)로 출간되었다.[6] 이후에 토랜스는 칼빈의 주요 권위자로서의 명성을 얻었고 교부학에 대한 백과사전적 지식을 발전시켰다. 특별히 그는 나지안주스의 그레고리우스는 물론이고 알렉산드리아 교부들, 아타나시우스, 시릴의 작품을 폭넓게 활용했다.

동시에 토랜스는 단지 고물수집가가 아니다. 에든버러에서 그를 가르쳤던 철학 교수 테일러(A. E. Taylor)는 자기 작품에서 현대 과학을 많이 활용하였었고 토랜스가 테일러의 본을 따를 수 있었다.

헝가리 태생의 화학자이자 과학철학자인 마이클 폴라니(Michael Polanyi)는 토랜스 자신의 사상과 관계가 있는 지식 이론을 발전시켰는데, 그는 인식론을 자연과학뿐만 아니라 신학 분야에 적용하는 것으로 보았다. 여기서 두 개의 독립된 흐름이 융합된다. 토랜스는 폴라니를 만날 즈음에 그 나름의 인식론적 접근법을 이미 성취했기 때문이다.[7]

폴라니와 같이, 토랜스는 과학적인(*scientia*=지식) 방식으로 알기 위해 인식자는 지식의 대상에 순응해서 그 대상이 스스로 드러내도록 허용해야만 한다. 이것은 인식자의 입장에서 신앙 및 순종과 유사한 태도를 수반하며, 그로 인해 모든 선개념들은 알려진 사람이나 대상에의 비판적인 심사를

---

5 이것은 본서의 한 서평에서 토니 레인(Tony Lane)이 만들어 낸 구절이다.
6 Thomas F. Torrance, *The Doctrine of Grace in the Apostolic Fathers* (Edinburgh: Oliver & Boyd, 1946).
7 토랜스가 폴라니를 활용한 것에 관해서는, McGrath, *Thomas F. Torrance*, 228-32; Colyer, *How to Read T. F. Torrance*, 332-33을 찾아보라.

받아야 한다.[8]

토랜스는 이런 접근법을 예표하는 것으로 제임스 클럭 맥스웰(James Clerk Maxwell)의 실천을 가리키면서, 그것이 앨버트 아인슈타인(Albert Einstein)의 이론들과 실천에 의해 보강된다고 주장한다. 신학에서 이 기본적인 해석이 어떻게 바르트가 가르친 하나님의 중심성에 대한 강한 강조와 계시가 공존할 수 있는지 발견하는 것은 어렵지 않다. 그리고 우리는 칼빈으로 인해 덤으로 추가할 수 있다.

현재와 미래에 대한 토랜스의 관심은 과거를 다룬 그의 작품과 연결된다. 헬라 교부들에 대한 관심 덕분에, 그는 세계개혁교회연맹(World Alliance of Reformed Churches)을 대표하여 그리스 정통교회와 대화하게 되었다. 수년 동안 이어진 여러 번의 논의와 부분적인 합의 끝에, 1991년 매우 의미 있고 획기적인 사건이 일어났다. 바로 1993년에 출간된 "성령에 대한 협약"(Agreed Statement on the Holy Trinity)에 사인을 한 일이었다.

이 일의 중요성은 그리스 교회가 14개의 다른 정통주의 종파들을 초청했다는 사실에서 드러난다. 그 일이 지닌 단점(제2부 제7장을 참고하라)은 아우구스티누스 입장을 따르는 대표자가 아무도 참석하지 않았다는 사실이다. 그것은 이미 동의하려고 마음먹은 사람들의 협약에 불과하다. 그것은 결코 중대한 범교회적 돌파구라고는 말할 수 없다.

게리 데도(Gary Deddo)와 더불어 "원칙적으로 필리오케에 대해 1000년간 이어진 간극이 해결되었다고" 주장하는 것은 아직 시기상조다.

왜냐하면, 이 간극이 정통교회와 로마 교회 사이에 있었던 것이지 정통주의와 세계개혁교회연맹 간의 문제는 아니었기 때문이다![9]

---

[8] 폴라니에 관해서는, Michael Polanyi, *Personal Knowledge* (Chicago: University of Chicago Press, 1958); Michael Polanyi, *The Tacit Dimension* (Chicago: University of Chicago Press, 1958).

[9] Gary W. Deddo, "The Holy Spirit in T. F. Torrance's Theology," in *The Promise of Trinitarian Theology,* ed. Colyer, 107.

2. 토랜스 삼위일체론의 주요 구조들

토랜스의 신학에서 삼위일체는 "우리 구원과 하나님에 대한 지식의 궁극적 기반(ultimate ground)이자 기독교 신학의 기초 문법(basic grammar)이다."[10] 이것은 곧바로 우리에게 신학과 예배의 통합적인 연결로 향하게 한다. 토랜스는 조심스럽게 가장 발전되고 다듬어진 삼위일체 관련 개념들을 그리스도인의 복음에 대한 기본 경험에 근거시킨다.

그렇다고 해서 그가 이 개념들이나 그의 신학을 우리 자신의 경험에서 이끌어낸다는 말은 아니다. 실제로, 정반대의 경우가 맞다. 그것이 의미하는 바는 기독교 신앙 및 예배와 신학 사이에 깨어질 수 없는 관계가 있다는 사실이다. 그리고 이 둘은 계시와 구원 안에 있는 하나님의 주권적 행위에 근거를 두고 있다.

이것은 하나님은 오직 하나님을 통해서만 알려질 수 있다고 그가 주장할 때 분명해진다. 우리는 하나님의 구원 행위 없이 그분을 알 수 없다.[11] 바르트와 마찬가지로 자연신학으로 하나님에게 나가는 길은 전혀 없다. 모든 것이 계시에 의존하기 때문이다. 여기서 토랜스는 라너에게 볼 수 있듯이 삼위일체 하나님을 비롯하여 하나님에 대한 지식을 인간의 경험에 기초하려는 오늘날의 편향성을 제거한다. 우리는 이것이 어떻게 범신론이나 범재신론으로 몰고 가는지 보았다. 토랜스에게 있어, 이러한 접근은 불가능하다.

이유는 다음과 같다.

> 스스로 계시된 하나님 외에 다른 신은 없다. 그리고 복음 안에서 우리에게 선포된 예수 그리스도의 삶과 죽음과 부활의 구원과 화해 행위 안에 있는

---

10 Colyer, *How to Read T. F. Torrance*, 287.
11 Torrance, *Christian Doctrine of God*, 13.

하나님의 영원한 목적의 성취가 없는 하나님의 자기 계시는 없다.[12]

이 계시는 예수 그리스도로 말미암아 성령 안에서 주어지고 그 결고 우리는 성삼위일체 안에서 하나님 자신과 관계를 맺는다. 하나님은 본질적으로 삼위일체적이고 진정으로 달리 생각될 수 없다.[13]

예수 그리스도는 "하나님과 인간 사이에 매우 중요한 다리가 되시어 우리 인간이 하나님 자신에 대한 지식을 공유하고 실제로 그분을 알며 그분 자신의 자기 해석에 따라 그분을 믿을 수 있는 시공간 속의 한 곳이 되신다."[14]

따라서 계시는 "하나님에 대한 무언가를 계시하는 것이 아니라 계시하는 분과 계시 받는 분이 같은 분이 되는 방식으로 자기 자신으로부터 자기를 계시하시는 하나님"[15]이시다. 토랜스는 또한 아퀴나스 이래로 삼위일체를 서슴없이 소개하는 서방교회의 접근법을 제거한다.

하나님은 하나의 존재이며 세 위격이시다. 세 위격은 한 하나님이시고 하나님은 세 위격이시다. 그리하여 "하나님에 대한 사고를 삼위일체적인 방식 이외에 다른 방식을 인정하는 것은 사실상 삼위일체의 진리를 상대화하고 문제 제기하는 것뿐 아니라 삼위일체와 모순되고 복음을 제쳐놓는 것이다."[16]

토랜스는 우리를 하나님 아는 일에 끌어들이는 방식을 우리 편에서 더욱 고찰함으로써 신학과 예배의 통합적인 관계를 자세히 설명한다. 여기서 폴라니와의 관계들이 명백히 드러난다. 우리는 메시지를 우리 마음의 깊은 곳에 내면화하는 것을 허용하기 위해서 신약성경 전체와 모든 부분

---

12 Ibid.
13 Ibid., 15-16.
14 Ibid., 17.
15 Ibid., 22.
16 Ibid., 24.

에 내주할 필요가 있다.[17]

내주의 비유는 폴라니가 사용한 것이었다. 그것은 요한 문헌의 내주 개념에 근거하는데, 폴라니와 토랜스 자신 모두 이것을 이용한다. 우리가 이것을 할 때 우리는 신약에서 차고 넘치는 강조가 그리스도의 신성, 아들과 아버지의 깨어지지 않은 관계라는 것을 발견하는데,[18] 그것은 예수의 부활로 인해 그 제자들에게 강요되었다고[19] 토랜스는 주장한다. "신약성경에서 주어진 역사적인 신적 계시에 대한 일관된 복음주의의 구조 전체"에 대해 말하면서, 토랜스는 다음과 같이 주장한다.

> 우리가 그분을 주님이요 하나님으로 믿는 것은 바로 우리가 거기에 내주하고, … 우리 안에 그것을 흡수하고 우리 생명과 사상의 바로 그 토대들이 그리스도의 창조적이고 구원하는 영향력 아래에서 변하고 있음을 발견할 때이다.

십자가와 부활 사건은 하나님의 아들 그리스도와 아버지 하나님을 구별하도록 우리를 이끌어 아버지와 아들, 하나님과 하나님의 하나 되심은 물론이고 서로의 구별에 대해서도 생각하게 한다. 게다가, 오순절에 비추어 볼 때 아버지에 의해 약속된 성령이 교회 위에 부어질 때 하나님이 본질적으로 삼위일체라는 인식을 위한 근거가 주어진다.[20]

하지만 삼위일체 교리는 교회사의 진행 과정에서 발전했다.

신조들이 어떻게 그 그림에 적합한가?

토랜스는 그것들에 대한 명백한 성경적 기초가 있다고 주장한다. 왜냐하면, 바울에 따르면 그 모습 그대로의 하나님 지식에 대한 접근은 그리스

---

17 Ibid., 37.
18 Ibid., 49.
19 Ibid., 52.
20 Ibid., 53-54.

도의 십자가로 말미암아 일어난 하나님과의 화해를 통해 우리에게 제공돼 왔다.[21] 신학과 예배의 관계는 거듭해서 연관된다. 왜냐하면, 삼위일체에 대한 예배와 교리가 함께 속해 있기 때문이다.[22]

신학적 진술들은 하나님의 초월적 실재를 가리키고, 따라서 결코 예배와 경배의 맥락으로부터 추출될 수 없다. 예를 들어, 호모우시오스는 "구원의 육화한 경륜 속에서 하나님이 아버지와 아들과 성령으로 자기를 계시한 것은 자기 자신의 영원한 존재와 본성 안에 있는 모습 그대로의 하나님 안에 근거하고 그 하나님에게서 나왔다"[23]는 사실을 표현한다.

호모우시오스는 교회가 신약성경에 나타난 암묵적인 삼위일체 교리를 밝힐 필요가 있고, 명시적인 표현으로 가져올 필요가 있는 신학적 열쇠다. 하나님의 자기 계시의 신비 속에 다른 부분과 깊이 연관된 구성 요소뿐 아니라 그렇지 않은 구성 요소가 있다. 후자가 전자를 지배한다. "우리는 우리가 계속해서 말할 수 있는 것보다 더 많이 그에 대해 알고 있다."[24] 이것은 분명히 폴라니의 암묵적 차원의 지식(또는 줄여서 암묵지)에 상응한다.

4. 지식의 단계들

토랜스가 평가하기에 지식의 세 단계가 있다. 그는 이것을 "여러 개의 동등한 단계들로 이루어진 계층화된 구조"와 "서로 평면 교차하는 동등한 단계 안에 있는 진리의 다른 단계들"로 기술한다.

가장 기본적인 단계는 토대 단계로 복음주의적인 이해와 경험의 단계다. 이 지식의 단계는 그리스도의 육화된 경륜 속에서 계시하고 구원하는

---

21 Ibid., 68.
22 Ibid., 74.
23 Ibid., 80.
24 Ibid., 81.

행위들과 같은 더 높은 단계에 열려 있으며 있는 그대로가 되도록 그것을 의존한다. 다음으로, 더 높은 단계의 이 지식은 하나님 자신 안에 있는 삼위일체적 계시와 같은 초월적 단계에 열려 있으며, 있는 그대로가 되도록 그것을 의존한다.[25]

이 세 단계의 구조는 아인슈타인과 폴라니가 설명한 과학적 지식 안에 있는 사상의 세 단계에 상응한다. 곧 평범한 일상 경험의 기본 단계, 실험적이고 개념적인 구성요소들의 논리적 일치를 모색하는 과학 이론의 제2의 단계, 그리고 최소한의 정제된 개념들과 관계들과 더불어 더 많이 정제되고 더 고차원적인 논리적 일치의 제3의 단계다. 가장 높은 이 단계의 특징은 상대성 이론에서 볼 수 있는 그런 "논리적 경제성과 단순성"이다.[26] 이 진리의 위계순서 체계는 위쪽으로 열려있지만 아래쪽으로 환원할 수 없으며, 모든 환원주의를 배제한다.

직접적인 결과로, "의미 있는 어떤 합리적 체계도 그것을 형식화한 것들이 더 높은 준거틀로부터 통제하는 조직을 통해서만 그 일관성을 파기하고 유지하는 비결정적인 영역이 있음에 틀림없다."[27] 이것은 또한 교리적 형식화들에 응용된다. 이것들은 신학적으로 일관성 있을 뿐 아니라 존재론적으로도 의미 있게 하기 위해서 평면 교차 준거를 더 높은 단계로 요구한다.

어떤 교리 체계도 그 자체의 진리 준거를 포함하지 않는다. 이것이 의미하는 바는 신학적 진술들이 하나님의 초월성을 지석하기에 예배를 수반하고 요청한다는 것이다.

게다가, 그것들은 논리 법칙으로 환원될 수 없다. 여기서 우리는 신학과 자연과학 사이에 단 하나의 가장 큰 차이점을 직면하게 된다. 살아계신 하나님은 최고의 진리이시다. 우리는 자연과학과는 전혀 다른 방식으로 그

---

25 Ibid., 83.
26 Ibid., 84-85.
27 Ibid., 86.

분에게 응답하도록 요청을 받는다. 더욱이 그 구조는 과학에서와 같이 반대로가 아니라 위에서 아래로 이해되어야만 한다.[28]

구체적으로, 이것은 무엇을 의미하는가?

첫째, 종교적 경험과 예배와 같은 토대 단계에서, 우리는 우리가 계속해서 말할 수 있는 것보다 교회에서 더 많이 배우는데, 신실한 사람들로 이루어진 공동체 내에서 성경을 꾸준히 읽고 연구함으로써 강화된다. 이것은 다른 모든 단계들의 필수요소인데, 이것은 결코 그것들의 근간인 이것에서 분리될 수 없다.[29]

둘째, 신학적 단계에서 우리는 신학 지식을 사용해서 예수 그리스도 안에서 하나님이 계시하시고 구원하신 행위의 경륜적이고 존재론적이고 삼위일체적인 구조를 더 완전히 이해할 수 있다.[30] 여기서 호모우시온은 중요한 요점이다. 핵심은 예수 그리스도와 하나님의 존재의 일치성이기 때문이다.[31]

셋째, 더 고차원적인 신학적 단계에서 우리의 사고는 그리스도의 계시 및 구원 행위 안에서, 그리고 그분의 한 성령 안에서 하나님의 자기 소통으로 더 깊이 들어간다. 여기서도 호모우시온은 하나님이 예수 그리스도 안에서 우리를 위해 존재하는 것은 그가 본유적으로 영원히 당신 자신의 존재 안에 있다는 통찰과 더불어 제일 중요하다. 따라서 복음 안에서 하나님에 대한 우리의 지식은 자체로 존재하는 분, 하나님의 존재에 근거를 둔다. 그러나 호모우시온은 우리로 하여금 하나님을 인간적이고 유한한 것으로 되돌려 읽도록 허용하지 않는다.[32]

---

28 Ibid., 87.
29 Ibid., 88-90.
30 Ibid., 91.
31 Ibid., 93-98.
32 Ibid., 98-99.

5. 하나님의 인격적인 본성

삼위일체와 더불어, 우리는 그분의 내면적이고 이해가능하고 인격적인 관계들 속에서 하나님과 관계가 있다. 호모우시온과 휘포스타시스 연합과 함께, 페리코레시스나 상호 포함의 개념은 우리로 하여금 신적 존재의 동일성과 신적인 세 위격의 내재적 일치를 함께 묶도록 도와준다.

이와 맥을 같이 하는 것이 바로 토랜스가 신적 위격들의 존재-관계적 개념(onto-relational concept)이라고 부른 것인데, 이것은 그들의 존재 안에 있는 위격들의 관계들을 포함한다. 실제로, 삼위일체 교리의 발전은 비인격적 의미에서 인격적 의미로 그리스 존재 개념의 급진적인 변화를 야기했다.

그것은 "하나님 존재의 심오한 위격적 본성을 계시했다." 이는 (마치 위격들이 하나님의 존재와 동일하지 않은 것처럼) 삼위가 하나님의 존재 안에 있다는 것이 아니라 삼위가 한 하나님이라는 것이다. 하나님은 "본질적으로 위격적 존재의 충만함 … 위격들의 교통"이다

하나님의 한 존재는 어떤 추상적 개념이 아니라 강렬하게 인격적인 "나는 존재한다"(I am)이시다. 신적인 존재와 신적인 교통은 서로의 관점에서 전체적으로 이해되어야 한다.[33] 휘포스타시스의 연합, 호모우시온, 존재와 인격, 페리코레시스는 서로 관련된 삼 단계를 가리키는 통합된 신학적 개념들이다. 그것들은 성경에 암시된 삼위일체가 명확하게 표현된 방식이다.

---

33 Ibid., 102-4.

6. 내재적 삼위일체와 경륜적 삼위일체

토랜스는 라너의 공리를 비판하고 바르트를 따라서 하나님의 주권적 자유를 보호한다. 성육신은 하나님의 초월성에 대한 어떤 포기나 "그분의 영원한 자유에 대한 어떤 타협"도 수반하지 않았다. 왜냐하면, 그것은 하나님이 하나님이 되시고 하나님으로 살아가시는 데 전혀 필요하지 않았기 때문이다.[34]

물론 라너를 인용하는 옳은 방법과 그른 방법이 있다. 라너의 공리는 가치가 있다. 만일 그것이 함축한다고 여겨지는 모는 것이 경륜적 삼위일체가 하나님 자신에 대한 신빙성 있는 지표가 된다면 말이다. 이것은 토랜스가 그 안에서 발견한 가치다. 하지만 라너는 경륜적 삼위일체와 내재적 삼위일체의 동일성이 양 방향으로 작동한다고 주장했다.

경륜적 삼위일체가 내재적 삼위일체와 동등할 뿐 아니라 내재적 삼위일체도 경륜적 삼위일체와 동등하다. 이것은 경륜적 삼위일체가 존재하는 모든 것이라는 신념과, 내재적 삼위일체에 대한 담화가 순전한 형이상학적 추론이라는 신념을 장려해 왔다. 결과는 창조 세계가 하나님과 서로 관계를 맺는 것으로 비춰진다는 점이다.

하나님은 자유롭지 않고 지속적인 상호 역사 속에서 세상에 구속된다. 성육신은 하나님이 자유롭게 결정하신 결과가 아니었고 반대로 그분의 존재로부터 흘러넘쳤던 것이었다. 이러한 사고방식은 범신론이나 범재신론을 낳는다. 그것은 몰트만, 라쿠냐, 엘리자벳 존슨, 로버트 젠슨 등이 택한 길이다.

---

[34] Ibid., 108.

7. 호모우시온의 중심성

토랜스는 호모우시온이 신약성경의 예수 그리스도에 대한 증거의 핵심 내용을 나타낸다고 온통 주장한다.[35] 이 용어가 단언하는 예수 그리스도와 하나님의 동일성은 그리스도에 대한 믿음이 하나님에 대한 믿음과 완벽하게 일치한다는 것을 의미한다.[36]

니케아 공의회에서 이것을 인정한 것은 기독교 신앙의 역사에서 절대적으로 근본적이고 불가역적이며 지울 수 없는 사건이었다. 즉 "복음을 더 깊이 이해하는 데 있어 결정적 단계로서 육화한 아들과 아버지 하나님 간의 매우 중요한 관계를 정확하게 표현했다."

니케아의 문구는 "창조된 우주에 대한 인간 지식의 관계적 구조가 우리가 철회할 수 없는 방식으로 크게 개정된"[37] 과학사 속의 몇몇 큰 사건들과 유사하다. 그것은 우리가 하나님에 대해 생각하는 방식으로 혁명을 불러일으켰다. 하나님은 이질적이고 이해할 수 없는 분이 아니다. 그분은 우리와 교제를 해 오셨다. 그분은 친히 살아 계시고 역동적이며 인격적인 존재이시고 스스로를 그런 분으로 계시하셨다. 그분은 우리를 사랑하고 우리가 그분을 알 수 있게 하셨다.[38]

호모우시온은 "하나님이 육신이 된 말씀 안에서, 그리고 그 말씀으로 말미암아 '우리를 위해', '우리 가운데' 계시는 것은 그가 실제로 그 자신 안에 존재하는 것이라는 사실을, 그는 그의 초월적 존재의 내적인 관계들 안에서 자신이 시공간 안에서 인류를 향한 그의 계시 행위와 구원 행위 안에 존

---

35 Colyer, *How to Read T. F. Torrance*, 70-81을 보라.
36 Thomas F. Torrance, *The Trinitarian Faith: The Evangelical Theology of the Ancient Catholic Church* (Edinburgh: T & T Clark, 1988), 117; Thomas F. Torrance, *The Meditation of Christ* (Grand Rapids: Eerdmans, 1983), 53.
37 Torrance, *Christian Doctrine of God*, ix-x.
38 Ibid., 3-4.

재하는 것과 아주 똑같은 아버지와 아들과 성령이라는 사실을 표현했다."[39] 그것은 "교회를 세우거나 넘어지게 하는 최고의 복음주의적 진리"[40]이다.

건턴이 논평하는 바와 같이, "그의 모든 연구 속에서, 그[토랜스]에게 호모우시온의 중요성을 과장하기란 어려울 것이다."[41]

특히, 건턴은 토랜스에게 성령에 대한 호모우시온의 중요한 위치를 지적한다. 그것은 하나님의 경륜적 행위로부터 그분의 영원한 존재로 이어지는 움직임을 가능하게 하고 우리가 하나님에게서 피조 세계에서 흔히 발견하는 인과 관계의 유형을 추측하는 것을 막아준다. 그것은 하나님에 대한 우리의 지식을 영적으로 지켜 주며, 인간의 경험보다는 하나님 안에 있는 중심의 우선순위를 유지한다.[42]

여기서 다시 우리는 토랜스가 어떻게 많은 현대신학보다 뛰어난지를 알게 된다. 현대신학은 인간의 경험으로부터 하나님에 대한 지식을 모색하고 내재적 삼위일체 교리를 전면 거부한다.

이와 반대로, 토랜스로서는 호모우시온이 우리로 하여금 내재적 삼위일체를 경륜 속에서 주어진 것을 다시 추측하도록 강요한다. 왜냐하면, 그리스도와 성령 안에서 하나님의 내적 존재가 어느 정도 계시되기 때문이다.[43]

---

39 Torrance, *Trinitarian Faith*, 130.
40 Ibid., 132.
41 Colin Gunton, "Being and Person: T. F. Torrance's Doctrine of God," in *The Promise of Trinitarian Theology*, ed. Colyer, 116.
42 Ibid., 120.
43 Ibid., 122-23.

8. 페리코레시스

토랜스는 자신이 "존재관계적이고 영적이고 상당히 인격적인 방식으로" 삼위일체를 설명하는 것 같이 페리코레시스를 삼위의 상호 내주와 관통으로 역동성 있게 이해한다.

그것은 "상호 내주는 물론 상호 운동"을 내포하는데, 여기서 "그것들을 분리시키는 대신 차별화시키는 특질들이 사실상 서로의 하나 됨에 기여한다." "성삼위일체가 줄곧 그 자체 내에 존재하는 것은 바로 사랑의 영원한 운동 혹은 사랑의 교통"이다.

이것은 에피파네스, 알렉산드리아의 시릴, 아타나시우스, 그리고 나지안주스 그레고리우스의 상호 공동내재(coinherence)에 대한 가르침과 일치한다.[44] 비록 토랜스가 페리코레시스라는 용어를 삼위일체의 위격들에게 처음 적용한 사람이 위 시릴이었다ㅡ최근에 반박당한 주장ㅡ고 재빨리 지적할지라도 말이다.[45]

토랜스는 페리코레시스가 오리게네스주의적 종속론이 남긴 잔재들의 위험성을 상쇄한다고 주장한다. 삼위가 서로를 상호 함유하고 있기 때문에, 삼위일체는 분할될 수 없는 총체(wholeness)다. 결론적으로, 파생되지 않은 신성이 되기 위해 아버지가 들어설 자리가 전혀 없는 반면, 아들과 성령은 아버지로부터 신성을 받는다.[46]

차라리 그것은 세 위격의 완전한 동등성을 스스로 하나님(*autotheos*, 파생에 의한 하나님이 아니라 그들 자신 안에 있는 하나님)로 단언하면서, 그들의 실제적 구별을 단언하기도 한다. 아버지와 아들과 성령은 그들을 구별하는 개별적

44　Torrance, *Christian Doctrine of God*, 171-72.
45　Thomas F. Torrance, "Thomas Torrance Responds," in *The Promise of Trinitarian Theology*, ed. Colyer, 316; Vassa S. Conticello, "Pseudo-Cyril's *De Sacrosancte Trinitate*: A Compilation of Joseph the Philosopher," *OCP* 61 (1995): 117-29를 보라.
46　Torrance, *Christian Doctrine of God*, 173-74.

특징들을 제외하고 모든 것을 공유한다. 아버지의 수위성 또는 군주제는 신성의 수위성이나 우월성을 함의하는 것으로 여겨져서는 안 된다.

"내적 삼위일체의 순서는 존재론적으로 차별 있는 방식으로 이해되어서는 안 된다."

왜냐하면, 그것은 "완전하고 완벽하게 동등하기에 지위가 아닌 위치에 따라, 존재가 아닌 형태에 따라, 능력이 아닌 순서(sequence)에 따라 구별된"[47] 삼위가 최고 신성의 일치 안에서 갖고 있는 신비스러운 성향이나 경륜에 적용된다.

여기서 페리코레시스는 이전과 이후에 대해, 신성의 등급들에 대한 어떤 생각들도 배제한다. 이 페리코레시스적 방식으로, 우리는 아버지를 아버지로 생각할 수 있지만 아들과 성령을 신격화하는 자로 생각할 수 없다.[48]

이것은 우리로 하여금 토랜스가 신적인 군주제에 관해 독특하게 제안한 것으로 이끈다. 그의 입장은 직접적으로 페리코레시스에 대한 그의 가르침에서 흘러나온다. 이 역동적인 상호 내주와 교통의 필연적 결과로서, 삼위일체는 일치에서 삼위일체로, 삼위일체에서 일치로 순환하는 운동 속에서 전체적으로만 알려질 수 있다.

이것 때문에 토랜스로서는 군주제가 그냥 아버지만이 아니라 전체 삼위일체의 군주제다. 나지안주스의 그레고리우스는 이러한 견해를 가르쳤고, 토랜스는 그것을 옹호하였고, 정통교회와 개혁파 교회들 사이의 협약이 그것을 채택한다.[49]

군주제에 대한 이런 이해의 결과로, 토랜스는 성령의 발현이 더 깊은 기초에 의존한다고 주장하는데, 이 기초는 성령과 아들에게 공통된 아버지

---

47 Ibid., 175-76.
48 Ibid., 179-80.
49 Ibid., 181-85.

의 존재에서 시작되고 그로 인해 필리오케 논쟁이 약화된다.[50] 그는 또한 성령의 발현과 보냄 사이의 단호한 구별 때문에 그것이 "하나님의 내적 생명과 역사 속에서 그의 구원 행위 사이를 이간시킨다"[51]고 주장하면서, 팔라미스주의에 강력한 비판을 시작한다.

9. 한 존재, 세 위격: 세 위격, 한 존재

토랜스는 알렉산드리아 공의회(362)에서 "하나이면서 셋"과 "셋이면서 하나"가 서로에게 대응하는 것임을 확립하는 데 결정적인 것으로 하나님이 한 존재와 세 위격으로 구성된다는 아타나시우스와 카파도키아 교부들 사이의 일치를 지적한다.

여기서 그는 아우구스티누스와 서방교회의 삼위일체 개념에 정반대되는 것을 주목하는데, 그것은 하나님의 한 본질부터 시작하고 그리고 난 다음에서야 세 위격으로 옮겨 간다. 그 대신에 삼위일체(trinity)와 일치(unity)를 분리하거나 일치와 삼위일체를 분리하는 것에 대한 문제는 전혀 없어야 한다.[52]

토랜스의 실재론은 코일러가 지적하듯이 오늘날의 포스트모던 의제와는 상반되게, 실재가 우리 언어보다 우선한다고 그가 가리킬 때 뚜렷이 나타난다.[53]

따라서 하나님과 나누는 격렬하게 인격적인 교통 속에서, 우리는 삼위 모두와 교통하지 않고 아버지나 아들이나 성령과 교통할 수 없다. 왜냐하면, 그들은 엄밀히 말해서 분할되지 않는 한 존재와 분리할 수 없는 세 위

---

50 Ibid., 190ff.
51 Ibid., 187.
52 Ibid., 112-13.
53 Ibid., 116; Colyer, *How to Read T. F. Torrance*, 303n79.

격들, 또는 분리할 수 없는 세 위격들과 분할되지 않는 한 존재로 존재하는 분들이기 때문이다. 교회의 성가들 안에 아버지와 아들과 성령에 대한 예배에 아무런 분할도 없다.

왜냐하면, 그들은 존재와 본성에 있어 동종이고 분할되지 않으며, 한 하나님으로 함께 경배를 받기 때문이다. 그들은 활동적인 세 위격이지만 삼인조의 신적 대상들로서가 아니라 본질적이고 영원한 삼위일체로서, 한 하나님으로서 경배를 받는다.

그래서 우리가 기도할 때 우리는 구체적으로 한 위격에게 기도하거나, 그들 사이에 드리는 우리의 예배를 구분하거나 우리의 헌신을 세 위격에게 따로따로 드리지 않는다. 왜냐하면, 각 위격에게 예배드리고 기도할 때 우리는 분할되지 않은 최고 신성 전체에게 예배드리고 기도하기 때문이다.[54] 토랜스는 비인격적 본질을 향한 서방교회의 경향을 피하려고 노력하면서 "인격적 존재의 충만함"[55]으로서 하나님의 존재에 대해 말한다.

아버지라는 명칭은 최고 신성 전체를 언급하거나 아니면 아버지의 위격을 언급할 수도 있다.[56] 아들은 아버지의 위격이 아니라 존재로부터 나온다. 토랜스는 그 차이를 구별하는 것이 언제나 쉬운 일은 아니라는 데 동의한다. 아버지는 최고 신성의 원리이지만, 그가 아들과 성령과 함께 그의 분리할 수 없는 단일성(oneness) 안에서 하나의 존재로 간주될 때 군주제는 성삼위일체와 동일하다.[57]

여기서 토랜스는 새로운 것을 도입한다. 그는 아버지의 위격이 삼위일체의 원리 또는 단일화하는 구심점이라는 바실과 닛사의 그레고리우스를 피하고 싶어 한다. 이것은 아버지로부터 자기 신성이 파생되는 아들과 성령에 이르게 한다고 그는 말한다. 하지만 그는 여기서 칼빈과 다르다. 그

54　Torrance, *Christian Doctrine of God*, 133-34.
55　Ibid., 102-4.
56　Ibid., 140.
57　Ibid., 141.

의 입장은 또한 양태론적 경향에 대한 건턴의 비판을 지지한다.

왜냐하면, 토랜스가 위격들 사이에 되돌릴 수 없는 구별들을 약화시키는 경향이 없기 때문인가?

토랜스는 아버지와 아들의 순전한 단일성을 강력하게 주장한다.[58] 하나님은 당신의 신적 자아를 예수 그리스도 안에서 우리에게 전달하셨고, 그로 인해 이제는 우리 인간의 생명 안에서 그의 신적 생명을 살아간다.[59] 절대적으로, 아들은 참된 하나님 중에 참된 하나님이요 완전한 하나님 중에 완전한 하나님이다. 본질적으로 그는 진실된 하나님이다. 상대적으로 타자를 향하여(*ad alium*) 그는 아버지와 성령과 구별된다.[60]

이어서 성령은 절대적으로 완전한 하나님 중에 완전한 하나님인 반면, 상대적으로 성령은 아버지와 아들과 구별된다.[61] 성령은 그 자신의 위격 속에서 직접적으로 알려지지 않는다. 그는 아버지와 아들의 계시 배후에 숨어있기 때문인데, 자기를 통해 그들을 중재한다. 그는 영으로서 우리를 하나님의 신비와 대면하게 한다. 그러나 그는 알려지지 않거나 알 수도 없다. 그가 우리를 자기와의 교통으로 데리고 가기 때문이다.[62]

세 위격은 실질적인 관계들이라고 토랜스는 주장한다. 바실과 닛사의 그레고리우스가 가르쳤던 대로, 그들은 "존재의 양상들" 이상이다.[63] 삼위일체의 위격들에 대해 생각할 때, 우리는 가시적 세계에서 나온 모든 유비들을 제쳐놓아야 한다. 그 대신에, 우리는 아버지와 아들을 형상이 없는 관계들로 생각해야만 한다.

위격들은 그들이 나머지 다른 위격들과 구별될 뿐 아니라 그들과의 관계 속에 있는 것이다. 차이가 생기는 특징들(아버지 됨, 아들 됨)은 그들을

---

58 Ibid., 142.
59 Ibid., 142-43.
60 Ibid., 145.
61 Ibid., 147-48.
62 Ibid., 151-52.
63 Ibid., 157.

구별시키는 것은 물론 그들을 결합시키기도 한다. 아버지는 아들에게 아버지로서 말로 표현할 수 없는 관계 속에 있다. 성령은 영적이면서 완전히 무성의(genderless) 방식으로 이해되어야 한다.[64]

우리는 "하나님에게 적용된 '아버지'와 '아들'이라는 단어들에 대한 우리의 용도와 이해 속에서 어느 정도의 부정적(apophatic) 보존물"을 이용하면서 아버지와 아들의 실제적이고 친밀한 관계를 긍정할 수 있다. "왜냐하면, 그것들이 신적 계시 안에서조차 지시하는 진리는 그것을 지시하기 위해 사용된 용어들의 한계들 너머에 있기 때문이다. 그것들은 우리의 상상력과 개념적인 파악을 피하는 방식들로 아버지와 아들로서 그 존재의 내적인 관계 속에서 하나님을 지칭할 의도였다."[65]

이 때문에 "원래의 의미에 대한 언급이 아니라, 어떤 일반적이고 연속적인 인격 개념에 대한 언급으로, 성삼위일체 교리 안에 있는 '위격'을 의미하는 것으로 해석하는 것은 … 심각한 실수가 될 것이다."

그것은 "그의 영원히 창조되지 않고 창조적인 자연에 적절한, 철저히 특이한 방식으로" 이해되어야 하지만, "그것은 또한 매우 다른 창조적인 방식으로 하나님의 형상으로 만들어진 인간의 '인격들'에 적용될 수 있다." 마치 우리가 인간의 아버지 됨에서 나온 유비적 투사에 의해 하나님의 아버지 됨을 이해할 수 없는 것처럼, 인간의 인격들이 무엇인가의 관점에서 하나님을 인격적이라고 이해할 수 없을 것이다.

인간의 인격들은 하나님의 창조적인 인간성(personhood)과 관련해서 이해되어야 하지만, 반대로 하나님의 인간성은 인간의 인격들과 관련해서 이해되어서는 안 된다.[66]

---

64   Ibid., 157-58.
65   Ibid., 159.
66   Ibid., 160.

10. 필리오케와 동서방의 분열

우리는 토랜스가 필리오케 구절에 대한 동서방의 분열을 뛰어넘으려고 시도한 것을 살펴보았다.[67] 그는 나지안주스의 그레고리우스를 따라서 군주정이 아버지의 존재라고 주장함으로써 이것을 행한다. 이것은 아버지의 위격이 아닌 전체 삼위일체가 하나님의 군주제라는 것을 의미한다.

토랜스는 호모우시온과 페리코레시스에 대한 자신의 압도적인 강조로 인해 이 일을 한다. 세 위격 모두는 각각 그리고 함께 온전한 하나님이다. 그들은 상호 내주하고 서로 관통하다. 그러므로 어떤 한 위격도 나머지 다른 위격들보다 먼저 존재할 수 없고, 어떤 한 위격도 나머지 다른 위격들보다 이후에 존재할 수 없다. 이 때문에, 성령은 아버지의 존재, 세 위격 모두의 존재가 되는 하나의 동일한 존재로부터 발현한다.[68]

우리는 잠시 후에 이것에 대해 논평할 것이다.

11. 여러 비판들

콜린 건턴은 토랜스의 성과에 대해 열렬히 감사하면서도 삼위일체에 대한 그의 접근법에 몇 가지 정확한 비판을 한다. 특히, 그는 호모우시온의 강력한 핵심 역할을 지적한다. 이것은 토랜스에 대해 어떤 종속론의 생각도 불필요하게 한다. 건턴은 이 결과에 동감한다. 하지만 건턴은 또한 그것이 아버지의 군주제를 경시한다고 말한다.

성경 안에 분명히 약간은 경륜적인 종속론이 있다. 아들은 아버지를 따른다. 건턴은 바르트를 언급하는데, 바르트는 영원한 삼위일체를 이것으

67　Ibid., 186-91.
68　Torrance, *Trinitarian Perspectives*, 112, 141.

로 철저히 연구한다. 그리고 거기서 경륜적 복종은 제거되지 않은 상태에서 존재의 내재적 동등성이 된다. 그래서 바르트는 높임을 받는 것만큼 겸손한 것이 경건하다는 것과, 하나님의 존재 안에서 명령하고 순종하는 요소들이 있다는 것을 말할 수 있다. 토랜스로서는 그 사상의 호모우시온적 경향은 그러한 요소들을 최소화한다고 컨턴은 지적한다.[69]

우리는 다음 장에서 이 영역을 탐구할 것이다. 간단히 말해서, 하나님의 영원한 존재를 육화한 그리스도의 인성에 속한 요소들로 읽어내는 것을 피하기 위해 많은 주의가 있어야 하는데, 그럼에도 아들에 대해, 그의 성육신을 어울리게 만든 무엇이 있는지를 고찰하는 것은 건전하다고 우리는 주장할 것이다.

게다가, 우리는 또한 만일 그것이 사실이 아니었다면 네스토리우스가 아들과 덧입은 인성을 분리한 것을 어떻게 피할 수 있는지 물어야 한다. 여기서 중요한 점은 토랜스가 어떤 잠재적인 주름살을 지나치게 펴는 것처럼 보인다는 사실이다.

건턴은 또한 토랜스가 하나님 사역의 불가분성이라는 아우구스티누스의 원칙을 채택함으로써 서방교회의 위격 개념 쪽으로 갑자기 기울어진다고 비판한다. 동방교회와 서방교회 모두와 상반되게, 적어도 그들이 널리 이해되는 한, 하나님의 존재와 위격들은 토랜스를 위해 함께 주어진다.

그는 페리코레시스에서 인격으로 이동하면서, 페리코레시스 덕택에 관계들이 인격들이라는 것에 속해 있는 새로운 인격 개념을 발전시켰다고 주장한다.[70] 토랜스는 여기서 서방교회의 인격 개념으로 기울어져서 하나님의 사역들이 분할되지 않는다는 아우구스티누스의 원리에 호소한다.

그는 프레스티지(G. L. Prestige)를 따라서 우시아가 하나님의 존재를 그 내부의 실재에 관해서는 하나님의 존재를 가리키는 반면, 휘포스타시스는

---

69 Gunton, "Being and Person," 120-21.
70 Ibid., 124-25.

그 외부의 관계에서는 하나님의 존재를 가리킨다고 말한다. 그러나 건턴은 우리가 이와 같이 내적인 것과 외적인 것을 구별할 수 있는지 묻는다.

존재와 위격은 내적인 차원에서도 외적인 차원에서도 모두 하나님을 가리키지 않는가?

틀림없이 상호 구성적인 페리코레시스 가운데 있는 세 위격들의 존재가 아닌 하나님의 존재는 전혀 없다.[71] 토랜스는 이러한 비판을 강력하게 부인한다.[72]

나의 사고방식에 더 일관된 것은 다음과 같은 건턴의 질문이다.

> 호모우시온에 대한 매우 큰 강조가 특수성들을 평이하게 할 위험을 무릅쓰고 있어, 그 결과 신적인 위격들을 희생하고서 신적 존재가 강조되는 경향은 없는가? 그것을 표현하는 또 다른 방법은 동방 교부들이 서방의 눈을 통해 너무 많이 이해되었는지 묻는 것이리라.[73]

또한 그는 토랜스의 시각이 "눈에 띌 정도로 매우 적은 성경 석의를 발견할 수 있기" 때문에 성경적이라기보다는 좀 더 교부적이라고 주장한다. 게다가, 토랜스가 인용한 본문들은 모두 자신의 논제를 지지한다.

건턴은 토랜스가 고린도전서 15장과 같은 구절들과 요한복음에 있는 일부 구절들—경륜적 삼위일체의 종속론적 요소들을 지지하는 본문들—에 충분한 주의를 기울이고 있는지 묻는다. 그것들이 그의 주요 논제를 반박하는 것처럼 보이기 때문에 조심스럽게 주의를 기울일 가치가 있다.[74]

우리가 이전에 제2부 제6장에서 건턴 자신의 성경 석의가 부족한 점을 주해한 것을 생각할 때, 이것은 흥미로운 비판이다!

---

71 Ibid., 127-29.
72 Torrance, "Thomas Torrance Responds," 317.
73 Gunton, "Being and Person," 129-30.
74 Ibid., 130.

건턴은 또한 군주제가 전체 삼위일체의 군주제라는 토랜스의 주장에 이의를 제기한다. 그는 아타나시우스가 실제로 이 논제를 지지하는지, 그리고 아타나시우스와 카파도키아 교부들이 세 위격의 특수한 존재를 토랜스가 한 것보다 조금 더 분명하게 표현하는지에 대해 묻는다.[75]

만일 양태론의 근저에 있는 위험성들이 제거되어야 한다면, 삼위일체의 특수한 위격들이 창조와 구원의 경륜 속에서 우리의 경험에 자기를 나타내는 구체적인 방법들에 더 많은 주의를 기울일 필요가 있다.[76]

건턴과 토랜스는 이 문제를 다른 관점에서 접근하는데, 건턴은 주로 존 지지울라스와 같은 태도로, 토랜스는 지지울라스의 견해들을 용인하지 않는 아테네대학의 신학 교수진과 같은 입장으로 접근한다.[77]

지지울라스로서는 신적인 인간성(personhood)은 인간적 한계들을 초월한다.[78] 그는 이로 인해 서방교회의 모든 인격 개념들을 거부한다. 그 대신에, 인간성은 제약이 없는 개념이며, 오직 타자와 관계를 맺음의 차원에서 이해될 수 있다. 이것은 신적인 인격과 인간적 인격 모두에 적용된다. 1985년에 저술한 책에서, 그는 이런 개념들을 더 자세히 발전시킨다. 인간성은 존재들을 이루고 있는 것이며, 따라서 하나님의 존재는 인간성과 동일시된다.[79]

앨런 토랜스(T. F. 토랜스의 조카)가 제안하듯이, 지지울라스의 문제점은 그가 아버지의 위격을 하나님 안에 있는 단일화 원리(a unifying principle)로 찬성하는 주장을 할 때 바실과 닛사의 그레고리우스를 따른다는 점이

---

75 Ibid., 130-31.
76 Ibid., 134.
77 Torrance, "Thomas Torrance Responds," 314ff.
78 John D. Zizioulas, "Human Capacity and Human Incapacity: A Theological Exploration of Personhood," *SJT* 28 (1975): 401-47.
79 John D. Zizioulas, *Being as Communion: Studies in Personhood and the Church* (Crestwood, N.Y.: St. Vladimir's Seminary Press, 1985).

다.[80] 결국에 이것은 하나의 인과적 관계를 하나님 안에 투영하는 것으로 된다.[81]

지지울라스는 하나님이 하나의 실체라기보다는 하나의 인격이기 때문에 존재한다고 말한다.[82] 이것은 아들과 성령에게 복종하는 경향이 있고, 비인격성보다는 단일인격성이라는 유령을 새로 만들어낸다. 그는 아버지를 신적 실체의 원인으로 삼고, 아들과 성령의 휘포스타시스를 파생적이고 우연적인 존재로 만든다. 정말로, 아버지는 이 교통의 원인이시다.[83]

앨런 토랜스는 이것이 삼위일체가 아닌 아버지를 최초의 실재로 만든다고 제안한다.[84] 그래서 여기에 한편으론 토랜스와 다른 한편으론 지지울라스, 어느 정도는 콜린 건턴 사이의 주요한 경계선이 있다.

우리가 판단하기에, T. F. 토랜스 안에 조금은 양태론적 경향의 낌새가 있다. 그는 위격들의 호모우시온의 관계들, 페리코레시스적인 관계들에 대해 강렬하고 압도적인 강조를 한다. 그러나 그는 위격들의 바꿀 수 없는 구별에 비슷한 강조를 하지 않는다. 삼위일체의 세련된 된 교리 안에 한 존재와 세 위격에 대한 동등한 강조가 있어야 한다.

토랜스와 함께 균형이 약간 한쪽으로 치우친다. 예를 들어, 필리오케에 관해서 그는 성령이 아버지의 존재(우시아)에서 발현한다고 결론짓는다. 아버지의 존재는 아들의 존재와 동일하고, 그 결과 성령 자신의 존재와 동일하다. 따라서 만일 성령이 과연 삼위의 페리코레시스적 교통에서 발현한다면, 그는 아버지와 아들뿐 아니라 자기로부터 발현한다.

---

80 Ibid., 41.
81 Alan J. Torrance, *Persons in Communion: An Essay on Trinitarian Description and Human Participation with Special Reference to Volume One of Karl Barth's Church Dogmatics* (Edinburgh: T & T Clark, 1996), 288-89.
82 Zizioulas, *Being as Communion*, 41-42.
83 Ibid., 17.
84 A. Torrance, *Persons in Communion*, 292.

그러면 우리는 어떻게 위격적 구별이 희미해지거나 심지어 가려지는 결과를 피할 수 있는가?

다시금 삼위일체의 외적(*ab extra*) 사역(즉 창조된 세계와 관련해서)의 불가분성이라는 아우구스티누스의 원칙을 따르는 토랜스가, 분할되지 않는 전체 삼위일체가 육화한 아들 안에 현존하고 활동한다고 주장할 때 이러한 관심이 강화된다.[85]

이것이 인정하기에 옳으면서도 필수적이기도 하다는 의미가 있는 반면, 중요한 점은 성육신-아버지와 성령은 결코 이것을 해본 적이 없다-시에 인성을 취하여 인격적 연합을 한 분은 오직 아들밖에 없다는 점이다.

코일러는 다음과 같이 비평한다

> 토랜스는 우리가 삼위일체 위격들의 구별된 행위들을 예리하게 서술하는 것은 가능하지 않다는 사실을 주목한다. 위격들의 공동 행위가 페리코레스적으로 서로(one another)를 함유하고 관통하며, 심지어 서로(each other) 안으로 넘어가기도 하기 때문이다.[86]

따라서 토랜스 자신은 전용의 법칙이 "완전히 사라진다"[87]고 결론을 내린다. 토랜스를 양태론자라고 부르는 것은 바보 같은 짓을 것이다. 그러나 한쪽으로 대는 경향이 있는 자동차와 같이, 그 사상의 지배적인 방향이 세 위격의 차별성에서 멀리 치우쳤다. 하지만 이 모든 것은 토랜스가 삼위일체를 취급한 것이 아마도 시대를 소급하여 최고의 것이라는 점을 부정하는 것은 아니다.

85　T. F. Torrance, *Christian Doctrine of God*, 108.
86　Coyler, *How to Read T. F. Torrance*, 320.
87　T. F. Torrance, *Christian Doctrine of God*, 200.

✦ 주요 용어들

존재(being)
경륜적 삼위일체(economic Trinity)
필리오케(filioque): 아들로부터
본질(ousia), 동일본질의(*homoousios*)
휘포스타시스(*hypostasis*)
내재적 삼위일체(immanent Trinity)
군주제(monarchy)
범재신론(panentheism), 범신론(pantheism)
페리코레시스(perichoresis)
위격(person)
종속론(subordinationism)

✦ 깊이 생각할 문제

토랜스가 아타나시우스와 키릴리우스를 활용한 것은 필리오케 논쟁을 어느 정도 해결할 가능성이 있는가?

✦ 더 읽으면 좋은 책

1. Elmer M. Colyer, ed., *The Promise of Trinitarian Theology: Theologians in Dialogue with T. F. Torrance* (Lanham, MD: Rowman & Littlefield, 2001).
2. Paul D. Molnar, *Thomas F. Torrance: Theologian of the Trinity* (London: Routledge, 2009).

제4부

중요한 이슈들

제1장 삼위일체와 성육신

제2장 삼위일체와 예배, 그리고 기도

제3장 삼위일체와 창조, 그리고 선교

제4장 삼위일체와 위격들

나는 종종 예수님의 제자들이 막 세상을 붕괴시키려고 할 때 우리 주님이 다락방에서 아주 많은 시간을 들여 그들에게 삼위일체의 신비에 대해 말해 주셨던 상당히 명료한 사상에 대해 성찰한 적이 있다. 만일 무엇인가 실제적 기독교를 위해 삼위일체론의 필요성을 강조하려면, 그것은 틀림없이 삼위일체론이어야만 한다.

-싱클레어 퍼거슨, 개인 이메일-

제1장

삼위일체와 성육신

　동방교회와 서방교회의 문제점들에 대한 해결책을 위해 제2부 제7장과 제8장에서, 우리는 동방교회와 서방교회의 삼위일체론이 갖고 있는 약점들에 대해 논의했다. 동방교회는 4세기부터 아버지의 위격이 신적 일치의 중심에 있다고 주장해 왔다. 이 주장이 지니고 있는 가장 큰 위험은 종속론의 성향이다. 만일 아버지가 삼위일체의 연합의 보증인이라면, 파생적 지위를 갖는 아들과 성령까지는 겨우 한 발자국일 뿐이다.

　다른 한편, 아우구스티누스 이래로 서방교회는 신적인 본질에서 시작해 왔다. 위격들 사이에 실제로 영원한 특이점들을 설명하는 데 어려움을 겪어 왔다. 위격들보다 선행하는 본질과 함께, 다소 완벽하지 않은 신관이 나오게 되었다.

　여기서 편견은 양태론적 방향에 있다. 이것을 보면서 서방교회의 몰트만과 같은 일부 신학자들은 삼위일체가 동등한 세 위격의 공동체라고 주장해 왔다. 하지만 그들이 완벽한 내재적 삼위일체론이 부족하고 삼위일체를 인간의 역사 및 경험과 서로 연관시키기 때문에, 그들의 결론은 삼신론과 종종 명백히 범재신론적인 범신론 쪽으로 전환한다.

　다른 한편, T. F. 토랜스는 카파도키아 교부들과 아우구스티누스에게로 거슬러 올라가고 아타나시우스와 닛사의 그레고리우스에게서 나온 실마리를 따라서, 군주제를 동일본체와 상호교류적인 방법으로 이해된 온전한 삼위일체로 간주할 수 있다고 주장한다. 하지만 그는 이 세 위격의 독특성을 동등하게 강조하지 않는다.

전반적으로, 삼위일체에 대한 서방교회의 접근방법은 여러 문제를 양산해 왔다. 삼위일체가 서방교회의 예배에서 중요한 부분이 아니라는 점은 분명하다. 서방교회의 그리스도인들은 이것을 수학적인 수수께끼, 즉 평범한 신도가 아닌 전문 철학자들을 위한 문제로 여긴다. 비인격적인 신관과 성령에 대한 종속적인 입장에 대한 강한 추세가 있다. 이것은 불가지론과 무신론을 양산해 왔다. 다른 한편, 동방교회는 삼위일체를 교회 예배에서 아주 중요한 부분으로 보존해 왔다. 그 예전은 삼위일체에 대한 기도와 찬송에 골고루 퍼져 있다.

하지만 특히 팔라마스 이후에 알 수 없는 신적 본질과 창조되지 않은 에너지의 구별은 위격들에 대한 동반 쇠락과 함께 하나님에 대한 우리의 지식을 훼손한다. 우리는 있는 그대로의 하나님을 알 수 없다. 영원하고 내재적인 삼위일체는 우리에게 계시된 것과 말로 표현할 수 없을 정도로 다르다.

우리는 여기서 어디로 가는가?

분명히 말하자면, 우리는 하나님의 분할되지 않는 한 존재의 일치 및 동일성과, 동시에 세 위격들 사이에 되돌릴 수 없는 차이점들 모두를 보존할 필요가 있다. 여기서 닛사의 그레고리우스의 견해가 훌륭하게 도움이 된다. 칼빈이 엄청난 기쁨을 발견했던 단락에서, 나지안주스의 그레고리우스는 다음과 같이 말한다.

> 나는 여러분에게 결합한 삼위 안에서 발견되고 따로따로 삼위를 포함하고 있는 지고의 한 실재(the one Godhead)와 권능을 함께하고 일평생 지키라고 이 말씀을 드린다.
>
> 본질이나 본성에 있어 동등하고 우월한 것들이나 열등한 것들에 의해 증가되지도 축소되지도 않으며, 모든 면에서 동등하고 동일하며, 마치 하늘

의 아름다움과 광대함이 하나인 것처럼, 무한한 세 위격의 무한한 결합, 그 자체로(in himself) 고려할 때 각각의 하나님 아버지로서 아들로서, 아들로서 성령으로서 함께 묵상할 때 삼위 한 하나님 동일본질이기 때문에 각각의 하나님 단일신론(monarchia)으로 인해 한 하나님.

내가 한 하나님을 마음에 품자마자 삼위의 광채로 조명을 받는다. 또 내가 삼위를 구별하자마자 한 하나님을 다시 상기하게 된다. 나는 세 위격 중 어느 한 위격에 대해 생각할 때 그 위격을 전체로 생각하며, 내 눈이 가득 채워지며, 내가 생각하고 있는 더 큰 부분이 나를 회피한다. 나는 나머지 두 위격들에게 더 큰 위대함을 돌리기 위해서 그 한 위격의 위대함을 파악할 수 없다. 나는 이 세 위격을 함께 묵상할 때 단 하나의 횃불을 보지만 분할되지 않는 빛을 분리하거나 나눌 수 없다.[1]

그레고리우스는 한 하나님에서 삼위까지 앞뒤로 왔다 갔다 한다. 그는 한 하나님을 고려할 때 삼위의 광채로 조명을 받는다. 삼위를 구별할 때 한 하나님을 다시 상기하게 된다. 그레고리우스는 우리의 삼위일체 교리를 고립된 하나님의 단일한 존재나 세 위격(또는 세 위격 중 어느 하나) 위에 세우는 위험성들을 지적한다. 이런 위험성들은 교회의 계속되는 역사에서 철저히 입증된다.

그레고리우스가 이 단락에서 분명히 표현한 바와 같이, 그의 해석학은 놀라울 정도로 현대적이다. 원자의 단계에서 연구하는 물리학자들은 파동과 입자 사이에 존재하는 사유 속에서 요동한다. 이에 대한 이유는 원자의 차원에서 물체가 파동의 특징과 입자의 특징, 소위 물체의 파동입자의 이중성을 모두 가지고 있기 때문이다.

이런 까닭에, 빛이 그런 것처럼 전자는 입자처럼 움직이기도 하고 파동처럼 움직이기도 한다. 따라서 그런 입자들의 속도와 위치 모두를 측정할

---

1   Gregory Nazianzen, *Orations* 40.41.

수 없다. 입자들이 지닌 파동적 특징의 가장 잘 알려지고 당황하게 만드는 측면은 이중 슬릿 실험에서 볼 수 있다. 하나의 전자가 적절하게 간격을 둔 두 개의 조그만 슬릿이 있는 금속 과녁에 발사되었을 때, 그 전자는 두 개의 슬릿을 통과하여 빛의 파동이 반대편 과녁에 한 것과 똑같은 간섭무늬(inference pattern)를 만들어 낸다.

따라서 기초적인 단계에서-입자들이 지닌 파동적인 특징 때문에-아무리 많은 관찰자들이 있을지라도 소립자의 위치와 속력 모두를 규정할 수는 없다.[2] 게슈탈트 심리학(gestalt psychology) 분야에 이것과 필적하는 것이 있는데, 이로부터 우리는 전체를 바라볼 때 부분들과의 관계를 놓치는 경향이 있는 반면, 만일 부분들에 초점을 맞추면 전체를 보지 못한다는 사실을 배운다. 그것을 표현하는 또 다른 방법은 여러분이 개별적인 대상을 응시할 때 무슨 일이 일어나는지 생각하는 것이다.

한 번 시도해 보라. 어떤 것 하나를 집중해서 바라볼 때 여러분의 나머지 시야가 희미해지고 불분명해지는 것을 주목하라. 그런 다음, 만일 여러분이 먼저 응시한 대상에서 눈을 떼서 이제 선명하게 보이는 그 배경에 집중하면, 이전에 주목한 대상이 희미해진다.

이와 관련해서, 논리의 제약은 분명히 있다. 제임스 로더(James Loder)와 고 짐 네이트하르트(W. Jim Neidhardt)는 지적해 왔다. 토랜스가 서언에서 "특별히 신선하게 창조적인 사고로 만들어진 매우 훌륭한 책"이라고 칭한 것 속에서, 논리는 일상생활 또는 (이들이 부르는 대로) "사소한 일들" 속에서 중요하지만 우리가 우주의 경계에 접근할 때 논리는 무너진다고. 그들은 창조세계가 정돈된 사고의 법칙들로 환원될 수 없는 광범위한 영역들을 가리킨다.

---

2   나는 이 정보에 대해 이전에 벨연구소(Bell Laboratories) 소속의 존 디쉬먼(John Dishman) 박사에게 빚을 졌다.

다른 것들 중에서도, 물리학, 수학, 심리학, 그리고 인간의 발달은 모두 이런 특징을 여실히 보여 준다.[3] 그것들은 〈뫼비우스의 스트립 II〉(*Möbius Strip II*, 빨간 개미들, woodcut, 1963)을 포함한 에셔(Escher)의 유명한 그림으로 이 주장을 설명한다. 이것은 신경심리학자 폴 뫼비우스(Paul J. Möbius)의 조부가 발견한 "낯선 고리"(strange loop)에 기반을 두고 있다.

뫼비우스의 띠는 비록 어떤 횡단면도의 각도에서 두 개가 선명하게 보일지라도 180도 뒤틀림을 통해 하나의 단면과 모서리를 지닌다. 에셔의 작품은 뫼비우스 띠의 양 표면을 기어가고 있는 개미들을 보여 준다. 시선을 띠 주변의 개미들을 따라가면, 두 측면이 단지 한 면으로만 열린다.[4]

만일 환원주의적 기품의 논리가 창조의 문제들을 다루는 일에 허용되지 못한다면, 거룩한 삼위일체와 관련해서는 얼마나 더 못한 일들이 따라오겠는가?

토랜스는 앎을 추구하는 적절한 과정은 지식의 대상이 그 나름대로 자기를 드러나게 하기 위해서 우리 지성을 이것에 맡기는 것이라고 강조한다. 당연히 과학의 지식은 존재하는 것의 실재에 기초해야 된다. 전제로부터 논리적 연역은 특정한 조건 안에서는 건전하지만, 절대화될 경우 우리는 그것을 알 수 없게 된다. 신학의 맥락에서, 이것은 우리가 하나님의 계시에 우리 자신을 충실하게 복종시켜야 하고 우리 생각이 자기를 계시하신 분에 의지해서 진행되도록 허용해야 함을 의미한다.

이제 우리 삼위일체의 문제로 되돌아가자. 우리는 질문의 토대를 세 위격과 별개로 하나님의 한 본질로 삼는 것은 부적절하다는 점을 발견했다. 이와 반대로, 칼빈은 세 위격에서 시작했다. 이것이 바로 제럴드 브레이(Gerald Bray)가 우리보고 하기를 바라는 것이다.[5]

---

3   James E. Loder and W. Jim Neidhardt, *The Knight's Move: The Relational Logic of the Spirit in Theology and Science* (Colorado Springs: Helmers & Howard, 1992).
4   Ibid., 36-43.
5   Gerald Bray, *The Doctrine of God* (Leicester: InterVarsity Press, 1993), 197-224.

이것은 하나님이 성경과 구원의 역사에서 자기를 계시하신 방법과 더 일치한다. 그것은 우리가 다음 장에서 고찰하는 바와 같이 기도 속에서 우리 자신의 경험을 반영한다. 하지만 만일 우리가 그레고리우스의 방법에 주의를 기울인다면, 우리는 삼위와 일체, 일체와 삼위를 동등하게 고찰하고 싶을 것이다.

앨런 토랜스(Alan Torrance)가 인용한 것처럼, "삼위일체론은 한편으로 그 특이성과 개별성을 통합하고 다른 한편으로 철저한 연합과 교통을 통합하는 삼위일체의 위격 개념을 요구한다."[6] 특이성과 개별성, 연합과 교통-이 둘은 똑같이 궁극적이고 똑같이 필연적이다. 그러므로 두 가지 모두 우리가 삼위일체를 바라보는 방식-통일성과 다양성, 동일성과 차이, 평등과 순서, 연합과 개별성-이 되어야만 한다.

1. 중요한 조건들

1) 한 존재-세 위격, 세 위격-한 존재

닛사의 그레고리우스와 같이, 우리는 하나님의 존재와 세 위격의 동등한 근본 원리를 인정할 필요가 있다. C. S. 루이스가 주장한 바와 같이,[7] 하나님은 정말로 인격적인 것 이상으로 완전하게 인격적인 존재-우리는 그분이 그것보다 훨씬 더 인격적이라고 말해도 좋을 것이다. 왜냐하면, 하나님은 특별히 빼어나게 인격적인 존재이기 때문이다-이시다. 그는 실제로 세 위격의 교통 가운데 계시다.

---

6   Alan J. Torrance, *Persons in Communion: An Essay on Trinitarian Description and Human Participation with Special Reference to Volume One of Karl Barth's Church Dogmatics* (Edinburgh: T & T Clark, 1996), 281-82.

7   C. S. Lewis, *Mere Christianity* (San Francisco: Harper, 1960), 160.

하지만 우리는 위격들의 구별됨과 하나님의 존재의 하나 됨에 동등하게 중요시해야 한다. 이 그림의 양 면 모두가 보여야만 한다. 하나님은 분할할 수 없는 연합 가운데 더 이상 축소할 수 없이 구별된 세 위격이시고, 그는 표현할 수 없이 다른 방식으로 삼위 안에 있는 한 하나님이시다. 만일 우리가 더 이상 축소할 수 없게 구별되거나 다른 세 위격들을 강조하려면, 우리는 갑자기 삼신론쪽으로 선회한다.

만일 우리가 분할되지 않은 하나의 연합을 강조하려면, 우리는 당장에라도 양태론의 위험에 빠지게 될 것이다. 둘 다 똑같이 중요하게 취급되어야 한다. 스타닐로애의 표현에 따르면 다음과 같다.

> 신적인 본질 전체, 즉 삼중으로 존재하는 영적인 본질은 주체 혹은 삼중의 주체가 되는 특질을 소유한다. 신적인 존재(being)의 실재(subsistence)는 서로를 함께 관통하는 세 가지 양식으로, 그리하여 삼중의 주체성 안에서 신적 주체성의 구체적인 실존(existence)에 지나지 않는다.

그들은 "서로에게 완전히 내면적인 세 주체의 의식으로" 소유자가 된다. "그런 이유로 우리는 단 하나의 하나님과 세 분의 '나'에 대해 말할 수 있다."[8] 이 한 쌍의 진술은 삼위일체 교리를 가장 기초적인 단계로 구성한다. 곧 한 하나님이 존재하고, 하나님 안에 세 위격–그들 각각이 하나님이신 아버지와 아들 그리고 성령–이 있다. 이 두 진술을 나란히 똑같이 필연적인 것으로 배치함으로써, 일방성의 위험이 상쇄될 수 있다.

---

8   Dumitrue Staniloae, *The Experience of God*, trans. and ed. Iona Ionita and Robert Barringer (Brookline, Mass.: Holy Cross Orthodox Press, 1994-2000), 1:260-61.

2) 세 위격은 동일본질이다

아버지와 아들 그리고 성령은 존재에 있어 동일하다. 각 위격은 온전한 하나님이시다. 세 위격이 함께한다고 해서 어느 한 위격 혼자보다 더 많은 하나님은 아니다. 모든 삼위가 하나의 동일한 존재이기 때문에 어떤 한 위격도 다른 위격보다 더 높거나 더 낮은 지위에 속하지 않는다. 신성의 등급은 전혀 없다. 따라서 니케아-콘스탄티노플 신조(C)가 고수하는 바와 같이 모든 삼위는 함께 예배를 받으신다.

3) 세 위격은 서로 역동적인 교통 속에서 상호 내주하신다

페리코레시스 교리는 삼위일체의 세 위격이 제럴드 브레의 표현에 따르면 동일하게 무한한 신적 공간을 차지하고 있다는 것을 단언한다. 각 위격이 온전한 하나님이고 완전한 하나님이기 때문에 어느 한 위격도 다른 위격보다 더 크지 않다. 반면 함께하는 세 위격은 어느 한 위격보다 더 크지 않다. 따라서 삼위는 서로 상호 내주한다.

이것은 삼위 중 어느 위격의 특수성들이 매몰되는 내주가 아니다. 그것은 살아 있는 관계들과 더불어 역동적이다. 여기서 성 빅토르의 리처드를 따라서 불가코프와 스타닐로애가 사랑에 맞춘 초점이 매우 도움이 된다.

우리는 제3부 제2장에서 몰트만에 대해 매우 비판적이었지만, 그는 삼위일체의 위격들이 사랑 안에서 함께 구속되었다고 적극적인 주장을 한다. 제4부 제3장에서 우리는 이것이 이제 매우 중요해서 이슬람이 어떻게 레이더에 크게 재등장했는지를 탐구할 계획이다.

4) 세 위격은 더 이상 축소할 수 없게 서로 다르다

삼위일체의 세 위격이 단순히 실재하는 관계들이 아니라는 것은 성육신에 의해 입증된다. 육신이 될 때 아들은 인간의 본성을 취하여 영원히 인격적 연합을 했다. 아버지와 성령은 이것을 하지 않으셨다.

아들은 인성과 영원히 통합되는데, 아버지와 성령은 그렇지 않다. 이것은 삼위가 서로 다르되, 우리가 이해할 수 없는 방식들로 더 이상 축소할 수 없게 다르다는 사실을 가리킨다.

아들은 아버지와 성령과 영원히 다르다. 마찬가지로, 우리는 성령이 아버지와 아들과 다르다고 올바르게 결론을 내린다. 이것은 아주 영원한 동시에 삼위일체의 외적 사역—즉 피조 세계와 관련하여—은 분할되지 않는다. 삼위는 하나의 존재이기 때문에 하나로 함께 사역하신다.

5) 위격들 사이에 하나의 순서가 있다

위에서 언급한 조건들 내에서, 삼위 가운데 하나의 순서(*taxis*)도 있다. 이 순서는 순위나 계급제와 같은 인간적 배열법의 차원이 아니라 적절한 배치의 차원에서 이해되어야 한다.[9] 신약성경과 초대교회 모두 구원의 성취의 차원에서 가장 일반적인 순서는 성령에 의해 아들로 말미암아 아버지로부터(from the Father through the Son by the Holy Spirit)이다.

하지만 신약성경은 여러 변형들을 제시한다. 사도의 축도는 아들과 아버지와 성령의 순서로 되어 있다. 우리는 제1부 제3장에서 다른 양식들을 살펴보았다. 이것은 삼위의 동등성—각 위격이 온전한 하나님이시다—을 보여준다. 그것은 그들의 존재의 동일성을 지시한다. 그러나 아버지와 아들과 성

---

9 교부들이 ταξις(*taxis*)라는 단어를 사용한 것에 대해서는 이번 장 각주 60번의 설명을 참고하라.

령의 세례 순서는 분명 가장 일반적인데, 세례가 집례 될 때마다 반복된다. 마태복음의 맥락 속에서 그것은 하나님의 새 언약 명칭을 표현한다.

마찬가지로 그것은 역행시킬 수 없는 순서를 가리킨다. 예를 들어, 다른 순서들 안에 반영된 상호성의 요소들에도 불구하고, 아버지는 아들을 보내시지만 아들은 절대 아버지를 보내지 않는다. 성령은 아버지로부터 발현하지만, 아버지는 절대 성령이나 아들로부터 발현하지 않으신다.[10]

6) 출처가 되는 성경에 충실해야 하는 삼위일체 교리는 위의 조건들 각각에 대해 균등하게 표현해야만 한다

이 조건들은 서로를 규정하고 있다. 세 위격은 더 이상 축소할 수 없게 다르다. 그리고 그들은 하나의 동일한 존재다. 그들 사이에 하나의 순서가 존재한다. 그리고 그들은 상호 내주하며, 지위가 동등하며, 존재에 있어 하나다. 그들은 서로 상호 내주한다. 그리고 더 이상 축소할 수 없게 다르다. 기타 등등.

7) 영원한 발생(generation)과 영원한 발현(procession)에 대한 주석

이레나이우스 이래로, 교회는 아버지가 영원 속에서 아들을 낳으셨다고 주장해 왔다. 이것은 콘스탄티노플 신조에서 표현되고 웨스트민스터 신앙고백서와 같은 이후의 고백들에서 반복된다. 이 교리는 성경적, 신학적 이유들로 공격을 받아 왔다.

19세기 이래로 많은 신약학자들은 이 가르침이 성경적 지지를 찾지 못한다고 주장해 왔다. 왜냐하면, 요한복음 3장 16절과 같은 구절들에 나오는 헬라어 모노게네스가 예전의 영어성경 역본들에서 "독생한"으로 번역

---

10 아래에 있는 "영원한 발생과 영원한 발현에 대한 주석"을 참고하라.

되었지만 단지 "오로지"(only) 또는 "유일무이한"(one and only)을 의미하기 때문이다.

시편 2편 7절의 "너는 내 아들이라 오늘 내가 너를 낳았도다"라는 구절은 또한 예수님의 부활과 관련하여 신약성경(행 13:33)에서 인용되고, 따라서 영원 속에서 아버지와 아들의 관계를 가리키지 않는다고들 한다.

게다가, 신학적 관점에서 아들의 영원한 발생은 아들에 대한 종속적 지위를 함의하거나 수반한다고들 하며, 심지어 이 견해는 신플라톤주의에서 나온다고들 한다. 비슷한 주장들이 아버지로부터 성령의 영원한 발현 교리에 반대하여 발전되어 왔다.

먼저 성경 비평주의를 살펴보자. 우리가 그렇게 할 때 그것은 영원한 발생 교리가 어떤 한 단어의 의미에 의해 결정되지 않고 심지어 엄밀한 성경 석의 하나에도 결정되지 않는다고 강력하게 경고한다. 그것은 하나님의 한 존재 안에 있는 아들과 아버지의 영원한 관계들에 근거한 신학적 술어(predicate)다. 하지만 약간의 논쟁이 사전 편집(lexicography)과 석의를 둘러싸고 있기 때문에, 우리는 그것에 대해 설명할 수밖에 없다.

모노게네스에 대한 예전의 이해는 결코 무색해진 적이 없다. 비록 웨스트콧(B. F. Westcott)과 워필드(B. B. Warfield), 그리고 대다수의 20세기 석의학자들이 그것을 단념했을지라도,[11] 그것이 "독생한"(only begotten)을 의미한다는 생각은 그 중에서도 프리드리히 뷔크셀(F. Buchsel), 담즈(J. V.

---

11 Robert L. Reymond, *A New Systematic Theology of the Christian Faith* (New York: Nelson, 1998), 326ff.; Raymond E. Brown, *The Gospel According to John (i-xii)*, Anchor Bible (Garden City, N.Y.: Doubleday, 1966), 13-14; Brooke Foss Westcott, *The Gospel According to St. John: The Greek Text with Introduction and Notes* (London: John Murray, 1908, 1:23; B. B. Warfield, "The Biblical Doctrine of the Trinity," in *Biblical and Theological Studies*, ed. Samuel G. Craig (Philadelphia: Presbyterian and Reformed, 1952), 52; C. H. Turner, "Ο ΥΙΟΣΜΟΥ ΜΟΤΟ ΑΓΑΠΗΤΟΣ," *JTS* 27 (1926): 113-29; D. Moody, "God's Only Son: The Translation of John 3:16 in the Revised Standard Version," *JBL* 72 (1953): 213-19; Otto Betz, *What Do We Know About Jesus?* (London: SCM, 1968).

Dahms), 다드(C. H. Dodd), 라그랑쥬(M. J. Lagrange), 브루스(F. F. Bruce), 존 프레임(John Frame), 로저 베크위드(Roger Beckwith)로부터 계속 지지를 받아 왔다.[12]

게다가, 오래 전의 견해를 바로 쓰기 전에, 이 단어가 등장하는 문맥들에 유의하는 것이 중요하다. 모노게네스(*Monogenēs*, 독생자)는 히브리서 11장 17절과 누가복음 7장 12절, 8장 42절, 9장 38절에 등장한다. 모울톤(Moulton)과 밀리간(Milligan)은 만일 "독생한"이 의도된 의미였었더라면 어미 -게노스(-*genos*)가 변형보다는 종류를 가리키기 때문에 다른 단어 모노겐네토스(*monogennētos*)가 사용되었을 것이라고 생각한다.[13]

하지만 뷔크셀은 이 주장을 반박한다.[14] 이 용어는 요한의 글-요 1:14, 8; 3:16, 18; 요일 4:9-에서만 하나님의 아들을 가리킨다. 이 구절들 각각은 하나님에 의해 태어나거나 하나님이 낳은 기독교 신자들과 관계가 있다. 동사 겐나오(*gennaō*, 낳다 혹은 태어나다)는 각각 장소에서 사용된다.

요한복음 1장 14절은 다음과 같이 말한다.

> 말씀이 육신이 되어 우리 가운데 거하시매 우리가 그의 영광을 보니 아버지의 독생자[15]의 영광이요 은혜와 진리가 충만하더라(요 1:14).

---

12 John V. Dahms, "The Johannine Use of Monogenēs Reconsidered," *NTS* 29 (1983): 222-32; M. Theobald, *Die Fleischwerdung des Logos* (Münster: Aschendorff, 1988), 250-54; F. Büchsel, "μονογενὴς," in *TDNT*, 4:737-41; C. H. Dodd, *The Interpretation of the Fourth Gospel* (Cambridge: Cambridge University Press, 1953), 305; M.-J. Lagrange, *Evangile selon Saint Jean* (Paris: Gabalda, 1948), 413; F. F. Bruce, *The Gospel of John* (Grand Rapids: Eerdmans. 1984). 65n26; John M. Frame, *The Doctrine of God* (Phillipsburg, N.J.: P&R Publishing, 2002), 710-11; Roger Beckwith, "The Calvinist Doctrine of the Trinity," *Churchman* 115 (2001): 308-16.

13 James Hope Moulton and George Milligan, *The Vocabulary of the Greek New Testament: Illustrated from the Papyri and Other Non-literary Sources* (London: Hodder and Stoughton, 1963), 416-17.

14 Büchsel, "μονογενὴς."

15 μονογενὴς, 레담은 사적 해석이라고 하면서 μονογενής를 쓰고 있지만 원문에는 μονογενοῦς가 사용된다. μονογενῆ[요 3:16; 히 11:17; 요일 4:9], μονογενής[눅 7:12;

이것은 아들의 성육신과, 아들의 삶과 사역을 언급한다. 바로 앞에 있는 문맥에서 요한은 그의 이름을 믿는 자들이 하나님의 자녀가 되는 권세를 얻었다고 기록한다. 이 신자들이나 하나님의 자녀들은 하나님에게서 태어났다(ek theou egennēthēsan).

여기서 초점은 신자들의 영적 갱생에 맞춰져 있는데, 요한은 이것을 육체적 탄생이나 출생과 뚜렷이 거리를 둔다. 요한은 그것을 영적인 방식으로, 중생 시에 성령에 의한 갱생으로 이해한다. 하나님의 아들은 이것과 직접 연결된다.

그는 아버지로부터 나온 모노게네스이며, 그들은 하나님의 자녀들(tekna)이다. 마치 하나님이 출생이나 탄생 속에서 신자들의 아버지가 되신 것처럼, 말씀도 그의 모노게네스로 아버지와 관계를 맺고 있다. 보이는 것은 아버지와 그의 관계이지, 그의 삶이나 구원 사역에서 어떤 특별한 사건이 아니다. 게다가, 이 묘사에서 낳는다는 생각을 근절할 수 없다.

몇 절 뒤에 나오는 요한복음 1장 18절에서 말씀은 보이지 않는 하나님을 우리에게 나타내신 "아버지 품속에 있는 독생한 하나님[또는 아들]"으로 묘사된다. 여기서 동일한 문맥적 고찰들이 적용되며, 또 다시 모노게네스는 아버지에게 가장 가까이 있다고들 한다. 아버지와 그의 관계는 자명하게도 순전히 현세적인 것을 초월한다.

요한복음 3장 16-18절에서 요한이 설명한 것들은 예수님과 니고데모와의 대화에 대한 기사 다음에 온다. 예수님은 니고데모와 그의 필요를 대면시켰다. 그는 이스라엘의 일류 교사요 산헤드린의 회원으로서 성령에 의한 철저한 갱생이 필요했다. 그가 위에서 태어나거나 물과 성령으로 거듭나지 않는다면 그는 하나님 나라(즉 영생)를 보지 못할 것이다. 성령의 중생 사역은 영생을 얻는 데 필연적이다.

8:42; 9:38; 요 1:18], μονογενοῦς[요 1:14; 3:18] (역주).

요한복음 1장 14-18절과 비슷한 점들은 명백하다. 두 단락에서 하나님의 생명의 조아들 또는 자기 자녀들을 위한 새로운 신분이 되신다. 동사 겐나오(태어하다 또는 낳다)는 4-7절에 7번 나온다.

예수님은 당신이 영적인 실재, 즉 신비롭고 헤아릴 수 없는 성령에 의한 탄생이나 낳음에 대해 말씀하고 있다고 강조한다. 이것들은 지상의 것들이 아니라 천상의 것들이며(12절), 당신 자신의 성육신과 십자가형 그리고 승천과 결부된다(13-14절). 이 문맥에서 요한은 아버지 하나님이 믿는 모든 자들에게 영원한 생명을 주라고 당신의 독생자를 보내셨다고 말한다(16절). 어떤 사람이 하나님의 독생자를 믿는 믿음이 없으면 생명을 얻지 못할 것이다(18절).

요한은 1장에서와 같이 이 용어를 사용하여 아버지와 관계를 맺고 있는 말씀이나 아들을 표현하고, 그것을 성령에 의한 영적 갱생의 시작과 직접 연결시킨다.

요한일서 4장 7-9절에서 요한은 자기 독자들에게 서로 사랑하라고 촉구한다. 사랑하는 자마다 하나님이 낳으셨기에(또 다시 동사는 겐나오이다) 하나님을 안다. 또 성령에 의한 낳음이라는 영적 실재가 눈에 들어온다. 그것은 영적 생명의 시작이다. 하나님이 낳은 자들과 반대로, 사랑하지 않는 자들은 하나님을 모른다. 하나님은 사랑이시기 때문이다(8절). 이어서 요한은 다음과 같이 말한다.

> 하나님의 사랑이 우리에게 이렇게 나타난 바 되었으니 하나님이 자기의 독생자를 세상에 보내심은 그로 말미암아 우리를 살리려 하심이라(요일 4:9).

똑같은 특징들이 이곳에도 존재한다. 독생자는 하나님 특히 아버지와 관계가 있다. 신자들 또는 하나님을 사랑하고 아는 자들은 하나님에게서 태어남과 비유되는 생명을 부여받는다.

한 구절이 하나 더 있는데, 요한일서 5장 18절이다. 거기서 요한은 이렇게 말한다.

> 하나님께로부터 난(gegennēmenos-완료 시제) 자는 다 범죄하지 아니하는 줄을 우리가 아노라 하나님께로부터 나신(gennētheis-부정과거 시제) 자가 그를 지키시매 악한 자가 그를 만지지도 못하느니라(요 5:18).

하나님의 의해 난 자들을 명확히 지시하는 완료 시제와 부정과거의 시제 차이는 후자가 전자보다 다른 주제를 가리키고, 그로 인해 그리스도를 가리킨다는 생각을 지지한다. 이 지시는 다시 영원과 관련이 있을 텐데, 거기서 아버지와 아들의 관계가 기초가 된다.[16]

이 경우들 중 각각의 경우에, 아들의 구원 사역 안에 어떤 특별한 사건도 보이지 않는다. 베드로는 우리의 중생을 그리스도의 부활과 연결시킨다. 우리가 친히 죽은 자들 가운데서 부활하신(벧 1:3) 그와 연합하여 새로운 생명으로 되살아났기 때문이다. 바울도 마찬가지다(롬 6:1-11).

그러나 요한—그리고 그는 이 용어를 사용하는 사람이다—은 아들과 아버지의 관계, 즉 그의 지상에서의 삶과 사역 내내, 그리고 실제로 그가 우리의 구원자가 되기 위해 세상에 보냄 받았을 때 존재한 관계를 최고 중심으로 갖고 있다. 게다가, 이 관계는 요한이 일관되게 주장하는 것처럼 영원하고 창조에 앞선다(요 1:1-3, 18; 8:58; 20:31).

---

[16] RSV(1946, 1952), NEB, NIV의 번역들을 참고하라; J. R. W. Stott, *The Epistles of John: An Introduction and Commentary* (London: Tyndale Press, 1964), 192; Kenneth Grayston, *The Johannine Epistles*, New Century Bible Commentary (Grand Rapids: Eerdmans, 1984), 145. 스토트의 표현에 따르면, "그리스도를 닮는 것은 하나님에게 나서 하나님의 자녀들이 된 그리스도인의 고귀한 특권이다." 그는 우리의 출생과 아들 됨이 유일무이하고 영원한 그리스도와 다르지만 요한이 거의 동일한 표현들을 사용하여 양자를 다루는 것이 가능할 정도 충분히 비슷하다고 첨언한다.

더욱이 영적인 낳음이나 출생과 불변의 관계는 아들에 관해서 말하자면 낳음에 대한 어떤 언급도 제거할 수 없다. 물론 이것은 그 밖의 다른 것과는 별개로 육체적인 의미로 이해되지 않는다. 예수님은 인간 아버지가 없었다. 영원한 발생 교리가 이 한 단어에 의존하지 않거나 해당되지 않을 때, 그것이 이 질문과 관계가 없다는 주장들은 지나치게 과장되었다는 점을 인정하는 것이 중요하다.

시편 2편 7절에 "내가 여호와의 명령을 전하노라 여호와께서 내게 이르시되 '너는 내 아들이라 오늘 내가 너를 낳았도다'"라는 진술에 관해 말하자면, 이것은 의심할 여지없이 자기 원수들을 지배하기 위해 하나님의 아들의 부활에서 완전히 표현된다. 이것은 바울이 사도행전 13장에 나오는 그의 발언에 그것을 인용하는 방법이고, 그것은 히브리서 1장 5절에서 개연성 있는 의미다.

하지만 시편 2편 7절 자체는 여호와와 그가 "나의 아들"이라고 부른 자 사이의 관계를 가리키는데, 그것은 말씀하는 자(여호와)와 불리어진 자(여호와의 아들)의 본성에 의해 지배를 받는다. 따라서 그것은 예수님의 부활에서 성취되지만, 결코 거기에 국한되지는 않는다.

성경적 이유들로 아들의 영원한 발생에 대해 공격한 것들은 다시 고찰할 필요가 있다.

게다가, 1세기 헬라 단어의 의미를 부여할 최고의 자격을 갖춘 자들이 그 시기에 가장 가까운 세기들의 헬라 토착민 화자들이 아닌가?

헬라 교부들은 요한문헌에 나오는 이 구절들이 "독생한"을 의미한다고 이해했다.

그들은 다른 언어를 사용하고 거의 2000년 이후를 살아가는 사람들보다 그 의미를 규정할 자격이 더 없었는가?

그런데도, 영원한 발생 교리는 이 한 단어에 의존하거나 해당되지 않는다. 그 타당성은 영원한 아들 됨과, 하나님의 분할되지 않은 존재 안에서 아들과 아버지의 관계에 근거를 두고 있다.

게다가, 신학적 이유들로 영원한 발생에 대해 여러 비평들이 있어 왔다. 이 가르침은 신플라톤주의의 모습으로 그를 아버지로부터의 유출로 삼아서 아들에 비해 더 낮은 지위를 단정한다고들 한다. 하지만 이것은 콘스탄티노플 신조의 고안자들이 그 문제를 이해했던 방법이 아니다.[17] 정말로, 우리는 오리게네스 자신이 그런 식으로 살펴본 명쾌한 변론을 하는 것은 어렵다는 점을 제2부 제1장에서 보았다.

그의 의도는 영지주의의 유출 개념들을 반박하고 아버지와 아들의 존재의 동일함을 주장하기 위한 것이었다. 위디콤(Widdicombe)은 오리게누가 아들의 실제적이고 개별적인 존재와, 아버지의 신성을 공유함도 강조했다는 점을 관찰한다. 그는 이 두 근본적인 생각 사이에 균형을 유지하려고 노력했다.[18]

오리게네스를 비롯한 교부들은 인간의 출산에 대한 모든 생각들이 그 그림에서 제거되어야 한다고 일관되게 강조했다. 인간의 출생은 존재의 시작을 수반한다. 인간 아버지는 아들이 출산되기 전에 존재한다. 이것은 여기에 들어맞지 않는다고 교부들은 주장했다. 아버지는 항상 아버지이고 아들은 언제나 아들이다.[19]

아타나시우스의 것으로 생각되는 작품이지만,[20] 앙키라의 마르셀루스(Marcellus of Ancyra)의 모든 흔적들이 있는[21] 『신앙 강해』(*Expositio fidei*)에서, 저자는 아들이 "참된 하나님에게서 나온 참된 하나님 … 전능한 하나님에게서 나온 전능한 하나님 … 온전한 하나님에게서 나온 온전한 하나님"

---

17 참조. Gregory of Nyssa, *Against Eunomius* 3.4.
18 Peter Widdicombe, *The Fatherhood of God from Origen to Athanasius* (Oxford: Clarendon, 1994), 85-86.
19 아들의 영원한 발생과, 신적인 본질이 아니라 위격들의 관계들에 대한 적용에 대해서는, Francis Turrentin, *Institutes of Elenctic Theology*, ed. James T. Dennison Jr. (Phillipsburg, N.J.: P&R Publishing, 1992-97), 1:278-302, 특히, 292-302를 참고하라.
20 PG 25:199-208.
21 R. P. C. Hanson, *The Search for the Christian Doctrine of God: The Arian Controversy 318-381* (Edinburgh: T & T Clark, 1988), 231.

(*theon alethionon ek theou alethinou ... pantokratora ek pantokratoros*)이라고 진술한다.[22]

이것은 니케아 신경의 표현을 반영하며, 아들의 영원한 발생과 결부된 콘스탄티노플 신조 안에 있는 관련 부분의 기초가 될 수 없었다. 모든 백성의 마르셀루스는 결코 종속론이라 비난받을 수 없지만, 아타나시우스가 저자였을지라도 그 주장은 실제로 영향 받지 않는다. 나중에 포티우스(Photius)는 또한 영원한 발생과 결부된 신조의 진술들이 아버지와 아들의 동일본질의 근거가 된다고도 주장했다.[23]

우리가 성령의 영원한 발현을 고찰할 때 비슷한 원리들이 적용된다. 종종 표준 구절(*locus classicus*)인 15장 26절은 순전히 구원의 역사, 오순절 성령 강림을 가리키고, 그 결과 영원으로 다시 투입하는 것은 석의적으로 부적절할 뿐 아니라 사색적이라고들 한다.

하지만 예수님의 설명은 명백하게 오순절을 가리키지만, 거기에 국한될 수 없다. 그는 미래 시제(*pemsō*)를 사용하여 그가 아주 특별한 시기에 성령을 보내심을 가리키지만, 현재 시제를 사용하여 아버지에게서 "발현하는"(*ekporeuetai*) 성령에 대해 말한다. 오순절에 성령의 보내심―여기서 아들이 파송자다―과 성령의 발현―지속되는 이유는 발산자(*spirator*)가 아버지이기 때문이다―과 다르다. 이것은 히브리식의 대구법일지도 모르지만, 그럼에도 다시 우리는 구별된 두 행위자인 아버지와 성령의 관계의 영역에 있고 그들 사이의 관계에 대한 우리의 견해를 지배해야 하는 것은 바로 이 행위자들의 본성이다. D. A. 카슨에 의하면 성령의 발현에 대한 초기 신조의 진술(creedal statement)은 "눈에 띄게 방어할 수 있다."

---

22   PG 25:201.
23   Photius, *On the Mystagogy of the Holy Spirit*, trans. Holy Transguration Monastery (n.p.: Studion, 1983), 92. 170. 이 질문을 다르게 검토한 것들에 대해서는 다음을 참고하라. Paul A. Rainbow, "Orthodox Trinitarianism and Evangelical Feminism," www.cbmw.org/resources/articles/orthodox_trinitarianism_feminism.pdf에서 이용 가능; Lee Irons, "The Eternal Generation of the Son," www.members.aol.com/ironslee/Private/monogenes.htm에서 이용 가능.

왜냐하면, 여기서 요한복음 15장 26절에 있는 문구(이 복음서 전체에 걸쳐 보이는 요한의 신학을 설명함)는 이 존재론적 지위를 전제한다.[24]

우리가 위에서 주의 깊게 살펴본 조건들은 아들도 성령도 존재나 지위에 있어 종속적이지 않다는 것과, 낳음과 발현이 위격들로서 그들의 관계들에 적용된다는 것을 명확히 가리킨다.

3. 성육신은 어떻게 삼위일체에 영향을 주는가?

우리는 이제 성육신이 어떻게 삼위일체와 관계가 있는지 질문해야 한다. 여기서 아주 특별한 것이 있다. 하나님과 함께 계시고 하나님이셨던 말씀이 육신이 되셨고 사람으로 이 세상에서 사셨다.

우리와 우리의 구원을 위해, 그는 십자가의 죽음을 따랐고, 그런 다음 죽은 자들 가운데서 부활하였고 하늘로 올라가셨으며, 지금은 아버지 하나님의 오른편에 앉아 계신다. 거기로부터 그는 산 자와 죽은 자를 심판하게 될 것이다. 아들의 인성을 취하여 위격적 연합을 한 것은 영구적이고 영원하다. 이것이 불러일으키는 수많은 질문들이 있다.

4. 삼위일체의 세 위격들 중 누가 육화될 수 있을 것인가?

사람들은 이따금씩 삼위일체의 위격들 가운데 어느 위격이 육화될 수 있었는지에 대해 물어본다. 종종 마치 삼위일체 전체가 육화했던 것처럼, 세 위격 중 어느 위격이 그 과업을 떠맡았을지도 모르는 것처럼 하나님이

24　D. A. Carson, *The Gospel According to St John* (Leicester: Inter-Varsity Press, 1991), 15:16에 대하여.

사람이 되셨다고들 한다.

아들이 사람이 되신 것은 무슨 까닭이었는가?

T. F. 토랜스는 다른 두 위격들 중 어느 한 쪽보다는 아들이 육화되어야 했다고 주장한다. 그것이 이미 일어난 일이기 때문이다. 그것은 "아버지나 성령이 육화되었을 수도 있거나 육화되었을지도 모르는 가능성과 같은 다른 대안을 복음주의적으로, 신학적으로 받아들일 수 없는 것으로 무시한다."[25] 하지만 그는 삼위일체 전체가 임재한다고 계속해서 말한다. 왜냐하면, 하나님의 모든 사역과 방식에서 세 위격 모두 분리되지 않고 함께 사역하기 때문이다.[26]

다른 한편, 안셀름은 아들이 존재론적인 이유들 때문에 육화되는 것은 필연적이었다고 생각한다.[27] 오직 아들만이 육화되었으며, 지금은 인성에 결합되었다. 아버지도 성령도 사람과 위격적으로 연합되지 않는다. 여기에 영원토록 아들과 구별되는 명백한 차이가 있다.

구원이 궁극적으로 하나님과의 연합을 수반하는 것을 우리가 떠올릴 때 이것은 연관된다. 이것은 동방교회에서 신격화라고 불려 왔다. 하르낙은 대부분의 학자들에게 아우구스티누스를 따르는 서방교회가 이 생각을 거부했다는 것을 납득시켰다.

하지만 제럴드 보너(Gerald Bonner) 외 다른 학자들은 아우구스티누스가 사실상 이 가르침을 용인했다는 것, 그리고 그것이 라틴 신학 안에 있는 그로부터 종교개혁기에 이르기까지 전해졌다는 것을 보여 주었다.[28]

---

25 Thomas F. Torrance, *The Christian Doctrine of God: One Being, Three Persons* (Edinburgh: T & T Clark, 1996), 199.
26 Ibid., 200.
27 제2부 제8장, Anselm, *De fide Trinitatis et de incarnatione Verbi* (PL 158:276-79, 283-84); G. R. Evans, *Anselm* (London: Geoffrey Chapman, 1989), 56-57을 참고하라.
28 Gerald Bonner, "Deification, Divinization," in *Augustine Through the Ages: An Encyclopedia*, ed. Allan D. Fitzgerald (Grand Rapids: Eerdmans, 1999), 265-66; A. N. Williams, *The Ground of Union: Deification in Aquinas and Palamas* (New York: Oxford University Press, 1999); Panayiotis Nellas, *Deification in Christ: Orthodox Perspective on the Nature*

최근의 핀란드 학계는 루터에게 있는 비슷한 주제들에 관심을 돌리게 했던 반면, 카를 모써는 칼빈이 신격화를 인정한 것을 지적했다.²⁹

서방교회에서 개신교 신학의 고전적 성명서인 웨스트민스터 대요리문답은 구원을 "은혜와 영광 가운데 그리스도와의 연합과 교통"으로 설명한다. 이 연합은 영적이고 신비롭지만 실제적이고 분리할 수 없다.³⁰ 그것은 웨스트민스터 소요리문답에 따르면 우리가 "[하나님을] 영원히 즐거워"할 것을 의미한다.³¹ 그러므로 구원이 그리스도와의 연합으로 이루어지기 때문에 아버지나 성령보다는 아들의 성육신이 적합하다.

오직 아들만 사람이 되었지만 그럼에도 성육신은 삼위일체 전체를 계시한다. 아버지에게 드리는 예수님의 기도들은 살아 있고 역동적인 관계, 매우 중요한 연합과 교통을 드러낸다. 이것들은 두 개의 개별 주제이다. 그것들은 단지 아퀴나스가 신적 위격들을 규정했던 것과 같이 "신적 본성에 내재하는 관계들"이 아니다.³²

예수님의 세례는 세 위격 모두를 드러낸다. 성령이 비둘기같이 내려와 예수님 위에 머물 때, 아버지의 음성은 예수님이 당신의 사랑하는 아들이라고 선포하신다. 또 이들은 구별된 세 위격이다. 요한복음 14장 6절 이하에 나오는 예수님의 말씀은 중요하다. 그만이 아버지에게 가는 길이다. 아들을 보는 자는 아버지를 본다. 그는 아버지와 동일하면서도 아버지와 구별된다.

---

    of the Human Person, trans. Norman Russell (Crestwood, N.Y.: St. Vladimir's Seminary Press, 1987).

29 Carl Mosser, "The Greatest Possible Blessing: Calvin and Deification," *STJ* 55 (2002): 36-57. 특히, 40쪽을 보라. 거기서 저자는 벧후 1:4에 대한 칼빈의 주석을 인용한다. "조만간 우리를 하나님과 같이(*conformes*) 되게 하는 것이 복음의 목적이다. 말하자면, 그것은 과연 일종의 신격화(*quasi deificari*)다."

30 WLC, QQ. 65-66. QQ. 65-90의 전체 부분을 참고하라.

31 WSC, Q. 1.

32 Thomas Aquinas, *ST*, Ia, Q.29, A.4.

복음서들은 예수님이 아버지를 계시하고 성령의 능력 안에서 살아가는 하나님의 아들이라는 사실로 가득 차 있다. 그것은 하나님이 예수님과 꼭 같다는 고백을 낳는다. 만일 우리가 하나님이 어떤 모습인지를 알고 싶으면 우리는 더 많은 것을 살펴볼 필요가 전혀 없다.

예수님의 전체 생애와 사역은 계시적이다. 곧 예수님은 병든 자들을 고쳐주시고, 시각장애자들을 보게 하시고, 청각장애자들을 듣게 하시고, 가난한 자들에게 복음을 전파시고, 예루살렘을 위해 우시고, 앞에 놓인 과업을 위해 제자들을 준비시키고, 성령의 인도 아래 아버지에게 신실하게 순종하며 살아가셨다.

5. 육화한 아들은 영원한 아들을 어디까지 계시하는가?

최근 수년에 걸쳐, 육화한 그리스도의 인간적 순종으로부터 내재적 삼위일체 안에 있는 아들의 자리로 거꾸로 돌아가기까지 논증하는 것이 어디까지 허용되는지에 관한 질문이 있었다.

이 질문은 원래 바르트의 몇 가지 관찰들에 의해 만들어졌다. 그는 그리스도의 순종이 신적인 수준에서 비교할 수 있는 태도를 반영하는데, 이 안에서 아들은 아버지에게 애정 어린 순종을 하며 살아간다고 주장했다. 이것이 그런 이유는 몰나가 관찰한 것처럼 바르트의 사상 안에 "예수님의 인간 행위들이 단지 하나님의 영원한 아들도 아니었던 인간의 행위들이 결코 아니기"[33] 때문이다.

최근에 페미니스트 논쟁은 그런 고찰들을 최전선에 등장시켜 왔다. 페미니스트화된 신론이 유명해지면서, 삼위일체 안에서 아버지에 대한 아들

---

33 Karl Barth, CD, IV/1: 192-205; IV/1: 157-357; IV/2: 42-43, 170을 보라; Paul D. Molnar, *Divine Freedom and the Doctrine of the Immanent Trinity: In dialogue with Karl Barth and Contemporary Theology* (Edinburgh: T & T Clark, 2002), 294.

의 순종을 믿는 것처럼 보이는 것은 어떤 것이라도 제거하려는 강한 움직임이 따라왔다. 완전한 상호 관계들 안에 있는 위격들의 철두철미한 균질화는 압도적인 추세다. 이로 인해, 인간 사회에서 남성과 여성 사이의 완전한 호혜성이 존재론적으로 강화될 수 있다.

위르겐 몰트만과 같은 페미니스트 연민주의자들뿐 아니라 엘리자벳 쉬슬러 피오렌자(Elisabeth Schüssler Fiorenza), 엘리자벳 존슨(Elisabeth Johnson), 캐더린 라쿠냐(Catherine Mowry Lacugna)와 같은 공공연한 페미니스트 신학자들은 이런 범주에 속한다. 하지만 이러한 동향은 더 멀리 확장되어 자기를 보수적이거나 복음주의적이라고 생각하는 많은 이들에게 영향을 주었다.[34]

1) 하나님에게 드리는 인간적 순종은 비굴하지 않고 경건하다

곧 예수님의 인간적 순종은 우리를 구원한다. 몰트만은 하나님에게 드리는 순종에 대한 이야기가 노예 근성(slavishness)의 정신을 고무시킨다고 설명한다.

"우주의 전능하신 지배자 개념은 모든 곳에서 굴욕적인 예속을 요구한다. 왜냐하면, 그것은 삶의 모든 영역에서 완전한 의존을 가리키기 때문이다."[35]

나치 독일에서 태어나서 자란 몰트만이 어떻게 자기 세대의 동포와 함께 그 많은 모든 형태의 권위주의에 특히 민감했을 지를 이해할 수 있다. 하지만 우리는 하나님에 대한 인간의 순종이 가장 단호하게 비굴하지 않

---

34 Gilbert Bilezikian, "Hermeneutical Bungee-Jumping: Subordination in the Trinity," *JETS* 40 (1997): 57-68; Kevin Giles, *The Trinity and Subrodinationism* (Downers Grove, Ill.: InterVarsity Press, 2002).

35 Jurgen Moltmann, *The Trinity and the Kingdom: The Doctrine of God* (London: SCM, 1991), 191-92.

다고 얼버무리기 없이 주장해야 한다. 우리의 인성을 앗아간 것은 아담과 그 이후의 모든 인류에게서 찾아볼 수 있는 불순종이다.

이와 반대로, 순종은 경건하다(이로 인해 하나님을 닮아서 예수 그리스도이신 하나님의 형상으로 행동한다). 성경은 당신의 백성들이 그에게 순종해야 한다는 하나님의 요건들로 가득 차 있다(참조. 수 24:15; 시 119편).

그것은 우리가 누구를 따르는지-하나님이냐, 맘몬이냐(마 6:24), 하나님이냐 우상들이냐(수 24:15 이하)-에 대한 질문이다. 왜냐하면, 만일 우리가 사랑이 깊고 은혜롭고 자비로운 하나님에게 드리는 순종이 굴욕적이라고 생각한다면, 우리는 반대로 진실로 품위를 떨어뜨리는 노예제도, 즉 죄와 완강한 자기주장, 자기를 따르는 것, 그리고 자기를 올바름의 기준으로 세우는 것의 노예제도에 몰두하고 있는 것이다.

이것은 우상숭배다. 일정한 법칙에 따라 하나님에 대한 순종을 거절하는 것은 테레사 수녀의 도덕과 아돌프 히틀러의 도덕을 구별해 주는 어떤 일관된 기초도 남겨놓지 않는다.

대신에 예수님은 아버지에게 순종하셨다(요 17:4; 히 10:5-10; 롬 5:12-21; 벧전 2:21-24). 그의 인간적 순종이 우리에게 구원을 얻게 했다.[36] 과연 굴욕적이다! 나와 내 집에 대해 말하자면, 우리는 주님을 섬길 것이다. 1662년 영국 교회의 『공동기도서』(Book of Common Prayer)에 나오는 아침 기도를 위한 예전에 평화를 구하는 본기도(Collect for Peace)는 하나님에 대해 이렇게 말한다.

> 우리의 영원한 생명을 곤추세우는 분을 아는 지식 안에서 그 예배는 완벽한 자유다.

---

36 Robert Letham, *The Work of Christ* (Leicester: InterVarsity Press, 1993), 특히, 105-21을 참고하라.

2) 아들의 인성은 오직 구원의 시기에만 국한되는가?

종종 아들의 순종은 그의 인성과 육화한 상태에 제한된다고들 한다. 예를 들면, 길버트 빌레지키언(Gilbert Bilezikian)은 그리스도의 순종을 "과업이 이끄는 사역의 현세적 단계"[37]라고 쓴다. 틀림없이, 복음서들 안에 단순히 인성을 따라 그리스도를 이해해야 하는 구절들이 많이 있다.

그의 고난과 죽음–종종 과거 세대의 신학에서 하나님에게 소급되었지만 정확하게 말해서 인간으로서 그리스도에 의해 경험된[38]–은 이것들에 대한 분명한 실례들이다. 확실히 우리는 복음서의 기록들에서 하나님의 내재적 생명으로 거꾸로 가는 모든 외삽(extrapolation)을 피해야 한다.

하지만 아우구스티누스가 윤곽을 그렸던 것처럼 신약성경은 그리스도를 하나님으로, 인간으로 언급할 뿐 아니라, 그리스도를 아버지와 관계를 맺고 있는 아들로 말한다.[39] 게다가, 그리스도의 육화한 상태는 영원히 지속된다. 그는 사람으로 남아 있고 언제나 그럴 것이다. 그는 부활할 때 여호와 증인이 주장하는 대로 부스터 로켓(booster rocket)처럼 자기 인성을 내버리지 않으셨다.[40] 아직까지도 그는 우리의 큰 대제사장으로 우리를 위해 중보하고 계신다(히 7:25).

바울이 말했다.

> 이는 그리스도께서 죽은 자 가운데서 살아나셨으매 다시 죽지 아니하시고 사망이 다시 그를 주장하지 못할 줄을 앎이로라(롬 6:9).

---

37 Bilezikian, "Hermeneutical Bungee-Jumping," 61.
38 Thomas G. Weinandy, *Does God Suffer?* (Notre Dame, Ind.: University of Notre Dame Press, 2000).
39 Augustine, *De Trinitate* 2.1.1-3; 5.4.5-16.17.
40 WSC, Q. 21; WLC, Q. 36. Sergius Bulgakov, *The Wisdom of God: A Brief Summary of Sophiology* (London: Williams and Norgate, 1937), 141. 이 책은 그리스도의 두 본성이 영원히 구별된 상태로 남아 있다고 지적한다.

우리의 구원은 그리스도와의 연합으로 이루어지기 때문에, 우리의 부활은 그의 인간적 부활을 공유함이며, 동일한 실재에 속한다.[41] 그는 자기 인성을 약간 더 늦은 날짜에 목적지에 이르게 하려고 죽은 자들 가운데서 일어난 것이 아니었다. 만일 그것이 방향이 바뀌었다면 우리의 구원도 역시 지나가 버렸을 것이다. 실제로는 그가 인성을 취하여 영원히 자신과 연합하셨다는 것이다. 하나님과 사람의 연합은 영구적이다. 그것은 아들과의 연합에 기초한다.

크리스토퍼 워즈워드(Christopher Wordsworth)의 승천일을 위한 고귀한 찬양에 나오는 표현들을 보면, 다음과 같다.

> 당신은 하나님의 오른편 구름 속에 우리의 인간 본성을 일으키셨나이다.
> 우리는 천상의 자리에 앉고 당신과 함께 영광 가운데 서나이다.
> 예수는 천사들에게 경배 받으시며 보좌 위에서 하나님과 함께 사람을 다스리시나이다.
> 전능하신 주여!
> 당신의 승천 속에서 우리는 믿음으로 우리 자신의 승천을 바라보나이다.

3) 아들 자신이 아버지에게 순종하는 인성을 자기에게 결합시키는 것은 앞뒤가 들어맞는가?

이것은 우리에게 더 자세한 질문을 하게 만든다.

아들에 대하여 그가 아버지를 따르며 살아가는 인성을 자기에게 결합시키는 것을 양립하게 해 주는 것이 있는가?

아들로서의 아들 안에 순종하는 인성과의 이 연합을 적절하게 해 주는 것이 있는가?

41　Letham, *Work of Christ*, 75-87, 211-23.

우리가 이 질문에 아니라고 말하기 전에, 우리는 잠깐 멈춰서 저런 식으로 대답하는 것의 위험성들을 주의 깊게 살펴볼 필요가 있다.

만일 아들로서의 아들 안에 순종하는 인성과의 위격적 결합을 적절하고 어울리게 해 주는 것이 전혀 없다면, 우리는 육화한 말씀-그로 인해 아버지에 대한 순종이 부적절할 것이다-과 덧입은 인성-이것은 아버지에게 순종한다-사이에 네스토리우스가 분리한 위험에 빠지게 될 것이다. 그러한 분리는 정통 기독론에 의해 배제되었다.[42]

범교회적인 칼케돈 공의회(451)와 제2차 콘스탄티노플 공의회(553)는 모두 위격의 연합(hypostatic union)을 인정했다. 칼케돈은 두 본성 안에-혼동 없이, 분리 없이-존재하는, 그리스도의 단 하나의 위격이 있다고 선언했다. 그런 다음, 제2차 콘스탄티노플 공의회는 말씀에 의해 달성된 연합과 별개로 그리스도의 인성이 전혀 독립하여 존재하지 않는다고 안휘포스타시스(*anhypostasia*) 교의 안에서 단호히 주장했다.

엔휘포스타시스(*enhypostasis*)의 쌍둥이 교리에서 공의회는 말씀이 육화한 그리스도 안에 인격화한 중심을 제공한다고 주장했다.[43] 따라서 말씀(영원한 아들)은 그리스도의 인격적 중심이다. 바울이 쓴 대로, "하나님이 그리스도 안에 계셨다"(고후 5:19).

---

42 똑같은 이유들로, 하나님 아들의 순종이 구원의 경륜에 제한되고, 따라서 그의 인성만을 가리키는 것으로 이해되어야 한다는 빌레지키언에 의해 응용된 생각은 역시 알맞지 않다. 만일 이것이 그랬다면, 구원이 완성된 후에 그의 인성이 계속해서 하나님을 따를 필요가 없든지, 아니면 그의 인성이 구원이 완성될 때 버려져야만 한다. 어느 쪽이든, 헤아릴 수 없는 기독론의 문제들이 잇따라 일어난다. Bilezikian, "Hermeneutical Bungee-Jumping."

43 Herbert M. Relton, *A Study in Christology: The Problem of the Relation of the Two Natures in the Person of Christ* (London: SPCK, 1917); Aloys Grillmeier, *Christ in Christian Tradition*, vol. 2, *From the Council of Chalcedon (451) to Gregory the Great (590-604)*, part 2. *The Church of Constantinople in the Sixth Century*, trans. John Cawte (London: Mowbray, 1995), 438-62; Basil Studer, *Trinity and Incarnation: The Faith of the Early Church*, trans. Matthias Westerhoff, ed. Andrew Louth (Collegeville, Minn.: Liturgical Press, 1993), 224-29; G. W. H. Lampe, ed., *A Patristic Greek Lexicon* (Oxford: Clarendon Press, 1961), 485-86, 666; B. Studer, "Enhypostasia," in *EECh* (1992), 1:272.

결과적으로, 두 본성을 따라 육화한 그리스도의 모든 행동은 아들의 위격으로 귀속된다. 이것은 사람들이 하나님에게 접근하는 것은 불가능한 반면에 하나님이 우리에게 아래로 내려뻗어서 위격적 연합 속에서 우리의 인성을 에워싸는 것은 영광스럽게 가능하다(그리고 더 영광스럽게 실제적이다)는 사실에서 잇따라 일어난다. 따라서 육화한 말씀은 아버지를 따른다. 동시에 아버지를 따르는 것은 바로 육화한 말씀이다.

우리가 그리스도의 두 의지를 생각할 때 똑같은 결론들이 따라온다. 역사적으로, 교회는 그의 의지가 위격이 아닌 본성들의 한 속성이라고 주장해 왔다. 그리하여 그리스도는 신적 의지와 인간적 의지, 두 의지가 있다.

이것은 양의론(dyotheletism)으로 알려졌는데, 그것은 단의론(monotheletism, 단 하나의 의지)이라는 거절된 선택지와 상반되며, 교회는 단의론이 그리스도의 인성을 가릴 것으로 생각했다. 하지만 피할 수 없는 필연적 결과는 신적이고 인간적인 두 의지가 그럼에도 동시에 일어난다는 사실이다.

마치 한 의지가 다른 의지에게 불리하게 작용한 것처럼, 또는 마치 인간적 의지는 순종했고 신적 의지는 그렇지 않은 것처럼, 불일치는 전혀 없다. 예수님은 그러면 약간 정신분열 환자가 되었을 것이다. 물론 그리스도는 자기 인성에 따라 신적인 계획을 배우고 자기 의지를 신적인 계획과 같은 태도를 취할 필요가 있었다는 의미가 있다. 겟세마네 동산에서 드린 예수님의 격렬한 기도들이 적절한 경우다(히 5:7-10).

하지만 의지는 본성에 속하기에 그것들은 동시에 일어난다. 두 본성 자체가 위격적으로 연합되기 때문이다. 두 의지는 하나의 결합된 의지를 나타낸다. 그리스도의 인간적 순종과 그가 누구인지를 분리할 수 없다고 우리는 되풀이한다.

여기서 세르게이 불가코프(Sergei Bulgakov)는 말해야 할 몇 가지 중요한 사항들을 가지고 있다. 그는 인간의 창조가 성육신의 근거가 된다고 주장한다. 성육신의 가능성을 이해할 수 있게 해 주는, 사람 안에 있는 빼앗을 수 없는 특징이 있다고 그는 주장한다.[44] 이 특징은 그리스도의 인격 안에서 발견된다. 기독론 논쟁과 그 해결을 따라서, "우리는 말씀의 위격이 그 자신의 본성뿐 아니라 인간의 본성 안에서 살아가는 것이 가능하다는 것을 발견했기 때문에, 그러므로 그것은 그 자체로 어떤 의미에서 인간의 인격이기도 하다"고 추론해야 한다.

이것으로 불가코프는 신적인 것과 인간적인 것의 약간의 혼합을 제안하는 것이 아니다. 오히려 인격으로서 인간 됨에 봉사하기 위해, 말씀의 신적 위격은 그 자체로 인간적, "또는 더 정확히 말하면 '공통 인간적'(co-human)"이 되어야만 한다.

불가코프의 의도는 영원한 말씀과 인성 사이에 가장 완전한 호환성(compatibility)을 입증하는 것이다. 그는 인성과 말씀의 연합이 그들 사이의 원래 관계와 일치한다고 주장한다. 그의 편에서, 그리고 그에 관한 한, 사람은 인간의 인격 대신에 신적인 인격을 얻고 그 인격을 위한 공간을 만들 수 있어야 한다.

"성육신은 그로 인해 적어도 그 위격적인 입장에서 신적인 개성과 인간적인 개성 사이의 약간 독창적인 비유를 가정하는 것처럼 보이는데, 그것은 아직 그것들 간의 모든 본질적 차이를 전복시키지 못한다."

그는 창세기 2장 7절에 등장하는 기사를 가리키는데, 거기서 사람의 인격적 영은 "하나님의 영"으로부터 나온 그 신적이고 창조되지 않은 기원을 갖고 있다. 그것은 신성의 번득임이다. 사람은 신적 본성의 참여자로, 그리고 신성시(divinization)될 수 있게 만들어졌다.

"그리하여 천상의 신인(God-man)의 인격이신 말씀이 창조된 인성의 인격이 되는 것은 가능하다." 그래서 말씀이 그리스도 인성의 인간적 면모(personality)를 대신하는 것은 자연스러웠다고 불가코프는 결론짓는다.[45]

44　Bulgakov, *Wisdom of God*, 126.
45　Ibid., 129-31.

4) 그리스도의 인간적 순종은 하나님의 아들 자신 안에 근거를 가지고 있다

네스토리우스주의를 피하면서, 우리는 인간으로서 그리스도의 순종이 하나님의 아들 자신 안에 근거를 갖고 있다고 단언한다. 이것은 칼 바르트의 주장으로, 『교회교의학』[46]의 일부에서 상세히 설명되었고 "하나님 아들의 순종"[47] 부분에 골고루 주장되었다.

그는 다른 곳에서도 이 주제를 채택한다.[48] 그는 "하나님에게 있어 높이 계신 것만큼 낮게 계신 것도 자연스럽다. 심지어 예수 그리스도 안에서 임재와 행동의 형체인 종의 형체로도 계시기 때문이다. 우리는 그의 참된 신성 가운데 계신 하나님 자신과 관계를 맺는다"고 주장한다.

예수님의 속죄의 진리와 실상은 이것이 그렇게 되는 것에 달려 있다. 왜냐하면, 세상과 화해시키는 자가 하나님 자신이 아니라면, 우리는 하나님과 화목할 수 없을 것이기 때문이다. 만일 이것이 하나님에게 전혀 근거가 없는 것이었다면, 하나님은 임의적으로 행동하고 계실 것이다.[49] 바르트는 이것이 어려운 문제라는 것을 인정하고 그리스도의 신성을 소멸시키는 종속론에 대해 경고한다.

그는 또한 이것이 "신적 존재의 앞마당 같은 것"으로 제한된다는 생각, 마치 이것이 구원 사역에서 우리를 구출하려고만 했던 것처럼 오직 하나님의 "현세적 형체", "순전히 경륜적인" 것으로만 발생한다는 생각을 거부한다. 왜냐하면, 만일 계시와 구원에 대한 하나님의 경륜이 당신의 고유한 존재와 구별된다면 하나님은 우리를 자기와 접촉하게 하지 않게 하셨을 것이고 "마치 그가 이미 그렇게 하셨었던 것처럼 행동만 하셨을 것이

46　Barth, *CD*, IV/1: 192-205.
47　Ibid., IV/1: 157-357.
48　Ibid., IV/2: 42-43, 170.
49　Ibid., IV/1: 192-94.

기" 때문이다.

"그러나 만일 그가 그렇게 하지 않으셨다면 이 이론에 대해 어떻게 하나님과 세상의 화해가 있을 수 있는가?"

바르트는 양태론이야말로 그리스도의 순종이 아들로서 자신의 존재에 근거하고 있다는 것을 인정하지 않는다고 혹평한다.

> 왜냐하면, 만일 하나님으로서 그의 고유한 존재 안에서 하나님이 오직 현세적일 수 있다면, 만일 그가 자신의 고유 존재 안에서가 아니라 용모의 형태(mode)로만 굴욕을 당하고 낮아지고 순종하는 분이 될 수 있다면, 그리스도의 참된 신성의 가치는 무엇이고 우리를 위한 그 가치는 무엇인가?[50]

핵심은 우리가 예수 그리스도와 관계를 맺을 때 하나님과 관계를 맺는다는 점이다. 세상에서 그의 현존은 굴욕 당하고 낮아지고 순종하는 인간, 나사렛 예수의 존재와 같다. 따라서 그리스도의 굴욕과 낮아짐과 순종은 하나님에 대한 우리의 개념에 필수적이다.

우리는 하나님 안에 있는 순종에 대해 말할 뿐 아니라 또한 그렇게 해야만 한다. 완전히 상반되게, 양태론의 견해는 우리에게 고유의(proper) 존재가 부적절한(improper) 존재, "마치 실재하는 것 같은 존재"(an as if)[51] 뒤에 감춰진 상태로 남아 있는 그리스도를 제공한다고 바르트는 주장한다. 바르트는 하나님의 통일성이 "그는 본질적으로 순종 받으시는 분인 동시에 순종하는 다른 분이라는 사실에 있다"고[52] 결론짓는다.

그리스도의 성육신적 순종은 "그 자신의 존재에, 그 자신의 내적 생명에" 근거를 두고 있다. 왜냐하면, "굴욕 속에서 순종하신 분으로서 그는 기꺼이 한 하나님인 동시에 이 사람으로, 이 사람인 동시에 한 하나님으로 되시기

---

50 Ibid., IV/1: 196-97.
51 Ibid., IV/1: 198-200.
52 Ibid., IV/1: 201.

때문이다." 따라서 "그는 시간 안에 존재하는 영원 속에 계신 분이다."
"그는 인간으로 존재하는 하나님이신 분이다."

왜냐하면, "그것은 그를 보내셨고 그가 순종한 분의 신성과 함께, 그 통일성과 동등함 곧 그 동일본질 안에서 굴욕 속에서 순종하신 예수 그리스도의 참된 신성이기 때문이다."[53]

제프리 브로밀리(Geoffrey Bormiley)는 이렇게 말한다.

> 순종은 아들과 이질적이지 않다. 바르트는 아들로서 자기의 영원한 신성 속에서조차 그리스도가 아버지에게 순종적이라고 제안한다. 이것은 종속론도 양태론도 함의하지 않는다.[54]

벌카우어는 또한 바빙크의 지지를 인용하면서 아버지에 대한 아들의 순종(submissiveness)이 성육신보다 앞서는 것, 즉 "하나님의 삼위일체적 존재의 심원에서"[55] 나온 것이라고 지적한다.

결단코, 아무리 경건할지라도 이 순종을 우리의 인간적 순종에 기초하여 이해해서는 안 되고, 오히려 아들의 영원한 순종에 기초하여 이해해야만 한다. 더군다나, 타락한 세상의 죄 많은 구조들에서 발생하는 노예근성의 모든 암시들은 이 지점에서 고려해야 할 사항에서 제거되어야 한다.

이런 형태의 유비적 술어는 인간의 세대에서 영원 속에 있는 아들의 세대에 이르기 까지 소급하여 생각하는 것만큼 잘못 배치된다. 그것은 어떤 이들이 그 문제를 애매하게 하려고 감정을 자극하여 혼란하게 만드는[56] "명령의 구조들", "계급제", 그리고 "두목과 하인의 관계들"에 대한 애

53　Ibid., IV/1:203-5.
54　Geoffrey W. Bromiley, *An Introduction to the Theology of Karl Barth* (Grand Rapids: Eerdmans, 1979), 181.
55　G. C. Berkouwer, *Divine Election*, trans. Hugo Bekker (Grand Rapids: Eerdmans, 1960), 163.
56　Bilezikian, "Hermeneutical Bungee-Jumping," 57-68.

기를 배제한다. 차라리 아버지와 아들의 관계는 아버지와 우리의 관계를 위한 모델이다. 본질적으로 그의 소유인 것은 은혜로 우리의 것이 된다. 이로 인해, 실제적인 모든 인간관계는 심판 아래 있다. 어느 누구도 궁극적 타당성이나 비판으로부터의 면제를 주장할 수 없다.[57] 바르트 안에 나타난 이에 대한 논의를 보려면, 융엘을 참고하라.[58]

5) 이것은 종속론이 아니다

이것은 종속론에서 멀리 떨어져야만 한다. 몇몇 보수적인 복음주의자들은 자신들이 "아들의 영원한 종속"이라고 부르는 것을 공개적으로 변호해 왔다. 기꺼해야 이와 같은 표현은 오해하게 만든다. 약간의 신뢰가 찰스 하지에 의한 이 어구에 부여되었는데, 그는 아들이 위격적 실재의 관점에서 아버지에게 종속된다고 주장했다.[59]

이러한 경우들에서, 의도는 정통적이지만 표현은 오해받기 쉽다. 고유한 종속론은 아들이 하여튼 아버지보다 못하다는 잘못된 신념을 가정한다. 그것은 신성의 등급을 찬성하는 주장을 한다. 가장 극단적인 형태로, 아리우스는 아들이 창조되었다고 주장했다.

그것을 뛰어넘어, 아버지가 아들과 성령의 신성의 기원이라는 생각은 바실과 닛사의 그레고리우스에게 어느 정도 명백히 드러나는데, 어떤 면에서 후자가 아버지보다 못하다는 것을 함의한다. 우리가 주장하고 유지해야 하는 요점들은 분명하다.

---

57 내가 다음의 글들에서 주장한 대로, 이것은 페미니즘뿐 아니라 가부장 제도들과 관습에 적용된다. "The Man-Woman Debate: Theological Comment," *WTJ* 52 (1990): 65-78; "The Hermeneutics of Feminism," *Them* 17 (January-April 1992): 4-7.

58 Eberhard Jungel, *Karl Barth: A Theological Legacy*, trans. Garrett E. Paul (Philadelphia: Westminster Press, 1986), 127-38.

59 Charles Hodge, *Systematic Theology* (Grand Rapids: Eerdmans, 1977), 1:554, 460-68, 474.

그의 존재의 관점에서, 아들은 아버지 및 성령과 동일하다. 그의 지위의 관점에서, 그는 동등하다. 관계의 관점에서, 그는 아버지에게서 나온다. 우리 앞에 있는 문제는 아버지와 아들 사이의 관계들에 관여한다. 그것은 순서-할 수 있는 한, 우리가 곧 설명하게 될 순서-문제다.

아들의 순종은 성령의 비가시성과 익명성이 그를 아들이나 아버지보다 덜 중요하게 만드는 것과 같은 그런 열등함이 아니다. 그것을 우월함과 열등함의 문제로 보는 것은 인간적 유비들에 따라 성령을 바라보는 것이다.

이것은 "명령의 굴레"(a chain of command)[60]를 수반한다는 얘기가 동일한 비판을 받는다. 그리스 정교회의 교부들은 그러한 유비적 서술의 형태를 일관되게 반대한다. 그들은 우리가 인간의 발생에서 신적인 발생으로 이동할 수 없다고 주장한다. 왜냐하면, 아버지에 의한 아들의 발생은 우리가 아마도 알 수도 있는 어떤 것이라도 초월하기 때문이다.

아버지와 아들의 관계도 역시 피조물의 다른 실재들과 비교될 수 없다. 이 관계는 피조물의 관계들 각각의 경우보다 영원히 앞서기 때문이다. 문제는 위격들 사이-그들의 신성이 아닌 그들의 관계들-의 순서(taxis)와 관계가 있다. 그것은 순서의 문제이지 순위의 문제가 아니다. 우리는 정교회 신도들과 아리우스주의자들이 탁시스라는 단어를 다른 방식으로 사용했다는 것을 떠올린다.

---

[60] 일부 복음주의 페미니스트 학자들이 내가 이렇게 가르친다고 잘못 비난하는 것처럼, 남자와 여자의 관계도 "명령의 굴레"로 설명되어서는 안 된다. 이것은 인간의 관계, 군대식 은유를 사용해서 삼위일체 교리를 억제하려는 것이다. 하지만 이것은 내가 "The Man-Woman Debate"와 "Hermeneutics"에서 주장한 내용과 정반대가 되는 주장이다. 핵심은 삼위일체가 분할되지 않는 연합 안에서 되돌릴 수 없게 다른 세 위격이며, 존재가 하나이며, 지위가 동등하며, 상호 사랑 안에 내주하며, (순위가 아니라) 하나의 순서로 존재한다는 점이다. 하나님의 형상으로 만들어진 인간은 동등함 속에서 그리고 되돌릴 수 없는 차이점들을 지닌 상태로 애정 깊은 교통을 위해 창조된, 다양성 안에 있는 통일성을 비슷하게 예증한다. 복음주의 페미니스트 학자들은 위격들 간의 순서를 무시한다. 그것은 양태론적인 오류다.

아리우스주의자들은 그 단어를 사용하여 아들이 아버지보다 더 낮은 계급이나 지위를 갖고 있다는 자기들의 이단적 생각을 지지했다. 니케아 신경를 지지하는 자들은 이 단어를 계급제(hierarchy)의 의미가 아니라 알맞고 적절한 배치의 의미로 사용했다.[61]

간단히 말해서, 아버지와 아들의 관계는 완전한 호모우시온의 관점에서 관찰되어야만 한다. 왜냐하면, 세 위격 모두가 애정 깊은 페리코레시스 안에서 하나의 동일한 존재에 속하기 때문이다. 따라서 칼빈이 주장한 대로 하나님으로서 아들은 자기에게서 나오는(ex seipso) 반면, 그의 위격의 관점에서 그는 아버지에게서 나온다(a Patre).[62]

T. F. 토랜스는 "아버지가 '자연스럽게' 먼저 오는" 아버지와 아들의 이 "역행할 수 없는 관계" 속에서 아들이 아버지가 되는 것을 제외하면 아버지가 존재하는 전부라고 설명한다. 아버지는 아들의 아버지이지만, 그의 성화자(deifier)가 아니다. 삼위일체의 내밀한 순서는 "그들이 충분히 완전하게 동등하기 때문에 지위가 아닌 위치에 의해, 존재가 아닌 형태에 의해, 능력이 아닌 순서에 의해 구별된다."[63]

동방교회의 관점에서 보브린스코이는 예수님의 순종을 이렇게 설명한다. 그것은 "아버지와의 이중 관계 즉 영원한 아들과 고통 받는 종으로서의 관계의 중심점이다, 그것은 아들이 보여 준 사랑의 영원하면서도 '세속적인'(terrestrial) 측면을 나타내는데, 그는 아버지의 뜻을 행하러 오셨다"(요 6:38).

---

61 $\tau\alpha\xi\iota\varsigma$라는 단어는 폭넓은 의미를 갖고 있다. 그것은 종종 군사적 맥락에서 사용되었고 일종의 계급제를 수반하는 계급의 관념을 갖고 있었다. 이것은 아버지와 아들 사이에 등급이 있다고 보는 아리우스의 견해와 잘 어울렸는데, 그 견해에 따르면 아들은 더 낮고 종속되는 지위를 갖고 있다. 하지만 그것은 또한 역할, 직무, 계층, 별들의 정연함과 규칙성, 교회나 수도원에 있는 질서, 또는 규율이 있는 조직에 대해 사용되었다. 그리스 정교회가 이 용어를 사용한 것은 계급제의 의미보다는 알맞고 적절한 것에 더 가까운, (계급이 아닌) 순서의 의미이다.

62 John Calvin, *Institutes of the Christian Religion*, trans. Ford Lewis Battles, ed. John T. McNeill (Philadelphia: Westminster Press, 1960), 1.13.19, 25.

63 Thomas F. Torrance, *Christian Doctrine of God*, 176.

그가 아들이시면서도 받으신 고난으로 순종함을 배우셨다(히 5:8).

"육체에 계실 때에 자기를 죽음에서 능히 구원하실 이에게 심한 통곡과 눈물로 간구와 소원을 올렸던"(히 5:7) 예수님의 이 순종은 따라서 그의 영원하신 아들의 상태에서 비롯된다. 또한 그것은 어린양의 십자가와 죽음과 함께 신적인 사랑 자체에 근거한다(계 13:8; 벧전 1:19-20을 보라).

보브린스코이는 아버지에게 드린 그의 무조건적 순종이 "인류에게 구원의 길을 열어 주는데," 아들이 "육체에 계실 때" 그것을 현실화한다고 말한다.[64]

6) 그것은 하나님의 신실하심에 의해 보강된다

경륜적 삼위일체와 내재적 또는 존재론적 삼위일체에 관해 몰트만이 세운 구조들은 적절하며, 이 시점에서 여기의 내 주장과 일치한다. 그는 성령의 사명이 그의 영원한 발현과 다르다는 동방교회의 주장들에 이의를 제기한다.

동방교회는 필리오케에 대한 반대 입장을 유지하기 위해 이 구별을 사용해 왔다. 동방교회는 구원의 경륜 속에서 성령이 아버지와 아들에 의해 보냄을 받았다는 사실을 시인하지만, 이에 반해 내재적 삼위일체 안에서 성령이 아버지에게서만 발현한다(또는 나온다, 역주)고 주장한다.

몰트만은 경륜적 삼위일체가 하나님의 신실하심 덕분에 내재적 삼위일체의 신빙성 있는 규격이라는 점을 주장하면서 이 이분법을 문제 삼는다.

64　Boris Bobrinskoy, *The Mystery of The Trinity: Trinitarian Experience and Vision in the Biblical and Patristic Tradition*, trans. Anthony P. Gythiel (Crestwood, N.Y.: St. Vladimir's Seminary Press, 1999), 118.

그러므로 무언가 하나님의 존재가 아니라 하나님의 계시 안에서 유효하다고 말할 수 없을 것이다.[65]

마찬가지로, 우리는 구원의 경륜 속에서 육화한 아들의 순종을 지적하는데, 그것은 애정 깊은 복종 가운데, 존재의 동일성과 지위의 동등함 가운데, 아버지와 그의 영원한 관계를 나타낸다.

하나님의 신실하심은 또한 구원사에서 아버지와 아들의 특정한 관계의 양상들이 아들이 아버지에게 한시적으로—우리 구원의 완성되자마자 그러한 복종을 그만둘 계획으로—복종하게 만든 삼위일체의 위격들 사이의 맺은 "언약" 덕택이었을지도 모른다는 워필드의 제안—오직 하나의 제안만, 그가 그것을 수행하지 않기 때문이다—을 약화시킨다.[66] 만일 이것이 그랬다면 아들은 우리에게 하나님을 드러낼 수 없었을 것이다.

존 톰슨(John Thompson)은 바르트가 열등함을 아들에게 귀속시켜 종속론을 가르치는 위험에 빠져 있는지 물어본다.

만일 이것이 그렇다면, 아들은 하나님 그 자체가 될 수 있는가?

톰슨은 이렇게 말한다.

> [아들의 순종이 주님으로서]—그러므로 (아들 안에 있는) 순종을 아버지에 대한 열등함으로 가리키는 것으로 간주해서는 안 되고 오히려 표현[핵심 표현]으로 간주해야 한다—그들의 관계에 속해 있다고 주장하면서 이러한 혐의들을 거부한다. 이러한 구별들은 아버지가 주로 사랑을 명령하심에 있어 위엄이 있고 아들은 주로 아버지에게 순종적이지만, 각각 상대방의 존재

---

65 Jürgen Moltmann, "Theological Proposals Towards the Resolution of the Filioque Controversy," in *Spirit of God, Spirit of Christ: Ecumenical Reflections on the Filioque Controversy*, ed. Lukas Vischer (London: SPCK, 1981), 165-66.
66 Warfield, "Biblical Doctrine of the Trinity," 53-55.

와 사역을 공유한다.⁶⁷

그는 W. 크렉(W. Kreck)을 인용하며 이렇게 말한다.

> 높은 곳에 계실 뿐 아니라 깊은 곳에도 계시며, 주님이신 동시에 종이신 하나님이 권능으로 다스리실 뿐 아니라 동시에 연약함 가운데 있는 우리를 만나주실 수 있다.

이것들은 "명령하는 자와 순종하는 자"⁶⁸ 사이에 구별이 이루어질 때 부질없는 추측들이나 "형이상학적인 환영들"이 아니다.
칼 라너는 관련된 질문을 하면서 다음과 같이 말한다.

> 우리는 실제로 더 이상의 소동 없이 개관적인 예수의 아들 개념으로부터 우리가 아버지에 대한 그의 순종, 그의 경배, 아버지의 측량할 수 없는 의지에 대한 그의 복종을 제거해야 한다고 말할 수 있는가?
> 왜냐하면, 우리가 위격적 연합 자체를 통해서만 그의 안에 있는 이런 종류의 행위를 설명할 때 우리는 그것들을 제거하기 때문이다. 그것들은 아들의 속성들이지만 그의 아들 됨을 구성하는 순간들이 아니다.⁶⁹

67　John Thompson, "On the Trinity," in *Theology Beyond Christendom: Essays on the Centenary of the Birth of Karl Barth, May 10, 1886*, ed. John Thompson (Allison Park, Pa.: Pickwick Publications, 1986), 17-19.
68　Walter Kreck, *Grundfragen der Dogmatik* (Munich: Chr. Kaiser, 1970), 84, cited by Thompson, "On the Trinity," 19. 또한 P. T. Forsyth, *Marriage: Its Ethic and Religion* (London: Hodder and Stoughton, 1912), 70과 Rowan Williams, "Barth on the Triune God," in *Karl Barth: Essays in His Theological Method*, ed. S. W. Sykes (Oxford: Clarendon Press, 1979), 175를 참고하라.
69　Karl Rahner, *The Trinity*, trans. Joseph Donceel (New York: Crossroad, 1997), 62-62.

7) 아버지에 대한 아들의 복종은 그의 완전하고 축소되지 않은 신성과 조화된다

그러므로 우리는 아들이 아버지나 성령과의 분해할 수 없는 하나 됨을 전혀 깨뜨리지 않고, 그의 동등함을 전혀 위험에 빠뜨리지 않고 영원 속에서 아버지에게 복종한다고 공정하게 말할 수 있다. 하나님이신 그가 아버지를 섬긴다.

하나님이신 아버지가 아들을 사랑하고 당신의 영광을 그와 함께 공유하신다(요 17:1-4, 22-24). 아들의 순종은 아버지와 관계가 있다. 곧 그는 심판자인 동시에 심판 받는 자로 행동한다. 그는 아들로서 먼 나라로 들어간다.

라아츠는 바르트가 이 논증을 구성한 것에 대해 이렇게 말한다.

> 인간이 되려는 아들의 결정의 기초와 그로 인한 그의 겸손과 순종의 기초는 내재적 삼위일체 안에 있다. 아들은 이미 이전에 삼위일체 안에서 순종한다.[70]

이것은 과연 좋게 들리기는 하지만 성경으로부터 지지를 받는가?

확실히 성경 안에 내재적 삼위일체의 삶을 우리에게 빤히 들여다보도록 허용하는 구절은 별로 없다. 하지만 그렇다고 해서 우리에게 도움이 되는 것이 전혀 없다는 말은 아니다.

바울은 그리스도가 행하셨던 대로 살아가라는 빌립보서 2장 6절 이하의 위대한 권고를 그리스도가 하나님으로서 처신하는 방식에 근거를 둔다.

---

70 Alar Laats, *Doctrines of the Trinity in Eastern and Western Theologies: A Study with Special Reference to K. Barth and V. Lossky* (Frankfurt am Main: Peter Lang, 1999), 48; Barth, CD, IV/1: 170, 177, 192-94; IV/2: 42-43.

그는 근본 하나님의 본체시나 하나님과 동등됨을 취할 것으로 여기지 아니하시고
(자기 이익을 위해 하나님과 동등한 지위를 이용하지 아니하시고: 레담의 사적 해석)[71] 오히려
자기를 비워 종의 형체를 가지사 사람들과 같이 되셨고(빌 2:6-7).

아들의 자기비움은 자기 신성의 감하기가 아니었다. 그는 계속해서 하나님의 본체로 계시기(현재 분사: ὑπάρχων) 때문이다. 오히려 그것은 부가, 즉 인성의 부가를 수반한다. 그는 사람이 되어 십자가의 죽음으로 이끈 순종의 길을 따름으로써 자기를 비우셨다. 그는 하나님의 본체에 종의 형체를 더하셨다. 하지만 이것을 하려는 그의 결심은 그가 그것을 행하신 것보다 먼저 이루어졌다.

자기 자신의 이익을 위해 참되고 실제적인 지위를 이용하지 않으려는 그의 결정은 영원 속에서 이루어졌다. 지상에서 그의 자기 비움은 영원 속에서 자기 이익의 추구에 대한 그의 거부에서 나왔다. 그의 인간적 순종은 그의 신적인 복종을 반영한다.[72] 후자가 그의 완전한 신성을 줄이는 것은 그의 부활 이후의 격상이 그의 완전한 인성을 감소하는 것과 같다. 지상에서 그의 순종이 자기 신성을 짧게 줄이지 않았기 때문에, 영원 속에서 주제넘게 나서지 않는 것도 줄이지 않는다.

---

71 단어 *harpagmos*는 수년에 걸쳐 내려온 격렬한 논쟁의 주제였다. 다음의 글들을 참고하라. Roy W. Hoover, "The Harpagmos Dnigma: A Philological Solution," *HTR* 64 (1971): 95-119; Ralph Martin, *Philippinans*, New Century Bible (Grand Rapids: Eerdmans, 1980), 96-97; N. T. Wright, "ἁρπαγμος and the Meaning of Philippians 2:5-11," *JTS* 37 (October 1986), 321-52.

72 로스키는 이중의 케노시스(자기 비움)가 있다고 설명한다. 첫째, 아들은 아버지의 의지에 자기 의지를 복종시켰다. 이것은 실제로 온전한 삼위일체의 의지다. 왜냐하면, 아버지의 의지는 그것의 원천이고 아들의 의지는 순종 속에서 그것을 나타내며, 성령의 의지는 성취 속에서 그것을 나타낸다. 아들의 복종은 그의 성육신을 초래했다. 둘째, 그리스도의 신화된(deified) 인성의 케노시스도 있다. 그로 인해 그는 고난과 죽음을 수반한, 인성의 타락한 상태에 복종했다. 첫 번째 케노시스는 두 번째 케노시스의 기초가 된다. Vladimir Lossky, *The Mystical Theology of the Eastern Church* (London: James Clarke & Co., 1957), 144-46.

거듭해서, 히브리서 기자는 우리의 큰 대제사장이 되려고 애쓰는 그리스도가 아니라 아버지에 의해 임명된 그리스도를 가리킨다(히 5:4-5). 저자는 그리스도의 대제사장직이 "육체에 계실 때"(7절)를 차지했다고 계속해서 말한다. 그것은 우리와 같이 모든 면에서 그가 유혹을 받았음을 포함한다. 이것은 그의 생애 내내 발생했다. 그가 갑자기 제사장의 상태로 전환한 시점은 전혀 없었다.[73]

비록 "심한 통곡과 눈물로 간구와 소원을" 올린 겟세마네 동산에서의 시간일지라도, 그가 인간으로 순종하는 모든 과정은 매우 명백했다. 대제사장 사역으로의 임명은 사역 자체보다 앞서기에 성육신보다 앞선다. 이 때 아들은 "자기를 높이지 않았다"는 것이다.

그는 자기 자신의 이익을 위해 이 임무를 추구하지 않았다. 그는 공직을 요구하지 않았다. 그는 그것으로 임명되었고, 그의 임명은 아버지에 의해 이루어졌다. 칼빈이 과거에 썼던 것처럼, 아버지와 함께 행위의 시작이 있다.[74]

따라서 우리는 아들과 함께 아버지가 주도하는 계획을 애정 깊게, 기쁘고 신실하게 받아들이는 것이 있다고 말할 수도 있다.[75]

---

73 Letham, *The Work of Christ*, 24, 105-21.
74 Calvin, *Institutes*, 1.13.18.
75 Rainbow, "Orthodox Trinitarianism," 8. 이 논문은 동일본질의 문구를 만든 바로 그 신학자들이 또한 아들로서 아들이 아버지를 영예 롭게 한다는 것과, 이 영예가 성육신 전후에, 창조 시와 종말 때에 획득된다는 것을 다채롭게 고백하는 그들의 성경의 이해로 인도된다고 지적한다. 그는 이 견해를 지지하는 신약학자들의 폭넓은 명단을 만드는데, 웨스트콧(B. F. Westcott), 비슬리-머레이(G. R. Beasley-Murray), 메이어(H. A. W. Meyer), 고뎃(F. Godet), 바렛(C. K. Barret), 로버트슨(A. Robertson)과 플러머(A. Plummer), 조셉 크라이처(L. Joseph Kreitzer), 그리고 칼 라너(Karl Rahner) 등이 여기에 속한다.

8) 삼위일체와 그리스도의 사역

아우구스티누스가 하나님의 모든 사역과 방법에 삼위일체의 세 위격 모두 관여하신다고 강조한 것은 옳았다. 삼위 서로 내주하기 때문에 그들 모두 함께-우리는 일치하여 보다는 조화롭게 라고 말하는 것이 좋을 것이다. 각각 더 이상 줄일 수 없게 개별적이기 때문이다-사역한다.

칼빈이 아버지에 대해 다음과 같이 주장할 때 잘 표현한다.

> [아버지에게] 행위의 시작, 곧 만물의 샘 근원이 귀속된다. 아들에게 지혜, 권고, 그리고 만물의 질서 있는 배열이 귀속된다. 하지만 성령에게 그 행위의 능력과 효력이 부여된다.[76]

똑같은 일이 우리 구원의 모든 양상에 적용된다. 하나님의 영원한 경륜 속에서 그 시작부터 종말 때에 그 완성에 이르기까지, 우리의 구원은 삼위일체에 근거를 둔다. 아버지는 세상의 터를 놓기 전에 우리를 그리스도 안에서 선택하셨고 행위의 시작이 그에게 귀속된다.

성육신 안에서 아들은 인성을 취하고 살아가고 십자가에서 죽으며, 죽은 자들 가운데서 부활하고 아버지 우편으로 승천해서 우리의 구원을 완성하려고 되돌아오실 것이다. 그런 다음, 성령은 오순절에 보냄을 받아서 당신의 백성들 안에 내주하고 그들을 충만하게 하며, 우리를 하나님과의 연합과 교통에 적합하게 만든다. 따라서 거대하게 펼쳐진 구원은 삼위일체적 구조를 따른다.

하지만 각각의 측면에서 세 위격 모두 통합적으로 관여하지만, 특히 한 위격은 전적으로 명확하다. 따라서 오로지 아들만이 육화되었지만 그는 아버지에 의해 보냄 받았고 육신에 따라 성령에 의해 잉태되었다.

---

[76] Calvin, *Institutes*, 1.13.18.

그 이후에 그의 사역은 아버지를 의존하고 아버지에게 순종하여 수행되었던 반면, 성령은 그를 안내하였고 그에게 능력을 더해 주었다. 십자가의 절정의 순간에 대해 말하자면, 그는 "영원하신 성령으로 말미암아" 아버지에게 자기를 드렸다(히 9:14). 제 삼일에 아버지는 그를 성령의 능력으로 죽은 자들 가운데서 일으키셨다(롬 8:11).

그런 다음, 승천한 그리스도는 아버지에게 약속된 성령을 받아서 당신의 교회 위에 성령을 쏟아 부으셨는데(행 2:33-36), 그 행위 안에는 성령이 이후에 그리스도의 백성들에게 믿음과 사랑과 순종과 견인을 허락하면서 행했던 모든 것을 포함한다.

특히, 아들 그리스도의 사역에 대해 고찰하도록 하자. 그는 "우리와 우리의 구원을 위해" 그가 행하신 모든 일을 두 본성에 따라 행하셨다. 그는 하나님으로서 우리를 위해 고난 받고 구속할 힘을 갖고 계셨다. 그는 사람으로서 순종적이고 죄 없는 삶을 사셨고 우리의 인성 속에서 순전하고 만족스러운 희생 제물로 자기를 아버지에게 드리셨다.

그의 능동적이고 수동적인 순종, 우리를 대신한 하나님 율법의 완전한 성취, 그리고 우리의 자리에서 파기된 율법의 형벌을 견디심은 하나님의 진노로부터 우리의 구원과, 믿음을 통해 얻은 하나님의 은혜로 말미암아 우리가 영원한 생명에 들어감을 확보했다.[77]

그의 온전하고 분할되지 않은 위격은 인간으로서는 물론 하나님으로서도 우리의 구원을 가져왔다. 우리가 주장해 온 것에 따르면, 이것은 구원을 확보하는 데 있어 영원한 아들의 완전한 참여를 수반한다. 바르트의 표현대로 하면, 이것은 마치 하나님의 실제 모습을 반영하지 않은 단일성(singularity)이었던 것처럼 단지 "하나님의 존재의 앞마당"과 연관된 것이 아니다.

그것은 일종의 네스토리우스주의 기독론이 될 것인데, 이에 따르면 그리스도의 신성과 인성을 너무 분리하여서 그 위격의 통합이 위협을 받는

---

[77] Letham, *The Work of Christ*, 105-57.

다. 그것은 성육신이 되지 못할 것이며, 단지 사람 안에 내주하는 신성에 불과하다. 그것은 구원을 가져올 수 없었다. 이것이 성취될 수 있는 것은 오직 사람으로 사신 하나님을 통해서 가능하기 때문이다.

게다가, 하나님의 아들이신 예수 그리스도가 진실로 하나님을 계시하신 만큼 성육신 속에서 영원한 아들의 완전한 참여가 있었기 때문에, 삼위일체의 세 위격 모두가 개별적인 방식으로 육화한 그리스도의 생애와 사역 속에서 활동하고 있었을 때, 사람으로 살고 고난을 당한 것은 특별히 아들이었다. 우리가 아들이 삼위일체 모두와 구분할 수 없이 동행하면서 돌아다니셨던 거리를 생각할 때, 우리는 예배와 기도 속에서 허리를 굽히게 된다. 이것은 다음 장의 주제가 될 것이다.

> 신실한 우리 모두가 우리로 거룩함을 얻게 하신 그분에 대해 경건하게 말하면서 천사들과 함께 아버지, 아들, 성령께 영원히 영광을 돌리게 하소서. 그분은 위격들 안에 있는 삼위일체이지만 본질이 하나요 한 하나님이시니이다. 또한, 당신께 찬양을 이렇게 드리게 하소서.
> 오! 주 하나님! 영원히 당신에게 복이 있기를 기원하나이다.
> 요단강에서 삼위일체가 명백히 드러났나이다. 아버지의 가장 신적인 위격이 친히 세례를 받은 자가 나의 사랑하는 아들과 동일하다고 선포하셨나이다. 그리고 성령께서 그 위에 내려오셔서 그와 같이 되셨나이다.
> 모든 세대에 걸쳐 사람들이 그를 송축하고 높여드리나이다.
> 당신이 요단강에서 세례 받으셨을 때, 삼위일체에 대한 예배가 명백히 드러났나이다. 아버지의 음성이 자기의 사랑하는 아들이라고 하면서 당신을 증거하셨고, 비둘기 형상을 입은 성령께서 그 말씀의 확고함을 확증하셨나이다. 자기를 나타내셨고 세상을 비춰 주신 그리스도 우리 하나님 당신께 영광이 있기를 기원하나이다.[78]

---

78 Epiphany: Canticle VII-VIII; Antiphon III, Tome I, *Service Book*, 186, 188.

◆ 주요 용어들

존재(being)
경륜적 삼위일체(economic Trinity)
본질(essence)
동일본질의(*homoousios*)
휘포스타시스(*hypostasis*)
내재적 삼위일체(immanent Trinity)
임무들(missions)
페리코레시스(perichoresis)
위격들(persons)
발현들(processions)
종속/종속론(subordination/subordinationism)

◆ 깊이 생각할 문제

1. 종속론은 왜 위험한가?
2. 성육신하신 그리스도를 영원한 아들과 분리시키는 것과 연관된 문제들을 생각해 보라.

◆ 더 읽으면 좋은 책

빌립보서 2장 5~11절을 해설해 주는 여러 주석들

제2장

삼위일체와 예배, 그리고 기도

> 성삼위일체의 교의는 교리적 형태일 뿐 아니라 끊임없이 발전하고 있는 그리스도인의 살아 있는 경험이다. 그것은 그리스도인의 삶을 보여 주는 사실이다. 그리스도 안에 있는 생명은 성삼위일체와 연합하고 아버지의 사랑과 성령의 은사들에 대해 알려 주기 때문이다. 삼위일체에 대한 지식 없이 참다운 기독교적인 삶은 없다. 이것은 기독교 문헌에서 풍성하게 증거 된다. -세르지오 불가코프, 『정통 교회』[The Orthodox Church]) -

1. 서방교회의 삼위일체에 대한 무시

하나님 중심의 예배(이밖에 무슨 예배가 있을 수 있는가?)는 정의상 중심 무대를 기독교에 특별한 것 즉 성경에 나오는 하나님의 자기 계시의 최고 수위선(high-water mark)에 내어 주어야 한다.[1]

하지만 삼위일체신학은 동방교회의 경건에 더 폭넓은 영향을 끼쳐 왔다. 동방의 예전은 삼위일체적 기도와 송영에 스며들어 있다. 서방에서 삼

1　이번 장은 1999년 11월 10일에 중미개혁주의신학교(Mid-America Reformed Seminary)에서 전한 강연에 기초하는데, *MJT* 13 (2002): 87-100에 게재했었고 허락을 받아 다시 여기에 게재했다.

위일체는 실제로 대부분의 그리스도인들이 실제적 양태론자들과 다름 아닐 정도까지 강등되었다. 라아츠가 설명하는 것처럼, "이것은 기독교의 예배와 사고의 중심에 위치하는 대신 뒤떨어지게 되었다."[2]

콜린 건턴은 이에 대한 몇 가지 이유를 제안한다.[3] 그는 아우구스티누스가 서방교회의 반삼위일체론자라고 손가락질을 한다. 아우구스티누스는 하나님의 일체성이라는 전제에서 시작하여 신현과 성육신의 개념으로 인해 난처해했다. 그리하여, 그는 카파도키아 교부들이 그랬던 것처럼 역사적이고 성경적인 계시에 기초해서 자신의 삼위일체 사상을 세우지 않았다.

그의 유명한 마음의 비유는 이 때문에 결점이 있었다. 그것은 반역사적이었고 삼위일체의 위격들을 올바로 다루지 않았다. 그것은 서방에서 삼위일체를 문제-신학적으로 뛰어난 자들에게도 난해한 신비-있게 만들었고 우리 주변에서 보는 무신론과 불가지론을 양산했다.

비록 우리가 제2부 제6장에서 과장되었다는 점을 주목했을지라도, 이런 비판들은 중요하다. 『삼위일체에 대하여』(De Trinitate)에 있는 앞의 몇 장은 성경 강해로 꽉 차 있고 아우구스티누스가 삼위일체에 대해 쓴 다른 작품 중 많은 부분이 『요한복음 논고』(Tractates on the Gospel of John)를 진행하는 과정에 발견된다. 하지만 그런 경고들을 고려하면서, 건턴이 비판한 것들은 정곡을 찌른다.

서구 개혁파 전통에서 만들어낸 전통적인 조직신학 서적들을 일부 고찰해 보라. 찰스 하지는 삼위일체에 대해 주의를 환기하기 전에 약 250쪽을 할애하여 신론을 열심히 다룬다. 루이스 뻘코프는 동일한 구조-페이지

---

[2] Alar Laats, *Doctrines of the Trinity in Eastern and Western Theologies: A Study with Special Reference to K. Barth and V. Lossky* (Frankfurt am Main: Peter Lang, 1999), 160.

[3] Colin Gunton, "Augustine, the Trinity, and the Theological Crisis of the West," *SJT* 43 (1990): 33-58; Colin Gunton, *The Promise of Trinitarian Theology* (Edinburgh: T & T Clark, 1991).

마다 하나님의 존재(existence), 하나님의 가지성(knowability), 하나님의 존재(being)와 속성, 그리고 하나님의 명칭들-를 따른다. 그 다음에서야 그는 삼위일체를 고찰한다.[4]

좀 더 대중적인 수준에서, J. I. 패커의 베스트셀러 『하나님을 아는 지식』(Knowing God, 1973)은 254쪽 중에 7쪽만 삼위일체를 다룬다.[5] 그는 대부분의 그리스도인들에게 일년에 한 번 주일에 립서비스를 해도 되는 난해한 신비라는 점을 인식한다. 하지만 그 장이 끝나고 나서, 그는 아무 일도 없었던 것처럼 일을 계속 진행한다.

이것을 동방교회의 위대한 신학자인 다마스쿠스의 요한네스와 비교하라. 『정통 신앙에 관하여』는 1장 1-10절에서부터 삼위일체로 출발을 잘 한다. 내가 판단하기에, 서방교회에서 명확하게 삼위일체적인 방식으로 예배에 집중하는 데 가장 도움이 됐던 두 명의 종교개혁 신학자와 종교개혁 이후 신학자는 특별히 중요한 면에서 그들에게 개별적으로 "동방의" 느낌을 갖는다.

존 칼빈과 존 오웬 모두 세 위격의 구별됨을 강력하게 역설한다. 그들이 삼위일체에 대해 쓴 대부분의 글은 아들과 성령의 신성을 논의하는 데 할애하는데, 오웬의 경우에는 세 위격에 대한 별개의 예배를 힘차게 주장한다.[6]

우리는 서론에서 런던의 유명한 복음주의 성공회 주교인 데이비드 프라이어(David Prior)가 1992년 6월에 타임지(Times, 런던)에 보낸 편지에 나타

---

4   Charles Hodge, *Systematic Theology* (Grand Rapids: Eerdmans, 1977)에서, 하나님의 존재와 본성과 속성들에 관해서는 1:191-441, 삼위일체에 관해서는 1:442-82가 할애되었다. Louis Berkhof, *Systematic Theology* (London: Banner of Truth, 1958)에서, 하나님의 존재와 속성들에 관해서는 19-81, 삼위일체에 관해서는 82-99가 할애되었다.

5   J. I. Packer, *Knowing God* (London: Hodder and Stoughton, 1973), 256-63. 『하나님을 아는 지식』(CLC 刊).

6   John Calvin, *Institutes of the Christian Religion*, trans. Ford Lewis Battles, ed. John T. NcNeill (Philadelphia: Westminster Press, 1960), 1.13. John Owen, *Of Communion with God the Father, Son, and Holy Ghost, Each Person Distinctly, in Love, Grace, and Consolation* (1657), in *The Works of John Owen*, ed. William H. Goold (reprint, London: Banner of Truth, 1965-68), 2:1-274.

난 대로 서방 기독교에 있는 혼선을 보여 주는 인상적인 예에 주목했다. 프라이어는 자신이 어떻게 삼위일체 주일에 자기 회중이 이해하는 데 도움이 될 만한 비교 자료를 찾아가면서 삼위일체에 대한 설교를 준비하고 있었는지 회상했다. 그는 TV로 크리켓 경기를 시청하면서 그것을 발견하였는데, 그것은 주일에 영국과 파키스탄의 두 번째 시범 경기였다.

영국 팀의 레그 스피너(leg spinner) 이안 살리스베리(Ian Salisbury)는 레그 브레이크(leg break), 완곡구(googley), 그리고 탑 스피너(top spinner)를 연속적으로 투구했다. 하나의 완벽한 비유-세 가지 다른 방식으로 자기 생각을 나타내는 한 사람!-가 있다고 프라이어가 말했다.

프라이어가 크리켓의 중요성을 간파한 것에 대한 최고의 칭찬은 곧 그 신학에 대한 연민이 되었다. 내가 편집자에게 답장을 보낼 기회를 갖기도 전에, 6명 정도의 다른 사람들은 맹렬하게 비난하면서 그의 편지가 "널리" 알려져야 한다고 지적했다. 왜냐하면, 그는 양태론이라는 고대의 이단을 부활시켰기 때문이다.

양태론은 아버지, 아들, 성령이 단순히 이전에 하나님이 자기를 계시하셨고 지금은 하나님 안에 선행하는 영원한 위격의 실재들을 나타내지 않는 방식들이라고 우리는 생각한다. 그것들은 다른 시기에 다른 역할을 한다고 생각하는 배우와 같이 일시적인 모습이다. 물론 이것이 갖고 있는 문제점은 만일 그랬다면 우리는 하나님에 대해 진정한 지식을 갖지 못할 것이라는 점이다. 왜냐하면, 그분이 자기를 계시해 온 것과 다른 무엇이 자신 안에 있을 것이기 때문이다.

서방 기독교에서 이런 일반적인 편견은 닛사의 그레고리우스와 뚜렷한 대조를 보인다. 그레고리우스는 "나의 삼위일체"에 대해 말하고 『신현에 대한 강론』에서는 "내가 하나님을 말할 때, 아버지, 아들, 성령을 의미한다."[7] 다른 한편, 서방교회에서 그리스도인이기도 한 종교철학자들은 습

---

7   Gregory Nazianzen, *Orations* 38.8 (PG 36:320).

관적으로 항상 종적인 "하나님"을 말하지, 삼위일체에 대해서는 전혀 언급하지 않는다.[8]

여러분이 찾아볼 수 있는 찬송가책이나 성가집을 아무거나 검토해 보고, 분명히 삼위일체에 대해 작곡한 것들이 있는지 찾아보라. 그러면 많이는 발견하지 못할 것이다. 여러분이 그러는 것처럼, 얼마나 많은 항목들이 손쉽게 유니테리언들과 정통 유대인들 그리고 무슬림들에 의해 불려질 수 있는지 스스로 물어보라. 여러분은 깜짝 놀라게 될 것이다.

몇 개만 지목해서 말해 보자. 그리고 이것들은 시대의 검증을 거쳤고, 관습에 의해 영국 찬송가집의 일부로 정착된 전통적으로 가장 좋아하는 곡들이다. 〈나의 하나님, 당신은 얼마나 기이하십니까〉, 〈내 영혼이 하늘의 왕을 찬양하네〉, 〈무한하시며 눈에 보이지 않으시는 유일한 지혜자 하나님〉, 〈천지의 대주재이신 전능하신 주님을 찬양하라〉, 그리고 심지어 (굳이 말하자면) 〈당신의 신실함이 크도다〉 등은 겨우 유신론적인 내용이기는 하지만 최소한 암묵적으로는 이위일체적이다.

〈당신은 얼마나 위대하십니까〉는 이위일체적이다. 우리는 계속해서 앞으로 나아갈 수 있을 것이다. 물론, 우리는 이런 본문들에서 삼위일체를 가정하여 그렇게 해석할 수도 있지만, 내가 비록 감히 극소수의 내용만 그렇게 할 수 있다고 말지라도, 이것은 이 본문들 안에 등장하지 않는다. 교부들이 가르쳤던 바와 같이,[9] 신학과 예배가 통합적으로 연결되기 때문에 이것은 심각한 문제다.

---

8   참조. 이와 같은 적절한 평가들은 Nick Needham, "The Filioque Clause: East or West?" *SBET* 15 (1997): 161을 참고하라.
9   참조. 하나님이 헌신에 의하지 않고서는 알려질 수 없다는 힐러리(Hilary of Poitiers)의 주장. 오리게네스는 신학(*theologica*)과 경건(*eusebeia*)이 서로 상호 간에 조절한다고 주장했다. 아퀴테인의 프로스퍼(Prosper of Aquitaine)는 획기적인 관용 어구를 만들어 냈다. 기도의 규칙이 신앙의 규칙을 세운다-그리고 반대의 경우도 마찬가지다(*Legem credendi lex statuat supplicandi*).

2. 하나님만이 하나님을 알려 주실 수 있고 우리가 그와 관계 맺는 방법을 규정할 수 있다

고대 근동에서 이름 짓는 것은 이름 지음 받은 자에 대한 이름 지어 준 자의 주권을 나타냈다. 예를 들면, 이 때문에 아담은 창세기 1장 28절 이하의 창조 명령을 수행하면서 동물들의 이름을 지어줌으로써(창 2:19-20), 동물의 세계에 대한 통치권을 행사한다.

하지만 오직 하나님만이 언제나 하나님의 이름을 짓는다. 어떤 이름도 결코 사람들에 의해 주어진 것이 없다. 그분만이 자신의 이름을 지을 권한이 있다. 왜냐하면, 창조주이신 그분은 다른 어떤 존재에게도 복종하지 않으신다. 게다가, 언약 공동체는 그분 이외에 다른 신들을 가져서는 안 된다(출 20:1-3). 현대 페미니스트들에도 불구하고, 하나님을 다시 상상하거나 하나님의 이름을 지으려는 인간의 시도들은 단지 상상력의 산물들 즉 타당성이 없는 인간의 형상으로 만든 우상들에 불과하다.

1) 하나님이 자기 계시에 있어 주권적이라는 결론이 나온다

이것은 출애굽기 33장 18절-34장 7절에 분명히 나타나는데, 거기서 야훼는 그의 영광을 보여 달라는 모세의 요청을 거절하시는데, 그 요청은 불가능하다. 대신에, 그는 자신의 철저한 권위를 인정하고 모세를 바위틈에 숨겨놓고 자기 이름을 새로이 계시하신다.[10]

---

10 Thomas F. Torrance, "The Christian Apprehension of God the Father," in *Speaking the Christian God: The Holy Trinity and the Challenge of Feminism*, ed. Alvin F. Kimen Jr (Grand Rapids: Eerdmans, 1992), 120-43을 보라.

2) 하나님은 성령으로 우리에게 자신에 대한 지식을 허락하실 때 주권적이다

인간의 죄라는 추가적인 요소는 우리로 하여금 자신을 알려 주기 위해 하나님을 전적으로 의지하게 한다.

바울은 우리가 죄로 죽었고 하나님에 대한 반역을 바르게 하기 위해 어떤 일을 하는 데 절망적이고 그렇게 하기를 꺼려한다고 강조한다. 왜냐하면, 죽은 자들은 자기 상황을 바꾸기 위해 아무것도 의도할 수 없고 아무것도 할 수 없기 때문이다(엡 2:1-2). 그는 또한 비신자들이 이 시대의 신 때문에 눈이 멀어서 그리스도 안에 있는 하나님의 영광의 복음이 비추는 빛을 볼 수 없다고 한다(고후 4:4).

예수님이 가르치셨던 바와 같이, 우리는 오직 성령님에게 이끌릴 때만 그분을 신뢰한다(요 6:44). 그리하여, 인류가 예배의 새로운 대상이나 형태를 편애하는 것은 참되고 살아 계신 하나님 곧 거룩한 삼위일체에 대한 반항이다. 오직 우리의 어둠과 사망을 깨뜨리시고 우리에게 새 생명을 일으키시는 삼위일체의 은혜로우신 행위로만, 우리는 언제나 그분을 알 수 있다.

3) 우리의 구원을 위해 자기를 나타내신 하나님은 삼위일체로 자기를 계시하셨다

그분은 언약의 역사 안에서 점진적으로 자신의 계시를 전개하신다. 각 단계에서, 그분은 자신의 이름을 지으신다. 아브라함 언약에서, 그분은 엘 샤다이(*El shaddai*, 전능하신 하나님)로 자신을 알리신다(창 17:1). 모세 언약에서 그는 자기를 예호예(יהוה, 출 3:14; 참조. 6:3)라고 부른다. 구속사의 정점에서 예수님은 구약성경의 약속들을 성취하려고 오신다.

마태는 예수님이 오래 전에 아브라함에게 약속한 하늘나라를 어떻게 시작하는지를 기록한다. 언약은 더 이상 이스라엘에 국한되지 않고 온 세계로 확장된다. 실제로, 많은 이스라엘 사람들이 언약 공동체에서 쫓겨나겠지만, 이방인들은 이제 그 공동체의 일부가 될 수 있다(마 8:11-12).

마치 모세 언약이 언약의 피 뿌림으로 시작되었던 것처럼, 새 언약도 예수님의 피에 기초한다(마 26:27-29). 복음서 끝 부분에서 마태는 새 언약의 세례 서약과 함께 나라들이 어떻게 제자가 될 수 있는지 자세히 말한다.

이 세례는 아버지와 아들과 성령의 한 이름으로 이루어진다. 따라서 아들 예수님은 새 언약의 서약인 세례에 관련하여 하나님을 아버지, 아들, 성령이신 한 분 하나님으로 부른다. 이것은 하나님의 자기 자신에 대한 최고의-앞서간 모든 것이 이것을 가리키는-계시이다.

과거로 거슬러 올라가서, 그것은 서곡이 되는 모든 것에 해결의 실마리를 던진다(전체 이야기를 이해하게 해 주는 실마리들을 마지막 장면에서 드러내는 탐정추리소설과 같이).

그래서 삼위일체 하나님만이 우리에게 자신에게 접근하게 해 주고 우리가 그와 어떻게 관계를 맺고 가까이할 수 있는지 결정하신다. 모세 언약에서 모세는 정확히 야훼가 그에게 말씀하신 대로 이스라엘의 예배에 필요한 도구를 건설하라고 요청받았다.

예수님은 어떤 사람도 자기로 말미암지 않고는 아버지에게 오지 못한다고 선포하셨다. 아버지에 대한 접근은 배타적으로 아들의 중재를 통해서만 가능하다. 이것들은 삼위일체 하나님에 의해 규정된 용어들이다.

3. 기독교 예배는 뚜렷하게 삼위일체적이다

우리가 신성(the Godhead)을 살펴볼 때 … 우리가 생각하는 것은 한 분이다. 그러나 우리가 신성이 내주하는 위격들을 살펴볼 때, 그리고 끈기 있게 똑같은 영광으로 제일 원인[11]으로부터 존재하게 된 분들을 살펴볼 때, 우리가 예배드리는 세 분이 존재한다. (Gregory Nazianzen, *Orations* 31.14)

완전한 세 존재들(subsistences)에게 드러나고 하나의 숭배로 경배 받는 … 혼동 없이 연합되고 분리 없이 분할되지 않는 … 하나의 본질, 하나의 신성(divinity), 하나의 권능, 하나의 의지, 하나의 에너지, 하나의 시작, 하나의 권위, 하나의 지배, 하나의 주권. (John of Damascus, *De orthodoxa fidei* 1:8)

거룩한 예배와 기원의 고유하고 특별한 대상은 무한하게 탁월하고, 위엄 있고, 장엄한 하나님의 본질이다. … 이제 이것은 세 위격 모두에게 공통적이며, 형식적으로 한 위격이 아니라 영원히 복 받은 하나님으로서 각 위격에 고유한 것이다. 모든 경배는 모두에게 공통적인 것을 존중한다. 그래서 각각의 경배와 예배의 행위 안에서 모두가 경배 받고 예배 받아야 한다. (John Owen, *Of Communion with God the Father, Son, and Holy Ghost*, in *The Works of John Owen*, ed. W. H. Goold, 2:269)

1) 예배의 기초와 근거

교회의 예배는 하나님의 인격과 사역에 근거를 두고 있다. 아버지는 "우리와 우리의 구원을 위해" 아들을 보내셨다. 이것은 요한복음 5장, 10장, 17장에서 두드러지게 나타나지만, 바울도 역시 로마서 8장 32절에서 거기

---

11 여기에 아버지가 신성의 토대라는 카파도키아 교부들의 특색 있는 가르침이 있다.

로 우리의 관심을 돌린다. 그런 다음, 아버지는 아들과 함께 교회 안에 내주하도록 성령을 보내셨다. 성령의 사역의 초점은 아들 그리스도에 대해 말하는 것이다. 이것은 갈라디아서 4장 4-6절에서 명확하게 요약된다.

> 때가 차매 하나님이 그 아들을 보내사 여자에게서 나게 하시고 율법 아래에 나게 하신 것은 율법 아래에 있는 자들을 속량하시고 우리로 아들의 명분을 얻게 하려 하심이라 너희가 아들이므로 하나님이 그 아들의 영을 우리 마음 가운데 보내사 '아빠 아버지!'라 부르게 하셨느니라(갈 4:4-6).

여기에 하나님의 모든 행동의 기본 전제—성령에 의해 아들로 말미암아 아버지에게서(from the Father through the Son by the Holy Spirit)—가 있다. 알렉산드리아의 시릴(Cyril of Alexandria)이 『요한복음 주석』(Commentary of John)에서 진술하듯이, "만물이 아버지에게서 나오지만, 전적으로 성령 안에서 아들로 말미암아 나온다."[12]

바울의 이 표현과 교부들에게 아주 명백하게 드러나는 이 순서는 구속사 전체를 대표한다. 우리의 구원은 하나님의 사역일 뿐 아니라 철두철미하게 삼위일체적이지만, 그것은 아버지에 의해 시작되었고 아들에 의해 성취되었으며 성령에 의해 적용되었다. 물론 아우구스티누스는 이 위대한 구속 드라마의 모든 측면들이 조화롭게 더불어 일하시는 삼위일체 세 위격 모두에 의해 실행되었다—삼위일체의 외적 사역은 나누어지지 않는다 (opera Trinitatis ab extra indivisa sunt)—는 점에서 옳았다.

하지만 칼빈의 설명은 하나의 일반 원리이면서도 인간 역사에서 실제로 일어난 하나의 형상으로 유효하다. 그의 설명에 따르면 다음과 같다.

---

12 PG 74:477.

[아버지와 함께] 행위의 시발점과 만물의 샘 근원이 귀속되며, 아들에게는 지혜, 권고(counsel), 만물의 질서정연한 배치가 귀속되는데, 성령에게는 그 행위의 능력과 효력이 부여된다."[13]

아버지는 아들을 보내셨고, 그런 다음 아들의 죽음과 부활에 이어서 그는 자기 아들의 영을 보내셨다.

2) 우리의 반응

존 오웬은 삼위일체와 우리의 교통이 우리가 예수 그리스도와 맺은 연합에 달려 있다고 설명한다. 그 이유는 다음과 같다.

교통은 거기서 교통이 그들 사이의 연합에 근거를 두고 기뻐하고 있다고 주장하는 위격들과 같은 그런 선한 것들의 상호 소통이기 때문이다." 따라서 하나님과 우리의 교통은 "예수 그리스도 안에서 우리가 그와 맺고 있는 연합으로부터 흘러나와 … . 하나님을 향한 우리의 돌이킴과 함께 우리를 향한 하나님 자신의 소통"에 있다.[14]

(1) 에베소서 2장 18절

바울은 그리스도가 십자가로 화해하셔서(14절) 죄로 인해 하나님과 우리 자신 사이의 분리된 장벽, 의식법으로 인해 유대인과 이방인 사이의 분리된 장벽을 무너뜨렸다고 지적했다. 그는 계속해서 유대인은 물론 이방인도 그리스도 안에서 하나님에게 다가가는 동일한 수단을 갖고 있다고 말한다.

---

13 Calvin, *Institutes*, 1.13.18.
14 Owen, *Of Communion with God*, in *Works*, ed. Goold, 2:8-9.

> 그[그리스도]로 말미암아 우리 둘[유대인과 이방인]이 한 성령 안에서 아버지께 나아감을 얻게 하려 하심이라(엡 2:18).

하나님께 나아가는 것은 궁극적으로 아버지께 나아가는 것이다. 이것은 하나님과 인간 사이의 유일한 중재자이신 그리스도로 말미암아 이루어진다(딤전 2:5). 우리를 그리스도 안에서 일으키시고(엡 2:6-7), 은혜로 우리에게 믿음을 주시어(8-10절), 우리에게 죽음 대신에 생명을 주시는(참조. 1절) 분은 바로 성령이시다. 칼빈은 성령의 주요 사역이 우리에게 믿음을 주는 것이라고 주장했다.[15]

구원 얻는 믿음이 성령에 의해 주어진 하나님의 선물이라는 것이 바로 성경의 주요 가르침이다(요 6:44; 엡 2:1-10; 고전 12:3). 여기서 교회 예배의 근거로 보이는 거꾸로 된 움직임—성령에 의해 그리스도로 말미암아 아버지에게(by the Holy Spirit through Christ to the Father)—이 있다. 이것은 하나님에 대한 우리의 모든 반응과 하나님과의 모든 관계—그리스도인의 전 영역의 경험을 통한 예배에서—를 총망라한다.

이로부터 기도가 특이하게 삼위일체적이라는 결론이 나온다. 기독교 신앙은 삼위일체에 의해 가득 채워진 상황 속에 존재한다. 가장 기초적인 단계에서, 각각의 기독교 신자는 논리 정연하지 못한 형태로 성삼위일체와의 교통을 경험한다.

하나님에게 기도하고 예배드릴 마음을 새로 만들어내는 분은 바로 성령이시다. 우리를 믿음으로 인도하고 신실한 삶을 살아가도록 붙들어주시는 분도 바로 성령이시다. 또한 우리가 아버지께 나아가는 것은 배타적으로 그의 아들 예수 그리스도를 통해 이루어진다. 어느 누구도 그로 말미암지 않고 아버지께로 오지 못한다(요 14:6).

---

15   Calvin, *Institutes*, 3.1.1.

이제 그가 영원히 죄를 위한 완전한 희생제물을 제공하셨으니, 우리는 하나님이 계신 성소로 들어가서(히 10:19-20), 우리의 위대한 대제사장 곧 타락한 세상에서 인생의 고초를 완전히 경험하셨고, 그 결과 연약함 가운데 있는 우리를 긍휼이 여겨주실 수 있는(히 4:14이하) 분이 우리를 중보 하고자 거기에 계시다는 것을 알고 은혜의 보좌에 담대히 나아갈 수 있다. 정말로, 예수님은 자기가 아버지와 맺은 똑같은 관계로 우리를 대면시킨다.

그는 본성상 아들이시며, 우리는 은혜로 자녀들이 되었다. 우리는 이제 하나님을 "우리 아버지"라고 부른다. 게다가 성령은 우리를 위한 자신의 중보로 우리를 인도하신다(롬 8:26-27). 그리하여 성령은 우리와 하나님 사이의 거리를 제거하고 우리 안에 그가 아버지와 아들과 맺고 있는 똑같은 관계를 조성하신다.[16]

기도와 예배는 따라서 성삼위일체의 특성에 대한 탐구이다. 우리 신학이 이런 가장 기본적인 그리스도인의 경험과 일치한다는 것을 확실하게 하는 일이 시급하다. 그것이 없기 때문에, 신도들을 놓쳐버리고 그들이 암묵적으로 믿고 고백하는 것을 어느 정도 분명히 표현하고 이해하는 능력을 가로막는다.

(2) 요한복음 4장 23-24절

사마리아 여인의 질문은 예배의 적절한 장소-예루살렘(여호와께서 요구하셨다고 유대인들이 강조했던)에서 인지 그리심 산(사마리아인들이 예배드렸던)에서 인지-와 관련이 있다. 예수님은 예루살렘을 지지하면서, 유대인들은 알고 예배를 드린 반면 사마리아인들은 그렇지 않았다는 점을 지적하신다. 성경과 역사 모두 이것을 지지한다.

---

[16] Dumitru Staniloae, *The Experience of God*, trans. and ed. Iona Ionita and Robert Barringer (Brookline, Mass.: Holy Cross Orthodox Press, 1994-2000), 1:248-49를 참고하라.

사마리아인들은 북왕국의 멸망 이후에 앗수르에 의해 유입된 다른 나라들 출신의 정착민들과 함께 10개의 북부 부족들 중 남은 자들로 이루어진 혼합 종족이다. 그들의 종교는 사마리아 모세오경에 근거를 둔 여호와에 대한 예배의 요소들과 다양하게 유입된 나라들의 조상 종교들과 결합하여 혼합주의적이었다.

하지만 예수님은 때가 이르러 이스라엘과 사마리아의 구별이, 예루살렘과 그리심 산의 구별이 필요 없게 되었다고 말씀하신다. 이제 참된 예배자들은 영과 진리 안에서 아버지에게 예배드린다.

예수님은 무슨 말씀을 하신건가?

이것은 단지 특별한 장소가 완전히 무관하다거나, 참된 예배가 이제 다른 곳에서 일어날 수 있다는 것을 결코 의미하지 않는다. 비록 이것이 예수님이 말씀하신 내용에 수반될지도 모르지만 말이다. "영"도 마치 참된 예배가 순전히 내적이며 외적인 것들은 전혀 중요하지 않은 것처럼 인간의 영에 대한 언급이 아니다.

오히려 우리는 제4복음서의 후반부인 14-16장에 집중된 성령에 대한 폭넓은 가르침을 기억해야 한다. 이 복음서에서 프뉴마(영)에 대한 언급은 아마도 두 개 정도를 제외하고 모두 성령을 가리킨다. 이 문맥에서 예수님은 참된 예배가 성령 안에서 아버지에게 안내받는다는 것을 나타내신다. 바실 대제의 표현대로 하면, 다음과 같다.

> 그것은 비범한 진술이지만 그럼에도 성령이 빈번하게 성화되고 있는 자들의 장소로 표현되는 것은 사실이다. … 이것은 참된 예배의 특별하고 특이한 장소다. …
> 우리는 어떤 장소에서 예배를 드리는가?
> 성령 안에서다. … 성령은 진실로 성도들의 창조이고 그 성도는 성령에게 적절한 장소인데, 성도는 성령이 하나님의 내주를 위해 한 것처럼 자신을

드리며 하나님의 성전이라고 불린다.[17]

또 진리에 관해서, 우리는 진리의 구현(14:6)으로, 결과적으로 세상에 은혜와 진리를 가져온, 은혜와 진리로 충만한(1:14) 세상에 들어온 참 빛(1:9)으로 예수님을 묘사한 요한의 기록보다 더 나은 것을 찾아봐야 하는가?

예수님은 바울처럼 새 언약의 예배가 삼위일체적이라는 것을 암시하면서 자기 자신을 가리키고 있지 않은가?

우리는 성령 안에서, 그리고 진리의 충만함 곧 그의 육화한 아들 안에서 아버지에게 예배드린다.[18]

요컨대, 나지안주스의 그레고리우스는 이 구절들을 자기 설명의 맥락 속에 넣는다. 이것은 영예와 영광과 본질과 나라에 있어 분할되지 않는 아버지 하나님, 아들 하나님, 성령 하나님, 세 위격, 하나의 신성(the Godhead)을 예배드리는 나의 입장이다.[19]

하나님 편에서 그것을 다른 식으로 표현하면, 교회의 예배는 성삼위일체와 그의 백성인 우리의 교통이다. 우리는 예배를 우리가 행하는 것으로 보는 경향이 있지만, 만일 우리가 우리의 논증을 따른다면 그것은 무엇보다도 먼저 삼위일체 하나님이 하시는 것이며, 우리의 행위들은 그분에 의해 주도되고 둘러싸인다.

히브리서 기자는 아마도 성령을 가리키는 "영원한 영 안에서 또는 그로 말미암아"(in or by eternal spirit) 아버지에게 흠 없이 자기를 드린 그리스도에 대해 언급한다. 우리의 구원이 그리스도와 연합하여 받는 것이기 때문에 본질적으로 그의 소유된 것은 은혜로 말미암아 우리의 것이 된다. 그리하여 그가 아버지에게 자기를 드리실 때, 그는 그 안에 있는 자기 백성을 우

17　Basil of Caesarea, *On the Holy Spirit* 26.62 (PG 32:184).
18　비슷한 설명을 보려면, Athanasius, *Letters to Serapion on the Holy Spirit* 1.33 (PG 26:605-8)을 참고하라.
19　Gregory Nazianzen, *Orations* 31.28 (PG 36:164-65).

리에게 제공한다. 우리는 그로 인해 그가 아버지("하늘에 계신 우리 아버지"-그가 본질적으로 최초로 예수님의 아버지이기 때문에 은혜로 말미암는 우리의 아버지-라고 우리는 기도한다)와 맺고 있는 관계를 함께할 수 있다.

예수님은 자기 아버지와 우리 아버지에게, 자기 하나님과 우리의 하나님에게 올라가셨다고 우리는 기억한다. 그의 십자가와 부활, 그리고 거기에 잇따른 승천으로 인해, 그는 우리를 자기가 아버지와 맺고 있는 똑같은 관계로 인도하셨다.

따라서 그리스도는 실제로 하나의 참된 예배자이며,[20] 우리의 예배는 그의 예배에 대한 참여다. 우리의 예배, 우리가 행하는 것에 맞춘 초점은 본질적으로 펠라기우스적이다. 더구나, 우리의 예배는 그리스도 안에서 성령으로 말미암은 것이다. 존 톰슨(John Thompson)의 다음 표현처럼 말이다.

> 만일 신약성경과, 우리가 어떻게 하나님을 만나는지, 어떻게 하나님을 아는지, 어떻게 하나님을 삼위일체로 예배하는지에 대한 신약성경의 견해를 이해한다면, 예배는 주로 우리의 행위가 아니라 우리의 구원과 같이 예배가 우리 과업이기 이전에 또한 우리의 과업이기 때문에 하나님의 선물이다.[21]

이것은 우리를 기운 나게 해야 한다. 오웬이 우리에게 떠오르게 한 것처럼 "하나님의 사랑은 당신 자신과 같아서 동등하고 일정하며, 확대 또는 축소(augmentation or diminution, 음악에서 주제의 확대와 축소를 가리킴, 역주)되기 쉽지 않은 반면, 우리의 사랑은 우리 자신과 같아서 동등하지 않으며,

---

20 A. M. Ramsay, *The Glory of God and the Transfiguration of Christ* (London: Longmans, 1949), 91ff.
21 John Thompson, *Modern Trinitarian Perspectives* (New York: Oxford University Press, 1994), 99-101.

증가하고 쇠퇴하며, 성장하고 감소한다."²²

(3) 교회의 예배는 따라서 그리스도의 중재(mediation)에 근거할 뿐 아니라 그와 연합하여, 그의 중재 사역과 계속된 중보(intercession)를 통하여 일어난다

알렉산드리아의 시릴(Cyril of Alexandria)은 다음과 같이 설명한다.

> 여전히 인간의 모양을 부여받은 그는 따라서 자신의 기도 형태를 만들고 마치 그것을 소유하지 않았던 것처럼 구한다. … 그 안에서 인류의 첫 열매들로서 인간의 본성은 새로운 생명으로 완전히 개선되었고, 말하자면 그 자체의 처음 시작으로의 상승은 성화로 새롭게 만들어졌다. … 그리스도는 우리 위에 고대의 인성의 선물, 즉 성령으로 말미암은 성화와 신적 본성 안에서 교통을 내려 달라고 구하셨다.²³

이 배후에 성육신(하나님의 아들이 단순히 인간의 본성에 내재하셨던 것이 아니라 생략하지 않은 인간의 본성을 영원히 취하신 인간으로 오셨다), 그리스도의 대리하는 인성(그는 모든 면에서—그가 인간으로서 예배의 의무를 아버지에게 지고 있기 때문에 예배에 있어서도—우리를 대신하셨다), 성령에 의해 아버지에게 드리는 그의 온전하고 완전한 순종, 그리고 요한복음 17장과 히브리서에서 상세하게 설명된 그의 계속되는 대제사장적 중보가 있다.²⁴

그러므로 기독교 예배가 성삼위일체에 의해 규정되고 시작되고 형성되고 성삼위일체에게 안내된다면, 우리는 하나의 분할되지 않는 경배의 행

---

22 Owen, *Of Communion with God*, in *Works*, ed. Goold, 2:29-30.
23 Cyril of Alexandria, *Commentary on the Gospel according to St. John* (London: Walter Smith, 1885), 481, 484, 496, 536, 538 (PG 74:477-78, 481-82, 495-96, 542-46).
24 Robert Letham, *The Work of Christ* (Leicester: Inter-Varsity Press, 1993), 105-32, 155-57을 참고하라.

위로 삼위에게 예배드린다.

아무리 일시적이더라도 분할되지 않은 삼위일체의 일치 안에서 서로 상호 내주하는 가운데 삼위가 함께 내재하고 있는 것을 기억하는 동시에, 나는 이제 삼위에게 드리는 우리의 예배에 대해 말하고 싶다. 다시 한번, 우리는 나지안주스의 그레고리우스가 제시한 중요한 주장을 회상한다.

> 내가 그 하나에 대해 생각하자마자 나는 삼위의 광채로 밝혀지며, 내가 그것들을 구별하자마자 나는 그 하나로 다시 옮겨진다.[25]

종종 위격들의 유일한 구별이 말로 표현할 수 없는 영원한 발생과 발현이라고들 한다. 이것은 그렇지 않다. 아버지나 성령이 아니라 오직 아들만이 육화되었다. 아들이나 아버지가 아니라 오직 성령만이 오순절에 임하셨다. 성령이 아니라 오직 아버지만이 아들을 보내셨다. 우리가 이전에 주장했듯이, 이러한 경륜적 행위들은 다시 내재적 관계들을 가리킨다.

만일 아버지나 성령이 함께 주체로서 성육신이 똑같이 발생할 수 있었다면, 하나님은 자유롭지 않을 것인가?

우리는 육화하고 있는 아들로서의 아들(Son qua Son) 안에 적절한 것이 있다고 주장한 적이 있다. 우리는 더 이상 축소할 수 없는 구별됨이 우리의 예배에 선명함을 주는지의 여부를 물어볼 수 있을지 모른다.

성경은 당신의 왕국이 아들에 의해 세워지고 주로 아들에 의해 확장되도록 아버지가 결정하셨음을 알려준다. 이런 의미에서 중심 무대를 차지하는 분은 바로 아들이다. 이것은 전적으로 아버지의 목적과 일치한다.

"우리가 그를 주로 불러야 하는 것은 곧 아버지의 기쁨이다."

아버지는 아들이 우리의 구원으로 인해 영광과 찬양을 받으실 작정으로 그를 보내셨다. 그의 부활에 잇따른 높아지심은 "모든 이름 위에 뛰어난

---

25 Gregory Nazianzen, *Orations* 40.41 (PG 36:417).

이름"을 부여받게 했는데, 그의 영원하신 계획에 따라 아버지 하나님에게 영광을 돌려드린다(빌 2:9-11). 반대로, 아들은 구원의 경륜이 완성된 후에 왕국을 다시 아버지에게 돌려드린다(고전 15:28).

또 성령은 그 배후에서 이름 없이 역사하면서, 자기에 대해 말하거나 자기에게 영광을 돌리지 않고 아들 그리스도를 증거한다. 그는 아들의 소리를 듣고 그를 증거한다. 그는 보이지 않게 역사한다. 닛사의 그레고리우스는 "회전하는 영광의 원"에 대해 이렇게 기술한다.

> 아들은 성령에 의해 영광을 받고 아버지는 아들에 의해 영광을 받으시고 또 아들은 아버지로부터 오는 자기 영광을 소유하고 독생자는 그로 인해 성령의 영광이 된다. … 이와 같은 방식으로 … 믿음은 이 원을 완성하고 성령에 의해 아들을 영화롭게 하며, 아들에 의해 아버지를 영화롭게 한다.[26]

따라서 그들의 구별된 위격들과 서로의 관계들 안에서 경배의 한 행위로 삼위를 예배하기 위한 좋은(경륜적이고 존재론적인) 근거들이 있다. 하나님과 살아 있는 관계는 위격들 각자가 서로 계시된 관계들의 맥락에서 영광을 받으시고 경배를 받으시기를 요청한다.

예배 안에서 우리 응답의 본질은 우리가 예배하는 분의 실재에 의해 형성될 수 있다. 우리는 아버지에게 예배드리는데, 그는 세상을 조성하기 전에 그리스도 안에서 우리를 선택하셨으며, 영원부터 우리의 구원을 계획하셨으며, 세상에 자기 아들을 보내어 우리를 위해 그를 내어주셨다.

우리는 아버지와 아들의 관계 속에서 아들에게 예배를 드리는데, 그는 기꺼이 "우리와 우리 자신을 위해" 육화되셨으며, 타락한 세상에 생명을 내어주셨으며, 십자가의 잔혹한 죽음을 낳은 초라함과 유혹과 고통의 길을 걸어가셨다. 우리는 그의 영광스러운 부활로 인해, 아버지 보좌 우편으

---

[26] Gregory of Nyssa, *Dogmatic Treatises*, Etc., in NPNF², 5:324.

로의 승귀로 인해, 우리를 위한 계속된 중보로 인해, 산자와 죽은 자를 심판하고 우리의 구원을 완성하기 위해 장래에 재림하심으로 인해 그에게 예배드린다. 사도 요한이 말한 것처럼, "우리의 사귐(fellowship)은 아버지와 그의 아들 예수 그리스도와 더불어 누림이라"(요일 1:3).

우리는 성령께 예배드리는데, 그는 모든 사람에게 생명과 호흡을 부여하시며, 우리에게 믿음의 선물을 주시며, 하나님에게 적대적인 세상에서 그리스도인으로 살아가는 어려움들을 이겨 내도록 우리를 붙드시며, 아들을 증거하신다. 그리고 그레고리우스가 우리를 설득하곤 했던 것처럼, 우리는 경배의 한 행위로 분할되지 않는 하나의 삼위일체에게 예배드린다.

왜냐하면, 우리는 성삼위일체의 세 위격 앞에 우리의 마음과 정성을 드리기 때문에 즉시로 그 분에 의해 계몽된다. 스타닐로애가 주장한 것처럼, 삼위는 "완전히 서로의 안에"(wholly interior to one another)[27] 있다.

어느 누구도 이것을 존 오웬보다 더 잘 표현하지 못했다. 그는 다음과 같이 쓴다.

> 성도들은 아버지와 아들과 성령과 구별된 교통을 한다(즉 아버지와 구별되게, 아들과 구별되게, 성령과 구별되게).

이것은 성경이 특히 우리에게 주는 은혜의 전달 속에서 세 위격에 대해 언급하는 구별된 방식으로 분명히 드러난다.[28]

하지만 오웬이 재빨리 지적하듯이 우리가 어느 한 위격과 개별적인 교통을 유지할 때, 나머지 두 위격은 포함되기도 한다. 우리는 한 위격과 주로 교통할지 모르지만, 다른 두 위격은 간접적으로 포함된다. "왜냐하면, 그들 중 어느 하나의 위격은 위격으로서 신적 예배의 최고 대상이 아니지

---

27 Staniloae, *Experience of God*, 1:255.
28 Owen, *Of Communication with God*, in *Works*, ed. Goold, 2:9-17.

만, 그것은 하나님의 본성이나 본질과 동일시된다."

그는 여기서 삼위일체의 외적 사역은 나누어지지 않는다(*opera Trinitatis ab extra indivisa sunt*)는 아우구스티누스의 원리를 언급한다. 따라서 우리가 어떤 한 인격과 교통할 때마다, 그 행위 안에 있는 모든 인격으로부터 영향이 있다. 게다가, 하나님과의 교통이 이것보다 더 넓다고 오웬은 인정한다. 왜냐하면, 우리가 전체 신성 자체와 교통하고 있기 때문이다.[29]

우리는 이것을 고찰할 때 우리의 무지를 발견한다. 이것들은 우리를 뛰어넘는 문제들이다. 그것은 대양에 찻잔을 잠깐 담그는 오래된 예시와 같다. 광대한 대서양과 비교하면, 찻잔속의 물은 극소량에 불과하다. 그러나 여전히 찻잔 속에 있는 물은 진짜 표본인 한 대서양이다.

우리가 삼위일체의 내적 활동을 모르고 계시된 것을 뛰어넘어 그들을 결코 알 수 없다는 것은 사실이다. 침묵을 지키는 것이 더 잘 할 일일 수도 있다. 그러나 우리는 아들이 어떤 모습인지 알고 있다.

> 그는 근본 하나님의 본체시나 하나님과 동등됨을 취할 것으로 여기지 아니하시고 오히려 자기를 비워 종의 형체를 가지사 사람들과 같이 되셨고 사람의 모양으로 나타나사 자기를 낮추시고 죽기까지 복종하셨으니 곧 십자가에 죽으심이라 (빌 2:6-8).

우리는 그가 자연 법칙을 창조하셨고 유지하신다는 것도 알고 있다. 우리는 또한 성령이 어떤 모습인가에 대한 것도 알고 있다. 왜냐하면, 혼란스러운 일상생활 가운데서도 사랑, 희락, 화평, 오래참음, 자비, 양선, 충성, 온유, 그리고 절제가 성령의 열매-피조물의 수준에서 우리 안에 낳은 성령 자신의 성격에 대한 보증마크-라는 것을 알고 있다.

---

29 Ibid., 2:18-19.

우리는 당신의 왕국이 아들과 성령에 의해 시작되고 확장될 수 있도록 아버지가 선택하셨다는 것을 알고 있다. 우리는 판넨베르크의 말대로 다음을 알고 있다.

> 마치 예수님이 자기가 아니라 아버지를 영화롭게 하는 것처럼 … 성령도 자기가 아니라 아들과 아들 안에서 아버지를 영화롭게 한다. … 아버지는 당신의 왕국을 아들에게 양도하시고 그에게서 그것을 다시 돌려받으신다. 아들은 아버지에게 순종하고 그로 인해 아버지는 아들을 영화롭게 한다. 성령은 아들을 채우고 아버지에게 드리는 그의 순종 속에서 그를 영화롭게 한다.[30]

우리는 또한 칼빈이 표현한 대로 아버지의 의지가 그가 당신의 말씀 속에서 계시해 온 것과 조금도 다르지 않다는 것을 알고 있다. 그리고 그들의 구별됨 속에 있는 삼위에 대해 생각할 때, 우리는 그들이 분할되지 않은 연합 속에서 서로 내주한다는 것을 회상한다.

4. 몇 가지 구체적인 문제들

이것은 우리가 사람들을 대우하는 방식에 영향을 주어야 한다. 예배와 화해는 함께 간다. 기독교 예배는 성삼위일체에 집중되고 삼위일체에 의해 조절된다. 하나님은 분할되지 않는 삼위일체인데, 그 안에 세 위격이 사랑 안에서 나머지 위격들의 유익을 구하면서 서로에게 내주하신다.

예배는 예배 받으신 분에게 순종하고 일치되어 가는 전 인격을 수반한다. 만일 빌립보서 2장이 언제나 아들 그리스도에게 들어맞았다면 그것은

---

[30] Wolfhart Pannenberg, *Systemmatic Theology*, trans. Geoffrey W. Bromiley (Grand Rapids; Eerdmans, 1991), 1:315.

우리에게도 들어맞아야 한다. 우리는 제4부 제4장에서 이 점을 발전시킬 계획이지만, 우리는 여기서 그 연결을 주의 깊게 살펴본다.

1) 예배와 페리코레시스 그리고 은사주의 운동

리처드 개핀(Richard Gaffin)은 최근의 한 논문에서 은사주의 운동 안에 있는 성령과 그리스도를 분리시키려는 경향을 지적한다. 그는 바울이 그리스도와 성령 사이에 그은 가까운 관계를 지적하면서 논박한다.[31]

이 주장은 삼위의 상호 내주하고 모두 동일한 신적 공간을 차지하고 있는, 페리코레시스에 대한 교부들의 가르침으로 강화된다. 아버지는 아들 안에 있고, 아들은 아버지 안에 있고 성령은 아들과 아버지 안에 있고 아버지는 성령 안에 있고 아들은 성령 안에 있다. 따라서 나머지 다른 위격을 희생하면서 한 위격을 예배하는 것은 분할되지 않은 삼위일체를 나누는 것이다.

삼위 가운데 어느 한 위격에 대한 예배는 세 위격 모두에 대한 예배는 물론 분할되지 않는 삼위일체에 대한 예배도 모두 포함한다. 한 위격에 대한 지나친 강조는 경건주의에서 예수님께 초점을 맞추는 것이든지 은사주의 진영에서 성령에게 집중하는 것이든지 왜곡이다. 오웬은 논의 중에 이 위험을 조심스럽게 경계한다.

2) 일반적인 유신론적 예배는 결함이 있는 예배다

우리는 특히 철학과 종교의 진영에서 분명히 드러난 대로 규정되지 않고 변별되지 않은 "하나님"에 대한 공통적 초점을 언급했다.

---

31 Richard B. Gaffin Jr., "Challenges of the Charismatic Movement to the Reformed Tradition," *Ordained Servant* 7 (1998): 48-57.

기독교 예배의 허가증들 가운데 얼마나 많은 것이 이 범주에 들어가는가? 만일 우리가 주목한 찬송 부르기가 지나쳐버릴 어떤 것이라면 서방교회의 대다수의 예배가 그렇다. 하물며 오락 지향적인 교회 예배들이나 인간 중심적이고 구도자 중심의 "예배"는 더욱 검열에 미치지 못한다. 여기서 우상숭배와의 경계선을 종종 분별하기 어렵다. 오락과 복음 전도, 그리고 예배는 확연히 다른 것들이다. 그것들이 혼동되어서는 안 된다.

3) 서방교회의 찬송 부르기에 다시 초점을 맞춰야 할 필요성이 있다

우리는 더 많은 삼위일체 찬송가를 필요로 한다. 삼위일체의 위기에 잇따르는 그런 찬송가들이 한때 쏟아져 나왔었지만, 중세 황금기에 이것은 소량으로 더디게 나오다가 결국 완전히 고갈되고 말았다.

이번 장 초반부에 나온 간단한 요약은 서방교회의 찬송 부르기의 일반주(common stock, 우선주[preferred stocks]에 대비됨, 역주)가 우리가 예배드리는 삼위일체 하나님의 정체는 말할 것도 없이, 하나님에 대한 성경의 가르침의 충만함에 얼마나 많이 부족한지를 보여 준다.

이것은 교회 예배에서 시편 기자의 독점적인 사용을 찬성하는 주장에 적용된다. 시편은 인간의 언어로 기록된 하나님의 말씀이기에, 그것이 구약성경의 후반부에서 그랬던 것처럼 신약 교회의 예배에서 강한 특징이 되었을 것이다. 이 안에서 우리는 아버지를 찬양하고 있는 시편 기자의 그리스도 사용을 함께한다.

하지만 시편은 완전한 삼위일체적 계시를 명시적으로 반영하지 않아서, 그 예배를 줄이지 않으면 교회의 유일한 특별식이 될 수 없다.

4) 기도는-다른 모든 것들 가운데서-성삼위일체에 대한 탐구이다

기독교의 경험은 삼위일체적인데, 바로 그 중심에 기도가 포함된다. 삼위일체 하나님에 대해 얼마나 많은 인식의 쇠락이 안내자가 없는 즉흥 기도 때문이지 궁금하게 생각한다. 신학적으로 강하고 영적으로 활동들이 있을 때에는 이것이 좋았을지 모르지만, 쇠락이 시작될 때 그것을 검토할 만한 것이 아무것도 없다.

여기서 토마스 크랜머(Thomas Kranmer)가 저술했거나 편집한 위대한 기도자들, 고대의 『하나님을 찬양하는 노래』(*Te Deum*), 그리고 동방교회의 풍성한 전례(liturgies)들이 우리의 안내자들이 될 수 있다. 우리는 기도할 때 자신이 세 위격으로 된 하나님(three-personed God)-또 다시 나지안주스의 그레고리우스를 차용하자면 "우리의 삼위일체"-와 직접 관여하고 있다고 생각할 필요가 있다.

루카스 비셔(Lukas Visher)의 표현대로 하자면, "우리가 그를 부를 때 삼위일체의 신비가 실현된다. 그래서 우리가 그의 아버지를 우리 아버지로 부를 때 우리는 성령의 능력 안에서 그리스도와 함께 기도한다."[32]

스타닐로애는 삼위일체의 내적인 사랑이 우리 구원의 토대, 즉 "의식 있는 피조물들에게 신적인 위격들 사이에 획득한 관계들의 확장"이라고 첨언한다.

그의 성육신으로 말미암아, 아들은 우리를 아버지와 아들의 교통으로 대면하게 하는 반면, 우리는 성령으로 말미암아 아버지에게 기도하거나 자녀들로서 그와 함께 대화한다. 기도할 때 성령은 우리를 우리 자신의 기도 속으로 이끌어 우리와 아버지 사이에 은혜로 말미암아 아버지와 아들이 본질적으로 맺고 있는 동일한 관계를 만들어 내신다.

---

32   Lukas Visher, ed., *Spirit of God, Spirit of Christ: Ecumenical Reflections on the Filioque Controversy* (London: SPCK, 1981), 10.

인간으로 육화한 아들은 아버지에 대한 자식의 사랑을 순종하는 사랑으로 나타낸 반면, 아버지는 아버지로서 우리에 대한 그의 사랑을 확언하고 있었다. 그의 편에서, 성령은 아들의 인성을 거룩하게 했고 그 인성에 충만해져서 아들이 아버지에 대해 가진 사랑에 참여하는 것을 적합하게 했다. 그리하여 우리는 성령으로 말미암아 아들이 아버지와 맺고 있는 관계로 이끌린다. 우리는 "성삼위일체의 위격들과의 교통 속에서"[33] 일어난다.

5) 우리는 칼빈과 웨스트민스터 신앙고백서의 성만찬에 대한 견해를 회복하여 그것을 삼위일체적 방향으로 한층 더 발전시켜야 할 필요가 있다

효율적인 츠빙글리주의가 슬픈 이야기이지만 미국의 장로교를 비롯하여 미국의 개신교를 지배해 왔다. 칼빈과 웨스트민스터 총회에 의하면, 성만찬에서 신도들은 성령에 의해 믿음 안에서 그리스도를 먹고, 그로 인해 우리는 아들 그리스도와의 연합 안에서 그가 아버지에게 나아감을 함께한다. 이것은 인간 예수의 정신적 회상 행위와 별개인 세상들이다.[34]

6) 그 중에서도 특히 삼위일체는 설교되어야 하고 설교를 형성해야 한다

설교는 예배의 최고 정점이다. 삼위일체가 설교되어야 할 뿐 아니라 모든 설교는 말씀이 선포하고 있는 하나님이 삼위일체적이라는 것을 적극적으로 인정하면서 구성되어야 한다. 삼위일체적 사고방식은 우리가 호흡하는 공기와 같이 설교자에게 통합되어야 한다.

---

33 Staniloae, *Experience of God*, 1:248-49.
34 Robert Letham, *The Lord's Supper: Eternal Word in Broken Bread* (Phillipsburg, N.J.: P&R Publishing, 2001); Keith A. Mathison, *Given for You: Reclaiming Calvin's Doctrine of the Lord's Supper* (Phillipsburg, N.J.: P&R Publishing, 2002)를 참고하라.

피터 툰이 설명한 바와 같다.

> 설교자들과 교사들은 이 신앙(the Faith)을 전달하여 그들이 실제로, 진실로 성삼위일체가 하나님이고 하나님이 성삼위일체라는 인상을 주는 공예배를 인도할 필요가 있다.[35]

이것은 오직 설교자들이 자기들의 기도와 설교 속에서 삼위일체 하나님을 명백히 인정하여 자기 회중들이 그것에 비추어 생각하고 기도하고 살아가도록 격려하는 만큼만 일어날 것이다.

우리는 머리말에서 싱클레어 퍼거슨이 설명한 내용을 떠올린다. 예수님이 슬픔과 스트레스에 빠져 있던 당신의 제자들에게 다락방 강화를 하셨을 때, 그는 그들에게 스트레스 조절하는 기술이 아니라 삼위일체에 대해 가르치셨다. 가장 실천적인 설교는 우리로 하여금 삼위이신 하나님에 대한 지식에서 자라가도록 하는 것이다.

7) 우리는 암묵적 지식 및 경험 그리고 똑똑히 발음된 지식과 경험 사이의 일치를 향해 일해야만 한다

마이클 폴라니(Michael Polanyi)는 자기가 암묵적 지식—명확하게 표현되지 않은 지식의 기초 단계—라고 말한 것의 존재를 지지하는 주장을 한다.[36] 그는 우리가 표현될 수 있는 것보다 더 많은 것을 알고 있다고 제안한다.

이것은 우리가 어떤 문제—우리가 명백하게 표현할 수 없는 것의 정체—의 해결을 위해 어떻게 생각하고 연구하는지를 설명해 준다. 폴라니의 표

---

35 Peter Toon, *Our Triune God: A Biblical Portrayal of the Trinity* (Wheaton, Ill: Bridge-Point, 1996), 234.
36 Michael Polanyi, *The Tacit Dimensions* (Chicago: University of Chicago Press, 1958).

현대로 하자면, 기독교 교회의 경험은 비록 여러 형태의 가르침과 예배로 흡수한 것이 짐작했던 것보다 못할지라도 삼위일체적이다.

우리의 주장은 이것이 더욱 철저하게 골고루 표현될 필요가 있고, 그래서 교회의 다른 부분과 깊이 연결된 의식(consciousness)이 되는 것이다. 조만간 실재 자체, 한편으론 (성삼위일체 하나님), 다른 한편으론 고백되고 믿게 되고 가르쳐진 것과, 마지막으로 암묵적으로 믿게 되고 알려진 것 사이에 일치가 있을 것이다.

8) 이것의 효과들은 훨씬 광범위할 수 있다

예배와 기도에 대해서 뿐만 아니라 우리의 세계관, 우리의 창조관, 우리가 사람들을 대하는 방식, 선교, 하나님 나라를 위한 모든 사역에 대해서도 영향을 미칠 수 있다. 우리는 이 문제들 중 일부를 마지막 두 장에서 고찰할 계획이다.

> 우리 하나님 당신께 영광을, 당신께 영광을
> 오! 하늘의 왕, 위로자, 진리의 영이시여,
> 모든 곳에 계시며, 모든 것을 채우십니다.
> 선한 것들의 보고와 생명을 주는 분이시여!
> 오셔서 우리 안에 당신의 거처를 정하시고
> 우리를 모든 얼룩에서 깨끗하게 하소서.
> 오! 선하신 분이시여!
> 우리 영혼을 구원하소서.
> 오! 거룩하신 하나님, 거룩하신 전능자, 거룩하고 영원하신 분이시여!
> 우리에게 자비를 베푸소서.
> 오! 거룩하신 하나님, 거룩하신 전능자, 거룩하고 영원하신 분이시여!
> 우리에게 자비를 베푸소서.

오! 거룩하신 하나님, 거룩하신 전능자, 거룩하고 영원하신 분이시여!
우리에게 자비를 베푸소서.
온 세대에 걸쳐 이제와 영원히
아버지와 아들과 성령에게 영광을
오! 온전히 거룩하신 삼위일체시여!
우리에게 자비를 베푸소서.
오! 주여!
우리 죄를 씻어주소서.
오! 주님이시여!
우리의 허물을 용소하소서.
오! 거룩하신 분이시여!
오셔서 당신의 이름을 위하여 우리의 연약함을 고쳐주소서.
주여! 자비를 베푸소서.
주여! 자비를 베푸소서.
주여! 자비를 베푸소서.
온 세대에 걸쳐 이제와 영원히
아버지와 아들과 성령에게 영광을[37]

---

37 철야 예배, 제3시, *Service Book*, 43.

◆ 주요 용어들

경륜적인(economic)
본질(essence)
발생(generation)
내재적인(immanent)
양태론(modalism)
본성(nature)
존재론적인(ontological)
페리코레시스(perichoresis)
발현(procession)

◆ 깊이 생각할 문제

찬송과 기도를 포함하여 여러분의 교회에서 드리는 예배는 삼위일체를 얼마나 드러내는가?

◆ 더 읽으면 좋은 책

Thomas F. Torrance, "The Mind of Christ in Worship: The Problem of Apollinarianism in the Liturgy," in *Theology in Reconciliation* (Grand Rapids: Eerdmans, 1975), 139–214.

제3장

삼위일체와 창조, 그리고 선교

1. 성경적 기초

창세기 1장에서 우리가 발견한 창조 사역과 그것이 우리에게 창조주 하나님에 대해 말해 주는 것에 대해 이 책의 제1장에 나오는 첫 번째 단락을 생각해 보자.

그것은 세상의 창조와 구조, 그리고 인류가 살아갈 장소의 잘 정돈된 형태를 묘사한다. 그것은 사람을 창조주 하나님과 관계하고 교통하는 피조물의 우두머리로 보여 준다. 창조 행위 자체는 이어지는 조성의 사역과 별개로 직접적이고 비매개적이다(1-2절).[1] 결과물은 인간이 살아가기에 적합하지 않은, 형태가 없고 공허하며 어둡고 축축한 우주다.

창세기 1장의 나머지 부분은 세계의 조성(또는 구별)과 장식을 묘사한다. 하나님은 순서와 빛 그리고 건조를 끌어들여 생명체가 번성하기에 알맞은 곳으로 만드신다.

---

1   Herman Bavinck, *In the Beginning: Foundations of Creation Theology*, ed. John Vriend and John Bolt (Grand Rapids: Baker, 1999), 100ff. 또 Thomas Aquinas, *ST*, I-1, q.66, a. 1-4와 일반적으로 q.66-74 전체에 나오는 논의를 참고할 것.

첫째, 하나님은 빛을 창조하시고 어둠에 경계를 설정하신다(2-5절).

둘째, 하나님은 땅의 모양을 갖추게 하여 더 이상 혼돈하지 않게 하신다(6-8, 9-10절).

셋째, 하나님은 물을 나누고 마른 땅을 조성하여 더 이상 완전히 축축하지는 않게 하신다(9-10절). 이어서 그분은 땅에 처음에는 물고기와 새들로, 그 다음에 지상의 동물들로, 마지막에는 전체 창조의 절정으로 자기 형상으로 만들어진 사람들로 거주하게 하시고 땅의 공백을 마무리하신다(20-30절).

하나님은 전능하실 뿐 아니라 총괄기획가이며, 예술가이시요 최고의 건축가이시다. 이 순서는 두 그룹의 날들, 즉 첫 번째 3일과 두 번째 3일의 유사점들에서 선명하게 드러난다.[2] 이 모든 것 안에서 그분은 자기 창조물을 이름 지어 주고 축복할 때 자기의 주권적인 자유를 보여 주며, 그것이 완전히 선하다고 보신다.

마지막에 끝나지 않은 일곱째 날이 오는데, 그때 하나님은 자신의 형상으로 창조하신 파트너인 사람과 함께하기로 하신 안식에 들어가신다. 우리가 따라야 할 암묵적 초청이 수반된다.[3]

특별히 놀라운 것은 하나님의 주권적이고 다채로운 자기 창조물의 배열이다. 특히, 그는 3중으로 땅을 조성하신다.

---

2   제1부 제1장을 보라. 내가 거기서 주목한 대로 이 구조는 최소한 13세기까지는 분간되었다. 다음을 참고하라. Robert Grosseteste, *On the Six Days of Creation: A Translation of the Hexaëmeron,* trans. C.F.J. Martin, Auctores Britannici Medii Aevi (Oxford: Oxford University Press for the British Academy, 1996), 160-61 (5.1.302.1); Aquinas, *ST*, I-1, q.74, a.1. Robert Letham, "'In the Space of Six Days': The Days of Creation from Origen to the Westminster Assembly," *WTJ* 61 (1999): 149-74를 참고하라.

3   참조. 히 3:7-4:11.

첫째, 그는 직접 명령을 내리신다.

그가 "빛이 있으라"고 말씀하시니 빛이 존재한다(3절). 그래서 그는 또한 겉보기에는 노력이 필요 없는 명령으로, 마른 땅(9절), 광명체들(14-15절), 그리고 새들과 고기들(20-21절)을 존재하게 하신다. 매 번 하나님이 말씀하시는 것으로 충분하고 그 명령은 이루어진다.

둘째, 그는 일하신다.

그는 빛과 어둠을 나누시고(4절), 궁창을 만들어 궁창 위의 물과 궁창 아래의 물로 나누시고(7절), 두 개의 큰 광명체인 해와 달을 만드시고(16절), 그것들을 하늘의 궁창에 두어 땅을 비추게 하시고(17절), 바다의 큰 바다 짐승들과 여러 종류의 새들을 창조하시고(21절), 땅의 짐승들과 땅에 기는 것들을 만드시고(25절), 마지막으로, 자기 자신의 형상대로 사람-남자와 여자-을 창조하신다(26-27절).

사고는 하나님의 집중되고 의도가 있는 행위에 속하고, 그의 목적을 이루시는 신적인 노동에 속한다. 하지만 세 번째 조성의 방법도 있다.

셋째, 하나님이 피조물 자체의 활동을 이용하시는 방법이다.

하나님은 땅에게 명하여 채소와 식물과 나무를 낳게 하신다(11-12절). 그는 광명체들이 낮과 밤을 주관하도록 요구하신다(14-16절). 그는 땅에게 명하여 땅의 짐승을 내게 하신다(24절). 여기서 피조물은 하나님의 교훈을 따르고 최후의 결과물에 공헌한다.

우주를 창조하신 이 하나님은 획일적으로 일하지 않으신다. 그분의 순서는 다양하다. 그것은 삼중적이지만 하나다. 그분의 작품은 통일성 안에 다양성을, 다양성 안에 통일성을 보여 준다. 이 하나님은 순서와 갖가지 다른 것을 함께 사랑하신다.[4]

---

[4] Francis Watson, *Text, Church, and World: Biblical Interpretation in Theological Perspective* (Edinburgh: T&T Clark, 1994), 142-43을 보라.

이것은 창세기 1장이 하나님 자신에 대해 기록하고 있는 것을 반영한다. 삼중적인 방식의 땅의 조성은 창조주 하나님이 어떤 분이신지를 나타낸다. 그는 관계적 존재이시다. 이것은 바로 처음부터 함축적이다.

우리는 하늘과 땅을 창조하신 하나님(1절), 수면 위에 운행하시는 하나님의 신(2절), 그리고 "빛이 있으라"는 명령을 내리시는 하나님의 발언이나 말씀(3절) 사이의 구별을 주목한다. 그의 발언은 이 장 전체에 걸쳐 빈번하게 되풀이된다.

저자와 원래 독자들이 유일신 하나님의 독특함에 대한 구약성경의 강하고 일관된 강조 때문에 하나님의 영을 인격화된 방식으로 전혀 이해했을 것 같지 않지만, 웬함은 이것은 정확히 하나님의 영에 대한 생생한 형상이라고 제안한다.[5] 이후에 하나님의 영을 인격화하고 있는 신약성경은 이 진술에서 나온 조화로운 발전이다.

사람의 창조와 함께 "우리의 형상을 따라 사람을 만들자"(26-27)라며, 특별한 심의가 있는데, 이는 하나님의 복수성을 표현하고 있다. 폰 라드는 이것이 하나님의 모든 창조 행위가 지향하는 중대한 시점이자 목표를 나타낸다고 말한다.

우리는 제1부 제1장에서 성경이 원래 저자들의 지평을 넘어서는 풍부함을 가지고 있기 때문에 이것을 삼위일체에 대한 언급으로 보는 많은 교부들이 올바르게 추적했다고 주장했다. 이것이 원래 독자들과 구약성경의 전체 성도들에게 숨겨졌고 이것이 그때 이해된 방법이 아니었지만, 교부들은 본문의 경로와 모순되지 않았다.

랍비 주석가들은 종종 이 구절과 하나님의 복수성을 언급하는 비슷한 구절들(창 3:22; 11:7; 사 6:8)로 인해 당황했다. 신약성경은 구약성경이 신약에서 더 풍부하게 알려진 것을 씨앗의 형태로 포함하고 있는 원리를 우리

---

5   Gordon J. Wenham, *Genesis 1-15*, Word Biblical Commentary (Waco, Tex.: Word, 1987), 15-17.

에게 부여하며, 우리는 이에 기초하여 이전의 작품들을 다시 돌아보며 그 안에 있는 더 풍성한 의미를 찾아볼 수 있다. 이것은 오히려 탐정 추리 소설을 다시 읽으며 우리가 처음에 이해하지 못했지만 이제는 전체를 알고 나서 새로운 의미를 부여받은 실마리를 찾는 것에 가깝다.

성경의 더 완전한 의미(*sensus plenior*)의 관점에서, 하나님의 이 말씀들은 이후에 삼위일체 교리에 표현된 하나님 안에 있는 복수성을 증명한다. 원래 독자들은 이것을 파악하지 못했을 것이지만, 우리는 완전한 플롯이 드러난 상태에서 그 단락을 재검토하고 거기서 그 실마리들을 본다.

나는 다른 곳에서 창세기 1장 26-27절을 해설하면서 다음과 같이 쓴 적이 있다.

> 사람은 전자와 후자와 관계하는 이중성으로 존재한다. … 하나님 자신에 관해서 말하자면 … 문맥은 그 자신의 내재적 관계성을 가리킨다. 복수성은 26절에 나오는 세 가지 경우에 나오지만, 하나님은 또한 27절에서 단일하다. 하나님은 하나님의 형상대로 남자와 여자로 만들어진 사람과 나란히 위치하는데, 사람은 단수로도 복수로도 묘사된다. 그 이면에 있는 모든 것이 1-3절에 나오는 하나님/하나님의 영/하나님의 발언 사이의 구별이다. 이 관계성은 성경적 계시의 발전 속에서 마침내 삼위일체성의 형태를 취하는 것으로 드러나게 될 것이다.[6]

나는 거기서 칼 바르트에 의한 유사한 설명을 언급한다.[7] 간단히 말해서, 우주-형상을 담지한 자들로 하나님을 대변하는 창조의 면류관인 사람들과 함께 각양각색의 다채로운 순서를 세운 우주-를 만드신 이 하나님은 관계적이다. 교통(communion)과 소통(communication)은 바로 그 존재 안에

---

6 Robert Letham, "The Man-Woman Debate: Theological Comment," *WTJ* 52 (1990): 71.
7 Karl Barth, *CD*, III/1: 196.

내재한다. 세상을 창조할 때, 그는 매혹적으로 아름답고 다채롭게 정돈된 우주에서 그와 교제하도록 자기를 위해 우리를 만드셨다.

일곱째 날에, 그는 잘 배열된 아름다움과 선함을 묵상하면서 사역을 멈추었고 우리에게 그와 함께하도록 초청하신다. 창세기 1장은 이스라엘의 하나님, 아브라함과 이삭과 야곱의 하나님, 그리고 모세의 하나님이신 여호와는 만물의 창조주이시라는 것을 이것을 읽는 모든 이에게 말씀하신다. 당신의 백성 이스라엘과 언약을 맺은 그분은 영토의 신성일 뿐 아니라 조물주이기에 모든 열방이 해명해야 하는 분이다.

창조와 구속 사이의 분명한 통일성이 있다. 번성하고 땅을 정복하라는 창세기 1장 26-29절의 위임명령은 전체 창조를 둘러싸고 있으며, 타락 이후 구원의 조립식 구조를 위한 기본적인 건축용 블록이기도 하다.

창세기 1장의 이 암묵적인 삼위일체적 구조에 대해 성찰하면서, 아타나시우스는 그리스도 안에 있는 창조 세계에 대해 쓴다.[8] (성경의 다른 모든 부분 못지않게) 창세기가 전체 성경의 문맥에서 읽어야 되기 때문에, 우리는 신약성경에 나오는 창조 시 그리스도와 성령의 역할에 대한 언급들을 이것을 강화하는 것으로 볼 수 있다(골 1:15-20; 히 1:3; 11:3; 요 1:1ff).

이것은 구약성경에서 창조에 대한 다른-틀림없이 시적인-설명들에 의해 강조된다. 시편 33편 6절에서 창조는 "여호와의 말씀으로 … 그의 입 기운으로" 일어났었다고 한다. 잠언 8장 22절 이하는 초대교회의 논쟁에서 많이 이용되고 남용되었던 단락인데, 지혜는 인격화되고 하늘과 땅을 창조할 때 주님과 함께하신 것으로 칭송을 받는다. 욥은 하나님의 영이 그를 만드셨다고 인정하며(욥 33:4; 참조. 26:13), 시편 기자 역시 창조주이신 하나님의 영에 대해 말한다(시 104:30).

---

8   Athanasius, *On the Incarnation* 1, 3, 12, 14 (PG 25:97-102, 115-22).

바빙크가 매우 설득력 있게 주장하는 것처럼,[9] 관계적이어서 자기를 삼위일체로 완전히 계시하신 것에 의하면, 조물주와 별개로 일어나는 창조(이 창조, 이 다면적이고 일관된 창조, 우리가 알고 있는 유일하신 분, 그리고 존재하시는 유일하신 분[10])에 대해 생각할 수 없다.

바빙크는 훨씬 더 나아가서 다음과 같이 주장한다.

> 발생[아버지에 의한 아들의 발생]이 없으면 창조는 가능하지 않을 것이다. 만일 절대적인 의미에서 하나님이 아들에게 알려질 수 없었다면 그분은 상대적인 의미에서 자기 피조물에게 훨씬 덜 알려질 수 있으리라. 만일 하나님이 삼위일체가 아니라면 창조는 가능하지 않았을 것이다.[11]

신약성경은 영원하신 하나님의 아들인 그리스도가 창조주라는 분명한 주장으로 이것을 더 발전시킨다. 만물이 그에 의해 만들어졌고 그를 위하여 만들어졌다. 그는 만물을 지탱하고 있는 분이다.

우주를 향한 하나님의 궁극적 목적은 그리스도가 우두머리 즉 구속받고 새로워진 우주에 대해 최고 권위를 갖고 계신 분이 되어야 한다는 것이다(골 1:15-20; 엡 1:10; 요 1:1-3; 히 1:1-3). 이것은 예수님이 창조물에 대한 권위를 나타내신 복음서에 있는 사건들의 배경이다.

예를 들어, 물위를 걷고 사납게 날뛰는 폭풍을 잠잠하게 하심으로써 그분은 자기에게 여호와의 완전한 권위가 있음을 나타내시는데, 시편 기자는 이분에 대해 다음과 같이 말한다.

---

9 Bavinck, *In the Beginning*, 39-45.
10 잠재적으로 무한하게 많은 평행 우주들이 있다는 가설은 이것에 대해 아무 증거도 존재하지 않는 억측이다.
11 Ibid., 39.

주의 길이 바다에 있었고 주의 곧은 길이 큰 물에 있었으나 주의 발자취를 알 수 없었나이다"(시 77:19; 참고, 마 14:21-33).

왕의 아들의 이름을 자기 아버지가 세운 성읍의 모든 건축물 위에 새기는 것으로 창조된 지혜와 신적인 지혜의 관계를 비교할 때 아타나시우스는 이것을 생생하게 설명하는데, 이것은 아들의 이름이 창조 세계 전체에 골고루 묘사되었음을 의미한다.[12]

아타나시우스의 견해는 옳고 성경적이다. 그리스도의 이름은 전체 창조 세계에 깊이 새겨져 있다. 삼위일체의 특징들은 전역에 분명히 드러난다. "하늘이 하나님의 영광을 선포하고 궁창이 그의 손으로 하신 일을 나타내는도다"(시 19:1). 그리고 그 영광과 손으로 하신 일은 모든 세대에 걸쳐 언제나 유일하신 하나님이신 아버지, 아들, 성령에게 속한다.

2. 기본 원리들

콜린 건턴(Colin Gunton)은 창조에 대한 기독교의 설명에서 주요 특징들을 몇 가지 나열한다. 그 역사적 맥락에서 무로부터의 창조 가르침은 유일무이하며, "모든 사상사에서 가장 중대한 발전들 가운데 하나"[13]이다.

이것은 창조가 신적인 주권적 행위이며, 우주가 시공간의 시작이 있다는 것을 단언한다. 우주는 영원하거나 무한하지 않다. 오직 두 가지 범주의 실재-하나님과 그 밖의 모든 것-만이 존재한다.[14] 이것은 고대의 영지주의와 오늘날의 뉴에이지 영성과 같은 모든 형태의 일원론과 날카롭게 대비된다.

12　Athanasius, *Orations Against the Arians* 2.79 (PG 26:314).
13　Colin Gunton, *The Triune Creator* (Grand Rapids: Eerdmans, 1998), 65-66.
14　제2부 제1장에서 살펴본 것으로, 이것은 오리게네스가 발생과 창조 사이에 중요한 구별을 한 배경이 되었다. 이 두 개념은 영지주의와 신플라톤주의에서 확인되었다.

게다가, 하나님의 이 행위는 임의적이지 않았고 의도적이었으며 그의 사랑(이 때문에 삼위일체)에서 나왔고, 어딘가를 지향했다. 그것은 이슬람의 운명론과 선명하게 대조되는데, 이 운명론은 사랑에서 나올 수 없다. 왜냐하면, 알라가 가장 우세한 권능과 의지를 가진 단일한 신으로 여겨지기 때문이다.

창조의 삼위일체신학은 우주로 하여금 하나님과 가까운 관계를 맺게 할 수 있지만, 그 자체로 방해받지 않을 수 있다. 그것은 이신론(deism)과 과학적 유물론(scientific materialism)을 반대하는데, 이신론은 창조 세계와 날마다 전혀 접촉하지 않는 거리가 먼 하나님을 상상하고, 과학적 유물론은 존재하는 모든 것에 대해 순전히 내재적 원인들을 상정한다.

컨턴은 창세기에 대한 유비적 접근이 역사를 허물어버리고 이교적 영지주의의 기원을 지닌다고 지적한다. 이와 달리, 성경은 하나님이 시간을 창조하셨고 이로 인해 우리 세계와 그 역사가 궁극적 가치를 갖고 있다고 단언한다. 오리게네스와 아우구스티누스는 신플라톤주의에 대한 관심으로 인해 반역사적 접근에 굴복하여, 비물질적인 것에 더 높은 가치를 부여함으로써 물질에 대한 하나님의 직접적 관계를 허물어버렸다.

이와 반대로, 건턴은 창조, 성육신, 그리고 부활이 하나님에게 물질이 중요하다는 사실을 강조한다고 주장한다.[15] 오리게네스로부터 스펙트럼의 다른 한쪽 끝에서, 자유주의 견해는 너무 천박한 그림을 그린다. 그것은 성경의 창조에 대한 가르침의 풍부한 복합성을 김빠진 듯한 일차원으로 축소시킨다.

건턴이 선언하는 것처럼, 우리가 필요로 하는 것은 영지주의에 대한 이레나이우스의 반박을 따라서 창조에 대한 신학적 해석이다. 그가 이것에 대해 의미하는 바는 창세기만이 아닌 전체 성경의 증언을 통합하고 삼위

---

15 Gunton, *Triune Creator*, 44-50, 57-61.

일체 조물주에 비추어 그것을 살펴보는 창조에 대한 이해이다.¹⁶

성경에 나타난 하나님의 전체 계시와 구속에 적합한 방식으로 창조를 이해하기 위해서, 우리는 명시적으로 삼위일체적인 관점에서 그것을 바라볼 필요가 있다. 이것은 창조 신학이 그 성경적 기초를 창세기 1장에만 국한시키지 않고, 국한 시켜서는 안 된다는 것을 의미한다. 이레나이우스와 같이, 우리는 예수 그리스도에게 일어났던 일에 비추어 성경 전체의 소리를 경청할 필요가 있다.¹⁷

이것은 매우 중요한 주장으로서, 고전적 개혁파 신학과 이 신학의 16세기 신앙고백들과 일치한다.¹⁸ 요약하자면, 삼위일체 하나님이 우주를 창조하셨기 때문에 우리는 예수 그리스도의 성육신과 이것을 만드신 성령의 역사적 실재를 빼놓고 그것을 이해할 수 없다.

이러한 문맥은 성경 해석의 근본 원리를 따른다. 즉 성경의 모든 구절은 성경 전체에 비추어 관찰해야 한다. 단지 창세기 1장이 히브리 성경, 헬라어 성경, 영어 성경에서 맨 먼저 나온다고 해서 단독으로 관찰할 수 있다는 것을 의미하지는 않는다. 실제로, 욥기가 창세기 이전에 편집된 것 같은데, 그 경우에 만일 우리가 그 과정을 채택하려면 욥기 38장이 먼저 읽혀져야 한다고 주장할 수 있을 것이다.

사실상, 욥기 38장은 억지로 우리 자신의 한계와 하나님 자신의 철저한 주권 및 불가사의함을 다음과 같이 전면에 내세운다.

> [여호와께서 말씀하시기를], 내가 땅의 기초를 놓을 때에 네가 어디 있었느냐?
> 네가 깨달아 알았거든 말할지니라 누가 그것의 도량법을 정하였는지!
> 누가 그 줄을 그것의 위에 띄웠는지 네가 아느냐?
> 그것의 주추는 무엇 위에 세웠으며 그 모퉁잇돌을 누가 놓았느냐 그 때에 새벽 별

---

16 Ibid., 62-64.
17 Ibid., 64.
18 Letham, "In the Space of Six Days," 149-74.

> 들이 기뻐 노래하며 하나님의 아들들이 다 기뻐 소리를 질렀느니라 …
> 네가 너의 날에 아침에게 명령하였느냐 새벽에게 그 자리를 일러 주었느냐?
> … 네가 바다의 샘에 들어갔었느냐 깊은 물 밑으로 걸어 다녀 보았느냐 사망의 문이 네게 나타났느냐?
> … 네가 아마도 알리라 네가 그 때에 태어났으리니 너의 햇수가 많음이니라!
> (욥 38:4-21)

성경적인 동시에 신학적으로, 기독교의 구원관은 기독교의 창조관과 분리될 수 없다. 이레나이우스는 물질을 포함하여 창조 세계의 선함을 강력하게 주장하며, 분명한 삼위일체적 관점을 갖고 있다. 그에 의하면 (아버지) 하나님은 당신의 두 손(아들과 성령)으로 창조하시고 천사들이나 자기를 도와줄 외부의 어떤 열등한 권세도 필요로 하지 않으신다.[19]

이 두 손을 아버지의 도구로 취급하는 것 같은 니케아 이전의 종속론에도 불구하고, 긍정적인 점은 이레나이우스가 보기에 하나님이 당신의 목적을 이루기 위해 자기와 우주 사이에 중재자들을 요구하지 않는다는 사실이다. 오직 두 가지 실재-창조주 하나님과 그의 창조 세계-만 존재한다. 창조는 실제적이지만, 당신의 두 손으로 그것을 지탱하시는 하나님과의 관계에서만 그렇다.

이레나이우스로 하여금 무로부터의 창조를 단언할 수 있게 한 것은 정확히 삼위일체론이다.[20] 창조가 성령의 사역이기 때문에 그것은 의지와 권능의 행위일 뿐 아니라 사랑의 행위이기도 하다. 이것은 우리가 앞으로 짧게 살펴보겠지만 이슬람과 철저하게 상반된다.

아버지 하나님은 그의 두 손인 아들과 성령을 통해 창조 순서와 함께 인격적 관계들을 시작하신다. 창조 사역의 기반이 되는 것은 아버지, 아들,

---

19 Irenaeus, *Against Heresies* 2.2.4 (PG 7:714-15).
20 Ibid., 4.20.1 (PG 7:1032).

성령의 영원한 연합과 교제이다.

 게다가, 창조는 비교적 완벽하다. 창조는 선하지만 마지막에 성취할(타락과 구속의 가능성을 내포하는) 운명이다. 이것은 빅뱅 이론과 다른데, 여기서 팽창하는 우주는 마침내 단계적으로 축소되어 다시 무로 붕괴된다.[21]

 반대로, 성령의 섭리가 없으면, 우주는 조금도 그 존재를 연장할 능력이 없다. 창조에 대한 성경적이고 삼위일체적인 관점은 우주가 다시 무의 상태로 빠지게 만들어진 것 아니라 처음에 있던 것보다 훨씬 더 큰 무엇이 되라고 만들어졌다는 것을 수반한다.

 슬프게도, 이런 삼위일체적 창조관을 잃어버렸다.

 아우구스티누스는 시간에 대한 실제적 가치를 살펴보는 것이 어렵다는 것을 알았다. 그래서 그는 창조가 즉각적이었었다고 생각했다. 아마도 신플라톤주의의 영향이 그로 하여금 물질을 신뢰하지 않게 했을 런지도 모른다. 그의 삼위일체 교리는 인간의 역사에 근거하지 않고 인간의 심리에 근거하는데, 거기서 마음은 물질보다 우선한다.

 이와 반대로, 건턴은 창조주의 영원성과 피조물의 시간이 성육신하신 그리스도 안에서 인간의 시간에 조우한다고 지적한다.[22] 창조와 성육신의 연결고리는 내가 다른 곳에서 탐구한 적이 있는 주제다.[23]

 물론 아우구스티누스는 수세기 동안 서방교회에서 가장 유력했다. 기독교의 창조 교리에서 삼위일체 교리를 효과적으로 배제하는 것은 따라서 명백하게 신학과 과학의 상호 배제의 근저에 있다고 건턴은 주장한다. 중세 시대에 미친 아리스토텔레스의 영향력과 함께, 추상적(논리적) 인과성은 하나님과 세상 사이의 인격적 관계를 창조의 기초로 대체했다.[24]

---

21 이것은 호킹의 주장과 대비된다. Stephen W. Hawking, *A Brief History of Time: From the Big Bang to Black Holes* (New York: Bantam Books, 1988).
22 Gunton, *Triune Creator*, 68-96.
23 Robert Letham, *The Work of Christ* (Leicester: Inter-Varsity Press, 1993), 197ff.
24 Gunton, *Triune Creator*, 116, 147.

종교개혁자들 특히 칼빈은 약간의 근거를 되찾는다. 칼빈은 세상을 기호적으로, 즉 그 자체를 뛰어넘어 그 조물주를 가리키는 기호로 보았다. 그러나 이 통찰력은 곧 잃어버렸다.

그래서 영지주의에서 구원의 신과 다른 창조의 신으로 창조와 구속을 분리하는 것과는 반대로, 창조와 구속은 서로 연속된다. 오히려 그리스도는 구속의 중재자일 뿐 아니라 창조의 중재자이다. 헤르만 바빙크는 창조가 삼위일체 하나님을 전제한다고 주장한다. 영원한 발생에 의해, 하나님은 당신의 완전한 형상을 자기 아들에게 전달하신다. 반면 창조에 의해 하나님은 연약한 형상을 피조물에게 전달하신다.

후자는 더 우선하기도 하고 영원한 전자를 의존한다. 발생이 없으면 창조는 불가능할 것이며, 그 결과 만일 하나님이 삼위일체가 아니셨으면 창조는 가능하지 않았을 것이다.[25]

아버지와 아들로부터 성령의 발현은 이 세상이 의지를 행사하는 것의 기초다. 창조는 성령 안에서 아들을 통하여 아버지에게 되돌아가기 위해서 성령 안에서 아들을 통하여 아버지에게서 나온다.[26] 동시에 이 연속성은 참된 구별을 위한 여지를 허용함으로써, 뉴에이지 범신론이 모든 것을 혼합하는 데 사용하는 우주적 수프(cosmic soup)를 회피한다.

기독교는 성육신은 창조에 대한 하나님의 최고 긍정으로 강조한다. 부활은 이것을 매듭짓는다. 사도신경과 콘스탄티노플 신조는 삼위일체에 근거를 둔 구원의 계획을 요약한다. 하지만 이것은 창조의 갱신을 수반한다. 아버지 하나님은 만물을 창조하셨다(콘스탄티노플 신조는 삼위일체론을 명백히 드러낸다). 아들은 육화되어 십자가 위에서 죽으셨고 우리와 우리 구원을 위해 다시 살아나셨다(이 안에서 하나님은 창조 세계에 참여하여 인격적 연합을 함으로써 당신의 창조를 재확인하신다).

---

25 Bavinck, *In the Beginning*, 39.
26 Ibid., 45.

반면 부활은 그 자체로 창조의 갱신이고 끝이 없게 될 왕국의 시작이다. 창조와 구속 사이의 파기될 수 없는 통일성-골로새서 1장 15-20절과 같은 구절들에서 명백히 볼 수 있다-이 존재한다. 만물은 성삼위일체의 영광을 선포한다. 만물은 성삼위일체를 영화롭게 하는 궁극적 목적을 이루게 될 것이다. 성령은 창조 순서를 다시 만들고 있다. 아들 예수 그리스도는 아버지 하나님의 영광을 위하여 통치하고 계시며 통치하실 것이다.

3. 삼위일체의 흔적(Vestigia Trinitatis)?

성경은 모든 창조물이 하나님의 영광을 드러낸다고 증언한다. 시편은 이런 의도를 지닌 설명들로 가득 차 있다. 시편 19편 1-6절은 창조 세계가 성상(형상, *eikon*), 즉 우리가 하나님의 실재를 인식하게 해 주는 무엇이라고 선명하게 말한다. 그것은 스스로 하나님이 아니요 하나님을 가리킨다.

> 하늘이 하나님의 영광을 선포하고 궁창이 그의 손으로 하신 일을 나타내는도다 (시 19:1).

바울은 로마서 1장 19-20절에서 이런 식으로 창조 세계에 대해 성찰하기도 한다. 하나님의 보이지 않는 것들은 우리 주변 세계에서 명백히 볼 수 있으며, 만들어진 것들을 통해 사람이 핑계 대지 못하고 하나님을 거부할 수 없게 된다고 그는 주장한다.

칼빈은 창세기 주석에서 하나님이 창조 안에서 자기를 계시하신다고 강조한다.

> [모세의 의도는] 말하자면, 하나님을 그의 사역 속에서 보이게 하는 것이다. [주님은] 당신 자신을 알게 끔 우리를 초대하기 위해서 우리의 목전에

하늘과 땅이라는 직물을 놓고 특정한 방식으로 그것들 안에서 자기를 드러나게 하신다. [하늘은] 하나님의 영광의 유창한 전령이며, … 자연의 가장 아름다운 이 순서는 조용히 그의 감탄할 만한 지혜를 선포한다.

다시 말해 세상의 형상으로 옷을 입고 … 하늘과 땅이라는 비교 불가한 의복을 웅장하게 치장했다. [간단히 말하면, 세상은] '우리가 하나님을 바라봐야 하는 거울'이다.[27]

하나님의 사역 안에 아무것도 추가될 수 없는 균형이 있다.[28] 신적인 고안자는 외관상 더 아름다운 것을 전혀 상상할 수 없는 매우 놀라운 순서로 창조 세계를 배열했다.[29]

제네바 교회의 교리문답(1541)에서, 세상은 우리가 하나님을 관찰할 수 있는 일종의 거울이라고 그가 말할 때 창세기에 대한 주석들의 전조가 된다. 이 설명은 여기서 우리를 위해, 하나님이 특정한 이유와 의도 없이 아무것도 만들지 않으셨다는 것을 우리에게 가르쳐주기 위해 주어졌다.[30]

첫째 날에 빛과 어둠의 분리를 고찰하고 하루가 실제로 언제 끝나고 시작하는지 계산하는 데 고대 세계의 차이점들을 성찰하는 과정에서, 칼빈은 모세가 자기 담론을 일반적으로 용인된 관습에 순응시켰다고 말한다. 하나님은 자기 사역을 사람들의 수용능력에 순응시킴으로써 우리의 주의를 고정시켜 잠시 멈춰 성찰할 수밖에 없도록 하신다. 여기서는 하나님이 우리 목전에 두신 극장의 장식, 즉 가시적 형태의 세상과 관계가 있는 것

---

27 John Calvin, *Commentaries on the First Book of Moses Called Genesis*, trans. John King (reprint, Grand Rapids: Baker, 1979), 1:58-62.
28 Ibid., on Gen. 1:31.
29 John Calvin, *Institutes of the Christian Religion*, trans. Ford Lewis Battles, ed. John T. McNeill (Philadelphia: Westminster Press, 1960), 1.14.21.
30 John Calvin, Calvin: *Theological Treatises*, trans. and ed. J. K. S. Reid (Philadelphia: Westminster Press, 1954), 93-94.

이외에는 아무것도 없다.[31]

이것은 하나님이 당신의 모든 계시에서 자신을 우리의 수용능력에 순응시키신다는 칼빈의 전반적인 주장과 일치한다.

정말로, 칼빈이 보기에 하나님은 당신의 계시를 우리 수준에 맞춰 주실 뿐 아니라 자신을 순응시켜서 중얼중얼 지껄이는 어린애 같은 말투(발부티레 [balbutire, "재잘재잘 지껄이는 것"]는 칼빈이 이 문맥에서 가장 좋아하는 동사다)로 우리에게 말씀하신다고 설득력 있게 주장되었다.[32]

만일 세상이 성삼위일체에 의해 만들어졌다면, 그리고 세상이 또한 하나님의 영광을 선포한다면, 창조 세계에서 우리의 온 주변에 삼위일체를 가리키는 단서들이 있을 것이라고 가정하는 것은 합리적인 것 같다. 아우구스티누스가 삼위일체의 예시들을 제안한 이후 줄곧, 이것은 막상막하인 논쟁으로 존속해 왔다.

삼위일체를 지지하는 증명들은 중세와 18세기에도 광범위하게 사용되었다. 우리는 이런 접근방식이 지닌 약점들을 살펴보았다. 세상에서 얻어낸 예시들은 삼위일체 교리를 입증하지 않고, 또 입증하지 못한다. 실제로, 그것들은 삼위일체를 확증하기보다는 차라리 이단의 유형을 가리킨다.

예를 들어, 클로버 잎은 종종 삼위일체에 대한 예시로 인용된다. 그것은 세 부분으로 나뉘지만 하나의 잎사귀다. 하지만 삼위일체의 각 위격은 그 가운데 1/3이 아니라 오히려 신적인 전체 본질을 소유한다. 삼위가 서로 내주하면서 똑같은 신적 공간을 차지한다. 이것과 같은 유비들이 양도하는 대부분은 통일성 안에 있는 다양성과 다양성 안에 있는 통일성에 대

---

31   Calvin, *Genesis*, on Gen. 1:3-5.
32   David F. Wright, "Calvin's Accommodating God," in *Calvinus sincerioris religionis vindex: Calvin as the Protector of the Purer Religion*, ed. Wilhelm H. Neuser, Sixteenth Century Essays & Studies 36 (Kirksville, Mo.: Sixteenth Century Journal Publishers, 1997), 3-19를 참고하라.

한 증거다. 우리의 온 주변에 하나님의 관계성에 대한 단서들, 그분 자신의 다양성 안에 있는 통일성에 대한 단서들이 존재한다.

하지만 이것들은 논리적 증명이나 수학적 증명을 구성하지 않고, 삼위일체 자체를 적절히 묘사하지도 않는다.

『창조자의 정신』(*The Mind of the Maker*)이라는 책에서 도로시 세이어즈(Dorothy L. Sayers)는 다음과 같이 주장한다.

> 삼위일체적 활동 구조는 단지 그것이 우주적이기 때문에 우리에게 신비롭다. 더 적절하게 말하자면, 우리가 4차원의 구조를 관찰하기 위해 그 밖으로 나갈 수 없기 때문에 시공간의 4차원 구조가 신비로운 것과 같다.

그녀는 수학자가 외부에서 어느 정도 시공간을 관찰할 수 있는 것처럼 "우리는 유사하게 창의적인 예술가가 그 삼중구조를 검토하고 묘사할 정도로 자신의 활동에서 멀리 빠져나올 수 있도록 호소한다"[33]고 제안한다.

그녀는 창조적 저술가의 지성에서 나온 자기주장을 설명하지만, 글쓰기에 참된 것은 다른 형태의 창작성에도 참이라고 지적한다. 그녀는 아버지와 상응하는 것으로, 한 순간에 사역 전체를 무시간적으로 바라보는 창조적 아이디어, 말씀의 형상으로 사역의 처음부터 끝까지 시간 안에서 일하고 이 아이디어가 낳은 창조적 에너지 혹은 활동 그리고 내주하는 성령의 형상을 닮은 창조적 능력 곧 사역의 의미에 대해 말한다. 그리고 이렇게 말한다.

> 이 셋은 하나이고 각각 그 자체로 동등하게 전체 사역을 수행하며, 누구도 나머지 다른 위격 없이 존재할 수 없다. 이것이 곧 삼위일체의 형상이다.[34]

---

33 Dorothy L. Sayers, *The Mind of the Maker* (San Francisco: HarperCollins, 1979), 36.
34 Ibid., 37-38.

이 책의 남은 부분 중 많은 내용이 그런 삼위일체적 이미지를 전개한다.

그것은 매우 암시적이고 훌륭하게 표현되었지만, 이 세 요소들이 단일한 지성의 외적 사역(outworkings)이며, 그들 자신의 구별된 위격적 실존을 차지하지 않는다는 결론을 피할 수 없을 것이다.

그것들은 하나님이 창조 세계에 심어 놓으신 통일성 안의 다양성에 대한 표현들로서 유익하지만 삼위일체를 반영하는 것들로서는 결함이 있다. 세이어즈가 자기 논의의 초반부에 찬성하면서 인용하는 아우구스티누스의 설명들도 결함이 있었다.

존 프레임(John Frame)은 수많은 삼위일체적 변증을 제안한다. 그는 넓은 스펙트럼에서 끌어낸 아주 폭넓은 3인조 구조(triadic patterns)를 지적한다. 그의 주장은 사려 깊은 고찰하고 있지만 비유들 중에 어느 것도 정확히 교회의 삼위일체 교리의 모든 윤곽을 반영하지 않고, 그가 그 비유들이 그렇다고 주장하지도 않는다.[35]

프레임은 눈에 보이는 곳마다 우리의 온 주변이 다양성 안의 통일성과 통일성 안의 다양성의 회피할 수 없이 넘쳐나는 증거임을 입증하는 데 성공한다. 다른 한편, 스펙트럼의 반대편 끝에서 삼위일체의 흔적에 대한 바르트의 거부가 프로그램에 입각한 그의 자연신학에 대한 거부에서 아주 많이 흘러나와서 이 문제에 대한 그의 일관된 부정에도 불구하고 동등한 경고를 필요로 한다.

---

35 John Frame, *The Doctrine of God* (Phillipsburg, N.J.: P&R Publishing, 2002), 726-32, 743-50을 참고하라(『신론』[CLC 刊]). 이것은 내가 이제껏 접해 본 것들 중에 이 입장을 찬성하는 최선의 주장이다. 특히, 그가 인용하는 다음의 논문을 참고하라. Vern S. Poythress, "Reforming Ontology and Logic in the Light of the Trinity: An Application of Van Til's Idea of Analogy," *WTJ* 57 (1995): 187-219.

4. 성상들(icons)과 일반 계시: 성상으로서의 창조

하지만 우리는 창조물이 우리에게 하나님을 가리켜 주며, 하나님이 삼위일체라는 성경의 명확한 가르침을 다시 다룬다.

어떤 면에서 창조물은 성삼위일체를 증거하는가?

개혁파 신학은 창조물이 하나님을 계시한다고 가르쳐 왔다. 그것은 타락한 상태에 있는 우리에게 구원을 가져오지는 않아도, 아무런 증거 없이 하나님을 남겨 두지 않는다. 결과적으로, 인류는 창조주를 계속해서 거부하는 것에 대해 핑계대지 못하게 된다.[36]

창조 자체는 칼빈이 말한 대로 하나의 에이콘(*eikon*, 형상)이며, 우리가 조물주에 대해 뭔가를 인식하게 해 주는 창문이며, 우리가 하나님을 볼 수 있게 해 주는 거울이다.

삼위일체 자체가 직접 분간될 수는 없을 지라도, 바울은 하나님의 "영원하신 능력과 신성"(롬 1:20)이 분명히 보여 알게 되었다고 지적했다. 나는 특히 그의 다양성 안의 통일성과 통일성 안의 다양성이 분명히 우주 전체에 걸쳐 눈에 잘 띈다고 제안해 왔다. 우주의 관계성은 틀림없이 우주의 관계적 창조주를 가리킨다.

동방의 기독교는 특히 성상들의 사용과 동일시된다. 이것들을 경배할 의도가 아니었다.[37] 그것들은 가르치는 도안들이며, 그 너머에 있는 더 큰 실재들을 인식하게 해 주는 창문들이다. 따라서 네아폴리스의 레온티우스(Leontius of Neapolis)는 성상이 "우리에게 하나님을 상기시켜 주는 개봉된 책"[38]이라고 주장했다.

---

[36] WCF, 1.1.
[37] Timothy Ware, *The Orthodox Church* (London: Penguin Books, 1969), 38-40, 41ff., 277-78; John Meyendorff, *Byzantine Theology: Historical Trends and Doctrinal Themes* (New York: Fordham University Press, 1979), 42-53.
[38] PG 94:1276a, Ware, *Orthodox Church*, 40에서 인용.

개혁파 신학도 역시 성상들을 믿는다!

하지만 개혁파 신학은 동방의 견해를 너무나도 제한적이라고 간주한다. 개혁파 신학이 보기에, 창조 세계 전체는 하나의 성상이다. 우리 주변의 자연 세계는 "우리를 만드신 그 손이 신성하다"고 할 정도로 큰 소리로 외치거나, 조용히 진정시키듯이 온화한 속삭임을 입 밖에 낸다.

피조물과 자연적 현상들은 하나님이 만드신 것이기에 경배 받아서는 안 된다. 그러나 하나님은 그것들을 만드셨기 때문에 그것들을 통해 자기를 계시하신다. 이것들은 하나님이 자기 영광을 과시하려고 입으신 옷이다. 옷은 인격이 아니고 세상도 하나님이 아니지만, 옷이 인격을 꾸미는 것처럼 세상도 힘 있고 아름다운 소리로 삼위일체 창조주를 증거한다.

그렇다. 예술과 음악은 우리가 우리 창조주에게 찬양을 드리고 그분의 영광을 드러낼 수 있는 영역이다. 특정한 의미에서 그것들은 계시적이다. 기독교의 영향으로 보급된 문화 안에서 발전된 대로, 그것들은 기꺼이 우리가 언급해 온 다양성 안의 통일성을 드러낸다.

내 자신의 경험으로 미루어 보건대, 안톤 브루크너(Anton Bruckner)의 기념비적인 8번 교향곡은 10대인 나로 하여금 인류가 무엇보다 우주의 사소한 먼지 알갱이가 아니라는 점을 깨닫게 해 주었고, 그 결과 하나님의 존재에 대한 의심들을 극복할 수 있게 해 주었다.

1965년 런던에 소재한 로열 앨버트 홀(Royal Albert Hall[약자 R.A.H.]은 1871년 영국 런던에 위치한 켄싱턴에 앨버트 왕자를 기념하여 세워진 다목적 홀이다, 역주)에서 겐나디 로제스트벤스키(Gennadi Rozhdestvensky)가 지휘한 헨리 우드 프롬나드 콘서트(Promenade Concert는 로열 앨버트 홀에서 매년 7월 중순부터 2개월 동안 개최되는 음악회를 말한다, 역주)의 실황 연주회뿐 아니라 오이겐 요훔(Eugen Jöchum)과 베를린 필하모닉 오케스트라의 훌륭하게 기록된 설명은 특히 중요했는데, 나는 거기서 지휘자 뒤로 6피트밖에 떨어지지 않은 곳에 서 있었다!

오직 그리스도만이 당신의 복음 안에서 그 일을 행하기 때문에 그것은 구원을 가져올 수 없을 것이다. 그러나 그 웅장한 울림과 그 거대한 대성당과 같은 구조, 그리고 투쟁과 의심의 회오리 속에서(한 비평가가 쓴 것처럼 그것은 "음악과 철학과 신학이 만나 지점에" 서 있기 때문에) 신앙의 긍정에 대한 심오함은 하나님의 철저한 위엄을 가리킨다.

브루크너는 그리스도인이었고 베토벤은 그리스도인이 아니었다. 하지만 베토벤의 음악에 특히 후반부의 현악 4중주 부분에 거의 초인간적인 특징의 숭고함이 있다.

누가 97번 오페라 B 플랫으로 된 피아노 3중주("대공"[Archduke]) 특히 3악장을 듣고 속세의 저편으로 인도되지 않겠는가?

베토벤이 소유한 믿음의 문제점은 요점에서 벗어난다. 그것은 부적절하다. 그는 하나님의 형상으로 만들어진 사람이었고 하나님이 친히 우리의 선을 위해서, 그를 영화롭게 하기 위한 수단으로 만드신 창의적 매체의 대부였다.

그는 기독교 신앙 덕택에 발전할 수 있었던 장르 안에서 연구하고 있었다. 한 가지 주제를 발전시키며, 점진적으로 단호하게 하나의 목표로 이동하며, 수없이 복잡한 조바꿈 이후에 하나의 해결로 돌아오며, 단일한 악보의 모든 부분이 되는 다른 음표를 연주하는 다양한 악기들의 전체 개념은 창조 순서 안에서 발견되는 실재들의 모체에 기초한다.

이 순서는 성삼위일체가 창조 사역 자체 내에 두신 것이며, 그가 누구인지를 반영한다. 경건한 브루크너와 요한 세바스챤 바하뿐 아니라 난폭한 합리주의자 베토벤, 불안에 사로잡힌(angst-ridden) 말러, 매독에 걸린 슈베르트, 외설적인 모차르트도 모두 그들과 그들 주변 세계를 만드신 삼위일체 하나님을 증언하고 인간의 창의성을 반영하는, 다양성과 의도와 구조와 아름다움 속에 있는 하나님의 통일성을 증거한다.

5. 다양성 안의 통일성 그리고 통일성 안의 다양성

그런 다음, 특히 창조 세계가 삼위일체를 가리키는 것은 바로 다양성 안의 통일성과 통일성 안의 다양성에-모든 곳에 분명히 드러나 있다-있다. 이 안에서 그것은 비록 수학적이거나 논리적 의미에서 삼위일체를 입증하지 않을지라도 거울처럼 증거한다.

창조의 우주적 요소인 색깔에 대해 고찰해 보자. 색깔은 하나의 관점에서 볼 때 분자들의 특정한 결합이다. 즉 다양한 색깔들은 특별한 분자 배열로 형성된다. 하지만 이것은 이 현상을 완전히 설명해 주지 않는다.

만일 어떤 화학자가 이것이 단지 색깔을 규정하는 특징이라고 주장했다면 그는 환원주의에 빠져서 완전히 틀리게 될 것이다. 한 가지 설명이 또한 물리학 곧 광도계로 측정된 광파(light wave)의 측면에서 존재한다.

게다가, 색의 외관은 빛에 의해 영향을 받는다. 어떤 특별한 분자의 결합도 다른 빛 속에서 다르게 보일 것이다. 햇빛과 구름이 섞여 있는 날에, 또는 만일 우리가 한낮에 그리고 해질녘에 나무들의 색깔을 비교한다면 이것을 볼 수 있다. 더욱이, 어떤 두 사람도 색을 똑같이 인식하지 않는다.

예를 들어, 어떤 사람들은 청록색이 주로 녹색이라고 생각하는 반면, 다른 사람들은 그것이 주로 파란색이라고 말한다. 게다가, 똑같은 색이 다른 색깔들로 둘러싸일 때 다르게 보일 것이다. 이 모든 것은 정확히 삼위일체에 부합되지 않지만 우주의 다양성 안의 통일성과 우주의 관계적 특징을 모두 드러내는데, 그것은 이어서 하나님 곧 성령의 특성을 반영한다.[39]

게다가, (무색)의 광선이 프리즘을 통과할 때 이것은 부채꼴로 퍼져 일련의 색깔-빨강에서 주황, 노랑, 초록, 파랑, 남색, 보라까지-이 된다. 이 과정은 돌이킬 수 있다. 만일 빨간 빛, 초록 빛, 파란 빛이 적절하게 비례

---

[39] 나는 이것과 뒤에 나오는 실례들에 대해 화학 연구원이자 내가 속한 모임의 회원인 존 반 다이크 박사에게 빚을 졌다.

되는 양으로 혼합된다면 무색 혹은 "흰" 빛이 나온다.

또 만일 우리가 헛간에 빨간 페인트를 맞추고 싶다면 우리는 수백만 가지의 활용 가능한 색소나 염료 가운데 하나 이상을 사용할 수 있다. 분광측광기(spectrophotometer, 스펙트럼의 반사율 또는 투과율을 측정하는 분광계)로 검토된 우리의 헛간의 페인트는 명확한 스펙트럼(다른 주파수로 빛의 강도를 보여 주는 일련의 언덕과 계곡처럼 보이는 2차원의 도면)을 갖게 될 것이다.

만일 우리가 시각적으로 우리 헛간에 어울리는 다섯 가지 페인트를 만든다면 우리는 아마도 그것들이 모두 다른 스펙트럼을 갖고 그것들 가운데 어떤 것도 헛간의 페인트에 어울리지 않는다는 것을 발견하게 될 것이다.

만일 정상적인 햇빛 속에서 헛간의 색깔에 어울리는 이 다섯 가지 페인트를 실내에서 취하여 백열광을 내거나 형광을 내는 빛 속에서 관찰한다면, 그것들은 헛간이나 서로의 색깔에 더 이상 조화되지 않게 될 가망성 충분히 있다! 정상적인 관찰자들의 환경, 발광체들, 착색제들, 그리고 스펙트럼의 민감성 등은 각각 색에 기여한다.[40]

스타닐로애는 세상의 다양성 안에 있는 통일성에 대해 다음과 같이 잘 표현한다.

> 정반대의 것들의 우연한 일치는 이성과 양립하지 않는 것으로 간주된 때가 있었다. 그런 유형의 통합이 우연히 조우했을 때마다—그리고 실재의 전체는 이와 같다—이성은 그 통합을 양립할 수 없고 모순된 개념들로 산산조각내서, 다른 요소들에 반대되는 어떤 요소들을 세우거나 그것들 모두를 힘으로 새로운 한 가지 요소로 녹여버리려고 애쓸 것이다.

---

40 더 자세한 독서를 위해 Roy S. Berns, *Billmeyer and Saltzman's Principles of Color Technology*, 3rd ed. (New York: John Wiley & Sons, 2000), 특히, 15, 25-29, 152를 보라. 베른스는 백열광을 발하는 빛에서 하나는 녹색이고 하나는 갈색인 두 개의 물들인 양모 직물이 절대온도 6,500도 정도의 햇빛에서는 똑같은 색깔을 보이고 절대온도 10,000도 정도의 하늘의 반사광 아래서는 그 색깔들이 뒤바뀌는 롤랜드 더비(Roland Derby)의 한 실험을 언급한다.

하지만 실재를 이해함에 있어, 이성은 이제 전체 실재를 특징짓는 존재의 이율배반적 모델을 더 이상 보기 어려울 정도까지 구별과 통합의 원리들을 통일하는 데 익숙해졌다.

복수성이 통일성을 분리시키지 않고 통일성이 복수성을 없애지도 않는다는 것은 이성에 대해 널리 인정된 사실이다. 실제로, 복수성은 필연적으로 통일성 안에 존재하거나, 그것을 또 다른 식으로 표현하면, 통일성은 복수성 안에 명백히 드러난다. 그것은 복수성이 통일성을 유지하고 통일성이 복수성을 유지한다는 사실이며, 그것들 가운데 어느 한쪽의 쇠락이 개별 실체의 삶 혹은 존재의 약점이나 사라짐을 의미한다는 사실이다.

실재의 존재 방식에 대한 이 개념은 오늘날 이전에 합리적이었던 것에 대한 개념들보다 우월한 것으로 간주되는 반면, 실재의 압박 아래서 합리적인 것에 대한 개념은 그 자체로 복합적이고 이율배반적이게 되었다.

명백히 모순되는 특징 때문에 이전에 비합리적인 것으로 여겨졌던 주장들은 이제 이성이 분투해야 하는 자연적 단계의 징후들로 간주된다. 왜냐하면, 이 단계에 대한 이해는 이성의 자연적 운명을 구성하고 이 단계는 그 자체로 성삼위일체 안에 구별된 것의 완벽한 일치라는 초자연적 특성의 형상이기 때문이다.

오늘날 많은 사람들은 전체 창조 세계의 복수성을 모두 3인조의 방식으로 특이하게 만들어진 어떤 것으로 본다. 예를 들어, 베른하르트 필버쓰(Bernhard Philberth)는 창조 세계 전체가 삼위일체를 삼중으로 반영한다고 선포한다.

스타닐로애가 보기에, "성삼위일체에게 맞는 가장 적합한 이미지는 존재의 인간적 통일성과 인격적 구별에서 발견된다."[41]

---

41   Dumitru Staniloae, *The Experience of God*, trans. and ed. Iona Ionita and Robert Barringer (Brookline, Mass.: Holy Cross Orthodox Press, 1994-2000), 1:250.

놀랍게도, 조나단 색스(Jonathan Sacks) 랍비는 분명 삼위일체론자는 아니지만 하나님의 창조의 다양성 안에 있는 통일성을 인식한다. 그는 다음과 같이 쓴다.

> 하나님은 상세한 것들 안에 존재하신다. 나는 이따금씩 우리 신앙은 왜 아주 많은 율법과 금지조항들, 우리가 먹어도 되고 먹으면 안 되는 것이라든가, 안식일에 해도 좋은 것과 해서는 안 되는 것 등등에 대한 그런 복잡한 규정들이 있는지에 대해 한 사람의 유대인-다른 종교의 신도들이 똑같은 경험을 했을지도 모른다-으로 질문을 받는다. 틀림없이, 그들은 유쾌하게 하나님의 그런 것보다 높다는 것을 내비친다.
> 나는 그분이 그렇지 않기를 바란다. 왜냐하면, 만일 그분이 그렇다면 우리는 지상에서 정돈된 삶의 복잡함을 소유하지 못했을 것이기 때문이다. 31억 개의 인간 게놈 활자가 치명적 장애를 쓸 수 있는 것 중 어느 하나에 들어있는 실수, 3백만 종의 생명체, 인간 두뇌의 놀라운 수용능력이나 그밖에 창조세계의 꼼꼼하게 많은 다양성 등이다. 진정한 예술가가 되는 것은 세부적인 것에 대한 열정을 갖는 것이다.
> 나는 베토벤이 때로는 음악적 착상이 자신이 요구했던 완벽함에 도달하기까지 여러 해가 걸렸는데 끊임없이 자기 악보들을 수정하는 모습이나, 모네(Monet)가 80대에 햇볕에 쬐인 한 순간의 감각을 영원히 포착하려는 시도하면서 자기 정원에서 자주 수련을 그리는 모습을 생각한다.⁴²

음악은 다양성 안의 통일성을 매우 선명하게 드러낸다. 우리는 서양의 고전 음악이 기독교에 의해 형성된 문화에서 어떻게 출현했는지, 그리고 그 주요 특징들이 하나님의 사역-의도, 목표를 향한 움직임, 해결-을 어

---

42 Times (London), 22 February 2003. 색스는 히브리신도 총연맹(the United Hebrew Congregations of the Commonwealth)의 유대교 최고 지도자(chief rabbi)이다.

떻게 반영하는지를 주의 깊게 관찰했다.

다양성 안의 통일성의 소리는 하나로 통합된 악곡을 연주하기 위해 모아놓은 각양각색의 악기들에서 들린다. 이것은 특히 실내악에서 명확한데, 여기서 다양한 악기들이 전체 악보 안에서 또렷하게 소리를 낼 수 있다.

현악 4중주곡들이 이 특징 특히 고전기의 인물들(하이든, 모차르트, 초기 베토벤)을 뚜렷하게 그려내는데, 그것은 대화 양식인 서로 대화하는 소리들로 구성되었다. 하지만 그것은 장르가 발전될수록 베토벤에 의해 만들어진 급격한 변화들과 함께 좀 더 분명해진다.[43]

나는 3인조가 4인조보다 삼위일체를 훨씬 더 선명하게 반영한다고 생각한다. 우리는 앞서 베토벤의 "대공"(Archduke) 트리오에 대해 언급했지만, 이것은 특별히 놀라운 것이기는 하지만 단지 하나의 실례에 불과하다.

오늘날 기독교 신앙에 대한 두 개의 큰 도전-우리 자신의 문화와 이슬람의 포스트모던적 사고-은 둘 다 성삼위일체가 세상에 새겨둔 다양성 안의 통일성과 통일성 안의 다양성이라는 창조 순서로부터 일탈 행위들이다.

기독교 선교가 두 상황에서 효과적이기 위해, 이 근본적 질문은 효율적으로 답변되어야만 한다. 이것이 수행되지 않으면 이러한 맥락 가운데 복음 사역은 약화될 것이다. 복음이 전파될 수 있는 상황이라면 어느 곳에서나 동일하게 적용되지만, 이것들은 이 책의 독자들이 스스로 발견하게 될 가장 눈에 띄는 두 개의 맥락이다.

43　Robert Winter and Robert Martin, eds., *The Beethoven Quartet Companion* (Berkeley: University of California Press, 1994)를 참고하라. 특히, 이 안에 들어있는 다음의 논문을 참고하라. Joseph kerman, "Beethoven Quartet Audiences: Actual, Potential, Ideal," 7-27.

6. 이슬람: 다양성 없는 통일성

이슬람의 신론은 다양성 곧 통일성 속에 다양성을 위한 여지도 창조의 인격적 근거를 위한 여지도 남겨 두지 않는다. 왜냐하면, 알라는 오직 통일성만 갖고 있는 고독한 단자(monad)이기 때문이다.[44]

이슬람의 신론은 권능과 의지에 집중된다. 실제로 사랑이 들어갈 여지가 전혀 없다. 코란이 알라에게 귀속시키는 사랑의 유형은 스스로 정화하고 자기 대의명분을 위해 싸우는, 정의로운 자들에 대한 사랑이다. 죄인들을 위한 선행하는 은혜 개념이나 스스로 자기를 희생하여 죄인들이 돌아오는 길을 제공하는 절대 존재 개념도 전혀 없다.[45]

이슬람은 이성에 모순된다며 삼위일체에 대한 거절로 시작했다. 마호메트에 의하면 예수 그리스도는 단지 인간 선지자에 불과하다. 알라는 하나이며 아들을 전혀 필요로 하지 않는다. 알라가 아들을 낳아야 한다는 것은 알라의 위험에 어울리지 않는다.[46] 삼위일체 교리는 신성모독이다.[47]

---

44 툰(Peter Toon)이 설명한 대로, "인격성에 대한 기독교의 이해는 하나님이신 삼위 교리에서 나온다. … 만일 하나님이 단지 단자에 불과하다면 그분은 인격일 리 없고 인격을 알 수 없다. 인격적인 타자가 되는 것은 단일성(oneness)과 함께 존재해야 하고 그것이 타자들과 관계를 맺어야만 한다." Peter Toon, *Our Triune God: A Biblical Portrayal of the Trinity* (Wheaton, Ill: BridgePoint, 1996), 241.
45 Qur'an 2:195, 222; 3:134, 148, 159; 4:42; 5:13, 93; 9:4, 7, 108; 19:96; 49:9; 60:8; 61:4.
46 Qur'an 19:35.
47 "성서의 백성들이여 너희 종교에서 도를 넘지 말라. 알라에 대해 진실 외에는 말하지 말라. 마리아의 아들 이싸 알마씨흐는 알라의 사도이며, 마리아에게 수여된 그의 말씀이며, 그(알라)로부터의 한 영이다. 그러므로 알라와 그의 사도들을 믿어라. 그리고 셋이라 말하지 말라. 그만두어라. (그렇게 하는 것이) 너희에게 선이 되리라. 실로 알라는 유일한 신이다. 그를 찬송할지니, 그에게는 아들이 있을 수 없노라. 하늘과 땅의 것이 그의 것이라. 보호자는 알라만으로 충분하니라"(Qur'an 4:171). "알라가 셋 중의 세 번째라 말하는 자들은 분명 불신자라. 한 분의 신 외에는 신이 없다. 만일 그들이 말한 것을 그만두지 않는다면, 그들 불신자들에게는 반드시 고통스러운 벌이 임할 것이라"(Qur'an 5:73).

마호메트는 이단적인 기독교 단체들이 거주하는 지역에서 자랐었다. 아마도 그는 아라비아에서 시리아로 이동하는 무역로에서 상인들에게 유대교와 기독교에 대해 배웠을 것이다. 이것은 두 종교에 대한 그의 지나치게 제한된 이해를 설명해 줄지 모른다. 그는 구약성경과 신약성경에 대해 미숙하고 왜곡된 형태로 수박 겉핥기의 지식을 갖고 있었다. 그가 정통 기독교와 접촉을 전혀 하지 않았다는 사실이 분명하다.

예를 들면, 코란은 마리아가 삼위일체의 일부였다는 생각을 반박한다.[48] 삼위일체에 대한 분명한 논박과 함께, 마호메트는 예수가 십자가 위에서 죽었다는 사실을 부인한다.[49]

코란은 하나님이 한 선지자를 십자가형으로 죽게 내버려두셨다는 생각을 경멸한다. 마호메트가 살던 시기에 아랍 세계가 갖고 있는 일반적 믿음이 따르면, 하나님의 호의는 성공으로 입증된다. 삼위일체는 이슬람 사람들에게 손을 뻗는 중요한 요소이다. 즉각적인 반대가 일어나기 때문에 종종 이것을 회피한다.

하지만 이슬람의 알라관이 미치는 영향들은 광범위하다. 그것 때문에 이슬람은 인간의 인격성을 설명할 방법도, 심지어 인간의 인격성을 유지할 방법도 없는 것이다. 사람들 사이의 관계성은 하나님의 형상인 인간 위에 세워질 수 없다. 하나님 자신이 관계적 존재가 아니고 관계적 존재가 될 수 없기 때문이다.

---

48 "알라께서, '마리아의 아들 이싸야 네가 사람들에게 '알라를 제외하고 나와 나의 어머니를 신으로서 경배하라' 말하였느냐"고 하시니, (이싸가) 말했다. "당신을 찬양합니다. 저는 제게 말할 권리가 없는 것을 말하지 않았나이다. … 저는 당신이 제게 명하신 것, '나의 주님이요 너희의 주님이신 알라만을 경배하라' 하신 것 외에는 말하지 않았습니다"(Qur'an 5:116-17).

49 "그리고 그들은 '우리가 알라의 사도 마리아의 아들 이싸 알마씨흐를 죽였노라'라고 (대담하게) 말하노라. 그들은 그를 죽이지 않았고 십자가에 못 박지 않았노라. 그러나 그들에게 그렇게 보였을 뿐이라. 이에 의견을 달리한 자들은 의심 속에 있는 것이며 어떤 지식도 없이 오직 추측을 따르는 것이라. 그들은 분명 그를 죽이지 않았노라"(Qur'an 4:157; 5:110도 참고할 것).

게다가, 사랑은 하나님 안에 존재할 수 없다. 하나의 단자는 사랑할 수 없다. C. S. 루이스는 구체적으로 이슬람에 대해 언급하지 않지만 하나님은 오직 삼위일체일 경우에만 사랑이실 수 있다는 사실을 아래와 같이 지적한다.

> 모든 종류의 사람들은 하나님은 사랑이시다라는 기독교 진술을 반복하기를 좋아한다. 그러나 그들은 하나님은 사랑이시다라는 표현이 하나님이 적어도 두 위격을 포함하고 있지 않다면 실제로 아무런 의미가 없다는 것을 알아차리지 못하는 것 같다. 사랑은 한 인격이 또 다른 인격에 대해 갖는 어떤 것이다. 만일 하나님이 단일한 인격이었다면 세상이 만들어지기 전에 그분은 사랑이 아니셨다.[50]

그리고 우리는 만일 그분이 사랑이 아니었다면 인격적이지도 않았을 것이라고 첨언할 수도 있을 것이다.

여러 결과들이 알라의 교리로부터 이슬람 역사에 유입되었다. 단일한 단자의 신은 그의 추종자들인 움마(the *ummah*)라는 단일한 공동체를 낳았다. 그 선지자의 추종자들은 "올바르게 균형 잡힌"[51] 단일 공동체요 형제애 곧 "단일한 형제애"[52]이다.

이슬람의 한 국가는 단일한 실체다. 이것은 이따금씩 실존하는 정치 체제들을 연합하려는 시도들-1950년대와 1960년대 초기의 이집트와 시리아, 리비아와 다른 아랍 국가들의 정치적 연합에 대한 가다피(Gaddafi)의 제안들-이 왜 있었는지를 설명하는 데 도움이 될 수 있다. 그런 다음, 단일 정부는 그 책의 백성들(유대인들과 그리스도인들)을 위한 관용과 예속의 한 형태인 딤미튜드([*dhimmitude*], 이것은 정복당한 나라들이 아랍의 보호 아래 있는 것을 말한다. 그곳의 백성들을 딤미스[*dhimmis*]라고 한다, 역주)를 필요로 한다.

---

50 C. S. Lewis, *Mere Christianity* (San Francisco: Harper, 1960), 174.
51 Qur'an 2:143.
52 Qur'an 21:92; 23:52; 49:10.

그것은 또한 철저한 경지의 말살을 요구한다. 필연적인 결과로서, 이슬람 국가들의 정체는 다양성을 인정하지 않는다. 그 정체들은 천편일률적으로 권위적인 독재 정권 즉 사회에 이슬람 율법을 강요하는 증가 추세와 함께 "암살로 지배하는 전제 정치"이다.

이것은 특히 여성들에게 허락된 장소에서 볼 수 있는데, 이것을 신중하게 비밀로 부치는 것이 가장 좋을 것이다. 이 그림에 잘 어울리지 않는, 유일한 이슬람 국가는 터키인데, 이곳은 1923년에 무스타파 케말(Mustafa Kemal, 케말 아타투르크[Kemal Ataturk])에 의해 세속화되었다. 이슬람에서는 교회와 국가 사이의 차이가 비슷하게 없다. 실제로, 기독교 사회에서 교회와 상응하는 것은 아무것도 없다. 한 예로, 이란에서 종교 지도자들은 국가의 권력 구조에 속한다.

이슬람 역사의 초기에 마호메트는 여러 영토를 정복했고 그곳의 통치자가 되었다. 국가와 교회는 우두머리인 알라와 그의 지상 대리자인 선지지와 더불어 과거에 동일했고 지금 동일하다. 그 자체로 법은 주어진다. 그것에 대한 아무런 논쟁도 없다. 그것은 단지 집행되어야 한다. 다음에는 복종(*islam*)이 요구된다. 이 두 영역의 분리가 존재하는 곳은 오직 기독교의 영향을 받은 나라들만이다.[53]

버나드 루이스(Bernard Lewis)는 다성악(polyphonic music)–여기서 다양한 연주자들이 하나의 음악적 표현으로 섞어 놓은 다른 악보를 보고 다양한 악기로 연주한다–에 대한 이슬람 세계의 반감을 지적한다.

> 바로 오늘날까지 중동은 서구화된 일부 고립 지역을 제외하고 그들이 세계 여행을 할 때 위대한 국제적 거장들의 여행일정표에 빈 공간으로 남아 있다.[54]

53　Bernard Lewis, *What Went Wrong? Western Impact and Middle Eastern Response* (New York: Oxford University Press, 2002), 96-97.
54　Ibid., 136.

교회는 역사적으로 이슬람을 반대하는 입장을 별로 만들지 않았다. 동방교회의 영토는 주로 7-8세기에 침략 당했다. 결과적으로, 교회는 방어적일 수밖에 없었고 기독교의 유산을 보존하기 위해 투쟁했다.

13세기 경 이슬람은 문화적으로 서방의 기독교 문명보다 앞서 나갔다. 저명한 아비센나(Avicenna)와 아베로에스(Averroes)와 같은 이슬람 철학자들은 아리스토텔레스에 대해 선도하는 해석을 만들어 냈다. 이것은 기독교 신앙의 지적이고 교리적인 신빙성에 큰 위협이 되었다.

브라방의 시저(Siger of Brabant)는 그 위협을 대처하는 하나의 방법으로 심지어 "이중 진리"-어떤 것이 이성에 따르면 거짓이 될 수 있고 신앙의 영역에서는 참이 될 수 있다는 것-라는 개념을 제안했을지도 모른다.[55] 아퀴나스는 이런 긴장을 해결하려고 노력했다. 그의 『신학대전』(Summa theologica)은 이중 진리 개념을 논박하면서 이성과 신앙의 통합을 제안했다. 그의 『이방인대전』(Summa contra Gentiles)은 이슬람의 도전에 맞선 변증서로 저술되었다. 하지만 아퀴나스 자신의 삼위일체론이 지닌 문제점들은 이 연구의 효과를 약화시켰다.

아퀴나스는 약간 난해하게 삼위일체를 고수했다. 게다가, 그는 단일신 교리에 대해 논의한 후에 오랫동안 삼위일체에 대한 처리를 지연시켰다. 그래서 비록 그 신앙에 대한 합리적 옹호를 재확립하는 데 많은 일을 이루었을지라도, 그는 근본적으로 이슬람에 도전하는 데 실패했다.

---

[55] David Knowles, *The Evolution of Medieval Thought* (New York: Vintage Books, 1964), 270-77; Jaroslav Pelikan, *The Christian Tradition: A History of the Development of Doctrine*, vol. 3, *The Growth of Medieval Theology (600-1300)* (Chicago: University of Chicago Press, 1978), 289-90; Josef Pieper, *Scholastisicm: Personalities and Problems of Medieval Philosophy* (New York: McGraw-Hill, 1964), 123ff.; Edward P. Mahoney, "Sense, Intellect, and Imagination in Albert, Thomas, and Siger," in *The Cambridge History of Later Medieval Philosophy: From the Rediscovery of Aristotle to the Disintegration of Scholasticism, 1100-1600*, ed. Norman Kreitzmann (Cambridge: Cambridge University Press, 1982), 602-22.

이슬람의 신론은 이슬람의 중대한 약점이다. 그것은 다른 모든 문제들의 근원이다. 기독교 변증가와 복음전도자가 민감하고 지혜롭게 철저히 조사할 수 있는 부분이 바로 이곳이다. 삼위일체가 그리스도에게 전향하는 모슬렘들에게 거대한 장애물들 중 하나이지만, 삼위일체는 지능적으로 솜씨 있게 제시되어야만 한다.

여기서 현대 러시아 정교회 신학에서 재발견되어 몰트만과 스타닐로애에 의해 다양하게 발전된, 성 빅토르의 리처드(Richard of St. Victor)가 제시한 사랑의 패러다임이 도움을 준다.

오직 삼위일체인 신(a God)만이 사랑할 수 있다. 오직 성령만이 사랑할 수 있다. 만일 하나님이 연합하여 교제하는 위격들의 삼위일체가 아니라면, 인간의 사랑은 아마도 하나님의 본성을 반영할 수 없을 것이다. 고독한 단자는 사랑할 수 없으며, 사랑할 수 없기에 이 단자는 한 인격체가 될 수도 없다.

그리고 하나님이 인격적이지 않다면 우리 역시 그럴 수 없다. 그리고 우리가 인격체가 아니라면 우리는 서로 사랑할 수 없다. 이것은 일신론적이고 단일한 신성을 따르는 문화와 삼위일체에 대한 기독교의 가르침이 퍼져 있는 문화 사이에 측량할 수 없는 거대한 경계선이 놓여 있음을 표시한다.

삼위일체신학은 하나님이 사랑이시기 때문에, 그분이 분할되지 않는 사랑의 교제 가운데 계신 세 위격이시기 때문에 사랑이 궁극적이라고 주장한다. 이와 반대로, 이슬람은 알라가 권세 있다는 것과 알라의 뜻이 그 앞에 복종(*islam*)이 요구되는, 궁극적인 것이라고 단언한다.

7. 오늘날의 포스트모던 문화: 통일성 없는 다양성

1970년경 이래로 서양의 발전은 이슬람과 반대 방향으로 이루어졌다. 포스트모더니즘은 다양성을 허용하지만 (실제로는 강요하지만) 통일성을 허용하지 않아서 통일성 안에 다양성이 들어갈 여지가 전혀 없다. 오늘날 포스트모더니즘은 실제로 서구 세계에서 모든 국면의 삶에 골고루 퍼져 있다.

기업계와 미디어의 다양성에 대한 강조, 주도적인 정치인들의 끊임없이 변화하는 진술들, 거대하고 난공불락으로 보이는 나라들의 붕괴, 그리고 사람들이 느끼는 방식에 대한 강조는 모두 포스트모더니즘의 어조이다. 그것은 우리 모두에게, 우리의 일상생활에 영향을 미친다.

포스트모더니즘을 이해하기 위해서 우리는 먼저 포스트모더니즘이 모더니즘에 "이후"(post-)가 된 것을 살펴볼 필요가 있다. 근대 세계는 1700년경 계몽주의 시대에 탄생하여 20세기의 제3 사분기까지 일반인의 수준으로 지속되었다. 모더니즘은 이성에 대한 높은 평가에 기초하여 인간의 진보에 대한 낙관적 믿음이 있었는데, 그것은 성경적, 기독교적 세계관에 대한 거부에서 나왔다.

임마누엘 칸트(1724-1804)는 과학적 지식이 감각에 의한 관찰에 토대를 둔다고 주장했다. 경험적 관찰과 검증에 근거하지 않은 종교는 과학과 다른 범주에 속한다. 이것은 객관적 과학에 대한 광범위한 신화를 낳았고 초자연적인 것에 대한 깊은 편견을 만들어냈다. 기적은 받아들일 수 없게 된 결과, 그리스도의 동정녀 탄생, 그리스도의 성육신, 그리스도의 부활, 그리스도의 신성이 이런 사고방식을 함께한 사람들에게 거부되었다.

이런 세계관은 신앙과 역사의 균열을 조장했다. 신앙은 과학적이거나 역사적 탐구를 뛰어넘는, 종교의 영역(본체 세계, the noumenal)에 해당한다. 기독교가 역사적 종교라는 주장은, 역사적 사건들은 궁극적 진리를 규정할 수 없기에 교회가 선포한 그리스도의 역사적 부활은 기독교 신앙의 종교적 진리를 규정할 수 없다는 계몽주의 후예들의 반대주장에 의해 반박되었다.

게다가, 이성에 대한 근대의 강조는 성경과 같이 외부에서 부여한 권위에 맞서 설정되었다. 하나님의 계시 아래 있는 이성은 중요하지만, 후기 계몽주의의 이성의 사용은 성경과 교회의 가르침과는 별개로 자율적이었다. 19세기 말의 절정기에 자유주의는 역사와 역사적 예수에 초점을 맞춰 복음서의 기록을 과학적이고 역사적인 조사를 받게 하였고, 미리 조치한 그 자체의 범주에 들어맞지 않는 것은 무엇이든지 의심쩍은 눈으로 바라보았다.

복음주의는 이런 세계관에 대한 기독교의 대응이었고 여러 면에서 그것에 대한 적응이었다. 우파 근본주의가 모더니즘을 무시한 반면, 복음주의는 중생, 성화, 복음전도 즉 선하고 필요한 모든 것을 강조하는 모더니즘의 몇몇 특징들을 받아들였지만, 역사적 신앙과는 반대로 복음의 인간적인 목표로 기울어졌다.

교회는 역사적으로 성삼위일체, 그리스도의 성육신, 그리고 교회와 성례전에 대한 신앙을 고백했었다. 물론 기독교에 다른 많은 요소들이 있었다. 성경은 어찌되었건 많은 것들-배, 신발, 봉랍(sealing wax), 그리고 갖가지 화제들-에 대해 이야기한다. 하지만 콘스탄티노플 신조의 초점-삼위일체, 성육신, 교회, 성례전-은 신앙의 주요 문제였다. 복음주의는 모더니즘에 응답하는 가운데 사람과 개인의 구원 관련 문제들에 정력을 집중하면서 다른 새로운 길로 내려갔다.[56]

수많은 구성요소들이 결합하여 모더니즘을 허물기 위해 결합했다.

첫째, 물리학의 여러 발전은 칸트가 상정한 두 개의 분리된 영역-한편으로는 물리적이고 관찰할 수 있는 영역과 다른 한편으로는 영적이고 종교적이고 도덕적인 영역-을 파괴했다. 상대성 이론들은 질료와 에너지가

---

[56] Robert Letham, "Is Evangelicalism Christian?" *EvQ* 67, no. 1 (January 1995): 3-33.

빛의 속도에 근접하여 상호교환 할 수 있고, 따라서 연속체의 일부가 된다는 것을 규정했다. 관찰할 수 있는 것과 관찰할 수 없는 것은 별개의 두 영역이 아니다.

왜냐하면, 우주의 근본적인 빛과 함께 관찰되는 것은 관찰될 수 없는 것에 의해 해석되고, 시공간 연속체는 여러분이 보거나 듣거나 냄새 맡을 수 있는 것이 아니며, 빛은 여러분이 보는 것이라기보다는 여러분이 볼 수 있게 해 주는 매개체이기 때문이다. 따라서 과학과 영적인 것의 영역은 서로 구별되지만, 분리되지는 않는다.

게다가, 이러한 발전은 우주의 경계에 접근함에 따라 논리의 한계를 드러냈다. 1887년의 마이컬슨-몰리의 실험(Michelson-Morley experiment, 1887년에 지구 공간에서의 운동은 광속에 영향을 미치지 않음을 증명한 실험을 가리킨다, 역주)을 따라서, 빛이 형식 논리나 기호 논리의 규칙들을 따라 행동하지 않는다는 것이 명백해졌다.[57]

나중에 빛의 파동 이론과 입자 이론의 공존이 이것-서로를 논리적으로 상쇄하는 것처럼 보이지만 그럼에도 둘 다 참인 이론들(빛이 어떻게 구체적인 분자처럼 행동하면서 연속적인 파도처럼 행동할 수 있는가?)-을 강화했다.

우리는 또한 모든 인류의 과학적 치수의 부정확함을 규정한 하이젠베르크의 유명한 불확실성의 원리를 지적할 수 있고, 체계가 동시에 일관되고 종합적일 수 없음을 규정한 수학 분야의 괴델의 정리를 지적할 수 있다. 간단히 말해서, 과학과 수학은 논리의 한계를 입증했다. 자연은 주어진 것이며, 인간 이성의 지배 아래에 있지 않다.

둘째, 인간의 진보와 이성의 능력에 대한 계몽주의의 믿음은 양차 대전으로 인해, 아우슈비츠와 히로시마를 포함한 잔학한 행위들에 대한 공포로 인해, 그리고 새로 부상하는 환경의 위기에 대해 증대하는 각성으로 인해 산산이 부서졌다. 인간의 본성은 더 이상 자상하게 보이지 않았다.

57　Michael Polanyi, *Personal Knowledge* (Chicago: University of Chicago Press, 1958), 9-15.

서구 세계는 터무니없이 괴물 같은 행위를 낳았다. 계속되는 발전과 점차 성취해가는 생활양식을 산출하기 위해 세상을 형성하고 통제하는 인간의 능력에 대한 신뢰가 허물어졌다. 많은 사람들이 합리적이지 않은 것(the nonrational)을 탐구하기 시작했다.

동양의 신비주의와 오컬트가 서구 사회에 거창하게 들어갔고, 뉴에이지 운동은 히피족의 잿더미에서 나온 불사조처럼 출현했다. 이런 두드러진 변화와 함께 감성이 이성을 이기고 이미지는 실체를 이겨낸다.

셋째, 나치주의, 공산주의, 종교적 조작 안에 드러난 이데올로기의 파괴적인 결과는 강력하게 표현된 진리 주장들에 대해 짙게 드리워진 의혹을 낳았다. 내가 보기에 포스트모더니즘의 일부 주요 주창자들이 프랑스인 사람들인 것은 우연이 아닌 것 같다. 왜냐하면, 유럽 대륙은 지난 세기에 파괴적이고 편협한 이데올로기의 비판을 많이 받았기 때문이다.

하지만 여러 면에서 기독교와 동일한 의식들을 포함하고 있는 종교는 면제되지 않는다. 1978년의 존스타운 대학살 사건은 원래 기독교 교회에서 시작되었다. 많은 복음주의 지도자들은 한 작가가 투광 조명으로 비춰진 강제 수용소에 비유되는 것으로 묘사한 그 추종자들에게 영적이고 감성적인 압력을 가해 왔다.[58]

새로이 부상한 세상은 매우 다른 세상이다. 이 세상은 일반적으로 인간의 진보에 염세적 관점을 갖고 있다. 이전의 수 세기에 걸친 과학과 과학 기술의 발전은 그 부정적인 영향 때문에 빈번하게 의문시되었다. 더욱이, 이성에 대한 근대 세계의 의존은 감성에 대한 선호로 대체되었다. 성공한 운동선수들은 경기를 분석하는 질문은 덜 받고 기분이 어떤지에 대한 질문을 더 많이 받는다. 대인관계에서 주요 결점은 이제 누군가의 감정을 상하게 하는 것이다.

---

58 Graham Shaw, *God in Our Hands* (London: SCM, 1987), 31, 47.

데카르트의 "나는 생각한다. 고로 나는 존재한다"라는 명제가 이제는 포스트모던 인간의 "나는 감정을 드러낸다(emote). 고로 나는 존재한다"라는 명제에 의해 옆으로 치워졌다. 또 이데올로기(ideology)에 대한 불신은 이제 관념적인(ideological) 지위를 가지고 있다. 사회에서 다원주의는 본질적으로 다른 종교적 원천들이 대체로 똑같이 타당하다고 수용함에 따라 드러난다.

기독교에서 옛 복음주의는 계몽주의의 소멸과 함께 쪼개졌다. 그 자리에 은사주의 운동이 일어났는데, 이 운동은 이성보다 감성을 의존하고 직선적이고 진보적인 찬양(전체 유대-기독교적 찬양의 특징)에서 순환적이고 반복적인 합창으로 대체되며, 육체적인 것과 영적인 것이 하나로 접어짐으로써, 포스트모더니즘과 유사함을 나타낸다.

긍정적인 측면에서 볼 때, 기독교에 대한 오래된 반대들은 더 이상 과거와 같은 영향력을 행사하지 못한다. 왜냐하면, 그것들을 지지했던 문화적 전제들이 허물어졌기 때문이다. 제임스 맥스웰(James Clerk Maxwell, 스코틀랜드 교회의 경건한 장로)과 앨버트 아인슈타인(Albert Einstein)에 의해 가능해진 과학적 세계관은 더 이상 본질적으로 기독교에 적대적이지 않다. 그러나 새로운 상황이 출현하여 잠재적으로 훨씬 더 심각한 다른 장애물들을 양산했다.

하나님이 감정을 창조하셨고 우리의 전 존재로 하나님에게 반응하도록 의도하셨기 때문에 감정을 회피해서는 안 되지만, 심사숙고한 사고가 아니라 형상(image)과 직감에 의해 형성된 세계 안에 특이하고 불행한 위험들이 존재한다. 이런 위험들은 시민 사회와 법치와 관계가 있고 교회 및 그리스도에게 대한 신실한 자세와도 관계가 있다.

고대 이스라엘은 가나안 종교로부터 비슷한 유혹들을 직시했다. 하나님은 지성(mind)이나 오성(悟性, understanding)을 통해 인격 전체에 자신을 계시하셨지만, 가나안 종교는 머리 밑에 있는 어떤 부분으로부터 영향을 받았다.

근대 세계는 데카르트와 칸트와 같은 철학자들에 의해 그리고 아이작 뉴턴(Isaac Newton)과 같은 사람들에게 드러난 그들의 전제들에서 발전한 자연과학에 의해 형성되었다.

포스트모더니즘과 함께 니체와 마르크스, 그리고 하이데거 등에 의해 새로 만들어진 이전의 다양한 철학들은 한층 더 발전되어왔다. 과학자들보다는 문예 비평가들이 이러한 새로운 세계 순서의 선봉에 서 있다. 그 근본적 특징은 세계가 객관적 의미나 절대 진리가 없다는 견해이다.[59]

롤랑 바르트(Roland Barthes, 1915-80), 미셸 푸코(Michel Foucault, 1926-84), 자크 데리다(Jacques Derria, 1930-2004)가 행한 많은 연구 주제는 인간의 언어가 구어체이든 문어체이든 객관적 세계를 가리키는 않고 그 대신에 객관적 세계 자체를 다시 지시하는 언어적 기호 체계라는 것이다. 원래의 화자나 저자가 말하려고 했던 것이 무엇인지 물어봐야 아무 소용이 없다. 저자가 우리 곁을 영원히 떠나버렸기 때문이다.

우리는 단순히 우리 앞에 본문을 가지고 있는데, 그것은 독자인 여러분이 스스로 원하는 의미를 부여할 수 있는 본문이다. 여러분 자신의 해석을 초월하는 어떤 객관적 세계도 없다. 의미 자체는 끊임없이 미루어진다.

롤랑 바르트에 의하면 과연 객관적 세계에 대한 얘기는 실제로 조작으로 권력을 유지하려는 부르조와 엘리트들의 시도이다. 모든 언어는 (구어체이든 문어체이든) 단순히 그 자체를 언급한다.

데리다에게 있어, 본문은 본문 밖에 준거점이 전혀 없다. 확고부동한 의미들은 변화무쌍한 다수의 비유들에 의해 생겨난다. 이것은 절대 진리의 주장들-이러이러한 것이 모든 시간과 장소에서 사실이라는 주장들-심각한 결과들을 가져온다.

---

[59] 이어지는 두 단락에서 나는 특히 다음의 책에 빚을 지고 있다. Anthony C. Thiselton, *Interpreting God and the Post-Modern Self: On Meaning, Manipulation and Promise* (Edinburgh: T &T Clark, 1995).

첫째, 포스트모더니즘에게 있어, 진리 주장들은 실제로 사람들을 속이기 위한 시도들이며 권력과 통제를 위한 노력들이다.

역사적 기독교는 분명히 이 범주에 속한다. 포스트모던 비판가들은 해체로 알려진 절차에 의해 절대 진리의 주장들의 근저에 있는 숨겨진 의제들을 폭로하려고 노력한다. 양파 껍질을 벗기는 것과 같이, 그들은 실제로 조작하는 마음 심층부에 이르기 위해 표면적인 주장들의 층을 계속해서 제거한다.

포스트모더니즘은 광고 산업을 매우 의심하는데, 그것은 본질적으로는 기만하는 방식으로 경제적으로 우리에게 영향력을 행사하려는 누군가의 욕심대로 우리 모두를 꼼짝 못하게 한다. 기독교 교회는 해체를 위한 분명한 목표물이다. 왜냐하면, 교회가 그 지지자들과 어떤 경우에는 문화 전체에 권력을 행사해 왔기 때문이다.

실제로, 포스트모던주의자들에게 신념들은 아이스크림에 대한 기호와 같이 단지 문화 집단이 선호한 대안들에 불과하다. 당신은 자기가 하는 양식을 믿는다. 왜냐하면, 당신이 교제하는 단체가 그 양식을 믿고 있고 당신이 그것에 행복해하고 편안해 하기 때문이다.

모든 것은 문화적으로, 사회적으로 제약을 받는다. 이것은 관대한 다원주의에 잘 어울리는데, 거기서 어떤 믿음과 모든 믿음-즉, 그것들을 갖고 있는 자 이외에 사실이라고 주장할 수 없고 주장하지 않는 모든 통찰력-이 대체로 균등하게 적법하다.

어떤 단체도 그것이 유일한 진리라고 주장할 수 없다. 왜냐하면, 진리는 (과연 어떤 진리가 있다고들 할 수 있을지라도) 끊임없이 파악하기 어렵기 때문이다. 기독교는 개인적으로, 개별적으로 자격을 갖춘 기호의 문제다. 절대 진리는 가능하지 않다. 기독교 복음은 그것에 대한 기호를 공유하지 않는 사람에게나 그것이 특별히 도움이 되는 통찰이 되지 않는 사람에게 객관적으로 참이거나 적용될 수 없다.

둘째, 포스트모더니즘 세계는 불안정성과 다양성, 그리고 단절화의 세계다.

포스트모더니즘이 객관적 진리를 전혀 허용하지 않기 때문에, 우리가 무엇을 믿어야 하는지 또는 우리가 어떻게 행동해야 하는지를 규정하는 확고한 준거틀이 전혀 존재하지 않을 수 있다. 이러한 부동성의 결여는 일상생활에서 전체적인 안정감의 결여를 수반한다. 어떤 기초도 일반적으로 용인된 도덕을 위해 존재하지 않는다. 항상 변하는 이 세상은 오늘날의 과학기술이 6개월 내에 유행에 뒤쳐진다는 상황에 꼭 맞는다.

미국의 큰 단체들에서 다양성은 게임의 이름이다. 노동 인구는 다른 인종적 배경과 다른 생활양식을 지닌 사람들을 받아들이라고 교육받는다. 확고한 도덕적 기준들이 없기 때문에, 우리는 무엇을 해도 괜찮다. 정치학에서 우리는 근대 시기에 형성된 큰 주들의 단절화를 목격하고 있는데, 그때 통일성은 합리적으로 다양한 민족들 위에 부여되었다.

다양한 방식으로 소비에트 사회주의 공화국 연방(USSR), 유고슬라비아, 체코슬로바키아가 분열되었다.

서양에서 캐나다의 정치는 극적이게도 지역으로 나누어졌다.

대영제국은 웨스트민스터에서 4개국에 부여한 중앙통치와 함께 계몽주의 시대에 형성되었지만, 이제는 이전이 스코틀랜드, 웨일즈, 그리고 아마도 영국의 지역들에 있는 의회들을 만들고 있는 반면, 연합의 장기간 지속은 문제가 있는 것으로 간주된다.

미합중국(USA)에 관해 말하자면, 아메리카 원주민들은 얼마 남아 있지 않다. 모든 사람이 귀화한 미국인이기 때문이다. 즉 아프리카계 미국인, 이탈리아계 미국인, 유대계 미국인, 한국계 미국인 등 목록이 끝이 없다. 각각의 경우에, 이성에 대한 강조와 근대에 부여된 통일성은 포스트모던주의의 다양성과 단절화로 대체되었다.

큰 예외가 유럽 연합이지만, 거기서 강력한 연방 중앙집권 국가를 향한 관료적이고 합리적인 떠밀기가 대중적인 지지를 통제하지 않고, 점점 증가하는 규모와 함께 동양에서 온 새로운 회원국들 때문에 그 목표들을 달성하기 쉽지 않아 보인다.

그러나 만일 절대 진리가 전혀 없다면 당신의 통찰력이 아돌프 히틀러보다 더 훌륭하다고 누가 말할 수 있는가?

만일 모든 것이 거대한 언어 게임이라면, 우리는 도덕적으로 반대하는 사상들을 거부하기 위한 토대를 제거할 것이다. 만일 도덕성을 위한 기초가 전혀 없다면, 부도덕한 것들은 존재하지 않는다. 정말로, 포스트모더니즘 세계는 완전히 제멋대로다. 만일 감정이 이성을 이긴다면, 우리는 어떤 것에 대한 합리적 근거들을 전혀 소유하지 못한다. 이런 사고방식은 또한 모순된 행위들로 벌집 투성이가 된다.

쟈크 데리다가 자기에게 돈을 벌게 해 줄 수 있는 객관적 세계가 존재하는가?

그는 봉급을 받는가?

그는 먹기 위해 자기 언어 게임들에서 출현하는가?

그에게 강의를 수강하고 있는 사람이 강단으로 나가서 그의 얼굴을 한 대 쳐서 코피를 흘리게 했다면 어떨까?

그러면 객관적 세계는 존재할 것인가?[60]

간단히 말해서, 포스트모더니즘은 일상생활의 검증을 감내할 수 없다. 그것은 잘 돌아가지 않으며 그렇게 되지도 않을 것이다. 그것은 루드비히 비트겐슈타인의 검증에 실패하는데, 그는 언어와 철학이 우리가 날마다 자기 일을 하는 현실 세계의 측면에서 "현금의 가치"를 갖고 있음에 틀림없다고 역설했다. 그렇게 하기 위해서 우리는 객관적 세계가 존재한다고

---

60 "딜(Deal)에서 온 신앙의 치료자가 있었는데, 그는 고통이 실재하지 않는다고 말했다. 그가 핀 위에 앉았을 때 그는 원통하게 큰 소리로 고했다. '나는 내가 느낀다고 상상하는 게 싫어.'"(미지의 출처).

가정하고 거기에 따라 행동한다. 만일 존재하지 않았다면 인생은 지속될 수 없을 것이다.

비트겐슈타인은 친히 그런 상황을 신문이 보도한 것이 사실이었음을 확신하기 위해 몇 부의 조간신문 복사본을 구입하고 있는 사람으로 비유했다.[61]

사람들이 정돈된 사회에서 행동하는 방식은 오직 자기 자신이 속한 것과 다른 시간과 공간에서 전면적으로 유효한 행동 기준이 있다고 그들이 가정하는 기초 위에서만 설명될 수 있다. 더욱이, 포스트모더니즘은 그 사상이 그 밖의 모든 사물과 모든 사람에게 부정하는 것을 그 자체로 받아들이라고 우리에게 요구한다.

그것은 절대 진리 주장들을 부정하고 해체하지만, 그 자체의 주장들은 절대적이며, 그것이 다른 주장들에 고의로 떠넘긴 상대주의에서 배제되었다. 그것은 모든 인간의 언어가 그 자체만을 언급한다고 주장한다. 이것은 구어체이든 문어체이든 모든 인간의 담론에 적용되는 하나의 절대 주장이다.

그것은 또한 환원주의적이기도 한데, 현실 전체를 하나의 형태로 축소하며, 특수한 언어 이론이 이 경우에 해당한다. 이러한 환원주의는 언어에 대한 주장이라기보다는 오히려 하나의 철학, 세계관, 근본적으로 종교적 세계관이다. 그것은 한 분야의 인간 행위와 지식을 다른 모든 것들 위에 올려놓고, 존재하지 않고 존재할 수 없다고 스스로 주장하는 궁극적 준거틀(거의 신적인 위상)을 요구한다. 그 주장들은 자기 파괴적이어서 자기에게 되돌아온다.

그것은 또한 괴델의 공리의 검증에 실패하는데, 이 공리는 어떤 체계도 자기 위에 동봉될 수 없다고 규정했다. 실제로, 인간은 객관적 의미나 절

---

61 Ludwig Wittgenstein, *Philosophical Investigations* (Oxford: Balckwell, 1963), sec. 265, 93-94.

대 진리가 없으면 살아갈 수 없다. 인생은 그게 없으면 붕괴된다.

불안정성과 다양성의 관점에서, 항상 변화하는 포스트모던 세계는 불안정과 분열, 그리고 다양한 형태의 테러 행위의 발흥을 지켜보고 있다. 다양성이 지배함에 따라, 하위집단은 각각의 다른 집단에 대하여, 종족이 종족에 대하여 분열된다.

해체주의의 정신으로 점화된 의혹 때문에, 각각의 분열된 단위는 나머지 다른 단위들을 비난하는 것처럼 보인다. 희생자 집단은 발달하고 책임감은 떨어진다. 이것은 사회적 분열과 불안정, 그리고 한때 존재했던 결합의 해결을 위한 수단이다. 티슬턴은 포스트모던 자아가 다툼의 태세를 쉽게 취하는 경향이 있다고 주장한다.[62]

공공생활에서 임의성은 공적 정의의 파멸을 의미할 것이다. 법의 지배는 기독교 세계관의 맥락에서 출현했다.

중세의 위대한 법률가였던 헨리 드 브랙턴(Henry de Bracton, 1268) 영국의 법률을 체계화한 자신의 획기적이고 영향력이 큰 작품 『영국의 법률과 관습법론』(*De legibus et consuetudinibus Angliae*)에서 왕은 스스로를 법 아래 두고 하나님의 대리자로서 예수 그리스도를 대신하여 하나님에게 책임을 졌다고 가르쳤다.

> 심판은 인간이 아닌 하나님에 의해 이루어지기 때문이다. 이런 이유로 통치를 잘 하는 왕의 마음이 왜 하나님의 손 안에 있다고들 한다. 진노의 날에 그가 원수 갚는 것이 내게 있으니 내가 보응할 것이다라고 말하신 분의 복수를 느끼는 것을 두려워하여 무분별한 사람이 심판대에 올라가는 일이 없도록 하자. 그들이 인자를 보는 날에 … 주님이 고발자, 옹호자, 그리고 심판자가 되실 때 누가 그 재판을 두려워하지 않겠는가?[63]

---

62 Thiselton, *Interpreting God*, 131.
63 Henry de Bracton, *On the Laws and Customs of England*, trans. and ed. Samuel E. Thorne (Cambridge, Mass.: Harvard University Press, 1968-77), 2:21. 여기서 롬 12:19; 계 3:7;

게다가 현대과학(과 그것을 수반하는 번영)은 개신교 종교개혁에 의해 전래된 자본 위에 세워졌다. 과학은 객관적 순서가 전혀 없으면 단순한 언어 게임의 세계에서 존재조차 할 수 없다. 미생물에 맞선 전투는 강력한 과학적 연구를 필요로 한다. 번영은 자의식적인 아노미 세계에서 계속될 수 없다. 인종 집단과 이익 집단이 자기 자신의 의제들을 점점 힘 있게 밀어붙일수록, 불협화음과 폭력이 증가하게 될 것이다.

계몽주의적 합리주의가 갖고 있는 문제점은 그것이 다양성 없는 통일성을 추구했다는 사실이었다. 인간 이성의 미화는 순서와 통일성을 강요하게 만들었다. 그러나 하나님의 말씀의 권위로부터 자유로워진 상태에서 계몽주의는 하나님이 창조세계에 배치하셨던 다양성을 인식하지 못했다.

이와 반대로, 포스트모더니즘은 다양성을 강조하지만 통일성이 없다. 단편화(fragmentation)가 그 프로그램 위에 세워진다. 이것이 모든 형태의 불신이 나쁜 길로 빠지는 지점이다.

기독교는 다양성 속에 통일성을 유지하고 통일성 속에 다양성을 유지한다. 우리 창조주 하나님은 삼위일체이시다. 아버지, 아들, 성령은 영원히 계시고 하나의 삼위일체 하나님으로 분할되지 않게 연합해 계신다. 하나님 자신의 영원하고 선행하는 실재에 근거한 성경 계시에서 표류하게 되면, 불신은 언제나 한 극단에서 다른 극단으로 심하게 흔들릴 것이다.

교회는 어떻게 포스트모더니즘과 다투어야 하는가?
우리는 이러한 세상에서 어떻게 가장 효과적으로 복음을 선포하고 살 수 있는가?
이것을 뛰어넘어서 우리는 포스트모더니즘이 실패할 때―꼭 그렇게 되어야 하기 때문에―어떻게 미래를 대비한 계획을 세울 수 있는가?

18:9-10; 요 5:22; 마 3:7; 12:36; 13:30, 41, 42을 인용하고 있음.

1) 진리를 행함-조작으로 가는 목적

미셸 푸코와 롤랑 바르트와 다른 이들의 비판은 가볍게 기각될 수 없다. 안도감을 위해 도가 지나칠 정도로 많은 투광조명이 비춰진 강제수용소가 있다. 기도 모임의 조용한 분위기, 전도와 은사 집회의 열광적인 분위기-이제는 보수적인 교회들에도 거의 만연해 있는-는 모두 지독한 영적 압박과 조작을 위한 수단이다.

복음전도자들은 얼마나 자주 음악을 활용해서 청중을 원하는 분위기로 만들고 그들의 마음을 부드럽게 하여, 그들에게 더 쉽게 영향을 줌으로써 그들의 행동을 바꾸려고 하는가?

이것은 비난받아 마땅하다. 통계와 성공을 추구하여, 인생들이 한 복음전도자나 설교자의 자기도취(ego)에 종속된다. 오늘날 많은 "예배"는 전혀 예배가 아니다. 그 예배가 성령에게 인도되지 않고 숨겨진 문제들의 촉진, 인간적 자부심의 강화, 또는 구도자들의 오락으로 인도되기 때문이다.

예수님은 아버지가 자기를 보내셨다는 것을 "세상이 믿을 수 있도록" 당신의 교회가 영적인 의미에서 혹은 천상에서 뿐 아니라 이 세상에서 눈에 보이게끔 하나 되기를 위해 기도하셨다(요 17장).

이런 일치는 삼위일체 안에 있는 연합을 피조물의 차원에서 반영하는 것이다. 그래서 이것은 진리에 근거한 일치다. 이는 단지 제도적 혹은 강제적 일치가 아니라 행함과 진리가 있는 일치다. 이것은 아직 명확하지 않다. 포스트모더니즘과 싸우기 위해서, 그리고 그리스도의 통치의 전 세계적인 확장을 촉진하기 위해서 그것은 일어나야 한다.

우리는 조작을 단념함으로써, 진리를 가르치고 행함으로써, 그리고 교회의 순수성과 사도성뿐 아니라 그 일치와 보편성을 조장하려고 노력함으로써 이제 실제적인 말투로 그것을 위해 일해야 한다.

2) 초기 기초 작업의 필요성

만일 우리가 원점에서 출발하지 않으면, 우리는 다른 우주에서 처리하는 것이 더 나을 것이다. 오늘날 사람들은 바울 시대의 이교도들(행 17:16-34)처럼 창조물과 그것을 만드신 하나님에 대해 별로 이해하지 못하는 것이 절대 아니다. 우리가 지금까지 본 것처럼, 그 모든 배후에 진리에 대한 생각 자체가 문제 되고 있다.

우리는 그리스도가 교회와 기도에서 시작하여 가정생활, 사업, 교육에 이르기까지 전 생애를 요구하신다는 것을 이해할 필요가 있다. 이것은 전도할 때 인내심 있게 성삼위일체 하나님의 본성과 창조, 그리고 진리의 객관성의 기초를 놓은 것을 필요로 한다. 우리가 복음에 대한 지적인 반응이 이루어질 수 있는 맥락을 사람들에게 제공하는 것은 중요하다. 하나님의 은총의 메시지는 진리의 실재인 창조에 근거하고 삼위일체의 연합과 교제에 근거해야만 한다.

3) 삼위일체와 성육신

아마도 객관적이고 절대적인 지식의 주장들에 대한 포스트모던의 의혹에 맞선 가장 적절한 답변은 우리가 하나님의 속임이 전혀 없는 자기희생적 사랑에 초점을 맞추는 데 있을 것이다. 그리스도의 성육신은 이 분단의 초월을 입증한다.

빌립보서 2장 5절 이하에서 바울은 영원하신 아들조차 아버지와 자기의 동등성을, 즉 자신의 이권을 위해 활용할 수 있는 어떤 것을 생각하지 않았다고 강조한다. 대신에 그는 아버지에게 우리의 대제사장이 되는 영예를 포함하여 모든 것을 받으셨다(히 5:5).

그는 성육신하실 때 하나님이기를 멈춘 것이 아니라 종의 형체를 취하여 사람이 되심으로 자기를 비우셨다. 그런 다음, 성육신 사역 속에서 그는 기꺼이 자기를 낮추시어 다른 이들을 섬기시고 십자가의 저주받은 죽음에 자신을 내어주셨는데, 십자가형은 천한 자들 중에 가장 천한 자에게 로마 당국이 보유했었고, 로마법(ius Italicum)의 보호를 받는 로마 식민지인 자기 도시의 위상에 자부심을 갖고 있는 빌립보 사람들이 가장 야비한 사형 방식으로 기꺼이 여겼을 것이다.

그리스도는 자기 자신의 은밀한 일을 실현하기 위해 우리에게 압력을 가하지 않으신다. 대신에 그는 죽음에 자신을 넘겨주셨다.

이것은 우리에게 하나님이 어떤 분이신가를 보여 준다. 거룩하고 분할되지 않으시는 삼위일체는 깨어지지 않는 사랑의 연합이시다. 아버지, 아들, 성령은 자기 자신의 목적을 위해 서로를 속이지 않으시며, 그들은 실제 상황이 처음 보이는 것과 다른 것임을 나타내기 위해 해제될 수도 없으시다.

삼위일체의 사랑은 순수하고 정의로우며, 선하고 자비롭다. 위격들은 구별되지만 연합은 분할되지 않는다. 다양성의 통일성에 대한 정복도 없으며 통일성의 다양성에 대한 정복도 없다. 셋은 하나이며, 하나는 셋이다. 기독교 신앙의 신학적 핵심이 여기에 있고, 이것은 또한 포스트모던 세계에 우리의 중심이 되어야만 한다.

모든 종류의 선교 속에서 우리는 일관되게 성경적이고 삼위일체적인 창조, 구원, 종말 교리를 잘 다루어야 한다. 성령의 중심성은 예배와 기도에 중요할 뿐 아니라 개인과 문화를 향한 전도에도 중요하다.

이 모든 것의 중심에 우리가 다른 사람들을 대하는 방식이 있다. 왜냐하면, 만일 하나님이 관계적이시고 우리가 그분의 형상으로 만들어졌다면, 기독교 신앙의 중심에 우리가 그분의 형상을 공유하고 있는 다른 사람들을 대하는 방법이 있기 때문이다. 이것이 마지막 장의 주제다.

> 가장 높은 곳에 계신 하나님께 영광을,
> 땅 위에 있는 그의 백성들에게 평화가 있기를 기원합니다.

하늘의 왕이신 주 하나님!
전능하신 아버지 하나님!
우리가 예배와 감사와 영광과 찬송을 올려 드립니다.
주 예수 그리스도, 아버지의 독생자, 주 하나님, 하나님의 어린양이시여!
당신은 세상의 죄를 제거하시고 우리에게 자비를 베푸십니다.
당신은 아버지의 우편에 좌정하시고 우리의 기도를 받으십니다.
당신만이 거룩한 분이시오,
당신만이 주님이시오며,
당신만이 아버지 하나님의 영광 가운데 성령님과 더불어 지존자 예수 그리스도이십니다. 아멘.[64]

---

[64] *Gloria in excelsis* (Morning Prayer II), *The Book of Common Prayer and Administration of the Sacraments and Other Rites and Ceremonies of the Church Together with the Psalter or Psalms of David: According to the Use of the Episcopal Church* (New York: Church Hymnal Corporation, 1979), 94-95.

✦ 주요 용어들

영원한 발생(eternal generation)
영지주의(gnosticism)
모나드(monad)
일원론(monism)
신플라톤주의(Neoplatonism)
발현(procession)
종속론(subordinationism)

✦ 깊이 생각할 문제

삼위일체론적 세계관과 비삼위일체론적 세계관은 오랜 시간 동안 한 문화에 골고루 퍼져 있기 때문에 그 문화에 어떻게 영향을 미칠 수 있는지 조심스럽게 차례로 생각해 보라.

제4장

삼위일체와 위격들

아주 많은 사람들이 요즘 "나는 신을 믿지만 인격적인 신을 믿지는 않아"라고 말한다. 그들은 다른 모든 것들 배후에 있는 신비로운 무언가가 틀림없이 한 인격 이상이라고 느낀다. 이제 그리스도인들은 전적으로 동의한다.

그러나 그리스도인들은 인격성을 초월한 존재가 어떤 모습일 수 있는지에 대한 사상을 제공해 주는 유일한 사람들이다.

다른 모든 사람들은 비록 하나님이 인격성을 초월한다고 말할지라도, 실제로 하나님을 비인격적인 것, 즉 인격 이하의 것으로 생각한다. 만일 당신이 초인격적인 것, 한 인격 이상의 것을 찾고 있다면, 그것은 기독교 사상과 나머지 다른 사상들 사이에서 선택할 질문이 아니다. 기독교 사상은 사들일 수 있는 유일한 것이다.

모든 종류의 사람들이 "하나님은 사랑이시다"라는 기독교의 언명을 되풀이하기 좋아한다. 그러나 그들은 만일 하나님이 최소한 두 위격을 포함하고 있지 않으면 하나님은 사랑이시다라는 표현이 실제적 의미를 전혀 갖지 못한다는 사실을 주목하지 않는 것 같다. 사랑은 한 인격이 다른 인격에 대해 갖는 어떤 것이다. 만일 하나님이 단일한 위격이었다면 세상이 만들어지기 전에 그는 사랑이 아니었다(C. S. 루이스, 『단순한 기독교』[Mere Christianity]).

에드먼드 힐(Edmund Hill)은 아우구스티누스가 지은 『삼위일체론』(*De Trinitate*)의 번역본을 소개하면서 오랜 세월 동안 메아리쳐 왔던 위격이란 단어에 대한 관심을 표명한다.

아우구스티누스에 대한 지지를 주장하면서도 어느 정도 포스트모더니즘을 드러내면서, 그는 어떤 단어도 그것이 순수한 협정 또는 상표이기 때문에 사용될 수 있을 것이라고 제안한다. 그는 라이문도 파니카(Raimundo Pannikar)를 인용하는데, 파니카는 그 용어에 "인격"에 해당하는 단어가 전혀 없는 몇몇 아프리카 주교들에게 경의를 표했다.[1]

내가 생각하기에, 이것은 영리한 시도처럼 보인다. 실제로, 다소 어리석다. 아우구스티누스 자신의 혼동은 어느 정도는 하나님의 한 존재로 시작한 출발점 때문인데, 그것은 우리가 살펴봤듯이 세 위격 특히 성령의 구별된 정체성에 여러 문제를 낳았다.

위 발췌문에서 C. S. 루이스가 말한 것처럼, 사랑은 위격들 사이에 존재한다. 위격이 문제가 있다고 주장되는 곳에서 사랑은 사라질 것이다. 위격—신적인 인격뿐 아니라 인간의 인격조차—이 무엇인지를 정확히 정의하는 문제가 있다는 것은 사실이다.

하지만 그것은 피할 수 없다. 프랑스 인격주의 철학자 엠마뉴엘 무니에(Emmanuel Mounier, 1905-50)가 지적한 바와 같다.

> 우리는 사람에게 외부 대상들 즉 관찰될 수 있는 그런 대상들만 정의할 수 있다. [반면에 인격은] 우리가 알고 있으며, 우리가 동시에 내부로부터 형성하고 있는 하나의 실재다. 모든 곳에 현존하는 인격은 어디에도 주어지지 않는다.[2]

---

[1] Edmund Hill, *The Works of Saint Augustine: A Translation for the 21st Century: The Trinity*, trans. Edmund Hill, ed. John E. Rotelle (Hyde Pa가, N.Y.: New City Press, 1991), 52, 59의 서론.

[2] Emmanuel Mounier, *Personalism* (Notre Dame, Ind.: University of Notre Dame Press,

인격의 본질은 정의할 수 없다고 무니에는 역설한다. 그것은 그 표현에 의해 고갈되지 않으며, 조건에 따라 어떤 영향을 받지도 않는다. 그것은 추상적 원리는 아니지만 "행위 속에서 그 자체를 인격적으로 되어가는 움직임으로 이해하고 알고 있는, 살아 있는 자기창조의 활동, 소통과 애착의 활동이다." 그것은 "사람에게 고유한 존재 양상이다."[3]

인격성의 결정적 개념이 출현한 것은 오직 기독교의 출범부터였으며, 이는 그리스 사상에 스캔들이었다고 무니에는 계속해서 주장한다. 기독교는 이제껏 악으로 간주되었던 다양성과 복합성이 하나님께서 무에서 창조하신 세계의 일부였다는 생각할 수 없는 개념을 가져왔다.

인간의 인격은 떼어놓을 수 없는 완전체이다. 왜냐하면, 하나님은 인격적이어서 각 사람에게 독특하게 친밀한 관계, 그분의 신성에 참여하는 관계를 부여하신다. 그러한 자격으로 인간은 자유를 갖고 있고 자유는 그 사람의 인격성을 구성한다.[4]

> 인격의 절대성은 세상으로부터 그를 고립시키지도 않고, 다른 사람들로부터도 고립시키지 않는다. … 삼위일체 개념조차도 … 위격들 간의 친밀한 대화이며 본질상 고독의 부정이 되는 절대적인 존재라는 놀라운 개념을 만들어낸다.[5]

티모시 칼리스토스 웨어(Timothy Kallistos Ware) 주교는 무니에와 비슷하게 글을 쓴다.

나의 참 자아는 무엇인가?

    2001), xvi-xvii.
3   Ibid., xviii-xix.
4   Ibid., xx-xxi.
5   Ibid., xxii.

나는 누구인가? 나의 정체는 무엇인가?
대답은 결코 명확하지 않다. 각 인격의 경계들은 다른 인격들과 함께 어울리기 때문에 공간과 시간에 뻗어 있어 공간이 무한에 이르고 시간이 영원에 이를 정도로 지나치게 폭이 넓고 중첩된다. 중요한 의미에서 우리는 정확히 한 인격이 되는 것에 무엇이 관여하는지 모른다.

그는 이에 대한 이유가 있다고 이렇게 지적한다.

그 이유는 인간이 하나님의 형상과 모양으로 만들어졌기 때문이다. 하나님은 이해를 뛰어넘기 때문에 인성 안에 있는 그분의 성상(icon) 역시 이해할 수 없다.[6]

교부들의 가르침을 인용하면서, 파나이오티스 넬라스(Panayiotis Nellas)는 인간이 정치적이고 합리적인-철저히 세속적인- 존재인 반면, "그는 하나님을 향해 일어서고 하나님과 연합한 정도 만큼 자기의 참 존재를 실현한다."[7]

바울이 보기에, 인간이 장성한 분량에 이르기까지 자라는 것은 인간의 그리스도화(Christification), 즉 그리스도와의 연합에 있다. 그리스도는 하나님의 형상이시고 인간은 그리스도의 형상, 즉 그 형상의 형상이다.[8]

인간은 지고하신 창조주의 형상이기 때문에 작은 창조자다. 그는 그리스도가 전능하신 주님이요 왕이시기 때문에 다스린다. 그는 그리스도가 인류의 구원자이기 때문에 창조 세계에 대해 책임을 지며, 그리스도가 창

---

6 Kallistos Ware, *Deification in Christ: Orthodox Perspectives on the Nature of the Human Person*, by Panayiotis Nellas, trans. Norman Russell (Crestwood, N.Y.: St. Vladimir's Seminary Press, 1987), 9의 서언.
7 Nellas, *Deification in Christ*, 15.
8 ibid., 24: Philip Edgcumbe Hughes, *The True Image: The Origin and Destiny of Man in Christ* (Grand Rapids: Eerdmans, 1989).

조되지 않은 신성과 창조된 우연성을 혼동됨이 없이 통합시키기 때문에 자신 안에 물질과 정신을 통합시킨다.[9] 그의 운명은 그리스도와 하나님과의 연합이다.

> 생물학적 실존의 범주는 인간을 철저히 연구하지 않는다. 인간은 교부들에 의해 오직 신학적 존재로서만 존재론적으로 이해된다.[10]

그리스도는 이때 인간의 인격성 곧 참된 인간적 존재가 되는 것이 무엇인지의 원형이자 본보기이다. 그는 하나님의 아들이기 때문에 신적 인격이 되는 것이 무엇인지에 대한 하나님의 계시이기도 하다.

1. 연합과 교제 가운데 있는 위격들로서의 삼위일체

T. F. 토랜스는 교부들에 대한 자신의 광대한 지식을 의지하면서 삼위일체의 위격이 (아퀴나스가 주장했던 것처럼) 관계들일 뿐 아니라 관계를 맺고 있는 위격들이라고 지적하고, 그 결과 위격들 사이의 관계들은 위격들이 실제로 누구인지와 관계가 있다고 인정한다.

예를 들어, 아버지는 아들과 성령 등등의 관계들 안에서 아버지이다. 그는 자기 사역 전반에 걸쳐 자연과학 특히 분자 물리학의 장이론(the field theory)과 유사한 점들을 주목하게 한다.

이것은 우리 사고를 자연적인 아버지와 아들의 관계와 같은 인간적 유비들에 기초를 두려는 분명한 유혹을 피하면서, 우리가 인격성에 대해 경험하는 것보다는 오히려 신적인 위격들의 신분에 기초해서 우리의 사고를 형성

---

9   Nellas, *Deification in Christ*, 26-27.
10 Ibid., 33-34.

할 필요가 있다는 것을 우리에게 가르쳐 준다.

이것이 아리우스주의자들의 실수였는데, 그들은 인간의 아들이 어떤 특정한 시점에 존재하게 되었기 때문에 하나님의 아들이 존재하기 시작하였고 그 결과 아버지와 영원히 공존하지 않고 아버지와 또 다른 존재에 속한다고 추론했다.

그 대신에, 토랜스가 강조하듯이 이것들은 형상이 없는(imageless) 관계들이다. 하나님은 영이시기 때문에(요 4:21-24), 우리는 지상의 비유들과 일치하지 않는 영적인 방식으로 그를 생각해야 한다. 예를 들자면, 그는 성적인 존재가 아니시다.[11] 정말로, 삼위일체의 관계들은 아버지 됨과 아들 됨의 인간적 관계들을 무한하게 초월한다.[12] 당신 자신의 존재 안에 계신 하나님은 우리의 이해력을 벗어난다.

다른 한편, 만일 그가 우리가 경험하는 것과 아주 거리가 멀리 떨어져 있다면 그가 직접 자기에게 사용했던 이름들은 무의미해질 것인가?

그러면 하나님은 알려지지 않고 알 수도 없을 것인가?

이 수수께끼에 대한 해답은 성육신이다. 아버지로서의 하나님은 우리 주 예수 그리스도의 아버지이시다. 우리는 하나님이 예수의 아버지이기 때문에 하나님의 아버지 되심이 무엇과 같은지 알고 있다. 아들과 아버지의 관계는 인간의 관계가 무엇과 같아야 하는지에 대해 우리가 이해하는 기초이다. 우리는 하나님 안에 있는 중심에서 특히 그의 자기 계시인 자기 아들 예수 그리스도 안에 있는 중심에서 시작해야만 한다. 예수님이 빌립에게 말씀하셨다.

> 나를 본 자마다 아버지를 보았느니라(요 14:9).

---

11 Thomas R. Torrance, *The Christian Doctrine of God: One Being, Three Persons* (Edinburgh: T & T Clark, 1996), 157-58.

12 Dumitru Staniloae, *The Experience of God*, trans. and ed. Iona Ionita and Robert Barringer (Brookline, Mass.: Holy Cross Orthodox Press, 1994-2000), 1:246.

이것은 우리에게 유사한 문제, 즉 우리가 인간의 인격성에 대해 알고 있는 것에 기초하여 하나님이 어떻게 세 위격이 될 수 있는지를 파악하려고 노력하는 문제를 상기시킨다. 일단 삼위일체신학이 인격 개념을 도입했다면, 그것은 토랜스가 관찰하듯이 "우리가 매일 사고하는 내용 속에 일정한 항목이 되었고," 필연적으로 그 자신의 독립적인 역사를 갖게 되었다.[13] 이 위험은 현대의 인격성 개념들을 삼위일체에 대한 우리의 사고에 들여오는 것이다

다시 한번 이것은 실수다. 우리는 이 문제를 반대쪽에서 접근할 필요가 있다. 인격성은 (우리가 그것을 지금까지 이해하고 있는 범위 내에서) 하나님이 세 분이라는 관점에서 이해되어야 한다. 그는 분할되지 않은 연합 가운데 있는 세 위격들(*hypostases*)의 영원한 교통이다. 그는 인간의 인격체들을 창조하신다.[14]

그는 C. S. 루이스의 관점에서 인격성을 뛰어넘는다. 말하자면 그가 초인격적이기 때문이다. 우리는 예수 그리스도를 기대해야 한다. 왜냐하면, 그는 인성과 연합하신 아들 하나님이기 때문이다. 육화한 아들의 인격은 인성을 포함하고 둘러싼다.

게다가, 하나님의 한 존재에서 시작하여 강조할지, 아니면 세 위격에서 시작하여 강조할지의 성가신 문제는 이 둘의 동등한 근본 원리를 인식함으로써 가장 잘 접근할 수 있다. 토랜스가 주장하는 것처럼, "하나님의 한 존재는 신적의 세 위격의 교통과 동일하며, 신적인 세 위격의 교통은 하나님의 한 존재와 동일하다."

왜냐하면, 하나님은 "본질적으로 인격적이되 … 완전히 인격적"[15] 이시기 때문이다. 혼동 되는 방식으로 표현할지라도 하나님이 한 위격이요 세 위격이라고 그가 쓸 때 반틸이 의미하는 것이 바로 이것이다. 하나님은 관계적

---

13 Torrance, *Christian Doctrine of God*, 159-60.
14 Ibid., 160.
15 Ibid., 161.

의미에서 세 위격이 서로에게 그런 관계적 의미에서 한 위격이 아니다. 하지만 반틸은 인격적인 것보다 못한 하나님에 대해 아무런 의문이 없다.[16] 앨런 토랜스는 반틸의 입장들과 유사한 관점에서 말할 준비가 되어 있다.[17]

세 위격은 이때 영원하고 기쁜 교통과 연합 가운데 있다. 스타닐로애가 표현하는 바와 같다.

> 세 주체는 분산을 전혀 모르는 존재(Being)로서 그들의 일치 안에서 매우 열등하여 그들은 서로의 어떤 불연속성을 갖고 있는 세 실체들로 계산되도록 결코 분리될 수 없다.[18]

존 D. 지지울라스는 1975년에 헬라 교부들에 따르면 인간의 인격이 인간의 제약을 초월하여 또 다른 대상을 향해 자아를 넘어간다고 썼다. 서방의 모든 인격 개념들과 반대로, 그것은 제한이 없고 신적 인격들에 대해 말하든지 인간의 인격들에 대해 말하든지 간에 오롯이 타자들과 관계하는 차원에서 이해될 수 있다.[19]

그러면, 지지울라스[20]와 콜린 건턴[21]이 주장하고 동방교회의 많은 학자들이 주장해 온 한 바와 같이 신적인 위격들은 하나님의 한 존재보다 더

---

16 Cornelius Van Til, *An Introduction to Systematic Theology* (Phillipsburg, N.J.: Presbyterian & Reformed, 1974), 229-30.
17 Alan J. Torrance, *Persons in Communion: An Essay on Trinitarian Description and Human Participation with Special Reference to Volume One of Karl Barth's Church Dogmatics* (Edinburgh: T & T Clark, 1996), 256-57.
18 Staniloae, *Experience of God*, 1:265-66.
19 John D. Zizioulas, "Human Capacity and Human Incapacity: A Theological Exploration of Personhood," *SJT* 28 (1975): 401-47.
20 John D. Zizioulas, *Being as Communion: Studies in Personhood and the Church* (Crestwood, N.Y.: St. Vladimir's Seminary Press, 1985), 특히, 41-42.
21 Colin Gunton, "Being and Person: T. F. Torrance's Doctrine of God," in *The Promise of Trinitarian Theology: Theologians in Dialogue with T. F. Torrance*, ed. Elmer M. Colyer (Lanham, Md.: Rowman &Littlefield Publishers, 2001), 115-37.

근본적인가?

우리는 오늘날 제럴드 브레이가 우리에게 그렇게 하기를 바라는 것처럼 세 위격을 강조해야만 하는가?[22]

아니면, 대안적으로 하나님의 한 존재를 출발점으로 삼은 서방 전통이 선호되어야 하는가?

존재가 위격들보다 더 근본적인가, 아니면 위격들이 존재보다 더 중요한가?

많은 경우에 우리는 삼신론이나 양태론이라는 부수적인 위험이 있는 문제를 언급해 왔다. 우리는 동등한 근본 원리를 찬성하는 주장을 했다. 스타닐로애 역시 교부들이 "위격과 개별적으로 있는 신성에 대해 생각하지 않는다"[23]고 말할 때 이것을 지지한다.

바르트와 T. F. 토랜스를 선호하는 사람으로 서방교회 출신인 몰나는 또한 우리가 "복수성도 통일성도 아니라 동시에 하나이자 셋인 삼위일체 하나님부터" 시작해야 한다고 강조한다. 그는 계속해서 다음과 같이 말한다.

> 하나님의 통일성은 그의 아들을 믿는 믿음을 빼고, 성령의 작용 없이 인식되거나 알려질 수 없다. 아버지, 아들, 성령은 단지 하나님이 본질적으로 하나이자 셋이며, 결코 하나가 먼저이거나 셋이 먼저가 아니라는 이유만으로 세 주체가 아니다.[24]

이것은 우리에게 나지안주스의 그레고리우스를 생각나게 한다.

---

22 Gerald Bray, *The Doctrine of God* (Leicester: Inter-Varsity Press, 1993), 197-224.
23 Staniloae, *Experience of God*, 1:257.
24 Paul D. Molnar, D*ivine Freedom and the Doctrine of the Immanent Trinity: In Dialogue with Karl Barth and Contemporary Theology* (Edinburgh: T & T Clark, 2002), 232-33.

내가 한 하나님에 대해 생각하자마자 삼위의 섬광으로 조명된다. 또한 내가 그들을 구별하자마자 나는 한 하나님으로 다시 옮겨진다. 내가 삼위의 한 하나님에 대해 생각할 때 나는 그를 전체로 생각한다. 그리고 내 눈은 가득 채워지고 내가 생각하고 있는 것의 더 큰 부분은 나를 피한다. 나는 더 큰 위대함을 나머지 분들에게 귀속시키기 위해 한 분의 위대함을 파악할 수 없다. 내가 삼위를 함께 묵상할 때 나는 단 하나의 햇불만 보고 분할되지 않는 빛을 분리하거나 재어서 나눌 수 없다.[25]

이와 같이, 삼위일체와 관련된 기독교 교회의 큰 분열에 대한 궁극적 해결책이 있다.

2. 구원의 목표인 하나님과의 연합

창세기 1장 26-27절은 아담이 하나님의 형상으로 창조되었다고 기록한다. 하지만 신약성경에서 바울은 그리스도가 "보이지 않는 하나님의 형상"(골 1:15; 참조. 고후 4:6)이라고 강조한다. 그는 옛 시대와 새 시대 곧 죄와 은혜(롬 5:12-21), 죽음과 생명(고전 15:20-58)와 관련된 다양한 문맥에서 그리스도를 둘째 아담으로 빈번하게 언급한다.

하나님의 형상이 그리스도를 둘째 아담으로 고대하고 있기 때문에, 인류가 하나님의 참된 형상이신 그리스도 안에서 창조되었다는 교부들의 가르침에도 아주 일리가 있다. 타락 후에 이 관계는 손상되었다.

이제 우리는 하나님의 형상이신 그리스도 안에서 새로워지고 있다(엡 4:24; 골 3:10; 고후 4:4-6). 게다가, 창세기 1장은 하나님을 관계적 존재로 제시한다(이 책 제1부 제1장 참고). "우리의 형상을 따라 사람을 만들자"라고

---

25 Gregory Nazianzen, *Orations* 40.41 (PG 36:417).

그가 말씀하셨다. 하나님의 형상으로 만들어진 사람도 역시 관계적이다. 그는 남자와 여자 서로 끼리와 창조주와 관계를 맺고 있는 것이다. 하나님의 형상은 위격들의 관계성과 교통의 맥락 안에 설정되어 종말론적으로 그리스도 안에서 실현된다.

따라서 우리 구원의 목표-우리의 궁극적 운명-는 그리스도와 연합이다. 서방교회는 우리가 중생과 칭의 안에서 그리스도인들이 된 방식에, 또는 오늘날의 세계에서 성화된 그리스도인 신자로서 살아가는 과정에 거의 전부 집중한다.

우리는 그리스도의 십자가와 부활 안에서 구원의 성취를 되돌아본다. 그리스도의 사역 안에서 우리는 우리 죄를 위한 구속, 하나님의 전적인 은혜로 죄와 사단의 권세에서 구속 되어, 결과적으로 마음껏 하나님을 섬기고 하나님의 자녀로 입양된 우리 자신을 발견한다.

우리는 이 세상에서의 행위, 즉 가정과 교회와 일터와 세상에서 그리스도인들로서 우리의 책임감에 집중한다. 우리는 하나님이 그리스도 안에서 자기 백성과 언약을 맺으셨음을 기뻐하며, 그의 은혜가 아주 기이하게 극적으로 나타났음을 기뻐한다.

하지만 여기서 우리는 모든 것을 뛰어넘어 장래, 영원, 그리스도의 재림과 최후 심판 후에 일어날 일에 기대를 걸고 있다. 우리는 우리의 궁극적 운명, "죽은 자들의 부활과 다가올 세상의 생명"을 기대하고 있다.

이것은 우리의 구원이 이르게 되는 목표다. 우리가 하나님과 그의 구원에 대해 경험하는 것은 이제 이것을 준비하고 있고, 이것으로부터 격리될 수 없다. 그런 이유로, 만일 우리의 미래 운명에 대한 이해가 희미해진다면 우리는 자신의 위치를 지금 여기 오늘의 세계에 존재하는 그리스도의 몸의 지체들로 인식할 수 없다. 우리의 현재 여정은 미래의 목적지에 의해 조절된다. 우리가 어디를 향하고 있고 우리가 왜 그곳을 향하고 있는지를 아는 것은 유익하다.

3. 신학적 맥락에서 하나님과의 연합

1235년부터 링컨 지방의 주교였던 로버트 그로스테스테(Robert Grosseteste)는 『6일 동안의 창조 이야기』(*Hexaëmeron*)라는 자신의 고전적인 책에서 기독교 신앙의 중심에 다음과 같은 것이 있다고 썼다.

> 다음의 일치들이나 연합들로 함께 분류되는 것 같다. 곧 육화한 말씀이 하나의 그리스도, 그의 인격 속에 있는 하나님이자 인간인 하나의 그리스도가 되는 연합, 그리스도가 취한 인간의 본성을 통해 교회와 본성상 하나가 되는 연합, 그리고 교회가 성체 성사에서 타당한 흡입에 의해 재결합되는 연합 등이다. …
> 이 세 가지의 연합은 완전한 그리스도로 불리는 분 안에서 함께 분류된다. 이 분에 대해 사도는 에베소 성도들에게 이렇게 말한다.
> 너희는 모두 그리스도 예수 안에서 하나다. 또는 헬라어 본문에 따르면, 너희는 모두 그리스도 예수 안에서 한 인격체다. 더욱이, 이 본문이 그 분에 대해 말하는 그들이 또한 우리 안에서 하나가 될 수 있도록은 말씀이신 아들이 아버지와 실질적으로 하나요, 따라서 성령과도 하나라는 앞선 고찰들에 첨가되는 것처럼 보인다.
> 그것은 또한 우리 이성을 통하여 복된 삼위일체와 최고로 일치된 통일도 추가한다. 우리는 하나님이자 인간인 중재자 그리스도에 의해 이 일치(conformity)와 신의 형태(Deiformity)로 인도된다.

그로스테스테는 계속해서 말한다.

> 또 다른 가능한 해석에 따르면, 삼위일체의 일치를 통해, 육화한 말씀을 통해, 그리고 교회인 그의 몸을 통해 신적인 형태로[또는 '삼위일체와 함께 신의 형태로 하나인 방식으로'] 우리의 하나 됨으로 가는 질서정연한

하나의 강하가 있다.²⁶

그로스테스테는 기독교 신앙의 맥박을 진단해 왔다. 이러한 연합들은 하나님의 심장 박동 자체이고 그가 우리를 위해 행하신 모든 것이다.

무엇보다도 먼저, 하나님은 하나의 존재, 세 위격이며 세 위격, 한 존재이시다. 분할할 수 없는 삼위일체는 더 이상 축소할 수 없게 구별된 세 위격으로 구성된다. 그들의 구별됨 또는 차이는 결코 연합으로 인해 지워지거나 삭제되거나 파괴되지 않는다. 그러나 이 연합은 실제적이고 영원하며 분할할 수 없다. 삼위는 동일한 한 존재이다.

이것을 따라서, 아들 하나님은 육화되었다. 그는 인성을 덧입어서 인격적 연합을 이루셨고 동정녀 마리아의 자궁에 잉태되었다. 이 인성은 네스토리우스 이단이 주장한 것처럼 단순히 그의 신성과 인접해 있지 않다. 왜냐하면, 그것은 성육신이 아니라 단지 내주일 것이기 때문이다. 그러한 내주가 우리를 구원할 수 없을 것이다. 하나님이 인간으로 오시지 않았으면, 결과적으로 인간은 하나님과의 연합으로 인도되지 않았을 것이다.

이와 반대로, 칼케돈 공의회가 451년에 진술한 대로 성육신은 아들 하나님과 덧입은 인간의 본성 사이의 깨어질 수 없는—분할 없는, 분리 없는—연합이다. 더욱이, 이 연합은 영원히 지속된다. 다른 한편, 신성도 인성도 연합 속에서 그 구별됨을 잃지 않는다.

칼케돈은 그리스도가 혼합물(amalgam)이 아니기 때문에 앞선 한 쌍의 묘사—혼동 없는, 혼합 없는—를 또 다른 것과 조심스럽게 균형을 잡았다. 그의 신성과 인성은 세 번째 실체와 융합한 존재론적 혼합액에 들어 있는 성분과 유사하지 않다. 마치 삼위일체의 세 위격이 하나님의 한 존재 안에서 영원히 구별되는 것처럼, 그리스도의 인성과 신성 역시 그의 한 인격 안에서 분

---

26 Robert Grosseteste, *On the Sox Days of Creation: A Translation of the Hexaëmeron*, trans. C. F. J. Martin, Auctores Britannici Medii Aevi (Oxford: Oxford University Press for the British Academy, 1996), 47-48.

리의 가능성이 없이 연합된 영원한 신성과 인성이다. 이것은 우리의 인성이 인격적인 연합 안에서 하나님과 영원히 연합된다는 것을 의미한다.

다음에는, 우리 자신의 구원에 대해 말하자면, 우리-예외 없이 모든 신자들-는 예수 그리스도에게 연합되었다. 이것은 구원의 전체 성취의 토대다. 나는 다른 곳에서 그리스도와의 연합이 얼마나 근본적인지에 대해 쓴 적이 있다.[27]

그것은 에베소서 1장 3-14절에서 분명히 드러나는 것처럼 바울 신학의 중심이다. 거기서 구원의 모든 측면은 "그리스도 안에서" 또는 "그 안에서" 받는다.

웨스트민스터 대요리문답은 또한 65-90 질문에서 이 입장을 취하는데, 여기서 그것은 "은혜와 영광 가운데 그리스도와의 연합과 교통"이라는 우산 아래 있는 전체 구원의 서정(ordo salutis)에 어울린다. 이 연합은 그것을 대체하고 대표하는 차원이다. 왜냐하면, 그리스도가 당신의 삶과 사역, 죽음, 부활, 그리고 승천에서 우리를 대신하여 행동하셨기 때문이다.

하나님이 정의로우시기 때문에 그리스도의 속죄의 죽음을 떠받치는 법적인 측면들이 있다. 하지만 그리스도와의 연합은 법적인 것이나 대표적인 것보다 훨씬 더 광범위하다.

예를 들어, 우리는 우리의 성화 속에서 그와 연합된다. 이것은 로마서 6장 1절 이하와 같은 구절들에서 분명히 드러난다. 그와의 연합 안에서 우리는 그가 본성적으로 갖고 있는 아버지와의 관계 속에서 은혜로 함께하도록 하나님의 자녀로 입양되었다. 그래서 우리는 이제 하나님을 "우리 아버지"라고 부른다. 그래서 그리스도와의 연합은 그것에 대해 자식 관계의 차원이 있고, 이것은 우리에게 즉시 인격적 관계로 인도한다.

게다가, 아들과 아버지의 관계가 불가분의 연합 중 하나이기 때문에 우리와 그의 관계-결과적으로 아버지와의 관계-도 역시 불가분의 연합 중

---

[27] Robert Letham, *The Work of Christ* (Leicester: Inter-Varsity Press, 1993), 75-87.

하나다. 바울은 주님의 만찬과 관련하여 우리가 그리스도와 한 몸, "그 몸의 지체들"(엡 5:29-33)이라고 쓴다.

요한은 자기 백성들이 자기가 아버지와 맺은 연합에 기초한 일치를 세상에서 눈에 보이게 입증하게 해 달라고 요청하는 아버지에게 드리는 예수의 기도를 기록한다(요 17:21-24).

위에 있는 우리의 설명으로부터 이 연합이 우리에게서 우리 인성을 빼앗지 못하는 것은 아들에 의한 인성의 취함이 그가 취하셨던 인성의 실재를 부정하지 않는 것과 같다는 것으로 귀결된다. 성삼위일체의 불가분성이 삼위의 차별성을 없애는 것 못지않게 그것은 우리의 인격적 차별성을 파괴한다. 이러한 연합들은 우리가 마지막 장에서 본 것처럼 다양성을 보존한다.

넬라스는 14세기 신학자 니콜라스 카바실라스(Nicolas Kavasilas)를 언급하는데, 그는 이 연합이 우리가 경험할 수도 있는 다른 모든 것들을 초월한다고 이렇게 썼다.

> 그리스도와 신자의 연합은 집주인과 집과의 연합, 포도나무와 가지의 연합, 결혼에서 남자와 여자의 결합, 또는 몸의 지체들과 머리의 결합보다 더 중요하다. 마지막 주장은 순교자들에 의해 이루어졌는데, 그들은 그리스도보다도 자기들의 머리를 잃는 것을 더 선호했다. 그리고 그리스도께서 영광받기 위해 자기가 저주받아야 한다고 사도 바울이 기도할 때, 참된 신자는 자기 자신의 자아보다는 그리스도와 더 친밀하게 연합된다는 것을 그가 보여 준다.[28]

---

28 Nellas, *Deification in Christ*, 119.

그래서 바울의 표현대로 보자.

> 이제는 내가 사는 것이 아니요 오직 내 안에 그리스도께서 사시는 것이다(갈 2:20).

우리가 연합한 그리스도는 하나님과 똑같은-동일한-본질에 속한다. 엄밀히 말하자면, 우리는 그의 인성과 연합되었지만, 그의 인성은 위격의 연합 때문에 그의 신성과 분리될 수 없다. 따라서 그의 인성과의 연합은 그의 위격과의 연합이다.

게다가, 그리스도의 인격이 영원한 아들의 인격이기 때문에,[29] 우리는 하나님과 연합된다. 다시 한번, 이것은 창조주-피조물의 구별을 희미하게 하는 것이 전혀 아니라 성육신 안에서 아들에 의한 인성의 인수가 행하는 것 이상의 것을 의미한다. 그의 인성은 (혼동 없이 혼합 없이) 인성으로 머문다. 그래서 우리는 피조물인 인간으로 남는다.

휴즈가 설명한 것처럼 그것이 의미하는 바는 이것이다.

> 창조주와 피조물의 존재론적 구별을 제거하는 것이 아니라 양자의 친밀하고 방해받지 않는 인격적 교통을 마침내 확립하는 것이다.[30]

---

29 이것은 제2차 콘스탄티노플 공의회(553)에 의해 교리로 인정받았다. Aloys Grillmeier, *Christ in Christian Tradition*, vol. 2, *From the Council of Chalcedon (451) to Gregory the Great (590-604)*, part 2, *The Church of Constantinople in the Sixth Century*, trans. John Cawte (London: Mowbray, 1995), 438-62; Herbert M. Relton, *A Study in Christology: The Problem of the Relation of the Two Natures in the Person of Christ* (London: SPCK, 1917), 여기저기를 참고하라.

30 Hughes, *True Image*, 286.

4. 하나님과의 연합에 대한 성경의 가르침

수많은 성경 구절들이 우리와 하나님의 연합을 가르친다. 아마도 대부분의 마음에 떠오르는 첫 번째 구절은 베드로후서 1장 3-4절일 것이다. 거기서 베드로는 다음과 같이 말한다.

> 그의 신기한 능력으로 생명과 경건에 속한 모든 것을 우리에게 주셨으니 이는 자기의 영광과 덕으로써 우리를 부르신 이를 앎으로 말미암음이라 이로써 그 보배롭고 지극히 큰 약속을 우리에게 주사 이 약속으로 말미암아 너희가 정욕 때문에 세상에서 썩어질 것을 피하여 신성한 성품에 참여하는 자가 되게 하려 하셨느니라.

하나님의 값지고 매우 위대한 약속들로 말미암아, 우리는 신적인 성품을 공유한 자들(θείας κοινωνοὶ φύσεως)이 된다.

베드로는 이것을 하나님이 우리를 부르신 목적이라고 제시한다. 그는 "당신 자신의 영광을 위해" 우리를 부르셨다. 그리스도인들로서 우리의 운명은 하나님의 영광을 함께하는 것이다. 이것은 "모든 사람이 죄를 범하였으매 하나님의 영광에 이르지 못하더니"(롬 3:23)라는 바울의 설명을 떠올리게 한다.

우리의 고유한 위치는 하나님의 영광을 공유하는 것이지만, 우리는 죄로 인해 그의 영광에 미치지 못 미쳐 그 영광에 참여하지 못했다. 하지만 그리스도 안에서, 그리스도로 말미암아 우리는 우리의 궁극적 운명으로 하나님의 영광을 공유하는 것을 회복했다. 영광은 특수하게 각별히 하나님에게 속한 것이다. 우리는 하나님 되심에 참여하라고 부름을 받았다.

이것은 단순한 교제 이상이다. 교제는 친밀한 상호작용을 수반하지만, 그런 상호작용이 일어나는 대상의 본성에 전혀 참여하지 않는다. 베드로의 표현은 이것은 외적 관계들보다 훨씬 뛰어넘는다는 것을 의미한다. 신적인 본성에 실제적인 참여가 있다.

요한복음 14장 16절 이하에서 요한은 성령이 오순절에 임하시자마자 "너희와 함께 머물고 너희 안에 거하실 것이다"(레담의 사역, "영원토록 너희와 함께 있게 하리니"[개역개정판])라는 예수님의 가르침을 기록한다. 보혜사(파라클레토스) 성령의 임재 속에서, 예수님은 친히 임재하실 것이다 (요 14:16-17).

그런 다음, 그는 자기를 사랑하고 자기 말씀을 지키는 자들에게 "나의 아버지가 그를 사랑하실 것이며 우리가 그에게 가서 그와 함께 거주하게 될 것이라"(레담의 사역, 요 14:23, "내 아버지께서 그를 사랑하실 것이요 우리가 그에게 가서 거처를 그와 함께 하리라")고 선포하신다.

모네(*mone*)라는 단어는 "사람이 머물거나 거주할 수 있는 장소"[31]를 의미하고 영속성 개념을 전달한다.[32] 성령의 오심은 사실상 삼위일체 전체의 오심이다. 아버지, 아들, 성령은 예수를 사랑하는 자와 거주하신다. 이 거주–삼위가 신도들과 함께 머무신다–는 영구적이다. 그것은 가장 크게 가능성이 있는 친밀함을 수반한다.

삼위가 예수님을 사랑하는 자에게 내주하신다. 따라서 신도들은 다른 사람들과 누리는 어떤 것보다도 훨씬 더 친밀한 삼위일체와의 관계를 갖는다. 이것은 교제를 넘어 교통(또는 참여)로 나아가고, 엄밀히 말해서 깨어질 수 없는 연합 곧 합병이다.

더구나, 요한은 요한일서 3장 1-2절에서 다음과 같이 쓴다.

> 보라 아버지께서 어떠한 사랑을 우리에게 베푸사 하나님의 자녀라 일컬음을 받게 하셨는가, 우리가 그러하도다. … 사랑하는 자들아 우리가 지금은 하나님의 자녀라 장래에 어떻게 될지는 아직 나타나지 아니하였으나 그가 나타나시면 우리가 그

---

31 LN, 1:732.
32 참조. LSJ, 2:1143.

와 같을 줄을 아는 것은 그의 참모습 그대로 볼 것이기 때문이니(요일 3:1-2).

아버지의 사랑은 아들이 그와 맺고 있는 관계를 우리가 이제 공유하는 그런 사랑이다. 우리는 이제 그리스도 안에 있는 하나님의 자녀들이다. 게다가, 그가 재림하실 때 우리는 아들 그리스도와 같이 되기 위해서 변형될 것이다. 우리는 그의 영광 가운데서 그를 보게 될 것이다. 우리는 그의 영광을 공유하게 될 것이다. 우리는 그와 연합하게 될 것이다.

우리가 몇 가지 구절들을 언급해 왔는데, 성경의 전체 취지는 그것을 가르친다. 하나님은 이것을 위해 우리를 만드셨다. 그는 보이지 않는 하나님의 형상이신 그리스도 안에서 우리를 창조하셨다. 우리의 죄와 아들의 구속 사역 뒤에, 우리는 그리스도의 형상으로 다시 만들어지고 있다.

삼위일체는 피조물이 창조주 안에서, 창조주와 함께 살아가는 것처럼 그 분 안에서 살아갈 능력이 있는 우리를 창조하셨다. 성육신은 이것을 입증한다. 만일 그것이 그렇지 않았고 그렇게 될 수 없었으면, 예수 그리스도— 하나님이자 인간—는 하나의 인격이 될 수 없었을 것이다. 왜냐하면, 창조주와 피조물의 차이가 매우 커서 성육신이 불가능할 수 있기 때문이다.

그러나 이제 예수 그리스도 안에서 우리의 인성은 하나님과 완전하고 인격적인 연합 가운데 있고, 그 결과 그리스도와의 연합 속에서 우리는 하나님과의 연합에 이르게 된다.

따라서 라아츠는 인간의 인성이 하나님과의 교제의 측면에서 보여질 수 있다는 생각을 표현할 때 핵심을 찌른다.

> 한 인간의 인격은 원리적으로 성령에게 열려 있는 존재이고 성령에게 반응할 수 있는 존재다. 또는 바꾸어 말해서, 인간의 인격은 원리적으로 하나님과의 교제를 맺을 수 있는 존재다.[33]

---

33   Alar Laatz, *Doctrines of the Trinity in Eastern and Western Theologies: A Study with Special*

5. 성육신과 오순절 그리고 하나님과의 연합

이 거대하고 압도적인 범위의 우리를 향하신 하나님의 목적 안에서 두 가지 결정적인 순간이 있다.

첫째, 성육신 안에서 아들은 단일한 인간의 본성을 취하여 인격적 연합을 이룬다.
둘째, 성령은 오순절 날 임하시고 무수히 많은 인간 인격체들 안에 내주하거나 골고루 퍼져 있다.

여기에 삼위일체의 위격들 사이의 차이점들을 나타내는 분명한 차이점들이 있다. 아들은 단일한 인간의 본성을 결합하는 반면, 성령과 함께 셀 수 없는 인간의 인격체들이 관여한다. 아들과 함께 위격적 연합이 있는 반면, 성령은 골고루 퍼져 있거나 우리 안에 내주하신다.
성령은 예수님의 세례 시에 그 위에 머물며, 이후의 그의 신앙, 순종, 그리고 사역으로 그를 인도하셨다. 그와의 연합 속에서 우리는 아들 위에 머무는 성령과 연합된다. 내주 개념은 영구성을 지시한다. 그가 우리 안에 영원히 머물게 되기 때문이다.
하지만 그 단어는 마치 양동이에 쏟아 부어진 액체의 경우처럼 어떤 불완전성을 내포하는데, 여기서 양동이 자체는 영향을 받지 않는다. 왜냐하면, 그 액체가 단지 텅 빈 공간을 채우기 때문이다. 다른 한편, 충만(pervasion)은 침투(saturation) 개념과 철저함 개념을 가리킴으로써 내주의 형상을 보완한다. 다시 한번 말하지만, 이것은 우리의 인성을 제거하거나 축소시키지 않는다.

Reference to K. Barth and V. Lossky (Frankfurt am Main: Peter Lang, 1999), 162-63.

결국, 예수님은 완전히 완벽하게 인간-가장 참되게 인간적인 사람-이며, 그 자체로서 그는 그리스도(기름부음 받은 자)이다. 성령이 그 위에 머물러 그의 삶과 사역의 과정 내내 지도하셨다. 오히려 성령에 의한 충만은 우리의 인성을 확립한다.[34]

그는 우리가 당연히 되어야 하는 모습으로 우리를 만드신다. 그는 죄 많고 타락한 본성의 지배에서 우리를 해방하고, 우리를 새롭게 하여 그리스도와 같게 하신다. 이것은 바로 인간적이라는 것이 의미하는 바다.[35]

스타닐로애의 훌륭한 설명에 따르면, 오직 성삼위일체만이 인격체들로서의 우리 존재를 확증한다는 것과 구원이 일어날 수 있는 것은 단지 하나님이 삼위일체이기 때문이라고 단언하다.[36] 구원은 하나님이 삼위일체라는 것을 드러낼 뿐 아니라 그 실재로부터 나온다.

6. 하나님과의 연합에 대한 서방교회의 입장

하르낙 이후에 아우구스티누스가 그리스도인의 생활을 신격화(deification) 또는 신적 본성에 참여로 보은 동방교회의 관점으로부터 서방교회를 떼어 놓았다고 널리 생각되었다.[37]

---

34 이 퍼짐은 결혼과 약간 유사한데, 거기서 둘이 한 몸이 된다. 결혼은 한 남자와 한 여자를 결합시키지만, 어느 한 쪽을 감소시키지 않거나 그들의 고유한 특징들을 제거하지 않는다.
35 우연찮게도, 이런 이유로 자연주의적 진화는 기독교 신앙과 양립할 수 없다. 사람은 성령에 의해 충만해지고 그리스도 안에서 하나님과 연합하려고 만들어졌다. 이것은 창세기 1장에 있는 단 하나의 단어에 대한 특별한 석의가 아니라 철저하게 기독교를 진화론과 분리한다.
36 Staniloae, *Experience of God*, 1:276, 248.
37 Adolf von Harnack, *History of Dogma*, trans. James Millar (London: Williams & Norgate, 1897), 3:165.

하지만 최근의 학문은 이 입장에 이의를 제기했다.

제럴드 보너(Gerald Bonner)는 아우구스티누스가 그리스도인이 신격화-실체에 의한 것이 아니라 참여에 의해서-된다고 언급하는 여러 곳을 인용한다.[38]

란셀(Lancel)은 자신의 경력 내내 자기 사상과 어휘의 일부가 된 개념에 대해 쓴다.[39] 우리는 하나님과 우리의 연합을 "신의 형태"(deiform), 즉 하나님의 모양에 일치하고 그와 연합된 것으로 하는 그로스테스테의 설명을 주의 깊게 살펴보았다.[40]

A. N. 윌리엄스는 이 주제가 그로스테스테 이후 세대인 아퀴나스 안에 얼마나 유지되고 있는지 깊이 탐구해 왔고, 아퀴나스의 신격화 교리가 팔라마스의 교리와 조화된다고 결론을 내린다. 그녀의 조사는 이것이 각별히 동방교회의 교리라는 주장을 약화시킨다.[41] 최근에 신격화에 관한 루터의 가르침에 대해 쏟아지는 관심이 있었는데, 이것이 핀란드 학계에 의해 선봉이 되었다.[42] 이것은 많은 논쟁을 불러일으켰다.

---

38 Gerald Bonner, "Augustine's Concept of Deification," *JTS* 37 (1986): 369-86; Gerald Bonner, "Dieficare," in *Augustinus-Lexicon*, ed. C. Mayer (Basel: Achwabe & Co., 1986), 1:265-67: Gerald Bonner, "Deification, Divinization," in *Augustine Through the Ages: An Encyclopedia*, ed. Allan D. Fitzgerald (Grand Rapids: Erdmans, 1999), 265-66; D. Meconi, "St. Augustine's Early Theory of Participation," *AugStud* 27 (1996): 81-98.

39 Serge Lancel, Saint Augustine, trans. Antonia Nevill (London: SCM Press, 2002), 132, 151.

40 Grosseteste, *On the Six Days of Creation*, 48.

41 A. N. Williams, The Ground of Union: Deification in Aquinas and Palamas (New York: Oxford University Press, 1999), 여기저기, 특히, 157-75.

42 특히, Simo Peura, *Mehr als ein Mensch? Die Vergötlichung als Thema der Theolgie Martin Luthers von 1513 bis 1519*, Veröffentlichungen des Instituts fur europäische Geschichte (Mainz: Verlag Philipp von Zabern, 1994)를 참고하라. 핀란드 학파의 선구자는 투오모 마너마(Tuomo Mannermaa)인데, 그는 신격화(theoÿamsis)가 루터의 마지막 창세기 주석에 이르기 까지 그의 사상에 골고루 퍼져 있다고 주장한다. 다음의 글들을 참고하라. Tuomo Mannermaa, *Der im Gauben gegenwärtige Christus: Rechtfertigung und Vergottung zum ökumenischen Dialog* (Hanover: Arbeiten zur Geschichte un Theologie des Luthertums, 1989): Tuomo Mannermaa, "*Theosis* als Thema der finnischen Lutherforschung," in

데니스 비엘펠트(Dennis Bielfeldt)는 자기로서는 더 큰 개념적 명확성을 요구해 왔다.[43] 카를 모써(Carl Mosser)는 칼빈에게 나타난 주제로 주의를 돌린다. 베드로후서 1장 4절을 설명하면서, 칼빈은 우리의 "신의 성품에 참여함"을 "그보다 더 뛰어난 것을 상상할 수 없는 것"이라고 쓴다.

이 안에서 우리는 하나님에게 올라가서 그와 연합되는데, 이는 "우리 지성이 그 방대함을 결코 완전히 파악할 수 없는 은혜"다. 복음의 목적은 "머지않아 우리를 하나님과 같이 되게 하는 것"이라고 칼빈은 말한다. 그것은 "신격화의 한 유형"(*quasi deificari*)이다.[44]

그러나 이것은 그가 이 주제에 대해 말해야만 하는 전부가 아니다. 실제로, 모써는 이 주제가 칼빈의 글들 전체에 걸쳐 등장한다는 것을 입증한다. 칼빈은 하나님의 형상인 인간, 중재자 그리스도와의 연합(전체 구원론의 중심 주제), 세례, 성만찬, 영화, 그리고 삼위일체에 대해 논의하면서 그것을 표현한다.[45]

웨스트민스터 총회조차 이 중요한 요점을 시야에서 놓치지 않았다. 웨스트민스터 신앙고백이 영화(glorification)의 방향으로 단지 조금 동의하면서 엄밀하게 논리적인 구원의 서정(효과적 소명, 칭의, 양자됨, 성화, 구원 얻는 믿음, 회개, 선행, 견인)을 따르는 반면, 웨스트민스터 대요리문답은 그러한 묵과에 대해 전혀 알지 못한다.

그 점이 전체 구원의 서정을 "은혜와 영광 속에서 그리스도와의 연합과 교통"[46]의 우산 아래 배치시킨 고백서와 미묘한 차이가 있다. 무형 교회

Luther und Theosis: Vergöttlichung als Thema der abendländischen Theologie, ed. Simo Peura (Helsinki: Luther-Agricola-Gesellschaft, 1990), 11-26.
43 Dennis Bielfeldt, "Deification as a Motif in Luther's *Dictata super Psalterium*," *SCJ* 28 (1997): 401-20.
44 Carl Mosser, "The Greatest Possible Blessing: Calvin and Deification," *SJT* 55 (2002): 40-41.
45 Ibid., 36-57.
46 WLC, QQ. 65-90.

의 회원들은 "그리스도에 의해 은혜와 영광 가운데 그와의 연합과 교통을 향유한다."[47]

그런데 그것은 "하나님의 은총의 사역이고, 그로 인해 그들은 영적이면서 신비적으로, 실제적이면서 분리되지 않게 그들의 머리인 그리스도에게 결합된다."[48] 이 연합과 교통은 단지 상징적이거나 비유적이지 않다. 그것은 은유적인 것 이상이다. 그것은 실제적이다.

그것은 성령에 의해 일어나고, 신비롭게 때문에 논리적으로 그것을 설명하려는 시도들을 거부한다. 그것은 또한 분리될 수 없다. 왜냐하면, 우리가 그리스도에게서 절단될 수 있는 것은 그가 자기 인성에서 절단될 수 있는 것과 같기 때문이다.[49]

그런 다음, 요리문답은 계속해서 칭의부터 시작하여 이생에서 구원의 전 과정을 그리스도와의 교통 아래에 둔다.[50] 65-90문까지 연속되는 모든 질문들은 이생과 내세에서 그리스도와의 연합과 교통의 성취에 대한 내용이다.

> [마침내 심판의 날에 (이제 무죄 선고를 받고 죄와 비참함에서 영원히 해방된) 의인들은] 온전히 거룩하고 행복하게 되어 … 영원무궁토록 아버지 하나님, 우리 주 예수 그리스도, 성령을 직접 대면하고 기쁨을 누리게 될 것이다. 그리고 이것이 무형적 교회 회원들이 영광중에 그리스도와 함께 누릴 완전하고 충만한 교통이다.[51]

---

47 WLC, Q. 65.
48 WLC, Q. 66.
49 참조. WLC, QQ. 36-40.
50 WLC, Q. 69.
51 WLC, Q. 90.

웨스트민스터 신학자들(Westminster divines)에 의하면 우리의 궁극적 운명은 구속받지 않는 성삼위일체의 기쁨(향유)이다. 이 "기쁨"은 교통과 연합 둘 다이다. 그것은 그리스도에게 집중된다.

이것을 맥락 속에 넣어보자. 중생, 소명, 그리고 칭의는 모두 그리스도인의 삶을 시작할 때 일어난다. 그리스도의 피에 의한 죄와 사단으로부터의 구속은 또한 단 한 번으로 이루어진 사건(a once-for-all event)이지만, 그것은 하나님의 자녀로의 입양과 짝을 이루어서 그리스도 안에서 우리의 삶이 지속되는 동안 계속된다.[52]

성화는 우리가 죄에서 분리되어 그리스도와 함께 살아나게 될 때에도 일어나지만,[53] 그것은 곧 우리의 남은 생애 전반에 걸친 과정이다. 그 과정에서 우리는 점진적으로 그리스도의 형상과 일치된다. 구원의 이 모든 측면들은 지금 여기에서의 사건들, 즉 우리가 우리의 마지막 운명을 향해 가는 길과 관계가 있다. 그것들은 우리를 구원받게 하는 수단들이다.

다른 한편, 영화(서방교회의 전문용어로) 또는 신격화(동방교회에 따르면)는[54] 종말에 기쁨을 얻게 되고 영원히 지속되어 구원의 최종 목적이 된다. 어떤 면에서 이것이 이미 시작되었다는 것은 사실이다.

바울은 로마서 8장 30절에서 부정과거 '에독사센'(ἐδόξασεν)을 사용하는데, 이 단어는 아주 확실하여 실제적으로 이미 발생했다는 것을 함의한다.[55] 이것은 우리에게 "은혜의 사람들이 발견했네. 아래에서 시작된 영광

52　Tim Trumper, "The Metaphorical Import of Adoption: A Plea for Realisation: I: The Adoption Metaphor in Biblical usage," *SBET* 14, no. 2 (autumn 1996): 129-45; Tim Trumper, "The Metaphorical Import of Adoption: A Plea for Realisation: II: The Adoption Metaphor in Theological Usage," *SBET* 15, no. 2 (autumn 1997): 98-115.
53　John Murray, "Definitive Sanctification," *CTJ* 2 (1967): 5-21.
54　성경에서 "영광"이 하나님과 연관된다는 점을 주목하라. 그것은 엄밀히 그에게 속하고 그를 당신의 피조물로부터 분리한다.
55　크랜필드는 부정과거의 사용이 "의미심장하고 암시적"이라고 설명한다. 영화는 이미 하나님에 의해 예정되었다(foreordained). 그는 그것을 작정하셨다. 그리스도는 이미 영화롭게 되고 그리스도 안에서 의롭다함을 받은 백성들의 영화가 이미 이루어졌다. C. E. B. Cranfield, *A Critical and Exegetical Commentary on the Epistle to the Romans*,

을"이라는 아이작 왓츠(Isaac Watts)의 시를 떠올리게 한다. 나는 다른 곳에서 주님의 만찬이 종말의 큰 축제 곧 어린양의 결혼 만찬을 어떻게 고대하는지에 대해 쓴 적이 있다.

지금 여기의 성례전에서 그리스도와 우리의 연합은 계발되고 우리는 성삼위일체와의 연합이라는 궁극적 목적을 위해 준비된다.[56] 그럼에도 불구하고, 시간이 하나님에 창조되어 선하기 때문에, 우리는 이것이 장래에 이르러서야 비로소 완전히 실현될 수 있다는 점을 인정해야 한다.[57]

7. 삼위일체, 하나님의 본성을 공유함, 그리고 다른 이들을 대하는 방법

툰은 우리가 말했던 것을 많이 요약하는데, 이렇게 관찰했다.

> 인격성에 대한 기독교의 이해가 하나님이신 삼위에 대한 기독교 교리에서 흘러나오고, [그 결과] 만일 하나님이 단순히 하나의 단자라면 그는 인격이 되지 못하거나 인격을 알지 못한다. 인격적인 타자성이 되는 것은 단일성(oneness)과 함께 존재해야 하고 그것은 다른 것들과 관계를 맺어야 한다.[58]

International Critical Commentary (Edinburgh: T & T Clark, 1979), 1:433. 레온 모리스는 바울이 마치 그것이 이미 이루어진 것처럼 쓴다는 것에 동의한다. Leon Morris, *The Epistle to the Romans* (Grand Rapids: Eerdmans, 1988), 333-34를 참고하라.

56 Robert Letham, *The Lord's Supper: Eternal Word in Broken Bread* (Phillipsburg, N.J.: P&R Publishing, 2001).

57 히브리서 2:5-6은 우주를 운영하는 데 있어 하나님의 동반자인 인류를 묘사하고 있다. 사람이신 예수님은 시편 8편을 성취하시고 이제는 하나님의 보좌 우편에 영광과 명예로 관을 쓰고 계시다. 우리 구원의 선구자로서 그는 그곳으로 또한 우리를 이끌어 가고 있는데, 거기서 온 우주가 그리스도와 그리스도 안에 있는 모든 이들에게 관리를 받게 될 것이다.

58 Peter Toon, *Our Triune God: A Biblical Portrayal of the Trinity* (Wheaton, Ill: Bridge Point, 1996), 241.

이것은 우리가 성삼위일체를 경배하고, 성삼위일체와 함께 애정과 희락이 넘치는 연합과 교통 속에서 살아가고, 정확히 그것 때문에 다른 사람들과 애정 어린 교통 속에서 살아가도록 부름을 받았다는 결론으로 우리를 가차 없이 몰아간다.

다시 한번, 우리는 빌립보서 2장 5-11절로 되돌아간다. 그리스도 안에도 있었던 이 마음을 너희 안에 품으라고 바울은 빌립보 성도들에게 말한다. 성육신하신 그리스도는 순종과 겸손의 길을 따랐는데, 무자비한 자들에게 이끌리어 로마 식민지인 빌립보에 있는 자들을 위해 십자가의 수치스러운 죽음을 당하셨다. 그는 자기 자신의 유익을 돌보지 않았고, 첫째 아담과 대조적으로 남들의 유익을 돌보았다.

애정 어린 자기희생적인 이 순종은 "하나님의 형체로"(in the form of God)[59] 되는 자기 지위를 남용하지 않으려는 영원한 자기 결정의 결과였다. 이것은 영원한 아들의 모습이다. 우리는 그의 본을 따라야 한다. 이것이 하나님과 같이 되는 것이기 때문이다.

그는 자기 영광을 구할 때 천상계의 불량배처럼 자기 유익을 추구하지 않는다. 그것은 그가 우리보다 더 권능이 있어서 무슨 일이 있더라도 자신의 영광에 대한 그의 추구가 성공한다는 것이 아니다. 그는 분할되지 않는 세 위격의 연합, 각 위격이 나머지 다른 위격들의 유익을 구하는 사랑의 연합이기 때문에, 우리는 피조물의 수준에서 그를 따를 수 있다.

히브리서 5장은 비슷하게 진행되는데, 자기를 위한 제사장 직무의 요구를 그리스도가 거절하고 오히려 아버지에 의한 임명을 받아들이는 것을 언급한다. 우리는 앞서 대제사장으로의 임명이 대제사장직 자체보다 앞섰기 때문에 주제넘게 나서지 않는 것이 어떻게 그의 성육신 사역에 제한될 수 없는지를 주의 깊게 살펴보았다.

59　ἐν μορφῇ θεοῦ 구절에 대해서 그중에서도 특히 다음을 보라. Ralph P. Martin, *Carmen Christi: Philippians ii 5-11 in Recent Interpretation and in the Setting of Early Christian Worship* (Grand Rapids: Eerdmans, 1983), 99-133.

따라서 아버지는 아들에게 왕국 안에서 데리고 오도록 허락하시며, 아들은 우리를 아버지에게 인도하신다. 반면 성령은 스스로에 대해 말하지 않고 아들을 증거하신다.[60]

이것은 원래 닛사의 그레고리우스에 의해 지적되었는데, 그는 상호 내주 속에서 삼위가 나머지 다른 위격들의 영광을 구한다고 썼다. 그는 말하기를, "비슷한 것에서 비슷한 것으로 영광의 회전하는 원"이 존재한다.

> 아들은 성령에 의해 영광을 받고, 아버지는 아들에 의해 영광을 받고, 다시 아들은 아버지에게서 나오는 자기 영광을 소유하고, 결과적으로 독생자는 성령의 영광이 된다. ··· 같은 방식으로 ··· 신앙은 이 원을 완성하고 성령에 의해 아들을 영화롭게 하고 아들에 의해 아버지를 영화롭게 한다.[61]

유그라페 코발레프스키(Eugraphe Kovalevsky)는 이렇게 말했다.

> 마치 아버지가 자기를 잊어버림으로써 자기의 모든 기쁨이 되는 아들을 사랑하는 것과 같이, 그리고 아버지가 명백하게 알려지고 성령이 빛을 발할 수 있도록 아들이 그 자신의 '나'(I)를 미루기 때문에 사랑을 받는 것과 같이, 성령의 위격의 특징은 자기를 가림으로써 사랑하는 것이다.[62]

C. S. 루이스와 비슷한 방식으로, 스타닐로애는 완전한 사랑이 혼동되지 않은 상태로 남아 있으면서 서로를 사랑하고, 또한 그들 가운데 가장 높은 정도의 통일성을 요구하는 많은 "나의"(I's)를 요구한다. 그는 완전하고 영원한

---

60 Wolfhart Pannenberg, *Systematic Theology*, trans. Geoffrey W. Bromiley (Grand Rapids: Eerdmans, 1991), 1:315-17.
61 Gregory of Nyssa, *Dogmatic Treatise, Etc.*, in NPNF², 5:324.
62 Eugraphe Kovalevsky, "Saint Trinité," *Cahiers de Saint Irénée* 44 (January-Februar, 1964): 3(Staniloae, *Experience of God*, 1:279n29에서 인용).

사랑의 존재와 별도로 세상에 사랑에 대한 어떤 설명도 있을 수 없다고 주장한다. 이 사랑은 신적 위격들을 양산하지만 오히려 그것들을 전제한다.[63]

사랑의 수위성이 요한에 의해 강조된다. 네 번째 복음서에서 그의 주요 주제는 예수님과 하나님의 동일하심이다. 예수님은 하나님과 동등하시고 하나님과 하나이다. 그와 아버지는 서로 안에 내주한다. 정말로, 예수님은 육체가 되신 말씀이며, 세상을 만드시고 친히 하나님이신 분이다.

요한일서에서 그는 하나님의 아들이신 예수님이 육체로 오셨다는 점을 강조한다. 영원부터 계신 분이 또한 참된 인간이시다. 그런 다음, 믿음을 가진 우리는 그와 교제를 나눈다. 그리스도가 다시 올 때 우리가 그와 같아질 것(요일 3:2)이라는 설명에 이어서 요한은 이렇게 언급한다.

> 우리는 서로 사랑할지니 이는 너희가 처음부터 들은 소식이라(요일 3:11).

이것은 우리가 죽음에서 생명으로 이동했다는 증거이고(14절), 그것은 우리 형제자매들의 육체적 필요를 만족시키는 데 실제적인 형태를 취한다(17-18절). 실제로, 요한에 의하면 하나님의 계명은 우리가 당신의 아들 예수 그리스도를 믿고 서로 사랑하는 것이다(23절). 거기에 사랑을 언급하고 있는 찬양의 단편(요일 4:7-10)에 대한 가능성 있는 인용이 다음과 같이 뒤따른다.

> 사랑하는 자들아 우리가 서로 사랑하자 사랑은 하나님께 속한 것이니
> 사랑하는 자마다 하나님으로부터 나서 하나님을 알고
> 사랑하지 아니하는 자는 하나님을 알지 못하나니
> 이는 하나님은 사랑이심이라
> 하나님의 사랑이 우리에게 이렇게 나타난 바 되었으니

---

63 Staniloae, *Experience of God*, 1:245.

> 하나님이 자기의 독생자를 세상에 보내심은
> 그로 말미암아 우리를 살리려 하심이라
> 사랑은 여기 있으니 우리가 하나님을 사랑한 것이 아니요
> 하나님이 우리를 사랑하사
> 우리 죄를 속하기 위하여 화목 제물로 그 아들을 보내셨음이라 (요일 4:7-10).[64]

하나님 자신이 사랑이시고(요일 4:16) 우리가 그와 교제(fellowship)와 교통(communion)을 나누기 때문에, 사랑은 우리 제자도에 대한 엄밀한 테스트다. 만일 우리가 다른 사람들을 사랑한다면 우리는 예수 그리스도에게 속한다. 만일 우리가 사랑이 없다면 우리는 전혀 그의 소유가 아니다.

하나님은 위격들의 삼위일체적 교통이다. 사랑은 그 사람에게 본래 갖추어져 있다. 은혜, 자비, 정의, 그리고 심지어 거룩과 같은 속성들은 모두 피조물과 관계가 있다. 하나님의 진노는 인간의 죄에 대한 그의 거룩함의 표출로서 죄인들과 관계가 있다.

하지만 사랑은 세 위격의 분할되지 않는 교통 속에서 본질적으로 그의 인격에 속한다. 아버지는 아들을 사랑한다. 아들은 아버지를 사랑한다. 아버지는 성령을 사랑한다. 성령은 아버지를 사랑한다. 아들은 성령을 사랑한다. 성령은 아들을 사랑한다. 세 위격의 이러한 호혜적 사랑은 분할되지 않는 삼위일체의 깨어지지 않는 연합 안에 존재한다.

우리가 "신적 본성의 참여자들"이 되고 "영광에서 영광으로 변화"될 수 있다는 점에서, 우리는 하나님의 사랑의 이 교통에 이르게 된다.

교회의 통일성과 정결함이 이것을 요구한다. 이것은 그리스도인들로서 우리의 부르심이다. 그것은 폭력을 휘두르는 교회들과 날카롭게 대비되는데, 거기서 지도자들은 자신의 사적인 의제를 위해 회중을 강요한다.

---

64   저자의 사역.

개별 신자들이 권세 있는 자들에 의한 받아쓰기에 지배를 받는 곳에서, 교회의 목적은 부정된다. 한층 더, 그것은 뚜렷하게 불경건하다. 그것이 하나님과 같아지는 것과 사람들이 하나님의 형상이 있는 자들로서 마땅히 되어야 하는 모습과 상반되기 때문이다. 이것은 특히 보수적인 교회들 안에서 문제가 되는데, 거기에 성경을 따르려는 진지한 시도가 있다.

여기서 지도자들에게 하나님이 세심한 주의 사항에 이르기까지 모든 영역의 문제들에 있어 자기네 편이라는 유혹이 존재한다. 외부의 억제가 전혀 없는 독립 교회들에서 그것은 흔하지 않지만 어떤 형태의 교회 정치도 위험에서 면제되지 않는다. 문제는 주님의 종인 예수 그리스도가 자기권력 강화(self-aggrandizement)의 구렁텅이로 빠지는 길로 가지 않으셨다는 점이다. 그는 자기를 비웠고 십자가의 길로 순종하셨다.

복음을 전파하는 교회의 사명은 또한 사랑의 실천, 주제넘게 나서지 않기(self-effacement)의 실천, 타인의 이익 돌봄의 실천을 요구한다. 그것 없으면 우리의 설교는 약화될 것이다. 그것이 있으면 설교는 강화된다.

이것이 인간적 차원에서 복음 메시지의 강력한 보강이며, 이것의 결여가 복음의 진보에 단 하나의 가장 큰 장애물이라는 점을 이해하기 위해, 사도행전에 기록-"그들이 서로 어떻게 사랑하는지 보라"-된 대로 우리는 단지 원시 교회의 동시대인들이 설명한 것을 상기할 필요가 있다.

특히, 무슬림들과의 교전의 맥락에서 성 빅터의 리처드의 사랑의 패러다임은 그것이 리처드의 합리론에서 제련되기보다 오히려 성경에 기초해 있다면 타당한 것이 된다.

우리는 지난 세기에 그것이 동방교회의 불가코프, 로스키, 스타닐로애, 그리고 서방교회의 몰트만 외 다른 이들에 의해 어떻게 채택되었는지를 보았다. 하지만 그들 각각의 신학은 갖가지 다른 결점들을 가지고 있는데, 그것들은 모방되어서는 안 된다. 이슬람의 알라 교리와 이슬람의 인간론이 무너지는 것은 정확히 사랑의 문제에 있다.

또 우리가 탈근대의 서방에 대해 생각할 때 중심 무대가 되어야 하는 것은 바로 아들의 성육신과 속죄 제물에서 찾아볼 수 있는 조작적이지 않고 자기희생적인 삼위일체의 사랑이다. 이때 "영원토록 인격체들로서 우리의 연속과 완전을 보증해 주는"[65] 것은 삼위일체이며, 모든 인간의 과업들 가운데 가장 위대한 과업을 위한 유일한 기초를 제공해 주는 것은 바로 삼위일체다.

제롬은 자기 제자들에 의해 고령으로 간주되고, "어린 자녀들아, 서로 사랑하라"고 거듭 반복하고 있는 사도 요한의 이야기를 기록한다. 왜 그만 이런 말들을 했는지 질문 받았을 때, 요한은 이렇게 답변했다.

> 그것이 주님의 명령이기 때문에, 그리고 만일 이것만 행해지면 그것으로 충분하기 때문이다.[66]

> 전능하고 영원하신 하나님!
> 당신의 종들인 우리에게
> 참된 믿음의 고백으로 영원하신 삼위일체의 영광을 인정하는 은혜를
> 신적인 위엄의 능력 속에서 일치를 경배하는 은혜를 허락하셨나이다.
> 우리가 당신께 간청하오니
> 살아 계셔서 끝없이 세상을 다스리시는 유일하신 하나님이시여!
> 이 믿음이 흔들리지 않도록 우리를 지켜 주시고
> 언제나 모든 대적들로부터 우리를 보호하여 주소서. 아멘.[67]

---

65   Staniloae, *Experience of God*, 1:247.
66   J. R. W. Stott, *The Epistles of John: An Introduction and Commentary* (London: Tyndale Press, 1964), 49를 보라.
67   Collect for Trinity Sunday, *The Book of Common Prayer according to the Use of the Church of England* (Oxford: Oxford University Press, n.d.), 160(인칭대명사를 현대식으로 바꿈).

◆ 주요 용어들

존재(being)
신화(deification)
위격(person), 위격적 연합(hypostatic union)
양태론(modalism), 삼신론(tritheism)
본성(nature)
네스토리우스주의(Nestorianism)
존재론적인(ontological)

◆ 깊이 생각할 문제

요한복음 14~17장, 고린도후서 3장 1~18절, 베드로후서 1장 1~4절, 그리고 요한일서 3장 1~3절과 같은 신약의 단락들을 맥락의 전후 관계를 고려하면서 자세히 숙고하라.

◆ 더 읽으면 좋은 책

1. Robert Letham, *Union with Christ: In Scripture, History, and Theology* (Phillipsburg, NJ: P&R Publishing, 2011). 『예수와의 연합』(CLC 刊).
2. Panayiotis Nellas, *Deification in Christ: Orthodox Perspectives on the Nature of the Human Person*, trans. Norman Russell (Crestwood, NY: St. Vladimir's Seminary Press, 1987).
3. Thomas F. Torrance, *The Christian Doctrine of God: One Being, Three Persons* (Edinburgh: T&T Clark, 1996), 157-61.

부록 1

길버트 벨키지언과 번지 점프

1997년에 출간된 자기 논문에서,[1] 휘튼대학교의 석좌교수인 길버트 빌레지키언은 1990년에 웨스트민스터 신학 저널에 등재했던 나의 논문에 대해 비난한다.[2] 특히, 그는 인간이 하나님의 형상으로 만들어졌다는 근거로 인간의 성별 사이의 관계를 이해하는 데 기여할 수 있는 순서가 삼위일체의 위격들 사이에 존재한다고 제안한 것에 대해 웨인 그루뎀과 함께 나를 공격한다.

사람들은 교회와 가정 같은 영역에서 지도적 지위와 권위를 위임받지만, 남자와 여자는 동등하며 둘 다 하나님의 형상으로 만들어졌다. 이것은 삼위일체 위격들의 뒤바뀔 수 없는 관계를 반영한다. 아버지가 아들을 보낸 것이지, 결코 그 반대는 아니다. 반면, 아들은 애정을 갖고 아버지에게 순종한다. 그러나 구별되는 세 위격은 지위가 완전히 동등하고 존재가 동일하다.

여기서 우리와 관계되는 것은 삼위일체 문제다. 빌레지키언의 생각은 복음주의 폭넓은 입장을 대변한다. 우선 그가 나를 비판하는 내용을 살펴볼 필요가 있다.

---

[1] Gilbert Bilezikian, "Hermeneutical Bungee-Jumping: Subordination in the Trinity," *JETS* 40 (1997): 57-68.

[2] Robert Letham, "The Man-Woman Debate: Theological Comment," *WTJ* 52 (1990): 65-78.

그의 논문은 잘못된 인용과 오역으로 가득 차 있다.

나는 아버지가 아들을 보낸다는 점을 성경이 말한다고 주장한다. 이것은 아버지와 아들 사이에 존재하는 불가역적인 순서를 반영한다. 모두 하나님의 일체성에 있어 동등하시며, 이 순서는 일체성과 동등성과 조화되는 방식으로 존재한다.

하지만 빌레지키언은 내가 한 진술, 즉 "구속과 계시의 역사에 있는 하나님의 활동의 측면에서, 우리는 명백한 순서에 주목한다"[3]를 인용하는데, 이것을 다음과 같이 말한다.

> 구속과 계시의 역사에 있는 하나님의 활동의 측면에서, 우리는 명백한 순서[위계순서]에 주목한다.[4]

그가 인용문에 삽입한 단어 "위계순서"(hierarchy)는 내가 결코 이 단어를 인용된 단락이나 논문 전체-또는 그것에 관해서는 그밖에 어디서도-에서 사용하지 않았을지라도 그의 독자들에게 내가 삼위일체 내의 위계순서를 옹호한다고 결론짓게 만든다.

대신에, 나는 일관되게 "순서"(order)라는 단어를 사용한다. 이것은 헬라어 탁시스(ταξις)를 번역한 것이다. 나는 이 용어를 아리우스의 계급적 의미보다는 적절한 배치(disposition)를 나타내는 정통적인 의미로 사용한다.[5]

빌레지키언은 내가 이것을 아리우스의 의미로 사용한다고 공격한다. 이것은 나로 하여금 그가 다른 용법들을 깨닫기는 한 것인지 의아하게 만든다.

---

3   Ibid., 68.
4   Bilezikian, "Hermeneutical Bungee-Jumping," 63.
5   G. W. H. Lampe, ed., *A Patristic Greek Lexicon* (Oxford: Clarendon Press, 1961), 1372-73.

이와 함께 (아무것도 없다는) 어떤 증거도 인용하지 않고서, 그는 종속(subordination)이라는 용어-내가 결코 사용하지 않고 꾸준히 부정한 용어-를 나에게 소급시킨다.

나는 절대 종속이나 위계순서나 그들의 직무상 동치관계-나는 정말로 이 용어들을 꼼꼼히 회피한다- 등을 사용하지 않는다. 이런 왜곡과 함께, 빌레지키언은 나의 "존재론적으로 계층화되고 층이 다른 삼위일체"에 대해 쓰는데, 이는 분명히 나를 곧장 아리우스주의의 함정에 빠지게 한다. 나는 삼위일체의 구성원의 동등함에 말뿐인 호의를 보이면서, 동시에 이 동등성을 부정한다.

> 한편, 레담은 신격의 유일성에 자신을 맡기지 않는다. 다른 한편으로는 그 위에 계급제를 덧붙이지 않을 수 없다.[6]

빌레지키언의 문제는 삼위일체 안에 있는 순서 개념인 것처럼 보이는데, 그는 이것이 "존재론적으로 배열된 위계순서"[7]를 의미하는 것으로 생각한다. 하지만 이것은 고전적 형태의 삼위일체신학이다.

하나님은 하나의 존재요 세 위격이시다. 삼위는 동일한 본질에 속하며 상호 내주하신다. 어떤 위격도 다른 위격보다 더 하나님도 아니고 덜 하나님도 아니다. 서로의 관계 속에서, 아버지는 아들을 낳으시고 아버지(와 아들)는 성령을 발산하신다(spirate). 경륜적으로, 아버지는 아들을 보내시고 아버지(와 아들)는 성령을 보내신다. 이런 관계들은 불가역적이다.

하나의 순서가 존재한다. 동방과 서방 모두 이것을 인식하고 있는데, 내가 위 논문의 앞부분에서 주위를 기울이는 것이 바로 이 순서다. 빌레지키언은 이 순서를 무시하거나 거절한다. 이것은 층이 다른 삼위일체가 아니

---

6 Bilezikian, "Hermeneutical Bungee-Jumping," 64.
7 Ibid.

고 두목과 부하관계도 아니다.

　오역으로 종속 개념을 도입한 후에, 빌레지키언은 이어서 나를 궁지에 몰아넣는다. 종속이란 단어는 내가 결코 사용하지 않음에도 불구하고 나의 설명들을 언급하면서 그의 논문에 반복해서 나타난다. 그는 위격들 사이의 순서가 전혀 수위성 문제와 관련되지 않는다는 나의 진술을 단호히 무시한다.[8] 나는 재차 이 순서가 분리되지 않는 삼위일체에서 삼위의 완전한 동등성과 양립된다고 주장한다.

　인간 사회에서 남성과 여성의 문제와 관련해서, 나는 "여성에 대한 남성의 사악한 지배(또는 그 반대)가 인간이 하나님을 닮아야 하는 동등성에 대한 부정이다"[9]라고 말하면서, 여성의 복종이 하나님께 죄라는 근거로 여성의 복종을 반대하는 데 열심이다.

　나는 다른 곳에서 "여성에 대한 억압이 여성과 남성과 하나님에 대한 죄이며 … 가부장적 전통주의자들뿐만 아니라 복음주의 여성 인권자들도 이것을 고려하는 것이 현명할 것이다."[10]

　이런 결론들의 기초는 성삼위일체의 일체성과 동등성이다. 빌레지키언은 분명 사려 깊게 충분히 읽지 않고 선별적으로 여기서 한 구절, 저기서 한 구절 발췌했다. 이것은 도움이 되지 않을 것이다.

　예를 들면, 그는 "아들에게 종속적인 역할을 배당하려는" 그루뎀과 나의 노고에 대해 말한다.[11] 그는 내가 아들에게 종속적인 역할을 배정하는지 알아보려면 『그리스도의 사역』이라는 나의 책을 읽어야만 한다.[12]

8　Letham, "The Man-Woman Debate," 72.
9　Ibid., 73.
10　R. Letham, "The Hermeneutics of Feminism," *Them* 17 (January-April 1992): 7.
11　Bilezikian, "Hermeneutical Bungee-Jumping," 66.
12　Robert Letham, *The Work of Christ* (Leicester: Inter-Varsity Press, 1993).

1. 감정을 불러일으키는 어법

빌레지키언은 감정을 불러일으키는 구절의 전환으로 자기 글을 채색한다. 그는 내가 설명한 대로 아버지와 아들 사이에 있는 순서에 대해 쓰는데, 아들에게 부여된 구원 사역과 함께-그의 우두머리는 아들에게 이것을 하라고 명했다. 왜냐하면, 이것은 그가 자기 의지에 반해서 죽음으로 끌려간 결과와 더불어 그밖에 어느 누구도 손대고 싶지 않았던 일이었기 때문이다-"삼위일체에서 넘버 투"가 된다.[13]

그는 단언하기를, 이것은 "층이 다른 삼위일체"를 나타내는 것으로, 아들은 "삼위일체에서 2등에 해당하는 직무자, 즉 올림푸스 산의 위계순서에서 열등한 신"이[14] 된다.

빌레지키언은 자기 자신의 수사법에 매료되었다. 그는 심지어 내가 아버지로부터 아들의 역할상의 자율을 가르친다고 제안하기까지 한다.[15] 그는 이 모든 것을 주장한다.

비록 삼위일체 안에 있는 관계들이 타락한 세상에 존재하고 있는 자들은 말할 것도 없고 인간적 관계들의 측면에서 이해될 수 없다는 논문에서 내가 강력하게 확언했음에도 불구하고 말이다. 그것은 "완전히 조화되는" 관계이며, "존재론적으로 완전한 동등함에 대한 적절한 표현"이다.[16]

내가 또한 구원 사역을 "특별히 제한된 목적"[17]으로 축소해서, 구속의 웅장함을 과소평가하는 것처럼 보인다. 빌레지키언은 내가 이 구절을 사용해서 양태론을 공격한다는 사실을 무시한다. 양태론은 인간의 역사 안에 나타난 하나님의 자기 계시를 우리의 구원을 위해 계획된 협정(a con-

---

13 Bilezikian, "Hermeneutical Bungee-Jumping," 59.
14 Ibid., 66.
15 Ibid., 67.
16 Letham, "The Man-Woman Debate," 73.
17 Bilezikian, "Hermeneutical Bungee-Jumping," 68.

vention) 곧 "그가 특별히 제한된 목적을 위해 바꾼 양식, 즉 그 자신과 다른 존재 형태"로[18] 축소시킨다. 간단히 말해서, 빌레지키언의 비난은 정확성이 부족하고 열정과 풍자가 많아진 것이다. "종속에 대한 얘기는 이제 그만합시다"라며, 빌레지키언은 화를 낸다.[19] 그렇다, 정말 그렇다.

2. 교부들의 '탁시스' 사용에 대한 오해

빌레지키언은 위격들 사이의 순서(탁시스)가 삼위일체 정통 교리에 속한다는 사실을 깨달은 것으로 보이지 않는다. 그는 아리우스 논쟁 이후에 "순서나 순위"가 "영원한 상태에 대한"[20] 위격들 사이에서 배제된다고 진술한다. 그는 두 개의 다른 개념, 즉 하나는 이단적이고 다른 하나는 정통적인 개념을 융합한다.

계급 개념은 확실히 이단 사설이며, 우리 모두 그것에 대해서는 동의한다. 아들과 성령은 아버지에 못지않고 아버지보다 열등하지도 않다. 각 위격은 완전히 하나님이며 완전한 하나님이다. 세 위격은 다른 어떤 위격보다 더 크지 않다. 아리안주의자들은 아들이 창조되었고, 따라서 아버지와 다른 존재라고 단언했다.

바실과 닛사의 그레고리우스는 때때로 완전히 하나님이신 아버지와 아버지에게서 그 신성이 나온 다른 두 위격이라는 말로 세 위격이 인과적 연쇄 관계(a causal chain)로 이루어졌다는 사실을 내비쳤다. 하지만 참된 순서는 순위가 아니라 올바르게 배열된 배치이다. 그 순서 안에서 신성의 축소나 일치나 동일성의 단절이 전혀 없이, 아버지는 아들을 낳고 성령을 발산하신다.

---

18 Letham, "The Man-Woman Debate," 68.
19 Bilezikian, "Hermeneutical Bungee-Jumping," 67.
20 Ibid., 58.

우리의 구원 안에, 아버지는 아들을 보내신다. 이런 관계들은 절대 역행되지 않는다. 바르트가 지적한 것처럼, 우리는 심지어-조심스럽게- 우리의 구속을 지켜 주면서 아들이 보여 준 순종이 하나님 안에 있는 영원한 실재들을 반영한다고 주장할 수도 있다. 이것은 하나님의 한 존재를 약화시키지 않는 방식으로 행해져야 한다. 이 존재 안에 세 위격 모두 완전히 고유한 것으로 존재한다.

하지만 빌레지키언은 성경 어디에도 아들이 아버지에게 순종해야 한다고 말한 곳이 없다고 주장한다. 이것은 신약의 전문용어가 아니라고 그는 역설한다.[21] 이 주장은 다소 놀랍다. 왜냐하면, 요한복음(그리스도의 완전한 신성을 매우 강조하여 선포하고 있는 책)이 이와 같은 의도를 지닌 그리스도 자신의 진술들로 꽉 차있기 때문이다.

3. 그리스도의 직무상 복종을 일시적인 것으로 간주함

빌레지키언은 성경에서 그리스도의 자기비하에 대해 말하고 있는 모든 단락은 "그의 사역에 관계된 것이지 그의 영원한 상태와 관계되지 않는다"[22]고 주장한다.

여기서 그는 아우구스티누스와 다르게 생각한다. 아우구스티누스는 성경의 어떤 진술들이 아들의 신성도 인성도 언급하지 않고 아버지와 관계하는 아들을 언급한다고 가르친다. 게다가, 그는 아버지가 보내심과 관련된 임무보다 앞서 아들을 보내셨다고 가르친다.[23]

우리는 제4부 제1장과 제4장에서 그리스도가 자신의 이익을 위해 아버지와 동등함을 취하지 않기로 한 결정한 내용을 보여 주는 빌립보서 2장

21　Ibid., 65.
22　Ibid., 60.
23　Augustine, *On the Trinity* 2.5.7-9.

5-11절에 등장하는 바울의 진술이 그리스도의 성육신보다 앞선 상황을 가리킨다는 점을 살펴보았다.

빌레지키언은 인간의 삶에서 그리스도의 자기비하가 그의 영원한 조건과 동떨어진 사건이 아니라면 그의 케노시스나 자기 비움(빌 2:7)은 그 독특성이 벗겨진다고 주장한다. 그의 성육신한 조건은 이전에 있었던 모든 것과 반대되었다고 빌레지키언은 역설한다. 대신에 만일 이것이 하나님 안에 있는 영원한 실재들을 반영하는 것으로 보인다면 그것은 규범적이 된다.[24]

이와 반대로, 그리스도의 "직무상 복종은 영원한 조건이 아니라 임무가 이끈, 일시적 단계의 사역이다."[25] 우리는 잠시 이 광범위한 주장을 고찰할 것이다.

4. 결론들

아마도 빌레지키언은 어떻게 자신이 양태론을 피하는지를 우리에게 알려줄 수 있을지 모른다. 그가 분할되지 않고 동등한 삼위일체 안에서 아버지와 아들 사이의 모든 구별을 지우기로 결심한 것처럼 보이기 때문이다. 그는 공의회들이 영원한 상태에 있는 삼위일체의 위격들 가운데서 모든 형태의 계급제, 순서, 순위를 제거했다고 (역사적으로 부정확하게) 그런 방향으로 주장한다.[26]

그는 계급제와 계급을 제거하는 점에서 옳다. 하지만 공의회들은 하나의 순서가 위격들 사이에 존재한다고 강조했다. 이 순서에 대한 의견의 차이점들은 동방교회와 서방교회 사이에 가장 큰 균열의 원인이 되었다.

---

24 Bilezikian, "Hermeneutical Bungee-Jumping," 65.
25 Ibid., 61.
26 Ibid., 66.

빌레지키언은 어떻게 공의회들이 동방교회와 서방교회 모두가 다른 패러다임으로 확인하는 것을 배제했다고 말할 수 있는가?

게다가, 바르트는 성육신에서 우리가 하나님과의 직접적 관계를 맺는다고 적절하게 설명한다. 예수님은 실제로 아들 하나님이시다. 우리는 어떤 대리인 즉 어떤 "신적 존재의 앞뜰"[27]과 관계할 필요가 없다.

하지만 빌레지키언에게 있어, 아들은 일종의 "신적 실재의 앞뜰"을 나타내는 것처럼 보인다. 왜냐하면, 우리가 아들 하나님 자신과 관계를 가질 필요가 없기 때문이다. 오히려 그가 자신의 영원한 신분에 대해 아무 말을 하지 않고 "임무가 이끄는 일시적인 단계의 사역"을 수월하게 하기 위해 자신이 했던 대로 행했다.

하지만 우리의 구원은 약간 일시적인 변형으로가 아니라 우리가 그리스도 안에서 하나님 자신과 관계를 갖는 사실에 달려 있다. 만일 예수님이 하나님의 참된 계시가 아니라면, 우리는 영원히 길을 잃어버린다.

이 양태론의 문제는 중요한 문제다. 왜냐하면, 빌레지키언에 있어 그리스도가 단지 일시적인 모습에 불과한 것으로 보일 것이기 때문이다. 그는 있는 모습 그대로 영원한 아들을 나타내지 않는다. 지상에서 그의 순종은 단지 "임무가 이끄는 일시적 단계의 사역"[28]일 뿐이다. 이 견해는 이 땅을 거니셨던 그리스도가 영원한 하나님의 아들과 동일하지 않다는 결론에 이르게 한다.

빌레지키언은 하나님이 인간의 역사 속에 자기를 계시해 오신 방법이 그가 영원히 존재하시는 분이라는 사실을 신빙성 있게 가리킨다는 교부들의 추정과 거리를 두고 있다.

앙리 드 뤼박(Henri de Lubac)은 "우리가 '신학'에 접근하는 것은 '경륜'을 통해서, 오직 그것을 통해서 만이다"[29]라고 설명한다.

---

27 Karl Barth, CD, IV/1: 196-97. 하지만 192-205쪽 전체도 보라.
28 Bilezikian, "Hermeneutical Bungee-Jumping," 61.
29 Henri de Lubac, *The Christian Faith: An Essay on the Structure of the Apostles' Creed* (San

빌레지키언은 콘스탄티노플 신조에 있는 구절들, 즉 아들이 "빛에서 나온 빛, 참되신 하나님에게서 나온 참되신 하나님"이라는 유일한 범교회적 진술, 여러 세기를 거쳐 고백된 진술을 무시하거나 거부하기로 선택한다. 레인보우가 말한 것처럼, 어떤 정통교회의 교부와 범교회적인 교회 공의회도 빌레지키언의 생각들을 채택한 적이 없다.[30]

빌레지키언의 입장은 그가 그리스도의 신성을 아주 단호하게 강조하기 때문에 경건하고 그럴듯하게 보인다. 하지만 묘하게 오도하고 있다. 한 가지 근거로, 그것은 기도를 파괴시킨다.

예수님이 우리에게 가르쳐주신 대로, 기도 속에서 우리는 그가 선천적으로 아버지와 영원히 맺고 계신 관계를 은혜로 함께한다. 우리는 예수님이 하셨던 것처럼 하나님을 "우리 아버지"로 부른다. 그러나 빌레지키언에 의하면 아들은 지상 생활에서 보여 준 아버지와 영원한 관계를 유지하지 않으신다. 왜냐하면, 후자는 우리의 구속을 이루기 위해 일시적으로 채택한 "특이한 일"(singularity)[31]이기 때문이다.

우리가 성육신한 분과 맺게 된 관계 또한 "특이한 일"인가?

더욱이, 빌레지키언의 입장은 앙키라의 마르셀루스(Marcellus of Ancyra) 신학의 여러 측면과 놀라울 정도로 유사한 점들을 보여 준다. 제2부 제2장의 내용을 상기해 볼 때, 마르셀루스는 저주받은 자들(anathemas)이 사벨리우스적 해석을 더 명확하게 지지하였을 때 니케아 공의회에서 열심히 발의한 사람이었다. 나중에 언어의 명료함이 드러났을 때, 그의 견해들이 거부되었다.

Francisco: Ignatius Press, 1986), 91-92(Paul A. Rainbow, "Orthodox Trinitarianism and Evangelical Feminism," available at www.cbmw.org/resources/articles/orthodox_ trinitarianism_feminism.pdf, 8에서 재인용).

30 Rainbow, "Orthodox Trinitarianism," 9-10.
31 Ibid., 65.

마르셀루스는 하나님의 일체성에 너무 압도적인 강조를 한 나머지 위격의 구별들을 조정할 틈이 전혀 없었다. 단지 한 휘포스타시스 안에 한 하나님만 있었다. 창조 이전에, 로고스는 하나님 안에 있었지만, 그 자체로 구별된 존재는 아니었다.[32] 하지만 그는 삼위의 차별성에 대한 강조를 희생하고 삼위의 일체성과 동등성에 초점을 맞춘다.

빌레지키언과 같이, 마르셀루스에게 있어 그리스도의 신성은 (정확히) 하나의 공리, 즉 사람이 자기 이성을 갖고 있는 것처럼 하나님과 하나 된 로고스였다.[33]

빌레지키언과 마르셀루스는 신약성경에서 그리스도에게 부여된 초라한 명칭들이 그의 영원한 상태가 아니라 그의 육화된 상태만을 가리킨다고 주장한다. 마르셀루스는 그리스도가 성육신한 이후에만 아들이라 불려 졌기에, 아버지와 아들의 관계는 창조 이전의 하나님으로 다시 해석될 수 없다고 생각한다.[34]

골로새서에서 바울이 그리스도를 "모든 피조물보다 먼저 나신 이" 또는 "보이지 아니하는 하나님의 형상"으로 묘사할 때, 마르셀루스는 이것이 "자기 육체의 경륜",[35] "다른 이들이 말하는 것처럼 그의 원래 상태가 아니라, 육신에 따른 그의 태생"[36]과 연관된다고 주장한다.

이와 같은 진술들은 영원에 적용될 수 없다.[37] 그 진술들은 그의 초라한 상태만을 가리킨다. 그는 성육신 이후에 오롯이 아들이라 불린다.[38] 마찬가지로, 빌레지키언은 성육신의 상태로 된 그리스도의 비하가 내재적 삼위일체의 일부가 될 수 없는 "특이한 일"이라고 주장한다.

---

32 Marcellus, "Die Fragmente Marcells," in *GCS* 14, Fr. 92, p. 207.
33 Henry Melvill Gwatkin, *Studies of Arianism* (Cambridge: Deighton Bell, 1900), 81-83.
34 Ibid., 83.
35 Marcellus, "Die Fragmente Marcells," Fr. 4, p. 186.
36 Ibid., Fr. 5, p. 186.
37 Ibid., Fr. 6-8, p. 186.
38 Ibid., Fr. 31, p. 190.

빌레지키언은 성육신의 일시적 성격에 대한 마르셀루스의 견해와 놀라울 정도로 거의 유사하다. 마르셀루스에게 로고스는 그의 탄생에서 마지막 심판까지만 아들이다. 그때 그는 하나님 안에 있는 로고스의 상태로 돌아갈 것이다. 그런 다음 성육신은 끝나게 될 것이다.[39]

그리스도의 나라는 그의 부활에서부터 마지막 심판의 그 완성에 이르기까지 지속된다.[40] (이 때문에 콘스탄티노플 신조에 아들의 나라가 끝이 없을 것이라고 반박하는 구절이 들어 있다).

마찬가지로, 빌레지키언에게 성육신의 상태에서 그리스도의 직무상 복종은 "임무가 이끈, 일시적 사역의 단계"였다. 그의 성육신 사역과 영원한 상태는 분리된다. 전자는 후자에 비해 규범적이지 않다.[41]

마르셀루스에게 있어, 성육신은 단지 사단을 정복하기 위한 것이었다.[42] 그래서 일단 피조물이 굴레에서 해방되면, 로고스가 취한 종의 형체가 더 이상 필요하지 않을 것이다.[43]

아마도 빌레지키언은 또한 그가 어떻게 네스토리우스주의를 피하는지 우리에게 말해 줄 수 있을 것이다. 그가 아들과 아버지의 일치를 압도적으로 강조하는 것은-마르셀루스의 입장과 같이-그리스도 안에서 신과 인간의 일치를 완화시키는 데 도움이 될 수밖에 없다.[44]

마르셀루스의 견해는 성육신의 사건(an incarnation)보다는 신현의 사건(a theophany)을 필요로 한다.[45] 그러기에 그것은 빌레지키언의 견해와 비슷하게 보일 것이다. 만일 우리가 제4부 제1장에 있는 주장을 따를 경우에, 만

---

39 Ibid., Fr. 103, p. 209.
40 Ibid., Fr. 101, p. 209.
41 Bilezikian, "Hermeneutical Bungee-Jumping," 60-65.
42 Gwatkin, *Studies*, 84.
43 Marcellus, "Die Fragmente Marcells," Fr. 106, p. 211.
44 Winrich A. Lohr, "A Sense of Tradition: The Homoiousion Church Party," in *Arianism After Arius: Essays on the Development of the Fourth Century Trinitarian Conflicts*, ed. Michel R. Barnes (Edinburgh: T & T Clark, 1993), 92.
45 Gwatkin, *Studies*, 86.

일 그리스도의 인성이 하나님에게 순종하지만, 그의 신성(제2차 콘스탄티노플 공의회에 따르면, 육화한 그리스도를 인격화한 것은 바로 아들이다[46])이 아버지에게 순종하지 않고 복종할 수 없다면 빌레지키언이 어떻게 그리스도의 위격의 일체성과 온전함을 유지할 수 있는지 알아보기가 어렵다.

다시 말해서, 빌레지키언의 기독론 안에 그 영원한 양상이 아버지에 대한 순종이나 복종을 면한 아들과, 순종하는 인성 사이에 균열이 존재하는 것은 불가피해 보인다. 그 결과는 근본적으로 양립할 수 없는 두 본성을 지닌 한 인격이다.

또 인성이 하나님의 아들과 영구적인 연합으로 취해졌기 때문에, 이에 근거하여 빌레지키언이 어떻게 성육신의 영원한 결과들과 성육신의 항구적이고 지속되는 실존을 표현할 수 있는가?

위격의 연합은 여전히 존재하고 영원히 그렇게 된다. 다른 한편, 그리스도의 성육신적 복종이 일시적이고 임무 지향적이라는 빌레지키언의 주장은-마르셀루스의 주장과 같이-일단 임무가 행해지면 복종은 제거된다는 것을 내포한다.

만약에 그렇다면, 우리는 구원받지 못할 것이다. 왜냐하면, 구원은 그리스도와의 연합 속에서 받고 이루어지며, 육화한 상태가 깨지지 않고 영원해야 할 것을 단호하게 요구하기 때문이다. 그리스도는 부활하여 절대 다시는 죽지 않는다(롬 6:0).

---

46 Aloys Grillmeier, *Christ in Christian Tradition*, vol. 2, *From the Council of Chalcedon (451) to Gregory the Great (590-604)*, part 2, *The Church of Constantinople in the Sixth Century*, trans. John Cawte (London: Mowbray, 1995), 438-62; B. Studer, "Enhypostasia," in *EECh* (1992), 1:272. 스튜더는 다음과 같이 논평을 한다. "모든 개개의 본성은 언제나 휘포스타시스 안에 있어도 그 자체의 휘포스타시스 안에 반드시 존재하는 것은 아니다. … 이 때문에 그리스도 안에서 로고스의 휘포스타시스는 인성의 특성들의 주체이면서, 이 본성의 존립의 원리이다. 따라서 인간의 특성들과 신적 특성들을 결합시키고, 그 사람을 다른 모든 것들과 구별짓는다."

빌레지키언은 기독론을 "그 자체만으로 신학적 쟁점"이라고 표현한다. 아마도 이것이 문제가 될 것이다. 왜냐하면, 교부들이 그 견해를 공유하지 않았기 때문이다. 그들에게 있어 삼위일체론과 기독론은 연동되어 있다. 그리고 그들은 두 교리를 우리 구원에 직접적인 영향을 미치는 것으로 보았다.

빌레지키언의 논문 제목은 나의 논의가 뭔가를 입증하려고 세워진 번지점프와 유사했다는 자기 주장을 나타낸다. 내 생각에 빌레지키언이 번지점프하는 사람이며, 그가 넓게 벌어진 협곡 아래로 재빠르게 사라질 때, 걱정스럽게도 그를 채운 안전벨트가 헤어진 상태인 것처럼 보인다.

부록 2

케빈 가일스의 종속론[1]

오스트레일리아의 북부 칼튼에 위치한 성 마이클 교회의 주교인 케빈 가일스(Kevin Giles)는 30년 동안 여성의 성직을 찬성해 왔다. 그는 신약학을 전공했고 시드니에서 가장 큰 신학교인 무어대학을 졸업했다. 이 학교는 강한 개혁주의를 지향하고 더 오래된 성공회 지역들 중에서 지역의 가장 보수적인 교구에 위치해 있다.

이 책은 그의 견해를 함께하는 자들에게 중요한 자료가 될 수 있다. 이것은 당연히 다른 이들이 그 견해에 함께하도록 설득할 것이다. 이 책은 잘 씌어졌고 많은 영역을 다룬다.

가일스는 남성과 여성의 완전한 동등성을 강력히 주장한다. 모두 하나님의 형상으로 창조되었다. 그는 삼위일체 안에 추정된 존재, 직무, 또는 역할의 계급제에 기초해서 성의 계급적 견해를 주장하는 보수적인 복음주의자들을 대상으로 한다.

그가 의미하는 종속론은 아들이 영원히 아버지 아래 위치한다는 생각이다. 그는 1999년 시드니 성공회 교구의 교리 위원회 보고서(The Doctrine of the Trinity and Its Bearing on the Relationship of Men and Women)에 반감을 가지고

---

[1] Kevin Giles. *The Trinity and Suborndinationism*. Dovners Grove, Ill.: InterVarsity Press, 2002.

있다. 그는 이 논문을 부록에 포함시킨다.

그는 아타나시우스, 카파도키아 교부들, 아우구스티누스, 고대 신조들을 가리키면서 아들이 직무나 위격적 실재에 있어 종속된다는 생각은 위험천만하게도 이단 사설에 가깝고 교회 전통 안에 어떤 근거도 없다고 주장한다. 대신에, 삼위일체는 동등한 세 위격의 교제다. 모든 형태의 종속론은 성경과 교회 전통에서 배제된다. 여기서 여성의 복종을 찬성하는 주장들이 삼위일체에 대한 호소로 지지받을 수 없다는 결론이 나온다.

가일스는 비슷한 성격을 가지고 있는 사례 연구가 있다고 주장한다. 19세기에 이르기까지, 그리스도인들은 한결같이 노예제도가 하나님에 의해 지정되었다고 믿었지만 지금은 누구도 이 입장을 결코 고수하지 않는다. 시대는 바뀌었고 서구 문화는 계속 바뀌고 있다. 그리고 이와 함께 우리의 성경 해석도 바뀌었다. 여성의 경우도 마찬가지다.

1960년대 이후로, 널리 퍼진 교육과 피임의 새로운 방법들은 거대한 사회문화적 격변을 초래했다. 여성들은 현대 세계에서 급진적으로 지위가 바뀌었다. 이런 변화와 함께, 옛날 노예 제도 전통에서와 같이 여성의 복종을 문화적으로 구시대적일 뿐 아니라 신학적으로 지지할 수 없는 것으로 간주하라.

한마디로, 가일스의 경우에도 마찬가지다. 그는 약간 즉석의 목표물이 있다. 자기 반대자들이 약간 오도한 표현-"아들의 영원한 종속"이라는 구절은 전통의 경계선 밖에 위치하고 가일스가 이 점을 지적하는 것은 옳다-이 있기 때문이다. 이것은 힘 있게 쓰어졌고 가끔은 설득력 있는 주장이며, 내가 그의 관점에서 읽은 최고의 주장이다.

그러면, 나는 왜 그가 내린 결론들에 반대하는가?

첫째, 그의 해석학은 심각한 문제에 노출되어 있다.

가일스는 성경이 신학적으로(다른 방법이 또 있는가?) 읽혀져야 한다고 주장하는 것은 옳다. 하지만 그는 자기가 "역사 안에 있는 하나님의 사역"이라고 부르는 것에 과도한 범위를 제공한다.

> 본문은 스스로 해석하지 않는다. 그것은 인간 대행자가 의미를 부여하기까지 단지 지면 위에 있는 기호(symbols)에 불과하다(8쪽).

그리하여, "세상 안에 있는 하나님의 사역"이 진행되어감에 따라, 우리는 성경에 대한 새로운 해석들을 발전시킬 수 있다. 노예 제도와 여성 문제에 그와 같이 적용할 수 있다.

하지만 역사 안에서 하나님의 사역이 역동적이고 지속적이기 때문에, 다음 세대가 이 세대의 통찰들을 거부하지 않을 것이라고 누가 말할 수 있겠는가?

명백히, 가일스는 이 장면에서 사라진 원저자의 의도를 고려하지 않는다. 가일스의 본문은 각각의 연계된 문화적 서사시에 의해 만들어진 한 조각의 퍼티(putty)와 같다.

게다가, 성경 해석에 있어 이런 부동성의 결핍은 윤리학을 위한 제약이 없는 토대로 조화된다. 우리는 윤리적 안내를 위해 과거를 의지해서는 안 된다고 가일스는 강조한다. 악마는 창조물 안에 존재했다. 대신에, 우리의 행동은 종말론에 의해 형성되어야 한다. 창조에 근거했던 요건들은 오늘날 우리에게 적용되어서는 안 된다. 현재의 관습은 우리 미래의 운명에 기초해야만 한다.

> 이상은 미래에, 다가올 시대에 있다(177쪽).

성경은 언제나 이와 같이 전방을 바라보는 관점에 따라 해석되어야 한다(202쪽). 사회 순서의 기초를 위해 창조에 호소하는 것은 "성경의 전체적인 가르침과 모순된다"(179쪽). 그리하여, 여성은 모든 형태의 억압에서 자유로워져야만 한다. 여성들에게 순복하라는 성경의 권고들 중 어떤 것도 오늘날 적용되지 않는다(203, 268쪽). 바울의 진술은 문화적으로 제약이 있어 우리에게 적용되지 않는다.

온타리오주에 위치한 리디머대학의 진 하스(Gene Haas)는 주로 종말론적 윤리를 판적으로 다루면서 연구하고 있다. 우리는 그것을 열심히 기다리고 있다. 지금으로서는 이와 같은 윤리학의 내용을 결코 규정할 수 없다. 그것은 율법의 대체를 수반한다. 왜냐하면, 십계명이 창조 규정들의 재발표와 적용이기 때문이다.

가일스는 우리에게 그것들을 버리도록 요청한다. 그것은 순종의 이야기에 대한 그의 반감과 일치한다. 예수님은 결코 아버지에게 순종하지 않는다고들 말한다고 그는 주장한다.

가일스는 "문화의 변화를 통해 하나님이 우리에게 절규하신다"(201-2쪽)고 강조한다. 모든 성경을 따라야 하는 것은 아니지만, 하나님은 우리 주변 세계의 변화들을 통해 "우리에게 절규하신다."

우리는 가일스에게 질문한다.

어디서 하나님의 말씀을 찾아볼 수 있는가?
세상의 어떤 문화(들)로부터 하나님은 절규하시는가?
그의 절규는 21세기 초에 서양의 전문적인 백인으로 구성된 진영 밖의 어느 곳에서 나오는가?
문화가 서로 충돌할 때 하나님의 음성은 불협화음을 내는가?
문화적 변화가 규범적이라는 것을 누가 결정해야 하는가?

둘째, 가일스의 선택능력(selectivity)과 관련된다.

삼위일체의 고전적 교리는 세 위격이 하나의 동일한 본질에 속하고 영원히 동등하다고 단언한다. 삼위는 서로 상호 내주하지만, 불가역적으로 구별된다. 아버지는 아들이 아니며, 아들은 아버지가 아니다. 게다가 그들 사이에 하나의 순서(*taxis*)가 있다.

이것은 아리우스주의자들과 에우노미우스주의자들이 주장한 바와 같이 계급의 순서가 아니다. 이들의 주장에 따르면 세 위격은 위계순서의 형태로 배열된다. 이것은 적합한 배치, 잘 정돈된 조직과 더 비슷하다(G. W. H. Lampe, ed., *A Patristic Greek Lexicon*, 1372-73을 참고할 것).

따라서 아버지는 아들을 낳고 성령을 발산하며, 아들은 낳아진다. 이어서 아버지가 아들을 보내고, 아버지와 아들은 성령을 보낸다. 비록 삼위가 모두 동등하며, 공동으로 뿐 아니라 각각이 완전한 하나님이기 때문에 상호성이 있다고 할지라도, 이런 관계들은 역행되지 않는다.

가일스는 아버지와 아들 및 성령의 동일본질에 대해 강하고 단호하게 이해하며, 그것에 대해 추호도 의심하지 않는다. 하지만 순서에 대해 말뿐인 호의를 보이면서, 그는 어느 곳에서도 세 위격의 구별에 대해 거의 유사한 강조를 하지 않는다.

그의 선택능력은 그가 특히 세 명의 신학자들을 다루는 과정에서 표면화된다. 그는 찰스 하지에 대해 삼위일체는 아버지가 아들을 낳을 때 신적 본질을 아들에게 전달하는 계급제라고 가르쳤다고 비난한다(71-4쪽).

이것은 하지에 대한 오해다. 하지는 본질의 기원이 연관돼 있거나 아버지와 아들 사이에 계급상 차이가 있다는 것을 부인한다(『조직신학』 1, 468-70쪽).

가일스는 아버지가 우위에 있다는 피어슨의 주장을 하지가 찬성한다고 진술하지만, 하지는 성경의 사실을 훨씬 넘어서는 사색, 즉 종교개혁자들이 할 준비가 되어 있지 않았던 것의 예로 피어슨을 인용한다. 게다가, 하지는 니케아 교부들을 지지하기 위해서가 아니라 그들의 사색과 거리를 두려고 그들을 언급한다.

가일스는 기특하게도 바르트의 그리스도의 순종에 대한 눈에 띄게 자극적인 논의(*CD*, IV/1: 192-205쪽)를 고찰한다. 거기서 바르트는 성육신의 사역을 하는 동안 그리스도의 순종이 영원한 신적인 순종의 단면을 드러낸다고 제안한다(86-91쪽).

하지만 가일스는 자기 자신의 논지를 허물 수도 있는 것을 잘라낸다. 처음부터 끝까지, 바르트는 예수 그리스도가 성육신에서 행동하는 주체로 언급하는 반면, 가일스는 삼위일체의 외부 사역은 분할 할 수 없다(*opera Trinitatis ab extra indivisa sunt*)는 아우구스티누스의 언명에 기초하여 이것을 완전한 삼위일체이신 하나님에 속하는 것으로 설명한다.

가장 어처구니없는 것이 *CD*, IV/1:202에서 인용한 내용이다.

> 그러므로 우리는 동등한 신성 안에서 한 하나님은 사실상 유일자인 동시에 또 다른 신이시며, 그분은 정말로 제1위인 동시에 제2위라는 놀라운 추론을 끌어내야 한다.

하지만 가일스는 이 단락의 첫 번째 문장인 바르트의 앞선 문장을 삭제하는데, 그것은 자신이 인용하는 다음의 표현을 좌우하는 문장이다.

> 우리가 예수 그리스도를 살펴볼 때 우리는 신적인 순종에 대한 놀라운 결론을 피할 수 없다.

만일 가일스가 이 문장을 포함시켰더라면 그것이 그의 전체 논증을 무력하게 만들었을 것이다. 그는 그것을 빠뜨린다.

가일스는 또한 1990년 *WTJ*에 게재되었고, 원래는 그보다 몇 년 전에 작성된 나의 논문을 언급한다. 그는 나를 보고 종속론과 삼위일체에 대한 계급적 견해를 갖고 있다고 비난한다. 내가 앞부분에서 세 위격의 통일성과 동등성을 가장 강조하여 진술한 사실과, 바르트를 따라서 삼위일체 안에 있는 아들의 복종이나 순종이 순서, 위격들의 관계들의 차원이라는 사실에도 불구하고, 이것은 위격들의 일치와 동등성과 완전히 조화되는 그런 것이다.

나는 어떤 곳에서 구절을 불행하게 표현했을지도 모르지만, 종속(론)에 대한 나의 유일한 언급은 완전히 부정적이며, 삼위일체 안에 있는 우월/열등(두 번)에 대한 언급은 전적으로 거부한다. 그리고 계급제나 명령에 대해서는 속삭이는 소리조차 없다. 그것은 가일스가 자기 반대자들을 가장 격렬한 용어로 분류하는 것을 막지 않는다(비록 하지와 무어대학 교수진, 그리고 내가 진정한 아리안주의자들이 아니라는 사실에 동의할지라도 말이다!).

지난 3년에 걸쳐, 나는 반(反)웨일즈의 혐오감으로 인쇄된 상태에서 "쉐퍼드-개핀 신학"의 기탄없는 지지자였고 지금은 종속론자라고 비난받아 왔다.

모두 사실이 아니지만 얼마나 파괴적인 혼합물인가!

가일스는 서방교회의 삼위일체 패러다임의 덫에 걸린다. 아우구스티누스는 삼위 특히 성령을 정당하게 다루는 데 약간의 어려움이 있음을 발견했다. 그 이후로 서방교회는 이것이 훨씬 더 어렵다는 것을 발견해 왔다.

가일스는 아퀴나스의 위격들에 대한 정의를 실재하는 관계들(subsistent relations)로 기꺼이 인용하지만, 크리스토퍼 휴즈(Christopher Hughes, 1989)의 작품을 분명히 깨닫지 못한다. 휴즈는 자신의 힘 있는 신적 순일성 교리와 함께 아퀴나스가 결코 삼위일체적일 수 없으며, 기껏해야 수정된 사벨리우스주의를 조정할 수 있을 것이라고 주장한다. 비슷하게 가일스는 양태론이라고 널리 비난받아온 라너에 대해 무비판적이다.

라너의 유명한 공리(경륜적 삼위일체는 내재적 삼위일체이고 내재적 삼위일체는 경륜적 삼위일체이다)에 대한 그의 처리는 그 공리가 일종의 범신론이나 범재신론을 지지하기 위해 내재적 삼위일체를 붕괴시키는 데 가장 흔히 사용되었다는 것을 발견하지 못한다. 내재적 삼위일체를 다룬 폴 몰나의 훌륭한 책(2002)은 여기서 읽혀져야 한다.

　가일스는 동방교회 사람들-로스키와 지지울라스-에 대해 약간 피상적인 언급을 하지만, 그들의 관점에 대해서는 별다른 관심을 보여 주지 않는다. 이것은 놀랍지 않다. 왜냐하면, 아버지를 아르케로 보는 동방교회의 강조가 그의 주장을 전혀 강화하지 않을 것이기 때문이다. 그는 또한 최근의 모든 삼위일체신학을 일률적으로 취급하여, 모든 형태의 종속론을 제거할 의도가 있는 하나의 통일된 운동으로 만든다. 실제로, 그것은 결코 획일적이지 않다.

　몰나의 작품은 그것을 중시한다. 가일스가 T. F. 토랜스를 읽은 것은 훌륭하지만, 토랜스가 위격들의 구별에 대해 충분한 주의를 기울였는지의 여부에 대한 컨턴의 비판적인 질문에 대해서는 아무런 언급도 없다.

　게다가, 설령 있다손 치더라도, 이 분야에서 글 모음은 특수한 안건들 즉 범교회적이고 생태학적이고 율법주의적인 안건들을 따랐다. 부분적으로, 가일스는 이것을 인식한다(104쪽). 결코 신학적 정통주의를 천편일률적으로 선호했었다고 할 수 없다. 그 중 대부분은 기껏해야 범재신론적이다.

　게다가, 나는 질문하고 싶은 몇 가지 심각한 신학적 문제들이 있다. 그 배후에서 맴돌고 있는 것은 약간 골치 아픈 양태론적 경향들이다. 한 저자가 어떤 실수를 반대하는데 아주 열정적일 때, 그가 반대의 위험에 빠질 가망성이 충분히 있다.

　가일스는 성육신이 타결되었는가?

　그는 그것이 일시적이라고 주장하는 것처럼 보인다(30, 116쪽). 교구 보고서 이 점을 역시 정확히 지적한다. 이 보고서에 의하면, "삼위일체의 동등한 위격들의 차이점들은 오직 자발적이거나 일시적인 것이 아니다"(129쪽). 우리가 그리스도와 연합하여 구원받았기 때문에, 만일 그리스도의 인성이 일시적인 국면만을 위한 것이라면 우리는 구원받을 수 없다. 바로 이것이 얼마나 중요한지를 보여 준다.

가일스는 성육신의 중요성을 정확히 이해하는가?

그는 그것이 하나님이 주도하시는 창조, 구속, 완성이라는 드라마에서 유일한 장면이라고 주장한다(30쪽). 성육신은 아버지와 아들을 구별하지 않고 그들의 일치를 나타낸다(31쪽).

세 위격 모두가 하나님의 모든 사역과 방식에 관계한다는 가일스의 주장은 옳다. 하지만 (아버지도 아니고 성령도 아닌) 오직 아들만이 우리 인성과 위격의 연합에 들어가서 영원히 그렇게 하셨다. 그는 죽은 자들 가운데서 일어나서 다시는 결코 죽지 않으셨다(롬 6:9). 교구 보고서의 경고는 옳은데, 그에 따르면, 가일스가 선호하는 접근법은 획일적 평등의 주장을 낳는다고 한다(136쪽).

이와 같이, 가일스는 아우구스티누스가 아들의 성육신 사역을 삼위일체에서 역으로 해석하는 것을 전제한다고 말한다(198쪽). 그가 틀렸다. 아우구스티누스는 말씀의 보내심은 그가 보냄 받은 사역보다 앞선다고 주장한다.

> 왜냐하면, 아버지가 아들에게서 나오는 것이 아니라 아들이 아버지에게서 나오기 때문이다. 그리고 … 아들은 말씀이 육신이 되었기 때문에 보냄 받았다고 할 뿐 아니라, 그 결과 말씀이 육신이 될 수 있도록 보냄 받았다. [그래서 말씀은] 사람이 될 수 있도록 보냄 받았다. 왜냐하면, 그가 능력 또는 실체의 불평등이나 자기 안에 아버지와 동등하지 않은 어떤 것에 관련해서 보냄 받지 않았기 때문이며, 이것과 관련하여 아들에게서 아버지가 나온 것이 아니라 아들이 아버지에게서 나왔다(*De Trinitate* 2.5.7-9).

그의 보내심은 그의 성육신보다 앞섰고, 따라서 그의 성육신의 삶과 사역은 그의 영원한 관계들의 무엇인가를 드러낼 수 있다. 이것이 그렇지 않다면, 우리는 (낮아진) 자기를 본 사람은 아버지를 보았다는 예수님 자신의 말씀에 정확히 모순되어 불가지론에 빠지게 할 것이다.

가일스는 확실히 양태론의 위험성들을 깨닫지 못한다. 그는 니케아 신경(325)가 처음에 사벨리우스 연맹 때문에 많은 이들에 의해 거부되었다는 점을 깨달은 것 같지 않다. 그것은 아들이 동일한 휘포스타시스나 우시아에 속한다는 것을 부정했던 자들을 파문했다(44쪽). 그는 또한 니케아-콘스탄티노플 신조(381)에서 위격들의 관계들에 대한 언급을 무시하기도 한다(46쪽).

마지막에 가서, 가일스의 주장은 붕괴된다. 그것은 자멸한다. 그는 우리 모두에게 (곧바로) 보여 주려고 호소하는 상호복종의 패러다임을 위해 지상에서의 그리스도의 복종을 지적해야만 한다. 그래서 그는 반복해서 "자발적 순종은 신과 같다"(18, 31,116, 117쪽)고 말한다. 정말로 "그리스도와 같은 것은 자신을 복종시키는 것이다"(117쪽).

가일스는 다음과 같은 점을 놓쳤다. 만일 아들이 영원히 아버지에게 복종한다면 그의 복종은 좀처럼 그에게 부과될 수 없었을 것이다. 그가 아버지와 동등하며, 동일한 신적 존재에 속하기 때문이다. 그는 기꺼이 복종하신다.

스콜라철학자들은 이것을 병존(concomitance) 의지라고 불렀다. 즉 그것이 이 방식이며, 그는 그것이 그렇게 있기를 의도하신다. 왜냐하면, 삼위가 하나의 통일된 의지를 갖고 있기 때문이다.

가일스는 신적인 아들이 기꺼이 성육신 속에서 스스로를 복종시켰다는 취지로 심지어 자신의 영웅들 가운데 한 사람인 아타나시우스를 인용하기도 한다(37쪽).

그러나 만일 그가 자기 신성에 아무런 위해가 없이 성육신 안에서 그렇게 했다면 우리는 다음과 같이 질문할 수 있다.

왜 이것이 영원 속에서 그렇지 않은가?

그가 가정된 인성을 스스로에게 영구히 연합했기 때문에, 그것은 주인에 대한 노예가 아니라 그의 비하는 물론 그의 승귀 안에 아들에게 적절한 것으로 포함되지 않고, 동등한 자들의 애정 어린 자발적인 교통 안에 포함되는가?

가일스는 여성의 열등함이 그들의 신분 때문에 특정한 리더십 책임에서 배제되는 것에 의해 입증된다고 말한다. 그를 반대하는 자들의 입장은 성 정체성으로 한 여성을 함정에 빠뜨린다. 그녀가 누구인지가 그녀가 할 수 있는 일을 결정한다(182쪽).

하지만 나도 역시 마찬가지로 함정에 빠진다. 나는 아이들을 낳거나 양육할 수 없기에, 하나님이 인류에게 주신 가장 중요한 임무들 중 하나를 빼앗긴다. 가일스의 문제는 그가 리더십과 우월성을 동등하게 여기고, 복종을 더 열등한 것으로 여긴다는 점이다. 하지만 하나님은 다른 이들에 대한 애정 어린 자발적 순종이 우수하다는 것을 보여 주셨다. 처음 된 자들이 실제로 나중 될 것이다.

셋째, 가일스는 아담과 이브에 대해 논의할 때 로마서 5장 12-21절을 결코 이해하지 못한다(190쪽).

만일 그들이 정확히 중산층의 교양 있고 너그러운 21세기 초의 백인 지식인 계급의 기호에 맞게 완전한 상호 호혜성의 상태로 창조되었다면, 왜 바울은 모든 사람이 아담 안에서 죄를 지었다고 말하는가?

만일 아담의 죄가 전 인류에게 영향을 미친다면, 그것은 또한 이브에게도 영향을 미쳤다. 그것이 이브에게 영향을 미쳤다면, 아담은 어떤 면에서 그녀의 머리였고 대표자였다. 창세기 3장의 기록이 보여 주는 바와 같이, 만일 이브가 최초로 죄를 지은 사람이라면, 또는 가일스가 말하는 것처럼 그것이 두 사람 모두의 실수였다면 이것은 훨씬 더 명백해진다. 가일스는 결코 로마서 5장에 대해 논의하지 않는다. 그것은 그의 주장을 뒤엎어놓을 것이다. 그것은 그의 심기를 불편하게 한다.

그러나 나는 거의 잊어버릴 뻔 했다. 과연 "역사 안에서 하나님의 사역"의 진전이 로마서 5장을 대체하였는가?

용어 해설

가현설(docetism): 그리스도의 인성이 명백하지만 실제적이지 않았다는 초기 이단. 이 용어는 "처럼 보이다"를 의미하는 헬라어 '도케인'(*dokein*)에서 나온 말이다. 이 주장이 이단적인 이유는 오직 완전하고 죄 없는 사람만이 인간의 죄를 속죄할 수 있다고 보기 때문이다.

개념들(notions): 라틴 신학에서 개념들은 신적 위격들을 규정하는 특징들이다. 토마스 아퀴나스는 다섯 가지 개념들이 있다고 주장했다. 곧 무기원성(innascibility), 부성(paternity), 아들 됨(filiation), 발산, 발현.

경륜적 삼위일체(economic Trinity): 창조와 구원 안에-우리 세계 즉 인간의 역사 안에- 계시된 삼위일체.

관계들(relations): 아버지와 아들의 관계, 아들과 아버지의 관계, 아버지/아들과 성령의 관계, 그리고 성령과 아버지/아들과의 관계를 말한다. 이 관계들은 서방교회보다 동방교회에서 다르게 간주된다. 세 위격의 관계들은 아버지가 처음이고 아들이 두 번째이고 성령이 세 번째라는 점에서 서로 다르다. 아버지는 아들을 낳고 성령을 방출하지만, 아버지는 출생되지도 발현하지도 않는다. 아들은 출생되고 (서방교회에 의하면) 성령을 방출 또는 파송함에 있어 아버지와 함께하며, 발현하지 않는다. 성령은 아버지에게서, 그리고 아들에게서(또는 아들을 통하여) 발현하지만, 낳거나 출생되지 않는다. 이 관계들이 뒤바뀌지는 않는다.

구원론(soteriology): 구원에 관한 교리(헬라어 soter, "구원자"에서 유래)

구원의 서정(*ordo salutis*): 구원의 순서 또는 우리가 성령에 의해 구원으로 인도되고 보존되는 방식기. 이것은 효과적 부르심, 거듭남, 믿음과 회개, 칭의, 양자됨, 성화, 견인, 그리고 영화를 포함하는데, 이 모든 것은 그리스도와의 연합된 상태에서 받는다.

군주론(monarchy/monarchianism): 유일한 통치, 한 사람의 지배. 이것은 하나님의 통일성(unity), 그분의 하나 되심(oneness)을 가리킨다(신 6:4). 동방교회에서 군주정을 아버지에게 근거시키는 것은 흔한 일이었다. 하지만 이것은 종종 아들과 성령의 종속으로, 그렇지 않으면 양태론으로 이어졌다. 양태론에 의하면 나머지 다른 위격들은 속성과 같은 정도로만 축소되었다.

긍정의(유념[有念]의, cataphatic or kataphatic): 정통 신학에서 긍정신학은 (부정에 기초한 부정신학과 상반되게) 긍정적인 확언들로 이루어진다. 아레오파기타의 디오니시우스에 따르면, 이것은 우리로 하여금 하나님에 대한 약간의 지식을 얻게 하지만, 불완전한 방식이다. 완전한 방식 즉 그 본성 자체를 알 수 없는 하나님에게 적절한 유일무이의 방식은 부정의 방법이다. 이것은 마침내 우리로 하여금 완전한 무지로 인도한다.

기독론(Christology): 그리스도의 위격에 관련된 가르침

내재적 삼위일체(immanent Trinity, 참조. 존재론적 삼위일체): 삼위일체 자체 또는 창조와 무관하게 서로 관계를 맺고 있는 세 위격.

다신론(polytheism): 하나 이상의 신적 존재가 있다고 믿는 신념.

단의론(monotheletism): 성육신하신 그리스도 안에 오직 한 가지 의지만 있었다는 생각. 이 견해는 교회에 의해 거부되었는데, "의지"가 두 본성 모두의 속성이라고 간주되었기 때문이다.

대구법(parallelism): 히브리 시는 단어들이 아니라 사상들로 시를 지었다. 하나의 진술은 종종 약간 다른 형태로 반복된다. 이런 모습이 시편에 선명하게 드러난다.

동일본질(또는 동일본체, consubstantiality): 아들과 성령이 아버지와 동일한 본질이라는 교의. 이것은 세 위격 모두 완전한 하나님이고 온전한 하나님이라는 것을 의미한다.

동일본질의(*homoousios*): "동일한 존재의." 이는 아들과 성령이 아버지와 동일한 존재라는 것을 의미한다.

로고스 기독론(Logos Christology): 초대 교회 시기에 선재하는 존재인 로고스에 대해 헬라의 영지주의 진영에서 상당한 억측이 있었다. 사도 요한은 성육신 이전의 그리스도(요 1:1-18)를 언급하는 데 이 용어를 사용한다. 니케아 이후의 교부들 중 많은 이들이 이 용어를 사용했지만 거기에 이런 일부 사변적인 개념들을 덧붙였다. 이런 사고는 아들을 아버지와의 관계에서 종속적인 위치에 놓은 경향이 있었다.

마케도니아인들(Macedonians): 342년에서 360년 면직될 때까지 콘스탄티노플의 주교였던 마케도니우스(Macedonius)를 추종했다고 추정되는 사람들. 그들은 성령의 신성을 부인했다. 마케도니우스 자신은 이런 견해를 피력하지 않았을 수도 있다.

반(反)휘포스타시스(*anhypostais*): 그리스도의 인성이 성육신 안에서 취한 연합과 별개로 그 자체의 위격적 실존이 전혀 없다는 교리.

발산(spiration): 성령을 규정하는 특징 곧 아버지에게서 나온 발현(수동적 발산), 또는 아버지가 내쉰 상태(능동적 발산). 서방교회는 성령도 역시 아들에게서(필리오케 구절) 발현한다고 주장한다.

발현들(processions): 아들의 영원한 낳으심과 성령의 영원한 발현. 이것은 아들과 성령의 역사적 보내심이라는 임무들과 조화된다. 동방교회는 아버지의 아들을 낳으심을 발현으로 부르는 것을 오류라고 간주한다. 동방교회에 있어 이것은 아버지와 아들에 대한 전형적인 서방교회의 혼동이다.

범신론(pantheism): 하나님과 창조 세계를 동일시하는 입장. 그래서 창조 세계 역시 경배 받아 마땅하다.

범재신론(panentheism): 하나님과 창조 세계가 구별되면서도 하나님은 창조 세계 안에, 창조 세계는 하나님 안에 있다고 보는 입장. 그래서 하나님은 창조 세계와 필연적으로 밀접한 관계가 있으며, 창조 세계가 하나님을 의존하는 만큼 하나님도 창조 세계를 의존한다.

본질(*ousia*): 존재. 유일하신 하나님이 존재하기 때문에 하나님은 유일한 본질이시다. 이 단어는 하나님의 한 존재를 언급한다. 하지만 4세기 삼위일체의 위기가 해결되기 전에, 이 용어는 폭넓은 의미를 지녔고, 따라서 많은 혼동이 있었다. 제2부 제2장을 참고하라.

부정의(무념[無念]의, apophatic): 실증적인 명제들이나 지적 활동보다는 (동방정교회의 지배적인 생각에 따라) 주로 신비적 명상을 통해 하나님을 아는 것. 실제로 우리는 논리적이고 지적인 범주들을 마음에서 비우고 무지한 상태로 기도해야 한다(아포파시스[apophasis]의. 겉으로는 어떤 사실을 부정하는 입장을 띠면서도 실제로는 그 사실을 말하려고 함, 역주).

사벨리우스주의(Sabellianism): 사벨리우스는 한 하나님이 스스로를 연속해서 아버지, 아들, 성령으로 계시하셨으며, 이것은 영원한 위격의 구별이 아니라는 이단적 주장을 했다.

사회적 삼위일체론(social doctrine of the Trinity): 세 위격이 서로 상호작용하는 하나의 공동체로 간주하는 삼위일체에 대한 이해. 기본 전제는 삼위가 하나의 존재(본질)에 우선한다는 것이다.

삼신론(tritheism): 신이 셋이 존재한다는 신념. 삼위일체의 세 위격에 대한 과대 강조는 하나가 아닌 세 분의 하나님이 있다는 신념으로 이끌 수도 있다고 주장한다.

삼위일체의 내적 사역(works of the Trinity ad intra): 세 위격이 창조와 아무런 관련이 없이 자기 자신의 내적 관계들과의 연결 속에서 수행하는 행위들.

삼위일체의 외적 사역(works of the Trinity ab extra): 세 위격이 세상과 관련해서 수행하는 행위들, 곧 창조와 섭리, 그리고 은혜를 가리킨다. 이것들은 하나님이 창조하거나 타락에 따르는 구원을 가져올 의무 전혀 없었기 때문에 자유로운 행위이다.

소피아(*sophia*, **지혜**): 이 용어는 지난 2세기 동안 러시아 정교회 신학에 의해 개발된 것이다. 이것은 헬라어 **소피아**가 여성형 명사라는 점을 부적절하게 착안하여 페미니스트 신학자들에게 호소해 왔다.

속성들(attributes): 하나님의 특수한 특성들. 예를 들어, 거룩, 주권, 정의, 선, 자비, 사랑 등이 있다.

송영(doxology): 흔히 하나님에게 돌려드리는 찬양의 송영.

순서(헬. *taxis*): 삼위일체의 세 위격의 관계들은 하나의 순서를 드러낸다. 즉 아버지는 아들을 낳으시고 아들 안에서 또는 아들을 통해서 성령을 보내신다. 이 관계들은 결코 뒤바뀌지 않는다.

시원론(protology): 최초의 사물들에 대한 교리(헬라어 *protos*, "처음"에서 유래). 이것은 창조 세계와 관련이 있거나 영원한 신적인 선재와도 관계가 있을 수 있다.

신인동형의(anthropomophic): 인간적 차원에서 하나님을 묘사하는 것.

신플라톤주의(Neoplatonism): 3,4세기에 발생한 운동으로 기독교를 포함한 다른 출처들에서 나온 요소들과 함께 플라톤 철학의 일부 양상들을 채택하고 그 위에 세워졌다. 이것은 알렉드리아의 클레멘스, 오리게네스, 그리스도 이전의 아우구스티누스에게 다양한 영향을 미쳤다. 후자가 신플라톤주의의 영향에서 얼마나 많이 빠져나왔는지가 논쟁의 계속되는 주제이다.

신화(神化, deification): 동방교회에 따르면 구원의 목표는 하나님과 같이 되는 것이다. 성령이 우리 안에서 이 목표를 달성하신다.

실재론(realism): 보편자들(하양[whiteness]과 같은 일반적이고 폭넓은 관념들이나 원리들)이 실재한다는 주장. 이는 유명론과 상반되는데, 유명론은 오직 개별자들(예를 들어 하양의 구체적 사례들)만이 실재한다고 주장한다.

실체(substance): 사람이나 사물을 구성하는 "성분." 아버지, 아들, 성령 모두를 완전히 절대적으로 구성하는 하나의 동일한 실체가 있다.

신현(theophanies): 구약성경에서 인간이나 다른 피조물의 형태로 하나님이 현현하는 것.

아리안주의자들(Arians): 아리우스와 같거나 비슷한 입장을 고수하는 자들. 아리우스의 가르침에 따르면, 아들은 어느 순간 존재하게 되었고 세상을 만든 대행자였지, 아버지와 똑같이 영원하지 않고 동등한 존재가 아니었다.

양의론(dyotheletism, or dyothelitism): 성육신하신 그리스도 안에 두 개의 (조화로운) 의지가 있다는 교리. 이것은 의지가 그리스도의 위격보다는 두 본성의 속성이라는 것을 전제한다.

양자론(adoptionism): 그리스도가 부활 시에 하나님의 아들이 되었다고 주장하는 초기의 이단.

양태론(modalism): 삼위일체의 세 위격들 사이의 실제적이고 영원하며 역행되지 않는 구별을 희미하게 하거나 없애는 것. 하나님의 통일성이나 세 위격들의 존재 안에 있는 동일성이 위격 간의 구별을 희생하면서 과도하게 강조될 때 이런 위험성이 발생할 수 있다. 이것은 영원한 실재들에 대한 언급을 제거하기 위해 구원의 역사를 골고루 강조하는 지점에서 드러날 수 있다. 그렇게 될 경우, 인간의 역사 안에서 하나님께서 아버지, 아들, 성령으로 자기를 계시하신 것은 더 이상 영원히 자신 안에 계신 분으로 계시한다고 주장하지 못한다.

에우노미우스(Eunomius): 아리우스와 같이 아들이 창조되었고 따라서 아버지와 동일한 존재가 아니라고 믿은 4세기의 이단자.

영원한 발생(eternal generation): 아버지와 관련하여 아들이 갖는 독특한 특성. 하나님이 영원하시기 때문에 아버지와 아들의 관계는 영원하다. 이것은 하나님이 영적이시기 때문에 인간의 발생이나 출생에 기초하여 이해되어서는 안 된다. 이것은 우리의 이해력을 뛰어넘는다.

영원한 발현(eternal procession): 성령과 아버지의 영원한 관계(서방의 관점에서는 아들과의 영원한 관계도 포함됨)

영의 항쟁자들(*pneumatomachii*): 문자적으로 "성령과 싸우는 자들"을 가리키는데, 이들은 아들의 신성을 받아들이지만 성령의 신성은 수용하지 않는다. 이들의 활동이 두드러지게 되자 콘스탄티노플 공의회(381)가 열리게 되었으며, 공의회는 이들의 견해를 이단으로 정죄하고 삼위일체 위기를 해결했다.

예전(liturgy): 교회 예식의 예배 순서. 일반적으로 문자로 기록된 기도, 응답, 그리고 하나님께 드리는 송영의 형식을 갖춤.

유비적 서술(analogical predication): 두 대상이 서로 비슷하지만 완전히 닮은 것은 아니라는 유비에 근거한 논증. 이것은 창조된 모든 한계들과 죄 많은 부적절한 모든 것들을 여기서 제거하고 무한하게 추론하면서 피조물에게 있는 특징들을 하나님에게 돌리는 형태(예. 선하심)를 취할 수 있다. 서방교회의 스콜라신학은 종종 이 방법을 사용하여 하나님을 고찰했다. 하지만 개신교는 일반적으로 하나님에 대한 담론을 성경적 계시에 근거하면서 이러한 접근을 거부해 왔다.

유사본질의(*homoiousios*): "유사하거나 비슷한 존재의." 니케아 신경가 아버지와 아들을 동일시했던 것을 두려워한 이들이 사용한 용어. 이런 유사본질주의자들 중 많은 이들이 381년 삼위일체 논쟁의 타협에 지지를 보냈다.

이위일체론(binitarianism): 아들이 아버지와 더불어 하나님이지만 성령은 아니라는 생각. 신약성경의 일부 진술들은 이위일체인 것처럼 보이지만, 이것은 단순히 성령을 가리키는 것이 아니고 오히려 하나님에게 참여된 것을 부정한다. 4세기의 영의 항쟁자들은 이위일체론자들이었고, 그들의 가르침은 교회로부터 이단이라고 거부되었다.

일원론(monotheism): 유일신 하나님에 대한 믿음.

일원론의(monistic): 실재를 한 가지 원리로 환원하는 것.

위격들(persons): 성부, 성자, 성령. 위격이 삼위를 가리키는 적절한 용어인지에 대해 많은 논쟁이 있었다. 현대적 용법에서 이것은 각각의 개인을 의미하기 때문이다. 그동안 제안된 다른 대안들 가운데 어떤 것도 인정받지 못했다. 이 대안들이 덜 인격적인 신관을 다양하게 표출했기 때문이다.

전유(appropriation): 신적인 사역의 원인을 삼위일체의 한 위격에 돌리는 것. 하나님은 한 분이시기 때문에 세 위격 모두 하나님의 모든 사역에 함께 행동하신다. 그리하여, 오직 아들만이 육화되었고 오직 성령만이 오순절 날에 강림하셨다. 이것은 나머지 다른 두 위격이 또한 이 각각의 행위와 연루되었다는 점을 부정하지 않는다.

존재(being): 존재하는 대상. 존재자.

존재론적(ontological): 존재하는 것, 또는 존재와 연관된.

존재론적 삼위일체(ontological Trinity, 참조. 내재적 삼위일체): 창조와 상관없이 서로 관계하는 대로의 삼위일체 자체 또는 세 위격들.

종속론(subordinationism): 아들과 성령이 아버지보다 더 열등한 존재이거나 더 열등한 지위를 가지고 있다는 가르침.

종말론적인(eschatological): 마지막 일들과 관련. 헬라어 '에스카토스'(*eschatos*, 마지막)에서 유래.

출생되지 않은/출생된(unbegotten/begotten): 아들의 특성은 그가 아버지에게서 영원히 출생된다는 것이다. 아버지는 출생되지 않는다. 낳음은 창조하는 것과는 질적으로 다르고 아버지와 아들의 영원한 관계를 가리키며, 아들과 피조물을 구별시켜 주고 우리의 이해력을 뛰어넘는다(참조. 영어 단어 bear는 모태에서 태어남을 말하는 반면, beget은 아버지에게서 낳음을 의미한다, 역주).

케노시스설(kenoticism): 헬라어 케누(kenoo, 비우다, 빌 2:7)에서 나온 말로, 성육신할 때 그리스도가 일부 신적 속성들(전능, 편재, 전지)을 스스로 박탈했다는 생각.

특성들(properties): 부성(parternity), 아들 됨(filiation), 능동적 발산, 수동적 발산(발현), 그리고 무기원성(innascibility)('개념들'을 참고하라).

페리코레시스(perichoresis): 하나님의 한 존재(being) 안에 삼위일체의 세 위격이 상호 내주하는 것.

하나님의 본성(nature of God): 하나님은 어떤 분이신가(사랑, 정의, 거룩, 전능 등등). 본성의 특별한 양상들은 속성이라 불린다. 4세기에 하나님의 본성은 때때로 하나님의 본질 또는 존재와 유사어로 사용되었었다.

하나님의 본질(essence of God): 하나님의 인격. 그 존재(존재하다를 의미하는 *esse*에서 유래).

해석학(hermeneutic): 본문이나 현실이 어떻게 이해되어야 하는지를 통제하는 해석의 원리.

활동들(energies): 그레고리우스 팔라마스에 따르면 하나님의 본질은 알 수 없다. 우리는 하나님의 활동들, 즉 창조세계 안에서 역사하는 하나님의 권세들과 관계를 맺는다.

휘포스타시스(*hypostasis*): "구체적으로 존재하는 대상"을 의미하는 헬라어. 삼위일체와 관련하여, 이것은 "위격"을 의미하게 되었다. 그리하여 4세기 논쟁이 끝나갈 무렵, 이것은 하나님 안에 구별되는 것, 하나님이 세 가지로 존재하는 방식을 가리켰다. 반면 우시아는 하나님의 한 존재를 가리키는 것으로 남겨졌다.

휘포스타시스 안에(*enhypostasia*): 제2차 콘스탄티노플 공의회(553)에서 성육신하신 그리스도의 위격은 성령에 의해 동정녀 마리아의 태에서 잉태되어 인간의 본성을 취하신 영원한 아들이라고 공포한 교의. 이 배후에는 인간이 하나님의 형상으로 만들어졌기에 존재론적으로 피조물의 차원에서 하나님과 공존할 수 있다는 성경적 가르침이 있다. 따라서 하나님의 아들은 덧입은 인간의 본성에 인격성을 제공한다.

참고 문헌

Agreed Statement on the Holy Trinity Between the Orthodox Church and the World Alliance of Reformed Churches. 1992. *Touchstone* 5 (winter): 22–23.

'Ali, 'Abdullah Yusuf, ed. 1997. *The Meaning of the Holy Qur'an.* 9th ed. Beltsville, Md.: Amana Publications.

Anastos, M. V. 1981. Basil's Κατα Ευνομιου, a Critical Analysis. In *Basil of Caesarea: Christian, Humanist, Ascetic: A Sixteen-Hundredth Anniversary Symposium,* ed. P. J. Fedwick, 67–136. Toronto: Pontifical Institute of Medieval Studies.

Anatolios, K. 1998. *Athanasius: The Coherence of His Thought.* London: Routledge.

Anscombe, G. 1973. *Three Philosophers.* Oxford: Clarendon Press.

Anselm. *De fide Trinitatis et de incarnatione Verbi.*

———. *De processione Spiritus Sancti contra Graecos.*

Aquinas, Thomas. 1980. *Commentary on the Gospel of St. John.* Albany: Magi Books.

———. *Compendium theologiae.*

———. *On Boethius.*

———. *Summa contra Gentiles.*

———. *Summa theologica.*

Arnold, C. 1993. Ephesians. In *Dictionary of Paul and His Letters,* ed. G. F. Hawthorne, 238–49. Downers Grove, Ill.: InterVarsity Press.

Athanasius. 1951. *The Letters of Saint Athanasius Concerning the Holy Spirit.* Trans. C. Shapland. London: Epworth Press.

———. 1980. *Select Writings and Letters.* Vol. 4 of NPNF[2].

———. *Defence of Dionysius.*

———. *Letters.*

———. *Letters to Serapion on the Holy Spirit.*

———. *Of Synods.*

———. *On Luke 10:22 (Matthew 11:27).*

———. *On the Decrees of the Synod of Nicaea.*

———. *On the Incarnation.*
———. *Orations Against the Arians.*
———. *Statement of Faith.*
———. *To Epictetus.*
———. *To the Antiochenes.*
Augustine. 1991. *The Works of Saint Augustine: A Translation for the 21st Century: The Trinity.* Trans. Edmund Hill. Ed. J. E. Rotelle. Hyde Park, N.Y.: New City Press.
———. 1995. *On the Holy Trinity, Doctrinal Treatises, Moral Treatises.* Vol. 3 of *NPNF*[1].
———. *City of God.*
———. *Confessions.*
———. *De Trinitate.*
———. *Letters.*
———. *Of Free Will.*
———. *On Christian Doctrine.*
———. *On the Psalms.*
———. *On True Religion.*
———. *Sermon on Matthew 3:13.*
———. *Tractates on the Gospel of John.*
Azkoul, M. 1995. *St. Gregory of Nyssa and the Tradition of the Fathers.* Lewiston, N.Y.: Edwin Mellen Press.
Balthasar, H. U. von, 1992. *The Theology of Karl Barth: Exposition and Interpretation.* Trans. E. T. Oakes. San Francisco: Ignatius.
Bammel, C. P. H. 1990. *Der Römerbriefkommentar des Origenes: Kritische Ausgabe der Übersetzung Rufins: Buch 1–3.* Freiburg: Verlag Herder.
Barnes, M. R. 1993. The Background and Use of Eunomius' Causal Language. In *Arianism After Arius: Essays on the Development of the Fourth Century Trinitarian Conflicts*, ed. M. R. Barnes, 217–36. Edinburgh: T & T Clark.
———. 1993. Introduction to *Arianism After Arius: Essays on the Development of the Fourth Century Trinitarian Conflicts*, ed. M. R. Barnes, xiii–xvii. Edinburgh: T & T Clark.
———. 1999. Rereading Augustine on the Trinity. In *The Trinity: An Interdisciplinary Symposium on the Trinity*, ed. S. T. Davis, 145–76. Oxford: Oxford University Press.
Barr, J. 1988. 'Abbā Isn't "Daddy." *JTS* 39:28–47.
Barth, K. 1956–75. *Church Dogmatics.* Ed. G. Bromiley. Edinburgh: T & T Clark.

———. 1981. *Letters, 1961–1968*. Trans. and ed. J. Fangemeier and G. W. Bromiley. Grand Rapids: Eerdmans.

———. 1995. *The Theology of John Calvin*. Trans. G. W. Bromiley. Grand Rapids: Eerdmans.

Basil of Caesarea. *The Hexaëmeron*.

———. *Letters*.

———. *On the Holy Spirit*.

Bauckham, R. 1978. The Sonship of the Historical Jesus in Christology. *SJT* 31:245–60.

———. 1995. *The Theology of Jürgen Moltmann*. Edinburgh: T & T Clark.

Bauer, D. 1992. Son of God. In *Dictionary of Jesus and the Gospels*, ed. J. B. Green, 769–75. Downers Grove, Ill.: InterVarsity Press.

Bavinck, H. 1977. *The Doctrine of God*. Trans. W. Hendriksen. Edinburgh: Banner of Truth. (Orig. pub. 1951.)

———. 1977. *Our Reasonable Faith*. Ed. H. Zylstra. Grand Rapids: Baker. (Orig. pub. 1956.)

———. 1999. *In the Beginning: Foundations of Creation Theology*. Ed. J. Vriend and J. Bolt. Grand Rapids: Baker.

Beckwith, R. 2001. The Calvinist Doctrine of the Trinity. *Churchman* 115: 308–16.

Behr, J. 2001. *The Way to Nicaea*. Crestwood, N.Y.: St. Vladimir's Seminary Press.

Bellarmine, R. 1832. Secunda controversia generalis de Christo. In *Disputationum de controversiis christianae fidei adversus haereticos*. Rome.

Benoit, A. 1960. *Saint Irénée: Introduction à l'étude de son théologie*. Paris: Presses Universitaires.

Berkhof, L. 1958. *Systematic Theology*. London: Banner of Truth.

Berkouwer, G. 1960. *Divine Election*. Trans. H. Bekker. Grand Rapids: Eerdmans.

Berns, R. S. 2000. *Billmeyer and Saltzman's Principles of Color Technology*. 3rd ed. New York: John Wiley & Sons.

Betz, O. 1968. *What Do We Know About Jesus?* London: SCM.

Bielfeldt, D. 1997. Deification as a Motif in Luther's *Dictata super Psalterium*. *SCJ* 28:401–20.

Bilezikian, G. 1997. Hermeneutical Bungee-Jumping: Subordination in the Trinity. *JETS* 40: 57–68.

Bilz, J., ed. 1909. *Die Trinitätslehre des Hl. Johannes von Damaskus*. Paderborn: Ferdinad Schöningh.

Bobrinskoy, B. 1981. The *Filioque* Yesterday and Today. In *Spirit of God, Spirit of Christ: Ecumenical Reflections on the Filioque Controversy*, ed. L. Vischer, 133–48. London: SPCK.

———. 1999. *The Mystery of the Trinity: Trinitarian Experience and Vision in the Biblical and Patristic Tradition*. Trans. A. P. Gythiel. Crestwood, N.Y.: St. Vladimir's Seminary Press.

Bonner, G. 1986. Augustine's Concept of Deification. *JTS* 37:369–86.

———. 1986. Deificare. In *Augustinus-Lexikon*, ed. C. Mayer, 1:265–67. Basel: Schwabe & Co.

———. 1986. *St. Augustine of Hippo: Life and Controversies*. Norwich: Canterbury Press.

———. 1999. Deification, Divinization. In *Augustine Through the Ages: An Encyclopedia*, ed. A. D. Fitzgerald, 265–66. Grand Rapids: Eerdmans.

Bracton, H. de. 1968. *On the Laws and Customs of England*. Trans. and ed. S. E. Thorne. Cambridge, Mass.: Harvard University Press.

Bray, G. 1979. *Holiness and the Will of God: Perspectives on the Theology of Tertullian*. Atlanta: John Knox.

———. 1983. The *Filioque* Clause in History and Theology. *TynBul* 34:91–144.

———. 1993. *The Doctrine of God*. Leicester: Inter-Varsity Press.

Bromiley, G. W. 1979. *An Introduction to the Theology of Karl Barth*. Grand Rapids: Eerdmans.

Brown, P. 1967. *Augustine of Hippo: A Biography*. London: Faber and Faber.

Brown, R. E. 1966. *The Gospel According to John (i–xii)*. Anchor Bible. Garden City, N.Y.: Doubleday.

Bruce, F. F. 1984. *The Gospel of John*. Grand Rapids: Eerdmans.

Bucer, M. 1561. *In epistolam d. Pauli ad Ephesios*. Basel.

Büchsel, F. 1974. Μονογενης. In *TDNT*, 4:737–41.

Bulgakov, S. 1937. *The Wisdom of God: A Brief Summary of Sophiology*. London: Williams and Norgate.

———. 1946. *Le Paraclet*. Ed. C. Andronikof. Paris: Aubier.

———. 1976. *A Bulgakov Anthology*. Ed. J. Pain and N. Zernov. Philadelphia: Westminster Press.

Butin, P. W. 1995. *Revelation, Redemption, and Response: Calvin's Trinitarian Understanding of the Divine-Human Relationship*. New York: Oxford University Press.

Calvin, J. 1954. *Theological Treatises*. Ed. J. K. S. Reid. Philadelphia: Westminster Press.

―――. 1959. *Calvin's Commentaries: The Gospel According to St John 1–10*. Trans. T. H. L. Parker. Ed. D. W. Torrance and T. F. Torrance. Edinburgh: Oliver and Boyd.
―――. 1960. *Calvin's Commentaries: The Epistle of Paul the Apostle to the Corinthians*. Trans. J. W. Fraser. Ed. D. W. Torrance and T. F. Torrance. Edinburgh: Oliver and Boyd.
―――. 1960. *Institutes of the Christian Religion*. Ed. J. T. McNeill. Trans. F. L. Battles. 2 vols. Philadelphia: Westminster Press.
―――. 1961. *Calvin's Commentaries: The Epistles of Paul the Apostle to the Romans and to the Thessalonians*. Trans. R. Mackenzie. Ed. D. W. Torrance and T. F. Torrance. Edinburgh: Oliver and Boyd.
―――. 1961. *Calvin's Commentaries: The Gospel According to St John 11–21 and the First Epistle of John*. Trans. T. H. L. Parker. Ed. D. W. Torrance and T. F. Torrance. Edinburgh: Oliver and Boyd.
―――. 1963. *Calvin's Commentaries: The Epistle of Paul the Apostle to the Hebrews and the First and Second Epistles of St Peter*. Trans. W. B. Johnston. Ed. D. W. Torrance and T. F. Torrance. Edinburgh: Oliver and Boyd.
―――. 1965. *Calvin's Commentaries: The Acts of the Apostles 1–13*. Trans. J. W. Fraser and W. J. G. McDonald. Ed. D. W. Torrance and T. F. Torrance. Edinburgh: Oliver and Boyd.
―――. 1972. *Calvin's Commentaries: A Harmony of the Gospels Matthew, Mark and Luke, vol. 3, and the Epistles of James and Jude*. Trans. A. W. Morrison. Ed. D. W. Torrance and T. F. Torrance. Edinburgh: Saint Andrew Press.
―――. 1979. *Commentaries on the First Book of Moses Called Genesis*. Trans. John King. 2 vols. Reprint, Grand Rapids: Baker.
―――. 1983. Antidote to the Council of Trent. In *Selected Works of John Calvin: Tracts and Letters*, ed. H. Beveridge, 3:61–63. Grand Rapids: Baker.
―――. 1983. Reply to Sadolet. In *Selected Works of John Calvin: Tracts and Letters*, ed. H. Beveridge, 1:37–38. Grand Rapids: Baker.
―――. 2001. *Ioannis Calvini opera exegetica*, vol. 12/1, *Commentariorum in Acta Apostolorum liber primum*. Ed. H. Feld. Geneva: Droz.
Capes, D. 1997. Pre-existence. In *Dictionary of the Later New Testament and Its Developments*, ed. R. P. Martin and P. H. Davids, 955–61. Downers Grove, Ill.: InterVarsity Press.
Carson, D. 1991. *The Gospel According to St John*. Leicester: Inter-Varsity Press.
Catechism of the Catholic Church. 1994. London: Geoffrey Chapman.

Coakley, S. 1999. "Persons" in the "Social" Doctrine of the Trinity: A Critique of Current Analytic Discussion. In *The Trinity: An Interdisciplinary Symposium on the Trinity*, ed. S. T. Davis, 123–44. Oxford: Oxford University Press.

Coffey, D. 1999. *Deus Trinitas: The Doctrine of the Triune God*. New York: Oxford University Press.

Colyer, E. M. 2001. *How to Read T. F. Torrance: Understanding His Trinitarian and Scientific Theology*. Downers Grove, Ill.: InterVarsity Press.

———, ed. 2001. *The Promise of Trinitarian Theology: Theologians in Dialogue with T. F. Torrance*. Lanham, Md.: Rowman & Littlefield Publishers.

Conticello, V. S. 1995. Pseudo-Cyril's *De sacrosancte Trinitate*: A Compilation of Joseph the Philosopher. *OCP* 61:117–29.

Copleston, F. 1963. *Aquinas*. London: Penguin.

Cranfield, C. E. B. 1979. *A Critical and Exegetical Commentary on the Epistle to the Romans*. International Critical Commentary. Edinburgh: T & T Clark.

Crouzel, H. 1976. Les personnes de la Trinité sont-elles de puissance inégale selon Origène *Peri Archon* I, 3, 5–8? *Greg* 57:109–25.

———. 1989. *Origen*. Trans. A. Worrall. Edinburgh: T & T Clark.

Cullmann, O. 1959. *The Christology of the New Testament*. London: SCM.

———. 1962. The Reply of Professor Cullmann to Roman Catholic Critics. Trans. Robert P. Meye, *SJT* 15:36–43.

Cunningham, D. S. 1998. *These Three Are One: The Practice of Trinitarian Theology*. Oxford: Blackwell.

Cyril of Alexandria. *De sancta et consubstantiali Trinitate, Dialogus II*.

———. *In Joannis Evangelium*.

———. *Thesaurus de sancta et consubstantiali Trinitate*.

———. 1885. *Commentary on the Gospel according to St. John*. London: Walter Smith.

Dahms, J. V. 1983. The Johannine Use of Monogenēs Reconsidered. *NTS* 29:222–32.

Danielou, J. 1948. *Origene*. Paris: La Table Ronde.

Davies, B. 1992. *The Thought of Thomas Aquinas*. Oxford: Clarendon Press.

Deddo, G. W. 2001. The Holy Spirit in T. F. Torrance's Theology. In *The Promise of Trinitarian Theology: Theologians in Dialogue with T. F. Torrance*, ed. E. M. Colyer, 81–114. Lanham, Md.: Rowman & Littlefield Publishers.

De Margerie, B. 1982. *The Christian Trinity in History*. Trans. E. J. Fortman. Petersham, Mass.: St. Bede's Publications.

Del Colle, R. 1994. *Christ and the Spirit: Spirit-Christology in Trinitarian Perspective*. New York: Oxford University Press.

Dodd, C. H. 1953. *The Interpretation of the Fourth Gospel*. Cambridge: Cambridge University Press.

Dowey, E. A., Jr. 1994. *The Knowledge of God in Calvin's Theology*. Grand Rapids: Eerdmans.

Drecoll, V. H. 1996. *Die Entwicklung der Trinitätslehre des Basilius von Cäsarea*. Göttingen: Vandenhoeck & Ruprecht.

Driver, S. R. 1926. *The Book of Genesis*. London: Methuen.

Dunn, J. D. G. 1980. *Christology in the Making: A New Testament Inquiry into the Origins of the Doctrine of the Incarnation*. Philadelphia: Westminster Press.

———. 1991. *The Partings of the Ways: Between Christianity and Judaism and Their Significance for the Character of Christianity*. Philadelphia: Trinity Press International.

Dvornik, F. 1948. *The Photian Schism*. Cambridge: Cambridge University Press.

Epiphanius. *Panarion*.

Erickson, M. J. 1995. *God in Three Persons: A Contemporary Interpretation of the Trinity*. Grand Rapids: Baker.

Esser, H. 1976. Hat Calvin eine "leise modalisierende Trinitätslehre"? In *Calvinus Theologus*, ed. W. Neuser, 20–24. Neukirchen-Vluyn: Neukirchener Verlag.

Eunomius. *Apology*.

———. *An Apology for the Apology*.

———. *The Confession of Faith*.

———. *The Fragments*.

Eusebius of Caesarea. *Against Marcellus*.

Evans, G. R. 1989. *Anselm*. London: Geoffrey Chapman.

———. 1999. Anselm of Canterbury. In *Augustine Through the Ages*, ed. A. D. Fitzgerald, 23–24. Grand Rapids: Eerdmans.

Fantino, J. 1994. *La théologie d'Irénée. Lecture des Écritures en réponse à l'exégèse gnostique: Une approche trinitaire*. Paris: Cerf.

Feuerbach, L. 1957. *The Essence of Christianity*. New York: Harper Torchbooks.

Fiddes, P. S. 1988. *The Creative Suffering of God*. Oxford: Clarendon Press.

———. 2000. *Participating in God: A Pastoral Doctrine of the Trinity*. Louisville: Westminster/John Knox.

Ford, D. 1981. *Barth and God's Story: Biblical Narrative and the Theological Method of Karl Barth in the "Church Dogmatics."* Frankfurt am Main: Peter Lang.
Fortman, E. J. 1972. *The Triune God: An Historical Study of the Doctrine of the Trinity*. Philadelphia: Westminster Press.
Frame, J. M. 2002. *The Doctrine of God*. Phillipsburg, N.J.: P&R Publishing.
Furnish, V. P. 1984. *II Corinthians*. Anchor Bible. Garden City, N.Y.: Doubleday.
Gaffin, Richard B., Jr. 1978. *The Centrality of the Resurrection: A Study in Paul's Soteriology*. Grand Rapids: Baker.
———. 1998. Challenges of the Charismatic Movement to the Reformed Tradition. *Ordained Servant* 7:48–57.
Giles, K. 2002. *The Trinity and Subordinationism*. Downers Grove, Ill.: InterVarsity Press.
Goodwin, T. 1958. *An Exposition of Ephesians Chapter 1 to 2:10*. [Evansville, Ind.]: Sovereign Grace Book Club.
Grant, R. M. 1997. *Irenaeus of Lyons*. London: Routledge.
Grayston, K. 1984. *The Johannine Epistles*. New Century Bible Commentary. Grand Rapids: Eerdmans.
Gregg, R. C. 1981. *Early Arianism—a Way of Salvation*. Philadelphia: Fortress Press.
Gregory Nazianzen. 1989. *Select Orations of Saint Gregory Nazianzen*. Vol. 7 of NPNF².
———. *Orations*.
Gregory of Nyssa. 1988. *Dogmatic Treatises, Etc*. Vol. 5 of NPNF².
———. *Against Eunomius*.
Gregory Palamas. 1983. *The Triads*. Ed. John Meyendorff. Trans. Nicholas Gendle. New York: Paulist Press.
———. *Capita physica theologica*.
Grillmeier, A. 1975. *Christ in Christian Tradition*, vol. 1, *From the Apostolic Age to Chalcedon (451)*. 2nd ed. Trans. J. Bowden. Atlanta: John Knox.
———. 1995. *Christ in Christian Tradition*, vol. 2, *From the Council of Chalcedon (451) to Gregory the Great (590–604)*, part 2, *The Church of Constantinople in the Sixth Century*. Trans. J. Cawte. London: Mowbray.
Grosseteste, Robert. 1996. *On the Six Days of Creation: A Translation of the Hexaëmeron*. Trans. C. F. J. Martin. Auctores Britannici Medii Aevi. Oxford: Oxford University Press for the British Academy.

Gunton, C. E. 1983. *Yesterday and Today: A Study of Continuities in Christology*. Grand Rapids: Eerdmans.

———. 1990. Augustine, the Trinity, and the Theological Crisis of the West. *SJT* 43:33–58.

———. 1991. *The Promise of Trinitarian Theology*. Edinburgh: T & T Clark.

———. 1998. *The Triune Creator*. Grand Rapids: Eerdmans.

———. 2001. Being and Person: T. F. Torrance's Doctrine of God. In *The Promise of Trinitarian Theology: Theologians in Dialogue with T. F. Torrance*, ed. E. M. Colyer, 115–37. Lanham, Md.: Rowman & Littlefield Publishers.

Guthrie, D. 1981. *New Testament Theology*. Leicester: Inter-Varsity Press.

———, and R. P. Martin. 1993. God. In *Dictionary of Paul and His Letters*, ed. G. F. Hawthorne, 354–69. Downers Grove, Ill.: InterVarsity Press.

Gwatkin, H. M. 1900. *Studies of Arianism*. Cambridge: Deighton Bell.

———. 1914. *The Arian Controversy*. London: Longmans, Green and Co.

Hanson, R. P. C. 1983. The Doctrine of the Trinity Achieved in 381. *SJT* 36:41–57.

———. 1988. *The Search for the Christian Doctrine of God: The Arian Controversy 318–381*. Edinburgh: T & T Clark.

Hapgood, I. F., comp. and trans. 1956. *Service Book of the Holy Orthodox-Catholic Apostolic Church*. 3rd ed. Brooklyn, N.Y.: Syrian Antiochene Orthodox Archdiocese of New York and All North America.

Harnack, A. von. 1896–99. *History of Dogma*. Ed. A. B. Bruce. 7 vols. London: Williams & Norgate.

———. 1990. *Marcion: The Gospel of the Alien God*. Trans. J. E. Steely. Durham, N.C.: Labyrinth Press.

Harrison, V. 1991. Perichoresis in the Greek Fathers. *StVladThQ* 35:53–65.

Haugh, R. 1975. *Photius and the Carolingians: The Trinitarian Controversy*. Belmont, Mass.: Norland.

Hawking, S. W. 1988. *A Brief History of Time: From the Big Bang to Black Holes*. New York: Bantam Books.

Hill, W. J. 1982. *The Three-Personed God*. Washington, D.C.: Catholic University of America Press.

Hodge, C. 1977. *Systematic Theology*. Grand Rapids: Eerdmans.

Hodgson, L. 1943. *The Doctrine of the Trinity*. Croall Lectures, 1942–1943. London: Nisbet.

Hoover, R. W. 1971. The *Harpagmos* Enigma: A Philological Solution. *HTR* 64:95–119.

Hopkins, J., ed. and trans. 1976. *Anselm of Canterbury*, vol. 3. Toronto: Edwin Mellen Press.

Hughes, C. 1989. *On a Complex Theory of a Simple God: An Investigation in Aquinas' Philosophical Theology*. Ithaca: Cornell University Press.
Hughes, P. E. 1961. *Paul's Second Epistle to the Corinthians*. New International Commentary on the New Testament. London: Marshall, Morgan & Scott.
―――. 1985. The Christology of Hebrews. *SwJT* 28:19–27.
―――. 1989. *The True Image: The Origin and Destiny of Man in Christ*. Grand Rapids: Eerdmans.
Hurtado, L. W. 1988. *One God, One Lord: Early Christian Devotion and Ancient Jewish Monotheism*. Philadelphia: Fortress.
―――. 1993. Lord. In *Dictionary of Paul and His Letters*, ed. G. F. Hawthorne, 560–69. Downers Grove, Ill.: InterVarsity Press.
―――. 1993. Pre-existence. In *Dictionary of Paul and His Letters*, ed. G. F. Hawthorne, 743–46. Downers Grove, Ill.: InterVarsity Press.
―――. 1993. Son of God. In *Dictionary of Paul and His Letters*, ed. G. F. Hawthorne, 900–906. Downers Grove, Ill.: InterVarsity Press.
―――. 1997. Christology. In *Dictionary of the Later New Testament and Its Developments*, ed. R. P. Martin and P. H. Davids, 170–84. Downers Grove, Ill.: InterVarsity Press.
Ignatius. *To the Ephesians*.
―――. *To the Magnesians*.
Irenaeus. *Against Heresies*.
―――. *The Demonstration of the Apostolic Preaching*.
Jenson, R. W. 1997. *Systematic Theology*, vol. 1, *The Triune God*. New York: Oxford University Press.
John of Damascus. *On the Orthodox Faith*.
Johnson, E. A. 1992. *She Who Is: The Mystery of God in Feminist Theological Discourse*. New York: Crossroad.
Jüngel, E. 1976. *The Doctrine of the Trinity: God's Being Is in His Becoming*. Edinburgh: T & T Clark.
―――. 1986. *Karl Barth: A Theological Legacy*. Trans. G. E. Paul. Philadelphia: Westminster Press.
Justin. *Apology*.
Kannengiesser, C. 1988. Divine Trinity and the Structure of *Peri Archon*. In *Origen of Alexandria: His World and His Legacy*, ed. C. Kannengiesser, 231–49. Notre Dame: University of Notre Dame Press.
―――. 1991. *Arius and Athanasius: Two Alexandrian Theologians*. Aldershot, U.K.: Variorum.
Kaspar, W., ed. 1993–2001. *Lexikon für Theologie und Kirche*. 3rd ed. 11 vols. Freiburg: Herder.

Kaufman, G. D. 1996. *God—Mystery—Diversity: Christian Theology in a Pluralistic World*. Minneapolis: Fortress Press.

Kearsley, R. 1998. *Tertullian's Theology of Divine Power*. Carlisle, U.K.: Paternoster.

Keith, G. A. 1988. Our Knowledge of God: The Relevance of the Debate Between Eunomius and the Cappadocians. *TynBul* 41:60–88.

Kelly, J. N. D. 1968. *Early Christian Doctrines*. London: Adam & Charles Black.

———. 1972. *Early Christian Creeds*. London: Longman.

———. 1983. The Nicene Creed: A Turning Point. *SJT* 36:29–39.

Kidner, D. 1967. *Genesis: An Introduction and Commentary*. London: Tyndale Press.

———. 1973. *Psalms 1–72: A Commentary on Books I–II of the Psalms*. London: Inter-Varsity Press.

———. 1975. *Psalms 73–150: A Commentary on Books III–V of the Psalms*. London: Inter-Varsity Press.

Kim, S. 1982. *The Origin of Paul's Gospel*. Grand Rapids: Eerdmans.

———. 2002. *Paul and the New Perspective: Second Thoughts on the Origin of Paul's Gospel*. Grand Rapids: Eerdmans.

Kimel, A. F., Jr., ed. 1992. *Speaking the Christian God: The Holy Trinity and the Challenge of Feminism*. Grand Rapids: Eerdmans.

Knowles, D. 1964. *The Evolution of Medieval Thought*. New York: Vintage Books.

Koopmans, J. 1955. *Das altkirchliche Dogma in der Reformation*. Munich: Chr. Kaiser Verlag.

Kopecek, T. A. 1979. *A History of Neo-Arianism*. 2 vols. Cambridge, Mass.: Philadelphia Patristic Foundation.

Kovalevsky, E. 1964. Saint Trinité. *Cahiers de Saint Irénée* 44 (January-February): 3.

Kuyper, A. 1975. *The Work of the Holy Spirit*. Trans. H. de Vries. Grand Rapids: Eerdmans.

Laats, A. 1999. *Doctrines of the Trinity in Eastern and Western Theologies: A Study with Special Reference to K. Barth and V. Lossky*. Frankfurt am Main: Peter Lang.

LaCugna, C. M. 1991. *God for Us: The Trinity and Christian Life*. San Francisco: Harper.

Lagrange, M.-J. 1948. *Évangile selon Saint Jean*. Paris: Gabalda.

Lampe, G. W. H., ed. 1961. *A Patristic Greek Lexicon*. Oxford: Clarendon Press.

Lancel, S. 2002. *Saint Augustine*. Trans. A. Nevill. London: SCM Press.

Lane, A. N. S. 1999. *John Calvin: Student of the Church Fathers.* Grand Rapids: Baker.
Larson, M. J. 2001. A Re-examination of *De Spiritu Sancto:* Saint Basil's Bold Defence of the Spirit's Deity. *SBET* 19 (1): 65–84.
Lawson, J. 1948. *The Biblical Theology of St. Irenaeus.* London: Epworth.
Lebreton, J. 1939. *History of the Dogma of the Trinity from Its Origins to the Council of Nicaea.* 8th ed. Trans. A. Thorold. London: Burns, Oates and Washbourne.
Leithart, P. J. 2000. "Framing" Sacramental Theology: Trinity and Symbol. *WTJ* 62:1–16.
Letham, R. 1983. The *Foedus Operum*: Some Factors Accounting for Its Development. *SCJ* 14:457–467.
———. 1989. Baptism in the Writings of the Reformers. *SBET* 7 (2): 21–44.
———. 1990. The Man-Woman Debate: Theological Comment. *WTJ* 52:65–78.
———. 1992. The Hermeneutics of Feminism. *Them* 17 (January–April): 4–7.
———. 1993. *The Work of Christ.* Leicester: Inter-Varsity Press.
———. 1999. "In the Space of Six Days": The Days of Creation from Origen to the Westminster Assembly. *WTJ* 61:149–74.
———. 2001. *The Lord's Supper: Eternal Word in Broken Bread.* Phillipsburg, N.J.: Presbyterian & Reformed.
———, and D. MacLeod. 1995. Is Evangelicalism Christian? *EvQ* 67 (1): 3–33.
Lewis, B. 2002. *What Went Wrong? Western Impact and Middle Eastern Response.* New York: Oxford University Press.
Lewis, C. S. 1960. *Mere Christianity.* San Francisco: Harper.
Lienhard, J. T. 1993. Did Athanasius Reject Marcellus? In *Arianism After Arius: Essays on the Development of the Fourth Century Trinitarian Conflicts,* ed. M. R. Barnes, 65–80. Edinburgh: T & T Clark.
———. 1999. *Ousia* and *Hypostasis*: The Cappadocian Settlement and the Theology of "One Hypostasis." In *The Trinity: An Interdisciplinary Symposium on the Trinity,* ed. S. T. Davis, 99–121. Oxford: Oxford University Press.
Lightfoot, J. B. 1881. *Saint Paul's Epistle to the Philippians: A Revised Text with Introduction, Notes, and Dissertations.* London: Macmillan.
Lincoln, A. T. 1990. *Ephesians.* Dallas: Word.
Loder, J. E., and Neidhardt, W. J. 1992. *The Knight's Move: The Relational Logic of the Spirit in Theology and Science.* Colorado Springs: Helmers & Howard.

Lohr, W. A. 1993. A Sense of Tradition: The Homoiousion Church Party. In *Arianism After Arius: Essays on the Development of the Fourth Century Trinitarian Conflicts*, ed. M. R. Barnes, 81–100. Edinburgh: T & T Clark.
Lorenz, R. 1979. *Arius judaizans? Untersuchungen zur dogmengeschichtlichen Einordnung des Arius*. Göttingen: Vandenhoeck und Ruprecht.
Lossky, V. 1957. *The Mystical Theology of the Eastern Church*. London: James Clarke & Co.
———. 1963. *The Vision of God*. London: Faith Press.
———. 1974. *In the Image and Likeness of God*. Ed. John H. Erickson and Thomas E. Bird. [Crestwood, N.Y.]: St. Vladimir's Seminary Press.
Louth, A. 2002. *St. John Damascene: Tradition and Originality in Byzantine Theology*. Oxford: Oxford Universtiy Press.
Lyman, J. R. 1993. *Christology and Cosmology: Models of Divine Activity in Origen, Eusebius, and Athanasius*. Oxford: Clarendon.
Mackintosh, H. R. 1912. *The Doctrine of the Person of Jesus Christ*. Edinburgh: T & T Clark.
Mahoney, E. P. 1982. Sense, Intellect, and Imagination in Albert, Thomas, and Siger. In *The Cambridge History of Later Medieval Philosophy: From the Rediscovery of Aristotle to the Disintegration of Scholasticism, 1100–1600*, ed. N. Kreitzmann, 602–22. Cambridge: Cambridge University Press.
Mannermaa, T. 1989. *Der im Glauben gegenwärtige Christus: Rechtfertigung und Vergottung zum ökumenischen Dialog*. Hanover: Lutherisches Verlagshaus.
———. 1990. Theosis als Thema der Finnischen Lutherforschung. In *Luther und Theosis: Vergöttlichung als Thema der abendländischen Theologie*, ed. S. Peura, 11–26. Helsinki: Luther-Agricola-Gesellschaft.
Marcellus of Ancyra [?]. 1906. Die Fragmente Marcells. In *GCS*, 14:183–215. Leipzig: J. C. Hinrichs'sche Buchhandlung.
———. *Expositio fidei*.
Marcus, W. 1963. *Der Subordinatianismus als historiologisches Phänomen*. Munich: M. Hueber.
Martin, R. P. 1980. *Philippians*. New Century Bible. Grand Rapids: Eerdmans.
———. 1983. *Carmen Christi: Philippians ii 5–11 in Recent Interpretation and in the Setting of Early Christian Worship*. Grand Rapids: Eerdmans.
———. 1992. *Ephesians, Colossians, and Philemon*. Atlanta: John Knox Press.
Mathison, K. A. 2002. *Given for You: Reclaiming Calvin's Doctrine of the Lord's Supper*. Phillipsburg, N.J.: P&R Publishing.

McCormack, B. L. 1995. *Karl Barth's Critically Realistic Dialectical Theology: Its Genesis and Development, 1909–1936*. Oxford: Clarendon Press.
McGrath, A. E. 1999. *Thomas F. Torrance: An Intellectual Biography*. Edinburgh: T & T Clark.
McGuckin, J. A. 2001. *St. Gregory of Nazianzus: An Intellectual Biography*. Crestwood, N.Y.: St. Vladimir's Seminary Press.
McInerny, R., ed. and trans. 1998. *Thomas Aquinas: Selected Writings*. London: Penguin.
McKee, E. A. 1989. Exegesis, Theology, and Development in Calvin's *Institutio*: A Methodological Suggestion. In *Probing the Reformed Tradition: Historical Studies in Honor of Edward A. Dowey, Jr.*, ed. B. G. Armstrong, 154–72. Louisville: Westminster/John Knox.
Meconi, D. 1996. St. Augustine's Early Theory of Participation. *AugStud* 27:81–98.
Meerson, M. A. 1998. *The Trinity of Love in Modern Russian Theology: The Love Paradigm and the Retrieval of Western Medieval Love Mysticism in Modern Russian Trinitarian Thought (from Solovyov to Bulgakov)*. Quincy, Ill.: Franciscan Press.
Meijering, E. 1968. *Orthodoxy and Platonism in Athanasius: Synthesis or Antithesis?* Leiden: E. J. Brill.
Meredith, A. 1990. The Idea of God in Gregory of Nyssa. In *Studien zu Gregor von Nyssa und der christlichen Spätantike*, ed. H. R. Drobner and C. Klock, 127–47. Leiden: E. J. Brill.
———. 1995. *The Cappadocians*. Crestwood, N.Y.: St. Vladimir's Seminary Press.
Metzger, B. M. 1971. *A Textual Commentary on the Greek New Testament*. London: United Bible Societies.
———. 1973. The Punctuation of Rom. 9:5. In *Christ and Spirit in the New Testament: Studies in Honour of C. F. D. Moule*, ed. B. Lindars, 95–112. Cambridge: Cambridge University Press.
Meyendorff, J. 1974. *St. Gregory Palamas and Orthodox Spirituality*. Crestwood, N.Y.: St. Vladimir's Seminary Press.
———. 1979. *Byzantine Theology: Historical Trends and Doctrinal Themes*. New York: Fordham University Press.
Moingt, J. 1966. *Théologie trinitaire de Tertullien*. Paris: Aubier.
———. 1970. Le problème de Dieu unique chez Tertullian. *RevScRel* 44:337–62.

Molnar, P. D. 2002. *Divine Freedom and the Doctrine of the Immanent Trinity: In Dialogue with Karl Barth and Contemporary Theology*. Edinburgh: T & T Clark.

Moltmann, J. 1967. *Theology of Hope: On the Ground and the Implications of a Christian Eschatology*. Trans. James W. Leitch. London: SCM.

———. 1981. Theological Proposals Towards the Resolution of the *Filioque* Controversy. In *Spirit of God, Spirit of Christ: Ecumenical Reflections on the Filioque Controversy*, ed. L. Vischer, 164–73. London: SPCK.

———. 1991. *God in Creation: A New Theology of Creation and the Spirit of God*. San Francisco: HarperSanFrancisco.

———. 1991. *The Trinity and the Kingdom: The Doctrine of God*. London: SCM.

———. 1993. *The Crucified God: The Cross of Christ as the Foundation and Criticism of Christian Theology*. Minneapolis: Fortress Press.

Moody. D. 1953. God's Only Son: The Translation of John 3:16 in the Revised Standard Version. *JBL* 72:213–19.

Morris, L. 1988. *The Epistle to the Romans*. Grand Rapids: Eerdmans.

Mosser, C. 2002. The Greatest Possible Blessing: Calvin and Deification. *SJT* 55:36–57.

Moulton, J. H., and G. Milligan. 1963. *The Vocabulary of the Greek New Testament: Illustrated from the Papyri and Other Non-literary Sources*. London: Hodder and Stoughton.

Mounier, E. 2001. *Personalism*. Notre Dame: University of Notre Dame Press.

Murray, J. 1965. *The Epistle to the Romans*. Grand Rapids: Eerdmans.

———. 1967. Definitive Sanctification. *CTJ* 2:5–21.

Needham, N. 1997. The *Filioque* Clause: East or West? *SBET* 15:142–62.

Nellas, P. 1987. *Deification in Christ: Orthodox Perspectives on the Nature of the Human Person*. Trans. N. Russell. Crestwood, N.Y.: St. Vladimir's Seminary Press.

Niesel, W. 1980. *The Theology of Calvin*. Trans. H. Knight. Grand Rapids: Baker.

Nijenhuis, W. 1972. Calvin's Attitude Towards the Symbols of the Early Church During the Conflict with Caroli. In *Ecclesia Reformata: Studies on the Reformation*, by W. Nijenhuis, 73–96. Leiden: E. J. Brill.

Oberdorfer, B. 2001. *Filioque: Geschichte und Theologie eines ökumenischen Problems*. Göttingen: Vandenhoeck & Ruprecht.

O'Carroll, M. C. 1987. *Trinitas: A Theological Encyclopedia of the Holy Trinity*. Collegeville, Minn.: Liturgical Press.

O'Collins, G. 1999. *The Tripersonal God: Understanding and Interpreting the Trinity*. London: Geoffrey Chapman.

Old, H. O. 1975. *The Patristic Roots of Reformed Worship*. Zurich: Theologischer Verlag.
Olson, R. 1983. Trinity and Eschatology: The Historical Being of God in Jürgen Moltmann and Wolfhart Pannenberg. *SJT* 36:213-27.
Origen. 1998. *Homilies on Jeremiah: Homily on 1 Kings 28*. Trans. J. C. Smith. Washington, D.C.: Catholic University of America Press.
———. *Against Celsus*.
———. *Commentary on the Epistle to the Romans*.
———. *Commentary on the Gospel of John*.
———. *Homilies on Jeremiah*.
———. *On First Principles*.
Owen, J. 1657. Of Communion with God the Father, Son, and Holy Ghost, Each Person Distinctly, in Love, Grace, and Consolation. In *The Works of John Owen*, ed. W. H. Goold, 2:1–274. London: Banner of Truth.
Owen, P. 2000. Calvin and Catholic Trinitarianism: An Examination of Robert Reymond's Understanding of the Trinity and His Appeal to John Calvin. *CTJ* 35:262-81.
Packer, J. I. 1973. *Knowing God*. London: Hodder and Stoughton.
Pannenberg, W. 1968. *Jesus—God and Man*. Trans. L. L. Wilkins. Philadelphia: Westminster Press.
———. 1991. *Systematic Theology*. Trans. G. W. Bromiley. Grand Rapids: Eerdmans.
Parker, T. H. L. 1952. *The Doctrine of the Knowledge of God: A Study in the Theology of John Calvin*. Edinburgh: Oliver and Boyd.
Pelikan, J. 1974. *The Spirit of Eastern Christendom*. Vol. 2 of *The Christian Tradition: A History of the Development of Doctrine*. Chicago: University of Chicago.
———. 1978. *The Growth of Medieval Theology (600–1300)*. Vol. 3 of *The Christian Tradition: A History of the Development of Doctrine*. Chicago: University of Chicago Press.
Person, R. 1978. *The Mode of Theological Decision Making at the Early Ecumenical Councils: An Inquiry into the Function of Scripture and Tradition at the Councils of Nicaea and Ephesus*. Basel: Friedrich Reinhardt Kommissionsverlag.
Peters, T. 1993. *God as Trinity: Relationality and Temporality in Divine Life*. Louisville: Westminster/John Knox Press.
Petterson, A. 1995. *Athanasius*. London: Geoffrey Chapman.
Peura, S. 1994. *Mehr als ein Mensch? Die Vergöttlichung als Thema der Theologie Martin Luthers von 1513 bis 1519*. Veröffentlichungen des Instituts für europäische Geschichte. Mainz: Verlag Philipp von Zabern.

Photius. 1983. *On the Mystagogy of the Holy Spirit*. Trans. Holy Transfiguration Monastery. N.p.: Studion.
Pieper, J. 1964. *Scholasticism: Personalities and Problems of Medieval Philosophy*. New York: McGraw-Hill.
Polanyi, M. 1958. *Personal Knowledge*. Chicago: University of Chicago Press.
———. 1958. *The Tacit Dimension*. Chicago: University of Chicago Press.
Prestige, G. L. 1940. *Fathers and Heretics*. London: SPCK.
———. 1952. *God in Patristic Thought*. London: SPCK.
Quasten, J. 1992. *The Ante-Nicene Literature After Irenaeus*. Vol. 2 of *Patrology*. Westminster, Md.: Christian Classics.
———. 1992. *The Golden Age of Greek Patristic Literature from the Council of Nicaea to the Council of Chalcedon*. Vol. 3 of *Patrology*. Westminster, Md.: Christian Classics.
Rahner, K. 1966. *More Recent Writings*. Vol. 4 of *Theological Investigations*. Trans. K. Smyth. Baltimore: Helicon Press.
———. 1967. Der dreifaltige Gott als transzendenter Urgrund der Heilsgeschichte. In *Die Heilsgeschichte vor Christus*. Vol. 2 of *Mysterium Salutis: Grundriss heilsgeschichtlicher Dogmatik*, ed. J. Feiner and M. Löhrer. Einsiedeln: Benziger Verlag.
———. 1978. *Foundations of Christian Faith: An Introduction to the Idea of Christianity*. Trans. W. V. Dych. New York: Seabury Press.
———. 1997. *The Trinity*. Trans. J. Donceel. New York: Crossroad.
Rainbow, P. A. 1987. Monotheism and Christology in 1 Corinthians 8:4–6. D.Phil. thesis, University of Oxford.
Ramsay, A. M. 1949. *The Glory of God and the Transfiguration of Christ*. London: Longmans.
Reid, D. 1997. *Energies of the Spirit*. Atlanta: Scholars Press.
Relton, H. M. 1917. *A Study in Christology: The Problem of the Relation of the Two Natures in the Person of Christ*. London: SPCK.
Reymond, R. L. 1998. *A New Systematic Theology of the Christian Faith*. Nashville: Thomas Nelson Publishers.
Reynolds, S. 1960–61. Calvin's View of the Athanasian and Nicene Creeds. *WTJ* 23:33–37.
Richard of St. Victor. 1979. *The Twelve Patriarchs; the Mystical Ark; Book Three of the Trinity*. Trans. and ed. G. A. Zinn. New York: Paulist Press.
———. *The Trinity*.
Ridderbos, H. 1975. *Paul: An Outline of His Theology*. Grand Rapids: Eerdmans.

Rist, J. M. 1981. Basil's "Neoplatonism": Its Background and Nature. In *Basil of Caesarea: Christian, Humanist, Ascetic: A Sixteen-Hundredth Anniversary Symposium*, ed. P. J. Fedwick, 137–220. Toronto: Pontifical Institute of Medieval Studies.

Ritschl, D. 1981. Historical Development and the Implications of the *Filioque* Controversy. In *Spirit of God, Spirit of Christ: Ecumenical Reflections on the Filioque Controversy*, ed. L. Vischer, 46–65. London: SPCK.

Roberts, A., ed. 1989. *Fathers of the Second Century*. Vol. 2 of *ANF*.

———. 1989. *Tertullian, Part Fourth; Minucius Felix; Commodian; Origen, Parts First and Second*. Vol. 4 of *ANF*.

———. 1993. *The Apostolic Fathers—Justin Martyr—Irenaeus*. Vol. 1 of *ANF*.

———. 1993. *Latin Christianity: Its Founder, Tertullian*. Vol. 3 of *ANF*.

Roldanus, J. 1968. *Le Christ et l'homme dans la théologie d'Athanase d'Alexandrie: Étude de la conjonction de sa conception de l'homme avec sa christologie*. Leiden: E. J. Brill.

Rousseau, P. 1994. *Basil of Caesarea*. Berkeley: University of California Press.

Rowe, J. N. 1987. *Origen's Doctrine of Subordination: A Study in Origen's Christology*. Berne: Peter Lang.

Sanday, W., and Headlam, A. C. 1905. *A Critical and Exegetical Commentary on the Epistle to the Romans*. International Critical Commentary. Edinburgh: T & T Clark.

Sayers, D. L. 1979. *The Mind of the Maker*. San Francisco: HarperCollins.

Schnackenburg, R. 1991. *Ephesians: A Commentary*. Edinburgh: T & T Clark.

Schwöbel, C., ed. 1995. *Trinitarian Theology Today: Essays on Divine Being and Acts*. Edinburgh: T & T Clark.

Scott, J. M. 1992. *Adoption as Sons of God: An Exegetical Investigation into the Background of Υιοθεσια in the Pauline Corpus*. Wissenschaftliche Untersuchungen zum Neuen Testament. Tübingen: J. C. B. Mohr (Paul Siebeck).

Shedd, W. G. T. 1995. Introduction to *Latin Christianity: Its Founder, Tertullian*. Vol. 3 of *ANF*, 3–11.

Simonetti, M. 1975. *La crisi Ariana nel IV secolo*. Rome: Institutum Patristicum "Augustinianum."

Smail, T. A. 1986. The Doctrine of the Holy Spirit. In *Theology Beyond Christendom: Essays on the Centenary of the Birth of Karl Barth, May 10, 1886*, ed. J. Thompson, 87–110. Allison Park, Pa.: Pickwick Publications.

Solovyov, V. S. 1944. *Godmanhood as the Main Idea of the Philosophy of Vladimir Solovyev*. Trans. P. P. Zouboff. Poughkeepsie, N.Y.: Harmon Printing House.

———. 1944. *Vladimir Solovyev's Lectures on Godmanhood*. Trans. P. P. Zouboff. New York: International University Press.

———. 1974. *A Solovyov Anthology*, arr. S. L. Frank, trans. N. Duddington. Westport, Conn.: Greenwood Press.

———. 1978. *La Sophia et les autres écrits français*. Trans. and ed. F. Rouleau. Lausanne: La Cité: L'Age d'homme.

———. 1995. *Lectures on Divine Humanity*. Trans. B. Jakim. Hudson, N.Y.: Lindisfarne Press.

Speiser, E. A. 1981. *Genesis*. Anchor Bible. New York: Doubleday.

Staniloae, D. 1981. The Procession of the Holy Spirit from the Father and his Relation to the Son, as the Basis for Our Deification and Adoption. In *Spirit of God, Spirit of Christ*, ed. L. Vischer, 174–86. London: SPCK.

———. 1994–2000. *The Experience of God*. Trans. and ed. I. Ionita and R. Barringer. Foreword by K. Ware. 2 vols. Brookline, Mass.: Holy Cross Orthodox Press.

Stead, G. C. 1977. *Divine Substance*. Oxford: Clarendon.

———. 1990. Why Not Three Gods? The Logic of Gregory of Nyssa's Trinitarian Doctrine. In *Studien zu Gregor von Nyssa und der christlichen Spätantike*, ed. H. R. Drobner and C. Klock, 149–63. Leiden: E. J. Brill.

———. 2000. *Doctrine and Philosophy in Early Christianity: Arius, Athanasius, Augustine*. Aldershot, U.K.: Ashgate.

Stephens, W. P. 1986. *The Theology of Huldrych Zwingli*. Oxford: Clarendon Press.

Stott, J. R. W. 1964. *The Epistles of John: An Introduction and Commentary*. London: Tyndale Press.

Studer, B. 1984. Augustin et la foi de Nicée. *Recherches Augustiniennes* 19:133–54.

———. 1992. Enhypostasia. In *EECh*, 1:272.

———. 1993. *Trinity and Incarnation: The Faith of the Early Church*. Trans. M. Westerhoff. Ed. A. Louth. Collegeville, Minn.: Liturgical Press.

———. 1997. *The Grace of Christ and the Grace of God in Augustine of Hippo: Christocentrism or Theocentrism?* Collegeville, Minn.: Liturgical Press.

Stylianopoulos, T. 1982. The Biblical Background of the Article on the Holy Spirit in the Constantinopolitan Creed. In *Études théologiques: Le IIe Concile Oecuménique*. Chambésy-Genève: Centre Orthodoxe du Patriarcat Oecuménique.

———. 1986. The Filioque: Dogma, Theologoumenon or Error? In *Spirit of Truth: Ecumenical Perspectives on the Holy Spirit*. Brookline, Mass.: Holy Cross Orthodox Press.

———, and S. M. Heim, eds. 1986. *Spirit of Truth: Ecumenical Perspectives on the Holy Spirit*. Brookline, Mass.: Holy Cross Orthodox Press.

Tertullian. *Against Praxeas*.

———. *On Modesty*.

Tetz, M. 1995. *Athanasiana: Zu Leben und Lehre des Athanasius*. Berlin: Walter de Gruyter.

Theobald, M. 1988. *Die Fleischwerdung des Logos*. Münster: Aschendorff.

Theophilus of Antioch. *To Autolycus*.

Thiselton, A. C. 1995. *Interpreting God and the Post-Modern Self: On Meaning, Manipulation and Promise*. Edinburgh: T & T Clark.

———. 2000. *The First Epistle to the Corinthians: A Commentary on the Greek Text*. Grand Rapids: Eerdmans.

Thompson, J. 1986. On the Trinity. In *Theology Beyond Christendom: Essays on the Centenary of the Birth of Karl Barth, May 10, 1886*, ed. J. Thompson, 13–32. Allison Park, Pa.: Pickwick Publications.

———. 1994. *Modern Trinitarian Perspectives*. New York: Oxford University Press.

Toon, P. 1996. *Our Triune God: A Biblical Portrayal of the Trinity*. Wheaton, Ill.: BridgePoint.

Torrance, A. J. 1996. *Persons in Communion: An Essay on Trinitarian Description and Human Participation with Special Reference to Volume One of Karl Barth's Church Dogmatics*. Edinburgh: T & T Clark.

Torrance, D. W. 2001. Thomas Forsyth Torrance: Minister of the Gospel, Pastor, and Evangelical Theologian. In *The Promise of Trinitarian Theology: Theologians in Dialogue with T. F. Torrance*, ed. E. M. Colyer, 1–30. Lanham, Md.: Rowman & Littlefield Publishers.

Torrance, T. F. 1946. *The Doctrine of Grace in the Apostolic Fathers*. Edinburgh: Oliver & Boyd.

———. 1968. Intuitive and Abstractive Knowledge: From Duns Scotus to John Calvin. In *De doctrina Ioannis Duns Scoti: Acta Congressus Scotistici Internationalis Oxonii et Edimburgi 11–17 Sept. 1966 celebrati*, 4:291–305. Rome: Curae Commissionis Scotisticae.

———. 1975. *Theology in Reconciliation*. Grand Rapids: Eerdmans.

———. 1983. *The Mediation of Christ*. Grand Rapids: Eerdmans.

———. 1988. *The Hermeneutics of John Calvin*. Edinburgh: Scottish Academic Press.

———. 1988. *The Trinitarian Faith: The Evangelical Theology of the Ancient Catholic Church*. Edinburgh: T & T Clark.
———. 1992. The Christian Apprehension of God the Father. In *Speaking the Christian God: The Holy Trinity and the Challenge of Feminism*, ed. A. F. Kimel Jr., 120–43. Grand Rapids: Eerdmans.
———. 1993. *Theological Dialogue Between Orthodox and Reformed Churches*, vol. 2. Edinburgh: Scottish Academic Press.
———. 1994. *Trinitarian Perspectives: Toward Doctrinal Agreement*. Edinburgh: T & T Clark.
———. 1996. *The Christian Doctrine of God: One Being, Three Persons*. Edinburgh: T & T Clark.
———. 2001. Thomas Torrance Responds. In *The Promise of Trinitarian Theology: Theologians in Dialogue with T. F. Torrance*, ed. E. M. Colyer, 303–40. Lanham, Md.: Rowman & Littlefield Publishers.
Trigg, J. 1998. *Origen*. London: Routledge.
Trumper, T. 1996. The Metaphorical Import of Adoption: A Plea for Realisation: I: The Adoption Metaphor in Biblical Usage. *SBET* 14 (2): 129–45.
———. 1997. The Metaphorical Import of Adoption: A Plea for Realisation: II: The Adoption Metaphor in Theological Usage. *SBET* 15 (2): 98–115.
Turner, C. 1926. Ο ΥΙΟΣ ΜΟΥ Ο ΑΓΑΠΗΤΟΣ. *JTS* 27:113–29.
Turretin, F. 1992–97. *Institutes of Elenctic Theology*, ed. J. T. Dennison. Phillipsburg, N.J.: P&R Publishing.
Vaggione, R. P., ed. 1987. *Eunomius: The Extant Works*. Oxford: Clarendon Press.
———. 2000. *Eunomius of Cyzicus and the Nicene Revolution*. Oxford: Oxford University Press.
Van Til, C. 1974. *An Introduction to Systematic Theology*. Phillipsburg, N.J.: Presbyterian and Reformed.
Vischer, L., ed. 1981. *Spirit of God, Spirit of Christ: Ecumenical reflections on the Filioque Controversy*. London: SPCK.
Von Rad, G. 1961. *Genesis: A Commentary*. Rev. ed. Philadelphia: Westminster Press.
Wainwright, A. 1963. *The Trinity in the New Testament*. London: SPCK.
Ware, T. 1969. *The Orthodox Church*. London: Penguin Books.
Warfield, B. B. 1930. *Studies in Tertullian and Augustine*. New York: Oxford.
———. 1952. The Biblical Doctrine of the Trinity. In *Biblical and Theological Studies*, ed. S. G. Craig, 22–59. Philadelphia: Presbyterian and Reformed.

———. 1952. The Spirit of God in the Old Testament. In *Biblical and Theological Studies*, ed. S. G. Craig, 127–56. Philadelphia: Presbyterian and Reformed.
———. 1974. Calvin's Doctrine of the Trinity. In *Calvin and Augustine*, ed. S. G. Craig, 187–284. Philadelphia: Presbyterian and Reformed.
Watson, F. 1994. *Text, Church, and World: Biblical Interpretation in Theological Perspective*. Edinburgh: T & T Clark.
Weinandy, T. G. 2000. *Does God Suffer?* Notre Dame, Ind.: University of Notre Dame Press.
Wendebourg, D. 1982. From the Cappadocian Fathers to Gregory Palamas: The Defeat of Trinitarian Theology. *StPatr* 17 (1): 194–98.
Wendel, F. 1963. *Calvin: The Origin and Development of His Religious Thought*. Trans. P. Mairet. London: Collins.
Wenham, G. J. 1987. *Genesis 1–15*. Word Biblical Commentary. Waco, Tex.: Word.
Westcott, B. F. 1908. *The Gospel According to St. John: The Greek Text with Introduction and Notes*. London: John Murray.
Whybray, R. 1975. *Isaiah 40–66*. New Century Bible Commentary. Grand Rapids: Eerdmans.
Widdicombe, P. 1994. *The Fatherhood of God from Origen to Athanasius*. Oxford: Clarendon.
Wiles, M. 1993. Attitudes to Arius in the Arian Controversy. In *Arianism After Arius: Essays on the Development of the Fourth Century Trinitarian Conflicts*, ed. M. R. Barnes, 31–43. Edinburgh: T & T Clark.
Williams, A. N. 1999. *The Ground of Union: Deification in Aquinas and Palamas*. New York: Oxford University Press.
Williams, R. 1977. The Philosophical Structures of Palamism. *ECR* 9:27–44.
———. 1979. Barth on the Triune God. In *Karl Barth: Essays in His Theological Method*, ed. S. Sykes, 147–93. Oxford: Clarendon Press.
———. 1983. The Logic of Arianism. *JTS* 34:56–81.
———. 1987. *Arius: Heresy and Tradition*. London: Darton, Longman, and Todd.
———. 1989. Eastern Orthodox Theology. In *The Modern Theologians*, ed. D. F. Ford. Oxford: Blackwell.
———. 1999. De Trinitate. In *Augustine Through the Ages*, ed. A. D. Fitzgerald, 845–51. Grand Rapids: Eerdmans.
———. 2001. *Arius: Heresy and Tradition*. 2nd ed. Grand Rapids: Eerdmans.
Winter, R., and R. Martin, eds. 1994. *The Beethoven Quartet Companion*. Berkeley: University of California Press.

Witherington, B., III. 1997. Lord. In *Dictionary of the Later New Testament and Its Developments*, ed. R. P. Martin and P. H. Davids, 667–78. Downers Grove, Ill.: InterVarsity Press.
Wittgenstein, L. 1963. *Philosophical Investigations*, trans. G. E. M. Anscombe. Oxford: Basil Blackwell.
Wright, D. F. 1997. Calvin's Accommodating God. In *Calvinus sincerioris religionis vindex: Calvin as the Protector of the Purer Religion*. Sixteenth Century Essays and Studies 36, ed. W. H. Neuser, 3–19. Kirksville, Mo.: Sixteenth Century Journal Publishers.
Wright, N. T. 1986. ἁρπαγμος and the Meaning of Philippians 2: 5–11. *JTS* 37:321–52.
Young, F. 1983. *From Nicaea to Chalcedon: A Guide to the Literature and Its Background*. London: SCM.
Zizioulas, J. D. 1975. Human Capacity and Human Incapacity: A Theological Exploration of Personhood. *SJT* 28:401–47.
———. 1985. *Being as Communion: Studies in Personhood and the Church*. Crestwood, N.Y.: St. Vladimir's Seminary Press.